A Função de Árbitro no Brasil

A Função de Árbitro no Brasil

2022

Bruno Guandalini
Carlos Eduardo Stefen Elias
Coordenadores

ALMEDINA

A FUNÇÃO DE ÁRBITRO NO BRASIL

© Almedina, 2022
COORDENADORES: Bruno Guandalini e Carlos Eduardo Stefen Elias

DIRETOR ALMEDINA BRASIL: Rodrigo Mentz
EDITORA JURÍDICA: Manuella Santos de Castro
EDITOR DE DESENVOLVIMENTO: Aurélio Cesar Nogueira
ASSISTENTES EDITORIAIS: Isabela Leite e Larissa Nogueira
ESTAGIÁRIA DE PRODUÇÃO: Laura Roberti

DIAGRAMAÇÃO: Almedina
DESIGN DE CAPA: Roberta Bassanetto

ISBN: 9786556276823
Novembro, 2022

Dados Internacionais de Catalogação na Publicação (CIP)
(Câmara Brasileira do Livro, SP, Brasil)

A Função de árbitro no Brasil / Bruno Guandalini, Carlos Eduardo Stefen Elias, coordenadores. -- São Paulo, SP : Almedina, 2022.

Vários autores.
Bibliografia.
ISBN 978-65-5627-682-3

1. Arbitragem (Direito) 2. Arbitragem (Direito) – Jurisprudência 3. Arbitragem (Direito) – Leis e legislação – Brasil 4. Árbitros 5. Sentença arbitral
I. Guandalini, Bruno. II. Elias, Carlos Eduardo Stefen.

22-121860 CDU-347.918

Índices para catálogo sistemático:

1. Poderes do árbitro : Direito processual civil 347.918
Eliete Marques da Silva – Bibliotecária – CRB-8/9380

Este livro segue as regras do novo Acordo Ortográfico da Língua Portuguesa (1990).

EDITORA: Almedina Brasil
Rua José Maria Lisboa, 860, Conj. 131 e 132, Jardim Paulista | 01423-001 São Paulo | Brasil
www.almedina.com.br

SOBRE OS COORDENADORES

Bruno Guandalini
Presidente da ARBITAC (Câmara de Mediação e Arbitragem das Associação Comercial do Paraná). Doutor pela Université Côte d'Azur. LL.M. pela Georgetown University Law Center. Mestre pela Université de Paris II (Panthéon-Assas). Advogado.

Carlos Eduardo Stefen Elias
Doutor e Mestre em Direito pela Universidade de São Paulo. Advogado.

SOBRE OS AUTORES

Ana Carolina Weber
Doutora em Direito Comercial pela USP. Mestre em Direito Internacional pela UERJ. Sócia de Eizirik Advogados. Atua em procedimentos arbitrais como árbitra e advogada.

Ana Gerdau de Borja Mercereau
Associada sênior, Derains & Gharavi (Paris); Membro da Comissão de Arbitragem e ADR da CCI; PhD e LLM, University of Cambridge.

Andrea Galhardo Palma
Master in Law (LLM) in International Commercial Arbitration na PennState University (EUA). Especialista em International Commercial Arbitration pela Columbia University (EUA), em Arbitragem Doméstica pela Fundação Getúlio Vargas (FGV). Fellow do Chartered Institute of Arbitrators (FCiarb). Juíza de Direito da 2ª Vara Empresarial Regional e de Conflitos Relacionados à Arbitragem da 1ª RAJ de São Paulo.

Arnoldo Wald
Advogado. Parecerista. Professor Catedrático de Direito Civil da Universidade do Estado do Rio de Janeiro (UERJ). Doutor *honoris causa* da Universidade de Paris II e do Instituto de Direito Público (IDP). Presidente de honra da Comissão de Arbitragem do Conselho Federal da Ordem dos Advogados do Brasil.

Bruno Guandalini
Presidente da ARBITAC (Câmara de Mediação e Arbitragem das Associação Comercial do Paraná). Doutor pela Université Côte d'Azur. LL.M. pela Georgetown University Law Center. Mestre pela Université de Paris II (Panthéon-Assas). Advogado.

Carlos Alberto Carmona
Professor Doutor do Departamento de Direito Processual da Faculdade de Direito da Universidade de São Paulo (USP).

Carlos Eduardo Stefen Elias
Doutor e Mestre em Direito pela Universidade de São Paulo. Advogado.

Clémenceau Chiabi Saliba Júnior
Engenheiro Civil graduado pela UFMG. Mestre em Engenharia Mecânica pela PUC Minas. Pós-graduado em Engenharia Econômica e em Avaliações e Perícias de Engenharia. Presidente do IBAPE Nacional.

Daniel Gruenbaum
Professor Adjunto de Direito Internacional Privado da Faculdade de Direito da Universidade do Estado do Rio de Janeiro (UERJ). Bacharel em Direito e Doutor em Direito Internacional pela Universidade de São Paulo (USP). Advogado. As opiniões neste artigo refletem exclusivamente a perspectiva acadêmica e individual do seu autor.

Daniel Laufer
Advogado inscrito na OAB/PR. Doutor em Direito pela PUC-SP, Mestre em Direito pela PUC-PR, professor de cursos de pós-graduação em Direito, membro do Instituto Brasileiro de Ciências Criminais (IBCCRIM) e da Associação Internacional de Direito Penal (AIDP). Autor da obra "Artigo 25 da Lei n. 7.492/86: problemas de autoria no âmbito jurídico penal", publicado pela Editora Renovar.

Débora Totini Seabra Barreto
Advogada com bacharelado pela PUC Minas. Pós-graduada em Direito Urbanístico e Ambiental pela PUC Minas. Experiência profissional nas áreas de contratos e de arbitragens de engenharia.

Egon Bockmann Moreira
Professor de Direito Econômico da Faculdade de Direito da UFPR. Professor Visitante nos Programas de Pós-Graduação das Faculdades de Direito de Lisboa (2011), USP e FGV-RJ (2018). Mestre e Doutor em Direito. Especialista em Mediação (Harvard Law School e Pepperdine Law School) e Regulação Econômica (Faculdade de Direito de Coimbra). Árbitro. Advogado.

Elisa Schmidlin Cruz
Mestre em Direito pela PUC-PR. Membro da Comissão de Arbitragem e da Comissão de Mediação da OAB/PR. Vice-Presidente da Câmara de Mediação e Arbitragem da Associação Comercial do Paraná (ARBITAC). Advogada.

Emir Calluf Filho
Diretor Jurídico da BHP Billiton Brasil. Graduado em direito pela Faculdade de Direito de Curitiba (2002), e pós-graduado em direito internacional (UFSC 2003) e direito empresarial (PUC/PR 2007). Mestrado em direito internacional (2004 Universidad de Navarra, Espanha). MBA em gestão estratégica (FGV 2013).

Eugenia Cristina Cleto Marolla
Subprocuradora Geral do Estado de São Paulo – Área da Consultoria. Doutora e Mestre em Direito do Estado pela Pontifícia Universidade Católica de São Paulo (PUC-SP). Atua nas arbitragens envolvendo o Estado de São Paulo e suas autarquias.

Fabiane Verçosa
Doutora em Direito Internacional e da Integração Econômica pela Universidade do Estado do Rio de Janeiro (UERJ), com período de pesquisas no Max–Planck-Institut für ausländisches und internationales Privatrecht, em Hamburgo, Alemanha. Mestre em Direito Internacional e da Integração Econômica pela UERJ. Professora Adjunta da Faculdade de Direito da FGV Direito Rio. Professora da Pós-Graduação *Lato Sensu* do *FGV Law Program* (FGV Direito Rio) e da Pós-Graduação do Centro de Estudos e Pesquisas no Ensino do Direito (CEPED/UERJ). Pesquisadora Visitante, em nível Pós-Doutorado, no Max–Planck-Institut für aus-

ländisches und internationales Privatrecht (2017). Advogada no Rio de Janeiro.

Giovana Benetti
Doutora em Direito Civil pela Universidade de São Paulo. (USP). Especialista em Processo Civil pela Universidade Federal do Rio Grande do Sul. Advogada. Professora Convidada em cursos de Graduação e Pós-Graduação.

Gustavo Scheffer da Silveira
Counsel no escritório Tauil & Chequer, associado a Mayer Brown. Mestre e Doutor em direito internacional privado e do comércio internacional pela Universidade Paris II Panthéon-Assas.

João Ilhão Moreira
Professor Auxiliar da Faculdade de Direito da Univesidade de Macau, regente de Processo Civil. Mestre e Doutor em Direito pela Faculdade de Direito da Universide de Oxford.

José Carlos de Magalhães
Professor Sênior da Faculdade de Direito da USP.

José Miguel Júdice
Professor Convidado (*International Commercial Arbitration* e *Investment Arbitration* da Nova Law School de Lisboa), Árbitro Internacional, Membro das listas de árbitros do ICSID e PCA (Haia). Membro da Comissão de Nomeação de Árbitros do Centro Internacional de Arbitragem de Madrid (CIAM) e do Council do ICC Institute of World Business Law.

Judith Martins-Costa
Livre-Docente e Doutora em Direito Civil pela Universidade de São Paulo. Foi professora de Direito Civil na Faculdade de Direito da Universidade Federal do Rio Grande do Sul (1992 a 2010). É Presidente do Instituto de Estudos Culturalistas (IEC) e membro da Academia Brasileira de Letras Jurídicas, dentre outras associações.

Marcela Kohlbach de Faria
Doutora e Mestre em Direito Processual pela Universidade do Estado do Rio de Janeiro (UERJ). Advogada. Analista sênior de *Leste Litigation Finance*.

Marcelo Roberto Ferro
Advogado. Professor na PUC-RJ.

Maria Francisca Accioly
Advogada inscrita na OAB/PR. Mestre em Direito pela UFPR, Especialista em Direito Penal e Processo Penal pela PUC-SP, professora de cursos de pós-graduação em Direito, membro do Instituto Brasileiro de Ciências Criminais (IBCCRIM) e autora da obra "As medidas cautelares patrimoniais na lei de lavagem de dinheiro", publicado pela Editora Lumen Juris.

Matthieu de Boisséson
Boisséson Arbitration.

Pedro A. Batista Martins
Sócio de Batista Martins Advogados. Autor de (i) 4 livros sobre arbitragem, (ii) Comentários ao Código Civil - capítulo de Títulos de Crédito (coord. Arruda Alvim e Thereza Alvim), (iii) vários artigos sobre arbitragem, e (iv) outros temas do Direito.

Peter Ch. Sester
Professor de Arbitragem e Direito Comercial da Fundação Getúlio Vargas – Rio, Dr. iuris (doutorado em direito) na Universidade de Heidelberg (Alemanha), Dr. rerum politicarum (doutorado em economia) na Universidade Humboldt de Berlim (Alemanha), Livre Docente (Dr. iur. habil, direito civil, comercial e comparado) Philipps-Universidade Marburg (Alemanha).

Priscila Cunha do Nascimento
Advogada da União. Mestre em Direito pelo Instituto Brasiliense de Direito Público. Especialista em Administração pela Fundação Getulio Vargas (FGV).

Rafael Francisco Alves
Sócio da MAMG Advogados. Professor da FGVLAW. Diretor do Comitê Brasileiro de Arbitragem. Membro do Conselho do CPR e Co-Chair do CPR Brazilian Advisory Board.

Tiago Beckert Isfer
Advogado. Membro do Conselho Administrativo da ARBITAC. Presidente da Comissão de Direito Administrativo da OAB/DF. Mestre em Direito Internacional Privado e do Comércio Internacional pela Université Panthéon-Assas, Paris 2.

Thiago Marinho Nunes
Doutor em Direito Internacional e Comparado pela Faculdade de Direito da Universidade de São Paulo (USP); Mestre em Contencioso, Arbitragem e Modos Alternativos de Resolução de Conflitos pela Universidade de Paris II – Panthéon-Assas; Vice-Presidente da CAMARB; *Fellow* do *Chartered Institute of Arbitrators*; Professor do Núcleo de Pesquisa em Arbitragem do Ibmec-SP; árbitro independente.

Walter Guandalini Junior
Mestre e doutor em direito do Estado pela Universidade Federal do Paraná; Programa de Desenvolvimento com Estágio no Exterior (doutorado-sanduíche) no Centro di Studi per la Storia del Pensiero Giuridico Moderno, Università degli Studi di Firenze. Membro do Núcleo de Pesquisa Direito, História e Subjetividade (UFPR), do Instituto Brasileiro de História do Direito (IBHD) e do Instituto Latino-americano de História do Direito (ILAHD). Professor de História do Direito na Universidade Federal do Paraná e no Centro Universitário Uninter. Advogado na Companhia Paranaense de Energia.

Yves Derains
Sócio fundador, Derains & Gharavi (Paris); ex-Secretário Geral da Corte Internacional de Arbitragem da CCI; Presidente do ICC Institute of World Business Law desde 2010.

NOTA DOS ORGANIZADORES

Tant vaut la fonction d'arbitre, tant vaut l'arbitrage. Tomamos a liberdade de reformular um adágio de origem desconhecida[1] para dar destaque à função de árbitro. É o exercício dessa função que garante a situação do árbitro como agente de um fenômeno econômico, social e juridicamente relevante: a arbitragem. Afinal, o árbitro é o ator central da arbitragem e, de certa forma, *é* a arbitragem[2].

É exatamente essa importância central da função de árbitro para a arbitragem o que nos motivou para organizar esta obra. Identificar os elementos constitutivos, os limites e o modo de exercício das múltiplas feições da função de árbitro, sob diferentes lentes – todas elas tendo como pano de fundo a lei e a prática arbitral brasileiras –, pareceu-nos um empreendimento desafiador, mas igualmente necessário no atual estágio do desenvolvimento da arbitragem no Brasil.

O projeto partiu de uma organização temática que estabelecemos e que desmembramos em textos cuja proposta era cobrir os aspectos mais relevantes de cada tema. Essa proposta foi apresentada e discutida com os autores por videoconferência, entremeio ao auge da pandemia global, e inúmeras sugestões de abordagem foram propostas por aqueles que aceitaram o desafio.

Podemos dizer que tivemos a enorme alegria de poder contar com alguns dos maiores nomes da arbitragem no Brasil, França e Portugal con-

[1] Na academia, a expressão é atribuída a diversas pessoas, mas de fato o adágio "*tant vaut l'arbitre, tant vaut'arbitrage*" tem origem desconhecida.

[2] Jean-Baptiste Racine, *Le nouvel arbitre*, in *Le nouveau droit francais de l'arbitrage*, 117 (Thomas Clay ed., Lextenso 2011).

tribuindo para a obra, que será certamente a primeira obra coletiva dedicada à função do árbitro em língua portuguesa.

Nossa intenção inicial de conjugar textos que abordassem os diferentes aspectos da função do árbitro e que fossem desenvolvidos não apenas a partir de diferentes *recortes objetivos*, mas que também contassem com um *toque*, uma *contribuição pessoal* única e singular, foi executada por autores e autoras de inegável quilate técnico e científico. Por isso, consideramos que o feliz resultado dessa conjunção de esforços não é mérito dos organizadores. Ao contrário, mais que textos produzidos por nomes importantes para a arbitragem, são trabalhos de enorme qualidade, seriedade e profundidade.

Por isso, agradecemos infinitamente a todos os autores e autoras que se dispuseram, em meio aos conturbados tempos de pandemia, conceber valiosos textos. Agradecemos ainda ao CBAr pela publicação desta obra na sua coleção, a qual completa e coroa este esforço *verdadeiramente coletivo* no sentido de compreender e, quem sabe, também contribuir para aprimorar o exercício da função de árbitro no Brasil.

São Paulo, Outono de 2022.

BRUNO GUANDALINI
CARLOS EDUARDO STEFEN ELIAS

PREFÁCIO

A Lei de Arbitragem, Lei n. 9.307 de 23 de setembro de 1996, completou um quarto de século de vigência. A ela coube oxigenar o instituto jurídico da arbitragem por meio de conceitos abertos, com feições modernas e flexíveis aptos a darem guarida ao "devir de todas as coisas", como acentuou Manuel Domingos de Andrade em estudo sobre a interpretação das leis.

Neste enfoque de aprimoramento da aplicação da Lei de Arbitragem compete à doutrina o mister de fornecer elementos técnicos e científicos para o seu adequado entendimento e sua correta aplicação. Tarefa nada fácil diante do desenvolvimento exponencial da arbitragem no Brasil e no mundo, em que nos destacamos nas estatísticas globais de 2020 da Corte Internacional de Arbitragem da Câmara de Comércio Internacional (CCI) como o segundo país do mundo em número de arbitragens, precedido somente pelos EUA. Este desenvolvimento veio acompanhado da complexidade das matérias tratadas na arbitragem e na figura e atributos do julgador, o árbitro.

A arbitragem alicerça-se em dois pilares fundamentais: a liberdade em eleger o instituto e a figura do árbitro, aquele terceiro independente e imparcial indicado pelas partes para dirimir um conflito.

O árbitro representa o elemento subjetivo decisório da instituição arbitral. Ao redor dele gravitam todos os temas fundamentais da arbitragem. Assim é que o desiderato da Justiça do Consentimento, a arbitragem, é cumprido pelo árbitro e dele não há como se dissociar o conceito jurídico de *imparcialidade* no ato de julgar, em que o árbitro deve atuar com inteligência, conhecimento jurídico (arbitragem de direito) e ética. A imparcialidade é um *state of mind*. "Supõe uma ação interior, feita de lealdade, de bom senso e de desinteresse. A força de vontade, a energia de caráter de onde procede, são o resultado de uma grande altivez de vistas da elevação do pensamento, da largueza de espírito", acentuou Fabreguettes, na sua obra *La logique judiciaire et l'art de juger*.

O conceito jurídico da *independência*, com vertente mais objetiva, indica à equidistância, a ausência de interesse na solução da controvérsia, da qual se sobressai a inexistência de conflito de interesses com as partes e, dependendo do grau de envolvimento, com os advogados destas.

Certa vez, ao ler um estudo sobre antropologia da Justiça e o pensamento ético-político de Ortega y Gasset, deparei-me com uma citação emblemática sobre o conceito de *imparcialidade* do julgador. Ressaltou o filosofo espanhol que a palavra *imparcialidade* deveria ser vista de forma translúcida e que significa impessoalidade. Para ele, a impesssoalidade do julgador significava sair-se de si mesmo, escapar-se da vida, subtrair-se da lei da gravidade sentimental. Dessa forma se poderia ser justo!

Se ficarmos somente com estes dois conceitos dentre vários que integram a função do árbitro, já se verifica a complexidade que a matéria referente ao árbitro encerra para a doutrina e para a jurisprudência.

O capítulo III da Lei de Arbitragem é inteiramente dedicado ao árbitro, seu mister, forma de indicação, seus deveres e responsabilidades. Analisar e dissecar os conceitos nele dispostos e os demais que integram a Lei de Arbitragem, tendo como prisma a função do árbitro é o que se propõe este livro.

Não posso deixar de ressaltar duas aferições importantes que defluem da análise dos artigos que compõem esta coletânea. A primeira é seu caráter inovador, quanto à forma de abordagem. A segunda é a complexidade e profundidade em que os temas são discorridos, a maestria dos articulistas. Nada aqui é raso ou superficial. Vai-se às entranhas e à problemática que os temas encerram. Estes dois atributos alçam este livro à categoria de obra doutrinária de terceira geração da arbitragem brasileira[3].

Entre os excelentes estudos produzidos neste livro, a título de exemplo, podemos citar: (i) o que aborda sobre a jurisdição do árbitro, motivação da sentença e sua racionalidade, em que se desenvolve estudo na seara da psicologia, análise econômica do direito e outros enfoques para expor

[3] Pode-se dizer que as obras de primeira geração seriam aquelas surgidas com o advento da Lei de Arbitragem e que tiveram como objetivo difundir a arbitragem em seus aspectos gerais, como os compêndios e manuais de arbitragem. As de segunda geração são aquelas que se dedicaram a estudar temas específicos, como o processo arbitral, a anulação da sentença arbitral e o dever de revelação do árbitro, por exemplo.

e entender como os árbitros decidem; (ii) o que analisa o tema da imunidade do árbitro e demonstra as peculiaridades do *civil law* e do *common law* e, entre outros aspectos, demostra como a intersecção da arbitragem com o direito civil e o direito estrangeiro auxiliam no desenvolvimento deste tema ainda pouco tratado no Brasil; (iii) o que enfrenta a questão da diversidade de gênero e a justa reivindicação de uma maior participação de profissionais mulheres na composição do tribunal arbitral, tema candente tanto no ambiente doméstico como internacional; (iv) o que aborda sobre a ética na arbitragem e que representa sua própria essência, pois o procedimento arbitral é, antes de tudo, um procedimento ético, tendo o árbitro papel primordial; e (v) o que aponta o que precisa ser aprimorado nas sentenças arbitrais, com críticas construtivas efetuadas pelo Judiciário e que representam, antes de tudo, a comunhão de meios, de fins e a simbiose existente entre Justiça Estatal e Justiça Arbitral, como ressaltado por Bruno Oppetit.

Os coordenadores deste livro, Carlos Eduardo Stefen Elias e Bruno Guandalini estão de parabéns, assim como todos os articulistas que contribuíram com seus estudos.

Os leitores deste livro podem estar certos de que aprimorarão seus conhecimentos e muito acrescentarão no saber sobre a função do árbitro.

Por fim, relembro que a arbitragem é um instrumento que se sustenta na Lei, na ética e na confiança das partes nos árbitros. São esses atributos que lhe conferem credibilidade e vida longa.

São Paulo, Primavera de 2021

SELMA FERREIRA LEMES
Advogada e Professora de Arbitragem
Mestre e Doutora pela Universidade de São Paulo
Membro da Comissão Relatora da Lei de Arbitragem

SUMÁRIO

PARTE 1

PASSADO, PRESENTE E FUTURO DA FUNÇÃO DE ÁRBITRO

1. A EVOLUÇÃO DA FUNÇÃO DO ÁRBITRO

Arnoldo Wald

"A paz é o fim que o direito tem em vista, a luta é o meio de que se serve para o conseguir" (Rudolf von Jhering)[4]

I consider negotiated agreement infinitely superior to arbitration. But where private parties cannot negotiate successfully, arbitration is infinitely superior to a shutdown over a period of a vital segment of the nation's economy (John F. Kennedy)[5]

Introdução

O último meio século transformou radicalmente o mundo. Tivemos inicialmente a introdução de novas tecnologias que ensejaram a chamada Terceira Revolução Industrial[6], que foi logo seguida pela globalização, com a redução do distanciamento entre os países. A própria geografia mudou, dando maior importância a determinadas economias, que ante-

[4] IHERING, Rudolf von. A luta pelo Direito. Rio de Janeiro: Forense, 1972, p. 21.

[5] 'Statement to railroad and operating rail union officials at White House', **New York Times**, 7-10-1963.

[6] RIFKIN, Jeremy. **La troisième révolution industrielle**. Comment le pouvoir latéral va transformer l'énergie, l'économie et le monde. Paris: Les Liens qui Libèrent, 2012.

riormente pareciam secundárias e vice-versa, havendo, assim, um novo *ranking* das grandes potências. Evoluiu, ou involuiu, a política com o desaparecimento dos vultos que dominaram o século passado. Passamos a ter uma nova civilização e uma transformação cultural, implantando-se a idade da incerteza[7] e da urgência[8], a certeza sendo substituída pelas estimativas e pela relativa confiança que devemos conceder aos parceiros, às autoridades e aos cientistas. Vivemos, desde o fim do século XX, e nas duas primeiras décadas do nosso, num mundo diferente, ao qual é necessário que nos adaptemos.

As mutações ocorridas em todos os domínios e nas diversas profissões encontraram muita resistência no Direito, que continuava a manter os mecanismos do passado, obsoletos numa civilização de massas, que foi substituindo o coletivo ao individual, embora tentando manter, com dificuldade, as garantias dos direitos humanos e a estabilidade das instituições jurídicas. Criamos quase imperceptivelmente um novo capitalismo[9] com a mudança da antiga sociedade anônima, que era controlada e dominada, por um único dono, considerado "o patrão de direito divino[10]" que abriu as suas portas ao controle partilhado e mais recentemente ao pulverizado.

E o Direito assistiu a essas mudanças como se a maioria delas não tivessem ocorrido. Conceitos jurídicos tradicionais que nos vinham do direito romano foram abalados, mitigados ou redefinidos. Foi o que aconteceu com instituições básicas do direito privado, como a propriedade e o contrato, aos quais foram atribuídos uma função social e econômica, como a família, que passou a ser conceituada de modo diferente, e com vários institutos jurídicos, que desapareceram nos códigos ou na prática, como a enfiteuse, ou foram substituídos na realidade por outros. Surgiram assim a alienação fiduciária e o *trust,* além de muitas outras figuras jurídicas desconhecidas ou pouco conhecidas no passado. O juiz passou a exercer a direção do processo em vez de assistir passível ao duelo das partes. A renovação do direito processual e do direito

[7] GALBRAITH, John Kenneth. **A era da incerteza**. Tradução brasileira. 3. ed. São Paulo: Pioneira, 1982.

[8] FINCHELSTEIN, Gilles. **La dictature de l'urgence**. Paris: Fayard, 2011.

[9] SENNETT, Ricardo. **A cultura do novo capitalismo**. Tradução brasileira. Rio de Janeiro: Record, 2008.

[10] PEGARD, Catherine. La fin du patron de droit divin. **Le Point**, Paris, 12 nov. 1999.

material mudou vários aspectos, ensejando o desenvolvimento de instrumentos novos como a Ação Declaratória de Constitucionalidade (ADC) ou a Arguição de Descumprimento de Preceito Fundamental (ADPF), utilizadas amplamente nos últimos anos.

Tratou-se de uma nova missão do Ministério Público e de uma "nova advocacia"[11], que tinha como objetivo a conciliação ao invés da vitória de uma parte sobre a outra, que poderia não ter a mesma eficiência prática. Superou-se, assim, a "era da litigiosidade" e considerou-se que a harmonia e a paz entre indivíduos e empresas poderiam ser o objetivo principal do direito dos negócios. Entrou-se na era dos métodos alternativos de solução de controvérsias (hoje métodos "adequados", fruto da evolução do acrônimo americano ADR).

Várias obras trataram sucessivamente da "revolta dos fatos contra os Códigos"[12], do declínio[13] ou das metamorfoses[14] e da reconstrução do direito[15], atribuindo novas funções mais construtivas à doutrina e à jurisprudência, que deveriam atualizar o direito e adaptá-lo às novas condições e circunstâncias do momento. Admitiu-se a criação de um direito de emergência, baseado em grande parte na liberdade com responsabilidade. Exigiu-se, na realização das operações e na gestão das empresas, maior transparência, considerando-se, com a magistratura norte-americana da Corte Suprema, que a luz do sol é o melhor desinfetante[16]. Exigiu-se do Direito uma nova qualidade que passou a constar da nossa

[11] Ribeiro, José Horácio Halfeld Rezende. Dimensão da advocacia e do exame da ordem. *In*: Coelho Júnior, Hélio Gomes; Martins, Carlos Eduardo Behrmann Rátis; Teixeira, Gilberto Lopes (org.). **A nova advocacia**. Rio de Janeiro: Colégio de Presidentes dos Institutos dos Advogados do Brasil, 2019, p. 59-78.

[12] Morin, Gaston. **La revolte du droit contre le Code**: la revision necessaire des concepts juridiques. Paris: LGDJ, 1945.

[13] Ripert, Georges. **Le declin du droit**: etudes sur la legislation contemporaine. Paris: LGDJ, 1949.

[14] Savatier, René. **Les metamorphoses economiques et sociales du droit prive d'aujourd'hui**. v. 3. Paris: Dalloz, 1948.

[15] Frazão, Ana; Tepedino, Gustavo (coord.). **O Superior Tribunal de Justiça e a reconstrução do direito privado**. São Paulo: RT, 2011.

[16] Brandeis, Louis. **Other people's money and how the bankers use it**. New York: Stokes, 1914, Chapter V: what publicity can do –publicity is justly commended as a remedy for social and industrial diseases. Sunlight is said to be the best of disinfectants; electric light the most efficient policeman.

Constituição: a eficiência. As normas jurídicas devem ser aplicadas de modo a garantir soluções eficientes, em tempo razoável, no interesse das partes e da sociedade civil[17].

Na revolução realizada no campo jurídico, a arbitragem passou a desempenhar um papel importante e a ter novas funções e características. Deve ser a justiça do caso concreto que enseja maior eficiência do julgado.

Praticamente inexistente, na sua concepção moderna, até o início do século passado, a arbitragem foi implantada gradativamente na Europa e nos Estados Unidos, até a Segunda Guerra Mundial, quando se tornou um instrumento mais frequentemente utilizado, especialmente nos negócios internacionais e, aos poucos, nas operações comerciais domésticas. No Brasil, embora sua primeira previsão remonte à Constituição imperial de 1824 e tenha sido prevista como mecanismo até mesmo em concessões públicas ao longo do século XIX[18], a arbitragem era considerada pouco usual ou até "exótica" até as duas últimas décadas do século XX, sendo mais comum nas operações de empresas brasileiras com os outros países. Finalmente, com a Lei n. 9.307/1996, o reconhecimento da sua constitucionalidade pelo Supremo Tribunal Federal[19] e a adesão do Brasil à Convenção de Nova Iorque em 2002, a arbitragem passou a ser realmente implantada e consolidada em nosso país.

A jurisprudência do Superior Tribunal de Justiça, a reforma legislativa de 2015 e a criação de mais de uma centena de câmaras de arbitragem no Brasil aprimoraram e generalizaram o instituto que foi sendo

[17] Brasil. Constituição Federal (1988), Art. 5º, LXXVII; Art. 37.

[18] Foi o caso, *v.g.*, da construção da estrada de ferro construídas para ligar Jundiaí a Campinas, ou ainda a exploração da navegação a vapor nos rios Mogy-Guassu, Pardo e Rio Grande. Silveira Lobo relata, ainda naquele período, "a arbitragem proposta, em 1873, pelo filho de Lord Cochrane, então já falecido, contra o governo imperial brasileiro, para haver a parcela, que cabia a seu pai, das presas de guerra obtidas nos combates para expulsar as forças lusas resistentes à independência. O Tribunal Arbitral, composto pelos embaixadores dos Estados Unidos e da Itália, decidiu por equidade e condenou o governo imperial a pagar ao herdeiro do almirante uma quantia bem menor do que a reclamada". Lobo, Carlos Augusto da Silveira. História e perspectivas da arbitragem no Brasil. **Revista de Arbitragem e Mediação**, v. 50, jul.-set. 2016, p. 4.

[19] Brasil. Supremo Tribunal Federal. AI n. 52.181/GB, Rel. Ministro Bilac Pinto, RTJ 68/382.

aceito por particulares e pelas entidades públicas, crescendo em proporção geométrica, alcançando pleitos com valores muito substanciais.

A arbitragem serviu também de catalisador de acordos, tanto pelo trabalho construtivo dos árbitros e dos advogados, como pelo maior conhecimento, por cada parte, dos argumentos do seu adversário que, muitas vezes, só foram conhecidos, adequados e valorizados no processo arbitral.

Papel relevante no desenvolvimento da arbitragem em nosso país teve a doutrina, abrangendo cerca de 200 livros, dos quais 2 ou 3 dezenas em língua estrangeira, 2 revistas jurídicas especializadas e cerca de 5 mil artigos, notas e resenhas dos quais, quase uma centena no exterior. Certamente foi o Brasil que proporcionalmente mais publicou trabalhos sobre arbitragem no mundo, no último quarto de século.

Passando ao tema central do nosso estudo, que é a evolução da função do árbitro no Brasil, examinaremos mais detidamente dois aspectos a ela relacionados, que são a criação da ordem jurídica arbitral e a contribuição que ela pode dar à realização de acordos, modificando a prestação de serviços do árbitro, tanto no aspecto processual, como no direito material.

1. A ordem jurídica arbitral

> "O direito olha para o passado e a arbitragem para o futuro" (René David)[20].

Desde a sistematização da arbitragem, no início do século XX, na maioria dos países, a diferença entre as decisões judiciais e os processos arbitrais estava basicamente na forma, ou seja, no procedimento, abrangendo desde a nomeação dos árbitros, até o funcionamento processual, mas não atingia a visão respectiva, as finalidades e as metas de ambos, que aplicavam o mesmo direito material, sem qualquer distinção, salvo se as partes escolhessem o julgamento por equidade.

A partir de meados do século passado, surgiu uma nova concepção, que foi se consolidando com o decorrer do tempo e que nos parece que

[20] DAVID, René. **L'arbitrage dans le commerce international**. Paris: Economica, 1982.

pode vir a prevalecer no futuro, sem prejuízo de já incidir no presente com maior ou menor intensidade.

As primeiras manifestações da criação da ordem jurídica arbitral distinta da ordem judiciária surgiram, salvo melhor juízo, com o comparatista francês René David, em várias obras, nas quais desenvolveu, progressivamente, a ideia da existência de uma "ordem jurídica arbitral" que foi, durante muito tempo, defendida por alguns poucos autores e por reduzida parte da doutrina em alguns países. Assim, desde 1962, se referia à necessidade, em certos casos, de a arbitragem "sobrepujar" o direito, combinando a ideia de justiça com considerações da moral e da equidade, de utilidade social e eficiência material[21]. Em seguida, após reconhecer que o direito aceitou e passou a dar apoio à arbitragem, concluía René David que ela, na essência, era *autre chose que le droit*[22]. Efetivamente, o direito pretende garantir a estabilização das situações com o *suum cuique tribuere* ("atribuir a cada um o que é seu"), o que não é necessariamente a finalidade da arbitragem. Daí o conservadorismo dos magistrados enquanto a arbitragem é uma instituição que visa a paz, afirma o jurista francês. E prossegue esclarecendo que a finalidade da arbitragem é a harmonia das partes, pretendendo os árbitros encontrar uma fórmula de conciliá-las no futuro, além de, na medida do possível, também restaurar a situação anterior à lesão de direito. *O direito olha para o passado e a arbitragem para o futuro.* O campo da incidência do direito seria a solução jurídica das divergências contratuais, enquanto a arbitragem deveria pôr fim aos conflitos econômicos e sociais. À rigidez tradicional do direito, a arbitragem opõe a flexibilidade construtiva. As decisões judiciárias discutem mais as normas jurídicas, enquanto, na arbitragem, há uma certa prevalência da apreciação dos fatos concretos que justificam alguma elasticidade na aplicação às regras do direito.

Pouco depois, em 30-06-1965, o professor Philippe Fouchard, que publicou com Berthold Goldman e Emmanuel Gaillard um dos melhores Tratados de direito da arbitragem[23], proferiu uma palestra

[21] DAVID, René. Le dépassement du droit et les sytèmes de droit contemporains. *In*: **Archives de Philosophie du Droit**. Paris: Sirey, 1963, v. 8, p. 19.

[22] DAVID, René. **L'arbitrage dans le commerce international**. Paris: Economica, 1982.

[23] FOUCHARD, Philippe; GAILLARD, Emmanuel; GOLDMAN, Berthold. **Traité de l'Arbitrage Commercial International**. Paris: Litec, 1996.

no Comitê Francês de Arbitragem, sobre a autonomia da arbitragem comercial internacional[24], na qual enfatizou as concepções econômica e jurídica do instituto, para definir a última como sendo destacada (*détaché*) da ordem jurídica estatal. Entende que, ao lado da justiça, a arbitragem representa a única via amplamente aberta para a solução dos litígios internacionais. Há, assim, um particularismo que torna em certo sentido a arbitragem nacional decorrente da Convenção de Nova Iorque e de outros diplomas internacionais, abrangendo não só o procedimento, mas também o fundo dos litígios e a aplicação dos usos comerciais internacionais e de regulamentos profissionais. Cabe-lhes, pois, encontrar soluções próprias aos conflitos comerciais, independentemente das normas nacionais, desde que respeitada a ordem pública internacional, tendo os árbitros ampla autonomia na fixação das normas aplicáveis. A independência da cláusula compromissória em relação ao contrato no qual ela está inserida evidencia essa liberdade da qual gozam os julgadores na arbitragem internacional, sendo reconhecida pelos tribunais superiores da maioria dos países.

Em 1998, foi publicada a excelente monografia do professor Bruno Oppetit[25], na qual ele reconhece a existência de um mercado diferente da distribuição da justiça pelo Estado e pelos árbitros. Caracteriza a arbitragem pela sua racionalidade e coerência, pela sua originalidade e espírito próprio. Por outro lado, já, naquela época, temia a corrupção e as infrações à deontologia, assim como a burocratização das grandes instituições nas quais ocorre uma certa concorrência entre "os mercadores do direito". Receia uma mercantilização da arbitragem, mas espera uma reação construtiva baseada na filosofia humanista que inspira o instituto.

O autor insiste no seu aspecto cultural e na sua universalidade que fazem a sua originalidade. Refere-se ao "espírito próprio da arbitragem" e vê nela "uma arte fundamentada no direito natural, ligada à experiência e à procura do justo", concluindo que a evolução e o funcionamento da arbitragem internacional expressam os valores do humanismo, mesmo sob a pressão da economia e da técnica e conseguem assim reduzir o papel do Estado, de acordo com o princípio da subsidiariedade.

[24] Comité Français de l'Arbitrage, Séance du 30 juin 1965. Fouchard, Philippe. L'autonomie de l'arbitrage comercial international. **Revue de L'Arbitrage**, Paris, n. 3, p. 99.
[25] Oppetit, Bruno. **Théorie de l'arbitrage**. Paris: Puf, 1998.

As lições pioneiras de Bruno Oppetit se aplicam principalmente à arbitragem internacional, mas hoje também, no nosso entendimento, à arbitragem doméstica.

Cerca de 40 anos depois, o professor Emmanuel Gailllard fez excelente palestra na Academia Internacional de Direito Comparado de Haia, publicada no ano seguinte e, posteriormente, traduzida em português[26], na qual sintetiza a história da arbitragem internacional que considera como verdadeiro sistema autônomo, num ensinamento que também se aplica, grosso modo, à arbitragem doméstica nos países em que o Poder Judiciário não entra no mérito das decisões arbitrais. Lembra o professor Emmanuel Gailllard que desde a década de 1980, os professores franceses Eric Loquin, Daniel Cohen e Thomas Clay, desenvolveram a teoria do sistema arbitral, que não deixou de ter ligação com várias correntes, como o jusnaturalismo, o positivismo transnacional e a ultrapassagem de alguns conceitos tradicionais decorrentes de se considerar o Estado nacional como única fonte do direito.

A jurisprudência foi aos poucos admitindo a existência do sistema arbitral como conjunto de regras próprias baseadas nos usos e costumes e numa simbiose de várias culturas jurídicas como as da *commom law* e do direito ocidental dos países continentais. As normas internacionais do Unidroit e de outras instituições e das próprias Câmaras de Arbitragem acabam formando um sistema relativamente homogêneo e coerente. Reconhecida pela jurisprudência e pela doutrina, essa simbiose dos princípios e das regras gerais das várias culturas jurídicas nacionais pode servir de base à arbitragem como sistema. Essa consolidação se tornou mais relevante e fácil na medida do conhecimento do direito comparado e da adoção, no plano nacional, de institutos estrangeiros. Assim, no direito brasileiro, além das influências germânica, francesa e italiana no direito privado, adotamos alguns conceitos e a experiência dos Estados Unidos, nas áreas constitucional e societária, convivendo as duas culturas no direito administrativo.

Ainda mais recentemente, o professor Jean-Baptiste Racine desenvolveu o assunto considerando a ordem jurídica arbitral como uma inovação fecunda, que vislumbra como uma realidade prática e teórica

[26] GAILLARD, Emmanuel. **Teoria jurídica da arbitragem internacional**. São Paulo: Atlas, 2014. Título original: *Aspects philosophiques du droit de l'arbitrage international.*

decorrente do pluralismo normativo[27]. Defende a autonomia, que não deve ser confundida com a soberania, e que se justifica nos sistemas jurídicos abertos como os concebidos por Santi Romano ou Georges Gurvitch. A legitimidade da arbitragem é hoje reconhecida universalmente, dando assim os Estados uma espécie de delegação aos árbitros, para produzir uma verdadeira ordem jurídica decorrente das suas sentenças. No fundo, há uma certa analogia entre a sentença arbitral e a sentença estrangeira. É, por outro lado, um direito flexível baseado na prática, e na jurisprudência, tanto arbitral como estatal, tendo fontes tanto nacionais como internacionais.

2. O espírito da arbitragem

> *[...] la notion d'arbitrage évoque naturellement les idées de dialogue et de paix. La qualité première de la procédure arbitrale réside dès lors dans 'un climat de confiance' qui dépasse les rapports entre l'arbitre et les parties car il est particulièrement propice à leur rapprochement et l'aboutissement d'une transaction.*
>
> *L'affrontement privé et tempéré des thèses en présence, favorisé par la confidentialité des débats et de la sentence, sauvegarde l'avenir des relations entre les parties, sans que celles-ci recherchent pour autant une décision autre que celle qui serait rendue par um juge étatique; ce climat de détente est aussi le garant de la fléxibilité et de la souplesse de la procédure, marquée par une atténuation du formalisme*[28].
>
> *Arbitrators are not judges and we are not administering justice as understood by state courts. We should neither pretend to be judges, nor clothe ourselves in powers and procedures such as those which judges must follow. Otherwise, this attitude of mind will lead us more and more into detailed rules of arbitral procedure and lengthy and learned commentaries purporting to tell practitioners and arbitrators what to do in every given procedural situation.* **Procedure is the servant of arbitration and not *its master*.** *Our guiding principle must be to follow the rules of natural justice or due process so as to ensure that parties are treated equally and fairly*[29].

[27] Racine, Jean-Baptiste. **Le droit de l'arbitrage**. Paris: PUF, 2016, p. 45. Após reconhecer que se trata de uma concepção consolidada pelo direito francês e menos aceita em outros países, citando inclusive ampla bibliografia sobre o assunto.

[28] Bournonville, Philippe de. **Droit judiciaire**: L'arbitrage. Bruxelles: Larcier, 2000, p. 78.

[29] Marriott, Sir Arthur. Pros and cons of more detailed arbitration laws and rules. *In*: Berg, Albert Jan van den (ed.). **Planning efficient arbitration proceedings**: the law applicable in international arbitration. London: Wolters Kluwer Lawy & Business, 1966, p. 65-71.

Embora a finalidade perseguida pelas justiças estatal e arbitral seja a mesma, a função se exerce de outro modo. Há uma diferença de método na maneira de tratar o problema apresentado e na própria interpretação do direito material, já que a arbitragem nasce do consenso das partes, exteriorizado na convenção arbitral. Uma ação judicial, pelo contrário, pressupõe a existência de uma situação já deteriorada, que se tornou insuportável, carregando, por isso, consigo uma pesada carga emocional do lado das partes e, algumas vezes, uma belicosidade dos seus advogados, expostos desde cedo, já desde os bancos das universidades, à "cultura da sentença", à mentalidade da "solução adjudicada autoritativamente pelo juiz", conforme apontado por Kazuo Watanabe[30].

É preciso salientar, todavia, que tem havido, nos últimos anos, uma maior aproximação entre as soluções arbitrais e as do Poder Judiciário, na medida em que o juiz passou a dar maior importância aos elementos econômicos e sociais dos conflitos e às suas consequências práticas. Efetivamente, os tribunais começaram a fazer uma ponderação entre a aplicação cega ou rígida da norma legal e as circunstâncias peculiares do caso concreto. Chegou-se a afirmar que o magistrado passou a assumir, algumas vezes, o papel de verdadeiro pacificador[31].

Por outro lado, embora tendo origem contratual, a arbitragem tem natureza jurisdicional. A vontade das partes autoriza a arbitragem, escolhe os árbitros, define a lei que deve ser aplicada e a sede na qual irá funcionar, mas não interfere no modo de decisão. A doutrina reconhece que atualmente não mais se contesta que o árbitro tem a *jurisdictio* em toda a sua plenitude, devendo obedecer aos princípios constitucionais e legais que inspiram a distribuição da Justiça, como a imparcialidade, o respeito ao contraditório e o direito de defesa (*due process of law*). No entanto, não se lhe aplicam, necessariamente, as normas processuais e as regras procedimentais, mas sim as que são estabelecidas pelas partes,

[30] WATANABE, Kazuo. A mentalidade e os meios alternativos de solução de conflitos no Brasil. *In*: GRINOVER, Ada Pellegrini; WATANABE, Kazuo; LAGRASTA NETO, Caetano (coord.). **Mediação e gerenciamento do processo**: revolução na prestação jurisdicional. São Paulo: Atlas, 2007, p. 7. Por sua vez, o Ministro Toffoli tem condenado a "cultura do litígio", em várias manifestações e pronunciamentos à imprensa, e o Ministro Massami Uyeda pregou a substituição da "mentalidade do litígio" pela conciliação. **Consultor Jurídico**, 20 jan. 2009.

[31] OST, François. **Dire le droit, faire justice**. Bruxelas: Bruylant, 2007, p. 33.

ou em regulamentos de instituições de arbitragem que, evidentemente, obedecem às normas legais específicas no âmbito nacional ou aos princípios gerais do direito da "ordem arbitral internacional", quando se trata de conflitos entre empresas ou entidades que a ela se submetem.

Por outro lado, já se disse que a arbitragem não é simples aplicação do direito, pois, além de compor o conflito, os árbitros devem, na medida do possível, encontrar uma solução que não seja apenas legal. Deve também ser justa e exequível, com vistas a "restaurar a harmonia entre as partes e organizar as suas relações para o futuro"[32].

Na realidade, a arbitragem e a nossa Constituição têm uma vinculação que pode não parecer tão ostensiva à primeira vista. Há entre a arbitragem e a Constituição brasileira uma grande identidade, tanto assim que ela foi mencionada explicitamente no art. 114, §§1º e 2º, em se tratando de litígios coletivos trabalhistas; o espírito da arbitragem e o da Constituição são muito parecidos. Podemos até dizer que a arbitragem se inspira na Constituição de 1988, naquilo que Miguel Reale chamou de liberal-socialismo no plano político, e que talvez pudéssemos chamar também de capitalismo social no plano econômico.

A arbitragem igualmente se aproxima da Constituição de 1988 em relação a outra ideia, que é mais moderna e estava implícita na Constituição, mas que foi reafirmada nas emendas constitucionais mais recentes, que é a de conciliar, de um lado, a função social do direito e, de outro, a eficiência econômica. Talvez sejamos o único país do mundo a determinar, na sua Constituição, que o Estado deve ser eficiente (Emenda Constitucional n. 19, modificando o *caput* do artigo 37). Por sua vez, em virtude da Emenda Constitucional n. 45, a nossa Justiça também deve ser eficiente. Assim, essa eficiência abrange uma ideia de especialização, ou seja, da possibilidade de aprimorar a Justiça, dando-lhe maior velocidade, custos menores e, ao mesmo tempo, especializando-a, para que possa realizar adequadamente a sua função.

Ao recorrerem à arbitragem as partes buscam flexibilidade, isto é, a possibilidade de criarem um procedimento "sob medida", no pleno exercício das "consequências da autonomia da vontade" ou do "poder de negociar". Cabe, pois, às partes, escolher os árbitros, a lei aplicável ao

[32] David, René. Le dépassement du droit et les systèmes de droit contemporains. *In*: **Archives de Philosophie du Droit**, n. 8, Paris, Sirey, 1963, p. 8.

mérito, as regras de procedimento, os prazos, enfim tudo aquilo que a lei não proíbe.

O simples fato de as partes terem que fazer determinadas escolhas no curso da arbitragem acaba propiciando, por sua vez, uma aproximação entre elas, e estabelecendo uma relação de colaboração mútua com os árbitros que não costuma existir no processo judicial. A necessidade da busca pela eficiência e pela eficácia da arbitragem acaba fazendo com que todos os envolvidos tenham que atuar imbuídos pelo espírito de cooperação e lealdade ou, em outras palavras, de boa-fé. Trata-se, atualmente, de obrigações dos contratantes, no direito material, e das partes litigantes, no campo processual.

A arbitragem é um procedimento de boa-fé. Ela pressupõe um mínimo de confiança que as partes devem ter umas nas outras e nos árbitros, já que todos têm um objetivo comum, que é a busca da verdade. Essa verdade não é, contudo, a verdade de uma ou da outra parte. Em matéria de arbitragem, as partes e os árbitros tentam fazer uma parceria na busca de uma verdade construída de boa-fé, mas cujas consequências devem ser vistas com pragmatismo. É a verdade do possível, daquilo que terá a função essencial de permitir, ao mesmo tempo, a solução do problema e a convivência futura das partes. É a lógica complementada pelo pragmatismo.

Poder-se-ia até concluir que, em tese, a arbitragem não é aconselhável quando ambas as partes não estão de boa-fé. Não deve ser utilizada como "jogada estratégica", embora não se possa negar que, na prática é, algumas vezes, deturpada e usada para melhorar uma negociação ou até alertar a outra parte de certos riscos decorrentes do seu comportamento.

Por outro lado, pode funcionar – e funciona efetivamente – como catalisador do acordo quando as partes querem realmente encontrar uma solução que, ao mesmo tempo, seja justa e aceitável para ambas. Já se elogiou eminente árbitro pelo fato de a maioria de suas arbitragens terminarem em acordo[33]. E, na minha vivência, em vários casos, a dis-

[33] De acordo com conhecido árbitro suíço: *"I used to be fairly legalistic as an arbitrator. Give me the facts. Give me the law. And I'll decide it, okay [...] I was impressed [...] when I was [...] secretary at several panels, for several arbitration panels where Pierre Lalive was the chairman. He [...] hardly ever decided the case. They would all be settled at some point. And that takes a lot of skill [...] from the chair-*

cussão dos advogados, a prova apresentada e o comportamento construtivo dos árbitros levaram os litigantes a firmarem acordos construtivos no interesse de ambos.

A arbitragem é, e deveria ser no futuro, um importante instrumento de paz social. Pela confidencialidade, pelo tipo de relacionamento que se cria, procura-se encontrar não só o ressarcimento, a reparação do prejuízo, mas também uma forma de convivência futura aceitável para ambas as partes. De nada adianta uma condenação que, na realidade, não terá efeito prático algum. É preciso encontrar uma fórmula viável, uma fórmula prática. Muitas vezes, há conflitos nos quais as partes têm divergências, mas querem continuar trabalhando juntas. Se recorrerem à justiça estatal, com uma ação que pode demorar 10 ou 15 anos, não poderão mais trabalhar juntas, pois já não haverá mais clima de cooperação. E, muitas vezes, a cooperação é útil, é até necessária, inclusive, em certos casos, até mais importante do que o próprio litígio. Mas o litígio existe e tem que ser resolvido.

Dessa forma, atende-se, justamente, a essa necessidade social de continuidade, de manutenção de um relacionamento comercial e de maior previsibilidade que, na arbitragem internacional, evita as interferências políticas ou econômicas[34], chegando até mesmo a criar, em muitos casos, um ambiente propício para uma resolução amigável, por meio de acordo. Os árbitros devem ser catalisadores de acordos, catalisadores da paz, e a arbitragem é, de fato, um instrumento importante para tentar evitar ou terminar as guerras. Devem estar os atores da arbitragem impregnados daquilo que Kazuo Watanabe chama de "cultura da pacificação"[35], olhando não só para o para o passado, mas também para o presente e para o futuro.

man [...]" (*apud* DEZALAY, Yves; GARTH, Bryan G. **Dealing in virtue**. Chicago: The University of Chicago Press, 1996, nota 17, p. 40)

[34] Sobre o assunto, ver: CREMADES, Bernardo; CAIRNS, David. La seguridad jurídica de las inversiones extranjeras: la protección contractual y de los tratados. **Revista de Arbitragem e Mediação**, n. 2, maio-ago. 2004, p. 126 *et seq.*

[35] WATANABE, Kazuo. A mentalidade e os meios alternativos de solução de conflitos no Brasil. *In*: GRINOVER, Ada Pellegrini; WATANABE, Kazuo; LAGRASTA NETO, Caetano (coord.). **Mediação e gerenciamento do processo**: revolução na prestação jurisdicional. São Paulo: Atlas, 2007, p. 10.

Para realizar a sua função, o árbitro presumidamente tem mais tempo do que o juiz para examinar minuciosamente os fatos e, assim, verificar a sua perfeita adequação em relação à norma e a sentença que irá proferir.

Assim, tanto os advogados como os árbitros desempenham um importante papel na construção do relacionamento futuro dos litigantes, pois têm o dever de buscar a solução mais adequada ao problema. Muitas vezes, o espírito da construção pode ser mais útil para as partes do que o valor da condenação e da indenização que uma delas deve pagar à outra.

O advogado e o árbitro desempenham, portanto, um papel adicional ao dos litigantes. Ele passa igualmente a ser um construtor de soluções, um advogado pragmático, no sentido de dar soluções que atendam aos interesses do seu cliente. Tanto os árbitros como os advogados não se comportam do mesmo modo que os magistrados e os causídicos o fazem nas instâncias judiciais. O ambiente da arbitragem não o permite, principalmente em arbitragens internacionais, nas quais se verifica uma profunda influência multicultural do lado dos advogados das partes e dos árbitros.

Conforme explica Doak Bishop[36], o árbitro responde positivamente quando a advocacia exercida na arbitragem o auxilia na busca da verdade. No entanto, sua atitude pode ser negativa quando usa de manobras dilatórias ou técnicas visando obstruir a busca da verdade ou ocultar os fatos.

A máxima de que a arbitragem vale tanto quanto vale o árbitro[37] é, portanto, em parte verdadeira. A qualidade da arbitragem também está atrelada à atuação dos advogados. Quando eles não se comportam de forma adequada na arbitragem fica, normalmente, afetada a relação com o árbitro e, por conseguinte, o resultado da arbitragem pode não ser satisfatório. Nas palavras de Doak Bishop, "*advocacy that aids the arbitrator in fulfilling his role adds substantial value to the case, while advocacy that does not assist the tribunal in this task is wasted effort*"[38].

[36] BISHOP, R. Doak. Advocacy from the arbitrators' perspective. *In*: **The Art of Advocacy in International Arbitration**. New York: Juris Publishing, 2004, p. 441.

[37] A afirmação foi feita pela primeira vez por Frederick Eisemann, antigo Secretário-Geral da Corte Internacional de Arbitragem da CCI.

[38] BISHOP, R. Doak; BISHOP, R. Doak. Advocacy from the arbitrators' perspective. *In*: **The art of advocacy in international Arbatration**. New York: Juris Publishing, 2004, p. 442.

A prática tem mostrado que tanto juízes como advogados atuantes em arbitragem devem observar determinadas regras de conduta específicas a fim de manter intacto o espírito do instituto. A principal delas é a lealdade.

Na arbitragem, os advogados têm o dever ético de serem sempre honestos e leais em suas relações com os árbitros, com a instituição arbitral e com os patronos da outra parte. Este dever é mais intenso do que aquele existente no processo judicial. Tal obrigação incide em todas as etapas do procedimento, em todas as manifestações, sejam elas escritas ou orais, de modo a estabelecer um vínculo de confiança e de credibilidade entre os patronos das partes e os árbitros.

Tal vínculo se reforça com o pleno e completo domínio, pelo advogado, dos fatos e do direito. O advogado deve conhecer bem o seu caso. Só assim terá condições de apresentá-lo aos árbitros de forma satisfatória, não ensejando discussões secundárias, ou juntando documentos irrelevantes, insistindo na produção de provas inúteis e, muitas vezes, protelatórias. A organização e o preparo cuidadoso e meticuloso das manifestações e provas contribuem, sem dúvida, de forma significativa para a otimização do trabalho dos árbitros na busca da verdade, evitando dispêndios, deslocamentos e dilações totalmente desnecessários.

O advogado deverá, portanto, ser objetivo, preciso e saber ser sintético. Uma descrição clara e concreta dos fatos efetivamente relevantes é essencial para se atingir a melhor solução possível para o caso. Quando o árbitro não entende os fatos não pode decidir bem. A produção volumosa de provas, além de tumultuar o procedimento, acaba tirando o foco das questões realmente importantes, ocultando, muitas vezes, a verdade. Ela também acaba minando a credibilidade dos advogados em face dos árbitros, que podem vislumbrar nesse comportamento uma tática de distração ou de dilação. Em qualquer dos casos, o resultado não é proveitoso para a arbitragem, que se desvirtua e acaba por impedir o tribunal arbitral de alcançar a sua finalidade precípua, que é a prolação de uma sentença justa, no menor prazo e com os menores custos possíveis.

No entanto, a responsabilidade pelo sucesso da arbitragem também recai nas mãos dos árbitros. Eles devem cooperar com as partes e seus advogados a fim de encontrar a solução que permita a continuidade da relação pré-existente. Para isso, como salientado por Piero Bernardini, "*rather than invoking prerogatives which may be challenged or receive reactions by the parties, the arbitrator should from the very beginning of the process make an effort to establish a fruitful line of communication with the disputing parties and their counsels*"[39].

Assim, os árbitros, sobretudo o presidente do tribunal arbitral, devem ser prudentes e experientes, pois terão, inevitavelmente, que enfrentar diversos conflitos de diferentes naturezas no curso do procedimento arbitral. Devem dispor de tempo para exercer a função. Também devem ser compreensivos, saber ouvir as partes, seus advogados, e, principalmente, conhecer e entender a sua cultura e formação jurídica. Com tais atributos, os árbitros devem ser capazes de estabelecer uma dinâmica positiva com as partes e seus advogados, gerando o que Bernardo Cremades apropriadamente chamou de "arbitragem interativa"[40].

A interatividade permitirá aos árbitros evitar que as partes e seus advogados se percam em discussões inúteis. Sem deixar transparecer qualquer pré-julgamento, os árbitros podem, e têm sido cada vez mais encorajados a fazê-lo, ser proativos, delimitando, razoavelmente, as questões controvertidas ou, ainda, solicitando informações ou provas adicionais necessárias a respeito de determinado fato.

Exemplo interessante de condução ativa do procedimento arbitral é um caso recente envolvendo um tribunal arbitral composto por Klaus Sachs, Thomas Wälde e Klaus Reichert, em arbitragem regida pelas regras da *London Court of International Arbitration*[41]. Ao final de uma audiência com testemunhas, as partes fizeram pedidos opostos em relação à forma de conclusão da fase instrutória. A requerente queria a realização de uma audiência para sustentação oral das alegações finais, enquanto a requerida preferia a apresentação de alegações finais escritas. Diante do impasse, o tribunal arbitral sugeriu às partes que fossem delimitadas as questões controvertidas. Para tanto, após revisar todas as manifestações e as provas produzidas, apresentou-lhes uma relação com perguntas sobre os fatos e argumentos jurídicos que entendiam relevantes para a resolução do caso. Como o tribunal tinha ciência de que as par-

[39] BERNARDINI, Piero. The role of the international arbitrator. *In*: **Liber Amicorum Claude Reymond**: autour de l'arbitrage. Paris: Litec, 2004, p. 4.

[40] CREMADES, Bernardo. Overcoming the clash of legal cultures: the role of interactive arbitration. **Arbitration International**, v. 14, n. 2, 1998.

[41] BÉDARD, Julie. The Sachs – Wälde – Reichert Method. **Revista de Arbitragem e Mediação**, ano 5, n. 19, out.-dez. 2008, p. 135.

tes haviam tentado uma solução amigável, antes de iniciada a arbitragem, emitiu uma ordem processual determinando que, caso as partes não lograssem chegar a um acordo sobre o litígio até determinada data, deveriam apresentar as respostas às perguntas formuladas, os documentos solicitados e um cálculo detalhado dos custos incorridos por cada lado, dentro do prazo fixado.

As perguntas dos árbitros foram divididas em duas partes. Na primeira, constavam perguntas específicas relativas a determinados fatos e questões jurídicas sobre os quais o tribunal arbitral declarara ter interesse direto. Também foram solicitados documentos específicos, a serem apresentados pela parte que estivessem em sua posse ou às quais tivessem o melhor acesso. Já na segunda parte, os árbitros estabeleceram um cenário fático detalhado sobre sua visão a respeito da prova e pediram às partes que apresentassem comentários diretos a respeito de diversos pontos desse cenário. Os árbitros esclareceram que o cenário não era vinculante e que não constituía a interpretação definitiva que eles tinham do caso.

A apresentação das tradicionais alegações finais teria, com isso, sido substituída por um exercício diferente, direcionado e que teria sido mais útil para os árbitros no momento da deliberação, se não fosse pelo fato de que, no caso, as partes acabaram celebrando um acordo e colocando fim à arbitragem.

Não há dúvida de que o exercício ao qual as partes foram submetidas, no caso que acabamos de ilustrar, as conduziu à autocomposição do litígio. Por meio do método implementado pelos árbitros, as partes tomaram ciência, antes da prolação da sentença, de ao menos parte da visão que o tribunal arbitral tinha a respeito do caso, o que lhes permitiu reavaliar as respectivas posições e riscos.

Ao que tudo indica, a iniciativa que acabamos de narrar não é muito distante da realidade. Embora o método Sachs – Wälde – Reichert, como ficou conhecido, seja bastante original, há vários casos, inclusive no Brasil, em que o tribunal arbitral acaba delimitando o objeto das alegações finais, pedindo às partes para que tratem unicamente de determinados fatos ou argumentos jurídicos. A partir daí, já é, portanto, possível às partes ter noção de quais são as questões que, efetivamente, interessam mais aos árbitros, o que permite aos advogados serem mais objetivos e claros.

Quando os árbitros adotam uma postura mais fechada, passiva ou autoritária, as partes e seus advogados acabam sentindo a necessidade de se deter em todos os detalhes do caso numa advocacia exaustiva, pois desconhecem os pontos que realmente interessam aos árbitros. A postura dos árbitros acaba, portanto, criando uma barreira para a realização de um procedimento arbitral célere e menos custoso, além de dificultar um eventual acordo.

Na arbitragem há, pois, a ideia de uma aplicação muito específica da lei e da ordem jurídica arbitral em que o fato é quase tão importante quanto o direito. O símbolo e a imagem da justiça evoluíram no tempo e percebemos que ela não pode mais ter olhos fechados. A justiça de hoje é a mesma caracterizada por Rafael, em seu célebre quadro exposto no Vaticano. É uma Justiça de olhos abertos, mas que é imparcial. Trata-se de uma Justiça que não quer só aplicar a lei independentemente das suas consequências, mas quer fazê-lo de forma consciente e adequada ao caso concreto.

O árbitro tem a obrigação específica de atender às particularidades do caso. Já se disse que a sentença judicial é uma relativização do absoluto. A norma absoluta é relativizada para o caso. A sentença arbitral é relativizada com ponderação específica para o caso específico, com aplicação da visão e do espírito da ordem jurídica arbitral e isso tem importância básica na visão e no trabalho feito pelos árbitros e pelos advogados na arbitragem.

As várias críticas dirigidas à "comercialização"[42] da arbitragem devem servir de alerta para uma conscientização sobre o instituto, já que, como ensina Pierre Lalive, a arbitragem deve ser vista como um serviço de justiça e não como uma mercadoria[43]. Deve-se reagir contra o mercantilismo e acreditar numa Justiça que pode conciliar a ética e a eficiência, o direito e a economia, voltando, assim, às origens, à essência da arbitragem como meio alternativo de solução de controvérsias, menos formal,

[42] LALIVE, Pierre. Absolute finality of arbitral awards? **Revista de Arbitragem e Mediação**, ano 5, n. 19, out.-dez. 2008, p. 67 *et seq*.

[43] LALIVE, Pierre. Sur une 'commercialisation de l'arbitrage international. *In*: **Liber Amicorum Claude Reymond**: autour de l'arbitrage. Paris : Litec, 2004, p. 167; WALD, Arnoldo. O espírito da arbitragem. **Revista do Instituto dos Advogados de São Paulo**, n. 23, p. 23-35, jan.-jun. 2009.

mais expedito, mais humano e mais justo, no qual o elemento contratual desempenha um papel essencial, desde a sua origem.

É verdade que a doutrina francesa e eventualmente europeia da ordem jurídica arbitral não tem sido aceita nem desenvolvida em outros países, inclusive no Brasil, e que se limita às relações internacionais. Mas há uma evolução na legislação e na doutrina no sentido de aproximar a arbitragem doméstica da internacional, extinguindo as distinções que existiam tradicionalmente entre as duas e tratando-as de maneira relativamente uniforme ou análoga, o que levaria a reconhecer a autonomia da arbitragem, tanto no procedimento como, em parte, na aplicação do direito material.

Acresce que há uma certa analogia entre o espírito dos árbitros e seu modo de aplicar a lei com o realismo que passou a dominar o direito norte-americano. Efetivamente, sob a inspiração de Dewey, vários professores e magistrados como Oliver Wendell Holmes, Benjamin Cardozo, Louis Brandeis e Feliox Frankfurter, passaram a considerar que a lógica jurídica devia ser substituída pela experiência, ultrapassando o formalismo e as fórmulas abstratas para atender às realidades concretas, as situações de fato e as soluções eficientes.

Surgiu, assim, tanto na ordem jurídica arbitral como no realismo dos tribunais, uma certa dose de equidade e a vontade de fazer prevalecer a vontade das partes conciliadas com as soluções eficientes e justas em cada caso, que se reflete no próprio ensino jurídico americano dos *cases* e que influencia as faculdades no mundo inteiro.

3. A arbitragem como indução ao acordo entre as partes

> [...] § 4º Competirá ao árbitro ou ao tribunal arbitral, no início do procedimento, tentar a conciliação das partes, aplicando-se, no que couber, o art. 28 desta Lei. (Art. 21, § 4º da Lei n. 9.307, de 23.09.1996)
>
> *An arbitrator may assist the parties in reaching a settlement of the dispute at any stage of the proceedings. However, before doing so, the arbitrator should receive an express agreement by the parties that acting in such a manner shall not disqualify the arbitrator from continuing to serve as arbitrator*[44].

[44] SACHS, Klaus; SCHMIDT-AHRENDTS, Nils. Settlement efforts in arbitration. **Revista de Arbitragem e Mediação**. São Paulo, n. 25, p. 168, abr.-jun. 2010.

A importância crescente da arbitragem no mundo e especialmente no Brasil, desde o fim do século passado, nos revela que ela passou a exercer novas funções e a ser utilizada não somente para a solução dos litígios, pelos árbitros, mas também como meio de induzir demandantes e demandados a fazerem acordos ou criar melhores condições para que alcançassem um consenso.

Reconhece-se, hoje, que a arbitragem passou a constituir um verdadeiro mercado[45]. Na Inglaterra, mais de 4 mil processos arbitrais são julgados anualmente, abrangendo especialmente os campos do direito marítimo e dos seguros, com procedimentos especiais e alguns mais rápidos[46]. Na CCI, as arbitragens triplicaram em 20 anos[47], abrangendo atualmente litígios comerciais oriundos de 76 países e representando, somente em relação aos escritórios sediados em Paris, honorários advocatícios anuais de mais de um bilhão de reais[48]. Por sua vez, as empresas brasileiras e seus acionistas, se submetem a cerca de 400 arbitragens comerciais por ano, 300 delas nas Câmaras nacionais e, aproximadamente, 100 *ad hoc* ou em instituições sediadas no exterior, devendo representar um valor de questões em litígio, somando-se os pleitos de todas as partes, de aproximadamente R$ 10 bilhões, embora os valores iniciais atribuídos à demandas sejam baseados em estimativas de menor valor, seguindo, aliás, a nossa praxe judiciária.

A maioria das questões debatidas nos processos arbitrais é constituída por litígios societários e decorrentes de contratos de construção ou de compra e venda. Nos negócios jurídicos de longa duração, como os acordos de acionistas, e mesmo em outros que não se concretizam num único momento, como ocorre nas promessas de futura alienação, tempo é dinheiro (*time is money*) e, ao menos para uma das partes, não há como esperar uma solução por longo tempo. Daí a preferência pelo acordo,

[45] Hamida, Walid Ben; Clay, Thomas. **L'argent dans l'arbitrage**. Paris: L'Extenso, 2013; Clay, Thomas. El mercado del arbitraje. **Revista de Arbitragem e Mediação**, São Paulo, n. 41, p. 275-292, abr.-jun. 2014.

[46] **Dispute Resolution in London and the UK**, dec. 2012, p. 1-2.

[47] Foram 153 sentenças em 1990 e 599 em 2018. Disponível em: https://www.icc-portugal.com/Noticias/estatisticas-da-arbitragem-da -cci-revelam-novos-recordes-em-2018. Acesso em: 30 abr. 2021.

[48] Hamida, Walid Ben; Clay, Thomas. **L'argent dans l'arbitrage**. Paris: L'Extenso, 2013, p. 21.

pela mediação e pela conciliação e, na sua falta, pela arbitragem que, em virtude de sua confidencialidade e da posição construtiva dos advogados, reduz um pouco o antagonismo das partes e permite, algumas vezes, a continuação pacífica das suas relações comerciais, que geralmente não subsiste quando as partes estão num conflito judiciário.

Por outro lado, a arbitragem leva, em muitos casos, os litigantes a um acordo, no qual eles podem incluir cláusulas e prestações que não poderiam decorrer da decisão arbitral, por estarem jungidos os árbitros aos pedidos feitos no processo e não disporem de certos ingredientes econômico-financeiros que só os interessados podem utilizar.

Assim, a arbitragem pode ter um aspecto estratégico, sendo usada pelos empresários, para fins comerciais, a fim de melhorar as condições de um determinado negócio. Também pode servir de instrumento de proteção de executivos, ou até das autoridades que consideram um certo acordo de interesse da empresa ou do Estado, mas não querem ser responsabilizados por vir a ser considerado prejudicial, pela diretoria ou pelos acionistas, que nem sempre conhecem o contexto exato do caso, especialmente tratando-se de multinacional cuja sede está em outro país. Em tais situações, recorre-se à arbitragem, podendo até convencionar-se no ato de missão que os árbitros se limitarão a definir o valor de uma indenização, ou de uma diferença de preço, numa faixa prefixada.

Em outros casos, o processo arbitral funciona como uma espécie de tratamento psicanalítico, liberando as partes de uma forte emocionalidade, que, no início da divergência, impedia a solução comercial do litígio. Tivemos, assim, uma arbitragem na qual uma das partes pretendia discutir perseguições políticas e até os efeitos de uma guerra civil, que nada tinham a ver diretamente com o objeto do litígio. Chegamos a propor aos demais árbitros que essa parte de depoimentos e de juntada de documentos fosse excluída do processo, mas ponderaram e me convenceram de que, com as discussões e o decorrer do tempo, haveria uma espécie de catarse, podendo facilitar a realização do acordo, que, aliás, finalmente ocorreu, para a felicidade geral.

Foi, aliás, a única vez que na nossa carreira de árbitro, durante um meio século, o processo se iniciou não obstante uma ordem judicial de um juiz de Angola, proibindo a sua realização em Portugal, no local fixado pela cláusula compromissória sob ameaça de nos processar por *contempt of court*. Prosseguimos em Lisboa e, 2 anos depois, e cerca de 10 mil folhas nos autos, a arbitragem terminou por acordo das partes que homologamos com muita alegria. Na ocasião, os advogados da demandante e do demandado nos ofereceram uma taça de champanhe e proferiram dois discursos elogiando a dedicação dos árbitros.

Considera-se que uma das qualidades do árbitro consiste em levar as partes a uma composição amigável. Assim, o eminente mestre e amigo, o saudoso professor Pierre Lalive foi elogiado, pois se chegou a dizer que as arbitragens por ele presididas não terminavam por julgamento, mas geralmente em acordo em virtude do esforço feito para conciliá-las[49].

Diversos regulamentos afirmam, com maior ou menor ênfase, que o árbitro não deve ser um mediador e que o mediador, que funcionou num caso, não deve ser árbitro no mesmo caso. Mas essas mesmas regras admitem que os árbitros possam, conforme o caso, aconselhar ou, até, induzir construtivamente as partes a realizar em um acordo razoável[50].

Aliás, tanto nosso Código de Processo Civil como a Lei de Arbitragem têm sido louvados pela doutrina internacional por se referirem à oportunidade de o juiz ou do árbitro procurarem a conciliação das partes[51].

Klaus Sachs, após mencionar que disposição análoga existe no art. 278 do Código de Processo Civil Alemão, se diz surpreendido pela

[49] Um dos colaboradores do eminente jurista escreveu: *"I was impressed when I was secretary at several panels, for several arbitration panels where Pierre Lalive was the chairman. He hardly ever decided a case. They would all be settled at some point. And that takes a lot of skill from the chairman"*. DEZALAY, Yves; GARTH, Bryant G. **Dealing in virtue**: International Commercial Arbitration and the Construction of a Transnational Legal Order. Chicago: The University of Chicago Press, 1996, p. 40.

[50] Assim, a Exposição de Motivos das diretrizes da International Bar Association (*IBA Guidelines*), no seu *Waiver by the Parties* 4(d), esclarece: *"An arbitrator may assist the parties in reaching a settlement of the dispute at any stage of the proceedings. However, before doing so, the arbitrator should receive an express agreement by the parties that acting in such a manner shall not disqualify the arbitrator from continuing to serve as arbitrator"*. SACHS, Klaus; SCHMIDT-AHRENDTS, Nils. "Settlement efforts in arbitration". **Revista de Arbitragem e Mediação**, São Paulo, n. 25, p. 168, abr.-jun. 2010.

[51] O art. 21, § 4º, da Lei n. 9.307/1996, determina: "Competirá ao árbitro ou ao tribunal arbitral, no início do procedimento, tentar a conciliação das partes, aplicando-se, no que couber, o art. 28 desta Lei".

ausência, nas leis europeias, da recomendação aos árbitros para que tentem a conciliação dos demandantes[52].

O papel do árbitro passa, assim, a ser mais ativo. É, aliás, uma evolução ocorrida no próprio Judiciário, deixando o juiz de ser um mero espectador do duelo travado entre as partes, para dirigir o processo. É o que acontece, com maior intensidade, na arbitragem, na qual o julgador tem mais ampla liberdade na sua busca da verdade, embora não a possa encontrar fora do processo. Mas deve providenciar tudo o que for possível para que ela possa resultar dos debates e das provas apresentadas pelas partes ou pedidas pelo tribunal arbitral.

As razões pelas quais surge o acordo, depois de iniciada a arbitragem, quando as partes não queriam, ou não conseguiam fazê-lo anteriormente, são as mais diversas. Além das emocionais, às quais já nos referimos, pode haver uma desinformação de uma ou de ambas as partes quanto à situação de fato e de direito existente. Nas grandes empresas e naquelas que têm atividades descentralizadas, as diretorias, muitas vezes, não sabem exatamente o que ocorreu no caso que ensejou o litígio ou até são desinformadas pelos gerentes, que atuaram na operação pelas causas as mais diversas. Justifica-se, assim, que o advogado faça uma espécie de *due diligence* em relação ao próprio cliente e às situações de fato, antes de requerer a arbitragem ou apresentar a sua defesa no processo arbitral, não devendo considerar como incontestáveis os fatos que lhe foram apresentados.

Na realidade, a discussão no processo arbitral e as provas nele colhidas esclarecem melhor a situação das partes, ensejando condições para uma decisão objetiva e racional do ponto de vista econômico de cada uma delas, ponderando mais adequadamente as suas chances de vitória. Algumas vezes, são descobertos fatos desconhecidos e a situação de demandantes e de demandados muda no curso da arbitragem, permitindo, e até justificando, o acordo.

Por outro lado, os árbitros podem e devem ser catalisadores ativos desse acordo, utilizando certas técnicas ou procedimentos úteis, pois facultam a obtenção de soluções mais rápidas e eficientes dos litígios. Além do "método *Sachs-Wälde-Reichert*", outra solução interessante é

[52] SACHS, Klaus; SCHMIDT-AHRENDTS, Nils. Settlement efforts in arbitration. **Revista de Arbitragem e Mediação**. São Paulo, n. 25, p. 168, abr.-jun. 2010, p. 164.

a da "transferência da definição do caso para o árbitro", defendida por Michael Schneider, ex-presidente da Associação Suíça de Arbitragem[53].

O jurista defende que, no processo arbitral, cada uma das partes descreva o seu caso e que o Tribunal deveria, antes do julgamento, definir a sua visão, ou seja, o caso como ele o entende, sem prejuízo de admitir sugestões de modificações ou ajustes apresentados pelas partes, que passam a saber o que vai ser julgado quanto aos fatos e ao direito. Assim como no método Sachs, as partes (a) não terão surpresas, pois tal ou qual aspectos foi abandonado ou julgado irrelevante e (b) terão a oportunidade de fazer um acordo já sabendo, grosso modo, a orientação do Tribunal[54].

Na nossa prática mais recente, tivemos cinco casos importantes e outros menos relevantes nos quais a arbitragem ou a sua simples ameaça de efetivação levaram as partes ao acordo, ou às vésperas da assinatura do termo de compromisso, que foi adiado por diversas vezes, ou após o início do período probatório e até um dia antes da audiência na qual as principais testemunhas deveriam ser ouvidas. É situação que costuma ocorrer frequentemente nas arbitragens societárias e nos litígios referentes à construção de grandes projetos nos quais as partes não podem se dar o luxo de deixar um litígio sem solução por muito tempo. As liminares e cautelares, judiciais ou arbitrais, e até as decisões do árbitro de emergência, previstas em alguns regulamentos, embora importantes, são insuficientes para assegurar a convivência construtiva e harmoniosa

[53] President's Message. Transfer of ownership: from the parties respective cases to the case decided by the tribunal. **ASA Bulletin**, 2013, n. 4, p. 733-735.

[54] Schneider, Michael E. **ASA Bulletin** 2013, p. 733-734: "*The tribunal receives the 'facts' from each party, the evidence on which they rely in support of the arguments by which the parties seek to justify the requested relief. The tribunal may simply choose one or the other of these cases and decide the dispute accordingly. But that would be most unsatisfactory. What should, and normally does, happen is that the tribunal analyses each of the cases and its components, deconstructs them and builds a new construction, resembling more or less closely that of the parties and places it in a new framework. The Case so constructed is not just an amalgamation of the parties' respective cases; it is a new creation: the tribunal may situate the "facts" of the Case in a legal framework which differs from that of either party, as highlighted by the discussion about jura novit curia. It may also view the factual information in a manner that differs from the view which either of the parties had. Such transfer and appropriation can hardly be effective and satisfactory without verification and reassurance by the parties. In other words, the tribunal must ensure, through contact with the parties, that it has correctly understood their cases, the factual explanations, the arguments and what it is that they seek from the tribunal*".

dos interessados por longo tempo, num contexto que pode ser mudado, de um momento para o outro, pela decisão definitiva da arbitragem.

Nos últimos anos, tivemos vários casos societários submetidos à arbitragem que terminaram por acordo, em virtude da incerteza que criavam para as partes, especialmente quando a matéria passava a constar da imprensa e dificultava os seus negócios com os bancos, clientes e fornecedores. Um deles chegou a ensejar, para uma das partes, divergências entre a diretoria executiva e alguns acionistas que começaram a discutir o caso. Ensejou, finalmente, uma transferência de controle da sociedade para que o novo controlador pudesse fazer um acordo com recursos decorrentes do aumento de capital prometido e que entraram na empresa, temporariamente, como empréstimo até a formalização do negócio. Em outro caso internacional, havia a previsão de duas arbitragens, uma internacional e a outra local, para situações distintas que acabaram se interpenetrando. As coisas mudaram quando uma das partes viu que não poderia obter uma decisão das matérias litigiosas na cidade na qual estava a sua sede, e na qual mantinha uma situação parecida com a dos nossos antigos "coronéis" ou "donos do poder". Verificou que deveria submeter-se à arbitragem internacional, sediada no exterior e sob o regime da CCI, e preferiu chegar a um acordo.

Situação análoga tivemos num contrato internacional de construção de grande relevância, no qual havia interesses políticos, do Presidente da República e do Governador do Estado onde a obra estava sendo realizada, e que estava em período de eleição. Tinha sido convencionada a arbitragem do contrato de obra pública, numa cidade secundária do interior do país, mas havia também um financiamento bancário internacional cujo contrato previa a arbitragem CCI em Paris, sob a presidência de um árbitro que não fosse nacional de nenhum dos dois países cujas empresas estavam em litígio. Os dois contratos – de construção e de financiamento – eram conexos, e assim, para atender os interesses do cliente, foi preciso adiar o processo local e aguardar a decisão, que lhe foi favorável, na arbitragem internacional, para poder fazer um acordo, que permitiu não só a solução do litígio, mas até o desenvolvimento futuro de negócios entre os litigantes, que prosperam por longo tempo.

Mais recentemente, tivemos duas arbitragens relevantes e amplamente mencionadas na imprensa nas quais as partes chegaram a um acordo no momento em que o processo entrou na fase probatória.

Numa delas, as partes litigaram inicialmente para melhorar a sua posição contratual e negociar em melhores condições, como foi salientado na imprensa[55]. Mas, com o decorrer do processo, sentiram que o mesmo tinha reflexos negativos para ambas. Contam os jornais que, quando não havia mais qualquer diálogo entre os litigantes, um deles teria recorrido a William Ury, professor de negociação da Faculdade de Direito da Universidade de Harvard[56]. Este, segundo narra o jornalista, teria convencido, em alguns dias, os interessados a transigir, argumentando que tinham perdido, com o litígio, uma parte de sua liberdade empresarial e que deviam recuperá-la, mesmo até com menos vantagens materiais imediatas. Renegociaram muito rapidamente o preço das ações para que ambos readquirissem a sua liberdade, e um deles a gestão plena da sua empresa, da qual já era acionista majoritário, e o outro, que era minoritário, obtendo a disponibilidade do seu capital mediante a venda de suas ações.

Conclusões

Atualmente, há novas funções importantes exercidas pela arbitragem e pelos seus artífices, que são os árbitros, como verdadeiros facilitadores de acordos, com base na eficiência do processo e num certo pragmatismo, que continua a ter que ser ético, mas não pode esquecer as realidades econômicas, sociais e, em alguns casos, até políticos, conciliando-se, assim, o ideal de justiça com a redução de custos e de tempo na solução de litígios, com soluções que ainda são mais adequadas ao caso concreto quando decorrente de acordo entre as partes.

Entendemos, pois, que o árbitro do presente – e do futuro – deverá ter uma visão própria das soluções dos litígios, diferente da do juiz, tanto no procedimento como na aplicação do direito material. Por conhecer mais a fundo as circunstâncias do caso e as reais necessidades das partes, o árbitro começa a exercer uma função híbrida, de conciliação e de mediação no curso da arbitragem, com a finalidade de assegurar a relação pacífica e harmoniosa das partes. Com base no direito, mas também

[55] A revista *Latin Lawyer* chegou a se referir ao caso como Shopping for a settlement. **Deal of the year 2013**, p. 27.

[56] Escreveu três monografias que viraram *best sellers*. Foi coautor de *Getting to Yes* e autor de *Getting Past No* e *Getting to Yes with Yourself*.

na equidade que, como molho ou vinho, deve ser integrado na sentença com moderação[57] e equilíbrio, para realizar uma justiça justa impregnada de humanismo.

Referências

AMIDA, Walid Ben; CLAY, Thomas. **L'argent dans l'arbitrage**. Paris: L'Extenso, 2013; CLAY, Thomas. El mercado del arbitraje. **Revista de Arbitragem e Mediação**, São Paulo, n. 41, p. 275-292, abr.-jun. 2014.

BÉDARD, Julie. The Sachs – Wälde – Reichert Method. **Revista de Arbitragem e Mediação**, ano 5, n. 19, out.-dez. 2008

BERNARDINI, Piero. The role of the international arbitrator. *In*: **Liber Amicorum Claude Reymond**: autour de l'arbitrage. Paris: Litec, 2004

BISHOP, R. Doak. Advocacy from the arbitrators' perspective. *In*: **The Art of Advocacy in International Arbitration**. New York: Juris Publishing, 2004

BISHOP, R. Doak; BISHOP, R. Doak. Advocacy from the arbitrators' perspective. *In*: **The art of advocacy in international Arbatration**. New York: Juris Publishing, 2004.

BOURNONVILLE, Philippe de. **Droit judiciaire**: L'arbitrage. Bruxelles: Larcier, 2000

BRANDEIS, Louis. **Other people's money and how the bankers use it**. New York: Stokes

BRASIL. Supremo Tribunal Federal. AI n. 52.181/GB, Rel. Ministro Bilac Pinto, RTJ 68/382.

BREDIN, Jean-Denis. À la recherche de l'aequitas mercatória. *In*: **Mélanges en l'honneur de Yvon Loussouarn**. Paris: Dalloz, 1994.

CREMADES, Bernardo; CAIRNS, David. La seguridad jurídica de las inversiones extranjeras: la protección contractual y de los tratados. **Revista de Arbitragem e Mediação**, n. 2, maio-ago. 2004.

CREMADES, Bernardo. Overcoming the clash of legal cultures: the role of interactive arbitration. **Arbitration International**, v. 14, n. 2, 1998.

DAVID, René. **L'arbitrage dans le commerce international**. Paris: Economica, 1982.

DAVID, René. Le dépassement du droit et les sytèmes de droit contemporains. *In*: **Archives de Philosophie du Droit**. v. 8. Paris: Sirey, 1963.

[57] BREDIN, Jean-Denis. À la recherche de l'aequitas mercatória. *In*: **Mélanges en l'honneur de Yvon Loussouarn**. Paris: Dalloz, 1994, p. 118.

DAVID, René. **L'arbitrage dans le commerce international**. Paris: Economica, 1982.

DEZALAY, Yves; GARTH, Bryan G. **Dealing in virtue**. Chicago: The University of Chicago Press, 1996.

DEZALAY, Yves; GARTH, Bryant G. **Dealing in virtue**: International Commercial Arbitration and the Construction of a Transnational Legal Order. Chicago: The University of Chicago Press, 1996.

FINCHELSTEIN, Gilles. **La dictature de l'urgence**. Paris: Fayard, 2011.

FOUCHARD, Philippe. L'autonomie de l'arbitrage comercial international. **Revue de L'Arbitrage**, Paris, n. 3

FOUCHARD, Philippe; GAILLARD, Emmanuel; GOLDMAN, Berthold. **Traité de l'Arbitrage Commercial International**. Paris: Litec, 1996.

FRAZÃO, Ana; TEPEDINO, Gustavo (coord.). **O Superior Tribunal de Justiça e a reconstrução do direito privado**. São Paulo: RT, 2011.

GAILLARD, Emmanuel. **Teoria jurídica da arbitragem internacional**. São Paulo: Atlas, 2014. Título original: *Aspects philosophiques du droit de l'arbitrage international.*

GALBRAITH, John Kenneth. **A era da incerteza**. Tradução brasileira. 3. ed. São Paulo: Pioneira, 1982.

GRINOVER, Ada Pellegrini; WATANABE, Kazuo; LAGRASTA NETO, Caetano (coord.). **Mediação e gerenciamento do processo**: revolução na prestação jurisdicional. São Paulo: Atlas, 2007.

HAMIDA, Walid Ben; CLAY, Thomas. **L'argent dans l'arbitrage**. Paris: L'Extenso, 2013.

IHERING, Rudolf von. **A luta pelo Direito**. Rio de Janeiro: Forense, 1972.

LALIVE, Pierre. Absolute finality of arbitral awards? **Revista de Arbitragem e Mediação**, ano 5, n. 19, out.-dez. 2008.

LALIVE, Pierre. Sur une 'commercialisation de l'arbitrage international. *In*: **Liber Amicorum Claude Reymond**: autour de l'arbitrage. Paris : Litec, 2004.

Latin Lawyer. Shopping for a settlement. **Deal of the year 2013.**

LOBO, Carlos Augusto da Silveira. História e perspectivas da arbitragem no Brasil. **Revista de Arbitragem e Mediação**, v. 50, jul.-set. 2016.

MARRIOTT, Sir Arthur. Pros and cons of more detailed arbitration laws and rules. *In*: BERG, Albert Jan van den (ed.). **Planning efficient arbitration proceedings**: the law applicable in international arbitration. London: Wolters Kluwer Lawy & Business, 1966.

MORIN, Gaston. **La revolte du droit contre le Code**: la revision necessaire des concepts juridiques. Paris: LGDJ, 1945.

OPPETIT, Bruno. **Théorie de l'arbitrage**. Paris: Puf, 1998.

OST, François. **Dire le droit, faire justice**. Bruxelas: Bruylant, 2007.

PEGARD, Catherine. La fin du patron de droit divin. **Le Point**, Paris, 12 nov. 1999.

RIBEIRO, José Horácio Halfeld Rezende. Dimensão da advocacia e do exame da ordem. *In*: COELHO JÚNIOR, Hélio Gomes; MARTINS, Carlos Eduardo Behrmann Rátis; TEIXEIRA, Gilberto Lopes (org.). **A nova advocacia**. Rio de Janeiro: Colégio de Presidentes dos Institutos dos Advogados do Brasil, 2019.

RACINE, Jean-Baptiste. **Le droit de l'arbitrage**. Paris: PUF, 2016.

RIFKIN, Jeremy. **La troisième révolution industrielle**. Comment le pouvoir latéral va transformer l'énergie, l'économie et le monde. Paris: Les Liens qui Libèrent, 2012.

RIPERT, Georges. **Le declin du droit**: etudes sur la legislation contemporaine. Paris: LGDJ, 1949.

SACHS, Klaus; SCHMIDT-AHRENDTS, Nils. Settlement efforts in arbitration. **Revista de Arbitragem e Mediação**. São Paulo, n. 25, p. 168, abr.-jun. 2010.

SAVATIER, René. **Les metamorphoses economiques et sociales du droit prive d'aujourd'hui**. v. 3. Paris: Dalloz, 1948.

SENNETT, Ricardo. **A cultura do novo capitalismo**. Tradução brasileira. Rio de Janeiro: Record, 2008.

THE NEW YORK TIMES. 'Statement to railroad and operating rail union officials at White House', **New York Times**, 7-10-1963.

WALD, Arnoldo. O espírito da arbitragem. **Revista do Instituto dos Advogados de São Paulo**, n. 23, p. 23-35, jan.-jun. 2009.

WATANABE, Kazuo. A mentalidade e os meios alternativos de solução de conflitos no Brasil. *In*: GRINOVER, Ada Pellegrini; WATANABE, Kazuo; LAGRASTA NETO, Caetano (coord.). **Mediação e gerenciamento do processo**: revolução na prestação jurisdicional. São Paulo: Atlas, 2007.

2. O FUTURO DA ARBITRAGEM NO BRASIL

Carlos Alberto Carmona

1. Bola de cristal

2. Passaram-se 25 anos desde a edição da Lei de Arbitragem (Lei n. 9.307/1996), que foi submetida, em 2015, a uma primeira (e, por enquanto, única) atualização (Lei n. 13.129/2015). As experiências acumuladas são cada vez mais consistentes quanto ao manejo deste complexo instrumento de solução de controvérsias, seja no âmbito interno, seja no contexto internacional. Os operadores perceberam as vantagens de sair da esfera judicial para alçar voos mais altos, trocando um sistema bem conhecido (judicial) por outro menos trilhado (arbitral). Ao que parece, o novo caminho está fluindo muito bem, na medida em que o Brasil se tornou um dos maiores e mais importantes atores da arbitragem num mundo globalizado.

3. Mas nem tudo são flores. E é natural que os brasileiros tenhamos ainda que vencer alguns obstáculos (ignorância, idiossincrasias, preconceitos, subdesenvolvimento, custos elevados) e fortalecer algumas estruturas (especialmente para a blindagem das decisões contra investidas fúteis e maliciosas de derrotados inconformados) para que a construção deste último quartel de século se solidifique.

4. Vários dos eventos que organizo ou de que participo tendem a tratar dos *hot topics* da arbitragem: os debates procuram focar os temas de atrito, tentando encontrar possíveis soluções para os problemas mais agudos que paulatinamente vão surgindo e que precisam ser dirimidos.

5. Se eu tivesse uma bola de cristal, o que será que ela revelaria sobre o futuro da arbitragem no Brasil? O que nos espera? Será que conseguiremos passar incólumes pelo aumento de usuários deste mecanismo, incluindo a Administração Pública? Que feição terá o devido processo legal dentro de alguns anos? Que estragos (ou que avanços) a pandemia de Covid-19 provocará? E os advogados? Eles vão se adaptar a este método mais veloz e mais objetivo de solução de controvérsias? Será totalmente pública a arbitragem do futuro? E como atuará o Poder Judiciário? As Faculdades de Direito vão formar profissionais aptos a operar um sistema jurisdicional diferente? Os mecanismos de inteligência artificial vão invadir a "nossa praia"? Que habilidades são esperadas para o árbitro do terceiro milênio?

6. São muitas as perguntas que me faço sobre o futuro. Acompanhar o nascimento e o crescimento da arbitragem no Brasil fez de mim um observador atento (e um torcedor fanático). Este ensaio, portanto, é um exercício de futurologia: baseando-me naquilo que existe e que vi frutificar, faço alguns prognósticos para o que a próxima geração verá (e viverá).

2. Pandemia e aceleração de mudanças

7. Escrevo no momento em que se aproxima o segundo ano da passagem deste horror que assolou o século 21: mortes, depressão e "isolamento social" são os primeiros produtos desta peste devastadora.

8. Mas os grandes avanços científicos por vezes ocorrem em meio aos cataclismos e o ciclo da vida está – como sempre – se repetindo. Apesar da dor e da tristeza, teremos algo positivo a comemorar depois que o pior passar.

9. Recebi por estes dias, de um caro amigo do Departamento de Direito Processual da Faculdade de Direito da Universidade de São Paulo, um chiste, representado por um *post* (nova forma de divulgação de ideias que este novo milênio implementou) dando conta de que as *plataformas*[58] de comunicação fizeram mais pelo processo civil brasileiro

[58] Plataformas são espaços para videoconferências com diversas funcionalidades, como compartilhamento de tela, gravação de *webinars*, acesso via telefone e *upload* de reuniões em nuvem.

do que o novo Código de Processo Civil. A brincadeira traz um conteúdo de seriedade que precisa ser explorado.

10. Quando eu era estudante – no século passado – lembro-me do esforço de nossos professores de Teoria Geral do Processo para justificar a importância do princípio da oralidade, e em especial, dentro deste tema, do subprincípio da imediação, que ressaltava a relevância de o julgador ter contato direto com os advogados, com as partes, com as testemunhas, com os peritos. A aferição da verdade pelo julgador seria mais qualificada na medida em que pudesse perceber a firmeza na voz do depoente, avaliar seu gestual, seus esgares, suas hesitações[59]. Será que àquela época *(estou falando da década de 1970!)* os então jovens alunos *(eu entre eles)* intuíam que algum dia a distância entre o julgador e o depoente – durante uma audiência – poderia ser de milhares de quilômetros? Quantos de nós, alunos, poderiam àquela época imaginar que os julgadores manteriam apenas um contato televisivo, em tempo real, com o depoente? E quantos de nós poderiam imaginar que isso seria positivo e produtivo, que acarretaria uma imensa economia para o processo – custo e tempo – e que banalizaria a tomada de depoimentos de testemunhas que residem em rincões de difícil acesso ou até mesmo fora do país?

11. Quantas vezes ouvi os brados dos puristas que se revoltavam contra a simples possibilidade de o réu preso ser ouvido pelo juiz por meio de teleconferências sem ter que ser conduzido da cadeia ao fórum, evitando-se gastos inúteis e riscos de fugas espetaculosas. Será que hoje estas mesmas vozes estridentes seriam ainda ouvidas?

12. A necessidade de isolamento social e os draconianos decretos de *lock down* acabaram impondo a mitigação do subprincípio da imediação, e a saída para evitar a paralisação dos processos – judiciais e arbitrais – acabou sendo a utilização da tecnologia para organizar audiências remotas.

13. Há um ano, muitos advogados – que não sabiam, por exemplo, projetar suas apresentações em *power point* – solicitavam o adiamento das audiências (mesmo as mais simples, de apresentação da causa e de

[59] Vale a pena ler a candente defesa de Giuseppe Chiovenda sobre a oralidade, saboreando a análise do princípio sob a ótica da primeira metade do século passado. CHIOVENDA, Giuseppe. **Instituições de direito processual civil**. v. 3. Trad. J. Guimarães Menegale. São Paulo: Saraiva, 1965, p. 50-65.

discussão, com os árbitros, das provas a serem produzidas) temendo não conseguir levar a bom termo uma audiência organizada por meio de alguma das muitas plataformas de que dispomos. Hoje, os profissionais sentem-se perfeitamente à vontade para transitar nesses espaços, sendo capazes de manter um diálogo organizado mesmo em audiências com a participação de dezenas de atores. Digo dezenas porque sou testemunha do que está acontecendo: nestes últimos dois anos participei de várias *audiências remotas* onde atuavam – entre advogados, representantes de partes, peritos, estagiários e árbitros – mais de 30 pessoas.

14. Os peritos acostumaram-se rapidamente aos novos métodos. Souberam aprimorar suas exposições – acompanhadas de *slides* bem preparados e eficazes – e são capazes de expor de forma interessante os temas técnicos mais intrincados, prendendo a atenção dos destinatários da prova (os árbitros) mesmo sem mirar-lhes os olhos.

15. A pergunta que todos fazem é se, superada a pandemia, esta nova fórmula de comunicação (a distância) continuará a vigorar. Avançaremos, com a utilização de plataformas cada vez mais requintadas (e recheadas de recursos audiovisuais) ou voltaremos às audiências presenciais?

16. Creio que um legado positivo da pandemia certamente será a nossa capacitação para esta nova formatação dos atos do processo. Para começar, a economia provocada pela comunicação a distância é enorme: não ter que deslocar árbitros, advogados, partes, testemunhas e peritos para uma mesma localidade a fim de realizar a audiência provoca uma enorme economia de tempo e de dinheiro. Os advogados e os árbitros não precisam sair de seus escritórios, as testemunhas não precisam ficar horas à disposição dos litigantes e do tribunal arbitral (aguardando os naturais atrasos de outros depoentes e a duração por vezes inesperada de outros depoimentos).

17. Os centros de arbitragem também saem ganhando: vão precisar de menos salas, menos gente, menos espaço e – *last but not least* – menos serviços de *cathering*. Os serviços de estenotipia poderão ser dispensados, já que haverá gravação em tempo real de voz e de imagem. E os gastos com tecnologia da informática (TI) serão rapidamente amortizados (se comparados com os investimentos pesados em salas, equipamentos de som, mobília e pessoal, necessários ao funcionamento dos *hearing centers*).

18. Ouvi de um aluno a seguinte objeção às audiências remotas: como garantir que a testemunha, participante do ato processual a distância, não estaria recebendo instrução de terceiro? A tecnologia tem seu lado obscuro, não há como negar, mas esta desconfiança, se existente, pode ser espancada com a utilização de câmaras giratórias (360 graus), que mostram a integralidade do ambiente em que está o depoente. No limite, poderão os árbitros franquear ao advogado da parte contrária que mande um advogado (*rectius*, o estagiário!) acompanhar o depoimento para garantir que nenhuma turbulência externa comprometa a integridade da prova. Mas francamente, a objeção poderia ser respondida com uma pergunta: quem garante que, nas audiências presenciais, alguém da equipe que representa uma das partes não estaria transmitindo, pelo telefone celular, em tempo real, tudo que está ocorrendo durante a audiência, de modo a induzir a testemunha a depor de modo distorcido e enviesado? Não se faz ciência com base em patologia. A má-fé sempre existirá e os atos dolosos devem ser punidos, mas não podem emperrar a marcha evolutiva do processo.

19. O recurso da videoaudiência também provocou uma mudança notável no modo e no comportamento dos advogados. O encavalamento das intervenções, as irritantes interrupções dos depoimentos e o alongamento desnecessário das exposições deu lugar a um código de conduta bastante confortável. O mesmo ocorreu com o *dress code*, que permite o abandono de vestes excessivamente formais (gravatas e impecáveis *tailleurs* pretos) substituindo-os por vestes menos pomposas (mas suficientemente recatadas para evitar qualquer constrangimento).

20. Os árbitros também foram beneficiados com a possibilidade de contato privado mais frequente, para decidir questão ou incidente ocorrido durante a audiência: neste sentido, tem funcionado a contento as "salas reservadas" para onde são removidos eletronicamente os julgadores sempre que precisam discutir algum tema longe dos olhares e dos ouvidos das partes e de seus advogados.

21. É claro que todas estas inovações provocam a necessidade de desenvolver renovadas habilidades. Os profissionais de tecnologia da informação (TI) passaram a ter presença quase obrigatória nos times que representam demandante e demandado. As exposições das causas têm se mostrado cada vez mais requintadas, o mesmo acontecendo com as explanações técnicas dos peritos. A necessidade do trabalho em

grupo tem desafiado os advogados, acostumados a uma atuação bem mais solitária (ou, quando muito, a um trabalho em grupo composto apenas por advogados). A pandemia mostrou a necessidade de maior interação dos profissionais envolvidos na representação da parte, de modo que advogados e técnicos (peritos e especialistas em TI) aprenderam a interagir, o que aumentou significativamente neste período desastroso a qualidade das audiências[60].

3. Aceleração do procedimento: organização e custo

4. Tempo é dinheiro! Nos dias que correm, a busca por um procedimento célere e eficaz (ou seja, a busca do Santo Graal) é cada vez mais intensa. As câmaras arbitrais têm se esmerado em criar ou aprimorar procedimentos adequados para causas de menor valor, que não comportam procedimentos complexos (e muito menos podem submeter-se a procedimentos demorados).

5. Normalmente, estes procedimentos optam por árbitro único, prazos curtos e, sendo possível, dispensam audiências, fixando período menor que um ano para a entrega da prestação jurisdicional.

6. Com o emprego cada vez mais frequente de tecnologia e de plataformas bem estruturadas, é realmente possível uma diminuição considerável dos tempos do processo. A contrapartida desta pressa é naturalmente a simplificação do procedimento probatório, que muitas vezes dispensará a nomeação de um perito do tribunal (carreando às partes a apresentação de laudos técnicos), cortando também atos supletivos como as tréplicas e encolhendo o prazo para alegações finais.

7. Não creio que o resultado destes procedimentos expeditos seja ruim, desde que seja uma opção das partes recorrer a eles. Mas ainda que a causa tenha valor mais alentado, não descarto a possibilidade de as partes encurtarem consensualmente o procedimento. Nada as impedirá, por exemplo, de optar por um sistema probatório simplificado (com

[60] Recentemente participei de uma longa audiência (remota) envolvendo a Administração Pública e um consórcio de empresas. Ao término do evento, os árbitros não puderam deixar de cumprimentar os muitos advogados (públicos e privados), peritos e assistentes que participaram do ato, ressaltando a qualidade das exposições (acompanhadas de material cuidadosamente preparado para ressaltar os pontos favoráveis a cada litigante) e das intervenções dos advogados (todos eles extremamente bem preparados para discutir de forma sóbria e profunda as questões técnicas em debate).

apresentação de relatórios de peritos contratados pelos próprios litigantes, utilização de depoimentos escritos, nomeação de testemunhas técnicas), redução de prazos e de quantidade de manifestações, limitação de páginas para apresentação de razões ou de pareceres.

8. O acesso mais fácil à informação de modo geral tem levado os advogados a apresentar petições longuíssimas (e, por isso mesmo, pouco eficazes), que em nada contribuem para o bom andamento do processo (e que tendem a criar verdadeiras cortinas de fumaça, escondendo dos julgadores as questões cruciais que precisam ser resolvidas. É um verdadeiro paradoxo: apesar de a sociedade buscar interação rápida (conversas céleres pelo *WhatsApp* substituem telefonemas, *e-mails* substituem cartas, pesquisas na internet substituem pesquisas em bibliotecas) os advogados ainda acreditam que apresentar petições longas e tediosas, com citações inúteis e notas de rodapé dispensáveis os ajudará a provar suas teses[61].

9. Assim, temos hoje, em nossa prática diuturna uma situação difícil de resolver: embora todos busquem um procedimento rápido e eficaz, parece haver uma sabotagem paralela deste esforço, que impede um verdadeiro avanço. E para provar esta sabotagem, fixo-me em dois pontos: as perícias e os pareceres.

10. Quanto às perícias, observo que os advogados continuam a apresentar quesitos em quantidades pantagruélicas e de forma errática. Ao invés de enfrentarem diretamente o tema técnico a ser dirimido, formulam perguntas circunstanciais, periféricas e pouco decisivas. O resultado deste procedimento é a necessidade de filtragem, que começa com as inevitáveis impugnações de quesitos, resultando em trabalho pouco produtivo para os árbitros de fazer uma primeira seleção de quesitos verdadeiramente úteis. O medo de criar a sensação de cerceamento de defesa faz com que muitos julgadores acabem por deferir uma quantidade desnecessária de quesitos imprestáveis. O custo da experiência tem como consequência um aumento dos honorários do perito (que terá que res-

[61] Recente pesquisa levada a cabo pelo grupo *VisuLaw* apurou que as reclamações mais comuns de juízes giram em torno do excesso de páginas das petições, transcrição de jurisprudência e má formatação das peças. Recomendo a leitura de interessante reportagem publicada pelo jornal **Folha de S. Paulo**, "Juízes criticam petições e veem espaço para recursos visuais" (23 abr. 2021, p. A-11). Tudo o que está dito na reportagem aplica-se, sem tirar nem pôr, ao processo arbitral.

ponder todos os quesitos e, provavelmente, terá que repetir o que escreveu na inevitável inquirição que lhe farão as partes) e o alongamento do procedimento.

11. Os pareceres jurídicos também merecem alguma reflexão. Tenho recebido – quando exerço a função de árbitro (o que ultimamente ocupa a maior parte de minha atividade profissional) – pareceres que mais parecem artigos científicos e que nada agregam ao processo. Explico: muitos professores ainda não compreenderam que o parecer serve para enquadrar determinada situação concreta a uma tese bem definida. Assim, quando o parecer é apresentado para tratar de mera hipótese (sem que o parecerista informe que está examinando a situação concreta que está em julgamento), já se sabe que a peça provavelmente não terá a atenção dos julgadores.

12. Pareceres enormes, por outro lado, aborrecem, desgostam e descontentam o mais proativo julgador. Lembro-me particularmente de um deles, que tratava de uma questão tributária que os árbitros precisavam enfrentar para estabelecer as consequências de certa cláusula contratual, e que iniciava contando aos árbitros a origem histórica do ICMS (o parecer tinha quase 100 intermináveis laudas).

13. Há alguns anos, recebi solicitação de preparar um parecer que seria utilizado pela parte em arbitragem administrada pela Corte Internacional de Arbitragem da Câmara de Comércio Internacional (CCI). As partes haviam convencionado que poderiam ser apresentados pareceres jurídicos pelos litigantes, mas essas peças não poderiam ultrapassar 15 laudas (as partes haviam especificado o tipo de letra e o espaçamento entre as linhas, para que a disciplina fosse rigorosa). Foi um dos pareceres mais difíceis que já redigi!

14. Por fim, a decisão pela aceleração do procedimento deve ser tomada de modo consciente. Se, ao redigirem uma cláusula compromissória, as partes decidirem desde logo que não será produzida – na eventualidade de litígio – perícia com a nomeação de um técnico pelos árbitros, não poderá alguma delas, anos depois, quando o litígio surgir, afirmar que se arrependeu da opção, tentando convencer o julgador da necessidade de produzir a prova.

15. Em suma, embora possa ser detectada uma tendência de sumarização do procedimento arbitral, é preciso anotar que o comportamento dos litigantes parece indicar uma tensão em sentido oposto.

4. Novo modelo de peritos e de perícias

16. A oralidade, como não poderia deixar de ser, ganhou galopante importância no processo arbitral.

17. Ao contrário do que aconteceu com o processo estatal, onde o contato entre juiz, partes, advogados e peritos é um tanto mortiço, no processo arbitral implementou-se uma dinâmica bastante favorável à oralidade (presencial ou remota). Por conta disso, é muito raro que os árbitros se contentem com a leitura de tediosos e normalmente longos laudos escritos, sendo quase de rigor chamar os peritos para questioná-los sobre o resultado da atividade técnica.

18. É exatamente aí que reside um ingrediente novo que precisa ser considerado pelos advogados: minha experiência revela que a inquirição dos peritos se torna cada vez mais crucial para o convencimento dos julgadores. E muitas vezes o técnico apresenta um bom laudo, que é simplesmente desmontado e destruído em audiência por um advogado bem preparado.

19. Dito de outro modo: há peritos que põem a perder um bom trabalho pericial por não conseguirem sustentar, em debate oral, as conclusões a que chegaram. E isto acontece basicamente por dois motivos: falta de vocação ou falta de preparo.

20. O primeiro motivo de fracasso (falta de vocação) não tem remédio: se o perito não consegue expor de modo claro, sistemático e conveniente suas ideias, mostrando-se hesitante ao responder os questionamentos dos advogados, não poderá desempenhar com sucesso a função de *expert* em processos arbitrais. Pior: se delegar – sem controle rigoroso – a execução do trabalho, provavelmente terá dificuldade em defender o laudo que não redigiu, pondo a perder a credibilidade de suas conclusões.

21. O segundo motivo de fracasso (falta de preparo) pode ser debitado ao advogado, que selecionou o profissional mas não o capacitou satisfatoriamente. Se não houver o necessário treino para a audiência – ou seja, se o perito não for informado do que o espera e de como deverá se comportar para responder adequada e assertivamente as objeções que lhe serão lançadas – dificilmente o trabalho pericial passará incólume pela experiência demolidora de uma audiência. Cabe ao advogado, portanto, *preparar* – note-se o verbo! – o perito para expor de forma efetiva o fato técnico. Esta preparação abrange a discussão do modelo de *power*

point que será usado para resumir e enfatizar as conclusões periciais, a elaboração de *slides* (que devem ser claros, sem excesso de informação, com gráficos visíveis e facilmente compreensíveis) e o treinamento da exposição, que não pode durar mais tempo do que aquele fixado pelos árbitros (ou, na falta de fixação, estabelecer um limite máximo de tempo de narrativa que não disperse a atenção dos destinatários da prova). Mas não é só: caberá aos advogados educar o especialista para responder com objetividade e firmeza às perguntas (*rectius*, objeções) que serão lançadas pelos adversários (às vezes de forma capciosa, ou, até mesmo agressiva).

22. Estas observações revelam que o profissional que funcionará como perito deverá ostentar capacidades diferentes daquelas exigidas para quem exerça a mesma função no processo judicial. Talvez seja mais justo dizer com franqueza que a expectativa dos árbitros é bastante alta em relação aos profissionais que se apresentam para exercer a função de perito. Não custa lembrar que além da verdadeira sessão "pinga-fogo" a que será submetido o profissional, há ainda uma considerável possibilidade de os árbitros determinarem um confronto entre os técnicos, verdadeira acareação entre peritos (*hot tubbing*), o que exigirá do especialista não só o conhecimento técnico, mas também capacidade de expressar com clareza suas ideias.

23. A menção à técnica do *hot tubbing* leva ao segundo ponto que quero abordar neste segmento: as novas modalidades de perícia.

24. Já se sabe que a nomeação de um perito do tribunal ("perito do juízo") é mera possibilidade no processo arbitral; é corriqueiro que os árbitros determinem às partes a apresentação de laudos de peritos de suas respectivas escolhas, que serão confrontados em audiência para esclarecer os pontos controvertidos da perícia.

25. Este método de determinar que as partes apresentem seus laudos funcionará bem desde que os árbitros estejam preparados para debater o fato técnico. O método evidentemente é mais trabalhoso para os julgadores, que não contarão com a ajuda de um profissional imparcial para as averiguações técnicas. Mas só funcionará a contento se os peritos escolhidos pelas partes, depois de justificarem os critérios e os métodos escolhidos para analisar o fato técnico, comentarem também qual seria o resultado de sua análise se empregassem a metodologia – com a qual não concordam – usada pelo especialista adversário. Explico: seria inútil

confrontar um laudo de avaliação de uma companhia pelo método de fluxo de caixa descontado com outro, que empregue o critério de avaliação patrimonial. Numa hipótese como esta, em que as partes discutam qual o melhor parâmetro a ser empregado na avaliação, as partes devem ser instadas a *falar a mesma língua*, ou seja, trazer as constatações sob o prisma técnico que julgarem mais adequado, mas não deixarão de examinar o fato técnico sob a ótica da parte contrária. Isto pode ser conseguido de modo produtivo quando o tribunal arbitral estabelece desde logo um "termo de referência da prova técnica", contendo a especificação das matérias que serão objeto dos pareceres e a fixação de tópicos (para que os julgadores possam estabelecer uma comparação útil entre as conclusões dos especialistas).

26. Klaus Sachs apresentou no Congresso do ICCA de 2010, realizado no Rio de Janeiro, uma nova proposta de condução da produção de prova técnica, que seria produzida por time de dois *experts* extraídos de listas apresentadas pelas partes. Posteriormente, em 2011, Klaus Sachs e Nils Schmidt Ahrendts publicaram artigo no livro do Congresso explicando essa proposta que ficou conhecida como *Sachs Protocol*[62].

27. A finalidade básica do Protocolo Sachs é a de afastar as preocupações dos advogados com a indicação de perito do Tribunal e compatibilizar as vantagens do método da indicação de assistentes técnicos das Partes com o método de indicação de Perito do Tribunal Arbitral. Para tanto, os árbitros solicitarão às partes que apresentem lista de candidatos para atuarem como *experts*, os quais devem ser imparciais e independentes e, posteriormente, comentem sobre os *experts* indicados pela outra parte, especialmente sobre a existência de eventuais conflitos de interesse. O método consiste, então, na nomeação de dois *experts* – sendo retirado um da lista de cada parte – formando-se o "time de *experts*". Os honorários dos *experts* serão pagos na mesma proporção pelas partes. Os árbitros, as partes e o time de *experts* se reúnem para estabelecer o "protocolo" a ser seguido (usualmente se utiliza um termo de referência específico para a condução da prova técnica), cujas regras, em linhas gerais, são: a) os *experts* devem ser e se manter imparciais e indepen-

[62] Sachs, Klaus; Schmidt-Ahrendts, Nils. Protocol on expert teaming: a new approach to expert evidence. *In*: Van Den Berg, Albert Jan (org.). **Arbitration advocacy in changing times**. ICCA Congress Series, v.15. Haia Kluwer Law International, 2011, p. 135-148.

dentes; b) a função dos *experts* é auxiliar o Tribunal Arbitral ao formular decisão sobre questões a respeito das quais a prova técnica é solicitada; c) os *experts* devem apenas tratar das questões identificadas na ata de missão ou termo de arbitragem; d) os *experts* devem submeter relatórios conjuntos contendo apenas as conclusões consensuais e mútuas; eventuais dissidências dos *experts* devem ser identificadas e, se necessário, as partes poderão comentar ou apresentar laudos adicionais especificamente sobre essas questões onde há dissidência; e) os *experts* não podem se comunicar separadamente com as partes, Tribunal ou qualquer terceiro; f) os *experts* devem preparar os seus relatórios "do zero" e devem se basear apenas na sua expertise; g) os *experts* devem solicitar às partes qualquer informação ou auxílio necessário; h) na preparação dos relatórios, o time de *experts* deve examinar cuidadosamente todos os fatos e os documentos apresentados pelas partes, abordar suas perspectivas e argumentos; e i) o time de *experts* deve estar preparado para testemunhar durante uma audiência e responder às questões apresentadas pelas partes, advogados, assistentes técnicos e membros do Tribunal Arbitral.

28. Os *experts*, de acordo com o protocolo, elaboram um relatório preliminar conjunto a ser enviado para Partes e pelo Tribunal Arbitral, que têm a oportunidade de comentar o relatório preliminar. Os *experts* devem, então, considerar esses comentários na elaboração de relatório final conjunto. Caso uma das partes solicite, ou caso o Tribunal entenda pertinente, os *experts* devem comparecer a uma audiência na qual poderão ser interrogados pelas partes, pelo Tribunal ou por assistentes técnicos das partes.

29. O *Sachs Protocol* é, sem dúvida, uma ideia bastante original, mas o método não tem sido utilizado com muita frequência[63], talvez até por

[63] Blackaby, Nigel; Partasides, Constantine; Redfern, Alan; Hunter, Martin. **Redfern and Hunter on International Arbitration**. 6. ed. Haia: Kluwer Law International, 2015, p. 312-313, §5.24; Gómez, Manuel A. Developing expertise to deal with "experts". **Kluwer International Arbitration Blog**. Publicado em: 17 out. 2016. Disponível em: http://arbitrationblog.kluwerarbitration.com/2016/10/17/developingexpertise-to-deal-with-experts-in international-arbitration/. Acesso em: 16 set. 2021; Tercier, Pierre. Attentes et initiatives des arbitres en présence d'une expertise financière du préjudice. **Revue de l'Arbitrage**, v. 2015, n. 2, 2015, p. 455; Grierson, Jacob. La pratique de l'interrogatoire des experts. **Revue de l'Arbitrage**, v. 2015, n. 2, p. 467; Capper, Phillip. Proving' the contents of the applicable substantive law(s). *In*: Mayer, Pierre (eds.). The Application of Substantive Law

conta de idiossincrasias culturais. Em minha experiência pessoal, confesso, empreguei poucas vezes o método sugerido por *Sachs* (e ainda assim com adaptações). O balanço final não foi de todo negativo, mas o procedimento mostrou-se excessivamente penoso, e em todos os casos acabou gerando a necessidade de o tribunal arbitral tomar as rédeas da atividade pericial, com a realização de numerosas reuniões que se destinavam mais a resolver problemas comportamentais dos peritos (que insistiam em manter a postura de verdadeiros assistentes técnicos das partes, e não como peritos do tribunal).

30. Por fim, há uma novidade no campo da perícia que diz respeito ao emprego de programas que trabalham com Inteligência Artificial. Mas vou tratar disto no final deste ensaio.

5. Novo modelo de advocacia

31. A contínua sofisticação do sistema processual arbitral exigirá cada vez mais dos profissionais que quiserem funcionar em disputas arbitrais.

32. A Lei de Arbitragem brasileira adotou a opção monista, ou seja, trata de modo uniforme a arbitragem doméstica e a arbitragem internacional. Esta escolha mostrou-se muito útil para o progresso da arbitragem, já que estimulou os operadores a empregar, mesmo nas arbitragens nacionais, técnicas usadas nas disputas internacionais e que encampam procedimentos não conhecidos na nossa prática processual. Assim, pouco a pouco os advogados foram tomando contato com os *written statements*, sistema *chess clock* de alocação de tempo para produção de prova oral e *Redfern Schedule* para produção de prova documental.

33. A utilização destas ferramentas – que hoje são habituais nas arbitragens domésticas, especialmente aquelas administradas pelos grandes centros arbitrais nacionais – exige habilidade: a opção pelos depoimentos escritos das testemunhas (*written statements*) exige dos advogados

by International Arbitrators. **Dossiers of the ICC Institute of World Business Law**, v. 11. Paris: ICC Publication, 2014, p. 51; Peters, Philipp. Waiter, I did not order this! – The arbitrator and the evidentiary excess. **Kluwer International Arbitration Blog**. Publicado em: 24-11-2010. Disponível em: http://arbitrationblog.kluwerarbitration.com/2010/11/24/waiter-i-did-not-order-this-the-arbitrator-and-the-evidentiary-excess/. Acesso em: 29 nov. 2017; Hunter, Martin J. Experts. *In*: **Kluwer International Arbitration Blog**. Publicado em: 7-02-2011. Disponível em: http://arbitrationblog.kluwerarbitration.com/2011/02/07/experts-in-international-arbitration/. Acesso em: 29 nov. 2017.

extenso trabalho de preparação dos documentos, o que demandará longas entrevistas com as testemunhas para o preparo do documento na medida certa; a adoção do sistema *chess clock* (limite de tempo para cada advogado produzir a prova oral) requererá do profissional atenção especial para que os questionamentos sejam objetivos, com otimização do tempo disponível; e o emprego do Redfern Schedule (tabela colunada elaborada pelo tribunal arbitral para decidir quais documentos devem ser exibidos)[64] demandará dos advogados o exato conhecimento da causa, para selecionar efetivamente que documentos (que estejam na posse do adversário) são de fato necessários, evitando poluir o universo instrutório, que muitas vezes, por inabilidade do profissional, vê-se inundado de papéis inúteis, retardando a decisão (e, por vezes, prejudicando sua qualidade).

34. Foi-se o tempo em que o advogado comparecia sozinho à audiência: o que se vê hoje, dada a usual complexidade dos litígios submetidos à solução arbitral, é um trabalho em equipe. O que usualmente se vê nas audiências é um time de advogados, liderado por um advogado mais experiente (que provavelmente fará a apresentação do caso e deverá lidar com os incidentes da audiência), secundado por um colega bem preparado para lidar com os fatos (preparado para inquirir testemunhas e discutir os fatos técnicos) e apoiado por um ou mais jovens advogados que estarão prontos para localizar rapidamente documentos e lidar com o aparato tecnológico escolhido. Não é raro que deste time participem também profissionais de outras áreas para apoiar o trabalho de inquirição de testemunhas (fáticas ou técnicas) ou para dar ao *leading counsel* a

[64] O *Redfern Schedule* foi originariamente concebido por Alan Redfern como um documento colaborativo, cujo propósito é criar uma tabela que apresente de modo esquemático os pedidos de exibição de documentos, os argumentos de cada uma das partes (para que o documento seja exibido e para que não seja apresentado) e a decisão do tribunal. A ideia é formar uma tabela com quatro colunas: na primeira, a parte que pretende exibir documentos deve alinhar um a um seu pleito, identificando o documento que pretende ver produzido pela parte requerida; na segunda, o requerente apresentará o motivo pelo qual precisa do documento e os argumentos que favorecem a sua exibição pelo adversário; na terceira coluna, o requerido informará se concorda com a apresentação do documento pleiteado ou, se não concorda, quais são os argumentos que sustentam sua resistência em apresentá-lo; por fim, na quarta coluna, o tribunal arbitral sumariza sua decisão a respeito de cada pleito.

exata percepção da reação dos julgadores à atuação dos advogados (psicólogos, profissionais de comunicação, técnicos de informática).

35. O preparo dos advogados que deverão interagir com o tribunal arbitral, por outro lado, é intenso e bastante diverso em comparação ao que se espera nos processos judiciais. Os árbitros estarão preparados para discutir a causa em detalhes e vão cobrar dos advogados coerência e precisão. Um documento esquecido, um depoimento mal explorado, um fato distorcido, põe a perder a atuação de todo o time. E aqui não posso deixar de mencionar uma queixa que se mostra cada vez mais comum – dos advogados contra os árbitros – e que merece alguma reflexão: a inquirição de peritos e testemunhas (especialmente por árbitros oriundos dos sistemas de *civil law*) mostra-se cada vez mais frequente, para desespero dos advogados que acreditam estar seguindo uma linha lógica de arguição que favorece a defesa de sua tese. Explico: muitos advogados não percebem que estão inquirindo testemunhas (técnicas ou fáticas) e peritos para seu próprio prazer e gáudio, esquecendo que o destinatário da prova é o tribunal arbitral. As perguntas fogem totalmente do escopo da discussão e por vezes circunscrevem-se a elementos irrelevantes para a decisão. Os árbitros, perdendo a paciência, acabam interrompendo a arguição para fazer perguntas diretas e objetivas que efetivamente interessam para o deslinde da causa, mostrando aos advogados o que querem ver debatido. Há advogados antenados, que percebem o sinal do tribunal e focam nos temas relevantes; há advogados, porém – com olhos de morcego e ouvidos de Beethoven – que desperdiçam a prova de que se poderiam valer. Normalmente são estes últimos que reclamam do despotismo e intromissão dos árbitros na produção da prova...

36. Por fim, o dever de cooperação entre advogados e entre estes e os árbitros atinge, no processo arbitral, um nível bastante elevado. Espera-se, com efeito, um contínuo contato entre os advogados para facilitar a tramitação do processo. Assim, os árbitros frequentemente consultam os advogados sobre a possibilidade de escolha comum de um perito ou a respeito do estabelecimento consensual de um calendário para a prática dos atos do procedimento. Há uma grande expectativa de que os advogados mantenham atitude cordial na inquirição de testemunhas, peritos e pareceristas, repelindo-se com muita veemência comportamentos agressivos e arrogantes.

6. Um *new player* importante: a administração pública

37. Embora a Lei de Arbitragem brasileira tenha procurado dimensionar um instrumento para solução de disputas civis e comerciais, é fato inegável que o Estado vem paulatinamente aumentando sua presença nos processos arbitrais. Prova importante deste envolvimento é a edição da Lei n. 13.129/2015, que introduziu dispositivos na Lei de Arbitragem, não só para autorizar expressamente a utilização da arbitragem pelo setor público, como ainda para disciplinar quem deve firmar a convenção de arbitragem, a necessidade de publicidade e a obrigatoriedade de que a arbitragem seja de direito (e não por equidade).

38. Depois da afirmação, na própria Lei de Arbitragem, da inexistência de impedimento para que entidades públicas da administração direta e indireta possam submeter causas à arbitragem, percebeu-se um considerável aumento dos processos arbitrais protagonizados pelo Estado, nas suas mais variadas formas (União[65], estados, municípios, autarquias, empresas públicas, agências, sociedades de economia mista). Os órgãos arbitrais institucionais apontam em suas estatísticas este expressivo aumento da presença do Estado, manifestando também preocupação em editar normas que facilitam a utilização da ferramenta, adequando-a às necessidades da Administração Pública[66].

39. Ao mesmo tempo, o legislador pôs-se campo e editou normas que tendem a adaptar o instrumento de solução de litígios às conveniências da Administração Pública. Assim, no âmbito federal, ao lado de leis que cingem-se a autorizar a utilização da arbitragem (a exemplo da Lei n. 13.867/2019, que possibilita a opção pela via arbitral para a definição dos valores de indenização nas desapropriações, ou da Lei n. 13.448/2017, que permite a arbitragem nas relicitações de contratos de parcerias em setores de infraestrutura), outras produzem verdadeiras cartilhas para o desenvolvimento do processo arbitral (como ocorre com o Decreto n. 10.025/2019, que dispõe sobre a arbitragem para dirimir litígios que

[65] Prova deste aumento exponencial de processos arbitrais envolvendo entes públicos é a preocupação da União em capacitar seus advogados para atuação direta nestes processos, instituindo um núcleo especializado em arbitragem (Portaria n. 320/2019 do Advogado-Geral da União).

[66] Veja-se, por exemplo, a Resolução Administrativa editada pelo CAM-CCBC (RA 15/2016) para disciplinar a publicidade dos atos relativos a procedimentos dos quais participe a Administração Pública.

envolvam a administração pública federal nos setores portuário e de transporte rodoviário, ferroviário, aquaviário e aeroportuário). Na esfera estadual, Minas Gerais teve a precedência na edição de norma reguladora para arbitragens que envolvam aquele estado (Lei n. 19.477/2011), seguindo-se-lhe o Rio de Janeiro (Decreto estadual n. 46.245/2018), São Paulo (Decreto estadual n. 64.356/2019) e Rio Grande do Sul (Decreto n. 55.996/2021).

40. A preocupação do legislador, é bem verdade, precede o importante marco representado pela autorização fornecida pela Lei 13.129/2015. De fato, já nos idos de 2004, a Lei das PPP (Lei n. 11.079) tomava a precaução de permitir expressamente que no âmbito das parcerias pudesse ser adotada a cláusula compromissória; da mesma forma, a Lei das Concessões (Lei n. 8.987/1995) recebeu o acréscimo do art. 23-A (Lei n. 11.196/2005) para deixar clara a possibilidade de introduzir a arbitragem como método de solução de controvérsias nos contratos objeto de concessão.

41. Não se trata de mera opção do Estado – em seus diversos níveis – pela modernidade: a arbitragem mostrou-se necessária para que determinados contratos pudessem vingar. Basta pensar nas complexas estruturas que giram em torno dos contratos de infraestrutura para entender que dificilmente operadores estrangeiros (sejam agentes de capital, sejam detentores de tecnologia) concordariam em escolher a Justiça brasileira para solucionar eventuais desavenças durante a vida da relação negocial multipartite. Não há aqui qualquer ilação deslustrosa ao Poder Judiciário Nacional: por melhor que possa ser a magistratura de determinado país, é natural que um nacional de outras paragens não se sinta confortável em submeter-se a um sistema desconhecido. A arbitragem, neste ponto, pode oferecer uma neutralidade que nenhum – note-se, nenhum! – Poder Judiciário pode outorgar. Neutralidade, já se sabe, não se confunde com imparcialidade. Trata-se apenas de propiciar aos litigantes julgadores que não estejam sujeitos às influências e às circunstâncias que normalmente cercam os juízes de determinada localidade. Assim, podem as partes nomear julgadores (árbitros) que nem mesmo sejam da nacionalidade de alguma das partes, de sorte a garantir exatamente esta total blindagem em relação às vicissitudes que cercam os litigantes, garantindo-lhes a justiça no caso concreto.

42. Mas é natural que a participação do Estado (nas suas mais diversas formas) cause algum tumulto num sistema imaginado para resolver controvérsias civis e comerciais entre particulares. Assim, foi necessário estabelecer os critérios mais adequados para determinar a representação da União, estados, distrito federal e municípios; tornou-se imprescindível determinar quem adiantaria as custas do procedimento; mostrou-se forçoso disciplinar a escolha de câmaras e árbitros; resultou vital estruturar temas procedimentais que pudessem dar conforto às entidades públicas. Tudo isso acabou sendo gerenciado de maneira mais ou menos adequada pelas diversas normas (federais e estaduais) que mencionei. Trata-se de acervo legislativo novo e experimental, que certamente passará por muitos refinamentos e readequações. Mas, tudo indica que a Administração Pública aderiu com força e com apetite à solução arbitral de controvérsias, de maneira que sua presença – segundo prevejo – tende a aumentar e consolidar-se.

7. Publicidade: uma nova tendência?

43. A arbitragem não é sigilosa: a Lei limitou-se a permitir – dentro da ampla dose de liberdade que caracteriza o sistema – que as partes determinem a confidencialidade como regra do jogo. Creio que o legislador brasileiro agiu bem neste sentido, ao prestigiar – mais uma vez – a autonomia da vontade. E este prestígio foi encampado também pelo Código de Processo Civil, cujo artigo 189 preconiza que, tendo sido estipulada a cláusula de sigilo na convenção arbitral, o acesso ao Poder Judiciário para qualquer medida relativa à arbitragem também estará sujeito à publicidade restrita.

44. É bem verdade que, quanto a este último tópico, há quem sustente – erroneamente, a meu ver – que o art. 189 do Código de Processo Civil seria inconstitucional. Não vejo como dar suporte a tal visão, na medida em que a publicidade é a regra geral, que pode – a critério dos interessados – ceder passo às restrições dispostas na lei processual. Dito de outro modo, a publicidade é uma garantia para as partes, garantia de que podem abrir mão. A opinião daqueles que se revoltam contra a extensão dos poderes das partes na gestão do modo de ser do processo reflete apenas uma perspectiva antiquada e ultraconservadora, que não considera que o processo do terceiro milênio procurou adaptar-se aos interesses dos litigantes, viabilizando um instrumento *built to suit* para a resolução de disputas.

45. De qualquer forma, o assunto que quero abordar nesta seção é outro: muitos arbitralistas vêm insistindo na necessidade de publicizar os processos arbitrais de modo geral, franqueando o resultado das demandas a qualquer interessado, para formar uma jurisprudência arbitral, criando maior previsibilidade para todos os que querem utilizar este mecanismo.

46. Em alguma medida, creio que a publicidade seja efetivamente benéfica ao desenvolvimento da arbitragem. Penso na vantagem de conhecer, por exemplo, as decisões tomadas no âmbito específico de algum órgão arbitral institucional acerca de impugnação de árbitros[67]. Neste sentido, as decisões – ainda que publicadas sob a forma de excertos (ou tarjadas, para evitar identificação de partes e árbitros) – serão úteis para mostrar a orientação das diversas entidades arbitrais (normalmente representadas, para este tipo de incidente, qual seja, remoção de árbitros, por conselhos ou comissões internas) quanto à interpretação dos respectivos regulamentos no que diz respeito ao dever de revelação, aos casos de suspeição e de impedimento. Mas, a divulgação irrestrita de decisões arbitrais não terá este mesmo efeito. Explico: não existindo no mundo da arbitragem um sistema de precedentes (muito menos fórmula de uniformização de jurisprudência), o fato de um determinado tribunal arbitral julgar uma questão cível, comercial ou societária deste ou daquele modo não terá nenhuma influência (ou serventia) para outro painel. Ainda que haja certa quantidade de decisões em certo sentido, o precedente (se é que esta palavra pode ser usada impunemente, como faz o Código de Processo Civil) só vale pelo que valerem os prolatores da decisão. Dito de outro modo: o parecer de um jurista de relevo pode ser mais profícuo do que alguns julgamentos arbitrais esparsos.

47. Não custa insistir que a segurança jurídica fornecida por um sistema de uniformização de decisões não integra o universo arbitral. Quem escolhe o sistema judicial brasileiro para solucionar um litígio pode contar com alguma previsibilidade, na medida em que a lei (mor-

[67] Com tal objetivo, aliás, estou orientando um grupo de jovens profissionais e acadêmicos (Centro de Pesquisa em Arbitragem da Universidade de São Paulo – CEPARB-USP) que acaba de concluir um relatório sobre os procedimentos de impugnação de árbitros em procedimentos administrados pela Câmara de Mediação e Arbitragem Empresarial – Brasil (CAMARB). O estudo está em vias de publicação.

mente a lei federal), de um jeito ou de outro, haverá um dia de ter sua interpretação fixada pelos tribunais (em especial pelo Superior Tribunal de Justiça, se a questão estiver ligada à aplicação de uma lei federal). Esta previsibilidade (ainda que relativa) fornecida pela solução judicial toma tempo, muito tempo. A arbitragem, em troca da celeridade, cria naturalmente um risco para quem decidir solucionar seu litígio por esta via: a decisão é única e não comporta recurso, ainda que a aplicação da lei não siga a orientação preconizada pelas cortes superiores.

48. Reconheço, porém, que em alguns setores, o sigilo cria obstáculos para a plena utilização da arbitragem. Vale neste sentido mencionar as arbitragens coletivas e as arbitragens societárias.

49. Quanto às primeiras (arbitragens coletivas), se o sistema estiver aberto a um regime de representação de classe (como desconfio que esteja!), então a publicidade será de rigor, pois somente assim será possível aos interessados o controle do processo, o regime de intervenção e o regime de exclusão (*opt out*). Quanto às arbitragens societárias, é evidente que se os acionistas (e terceiros interessados) não forem informados acerca da existência do processo arbitral, não poderão exercer o direito de participar do processo, seja na qualidade de litisconsortes, seja na qualidade de assistentes simples.

50. São muitos os estudos que vem sendo feitos para tentar criar uma fórmula palatável de publicidade que permita (pelo menos nas duas situações que apontei acima) a participação dos interessados no processo arbitral. Para as companhias, por exemplo, poderia ser imaginada a obrigação de divulgação ampla da existência do processo arbitral no *site* da sociedade ou em jornal de grande circulação: eu, particularmente, sou adepto da institucionalização dos *sites* (pelo menos para as companhias abertas), que darão notícia, a baixo custo, da existência da uma arbitragem que possa interessar à comunidade de acionistas e/ou investidores.

51. Sintetizando, entendo que a divulgação pura e simples de toda e qualquer decisão arbitral seria providência negativa, sem maior utilidade. Mas não posso negar que em algumas hipóteses (decisões específicas de órgãos arbitrais sobre impugnação de árbitros) a publicidade pode ter útil caráter propedêutico. De outra parte, é necessário encontrar a justa medida para um regime de publicidade nas arbitragens societárias e nas arbitragens coletivas, o que certamente potencializaria a utilização do método.

8. Especialização dos árbitros: os "árbitros independentes"

52. Árbitro não é profissão: árbitros experientes são profissionais de todas as áreas (em especial advogados) que exercem sua atividade normalmente em corporações de médio ou grande porte. Estes profissionais, mercê de sua capacitação na respectiva área de atuação, acabam criando na comunidade em que atuam um halo de respeitabilidade que atrai a atenção daqueles que querem um julgador idôneo e preparado para resolver-lhes as controvérsias. É esta auréola de honradez, integridade e competência[68] que normalmente leva à indicação dos julgadores privados.

53. Mas enquanto esses profissionais estão ligados a grandes estruturas corporativas, as eventuais nomeações ficam bloqueadas por uma série de conflitos de interesses que precisam ser administrados.

54. Nos grandes escritórios, é comum a recomendação – quando não a vedação – para que os integrantes não aceitem o encargo de árbitro, já que o exercício da função impedirá (pelo menos provisoriamente) que os demais membros do time possam ser contratados por alguma das partes em conflito para outras tarefas. A checagem de conflitos, por outro lado, torna-se cada vez mais perigosa por conta de cadastros nem sempre precisos, o que já foi objeto de muita dor de cabeça para árbitros renomados.

55. A saída encontrada para aqueles que – por conta de sua excelência e virtude – recebem frequentes e reiterados convites para integrar painéis arbitrais é o início de uma carreira solo, como *árbitro independente*. O desligamento das grandes estruturas certamente permitirá ao profissional uma dedicação mais adequada à atividade de árbitro, consultor e parecerista; em contrapartida, o profissional será apartado de sua atividade normal (os advogados deixam de aceitar a representação de clientes em processos arbitrais, os engenheiros deixam de partici-

[68] Superada a concepção predominante na década de 1970 – que apontava para a geração dos *Grand Old Men* – o mercado passou a centrar suas expectativas em profissionais conhecedores tanto do direito material como das técnicas de funcionamento da arbitragem. Mas há quem afirme que hoje está em ascensão uma terceira geração de árbitros (os *managers*), capacitada acima de tudo para administrar e organizar a solução de disputas. SCHULTZ, Thomas; KOVACS, Robert. The rise of a third generation of arbitrators? Fifteen years after Dezalay and Garth. **The Journal of the London Court of International Arbitration**, 2012.

par de obras, os contadores largam a organização da contabilidade de clientes institucionais). Estes profissionais criam verdadeiras *boutiques de arbitragem*, em que a atividade está centrada na figura de um professor, advogado de sucesso, engenheiro destacado, contador reconhecido, assessorado por profissionais que querem engajar-se nesta atividade (normalmente jovens profissionais em preparação, que auxiliarão os árbitros e atuarão como secretários de tribunais arbitrais).

56. Tenho encontrado cada vez mais profissionais nesta situação, alguns deles apresentando-se ostensivamente como "árbitros independentes" (é o que dizem os cartões de visita). Não vejo mal algum nesta nomenclatura, desde que todos saibam que se trata apenas de uma atividade, não de uma profissão. Temo que algum congressista pouco iluminado, ao se deparar com a situação que descrevo, fique tentado a mandar ao parlamento um projeto de lei para regular a (inexistente) profissão de árbitro.

9. Especialização do poder judiciário: varas e câmaras especializadas em arbitragem

57. O apoio do Poder Judiciário tem sido essencial para o sucesso da arbitragem nestes vinte e cinco anos de vigência da Lei n. 9.307/1996. O destaque, é claro, vai para o Superior Tribunal de Justiça, que tem proferido decisões excelentes, fixando diretrizes para os tribunais locais e corrigindo equívocos.

58. Mas não basta contar com a atuação firme do guardião da lei federal, cuja intervenção (em grau de recurso especial) evidentemente ocorre depois de longo percurso do processo nas instâncias ordinárias. O cenário ideal para uma tutela eficaz da arbitragem é que os interlocutores válidos sejam selecionados já em primeira instância, de modo a evitar decisões tortas que normalmente decorrem do desconhecimento do sistema arbitral. Juízes preparados (bem informados) para lidar com arbitragem dificilmente vão se impressionar com argumentos frívolos (normalmente formulados em caráter de urgência) que tentam barrar a normal eficácia das decisões arbitrais mercê de suposta parcialidade de algum dos integrantes do painel; juízes hábeis (bem informados) saberão descartar assertivamente tentativas de revisão das sentenças arbitrais travestidas de ações anulatórias; juízes aptos (bem informados) saberão repelir tentativas guerrilheiras de tentar neutralizar convenções arbitrais hígidas.

59. A experiência do Judiciário paulistano merece destaque neste ponto: na comarca de São Paulo, existem hoje três varas especializadas para lidar com causas que dizem respeito a processos arbitrais, além de uma vara regional, que atende comarcas circunstantes. Os recursos contra as decisões proferidas em primeira instância (se forem de caráter empresarial, o que é bastante ocorrente em sede de arbitragem) serão julgados em câmaras especializadas do Tribunal de Justiça do Estado de São Paulo, de modo que vai se formando aos poucos um conjunto de decisões capaz de orientar os operadores (o que cumpre com razoável eficiência o escopo educativo do processo). É verdade que seria ideal que o Tribunal de Justiça de São Paulo concentrasse tudo quanto dissesse respeito à arbitragem (inclusive arbitragens de que participe a Administração Pública) em alguma câmara especializada. De qualquer forma, trata-se de um bom começo: o Estado de São Paulo, carro-chefe da economia brasileira, certamente terá oportunidade de repensar a organização interna das câmaras cíveis de seu tribunal de justiça, até porque o aumento exponencial das arbitragens naturalmente refletirá na quantidade de causas que precisarão contar com o apoio dos juízes togados, sejam aquelas ligadas à instauração de arbitragens (cláusulas vazias), sejam aquelas decorrentes do cumprimento de cartas arbitrais, ou ainda as ações anulatórias e de cumprimento de sentenças arbitrais.

60. Voltando aos juízes de primeiro grau, creio importante frisar que não basta criar varas especializadas para o julgamento de questões decorrentes de arbitragem: é preciso escolher criteriosamente os juízes que ocuparão os respectivos cargos, que devem ser especialmente preparados para enfrentar questões que fogem normalmente dos parâmetros da formação jurídica e da capacitação geral dos magistrados. Se os juízes não estiverem à altura da tarefa que se lhes imporá, certamente será frustrada a expectativa de julgamentos de qualidade[69]. Neste sentido, posso testemunhar que os cidadãos de São Paulo nada têm a reclamar.

[69] Aproprio-me, em contexto diferente, das palavras de Kazuo Watanabe, que assim se manifestou à época da criação dos juizados de pequenas causas: "O modo, a forma e a mentalidade com que for implantado o Juizado Especial de Pequenas Causas poderão viabilizá-las plenamente, ou comprometê-las de modo irremediável". WATANABE, Kazuo. Filosofia e características básicas do juizado especial de pequenas causas. *In*: WATANABE, Kazuo (coord.). **Juizado Especial de Pequenas Causas**. São Paulo: RT, 1985, p. 7.

10. Inteligência artificial

61. Estes primeiros vinte anos do terceiro milênio deixaram claro que tanto a tecnologia quanto os programas de Inteligência Artificial mudarão de forma radical o comportamento de todos os operadores do processo, seja ele estatal, seja ele arbitral.

62. Naturalmente a arbitragem, por conta da maior flexibilidade – e graças ao altíssimo grau de autonomia das partes – partirá à frente. É por meio deste mecanismo que serão experimentados os programas vanguardeiros que prenunciam um mundo novo, onde as decisões terão maior qualidade, maior velocidade e menor custo.

63. Antes de mais nada, para que não haja engano com relação ao emprego das palavras, é bom lembrar que tecnologia é produto da ciência e da engenharia: envolve um conjunto de técnicas, métodos e instrumentos que objetivam solucionar problemas e que dependem, para sua integral atuação, de comando humano. As plataformas que usamos hoje para nossas audiências e os programas para impressão e formatação de texto são exemplos de tecnologia. A inteligência artificial é algo diferente: trata-se de um conjunto de tecnologias que interagem, permitindo que máquinas detectem e compreendam algo, com níveis compatíveis à inteligência humana. E esta compreensão aumenta na medida em que as máquinas aprendem (capturando informações disponíveis e compatíveis na rede mundial de computadores) independentemente de comando humano.

64. Creio que ainda esteja longe o momento em que a Inteligência Artificial substituirá o homem na tarefa de julgar. Mas a pesquisa avança de forma galopante, e os juristas já começam a cogitar desta possibilidade. É curioso acompanhar o debate: há quem sustente que a máquina não poderá substituir o homem pelo simples motivo de que a um programa faltariam algumas características humanas essenciais, como a emoção, a empatia, a moralidade, a habilidade de explicar as decisões e a capacidade de decidir *ex aequo et bono*[70]; outros dirão que as pessoas ainda não estão prontas para confiar em computadores; certamente alguém ressaltará que muitos programas de inteligência artificial podem ser verdadeiras *black boxes*, pois impossível controlar vieses e preconceitos que

[70] Vannieuwenhuyse, Gauthier. Arbitration and new technologies: mutual benefits. **Journal of International Arbitration**, v. 35, 2018, p. 125.

permeiam aquelas ferramentas, mas não são revelados. Seja como for, tudo leva a crer que a evolução dos sistemas de algoritmos não pode ser detida e seguimos todos – cientistas, técnicos e juristas – na busca de uma cognição artificial, a saber, a "máquina judicial-arbitral"[71].

65. Mas se a "máquina judicial-arbitral" ainda não está à disposição dos operadores, o mesmo não se pode dizer de programas de inteligência artificial que podem ajudar muito nas arbitragens. Programas de *data mining*, por exemplo, para selecionar documentos, ou programas que podem analisar a previsibilidade de julgamentos já estão sendo usados. Vale pesquisar, por exemplo, a funcionalidade de programas como *Ross* (IBM), *Lex Machina* (criado na Universidade de Stanford, em 2006) ou *Case Crunch* (desenvolvido na Universidade de Cambridge): todos são capazes de indicar a tendência de decisão de certas questões em determinado sistema jurídico e por determinados julgadores (juízes ou árbitros). Mas há muito mais: basta pensar na utilização de programas de inteligência artificial para a seleção de árbitros, a checagem de conflitos e o desenvolvimento de perícias técnicas para perceber como é largo o horizonte oferecido pela inteligência artificial. Chega-se mesmo a prever que em futuro não muito distante o velho sistema de "detector de mentiras" (polígrafo) – cuja utilização tem sido em certa medida evitada por conta da falta de credibilidade quanto aos resultados – seja substituído por método muito mais moderno (imagem funcional de ressonância magnética) capaz de detectar atividade em áreas particulares do cérebro associadas à mentira[72]!

66. Gostando ou não desta perspectiva de um "admirável mundo novo", o fato é que todos teremos que nos adaptar. Certas funções e atividades certamente desaparecerão, a advocacia se tornará cada vez mais sofisticada, e o acesso aos programas de inteligência artificial tornarão as partes cada vez mais desiguais no processo, especialmente no processo arbitral: quem tiver mais acesso aos avanços tecnológicos certamente terá maior vantagem no processo. E isto já está acontecendo. O futuro

[71] A expressão é de Silvia Barona Vilar. VILAR, Silvia Barona. Maximización de la eficiencia y búsqueda de la celeridad en el arbitraje: entre el mito, la sublimación y la cuarta revolución industrial (4.0). **Revista de Arbitraje Comercial y de Inversiones**, v. 11, p. 50.

[72] SMIT, Robert H. The future of science and technology in international arbitration: the next thirty years. *In*: BREKOULAKIS, Stavros L.; LEW, Julian D. M. *et al.* The evolution and future of international arbitration, Hague, **Kluwer Law International**, 2016, p. 371.

dirá como vamos lidar com as vantagens destes avanços e com os inevitáveis problemas que eles causarão.

11. Confiança das partes no árbitro ou falta de desconfiança?

67. Diz o art. 13 da Lei de Arbitragem que pode ser árbitro qualquer pessoa capaz que tenha a confiança das partes. Mas será isso mesmo?

68. Imagine-se a situação – bastante usual – de o painel arbitral ser composto por três árbitros: nesta situação – ainda seguindo aquilo que normalmente acontece na prática – cada uma das partes indicará um membro do tribunal (o presidente será escolhido de comum acordo pelo coárbitros). Se é verdade que os árbitros indicados pelas partes serão possivelmente pessoas que tenham a confiança destes litigantes, também é igualmente verdadeiro que o árbitro indicado pelo adversário não precisará ser alguém da confiança da contraparte. O que se exige, para a higidez da composição do painel julgador, é apenas a inexistência de motivo razoável para que a parte desconfie de qualquer dos árbitros.

69. Temo, portanto, que a Lei de Arbitragem possa alimentar falsas expectativas, no sentido de sugerir que todos os julgadores sejam pessoas em que todos os litigantes depositem confiança. Mas não é assim. E isto reflete naturalmente no chamado "dever de revelação", que tem sido construído como uma via de mão única (ou seja, cabe ao candidato a árbitro revelar tudo o que poderia causar às partes eventual desconfiança quanto à sua capacidade de julgar com isenção). Muitos têm confundido este dever de ser e parecer imparcial, com o dever de ser e parecer simpático às partes, por conta de interpretação extensiva e totalmente desautorizada do art. 13 que mencionei.

70. Explico: muitas vezes algum dos componentes do painel pode ser antipático ou até incômodo para alguma das partes. Imagine-se que o nomeado tenha publicado artigo acadêmico em que defenda alguma posição que possa resultar, no processo arbitral, em favorecimento à tese do adversário; pense-se no árbitro lacônico e sisudo (para os brasileiros em geral estas são duas características indesejáveis); imagine-se o árbitro professoral (para quem odeia tal postura) ou o árbitro muito informal (para quem desconfia desse comportamento). Nada disso pode levar ao afastamento do árbitro sob a afirmação de que ele não contaria com a confiança de alguma das partes.

71. O tema não é, como parece, de menor importância, especialmente num momento em que muitos brasileiros passam a atuar no cenário internacional. O comportamento bonachão de nossos conterrâneos pode causar alguma perplexidade em outras paragens. Quantas vezes não percebi olhares de esguelha de advogados anglo-saxônicos quando algum árbitro (ou parecerista) brasileiro cumprimenta – com a nossa habitual cordialidade – algum advogado conhecido (brasileiro ou não) que esteja atuando na causa. Estes incômodos e desconfortos culturais, repito, não podem de forma alguma conduzir ao afastamento do árbitro sob a afirmação de que este não gozaria da confiança de alguma parte. Esta percepção tem-me levado com alguma frequência a criticar algumas *soft laws*, de modelagem forasteira, que caracterizam certos comportamentos comuns entre nós como indesejáveis.

72. Minha experiência nos *Moots* de Viena tem sido muito enriquecedora na visualização destes incômodos que alguns árbitros podem causar a partes e advogados especialmente no cenário internacional (e vice-versa). De certa feita ouvi, de um árbitro indiano, uma severa crítica a um time latino, pois entendia o sisudo julgador que havia excessiva gesticulação na exposição dos temas, e que ele esperava que os expositores falassem com as mãos pousadas sobre a mesa. Apressei-me, em minha avaliação, a dizer exatamente o contrário, fazendo loas e salvas à vivacidade das sustentações. Viva a diversidade!

12. Autonomia da vontade e responsabilidade: igualdade das partes

73. A igualdade, sabem todos, é princípio constitucional, que também ampara o processo, tanto judicial quanto arbitral. Mas em sede arbitral, não se pode esperar que o julgador utilize – como faz o juiz togado – de mecanismos de compensação.

74. A paridade de armas no processo é sempre desejável. E para que os contendores estejam igualmente preparados (e equipados) para a batalha, o Estado procura oferecer àqueles que apresentam hipossuficiência a ajuda necessária para que possam efetivamente participar do processo. A gratuidade para os "pobres na acepção jurídica do termo", a concessão de prazos dilatados para uma das partes ou o diferimento do prazo para o pagamento de custas são algumas destas técnicas, objetivando tratar de modo desigual os desiguais, tudo para tornar o processo tão paritário quanto possível. Mas não se pode esperar

a mesma dinâmica no processo arbitral, que decorre de escolha das partes.

75. Enquanto o processo estatal, como método de solução de litígios, deve ser acessível a todos, a arbitragem (assim como tantos outros meios adequados de solução de litígios oferecidos pela iniciativa privada) decorre da liberdade de escolha. Quem não pode pagar os custos de uma arbitragem deverá se contentar com o processo estatal, onde contará com o necessário apoio do Estado para ter acesso à ordem jurídica justa. Mas o que acontece quando as partes inserem em seu contrato uma cláusula compromissória e, no momento em que se instaura o litígio, uma delas encontra-se em situação de penúria, que impede o pagamento das taxas e das custas da arbitragem?

76. Não se trata de questão teórica. Certamente haverá quem queira sustentar que, não podendo a parte pagar os custos da arbitragem sem prejuízo de seu próprio sustento, a convenção arbitral seria ineficaz; outros, talvez, queriam sugerir que, na hipótese de arbitragem institucional, poderia ser modificada (judicialmente) a convenção para alocar a causa a uma entidade com custos mais modestos. Entendo que tais soluções são *absolutamente* inaceitáveis (note-se o advérbio, que revela a ênfase de minha opinião).

77. Liberdade com responsabilidade: este seria um ótimo mote para bandeira da arbitragem. Ninguém está obrigado a escolher este método para a solução de controvérsia. Mas a escolha importa consequências (e riscos). Quando as partes inserem uma cláusula compromissória em determinado contrato, evidentemente, compreendem que, havendo litígio futuro, deverão arcar com os respectivos custos. A possibilidade de empobrecimento ou crise financeira (especialmente em países de economia instável como a brasileira) é algo que está sempre presente. Não há qualquer imprevisibilidade a justificar ineficácia (mesmo que parcial) da convenção de arbitragem por conta de impecuniosidade. Se a parte não verificou, antes de concordar com uma convenção arbitral, qual seria o custo do litígio, agiu com imprevidência; se conhecia o custo e enfrentou posteriormente crise financeira ou de liquidez, assumiu o risco deste evento. Num caso ou noutro, a escolha da via arbitral é peremptória e a falta de recursos impedirá a instauração do procedimento. Não é caso de denegação de justiça, mas de escolha inábil, que não deixa – por conta da inépcia, inaptidão ou inexperiência – de produzir pleno efeito.

13. *Repeat players*

78. O desenvolvimento da arbitragem está provocando um fenômeno que merece ser estudado, e que foi objeto de observação por Marc Galanter[73]: alguns operadores estão se valendo cada vez mais – e de forma constante – da arbitragem para solucionar controvérsias, o que os converte paulatinamente em especialistas nesta técnica, colocando-os em posição de vantagem em relação aos *one shotters*, ou seja, aqueles que utilizam apenas eventualmente a arbitragem. A habitualidade, portanto, geraria uma série de vantagens, algumas das quais passo a mencionar para meditação do leitor.

79. Num primeiro momento, o *repeat player* (ou seja, o utilizador habitual da arbitragem) conseguirá estruturar melhor suas próximas transações, escolhendo o órgão arbitral mais ágil ou inserindo cláusula compromissória mais adequada a seus próprios interesses; provavelmente usufruirá de uma experiência adquirida que o levará a evitar armadilhas causadas por convenções arbitrais mal redigidas, restritivas (ou ampliativas, conforme o caso). A utilização reiterada da arbitragem também levará o *repeat player* a estabelecer uma verdadeira economia de escala com relação a provas, preparação de audiências, seleção de documentos; esta melhor preparação para a batalha certamente aumentará o poder de barganha da parte, poder esse que será potencializado por força da familiarização do operador com os agentes das instituições arbitrais mais atuantes, o que também facilitará a seleção de árbitros, escolha de câmaras arbitrais e de procedimentos. Em suma, ao contrário do *one shotter*, sentir-se-á bem à vontade durante o desenrolar do processo arbitral.

80. Mas estas vantagens da parte melhor informada (e com maior prática no uso da arbitragem), será naturalmente equilibrada por conta da intervenção dos advogados. Embora na maior parte dos ordenamentos jurídicos as partes não precisem ser representadas por advogados, a experiência mostra que é raro – raríssimo, eu diria – existir uma arbitragem, ainda que de pequeno porte, em que as partes não estejam repre-

[73] GALANTER, Marc. Why the haves come out ahead: speculations on the limits of legal change. **Law and Society**, 1974. Vide também a recente dissertação de mestrado de José Victor Palazzi Zakia. ZAKIA, José Victor Palazzi. **Arbitragem e o fenômeno *repeat player*, 2021**. Faculdade de Direito da Universidade de São Paulo (USP) (no prelo).

sentadas por advogados. Caberá, portanto, a estes advogados se especializarem, de modo a estabelecer uma razoável paridade de armas entre litigantes com nível informacional (e prático) diferente. No fundo, as vantagens do *repeat player* (e eu me limitei a mencionar algumas, apenas para levantar o argumento) serão mitigadas sempre que o *one shotter* puder contratar um advogado bem preparado.

81. Não custa lembrar, por fim, de que a debilidade econômica e informacional do litigante eventual poderá também encontrar um outro paliativo, qual seja, a coletivização das demandas. Embora não haja um mecanismo arbitral que organize e discipline as demandas coletivas em sede arbitral, é fato que elas já estão ocorrendo, passando rapidamente das demandas multitudinárias (múltiplos autores em litisconsórcio ativo) para aquelas em que os demandantes estão representados por uma entidade (associação) que promove em nome próprio a defesa dos interesses dos associados (ou de uma determinada classe).

14. Para concluir

82. Como afirmei no início deste ensaio, há muitos obstáculos a serem vencidos para que a arbitragem atinja entre nós o *status* da perfeição. Mas é certo que a prática da arbitragem caminha a passos largos no Brasil, impulsionada por fatores que vão paulatinamente afastando as travas que ainda emperram o uso generalizado do mecanismo.

83. A ignorância está sendo combatida de maneira eficaz: multiplicam-se os cursos – de graduação e de pós-graduação – sobre o tema; publicam-se livros cada vez mais requintados sobre a arbitragem; fortalecem-se os mais diversos foros de discussão para tentar encontrar a melhor solução para os problemas que o dia-a-dia traz aos operadores. Os advogados tornam-se mais familiarizados com o processo arbitral (tão diferente do processo judicial a que se acostumaram), protagonizando atuações dignas de nota; os juízes, cada vez mais, participam dos programas de formação e de debate sobre a arbitragem, mostrando-se prontos para outorgar – em sede judicial – a tutela estatal especializada para o apoio das decisões dos árbitros (cumprimento das cartas arbitrais, execução das medidas cautelares, cumprimento das sentenças) e para o controle de eventuais distorções (ações anulatórias) nos limites da lei.

84. As idiossincrasias, singularidades e especificidades culturais estão sendo objeto de cuidadoso tratamento, para evitar que orientações de

caráter geral (*soft laws*) ignorem totalmente características e comportamentos que não lesam o devido processo legal e são apenas exteriorizações de costumes e hábitos arraigados de certas sociedades que precisam ser respeitados.

85. Preconceitos estão sendo combatidos, generalizando-se ações para proporcionar a igualdade de oportunidade entre os operadores do processo arbitral (especialmente no que se refere à igualdade de gênero).

86. As entidades arbitrais preparam-se para usar com maior frequência tudo o que a ciência proporciona de mais moderno, desde plataformas seguras e estruturadas até programas mais sofisticados de inteligência artificial.

87. Diante deste cenário, o que se espera do árbitro do terceiro milênio? Todas estas estruturas, vantagens, iniciativas, programas e foros de debate não serão suficientes para impulsionar a arbitragem, a não ser que o julgador esteja habilitado a usar tudo isso para favorecer um processo bem estruturado e cujo resultado seja satisfatório para quem optar pelo sistema. Os movimentos que estamos assistindo – de árbitros que criam verdadeiras *boutiques de arbitragem* – mostram que o campo de trabalho é fértil, concorrido e promissor para quem se qualificar.

88. Olhando pela derradeira vez para a bola de cristal que criei para este ensaio, não posso deixar de manifestar meu fascínio (e total satisfação) com tudo o que ocorreu nestes últimos vinte e cinco anos de vigência da Lei de Arbitragem. O que parecia uma grande incógnita em 1996 tornou-se uma retumbante vitória em 2021. Se em um quarto de século chegamos onde chegamos, creio que a próxima década verá a arbitragem disseminar-se Brasil afora: nosso país tem tudo para tornar-se o maior polo atrativo de arbitragens para toda a América Latina.

Referências

BLACKABY, Nigel; PARTASIDES, Constantine; REDFERN, Alan; HUNTER, Martin. **Redfern and Hunter on International Arbitration**. 6. ed. Haia: Kluwer Law International, 2015.

CAPPER, Phillip. Proving' the contents of the applicable substantive law(s). *In*: MAYER, Pierre (ed.). The application of substantive law by international arbitrators. **Dossiers of the ICC Institute of World Business Law**, v. 11. Paris: ICC Publication, 2014.

CAM-CCB. Resolução Administrativa (RA 15/2016).

Chiovenda, Giuseppe. **Instituições de direito processual civil**. v. 3. Trad. J. Guimarães Menegale. São Paulo: Saraiva, 1965.

Folha De S. Paulo. **Juízes criticam petições e veem espaço para recursos visuais**. Publicado em 23 de abril de 2021, p. A-11.

Gómez, Manuel A. Developing expertise to deal with "experts". **Kluwer International Arbitration Blog**. Publicado em: 17 out. 2016. Disponível em: http://arbitrationblog.kluwerarbitration.com/2016/10/17/developingexpertise--to-deal-with-experts-in international-arbitration/. Acesso em: 16 set. 2021.

Grierson, Jacob. La pratique de l'interrogatoire des experts. **Revue de l'Arbitrage**, v. 2015, n. 2.

Hunter, Martin J. Experts. *In*: **Kluwer International Arbitration Blog**. Publicado em: 7-02-2011. Disponível em: http://arbitrationblog.kluwerarbitration.com/2011/02/07/experts-in-international-arbitration/. Acesso em: 29 nov. 2017.

Peters, Philipp. Waiter, I did not order this! – The arbitrator and the evidentiary excess. **Kluwer International Arbitration Blog**. Publicado em: 24-11-2010. Disponível em: http://arbitrationblog.kluwerarbitration.com/2010/11/24/waiter-i-did-not-order-this-the-arbitrator-and-the-evidentiary-excess/. Acesso em: 29 nov. 2017.

Sachs, Klaus; Schmidt-Ahrendts, Nils. Protocol on expert teaming: a new approach to expert evidence. *In*: Van Den Berg, Albert Jan (org.). **Arbitration advocacy in changing times**. ICCA Congress Series, v.15. Haia Kluwer Law International, 2011.

Schultz, Thomas; Kovacs, Robert. The rise of a third generation of arbitrators? Fifteen years after Dezalay and Garth. **The Journal of the London Court of International Arbitration**, 2012.

Smit, Robert H. The future of science and technology in international arbitration: the next thirty years. *In*: Brekoulakis, Stavros L.; Lew, Julian D. M. *et al.* The evolution and future of international arbitration, Hague, **Kluwer Law International**, 2016.

Tercier, Pierre. Attentes et initiatives des arbitres en présence d'une expertise financière du préjudice. **Revue de l'Arbitrage**, n. 2, 2015.

Vannieuwenhuyse, Gauthier. Arbitration and new technologies: mutual benefits. **Journal of International Arbitration**, v. 35, 2018.

Vilar, Silvia Barona. Maximización de la eficiencia y búsqueda de la celeridad en el arbitraje: entre el mito, la sublimación y la cuarta revolución industrial (4.0). **Revista de Arbitraje Comercial y de Inversiones**, v. 11.

Watanabe, Kazuo (coord.). **Juizado Especial de Pequenas Causas**. São Paulo: RT, 1985.

WATANABE, Kazuo. Filosofia e características básicas do juizado especial de pequenas causas. *In*: WATANABE, Kazuo (coord.). **Juizado Especial de Pequenas Causas**. São Paulo: RT, 1985.

ZAKIA, José Victor Palazzi. **Arbitragem e o fenômeno *repeat player*, 2021**. Faculdade de Direito da Universidade de São Paulo (USP) (no prelo).

GALANTER, Marc. Why the haves come out ahead: speculations on the limits of legal change. **Law and Society**, 1974.

3. *ŠIBÛTÛ*, *ΔΙΑΙΤΗΤΈΣ*, *ARBITER*: REFLEXÕES TEÓRICAS PARA UMA HISTÓRIA DA ARBITRAGEM

Walter Guandalini Junior

Introdução: as funções da história do direito

O *topos* do argumento histórico é frequentemente utilizado pela dogmática jurídica como instrumento de aproximação retórica ao objeto central do discurso a ser proferido. Empregada dessa forma, a narrativa histórica contribui para tornar familiar o desconhecido, estabelecendo entre o leitor e o instituto jurídico analisado uma relação de identidade, assegurada pelo efeito de naturalização artificialmente criado pela perspectiva de longa duração.

De fato, a novidade pode intimidar; a tradição tende a apaziguar. O sentimento de sub-repticiamente inserir-se como apenas mais um elo de uma longa cadeia ininterrupta pode ser tranquilizador: diluídas no solvente de uma comunidade transnacional e transgeneracional, as identidades individuais tendem a se esvanecer. E com elas se dissolvem também a angústia da incompreensão e a responsabilidade pela inovação, compartilhadas entre os membros da coletividade e atenuadas pela ilusão da permanência sólida do real, independentemente do que façamos com ele – “assim como era no princípio, por todos os séculos dos séculos”. Amém. Na esperança de que assim seja.

Não é por outro motivo que essa profissão de fé é usualmente apresentada nos capítulos introdutórios dos cursos e manuais de dogmática jurídica, sob títulos como “Introdução Histórica”, “Escorço Histórico”, “Origem do Instituto”, “Evolução do Instituto” e outros similares. Como qualquer catecismo, também o do ensino jurídico inicia pelo Credo, empregando o cimento de seus mitos fundadores para solidificar os alicerces sobre os quais edificará a catedral da sua dogmática peculiar. A apresentação inicial da "Evolução Histórica" dos institutos promove a estabilização das mitologias jurídicas que constituem os axiomas inquestionáveis da doutrina, e a partir dos quais poderá desenvolver a reflexão sobre sua natureza jurídica, a construção dos seus conceitos e categorias fundamentais e a hermenêutica das suas normas positivas.

Esse trabalho é geralmente realizado de duas perspectivas, aparentemente opostas, mas essencialmente complementares: uma perspectiva estático-naturalista e uma perspectiva linear-evolucionista.

Para a perspectiva estático-naturalista, o direito é um fenômeno natural objetivo, inerente à própria realidade social e, em seu âmago, resistente à transformação. Segundo essa visão, a história dos principais institutos jurídicos se confunde com a própria história da humanidade, e quaisquer modificações ocorridas devem ser compreendidas como mudanças acidentais e superficiais, que não chegam a afetar o núcleo do modo como eles se constituíram e têm se manifestado desde os primórdios da existência humana. O estudo da história do direito se apresenta, então, como contemplação da essência perene de cada instituto jurídico, realizada com o objetivo de facilitar a compreensão dos motivos da natural e inevitável continuidade de sua sobrevivência até o presente que habitamos.

Para a perspectiva linear-evolucionista, por sua vez, a essência do direito é a transformação; mas a essa transformação é atribuído um sentido histórico predeterminado. O caminho da história, afinal, é o caminho da evolução, conduzido por uma racionalidade transcendental e trans-histórica que promove o contínuo e constante aperfeiçoamento das instituições jurídicas. Estabelece-se, assim, uma linha de continuidade infinita, que une presente, passado e futuro em uma relação de progresso, nos termos da qual o direito mais atual é sempre anunciado como apenas uma nova versão, melhorada e atualizada, das instituições jurídicas que já existiam no passado. Nos termos dessa perspectiva, o estudo da história do direito se apresenta como trabalho de identificação das fases e causas dessa evolução, com o intuito de contribuir para a continuidade do processo.

Apesar das suas diferenças, o resultado final de ambas as perspectivas é sempre o mesmo: a construção de uma visão da história do direito que, pela estabilidade ou pelo movimento, identifica o passado e o presente jurídicos; que por meio dessa identificação acaba projetando sobre o passado, de forma anacrônica, os temas e as preocupações típicas do presente; e dessa maneira contribui para produzir efeitos de legitimação do direito contemporâneo, naturalizado, universalizado e, seja por sua perenidade, seja por sua evolução, ingenuamente concebido como "a melhor solução possível", justamente por ser a "única solução possível".

Não é difícil compreender os motivos pelos quais essa abordagem se mostra tão atrativa para os estudiosos e praticantes da arbitragem. A relativa novidade do instituto jurídico, o seu caráter "alternativo" em relação à posição central atualmente ocupada pela jurisdição estatal e a existência de um vasto mercado de árbitros, arbitralistas e instituições de arbitragem, com importantes interesses econômicos em jogo, tornam especialmente interessantes os argumentos legitimadores da "naturalidade" e da "evolução" da arbitragem no decorrer da história. Obrigados a concorrer em situação de desigualdade com a jurisdição estatal, beneficiada com a possibilidade de execução pela força própria de suas decisões; pressionados a amenizar as suspeitas do usuário final, ainda inseguro quanto à isenção de interesses dos árbitros profissionais face à imparcialidade presumida da magistratura estatal; compelidos a buscar o convencimento de uma classe profissional mal treinada e pouco experiente em processos arbitrais, e por isso naturalmente tendente a preferir a jurisdição comum; é compreensível que arbitralistas se valham de todos os argumentos disponíveis para justificarem os benefícios do procedimento. E o argumento histórico, nessas circunstâncias, é especialmente conveniente: fortalece a posição da arbitragem como "jurisdição natural" perante a especificidade histórica da jurisdição estatal; potencializa as vantagens do instituto como resultado de sua evolução plurimilenar; e atenua as inseguranças de profissionais e usuários pelo efeito de identidade gerado pela aproximação entre presente e passado, que dissimula a novidade ameaçadora com a máscara de velha conhecida.

Mas a instrumentalização retórica da história como argumento de persuasão, ainda que compreensível em seus próprios termos, não pode substituir o rigor científico da pesquisa historiográfica. Ao construir um raciocínio de identidade entre o passado e o presente, a história contada pela perspectiva dogmática impossibilita a realização do objetivo primordial do saber histórico-jurídico: a compreensão dos processos de transformação do direito no tempo. Esse uso retórico da história do direito acaba cerrando a janela de abertura a outros mundos que a disciplina poderia criar com as venezianas de aço do direito contemporâneo, que se limitam a refletir estaticamente a pálida imagem reconfortante de nossos próprios rostos conhecidos, e a fortalecer assim os mitos fundadores da nossa dogmática jurídica. Se tinha razão Francis Bacon[74] ao atribuir à ciência a tarefa de destruir os ídolos e as noções falsas que ocupam o intelecto humano e obstruem o acesso à verdade, somos obrigados a reconhecer que não pode ser considerado científico esse procedimento.

Compreendida como a disciplina das ciências humanas que estuda a ação humana ao longo do tempo, a história se mantém, por sua própria natureza, irremediavelmente conectada às ideias de impermanência e movimento. O que é o tempo, afinal de contas, senão a percepção subjetiva das transformações ocorridas no mundo físico? Se é assim, a única historiografia digna desse nome é aquela que se mostra capaz de apreender as mudanças ocorridas na realidade, esclarecendo as diferenças radicais entre o tempo passado e o tempo presente em que vivemos. E dessa perspectiva, não há história que não seja um testemunho da alteridade, da possibilidade de experiências de vida radicalmente distintas daquelas que nos são familiares, e das transformações que inevitavelmente acompanham a existência humana em todos os seus aspectos – inclusive quanto às formas de organização normativa de seu convívio social.

Este estudo pretende apresentar algumas reflexões teóricas e metodológicas acerca dos significados normalmente atribuídos e dos usos geralmente realizados da história da arbitragem. Não se propõe, dessa forma, a realizar pesquisa inovadora sobre o desenvolvimento histórico da arbitragem no ocidente, mas a analisar criticamente a leitura histórica que a dogmática jurídica tem tradicionalmente realizado do instituto. Dessa forma, partindo das recomendações metodológicas da historiografia crítica do direito, propostas por autores como Ricardo Marcelo Fonseca (2012), António Manuel Hespanha (2005) e Paolo Grossi (2006), reexamina a história da arbitragem usualmente apresentada

[74] BACON, Francis. ***Novum organum* ou verdadeiras indicações acerca da interpretação da natureza**. Tradução de José Aluysio Reis de Andrade. São Paulo: Nova Cultural, 1999, p. 14.

pela abordagem dogmática do instituto, identificando os temas mais frequentes e esclarecendo as razões de suas impropriedades; apresenta em seguida algumas recomendações metodológicas que deveriam ser tomadas como pontos de partida imprescindíveis em qualquer esforço de reconstrução histórica do instituto da arbitragem; e, ao final, sugere uma leitura alternativa da história tradicional, procurando escapar das armadilhas da naturalização legitimadora e incorporando os cuidados metodológicos necessários à preservação da alteridade e do movimento dessa narrativa historiográfica.

1. História da arbitragem: motivos tradicionais de uma história universal

"A arbitragem é tão antiga quanto a própria humanidade". Esta frase sintetiza um dos mais presentes lugares-comuns na abordagem jurídico-dogmática da história da arbitragem. Resgatando a autoridade do famoso brocardo atribuído a Ulpiano, o tópico reformula o bordão latino *Ubi homo, ibi societas; ubi societas, ibi ius*[75], para presumir que esse *ius* naturalmente presente em todas as sociedades humanas somente poderia se manifestar, em civilizações pré-estatais, sob a forma da arbitragem.

Supostamente respaldado por Ulpiano, Jean-Baptiste Racine[76] pode, assim, considerar um "fato inegável" que a arbitragem seja "ao mesmo tempo ancestral e universal", já que "a história humana, desde tempos imemoriais, contém traços de sua prática"[77]. No mesmo sentido, Francisco José Cahali[78] afirma: "é tão antiga quanto a própria humanidade" a prática de "nomear-se terceiros para solucionar conflitos". O argumento não precisa apresentar elementos empíricos que o fundamentem, pois se desenvolve de forma exclusivamente lógico-dedutiva: é um fato inquestionável que o conflito integra a natureza humana; e é igualmente óbvio que, sendo o homem um ser racional, naturalmente buscaria formas pacíficas e racionais de resolução dos conflitos que emergissem do convívio social. Ora, para essa perspectiva, a única forma racional

[75] "Onde há homens, há sociedade; onde há sociedade, há direito" (tradução livre).

[76] Racine, Jean-Baptiste. **Droit de l'arbitrage**. Paris: PUF, 2016.

[77] No original: "Il est um fait indéniable: l'arbitrage est tout à la fois ancestral et universel. L'histoire humaine depuis des temps immémoriaux porte les traces de sa pratique. Des multiples civilisations l'ont connu et le connaissent encore".

[78] Cahali, Francisco José. **Curso de arbitragem**. 8. ed. São Paulo: RT, 2020, p. 26.

de resolução de conflitos consiste em atribuir a um terceiro imparcial a autoridade para encerrar a disputa, proferindo um julgamento objetivamente justo para ambas as partes. Dadas essas premissas, considera-se razoável presumir que em civilizações pré-estatais, nas quais não existe uma autoridade pública estabelecida *a priori* como competente para resolver litígios dessa espécie, o terceiro imparcial teria de ser inevitavelmente escolhido *ad hoc* pelas partes em conflito, o que se supõe constituir a essência do procedimento arbitral até os dias de hoje. Jean-Baptiste Racine[79] desenvolve o argumento:

> O ser humano conhece essa forma de justiça desde o início das civilizações. De certa maneira, a arbitragem é uma justiça "primitiva" ou, para escolher um vocabulário mais moderno, "primeira". Existe um debate para saber se a arbitragem preexistiu ou não a justiça estatal ou quase estatal. É difícil resolver esse debate (e de qualquer modo isso não é determinante). De qualquer modo, a arbitragem é uma forma de justiça "natural", duas pessoas em litígio concordam em consultar um terceiro de maneira a resolver o seu litígio. A ideia é simples[80].

O raciocínio de Francisco José Cahali tem estrutura semelhante:

> Arbitragem é um instituto contemporâneo às relações sociais, através do qual as pessoas indicam um terceiro para resolver seus conflitos. Aliás, para os estudiosos do tema, a arbitragem em diversas civilizações teria precedido até mesmo a justiça estatal, e mesmo estruturada esta jurisdição, muitas vezes por opção das partes buscava-se a solução por pessoa de confiança e respeito dos envolvidos, como, por exemplo, uma autoridade religiosa, um reconhecidamente sábio entre a comunidade, ou mesmo um membro da família experiente e idôneo. [...] Conflitos, pois, sempre existiram e se projetam à eternidade; a seu turno, a maneira de se promover a solução das

[79] Racine, Jean-Baptiste. **Droit de l'arbitrage**. Paris: PUF, 2016, p. 19.

[80] No original: "L'homme connaît cette forme de justice depuis les débuts des civilisations. D'une certaine manière, l'arbitrage est une justice "primitive" ou, pour choisir um vocabulaire plus moderne, "première". Il existe um débat pour savoir si l'arbitrage a préexisté ou non à la justice étatique ou quasi étatique. Ce débat est difficile à trancher (il n'est d'ailleurs pas déterminant). Dans tous les cas, l'arbitrage est une forme de justice "naturelle", deux personnes em litige s'accordant pour aller voir um tiers de manière à résoudre leur différend. L'idée est simple".

controvérsias, passa por diversas modificações ao longo da história, e certamente ainda muito pode ser inovada. Deixada de lado a imposição da vontade pela força (autotutela ou autodefesa – a "lei do mais forte"), e afastado o entendimento (autocomposição), a solução do conflito é entregue ao terceiro por provocação do interessado, para harmonização das relações sociais intersubjetivas (heterocomposição). E assim aparece a figura de um julgador que poderá integrar a estrutura estatal (Poder Judiciário), ou ser independente do Estado – o árbitro indicado pelas partes, direta ou indiretamente[81].

A arbitragem se apresenta, assim, como uma prática social tão inextricavelmente ligada à natureza humana que pode ser encontrada inclusive nas origens míticas da civilização. A suposição faz com que a doutrina se sinta à vontade para conjecturar a adoção da arbitragem até mesmo no tempo a-histórico da lenda e da religião – apontando numerosos exemplos da prática nos textos religiosos da antiguidade mais remota.

É o que se vê, por exemplo, na obra de Jacob Dollinger e Carmen Tiburcio[82], que logo após apontarem a disputa bíblica entre Caim e Abel como esforço fracassado de conciliação, buscam no livro do Gênesis elementos para classificar Moisés como árbitro, por ter presenciado e resolvido a disputa ocorrida entre um egípcio e um judeu. Referências à mitologia grega são igualmente comuns: Francisco José Cahali[83], por exemplo, encontra na Ilíada a notícia de que até mesmo os deuses olímpicos teriam recorrido à arbitragem: o autor argumenta que diante do conflito entre Hera, Atena e Afrodite quanto à definição de quem seria a merecedora de ganhar o pomo de ouro dedicado à mais bela, Zeus decide nomear como árbitro o príncipe troiano Páris – que ao resolver a disputa em favor de Afrodite, atrai sobre si a ira das deusas derrotadas e se torna causa da queda de Tróia perante os aqueus.

Após localizar em nossos mitos fundadores a necessária prova da incrustação da racionalidade arbitral no íntimo da subjetividade

[81] Cahali, Francisco José. **Curso de arbitragem**. 8. ed. São Paulo: RT, 2020, p. 29.

[82] Dolinger, Jacob; Tiburcio, Carmen. **Direito internacional privado e arbitragem comercial internacional**. Rio de Janeiro: Renovar, 2003, p. 28.

[83] Cahali, Francisco José. **Curso de arbitragem**. 8. ed. São Paulo: RT, 2020.

humana, a jus-história da arbitragem dobra a aposta e reitera o argumento com a narrativa historiográfica, por meio da qual pretende demonstrar a existência da prática em diversos momentos relevantes da "história universal".

Como é usual ocorrer nas evoluções históricas elaboradas pela dogmática jurídica, tudo começa com os sumérios, que teriam empregado a arbitragem para a resolução de litígios relativos a negócios comerciais e sucessões[84]. A afirmação é respaldada por estudos de natureza historiográfica como os de Sophie Lafont[85], para quem apesar de a expressão "arbitragem" não ter sido conhecida pelos vocabulários sumério e acadiano, "o bom senso nos inclina a pensar que, nos 3000 anos de história mesopotâmica [...], houve necessariamente tempos e lugares em que foi praticada a arbitragem"[86]. Abandonando o conceito para buscar o que considera ser a realidade objetiva, Sophie Lafont classifica como "arbitral" tanto a intervenção de soberanos na resolução de litígios envolvendo reis vassalos quanto a regulação privada de conflitos comerciais e civis perante testemunhas – os *šibûtû* que serão examinados mais adiante[87].

Ao encontrar nos tabletes cuneiformes registros históricos de procedimentos de caráter arbitral realizados na Mesopotâmia desde 3000 a.C., a doutrina pode vincular o instituto ao berço da civilização humana, atribuindo-lhe origens potencialmente pré-históricas! É o que faz Joel Figueira Junior[88], por exemplo, ao afirmar não só que "o instituto jurídico da arbitragem é, por certo, um dos mais antigos de que se tem notícia na história do Direito", mas também que "a tutela dos direitos

[84] Racine, Jean-Baptiste. **Droit de l'arbitrage**. Paris: PUF, 2016, p. 20.

[85] Lafont, Sophie. L'arbitrage en Mésopotamie. *In*: **Revue de l'arbitrage**, n. 4. Paris: Comité Français de l'Arbitrage, p. 557-590, 2000, p. 557.

[86] No original: "Bon nombre d'autres institutions restent au contraire dans l'ombre. Tel est le cas de l'arbitrage. Le mot ne semble pas connu des vocabulaires sumérien et akkadien, et pourtant ce mode de règlement des conflits paraît avoir fonctioné à certaines époques. Le bon sens incline à penser que, sur les 3000 ans d'histoire mésopotamienne (des environs de 3200 jusqu'à la conquête perse em 539 av. J.-C.), il y eut forcément des temps et des lieux où l'arbitrage se pratiquait. Plusieurs textes soutiennent cette intuition".

[87] Lafont, Sophie. Second-millennium arbitration. *In*: **MAARAV**: a journal for the study of the northwest semitic languages and literatures, v. 12, n.1-2. Rolling Hills: Western Academic Press, p. 1-13, 2005, p. 6.

[88] Figueira Junior, Joel. **Arbitragem**. Rio de Janeiro: Forense, 2019.

originou-se nos povos primitivos como consequência do próprio instinto humano de preservação e da concepção individualista do justo e do injusto" – sustentando assim a ultrapassada hipótese oitocentista da "evolução das formas de resolução de conflitos", que necessariamente passariam por quatro etapas sequenciais: autotutela, arbitramento facultativo, arbitramento obrigatório e justiça pública.

Esse etapismo evolucionista, bastante comum nas introduções históricas dos manuais, parte do pressuposto implícito de uma "naturalidade" da prática arbitral. Anderson Azevedo[89] o explicita ao afirmar ser este o "natural mecanismo de solução de conflitos", posteriormente descaracterizado pelo "advento do Estado absolutista"[90], que promove a centralização do poder de dizer o direito no aparato administrativo estatal.

Constatada a existência da arbitragem desde as origens da humanidade civilizada, a narrativa histórico-jurídica dá um salto de quase 2000 anos para chegar à Grécia do século VIII a.C. – este outro berço dourado da civilização. Francisco José Cahali[91] refere, então, o emprego da arbitragem no direito grego tanto para a solução de controvérsias entre as cidades-estado quanto para os conflitos privados, dirimidos por árbitros públicos. Anderson Azevedo[92] menciona também a legislação de Sólon, que no século VI a.C. teria constituído uma multiplicidade de órgãos jurisdicionais com a finalidade de promover julgamentos especializados. A análise das fontes históricas dá algum suporte a essas afirmações:

[89] Azevedo, Anderson. Evolução da arbitragem – jurisdição, arbitragem e globalização: uma análise histórica e política sobre a evolução e concretização dos principais mecanismos de soluções de conflitos. *In*: Teixeira, Tarcísio; Ligmanovski, Patrícia Ayub da Costa. **Arbitragem em evolução**: aspectos relevantes após a reforma da Lei Arbitral. Barueri: Manole, 1999, p. 4.

[90] Azevedo, Anderson. Evolução da arbitragem – jurisdição, arbitragem e globalização: uma análise histórica e política sobre a evolução e concretização dos principais mecanismos de soluções de conflitos. *In*: Teixeira, Tarcísio; Ligmanovski, Patrícia Ayub da Costa. **Arbitragem em evolução**: aspectos relevantes após a reforma da Lei Arbitral. Barueri: Manole, 1999, p. 5.

[91] Cahali, Francisco José. **Curso de arbitragem**. 8. ed. São Paulo: RT, 2020, p. 31.

[92] Azevedo, Anderson. Evolução da arbitragem – jurisdição, arbitragem e globalização: uma análise histórica e política sobre a evolução e concretização dos principais mecanismos de soluções de conflitos. *In*: Teixeira, Tarcísio; Ligmanovski, Patrícia Ayub da Costa. **Arbitragem em evolução**: aspectos relevantes após a reforma da Lei Arbitral. Barueri: Manole, 1999.

segundo Julie Velissaropoulos-Karakostas[93], a arbitragem se faz presente desde o início da história jurídica dos gregos, constituindo uma prática paralela e complementar à jurisdição estatal: conduzida publicamente perante magistrados, ou de forma privada pelo recurso a um amigo de confiança das partes em conflito, constituía essencialmente um "negócio entre amigos", realizado de forma discreta com o objetivo de promover a pacificação do grupo social, familiar ou profissional a que pertenciam os litigantes[94].

Mas é sobre o mito da gênese romana do direito ocidental que se constroem os alicerces mais firmes dessa cronologia. Considerado o apogeu da racionalidade jurídica humana, o direito romano é visto simultaneamente como força geradora do nosso direito, repositório de soluções técnicas e direito vivo e vigente até os dias de hoje[95]. Sendo assim, é nele que a dogmática arbitralista encontra os elementos cruciais à compreensão do processo de formação histórica da arbitragem contemporânea. Nesse sentido, afirma Jean-Baptiste Racine[96] que "é em Roma que a arbitragem se desenvolve completamente", tendo o direito romano fornecido o seu vocabulário e estabelecido os alicerces do seu regime jurídico[97]; também para Joel Figueira Junior[98] "é no Direito Romano que

[93] VELISSAROPAOULOS-KARAKOSTAS, Julie. L'arbitrage dans la Grèce antique – Epoques archaïque et classique. *In*: **Revue de l'Arbitrage**, v. 2000, n. 1. Paris: Comité Français de l'Arbitrage, p. 9-26, 2000.

[94] VELISSAROPAOULOS-KARAKOSTAS, Julie. L'arbitrage dans la Grèce antique – Epoques archaïque et classique. *In*: **Revue de l'Arbitrage**, v. 2000, n. 1. Paris: Comité Français de l'Arbitrage, p. 9-26, 2000, p. 24.

[95] A esse respeito ver a crítica apresentada em GUANDALINI JUNIOR, Walter. Perspectivas da Tradição Romanística: passado e futuro do direito romano. **Revista Seqüência**, n. 70. Florianópolis: Programa de Pós-Graduação em Direito da UFSC, p. 163-187, jun. 2015, p. 176; GUANDALINI JUNIOR, Walter. **História do direito romano**. Curitiba: Intersaberes, 2021, p. 30.

[96] RACINE, Jean-Baptiste. **Droit de l'arbitrage**. Paris: PUF, 2016, p. 20.

[97] No original: "Mais c'est à Rome que l'arbitrage prit tout son essor. Un régime complexe et détaillé a été allors pensé. Le droit romain a d'ailleurs donné à l'arbitrage son vocabulaire (arbitre, clause compromissoire, compromis, sentence etc.). C'est à Rome que les ferments d'un régime se construisent (l'arbitrage sur compromis, connu et pratiqué aujourd'hui, puise ainsi ses racines dans le droit romain)".

[98] FIGUEIRA JUNIOR, Joel. **Arbitragem**. Rio de Janeiro: Forense, 2019, p. 2.

vamos encontrar as raízes mais profícuas do instituto da arbitragem ou do compromisso arbitral".

De fato, o direito romano tem a dupla marca característica de ter sido o primeiro ordenamento jurídico da história da humanidade a se instituir autonomamente em relação às demais ordens regulatórias da vida social (religião, moral, política) e a se estabelecer como saber técnico especializado, constituído por abstrações autônomas em relação às circunstâncias peculiares de cada caso concreto[99]. Essas características contribuíram não só para que os juristas romanos desenvolvessem uma elegante arquitetura técnica em torno do instituto da arbitragem, mas também para que essa sofisticada estrutura fosse tomada como molde para a formulação dos principais conceitos e categorias da arbitragem contemporânea: *arbiter*, *compromissum*, *receptum arbitrii*, *sententia*, são todos conceitos desenvolvidos pelo direito romano antigo que, hodiernamente ressignificados, continuam a ser utilizados pela dogmática jurídica contemporânea. No entanto, a indiscutível relação existente entre o direito romano clássico e o direito ocidental moderno tende a ser simplificada pela doutrina arbitralista, que, sem atentar às complexidades semânticas e contextuais de cada momento histórico, estabelece conexões diretas e sem mediações entre palavras e procedimentos apenas semelhantes.

Assim, aponta-se como o primeiro tipo de arbitragem aquele encontrado no direito romano arcaico, que se manifesta como poder exercido pelo *paterfamilias* sobre os subordinados à sua autoridade. Argumenta-se que ao atribuir ao líder da comunidade familiar o poder de vida e de morte sobre os filhos, a esposa e os escravos, a tradição do *ius* pontifical e a Lei das XII Tábuas lhe atribuíam também o poder de julgar, como cidadão privado, os conflitos que eventualmente ocorressem entre eles[100].

[99] Guandalini Junior, Walter. **História do direito romano.** Curitiba: Intersaberes, 2021, p. 179.

[100] Azevedo, Anderson. Evolução da arbitragem – jurisdição, arbitragem e globalização: uma análise histórica e política sobre a evolução e concretização dos principais mecanismos de soluções de conflitos. *In*: Teixeira, Tarcísio; Ligmanovski, Patrícia Ayub da Costa. **Arbitragem em evolução**: aspectos relevantes após a reforma da Lei Arbitral. Barueri: Manole, 1999, p. 4.

A natureza essencialmente privada da jurisdição teria se mantido durante todo o período republicano e a maior parte do período imperial. Afinal, tanto o processo da *legis actiones*, formalizado pela Lei das XII Tábuas no século V a.C., quanto o processo *per formulas*, vigente entre III a.C. e III d.C., eram divididos em duas fases: na primeira delas, *in iure*, as partes compareciam perante o pretor para estabelecerem os termos da *litis contestatio*, por meio da qual se delimitava o objeto do julgamento; na segunda, *apud iudicem*, as partes submetiam a *litis contestatio* a um juiz privado, que examinava os fatos e fazia incidir a sentença condicional previamente proferida pelo magistrado – o que, segundo Joel Figueira Junior[101], assemelhava o seu comportamento àquele de um árbitro.

Ao mesmo tempo em que a expansão imperial demandava a flexibilização do processo civil romano com o desenvolvimento do processo *per formulas*, também demandava dos comerciantes o desenvolvimento de novas técnicas para a resolução de conflitos com povos estrangeiros, não submetidos ao *ius civile* romano. O dinamismo da prática comercial e o inadequado formalismo do *ius* os levou a desenvolver, a partir do século III a.C., a prática de julgamentos informais fundados nos costumes comerciais – a *lex mercatoria*, que depois viria a se transmutar em *ius gentium*. Também eles são considerados por Anderson Azevedo como exemplos da prática arbitral entre os romanos[102].

Para além desses reconhecimentos por semelhança, Joel Figueira Junior[103], Humberto Dalla Bernardina de Pinho e Marcelo Mazzola[104] observam que o Digesto tratou expressamente do instituto da arbitragem, ao regular o *receptum arbitrii*: consistia na assunção, por um *arbiter* escolhido mediante *compromissum* entre os litigantes, da tarefa de profe-

[101] Figueira Junior, Joel. **Arbitragem.** Rio de Janeiro: Forense, 2019, p. 29.

[102] Azevedo, Anderson. Evolução da arbitragem – jurisdição, arbitragem e globalização: uma análise histórica e política sobre a evolução e concretização dos principais mecanismos de soluções de conflitos. *In*: Teixeira, Tarcísio; Ligmanovski, Patrícia Ayub da Costa. **Arbitragem em evolução**: aspectos relevantes após a reforma da Lei Arbitral. Barueri: Manole, 1999, p. 4.

[103] Figueira Junior, Joel. **Arbitragem.** Rio de Janeiro: Forense, 2019, p. 4.

[104] Pinho, Humberto Dalla Bernardina de; Mazzola, Marcelo. **Manual de mediação e arbitragem.** São Paulo: Saraiva, 2019, p. 243.

rir sentença sobre controvérsia submetida à sua avaliação, garantida pela aplicação de uma multa em caso de descumprimento[105].

Segundo a concepção comum, o direito romano estabeleceria, assim, o modelo definitivo de arbitragem que viria a ser adotado por todos os ordenamentos jurídicos afetados por sua influência: no direito bizantino sob a figura dos *dokimastaí*[106]; no direito factual e costumeiro da Alta Idade Média pela livre ação de notáveis locais, estimulada pela falta de garantias jurisdicionais e pela fragilidade da autoridade estatal[107]; no *ius commune* dos canonistas e dos pós-glosadores da Baixa Idade Média, que viam no *arbitrator* a possibilidade de contornar a complexidade e o rigor das jurisdições ordinárias[108]. Compreendida dessa forma a história da arbitragem, o direito jamais deixaria de reconhecer às partes em conflito a liberdade natural de recorrer, voluntária e consensualmente, a particulares não vinculados à magistratura estatal para que proferissem, com mais simplicidade, mais rapidez e menor custo, sentenças com efeito vinculante.

De acordo com essa narrativa padrão, o instituto da arbitragem teria sua existência natural reconhecida e respeitada por todos os ordenamentos jurídicos da humanidade, até a formação do Estado Moderno. Segundo Jean-Baptiste Racine[109], a arbitragem ainda conheceria uma era de ouro no século XVIII, incitada pela reação da Revolução Francesa à nobreza togada do Antigo Regime e por seu apreço ao direito natural. Para o autor, o maior exemplo desse reconhecimento é a **Lei sobre a Organização Judiciária de 16-24 de agosto de 1790**, que logo em seu art. 1º já definia a arbitragem como "o meio mais razoável de encerrar os

[105] Blackaby, Nigel; Partasides, Constantine; Redfern, Alan; Hunter, J. Martin. **On international arbitration**. Oxford: Oxford University Press, 2009, p. 4.

[106] Papadatou, Daphné. L'arbitrage byzantin. *In*: **Revue de l'arbitrage**, v. 2000, n. 3. Paris: Comité Français de l'Arbitrage, p. 349-376, 2000, p. 350.

[107] Figueira Junior, Joel. **Arbitragem**. Rio de Janeiro: Forense, 2019, p. 6; Azevedo, Anderson. Evolução da arbitragem – jurisdição, arbitragem e globalização: uma análise histórica e política sobre a evolução e concretização dos principais mecanismos de soluções de conflitos. *In*: Teixeira, Tarcísio; Ligmanovski, Patrícia Ayub da Costa. **Arbitragem em evolução**: aspectos relevantes após a reforma da Lei Arbitral. Barueri: Manole, 1999, p. 4.

[108] Jeanclos, Yves. La pratique de l'arbitrage du XVIIe au XVe siècle – éléments d'analyse. *In*: **Revue de l'Arbitrage**, v. 1999, n. 3. Paris: Comité Français de l'Arbitrage, p. 417-474, 1999, p. 424; Racine, Jean-Baptiste. **Droit de l'arbitrage**. Paris: PUF, 2016, p. 20.

[109] Racine, Jean-Baptiste. **Droit de l'arbitrage**. Paris: PUF, 2016, p. 20.

litígios entre os cidadãos", vedando ao legislador criar quaisquer disposições tendentes a diminuir a eficácia dos compromissos arbitrais[110].

O século XIX, porém, foi o século da afirmação da autoridade estatal. A hegemonia da Escola da Exegese, a multiplicação das funções estatais, a formação do direito administrativo, a conjuntura política napoleônica e pós-napoleônica, todo o contexto político, jurídico e cultural viria a contribuir para reforçar o poder do Estado, da sua lei e dos seus tribunais[111]. Para os doutrinadores arbitralistas, esse contexto teria sido marcado por uma redução da importância e da abrangência naturais da arbitragem, que somente no século XX voltaria a conhecer algum desenvolvimento[112].

Os esforços de pacificação concertados pela Liga das Nações após a Primeira Guerra Mundial, aliados ao desenvolvimento do comércio internacional e à consequente necessidade de se estabelecer critérios de julgamento para litígios transnacionais, voltariam a tornar necessário o recurso a instituições julgadoras não estatais – ainda limitado, porém, ao espaço internacional, não alcançado pela autoridade do Estado-Nação. Em 1923, a Liga adota o **Protocolo Relativo à Cláusula de Arbitragem**[113], e em 1927, a **Convenção de Genebra relativa à Execução de Sentenças Arbitrais Estrangeiras**[114]. A partir de então, a Câmara de Comércio Internacional se esforça para uniformizar o procedimento arbitral em um quadro normativo que assegurasse a validade das cláusulas compromissórias e a efetividade das sentenças arbitrais, buscando influenciar a regulação do instituto nos direitos nacionais. Mas é somente após a Segunda Guerra Mundial, com a celebração, em 1958, da **Convenção de Nova York sobre o Reconhecimento e a Execução de Sentenças Arbitrais Estrangeiras**[115], que viriam a ser criadas as condições necessárias à efetiva difusão do procedimento arbitral para o inte-

[110] No original: "Article Premier. L'arbitrage étant le moyen le plus raisonnable de terminer les contestations entre les citoyens, les législatures ne pourront faire aucunes dispositions qui tendroient à diminuer, soit le faveur, soit l'efficacité des compromis".

[111] Guandalini Junior, Walter. **História do direito administrativo**. Curitiba: Juruá, 2016, p. 124.

[112] Racine, Jean-Baptiste. **Droit de l'arbitrage**. Paris: PUF, 2016, p. 21.

[113] Ratificado no Brasil pelo Decreto n. 21.187/1932.

[114] Esta convenção não foi assinada pelo Brasil.

[115] Ratificada no Brasil somente no início do século seguinte, pelo Decreto n. 4.311/2002.

rior dos ordenamentos jurídicos nacionais, inclusive para a resolução de conflitos de direito interno[116].

Esta é a história padrão do instituto da arbitragem, conforme narrada nos manuais e nos livros-textos da dogmática jurídica arbitralista. Como se vê ela parte de premissas axiomáticas e induz a conclusões predeterminadas acerca da natureza e das características do instituto:

- Concebe a arbitragem como um instituto jurídico natural, inseparável do próprio espírito humano desde o momento em que os homens se tornaram capazes de identificar os benefícios da resolução pacífica e racional de conflitos;
- Trata a arbitragem como instituto jurídico sempiterno, que se manifesta continuamente desde a pré-história da humanidade até os dias de hoje;
- Apesar de ajustes pontuais de nomenclatura e procedimento, enxerga a arbitragem como um instituto jurídico estável, sujeito a poucas modificações no tempo, no espaço e nas diversas culturas em que se manifestou. Dessa perspectiva a arbitragem a-histórica dos mitos gregos e bíblicos, a arbitragem pré-histórica dos povos sem escrita, a arbitragem antiga dos sumérios, gregos e romanos e a arbitragem das sociedades ocidentais modernas é sempre, em sua essência, a mesma;
- Constrói uma história linear e contínua que conecta diretamente a antiguidade mais remota e as sociedades contemporâneas. Paradoxalmente, essa história preserva a essência do instituto da arbitragem ao mesmo tempo que promove a sua evolução contínua, adaptando-o às necessidades cada vez mais sofisticadas do capitalismo globalizado;
- Parte de um conceito simplório de arbitragem, compreendida como ajuste entre dois indivíduos para a submissão dos seus conflitos ao julgamento de um terceiro imparcial;
- Enxerga o período de formação do Estado Moderno (séculos XIX e XX) como breve lapso de interrupção em uma longa história

[116] Grisel, Florian; Jolivet, Emmanuel; Silva Romero, Eduardo. Aux Origines de l'Arbitrage Commercial Contemporain: l'émergence de l'arbitrage CCI (1920-1958). *In*: **Revue de l'Arbitrage**, n. 4. Paris: Comité Français de l'Arbitrage, 2016, p. 40.

permanente: a arbitragem é natural, a jurisdição estatal é excepcional.

Essa é uma narrativa que conduz, inevitavelmente, ao mesmo resultado: a naturalização do instituto jurídico da arbitragem, que assim perde a sua historicidade para se tornar um mito trans-histórico e transcendental. A arbitragem contemporânea é anacronicamente projetada como molde ao qual se adaptam as práticas semelhantes de todas as sociedades do passado, o que faz com que passemos a compreendê-la não só como a melhor solução possível, pois resultado de uma evolução contínua plurimilenar; mas também como a única solução possível, pois natural e inerente à própria racionalidade humana. Esse processo de desistoricização leva à absolutização e à cristalização da arbitragem, que nos impedem de enxergar a longa, casual e acidentada marcha histórica de sua constituição e, assim, também, a própria possibilidade de sua transformação no presente – já que não é possível modificar o que, por natureza, se mostra desde sempre imutável. O resultado pode até ser benéfico para os arbitralistas: a legitimação da arbitragem como prática social e a consolidação do mercado em que atuam. Mas é péssimo para a compreensão do instituto, pois substitui a realidade complexa por uma fantasia tão simples e agradável quanto falsa e enganosa.

Se é tarefa da ciência contribuir para a compreensão racional do mundo em que existimos, devemos abandonar as belas fábulas de origem e analisar com ceticismo os meandros do processo histórico de formação do instituto da arbitragem. Esse trabalho demanda uma reflexão prévia específica, de natureza teórica e metodológica, acerca do modo como deve ser lida e construída a história da arbitragem. É esse o objeto das próximas seções deste artigo.

2. Reflexões teóricas para uma história da arbitragem

Sendo a história, como já afirmamos, a disciplina das ciências humanas que estuda a ação humana ao longo do tempo, parece evidente que a diferença específica que justifica a autonomia do saber historiográfico em relação às demais disciplinas científicas é precisamente o fato de buscar compreender o seu objeto sob a perspectiva da transformação.

Isso faz com que uma história da eternidade e da permanência como aquela proposta pela dogmática arbitralista seja, por definição, anti-

-histórica, pois nos impede de perceber justamente aquilo que define a essência da abordagem historiográfica: a transformação. Seria assim, na melhor das hipóteses, uma "metafísica" da arbitragem. É claro que essa "metafísica da arbitragem" também tem um papel a cumprir na compreensão do instituto; mas para isso deve ser realizada na oportunidade correta, com os instrumentos metodológicos adequados e, principalmente, afirmando-se como tal, despida das maquiagens historiográficas usualmente empregadas, com candura ou malícia, no vão esforço de conferir validade empírica ao que não passa de conjectura abstrata.

Ao tomar o direito contemporâneo como modelo de interpretação das ordens jurídicas do passado, a abordagem histórica proposta pela dogmática arbitralista voluntariamente se põe antolhos: deforma e restringe o olhar histórico com os moldes anacrônicos do presente e se torna, assim, incapaz de enxergar as especificidades do passado que pretende descrever. A pesquisa se transforma em um "onde está Wally?" jurídico, por meio do qual o analista se contenta em procurar, em meio à multidão confusa de instituições normativas do passado, aquela que mais se assemelhe ao modelo que condiciona o seu olhar. Como jamais encontra uma peça perfeitamente encaixável na lacuna que anseia preencher (pois ela não existe), acaba se satisfazendo com qualquer peça errada, encravando-a a marteladas no espaço em que não cabe e deformando-a completamente no processo. As lentes coloridas de seu olhar anacrônico fazem-no ver listras vermelhas e brancas por toda parte, levando-o a enxergar Wally em zebras, tigres e quatis – sem se dar conta de que talvez apenas não existissem "Wallies" na Mesopotâmia antiga.

O contrário também pode ocorrer: sem compreender o que define a natureza específica da arbitragem na contemporaneidade, um olhar exclusivamente histórico e pouco afeito às sutilezas do método jurídico pode enxergar o presente no passado não pela incapacidade de compreender as peculiaridades do direito no passado, mas por sua incapacidade de reconhecer os elementos que definem o direito do próprio presente. Sem a bússola calibrada da cultura jurídica contemporânea, o historiador corre o risco de se perder no passado jurídico sem saber exatamente o objetivo da jornada, o que torna qualquer destino adequado às suas baixas expectativas. Recuperando a metáfora do parágrafo anterior, enxerga arbitragens por toda parte, não mais por desconhecer zebras, tigres e quatis, mas apenas por não saber exatamente quem é o Wally que procurava desde o início.

De fato, nas abordagens analisadas no capítulo anterior estão sempre presentes um desses dois erros: falta a perspectiva histórica, o que torna a pesquisa incapaz de compreender o significado específico atribuído às "arbitragens" do passado; ou falta a perspectiva jurídica, o que torna a pesquisa incapaz de enxergar os elementos que distinguem as "arbitragens" do passado da arbitragem moderna.

A solução desses problemas não é simples. O esforço do jus-historiador deve ser direcionado ao objetivo de promover a comparação entre institutos jurídicos diferentes, buscando identificar as semelhanças que permitem a comparação sem perder de vista as diferenças que a justificam. Para isso deve combinar duas tarefas: por um lado, um trabalho de conceituação precisa da arbitragem contemporânea, capaz de identificar a sua natureza jurídica, os seus elementos constitutivos, o gênero a que pertence e a sua diferença específica em relação às demais formas de resolução de conflitos atualmente existentes; por outro lado, um esforço de manter o olhar aberto e flexível o suficiente para enxergar no passado as peculiaridades características de cada modelo de resolução de conflitos, evitando moldes muito rígidos de modo a permitir que se manifestem com liberdade os seus elementos constitutivos, as suas heterogeneidades e os significados que lhes são atribuídos pelos grupos sociais que os empregam. É somente pela combinação de um olhar historicamente rigoroso com uma conceituação jurídica precisa que a comparação histórica se tornará capaz de enxergar os detalhes e as complexidades do processo histórico de formação e de transformação do instituto jurídico da arbitragem, tal como o conhecemos hoje.

Para isso, devemos começar identificando aquilo que define a arbitragem em sua encarnação contemporânea, o que depende da análise das características que lhe são atribuídas pela cultura jurídica atual. A concepção moderna de arbitragem poderá, então, atuar como bússola de nossa peregrinação ao passado, fornecendo um modelo de comparação em relação ao qual poderemos identificar e compreender as importantes transformações ocorridas no instituto com o passar do tempo. E a dogmática jurídica arbitralista poderá fornecer informações valiosas a esse respeito.

Na doutrina internacional, Philippe Fouchard e Emmanuel Gaillard[117] definem a arbitragem como um acordo privado por meio do qual se atribui a uma ou mais pessoas o poder de resolver um litígio[118]. Nigel Blackaby, Constantine Partasides, Alan Redfern e J. Martin Hunter apresentam um conceito mais detalhado e analítico, que inclui os critérios de escolha do árbitro, o caráter vinculante das decisões e a referência à vontade das partes como fundamento de validade:

> O conceito de arbitragem é simples. Partes que estão em disputa concordam em submeter seu litígio a uma pessoa em cuja expertise ou julgamento confiam. Cada uma delas apresenta seus casos respectivos a essa pessoa – esse indivíduo privado, esse árbitro –, que escuta, considera os fatos e os argumentos, e então toma uma decisão. Essa decisão é final e vinculante para as partes; e é vinculante porque as partes concordaram que deveria ser, não em razão do poder coercitivo de qualquer Estado. A arbitragem é, em suma, um modo efetivo de obter uma decisão final e vinculante em uma disputa ou série de disputas, sem referência a um tribunal[119].

A doutrina brasileira adota concepções semelhantes. Carlos Alberto Carmona enfatiza a executividade atribuída à sentença arbitral, ressalvando tratar-se de "meio alternativo" a ser empregado somente quando o litígio envolver direitos patrimoniais disponíveis:

[117] Fouchard, Philippe; Gaillard, Emmanuel; Goldman, Berthold. **On international commercial arbitration**. Hague: Kluwer Law International, 1999, p. 9.

[118] Segundo os autores, no original: "Arbitration is a device whereby the settlement of a question, which is of interest for two or more persons, is entrusted to one or more other persons – the arbitrator or arbitrators – who derive their powers from a private agreement, not from authorities of a State, and who are to proceed and decide the case on the basis of such an agreement".

[119] No original: "The concept of arbitration is a simple one. Parties who are in dispute agree to submit their disagreement to a person whose expertise or judgement they trust. They each put their respective cases to this person – this private individual, this arbitrator – who listens, considers the facts and the arguments, and then makes a decision. That decision is final and binding on the parties; and it is binding because the parties have agreed that it should be, rather than because of the coercive power of any State. Arbitration, in short, is an effective way of obtaining a final and binding decision on a dispute or series of disputes, without reference to a court of law". Blackaby, Nigel; Partasides, Constantine; Redfern, Alan; Hunter, J. Martin. **On international arbitration**. Oxford: Oxford University Press, 2009, p. 1.

> A arbitragem – meio alternativo de solução de controvérsias através da intervenção de uma ou mais pessoas que recebem seus poderes de uma convenção privada, decidindo com base nela, sem intervenção estatal, sendo a decisão destinada a assumir a mesma eficácia da sentença judicial – é colocada à disposição de quem quer que seja, para solução de conflitos relativos a direitos patrimoniais acerca dos quais os litigantes possam dispor.
>
> Trata-se de mecanismo privado de solução de litígios, através do qual um terceiro, escolhido pelos litigantes, impõe sua decisão, que deverá ser cumprida pelas partes[120].

José Antonio Fichtner, Sérgio Nelson Mannheimer e André Luis Monteiro propõem uma definição mais analítica, especificando que qualquer conceito construído a partir do direito pátrio deve tratar a arbitragem como meio de solução de conflitos fundado na autonomia privada das partes, julgado por terceiro imparcial de maneira a formar coisa julgada material:

> A arbitragem é um método de heterocomposição de conflitos em que o árbitro, exercendo a cognição nos limites da convenção de arbitragem livremente estabelecida pelas partes, decide a controvérsia com autonomia e definitividade. Qualquer conceituação de arbitragem, sob a égide do ordenamento jurídico brasileiro, deve fazer referência a quatro elementos fundamentais: (i) meio de solução de conflitos; (ii) autonomia privada das partes; (iii) terceiro imparcial com poder de decisão; e (iv) coisa julgada material[121].

Natália Mizrahi Lamas ainda acrescenta considerações sobre os critérios de escolha dos árbitros, sugerindo que ela é sempre inspirada pela confiança em sua idoneidade e expertise:

> Assim como na jurisdição estatal, no processo arbitral as partes, voluntariamente, outorgam a um terceiro – ou a terceiros, de preferência em número ímpar, quando se denominará tribunal arbitral – o poder de decidir uma determinada contenda. Tal escolha é sempre inspirada pela con-

[120] CARMONA, Carlos Alberto. **Arbitragem e processo**: um comentário à Lei 9.307/96. 2. ed. São Paulo: Atlas, 2004, p. 51.

[121] FICHTNER, José Antonio; MANNHEIMER, Sérgio Nelson; MONTEIRO, André Luis. **Teoria geral da arbitragem**. Rio de Janeiro: Forense, 2019, p. 29.

fiança na idoneidade e na expertise dos árbitros. A arbitragem funda-se, portanto, na autonomia da vontade das partes, na sua capacidade de consentir em atribuir poderes a um terceiro para decidir uma controvérsia. Por essa razão, a autonomia da vontade das partes – modernamente, por vezes, referida como autonomia privada – é o fundamento da vinculação das partes a um processo arbitral[122].

Estes elementos estão igualmente presentes nas definições apresentadas por Leonardo de Faria Beraldo[123], Humberto Dalla Bernardina de Pinho e Marcelo Mazzola[124] e Francisco José Cahali[125], apenas para citar alguns dos arbitralistas que enfrentam a questão. Carlos Alberto Salles dá um passo além, dispondo-se não só a elaborar um conceito jurídico de arbitragem, mas também a identificar aquilo que especifica a arbitragem em sua encarnação moderna: a liberdade das partes na escolha do árbitro e a executividade das suas decisões:

> A arbitragem "moderna", que podemos tratar, na mesma medida, de contemporânea, está lastreada em uma disciplina jurídica apta a lhe

[122] Lamas, Natália Mizrahi. Introdução e princípios aplicáveis à arbitragem. *In*: Levy, Daniel; Pereira, Guilherme Setoguti J. (org.) **Curso de arbitragem**. São Paulo: RT, p. 27-59, 2018, p. 27.

[123] "Pode-se conceituar a arbitragem como sendo um processo no qual as partes, por meio de pacto privado, delegam a um árbitro, que nem mesmo precisa ser bacharel em Direito, bastando apenas que seja pessoa capaz, o poder de decidir a lide, dentro dos limites estabelecidos previamente na convenção, desde que verse sobre direitos disponíveis, sem a intervenção do Poder Judiciário, produzindo, a sentença arbitral, os mesmos efeitos da sentença judicial. A decisão tem, portanto, autoridade de coisa julgada e é passível de execução". Beraldo, Leonardo de Faria. **Curso de arbitragem nos termos da Lei n. 9.307/96**. São Paulo: Atlas, 2014, p. 2.

[124] "A arbitragem é um método heterocompositivo de solução de conflitos por meio do qual um terceiro imparcial, escolhido pelas partes, decide a controvérsia, segundo normas e procedimentos previamente acordados". Pinho, Humberto Dalla Bernardina de; Mazzola, Marcelo. **Manual de mediação e arbitragem**. São Paulo: Saraiva, 2019, p. 243.

[125] "A arbitragem, ao lado da jurisdição estatal, representa uma forma heterocompositiva de solução de conflitos. As partes capazes, de comum acordo, diante de um litígio, ou por meio de uma convenção, estabelecem que um terceiro, ou colegiado, terá poderes para solucionar a controvérsia, sem a intervenção estatal, sendo que a decisão terá a mesma eficácia que uma sentença judicial". Cahali, Francisco José. **Curso de arbitragem**. 8. ed. São Paulo: RT, 2020, p. 121.

> emprestar condições que garantam sua vinculatividade. Isso significa dizer que tal disciplina deve impedir eventuais intromissões da Justiça estatal na matéria objeto da convenção das partes e, ao mesmo tempo – e em sentido inverso – dar respaldo à efetividade da escolha das partes.
>
> De modo geral, pode-se dizer que, independentemente do horizonte histórico, o modelo básico da arbitragem, como meio de solução de controvérsias, remete para duas escolhas e para duas consequências básicas no desenvolvimento dessa técnica adjudicatória.
>
> Primeiro, as partes escolhem ter uma ou várias disputas resolvidas por um terceiro, chamado árbitro. Depois, ainda mais, as partes escolhem o árbitro ou definem um método para sua seleção. Dessas duas escolhas das partes, resultam duas consequências marcantes da arbitragem como método de solução de controvérsias. Uma primeira refere-se ao fato de que o árbitro (ou árbitros, se assim preferirem as partes) conduzirá os procedimentos para instrução e decisão da causa, o processo arbitral. Resulta ainda outra importante consequência, consistente na produção pelo árbitro (ou árbitros) de uma decisão vinculante para as partes, que somente poderá ser atacada judicialmente em bases bastante limitadas[126].

Como se percebe, há elementos comuns presentes em todas as definições, a partir dos quais podemos identificar a substância do que seria a "concepção moderna de arbitragem". Essa concepção nos orientará como bússola na investigação dos diversos modelos de arbitragem pré-moderna, e fornecerá o padrão de comparação que nos habilitará a identificar as transformações ocorridas durante a história do instituto. Em sua essência, a arbitragem contemporânea se define pelas seguintes características:

- É um **meio alternativo** de resolução de conflitos. Sua existência pressupõe a existência de um aparato estatal como sistema judiciário "principal", em relação ao qual a arbitragem se apresenta como sistema paralelo ou complementar;

[126] SALLES, Carlos Alberto. Introdução à arbitragem. *In*: SALLES, Carlos Alberto de; LORENCINI, Marco Antônio Garcia Lopes; SILVA, Paulo Eduardo Alves da Silva. **Negociação, mediação, conciliação e arbitragem**: curso de métodos adequados de solução de controvérsias. Rio de Janeiro: Forense, p. 236-259, 2020, p. 236.

- Está fundada na **autonomia da vontade** de sujeitos de direito. Instituída por uma relação contratual, depende da decisão tomada por sujeitos de direito livres e racionais, que consensualmente decidem submeter o seu litígio ao juízo arbitral. A preservação da autonomia da vontade dos sujeitos de direito é um elemento fundamental da arbitragem moderna, e abrange todos os seus aspectos: a escolha do juízo arbitral, a escolha do procedimento a ser adotado, a escolha dos árbitros que irão julgar a causa, a escolha do direito a ser aplicado etc.;
- Exige **formalização**, uma vez que é no compromisso arbitral que se registram as decisões tomadas pelas partes quanto à adesão e ao funcionamento do procedimento.
- Recebe **competência residual** de julgamento, eis que somente pode ser empregada na resolução de litígios que envolvam **direitos patrimoniais disponíveis**. Pressupõe, assim, uma primeira distinção fundamental entre direitos patrimoniais e direitos pessoais, e uma segunda distinção fundamental entre direitos disponíveis e direitos indisponíveis, além do ato de disposição livre e consensual, por parte dos envolvidos, do direito de recorrer ao Poder Judiciário estatal – ao qual é atribuída a competência integral para resolver litígios que envolvam também direitos pessoais e indisponíveis;
- O objetivo da arbitragem é a **adjudicação de direitos**: a partir de um ordenamento jurídico pré-determinado, estabelecer quais são os direitos reconhecidos a cada uma das partes litigantes e assegurar a sua proteção pela decisão a ser proferida.
- **Profissionalização do árbitro**, que mesmo quando não possui formação especificamente jurídica, tende a ser escolhido não só por sua imparcialidade, mas principalmente por sua "expertise", compreendida como capacidade técnica de proferir decisão compatível com a complexidade das circunstâncias específicas do caso concreto.
- **Executividade das decisões** proferidas, que independem de homologação estatal para serem consideradas válidas e vinculantes entre as partes;
- **Dependência do aparato de força estatal** para garantir a efetividade das decisões proferidas, visto que mesmo as instituições de

arbitragem mais sólidas não dispõem de recursos físicos capazes de assegurar a coercitividade de suas decisões;

- **Permissão estatal** para a sua existência, tanto pelo reconhecimento legal da legitimidade e executividade das decisões proferidas, quanto pela garantia material de sua força executória;

E, por fim, duas características que, além de não serem explicitamente mencionadas pelos doutrinadores que examinam o instituto, ainda contrariam alguns de seus pressupostos teóricos fundamentais:

- **Julgamento segundo o direito estatal**. Esta característica contraria as bases teóricas da arbitragem, que justamente por fundamentarem o instituto na autonomia da vontade das partes em conflito, atribuem-lhes a prerrogativa de escolher livremente o direito a ser aplicado ao litígio – o que permitiria até mesmo, em tese, a criação de normas e critérios de julgamento absolutamente inéditos[127]. Apesar dessa permissão teórica, a imensa complexidade das relações sociais, econômicas e jurídicas contemporâneas acaba levando as partes a usualmente pactuarem a aplicação integral de algum ordenamento jurídico estatal, mesmo quando não se trata do ordenamento vigente no território em que é celebrado o compromisso arbitral. Essa característica faz com que a opção pela arbitragem deva ser compreendida muito mais como opção pela submissão do litígio a um **procedimento** alternativo de resolução do que como opção por sua submissão a um **direito** alternativo ao estatal.
- **Institucionalização**. Da mesma forma, sendo a arbitragem teoricamente fundada na autonomia da vontade, decorre de sua própria essência a liberdade atribuída às partes para escolherem o árbitro que será designado para resolver o litígio. No entanto, assim como a complexidade dos conflitos submetidos à arbitragem torna materialmente inviável a livre criação do direito aplicável, da mesma forma as partes tendem a optar pelo recurso a tri-

[127] O art. 11 da Lei n. 9.307/1996 permite aos compromissários que convencionem o direito aplicável à arbitragem, expressamente mencionando a possibilidade de julgamento por equidade, segundo lei nacional a ser indicada ou nos termos de regras corporativas aplicáveis ao fato.

bunais arbitrais institucionalizados, que contribuem para reduzir os custos de transação pela legitimidade decorrente de seu reconhecimento social e pela segurança jurídica de um procedimento previamente estabelecido.

Identificadas as características definidoras da arbitragem contemporânea, o passo seguinte de uma história realmente atenta aos processos de transformação deve ser a observação dos variados meios de resolução de conflitos adotados por culturas jurídicas do passado, buscando não ressaltar aquilo que possuem em comum com a arbitragem, mas justamente aquilo que possuem de peculiar e diferente – e que, por essa razão, podem nos ajudar a compreender aquilo que nós mesmos temos de peculiar e específico, e os processos de transformação que nos tornaram aquilo que somos. Em suma, buscar no passado não o reflexo reconfortante do nosso próprio rosto, mas a imagem perturbadora da alteridade, que põe em risco a nossa própria identidade ao expor tanto a insuperável relatividade do presente que considerávamos absoluto e natural quanto a radical humanidade do passado que nos parecia exótico e selvagem.

Para isso, contudo, é necessário abordar o passado de maneira adequada. Não é fácil enxergar o passado em sua alteridade, e para cumprir este papel a história do direito não pode ser feita de qualquer maneira. Ela depende de preparação e de planejamento, de um refinamento metodológico que nos ajude a superar a narrativa simplória segundo a qual a história seria simplesmente "o relato do que realmente aconteceu". Como explica António Manuel Hespanha[128], essa consciência metodológica nos habilita a compreender que os acontecimentos históricos não são fatos objetivos, aptos a serem descritos independentemente de qualquer perspectiva. Pelo contrário, eles são criados pelo trabalho do historiador, que ao selecionar a perspectiva de abordagem lhes atribui significados subjetivos, e lhes impõe uma função concreta a desempenhar no discurso científico contemporâneo.

Assim, devemos adotar uma perspectiva de abordagem que contribua para que a história desempenhe a sua função crítica de "problema-

[128] HESPANHA, António Manuel. **Cultura jurídica europeia**: síntese de um milênio. Lisboa: Almedina, 2012, p. 24.

tização do pressuposto implícito e acrítico das disciplinas dogmáticas" de que "o direito dos nossos dias seria o racional, o necessário, o definitivo" [129]. Para isso, ela deve sublinhar que o direito existe sempre "em sociedade", e que as soluções jurídicas são sempre contingentes em relação a um determinado ambiente, o que significa que o objeto de estudo da História do Direito não pode ser o esquema positivista tradicional das "normas que legitimam normas que fundamentam normas", mas o direito em sociedade, em suas relações com os diversos contextos culturais, sociais, políticos, econômicos, psicológicos com os quais e nos quais ele opera concretamente. Isso, por sua vez, implica em três cuidados metodológicos a serem imperativamente adotados pelo jus-historiador: a percepção dos poderes periféricos; a compreensão do direito como produto social; e a crítica radical da teleologia[130].

Em primeiro lugar, deve o pesquisador estar atento à existência de **poderes periféricos** ao direito, que o integram e o ressignificam em meio aos diversos complexos normativos que organizam a vida social[131]. Afinal, o direito tem um significado relacional, pois não depende exclusivamente dos conteúdos atribuídos às normas jurídicas que o compõem, mas também do papel que lhes foi designado por outros sistemas normativos que formam o seu ambiente sistêmico (moral, regras sociais, estruturas psicológicas, regras do método científico, etc.). Dessa forma, para compreenderem adequadamente o papel atribuído não só a uma norma jurídica ou um instituto jurídico, mas ao ordenamento jurídico de uma determinada sociedade, os historiadores do direito não podem considerar somente o direito oficial; devem integrar em sua análise todos os fenômenos de normação social que modificam o papel atribuído ao direito, como regras religiosas, costumes, regras de organização social e concepções culturais.

Além disso, não apenas o direito existe em permanente relação com outros complexos normativos, mas a própria produção do direito é resultado de um processo social. Compreender o **direito como pro-**

[129] HESPANHA, António Manuel. **Cultura jurídica europeia**: síntese de um milênio. Lisboa: Almedina, 2012, p. 13.

[130] HESPANHA, António Manuel. **Cultura jurídica europeia**: síntese de um milênio. Lisboa: Almedina, 2012, p. 25.

[131] HESPANHA, António Manuel. **Cultura jurídica europeia**: síntese de um milênio. Lisboa: Almedina, 2012, p. 26.

duto social[132] nos obriga a considerar o processo social de produção do direito, de suas normas jurídicas, de sua cultura jurídica, de sua concepção ordenamental, na explicação histórica do próprio direito. Isso implica em relacionar os efeitos culturais e discursivos do direito com a dinâmica específica do espaço social particular em que eles são produzidos, ainda que sem esquecer a autonomia relativa do fenômeno jurídico em relação aos momentos não jurídicos das relações sociais.

E por fim, é necessário insistir na ideia de que a história do direito não constitui um desenvolvimento linear-progressivo, adotando-se uma perspectiva radicalmente antiescatológica. Uma perspectiva como essa, **contrária à teleologia**, deve se esforçar para ressaltar a descontinuidade e a ruptura existentes na história, superando a tendência dos juristas a enxergarem uma finalidade predeterminada em todo o desenvolvimento histórico e a tratarem o direito como "tradição agregativa", no interior da qual as novas soluções se somam às antigas para aperfeiçoá-las ou atualizá-las. Como argumenta António Manuel Hespanha[133], se os sentidos do direito são relacionais, qualquer transformação no contexto em que o direito se encontra já representa um corte brusco entre esse direito e a tradição jurídica anterior – mesmo diante da eventualidade de continuidades e semelhanças de nomes, textos, normas e instituições jurídicas. Desse modo, o sentido de cada instituto deve ser avaliado pela sua integração no contexto de outros institutos que convivem com ele, e não pelos institutos e princípios que o antecederam.

Com base nessas premissas, proporemos na seção seguinte uma releitura da história do instituto da arbitragem, buscando identificar as transformações e os elementos de alteridade perceptíveis na arbitragem do passado, e que nos ajudam a colocar em perspectiva e compreender melhor o que e como nos tornamos aquilo que somos.

3. História da arbitragem: releitura de uma história conhecida

É preciso reconhecer, até por honestidade intelectual, que existe uma racionalidade subjacente à afirmação trivial de que "a arbitragem é tão

[132] Hespanha, António Manuel. **Cultura jurídica europeia**: síntese de um milênio. Lisboa: Almedina, 2012, p. 27.

[133] Hespanha, António Manuel. **Cultura jurídica europeia**: síntese de um milênio. Lisboa: Almedina, 2012, p. 29.

antiga quanto a humanidade", já tão criticada neste artigo. A afirmação não é absurda em seus próprios termos; afinal, partindo-se de um conceito amplo de arbitragem como "resolução pacífica de litígios pelo recurso a um terceiro imparcial", é difícil deixar de reconhecer que essa é uma técnica de convívio social que de fato acompanha a humanidade "desde os primórdios da civilização".

O problema não está na afirmação, em si, mas justamente no que ela implicitamente pressupõe: ao referir-se à arbitragem genericamente, sem determinar com precisão os significados atribuídos ao conceito, limita-se a expressar o argumento tautológico de que "a pacificação de conflitos sociais é tão antiga quanto o próprio convívio social". Sendo tautológico, não poderia mesmo estar errado; mas tampouco contribui para a compreensão da realidade, visto que não é capaz de nos informar acerca dos modos específicos como as técnicas concretas de pacificação de conflitos se manifestam no decorrer da história.

Da mesma forma, poderíamos afirmar serem "fatos naturais" o estabelecimento de relações afetivas entre os seres humanos e a utilização dos recursos da natureza para a realização dos seus propósitos; mas pretender extrair de fatos naturais tão genéricos conclusões concretas sobre a história do direito de família e a história do direito de propriedade seria absolutamente inadequado, pois igualmente nos impediria de compreender os diferentes modos históricos como os homens manifestam sua "natureza" – o que é, afinal de contas, o objetivo primordial da pesquisa histórica.

Por essa razão, devemos superar o truísmo de reconhecer que a instituição de métodos de resolução pacífica de conflitos é um dos elementos integrantes do próprio conceito de sociedade humana para tentar observar, nas formas específicas de resolução de conflitos empregadas pelas diversas sociedades do passado, as especificidades que nos permitem reconhecer a relatividade histórica da arbitragem contemporânea e compreender o contexto histórico particular que tornou possível a sua emergência.

Concentremo-nos, pois, nas três civilizações da Antiguidade mais mencionadas pelos arbitralistas (os povos mesopotâmicos, gregos e romanos) e analisemos os institutos que costumam ser considerados as suas "versões" respectivas dos nossos árbitros contemporâneos: *šibûtû*, *διαιτητέσ* e *arbiter*.

3.1. Šibûtû

Segundo Claus Wilcke[134], os mais antigos registros documentais conhecidos de transações privadas aptas a produzirem efeitos jurídicos foram elaborados na Mesopotâmia em torno de 3500 a.C., cinco séculos após a invenção da escrita. É claro que o registro escrito dessas práticas apenas formaliza a existência anterior de uma longa história jurídica oral, que apenas muito lentamente passa a ser transposta para o suporte físico. Mas é claro, também, que não podemos tomar o direito registrado nesse momento (ou em qualquer outro) como o modelo padrão de algo que pudesse ser uniformemente considerado o "Direito da Mesopotâmia"; estamos falando, afinal, de uma civilização que durou cinco mil anos, durante os quais a região mesopotâmica foi sucessivamente governada por sumérios, acádios, amoritas, assírios e caldeus, até a sua incorporação ao Império Persa no século VI a.C. Durante esse período, a região foi habitada por diversos povos com suas próprias línguas, culturas, religiões e formas de organização política, o que inevitavelmente impactou o modo como se organizavam juridicamente. Essa circunstância faz com que haja uma enorme variedade de fontes jurídicas em cada período histórico específico, cuja interpretação é sempre condicionada, além disso, pela própria disponibilidade material de fontes históricas próprias de cada era e região.

Ainda assim, as condições de espaço e os objetivos do presente trabalho nos obrigam a adotar uma postura de redução dessa variedade para tentar observar algumas características comuns aos diversos povos que integraram a civilização mesopotâmica. Talvez a mais importante delas seja comum também às demais civilizações da antiguidade oriental: a compreensão da ordenação jurídica não como ato voluntário de disciplinamento social, mas como prerrogativa-obrigação atribuída aos governantes, na qualidade de representantes da divindade, de promover a justiça entre os homens de acordo com as prescrições da ordenação divina.

De fato, nas civilizações da antiguidade oriental, a função atribuída aos governantes é essencialmente de cuidado dos governados, de acordo com a metáfora do "bom pastor" tão comum entre as religiões do período. Dessa perspectiva, a regulação jurídica não provém diretamente da

[134] WILCKE, Claus. Mesopotamia – early dinastic and sargonic periods. *In*: **A history of ancient near eastern law**, v. 1. Leiden, Boston: Brill, p. 141-182, 2003, p. 141.

vontade dos governantes; a sua autoridade é apenas o eixo de transmissão da vontade proveniente de uma autoridade superior, que os perpassa para lhes atribuir a função de, em nome da divindade, distribuir a justiça e organizar o convívio humano. Essa característica fica muito clara nas legislações do período: no prefácio ao mais famoso código de leis babilônico, por exemplo, Hamurábi se autodenomina "o pastor dos oprimidos e dos escravos", reiterando o título no epílogo ao proclamar que "os grandes deuses me convocaram, eu sou o pastor que traz a salvação, cujo cetro é justo, a boa sombra que se espalha sobre minha cidade" [135].

A própria metáfora das "fontes do direito", hoje ressignificada em perspectiva formalista, traduz em sua versão original antiga essa ideia, de abertura que permite a emergência e a passagem dos fluxos de regulação divina. Pietro Cerami e Gianfranco Púrpura[136] recordam o exemplo de Gudea, governador da região de Lagash entre 2144 a.C. e 2124 a.C. e autor de importante legislação: o governante foi representado em uma estatueta de 61 cm de calcita cinza vestindo roupas sacerdotais, gorro e túnica, e segurando um vaso entre as mãos; sobre a sua roupa aparece uma dedicatória à deusa da água vivificante, *Geshtinanna,* e do vaso jorram água e pequenos peixes.

Já havíamos observado em outro trabalho[137] como, ao fornecer água e peixes, o vaso aparece como símbolo de fecundidade, e a homenagem a *Geshtinanna* sugere a água como provedora de vitalidade capaz de reanimar o povo e a lei. O legislador não se apresenta, assim, como criador da ordem, ou como autoridade de governo, mas assume explicitamente a função de mediador entre os homens e a divindade, guardião responsável por distribuir a linfa vital que assegura não só os meios de subsistência, mas também os preceitos ordenadores da vida comunitária.

Não é por outro motivo que durante toda a história da Mesopotâmia a prerrogativa de julgar os homens é considerada um privilégio do

[135] HARPER, Robert F. (trans.). **The Code of Hammurabi.** Chicago: University of Chicago Press, 1904, p. Tradução livre.

[136] CERAMI, Pietro; PÚRPURA, Gianfranco. **Profilo storico-giurisprudenziale del diritto pubblico romano.** Torino: G. Giappichelli, 2007, p. 203.

[137] GUANDALINI JUNIOR, Walter. Uma teoria das fontes do direito romano: genealogia histórica da metáfora. **Revista da Faculdade de Direito da UFPR**, v. 62, n. 1, Curitiba, jan.-abr. 2017, p. 19.

rei[138]. Isso não o impedia, porém, de compartilhar esse privilégio com outros notáveis e dignitários, que conforme o período histórico variaram de oficiais de estado a juízes nomeados (*dayyânû*), de governadores a anciões locais, de associações de mercadores (*Kârum*) a chefes de família. Segundo Karen Radner[139] não se vislumbrava distinção entre a autoridade executiva e a função judiciária, e todos os funcionários administrativos exerciam também autoridade judicial. Essa prerrogativa não era exercida como ato de autoridade própria, mas em nome do rei e da divindade que o orientava, o que fazia com que o direito então aplicado tivesse um caráter profundamente ritualista e simbólico – como se infere da importância atribuída a juramentos, ordálios e testemunhos. O julgamento era compreendido como "restauração da ordem", sendo expressado pela palavra *dikur*, que em tradução literal significa "quebrar o litígio"[140].

As principais fontes normativas eram os costumes orais, responsáveis pela preservação dessa ordem ancestral. Mesmo a atividade legislativa dos governantes, relativamente intensa em determinados períodos,

138 Como demonstram os trabalhos de Wilcke, Claus. Mesopotamia – early dinastic and sargonic periods. *In*: **A history of ancient near eastern law**, v. 1. Leiden, Boston: Brill, p. 141-182, 2003, p. 145; Lafont, Bertrand; Westbrook, Raymond. Mesopotamia – neo-sumerian period (Ur III). *In*: **A history of ancient near eastern law**, v. 1. Leiden, Boston: Brill, p. 183-226, 2003, p. 186; Westbrook, Raymond (org.). **A history of ancient near eastern law**, v. 1. Leiden, Boston: Brill, 2003, p. 363; Veenhof, Klaas R. Mesopotamia – old assyrian period. *In*: **A history of ancient near eastern law**, v. 1. Leiden, Boston: Brill, p. 431-484, 2003, p. 434.

Slanski, Kathryn. Mesopotamia – middle babylonian period. *In*: **A history of ancient near eastern law**, v. 1. Leiden, Boston: Brill, p. 485-520, 2003, p. 487; Lafont, Sophie. Mesopotamia – middle assyrian period. *In*: **A history of ancient near eastern law**, v. 1. Leiden, Boston: Brill, p. 521-564, 2003, p. 526; Zaccagnini, Carlo. Mesopotamia – Nuzi. *In*: **A history of ancient near eastern law**, v. 1. Leiden, Boston: Brill, p. 565-618, 2003, p. 570; Radner, Karen. Mesopotamia – neo-assyrian period. *In*: **A history of ancient near eastern law**, v. 1. Leiden, Boston: Brill, p. 883-910, 2003, p. 886. Oelsner, Joachim; Wells, Bruce; Wunsch, Cornelia. Mesopotamia – neo-babylonian period. *In*: **A history of ancient near eastern law**, v. 1. Leiden, Boston: Brill, p. 911-975, 2003, p. 915.

139 Radner, Karen. The reciprocal relationship between judge and Society in the neo-assyrian period. *In*: **MAARAV**: a journal for the study of the northwest semitic languages and literatures, v. 12, n. 1-2. Rolling Hills: Western Academic Press, p. 41-68, 2005, p. 42.

140 Wilcke, Claus. Mesopotamia – early dinastic and sargonic periods. *In*: **A history of ancient near eastern law**, v. 1. Leiden, Boston: Brill, p. 141-182, 2003, p. 154.

também se manifestava como realização da justiça divina – Raymond Westbrook[141] argumenta que a legislação mais conhecida, o Código de Hamurábi (1.750 a.C.), não passava de uma apologia dirigida aos deuses para comprovar o cumprimento, por Hamurábi, do seu dever divino de distribuir a justiça. Os contratos também são uma importante fonte de acesso ao direito mesopotâmico: embora fossem celebrados em rituais orais, costumava-se transpor o seu conteúdo a tabletes de argila, que serviam principalmente como registros para a memória – a forma escrita não instituía direitos, e dependia de provas rituais como testemunhos e juramentos para ser confirmada perante o juiz.

É nesse contexto que devem ser interpretados os achados relativos à prática da arbitragem entre os mesopotâmicos. Antes de tudo, é importante ressalvar, como explica Sophie Lafont, que simplesmente não existia, entre os povos mesopotâmicos, palavra passível de ser traduzida pela moderna expressão "arbitragem". O fato de a palavra não existir já deveria acender um sinal de alerta, mas a autora prefere "confiar na natureza dos documentos para preencher a ausência de terminologia antiga"[142], identificando a prática da arbitragem nas relações internacionais entre soberanos e em assuntos privados de direito comercial e sucessões.

Argumenta, assim, que a arbitragem pode ser encontrada, em primeiro lugar, como manifestação do direito internacional nas relações estabelecidas entre os reis vassalos do segundo milênio a.C.[143]: verifi-

[141] Westbrook, Raymond (org.). **A history of ancient near eastern law**, v. 1. Leiden, Boston: Brill, 2003, p. 364.

[142] No original: "*Two main features of Mesopotamian law are the abundance of sources and the scarcity of concepts. Many institutions are well illustrated in the cuneiform tablets though they have received neither theoretical analysis nor even a name in the texts themselves. The texts describe for instance how a husband takes a wife, but there is no Akkadian or Sumerian word meaning "marriage". Nevertheless, the modern historian can safely rely on the nature of the documents to fill in the lack of ancient terminology. The task is somewhat more complicated when it comes to other institutions such as arbitration. The word does not appear in the cuneiform documentation, but it seems that the practice was known, especially in private matters such as commercial or inheritance law*". Lafont, Sophie. Second-millennium arbitration. *In*: **MAARAV**: a journal for the study of the northwest semitic languages and literatures, v. 12, n.1-2. Rolling Hills: Western Academic Press, p. 1-13, 2005, p. 1.

[143] Lafont, Sophie. Second-millennium arbitration. *In*: **MAARAV**: a journal for the study of the northwest semitic languages and literatures, v. 12, n.1-2. Rolling Hills: Western Academic Press, p. 1-13, 2005, p. 1.

cada a existência de conflito sem possibilidade de resolução consensual, os reis vassalos do império mesopotâmico costumavam recorrer a um estado mais poderoso, geralmente seu suserano, para que atuasse como árbitro do litígio.

Não é difícil perceber, contudo, que esse é um fenômeno absolutamente distinto daquele a que nos referimos usualmente quando mencionamos a arbitragem: em primeiro lugar, porque se aplica a relações internacionais entre estados soberanos, que pelas próprias condições de seu relacionamento somente dispõem de meios negociais e da guerra para resolverem os conflitos existentes entre si. A importância que hoje atribuímos ao "desenvolvimento da arbitragem" não se refere ao seu emprego para a resolução de conflitos de direito internacional público[144], mas ao seu emprego por indivíduos privados que, voluntariamente, optam por recorrer a árbitros privados mesmo quando dispõem da possibilidade de recurso à justiça estatal. Está claro não ser esse o caso na arbitragem internacional mesopotâmica. Não bastasse, nem mesmo por semelhança remota pode essa manifestação ser considerada "arbitral", eis que lhe falta um dos elementos essenciais à sua caracterização como tal: a liberdade de escolha do árbitro privado. Afinal, nesses casos, a escolha do "árbitro" sempre recai na figura de um soberano mais poderoso que atua como autoridade entre as partes em conflito, o que assemelha a sua posição muito mais à de um juiz que à de um árbitro – visto que não extrai a sua autoridade da indicação voluntária pelas partes, mas do exercício de suas próprias prerrogativas imperiais. Parece inadequado, dessa forma, caracterizar essa prática como uma "etapa" na história da arbitragem contemporânea.

Um segundo modelo de resolução de litígios usualmente considerado "arbitral" pelos juristas que encontram o instituto na Mesopotâmia antiga são os julgamentos proferidos pelas associações de mercadores (*Kârum*) a partir do período assírio antigo (c. 2.000 a.C.). Klaas R. Veenhof[145] relata, nesse sentido, terem sido encontrados diversos registros de arbitragens privadas no *Kârum* da cidade de Kanish. Compreende-as

[144] Pelo contrário, a novidade neste campo não é a arbitragem, mas justamente os tribunais internacionais institucionalizados.

[145] Veenhof, Klaas R. Mesopotamia – old assyrian period. *In*: **A history of ancient near eastern law**, v. 1. Leiden, Boston: Brill, p. 431-484, 2003, p. 432.

como tais porque os julgamentos não foram proferidos por juízes nomeados, mas por membros integrantes da própria associação.

No entanto, conforme explica o autor, o sistema assírio de *kârums* não funcionava somente como associação para preservar interesses econômicos, mas como verdadeira instituição de organização política: reconhecia-se mesmo aos *kârums* inferiores a autonomia para fixar tributos, estabelecer regras comerciais e emitir julgamentos. Diante dessas características, é inevitável concluir que os julgamentos proferidos pelos *kârums* não manifestavam a liberdade de escolha dos mercadores na indicação de árbitros privados, mas a própria autoridade política exercida pelo *kârum* na regulação e controle das atividades comerciais da região. Exercendo em nome do rei a ordenação das relações comerciais, os *kârums* devem ser compreendidos muito mais como órgãos integrantes da estrutura judicial regular, em uma concepção de autoridade distribuída e compartilhada, do que como jurisdição privada alternativa a uma estrutura estatal monopolista, como se esperaria de uma instituição arbitral semelhante às que hoje conhecemos. Dessa forma, tampouco este modelo pode ser considerado parte integrante da história da arbitragem.

Há também, por fim, um terceiro modelo usualmente considerado "arbitral" pelos historiadores do direito mesopotâmico. Ele era empregado igualmente em assuntos de natureza comercial e civil e consistia no recurso a *šibûtû*, testemunhas investidas da função de juízes para a resolução de litígios entre indivíduos.

Como explica Sophie Lafont[146], o direito mesopotâmico reconhecia ao credor a prerrogativa de apreender (*sabâtum*) o devedor, com o objetivo de obter um rápido pagamento dos valores que lhe eram devidos. Tendo-o apreendido, apresentava-o perante um conjunto de testemunhas (*šibûtû*), que deviam examinar as declarações dos litigantes e emitir um veredito. Apesar de não exigir a concordância do devedor previamente à adoção do procedimento, até aqui a descrição parece se aproximar bastante do modelo hoje denominado "arbitral", inclusive pelo fato de ser comum que os tabletes empregassem a expressão

[146] LAFONT, Sophie. Second-millennium arbitration. *In*: **MAARAV**: a journal for the study of the northwest semitic languages and literatures, v. 12, n.1-2. Rolling Hills: Western Academic Press, p. 1-13, 2005, p. 4.

dayyânû (juiz) para se referirem a essas testemunhas. É importante ressaltar, no entanto, que o veredito proferido pelos *šibûtû* não vinculava os litigantes. Pelo contrário, representava somente uma primeira fase do procedimento, que deveria ser posteriormente confirmado nos tribunais dos *kârums*, em litígios comerciais, ou nos tribunais do rei, em litígios civis. Em ambos os casos, os *šibûtû* deveriam comparecer como testemunhas, atestando a veracidade dos fatos que lhes houvessem sido narrados, após o que se daria o julgamento efetivo – com o acréscimo dos instrumentos de prova tradicionais representados pelos juramentos e ordálios. Sophie Lafont[147] observa que dois terços dos litígios iniciados perante *šibûtû* demandam confirmação pelo sistema judicial oficial, o que nos parece indicar que o procedimento se assemelhava muito mais a uma fase de conciliação pré-judicial do que a um procedimento completo de arbitragem. A leitura de um caso considerado por Sophie Lafont, "o mais explícito testemunho da arbitragem na Babilônia"[148] pode demonstrá-lo com clareza:

> Caso Warad-Sîn, filho de Sîn-gamil, contra Ili-awîlim, filho de Ili-Pari.
>
> Após a morte de Ili-Pari, pai de Ili-awîlim, e Duššuptum, mãe de Ili-awîlim, Warad-Sîn formulou perante Ili-awîlim o pleito relativo a 1 *sar* (36 m^2) de campo não cultivado que Duššuptum adquiriu de Warad-Amurrin, irmão do seu pai, e ½ *sar* (18m^2) da casa que Duššuptum adquiriu de Warad-Sîn, e disse:
>
> "Quando sua mãe Duššuptum construiu a casa, ela invadiu a minha casa em um côvado no lado pequeno e nove metros no lado grande. Além disso, o meio *sar* da casa que ela comprou de mim é a minha própria casa; há um excedente. Eu vou verificar para você", Warad-Sîn disse a Ili-awîlim.
>
> Ili-awîlim reuniu os membros da vizinhança que os conheciam, eles investigaram as suas declarações e, em relação à casa que foi comprada há vinte anos, em tudo o que eles investigaram a esse respeito, falaram de acordo com o que Warad-Sîn disse.

147 Lafont, Sophie. Second-millennium arbitration. *In*: **MAARAV**: a journal for the study of the northwest semitic languages and literatures, v. 12, n.1-2. Rolling Hills: Western Academic Press, p. 1-13, 2005, p. 4.

148 Lafont, Sophie. Second-millennium arbitration. *In*: **MAARAV**: a journal for the study of the northwest semitic languages and literatures, v. 12, n.1-2. Rolling Hills: Western Academic Press, p. 1-13, 2005, p. 9.

> Quanto ao excedente de sua casa, fizeram Ili-awîlim concordar com o seguinte arranjo: 1 *shekel* de prata por 7½ *gín* (4,5 m²) da terra que exceda 1 *sar* e, do outro lado, 1 *shekel* de prata por 5½ *gín* (3,3 m²) da terra que, depois da verificação, exceder ½ *sar*, e eles deram 2 *shekels* de prata para Warad-Sîn.
>
> Quanto ao excedente de sua casa ele está compensado, seu coração está satisfeito.
>
> No futuro, Warad-Sîn não fará qualquer reivindicação contra Ili-awîlim em razão do excedente de ½ *sar* da casa.
>
> Juramento pelo deus Marduk e o rei Samsu-iluna.
>
> 9 testemunhas. Data[149].

Trata-se de um litígio comum entre vizinhos: erros de medição geram uma disputa quanto aos limites entre os seus imóveis e o pedido de indenização pelas áreas indevidamente ocupadas. Os demais vizinhos são reunidos para avaliarem o caso e consideram devida a indenização pleiteada, arbitrando o valor a ser pago. Obrigam os litigantes a concordarem com a decisão e jurarem não mais discutir o assunto.

Embora este caso específico pareça não ter exigido confirmação perante o sistema judicial, trata-se de uma exceção. Era muito mais frequente que os tabletes indicassem, ao final do texto, que os *šibûtû* haviam comparecido perante o tribunal ou *kârum* para darem o seu testemunho sob juramento[150]. De qualquer modo, mesmo o sucesso do caso

[149] LAFONT, Sophie. Second-millennium arbitration. *In*: **MAARAV**: a journal for the study of the northwest semitic languages and literatures, v. 12, n.1-2. Rolling Hills: Western Academic Press, p. 1-13, 2005, p. 8. Tradução livre.

[150] Como no caso narrado por LAFONT, Sophie. Second-millennium arbitration. *In*: **MAARAV**: a journal for the study of the northwest semitic languages and literatures, v. 12, n.1-2. Rolling Hills: Western Academic Press, p. 1-13, 2005, p.5. Tradução livre: "Ilabrat-bâni apreendeu Šamaš-tâb e Aššur-malik, filhos de Amria, e Ilabrat-bâni disse a Šamaš-tâb e Aššur-malik: "Chegamos a um acordo em relação a 1 ½ *shekels* de ouro, minha parte da meia *mina* de prata que representava a soma do capital. Além disso, vocês me fizeram estabelecer um novo termo de 40 semanas. No entanto, quando vocês me pagam a minha prata eles me entregam 4 trajes *pirikânu* em Kaniš, como se eu fosse um desconhecido. Eu os venderei a um de vocês, que são responsáveis em conjunto, e ele vai tentar obter 8 *shekels* de prata em troca dos meus trajes *pirikânu*, e então ele vai pagar a minha prata". Šamaš-tâb e Aššur-malik disseram: "em Kaniš, venda os 4 trajes *pirikânu* para nós, que somos responsáveis em conjunto, e nós te pagaremos integralmente 6 *shekels* de prata. Você é nosso irmão (parceiro), não nos cause problemas". Nós os fizemos chegar a um acordo em relação aos 6

transcrito não oculta os limites do recurso aos *šibûtû*, que podem ser decifrados pela leitura atenta do trecho: "fizeram Ili-awîlim concordar com o seguinte arranjo". A necessidade de concordância dos litigantes com o resultado do julgamento expõe a natureza do procedimento: um esforço de conciliação coordenado por testemunhas que conhecem as circunstâncias fáticas do litígio e são chamadas a opinar como membros da comunidade a que pertencem os litigantes, não por qualquer conhecimento técnico ou jurídico específico de que disponham. O juramento não formaliza a adesão dos litigantes ao conteúdo do veredito, mas à sua própria palavra de concordar com o acordo proposto, em um ato de conciliação. O objetivo não é a adjudicação de direitos, mas somente a pacificação do conflito, a harmonia da comunidade e a preservação da ordem divina.

Como se vê, somente uma analogia muito superficial permitiria comparar os procedimentos adotados pelo árbitro moderno e pelo *šibûtû* mesopotâmico. Com tantas diferenças importantes, essa comparação não nos ajuda a compreender o árbitro, nem nos ajuda a compreender o *šibûtû*; somente estabelece identidades inexistentes entre presente e passado, contribuindo para solidificar a mitologia jurídica que imobiliza a arbitragem contemporânea como instituto natural, eterno e universal – fábula sem qualquer correspondência com a realidade histórica. Talvez seja mais simples, honesto e produtivo simplesmente admitir: as fontes atualmente conhecidas não contêm elementos que nos permitam afirmar que a arbitragem fosse uma instituição utilizada pelo direito mesopotâmico antigo, conforme demonstrado no quadro abaixo:

Ocidente Moderno	**Mesopotâmia**
Árbitro	***Šibûtû***
meio alternativo	preliminar ao sistema judicial
autonomia da vontade	harmonia comunitária
formalização no compromisso arbitral	apreensão informal do réu
competência residual	sem competência formal
direitos patrimoniais disponíveis	litígios comerciais e civis

shekels de prata. Para esse caso, o *kârum* de Kaniš nos fez comparecer ao tribunal e, perante o emblema do deus Aššur demos o nosso testemunho". Perante Šu-Ištar, perante Idi-Ištar. Puzur-Aššur e Ili-bâni foram nossos companheiros.

adjudicação de direitos	pacificação do conflito
árbitro profissional	testemunha
decisão executável	decisão depende de confirmação judicial
dependente da força estatal	dependente da força estatal
permissão estatal	autoridade compartilhada
julgamento conforme o direito estatal	julgamento conforme os fatos
institucionalizado	espaço comunitário

Fonte: Tabela elaborada pelo autor.

3.2. Διαιτητέσ (*Diaitetés*)

A situação é diferente na civilização grega antiga, que não apenas reconhece e adota procedimentos inquestionavelmente arbitrais de resolução de conflitos, mas dispõe até mesmo de uma palavra específica para indicar o árbitro que os preside: *διαιτητέσ* (*diaitetés*). Como havia alertado António Manuel Hespanha[151], contudo, para compreendermos o significado atribuído à palavra precisamos avaliar preliminarmente o modo como a cultura grega antiga compreende o fenômeno jurídico e o papel atribuído ao direito no disciplinamento da vida em sociedade.

Devemos iniciar pela reiteração de uma ressalva metodológica já apresentada: assim como já havíamos observado quanto ao direito mesopotâmico, também para o direito grego não existe um modelo padrão que possa ser considerado representante de algo como um "direito grego antigo". A civilização grega se originou dos povos aqueus, jônicos, eólios e dórios que migraram para a península balcânica no início do segundo milênio antes de Cristo e sofreram a influência profunda da civilização minóica estabelecida em Creta a partir de XXX a.C. Entre o período homérico (XII-VIII a.C.) e o período clássico (V-IV a.C.), a civilização grega floresce e se espalha pelo Mediterrâneo, em cidades-estado independentes que, apesar de uma cultura comum, possuem os seus próprios costumes, as suas próprias instituições políticas e a sua própria organização jurídica – o que acrescenta à diversidade temporal a complexidade da diversidade geográfica e cultural. A conquista da Grécia pelos macedônicos em IV a.C. não encerra essa história; pelo contrá-

151 Hespanha, António Manuel. **Cultura jurídica europeia**: síntese de um milênio. Lisboa: Almedina, 2012, p. 25.

rio, a expansão do Império Macedônico dá origem a uma das etapas mais ricas da civilização grega, fundindo a sua cultura com a de povos que vão do Egito à Pérsia, tornando-a ainda mais heterogênea durante o período helenístico. A situação só se agrava após a conquista romana de II a.C., que promove também a sua releitura pela perspectiva ocidental.

Além disso, a maior parte das fontes históricas disponíveis se refere à Atenas dos séculos VI-IV a.C., o que também representa uma distorção importante na representação que hoje fazemos do direito grego. Ainda assim, Edward M. Harris[152] argumenta a existência de um conjunto de princípios comuns entre as diversas pólis existentes, que lhes permitia compartilhar uma mesma "identidade grega". O mais importante desses princípios, segundo o autor, é o da submissão à lei.

De fato, a relação que os gregos mantinham com a lei e o direito era bastante distinta daquela adotada pelas civilizações do oriente próximo. Como explica Edward M. Harris[153], monarcas como Hamurábi atuavam simultaneamente como legisladores e juízes supremos do reino; considerava-se seu direito e obrigação não só a promulgação das leis, mas também a sua correta aplicação, diretamente ou por seus subordinados. Esse dever implicava inclusive a prerrogativa de desconsiderar a lei para encontrar a solução mais adequada ao caso concreto; afinal, o pastor que zela por seu rebanho não se contenta em estabelecer regras abstratas, mas busca assegurar concretamente o bem-estar de cada um daqueles submetidos ao seu cuidado[154].

[152] HARRIS, Edward M. Solon and the spirit of the law in archaic and classical Greece. *In*: **Democracy and the rule of law in classical Athens**: essays on law, society and politics. Cambridge: Cambridge University Press, p. 3-28, 2006, p. 4.

[153] HARRIS, Edward M. The rule of law in athenian democracy: reflections on the Judicial Oath, **Dike**: Rivista di Storia del Diritto Greco ed Ellenistico, n. 9. Milano: Edizioni Universitarie di Lettere Economia Diritto, 2006, p. 6.

[154] Como ilustra a parábola bíblica da ovelha perdida: "Aproximavam-se de Jesus todos os publicanos e pecadores para o ouvir. Os fariseus e os escribas murmuravam: Este recebe pecadores e come com eles. Jesus propôs-lhes esta parábola: Qual de vós é o homem que, possuindo cem ovelhas e tendo perdido uma delas, não deixa as noventa e nove no deserto, e não vai em busca da que se havia perdido até achá-la? Quando a tiver achado, põe-na cheio de júbilo sobre os seus ombros; e chegando à casa, reúne os seus amigos e vizinhos e diz-lhes: Regozijai-vos comigo, porque achei a minha ovelha que se havia perdido. Digo-vos que assim haverá maior júbilo no céu por um pecador que se arrepende, do que por noventa e nove justos, que não necessitam de arrependimento" (Lucas 15:1-7).

Os gregos, por sua vez, tendiam a enxergar esse tipo de autoridade como uma forma de tirania. Em sua perspectiva, o governo dos outros pressupõe, antes de tudo, o governo de si mesmo, o que se traduz também em dever de submissão da própria autoridade política ao governo da lei. Esperava-se, em razão disso, uma separação entre as funções de legislador e governante, como mostra nitidamente o exemplo de Sólon: convidado a elaborar novas leis para os atenienses, somente o fez sob a condição de que proferissem o juramento de obedecê-lo por dez anos; obtido o compromisso, promulga o seu código de leis e parte voluntariamente para o exílio, com o objetivo de tornar impossível a sua própria tirania, como nos conta Heródoto:

> A cidade atraiu os maiores sábios gregos da época, entre os quais Sólon, o Ateniense. Depois de haver dado leis aos compatriotas que lhas haviam pedido, Sólon viajou durante dez anos, com o pretexto de observar os usos e costumes de diferentes nações, mas, na realidade, para não ver-se constrangido a revogar quaisquer das leis que elaborara, pois os Atenienses não tinham poderes para isso, obrigados como estavam, por juramento solene, a cumprir, durante dez anos, as leis que lhes fossem impostas[155].

Essa separação entre os papeis de legislador e governante faz com que também a figura do juiz seja compreendida de forma distinta. Uma vez que não cabe aos magistrados buscar o bem dos cidadãos como cabe ao pastor, o de suas ovelhas, o juiz acaba desempenhando uma função muito mais próxima daquela de mediador, responsabilizando-se principalmente por garantir o respeito às formas prescritas para a resolução do conflito.

Para Michele Faraguna[156], a principal característica do procedimento judicial grego era o seu caráter oral. Nos primórdios da civilização grega, ele era concebido como uma disputa de juramentos perante os deuses, atribuindo-se a vitória àquele apto a proferir a fórmula elaborada sem cometer perjúrio (sob pena de receber a punição divina). Dessa forma, os magistrados não atuavam como guardiões da justiça, e nem mesmo como pacificadores de conflitos: o seu trabalho consistia em identificar

[155] HERÓDOTO. **História**. Tradução de Brito Broca. Rio de Janeiro: Jackson, 1950, p. 41.

[156] FARAGUNA, Michele. Archives, documents and Legal Practices in the Greek Polis. *In*: **The Oxford Handbook of Ancient Greek Law** (Edward M. Harris and Mirko Canevaro ed.). Oxford: Oxford University Press, 2015, p. 8.

as divindades competentes para punir o infrator e em formular com precisão os fatos que o réu deveria jurar; sua autoridade decorria da competência exclusiva para proferir as fórmulas adequadas, e para desempenhar o papel de testemunha do juramento[157]. Os julgamentos não decidiam, então, sobre a culpa ou inocência dos réus, limitando-se a avaliar o sucesso do juramento-fórmula cujo proferimento resolveria a disputa:

> Nos primórdios da Grécia os magistrados não decidiam os casos por si sós; em vez disso formulavam um juramento e decidiam qual dos litigantes deveria se submeter a proferi-lo. Este – como demonstrarei – é o significado de *dikazein* (julgar). *Dikazein* significa, efetivamente, jurar os fatos do caso perante a divindade apropriada, às vezes com a adição de sanções por falsidade. Se o juramento fosse proferido com sucesso, a parte que o tivesse proferido ganharia o caso, e nenhum outro julgamento seria necessário[158-159].

O modelo judicial grego possui, assim, uma natureza agonística: o julgamento é um combate ritualizado sob a forma de desafio ao juramento. A tarefa atribuída ao juiz não é promover a justiça ou restabelecer a paz, mas estabelecer as regras do combate e declarar o seu vencedor. E é nesse contexto que deve ser compreendida a arbitragem grega.

Deixemos de lado, em primeiro lugar, a arbitragem internacional. A semelhança de nomes e de procedimentos não é suficiente para incluirmos, na história da arbitragem privada, a arbitragem praticada na antiguidade entre estados soberanos. Esse é, afinal, o meio regular de resolução de conflitos entre estados que, buscando evitar a guerra, não dispõem de autoridade superior apta a impor pela força o direito aplicável ao caso. Registremos então, a esse respeito, apenas que há informa-

[157] Thür, Gerard. Rationality and irrationality in the ancient Greek law of procedure. *In*: **Fundamina**: a journal of legal history (Pretoria), v. 20, n. 2. Pretoria: University of Kwa-Zulu-Natal, p. 916-924, 2014, p. 917.

[158] Thür, Gerard. Oaths and dispute settlement in ancient Greek law. *In*: **Greek law in its political setting**. Justification not justice (Foxhall/Lewia ed.). Oxford: Oxford University Press, p. 57-72, 1996, p. 61.

[159] No original: "*In early Greece magistrates did not decide cases themselves. Rather they would formulate an oath and decide which of the litigants was to submit to taking it. This – as I shall show – is the meaning of dikazein ('to decide'). Dikazein in fact means to swear to the facts of the case by an appropriate deity, sometimes with the addition of sanctions for falsity. If the oath was successfully taken the party swearing won the case and no further judgement was necessary*".

ções sobre o emprego da arbitragem internacional por cidades-estado gregas desde o século VI a.C.[160] e que, diversamente do que ocorria com os reinos da Mesopotâmia, não se recorria a um soberano imperial com autoridade reconhecida por estados vassalos, mas a uma pólis ou indivíduo de prestígio que, mesmo sem dispor de autoridade sobre os litigantes, era aceito como imparcial por ambos os lados. Desconsiderado o modelo da arbitragem internacional, um dos primeiros exemplos de arbitragem usualmente mencionados pelos estudiosos do direito grego é o caso literário da disputa entre Menelau e Antíoco, narrada ao final do período homérico (XII-VIII a.C.) pela Ilíada: após a morte e o funeral de Pátroclo, Aquiles reúne os bens de seu amigo e organiza uma corrida de carros, prometendo concedê-los como prêmios aos vencedores. Durante a competição, Menelau fecha o carro de Antíloco, atirando-o para fora da pista e atraindo a sua repreensão:

> Mas logo discerniu um estreito na pista oca Antíloco, tenaz em combate:
> era uma greta no chão, onde as chuvas invernosas haviam
> arrancado parte do caminho e todo o terreno se afundara.
> Por aí foi Menelau, para evitar as ultrapassagens dos outros.
> Mas Antíloco virou os cavalos de casco não fendido
> para fora da pista e seguiu Menelau, um pouco desviado.
> O Atrida ficou cheio de medo e vociferou a Antíloco:
> "Antíloco, és irresponsável a conduzir! Controla os teus cavalos!
> A pista aqui está mais estreita, mas depressa ficará mais larga.
> Não queiras prejudicar-nos a ambos, dando cabo do meu carro".
> Assim falou; mas Antíloco conduziu com maior velocidade,
> aplicando o chicote, fazendo de conta que nada tinha ouvido[161].

A corrida continua, mas Menelau deixa de atiçar as suas éguas por temer uma colisão com o carro de Antíloco. A competição conclui com a vitória de Idomeneu, rei dos Cretenses. Antíloco chega em segundo lugar, "tendo ultrapassado Menelau pela astúcia, e não pela

[160] MAGNETTO, Anna. Interstate arbitration as a feature of the hellenistic polis: between ideology, international law and civic memory. *In*: BÖRM, Henning; LURAGHI, Nino (org.). **The polis in the Hellenistic world**. Stuttgart: Franz Steiner Verlag, p. 85-107, 2018, p. 85.

[161] HOMERO. **Ilíada**. Tradução de Frederico Lourenço. São Paulo: Companhia das Letras, 2013, p. 510.

velocidade"[162]. Inconformado, Menelau reclama o julgamento dos comandantes e desafia Antíloco:

> Entre eles se levantou em seguida Menelau de coração agitado,
> pois estava perdido de fúria contra Antíloco. O arauto
> pôs-lhe o cetro nas mãos e ordenou aos Argivos
> que se calassem. Assim disse o homem semelhante aos deuses:
> "Antíloco, tu que antes eras prudente, que coisa foste fazer!
> Aviltaste a minha excelência e prejudicaste os meus cavalos,
> empurrando para a frente os teus, que são muito piores.
> Mas agora, ó comandantes e regentes dos Argivos,
> julgai entre nós dois, sem que haja favorecimento,
> para que ninguém diga dentre os Aqueus vestidos de bronze:
> 'Com mentiras prevaleceu Menelau sobre Antíloco
> e ficou com a égua: conquanto seus cavalos fossem muito piores,
> ele próprio era mais forte pela nobreza e pelo poder'.
> Mas serei eu próprio a julgar e declaro que nenhum
> dos Dânaos me censurará. Reta será minha sentença.
> Antíloco, chega aqui, ó tu criado por Zeus! Como é justo,
> põe-te de pé ao lado dos teus cavalos e carro e toma
> nas mãos o chicote com que antes conduziste; e pondo
> a mão sobre os cavalos jura pelo deus que segura e sacode a terra
> que não foi por nenhuma manha que prejudicaste o meu carro".
> A ele deu resposta o prudente Antíloco:
> "Contemporiza agora. Sou muito mais novo que tu,
> ó soberano Menelau; tu és mais velho e melhor
> Sabes quais são as transgressões de um homem novo,
> precipitado quanto ao espírito, mas débil quanto à inteligência.
> Por isso que sinta paciência teu coração. A égua que ganhei,
> quero eu próprio dar-te; e se da minha casa pretenderes
> outra coisa melhor, imediatamente quereria dar-te,
> de preferência a ser expulso do teu coração todos os dias
> da minha vida e ficar como prevaricador perante os deuses[163].

[162] HOMERO. **Ilíada**. Tradução de Frederico Lourenço. São Paulo: Companhia das Letras, 2013, p. 512.

[163] HOMERO. **Ilíada**. Tradução de Frederico Lourenço. São Paulo: Companhia das Letras, 2013, p. 515.

Segundo Julie Velissaropoulos-Karakostas[164], Menelau inicialmente incita Antíloco a se submeter à arbitragem dos chefes do exército grego, que deveriam, como espectadores da contenda, julgar a sua trapaça. Em seguida, muda de ideia e decide substituir o pedido de arbitragem pelo desafio ao juramento.

É importante perceber, contudo, que o que Menelau demanda dos "regentes dos Argivos" não é uma arbitragem, mas um "julgamento" – δικάσσατε (*dikássate*), no original grego. Logo em seguida, emprega a expressão de mesmo radical δικάζω (*dikázo*) para afirmar que em vez disso, será ele próprio o "juiz"[165]. Ora, se a expressão empregada para referir a atividade dos regentes e a sua própria é a mesma, não há motivos para presumir que fosse distinta a tarefa demandada por Menelau dos comandantes militares: formular e testemunhar o juramento a ser proferido por Antíloco.

A própria justificativa apresentada por Menelau para mudar de ideia reforça essa conclusão: "declaro que nenhum dos Dânaos me censurará, pois reta será minha sentença". Como explica Harter-Uibopuu[166], a "sentença reta" a que se refere Menelau não deve ser compreendida como um veredito que examina os fatos e lhes aplica o direito justo; trata-se, pelo contrário, de um juramento formulado com honestidade e precisão, de modo a não permitir deturpações por parte do desafiante nem subterfúgios por parte do desafiado. A habilidade de encontrar a fórmula adequada ao juramento era considerada uma arte entre os gregos, pois havia sempre o perigo de que ela fosse distorcida para atender aos interesses de uma das partes do litígio[167]. Dessa forma, a "sen-

[164] VELISSAROPAOULOS-KARAKOSTAS, Julie. L'arbitrage dans la Grèce antique – Epoques archaïque et classique. *In*: **Revue de l'Arbitrage**, v. 2000, n. 1. Paris: Comité Français de l'Arbitrage, p. 9-26, 2000, p. 14.

[165] O texto original grego pode ser consultado na biblioteca digital *Perseus* de textos da antiguidade clássica, mantida pela *Tufts University*. Disponível em: https://www.perseus.tufts.edu/hopper/text?doc=Perseus%3Atext%3A1999.01.0133%3Abook%3D23%3Acard%3D555. Acesso em: 12 mar. 2021.

[166] HARTER-UIBOPUU, Kaja. Ancient Greek approaches toward alternative dispute resolution. *In*: **Willamette Journal of International Law and Dispute Resolution**, v. 10, n.1. Salem: Willamette University College of Law, p. 47-69, 2002, p. 50.

[167] A concepção grega de "julgamento honesto" pode ser mais bem compreendida com o exemplo do que seria considerado um "julgamento desonesto". Harter-Uibopuu (2002, p. 51) menciona o julgamento de Hermes por Zeus, narrado no Hino Homérico a Hermes:

tença reta" prometida por Menelau e demandada dos comandantes não é uma análise dos fatos ocorridos, mas o desafio a proferir um juramento honesto.

Michel Foucault[168] fortalece essa interpretação com uma observação complementar: Homero explicitamente indica que ao organizar a competição, Aquiles havia nomeado uma testemunha "para que vigiasse a corrida e sobre ela se pronunciasse com verdade":

> Tomaram seus lugares em fila; e Aquiles indicou-lhes o poste
> lá longe na lisa planície. Como árbitro de linha ali colocou
> o divino Fênix, seguidor de seu pai, para que vigiasse
> a corrida e sobre ela se pronunciasse com verdade[169].

Contudo, em nenhum momento, Menelau faz apelo à testemunha, que poderia simplesmente informar aos litigantes aquilo que havia visto, atestando a trapaça ocorrida. Como explica Michel Foucault[170], os litigantes não consultam a testemunha porque a justiça do julgamento não depende da investigação dos fatos; a verdade jurídica se estabelece de forma agonística, por um desafio lançado entre os adversários.

A compreensão desse contexto lança nova luz sobre a aparente "arbitragem" demandada por Menelau aos comandantes militares: primeiramente pelo reconhecimento de que não se trata de um pedido de arbitragem, mas de um pedido de julgamento; mas também pelo reconhecimento de que o julgamento solicitado possuía a mesma natureza do desafio lançado: Menelau não pedia aos comandantes que analisassem os fatos imparcialmente, mas que elaborassem a fórmula adequada e testemunhassem o juramento que deveria ser proferido por Antíloco.

conta-se que apenas um dia após o seu nascimento o deus Hermes roubou as vacas sagradas de Apolo e as escondeu em uma caverna; ao descobrir o fato Apolo acusou o irmão mais novo e o fez comparecer ao Monte Olimpo; perante Zeus, Hermes jurou solenemente que "não havia levado às vacas à sua casa" – o que era verdadeiro, mas desonesto, visto que as havia escondido em uma caverna.

168 FOUCAULT, Michel. **A verdade e as formas jurídicas**. Tradução de Roberto Cabral de Melo Machado e Eduardo Jardim Morais. Rio de Janeiro: Nau, 2005, p. 32.

169 HOMERO. **Ilíada**. Tradução de Frederico Lourenço. São Paulo: Companhia das Letras, 2013, p. 515.

170 FOUCAULT, Michel. **A verdade e as formas jurídicas**. Tradução de Roberto Cabral de Melo Machado e Eduardo Jardim Morais. Rio de Janeiro: Nau, 2005, p. 32.

Em suma, os julgadores mencionados no texto homérico não deveriam atuar como árbitros; representariam o papel de testemunhas do duelo verbal a ser travado.

Se as fontes usualmente mencionadas do período homérico (XII--VIII a.C.) não são suficientes para demonstrar a prática da arbitragem entre os gregos, as fontes do período clássico (V-IV a.C.) nos informam que a cidade de Atenas promulgou, em 403 a.C., uma lei que regulava a prática da arbitragem privada. Demóstenes a menciona em seu **Contra Mídias**:

> Se quaisquer partes estão em disputa acerca de contratos privados e desejam escolher um árbitro, será lícito que escolham quem desejarem. Mas quando o tiverem escolhido por acordo mútuo, deverão observar as suas decisões e não poderão transferir as mesmas acusações para outro tribunal, mas os julgamentos do árbitro deverão ser finais[171].

Trata-se de um modelo muito mais próximo da concepção contemporânea de arbitragem: dois litigantes decidem consensualmente eleger um árbitro para solucionar o seu litígio, comprometendo-se a aceitar a sua decisão como vinculante e não recorrer aos magistrados oficiais para questioná-la. Edward M. Harris[172] observa que se alguém tentasse apresentar ao tribunal um caso já resolvido por arbitragem, o oponente poderia apresentar uma *paragraphe* que o impediria de seguir adiante. O árbitro poderia ser consultado acerca de qualquer negócio privado, o que incluía, segundo Kaja Harter-Uibopuu[173], qualquer aspecto relacionado à vida do *oikos* – desde assuntos familiares até disputas comerciais.

[171] Demóstenes. **Against midias** (trans. A. T. Murray). Cambridge, London: Harvard University Press, William Heinemann, 1939, p. 21.94. No original: *"If any parties are in dispute concerning private contracts and wish to choose any arbitrator, it shall be lawful for them to choose whomsoever they wish. But when they have chosen by mutual agreement, they shall abide by his decisions and shall not transfer the same charges from him to another court, but the judgements of the arbitrator shall be final"*.

[172] Harris, Edward M. Some recent developments in the study of ancient Greek law. *In*: **Journal of Ancient Civilizations**, v. 33, n. 2. Changchun: Institute for the History of Ancient Civilizations, p. 187-266, 2018, p. 213.

[173] Harter-Uibopuu, Kaja. Ancient Greek approaches toward alternative dispute resolution. *In*: **Willamette Journal of International Law and Dispute Resolution**, v. 10, n.1. Salem: Willamette University College of Law, p. 47-69, 2002, p. 54.

A palavra empregada em referência ao árbitro é *διαιτητέσ* (*diaitetés*). Conforme observa Michel Foucault[174], *diaitetés* não designa um cargo, mas uma função: em sua origem etimológica, é "aquele que determina o regime" (*διαιτα*, *diaita*); a *diaita* é a arbitragem, mas é também o regime médico, e o *diaitetés* é a pessoa responsável por mediar tanto o conflito entre os litigantes de uma disputa judicial quanto a oposição entre as diferentes qualidades que constituem o corpo (quente ou frio, seco ou úmido, etc.).

Para os gregos, estabelecer um bom regime não consiste em promover a primazia de um elemento em detrimento do outro, mas em assegurar o equilíbrio entre os diversos elementos que compõem o corpo para que ele se mantenha em harmonia. De modo alinhado a essa concepção, não se esperava do árbitro que declarasse vencedora uma das partes em litígio, mas que se esforçasse por conciliá-las em um meio-termo que pudesse ser considerado benéfico para ambas. O caso de Menecles mencionado pelo orador Iseu de Atenas o ilustra bem:

> Após muita discussão e mal-estar, consideramos melhor, para que ninguém me considerasse avaro, ou me acusasse de jogar esses homens, que eram irmãos, um contra o outro, submeter o assunto à arbitragem do cunhado do meu oponente e dos nossos amigos.
>
> Nossos amigos disseram que se quiséssemos lhes confiar a decisão do direito aplicável ao caso eles se recusariam a agir como árbitros, pois não desejavam conflito com nenhuma das partes; se, contudo, lhes permitíssemos decidir conforme o interesse de todos, consentiriam em agir. Então, de modo a resolvermos o assunto, confiamos-lhes a decisão nesses termos.
>
> Após terem jurado perante o altar de Afrodite em Cephale que decidiriam de acordo com o nosso interesse comum, proferiram o veredito de que deveríamos abrir mão do que meu oponente demandava e lhe entregar como presente; pois declararam que a única forma de resolver o assunto seria que meu oponente recebesse uma parcela da propriedade de Menecles.
>
> Decidiram, então, que no futuro deveríamos nos comportar de maneira apropriada um em relação ao outro, tanto em palavras quanto em ações, e obrigaram ambas as partes a jurarem perante o altar que o fariam; então nós

[174] FOUCAULT, Michel. **O governo de si e dos outros**. Tradução de Eduardo Brandão. São Paulo: Martins Fontes, 2010, p. 253.

> juramos que no futuro nos comportaríamos de maneira apropriada um em relação ao outro, tanto em palavra quanto em ações, até onde estivesse em nosso poder fazê-lo[175]

Como explica Julie Velissaropoulos-Karakostas[176], o árbitro julga *es méson*, expressão que pode ser literalmente traduzida como "no meio". Não é a mesma coisa que um julgamento por equidade, mas a busca de uma solução que, na medida do possível, assegure perdas e benefícios iguais a ambas as partes. O objetivo principal desse procedimento não é encerrar o litígio pela adjudicação de direitos, mas preservar a boa relação entre os membros do grupo social a que pertencem os litigantes, restabelecendo a relação de amizade entre eles. É bastante comum que as fontes designem os próprios árbitros como *philoi* (amigos), o que demonstra as relações de afeto e de compromisso social que fundamentam a opção pelo procedimento. Contrariamente à jurisdição ordinária, que se desenvolve publicamente em um campo de batalha simbólico, a arbitragem se desenvolve de forma privada em um espaço doméstico e de paz, no interior do qual as partes em litígio abandonam as suas armas para se deixarem guiar pelos conselhos de seu grupo social ou familiar, em um negócio entre amigos regulado pelos deveres de discrição e de pacificação[177].

Embora as fontes não deixem dúvidas quanto à existência da arbitragem na Grécia antiga, deve-se reconhecer a sua especificidade histórica em comparação à arbitragem contemporânea. Afinal, não se apresenta, lá, como meio alternativo de resolução de conflitos para a adjudicação de direitos entre as partes litigantes, que voluntariamente submetem o litígio a um árbitro privado para evitar a estrutura judicial do Estado. Entre os gregos, a diferença fundamental entre a arbitragem e o julgamento padrão não está na autonomia da vontade como fundamento da

[175] ISEU. **On the Estate of Menecles** (transl. Edward Seymour Forster). Cambridge, London: Harvard University Press; William Heinemann, 1962, p. 2.29.

[176] Velissaropaoulos-Karakostas, Julie. L'arbitrage dans la Grèce antique – Epoques archaïque et classique. *In*: **Revue de l'Arbitrage**, v. 2000, n. 1. Paris: Comité Français de l'Arbitrage, p. 9-26, 2000, p. 14.

[177] Velissaropaoulos-Karakostas, Julie. L'arbitrage dans la Grèce antique – Epoques archaïque et classique. *In*: **Revue de l'Arbitrage**, v. 2000, n. 1. Paris: Comité Français de l'Arbitrage, p. 9-26, 2000, p. 20.

decisão, mas no objetivo de substituir o conflito público ritual por uma relação privada entre amigos, de modo a manter as boas relações do grupo social a que pertencem. Apesar dos indiscutíveis elementos em comum (consenso, executividade das decisões), há importantes elementos de distinção que não podem ser menosprezados, sob o risco de se promover uma falsificação da história do instituto: o objetivo de pacificação, o caráter informal do procedimento, o julgamento pelo meio-termo e o ambiente doméstico.

Por fim, as fontes mencionam também um último modelo de arbitragem praticado entre os gregos: logo após a lei de arbitragem privada, os atenienses instituíram um sistema de arbitragem pública obrigatória, regulado por uma lei promulgada em 400 a.C. O objetivo era permitir a ampliação do emprego do procedimento arbitral, evitando-se as suas várias desvantagens em relação ao procedimento judicial comum – a possibilidade de juramentos falsos sem punição, as falhas de preservação dos documentos elaborados e a falta de publicidade, por exemplo.

A arbitragem pública, contudo, não era um procedimento que se encerrasse em si mesmo. Os litigantes nem escolhiam os árbitros, que eram sorteados; nem eram obrigados a acatar a sua decisão, que só era emitida de forma vinculante quando o acordo fosse obtido. Funcionava, dessa forma, muito mais como uma fase obrigatória de conciliação preliminar, que em caso de insucesso seria levada ao procedimento padrão de julgamento por juízes. Aristóteles a descreve:

> 1. São tirados à sorte também os quarenta juízes, à razão de quatro por tribo, e é junto destes que se instauram os restantes processos. Dantes, eram em número de trinta e procediam aos julgamentos deslocando-se de demo em demo; porém, depois da oligarquia dos Trinta, passaram a ser em número de quarenta. 2. Até ao montante de dez dracmas, eles julgam de forma soberana; a partir desse montante, entregam o caso a árbitros[178]. Depois de tomarem conta do caso e na eventualidade de não conseguirem levar as partes a um acordo, os árbitros emitem uma sentença. Se ambas as partes aceitarem essa decisão e se ativerem a ela, o processo termina por aí. Contudo, se um dos contendores apelar ao tribunal, colocam os testemu-

[178] A tradução portuguesa de Delfim Ferreira Leão emprega a palavra “louvados”. No original grego se lê *διαιτητάς (diaitetés)*, que os helenistas unanimemente traduzem como “árbitros”.

nhos, as citações e as leis aduzidas em dois receptáculos, um para a acusação e outro para a defesa; depois de selados, juntam-lhes a sentença do árbitro, inscrita numa tabuinha, e enviam esses elementos aos quatro juízes que julgam os processos da tribo da defesa. 3. Assim que recebem a documentação, os juízes levam o caso a um tribunal de duzentos e um membros, se a disputa for abaixo de mil dracmas; ou de quatrocentos e um, no caso de ser acima desse valor. Não é permitido fazer uso de outras leis, citações ou testemunhas que não as que o árbitro enviou, ao colocá-las nos receptáculos[179].

Para Kaja Harter-Uibopuu[180], a instituição da arbitragem pública obrigatória tinha como objetivo permitir que os casos mais simples escapassem do formalismo excessivo do judiciário grego, tornando possível a tomada de decisões por meio-termo ou equidade. Aproximava-se, assim, do modelo romano posterior do *ius honorarium*, que a partir do século III a.C. passaria a permitir que os cidadãos romanos escapassem do formalismo tradicional do *ius civile* para encontrarem soluções mais aderentes às suas necessidades concretas. Caracterizava-se, portanto, como etapa regular do procedimento judicial comum, o que também a torna inadequada a integrar as etapas da história da arbitragem que temos reconstruído neste estudo.

Ocidente Moderno	Grécia
Árbitro	*Διαιτητέσ*
meio alternativo	meio complementar
autonomia da vontade	pacificação
formalização no compromisso arbitral	aconselhamento por amigos
competência residual	competência ampla
direitos patrimoniais disponíveis	assuntos domésticos
adjudicação de direitos	harmonia do grupo social
árbitro profissional	amigo
decisão executável	decisão executável

179 Aristóteles. **Constituição dos atenienses**. Tradução de Delfim Ferreira Leão. Lisboa: Fundação Calouste Gulbenkian, 2003, p. 105.

180 Harter-Uibopuu, Kaja. Ancient Greek approaches toward alternative dispute resolution. *In*: **Willamette Journal of International Law and Dispute Resolution**, v. 10, n.1. Salem: Willamette University College of Law, p. 47-69, 2002, p. 52.

dependente da força estatal	autotutela
permissão estatal	permissão estatal
julgamento conforme o direito estatal	julgamento conforme o "meio-termo"
Institucionalizado	relações domésticas

Fonte: Tabela elaborada pelo autor.

3.3. Arbiter

Por fim, um terceiro exemplo de arbitragem usualmente mencionado pela dogmática jurídica é, como não poderia deixar de ser, o do direito romano. Já ressaltamos, mas não custa repetir, a impossibilidade de se tomar modelos padronizados de instituições jurídicas como representantes de civilizações milenares da antiguidade. O alerta vale para a Mesopotâmia, vale para a Grécia, e é claro, vale também para a civilização romana, que durante os seus 1300 anos de existência passou de uma monarquia patriarcal para um império orientalizante, de uma sociedade de camponeses para uma sociedade de latifúndios escravistas, de uma economia de consumo local para uma economia de comércio internacional, de uma pequena cidade-Estado para um império transcontinental, de uma concepção de direito ritual-formalista para uma legalista-autoritária[181]. Dessa forma, qualquer análise sobre o instituto da arbitragem entre os romanos deve considerar não só o contexto histórico em que ele aparece, mas também as características específicas do direito vigente nesse contexto, e que limitam os significados que podem ser atribuídos, em termos teóricos e práticos, ao instituto.

Uma observação preliminar é a de que os romanos não costumavam recorrer à arbitragem internacional para resolver conflitos com estados estrangeiros. Como explicam Bruno de Loynes Fumichon e Michel Humbert[182], os romanos davam preferência à resolução de conflitos internacionais pela força – apenas uma das vantagens de serem a maior potência militar de sua época. Essa simples observação já ilustra os limites das concepções que enxergam na arbitragem um meio "natural" de pacificação social nas sociedades civilizadas, e que costumam tomar a

[181] Guandalini Junior, Walter. **História do direito romano**. Curitiba: Intersaberes, 2021, p. 37.

[182] Fumichon, Bruno de Loynes; Humbert, Michel. L'Arbitrage à Rome. In: **Revue de l'Arbitrage**, v. 2003, n. 2. Paris: Comité Français de l'Arbitrage, 2003, p. 285.

arbitragem internacional como contraprova empírica de sua pressuposição teórica. De resto, a própria noção de arbitragem internacional não se confunde com a arbitragem privada de direito interno. Deixemos de lado, então, essa discussão, e passemos a analisar as manifestações de "arbitragem privada" verificadas no direito da civilização romana.

A primeira referência à arbitragem no direito romano pode ser identificada no século V a.C., na Lei das XII Tábuas. As tábuas II, V, VIII, IX e XII contêm referências explícitas à figura do árbitro, como se pode verificar na tradução de Sílvio Meira:

> **TÁBUA II – Dos Julgamentos e dos Furtos**
>
> 1. .... cauções .... subcauções .... a não ser que uma doença grave .... um voto .... uma ausência a serviço da república, ou uma citação por parte de estrangeiro deem margem ao impedimento; pois se o citado, o juiz ou o árbitro sofre qualquer destes impedimentos, que seja adiado o julgamento.
>
> **TÁBUA V – Das Heranças e Tutelas**
>
> 6. Quanto aos demais bens da sucessão indivisa, os herdeiros poderão partilhá-los, se assim o desejarem; para esse fim o pretor poderá indicar três árbitros.
>
> **TÁBUA VIII – Dos Direitos Prediais**
>
> 4. Se surgem divergências entre possuidores de campos vizinhos, que o pretor nomeie três árbitros para estabelecerem os limites respectivos.
>
> 11. Se a água da chuva retida ou dirigida por trabalho humano causa prejuízo ao vizinho, que o pretor nomeie três árbitros, e que estes exijam do dono da obra garantias contra o dano iminente.
>
> **TÁBUA IX – Do Direito Público**
>
> 3. Se um juiz ou árbitro indicado pelo magistrado recebeu dinheiro para julgar a favor de uma das partes em prejuízo de outrem, que seja morto.
>
> **TÁBUA XII – Feita para completar as Tábuas VI a X**
>
> 3. Se alguém de má-fé obtém a posse provisória de uma coisa, que o pretor, para pôr fim ao litígio, nomeie três árbitros, e que estes condenem o possuidor de má-fé a restituir o dobro dos frutos[183].

[183] MEIRA, Sílvio A. B. **A Lei das XII Tábuas** – fonte do direito público e privado. Rio de Janeiro: Forense, 1961.

Em todos os dispositivos citados, o árbitro é tratado como alguém "indicado pelo magistrado" para o desempenho de uma função cívica. A referência à indicação pelo magistrado é explícita nas tábuas V.6, VIII.4, VIII.11 e XII.3; e a referência ao dever cívico está implícita na tábua II.1, que demonstra a natureza pública da atividade ao regular os critérios que justificariam o excepcional adiamento de um julgamento, e na tábua IX.3, que pune exemplarmente com a pena de morte o árbitro que se deixasse corromper para beneficiar indevidamente uma das partes. Como argumentam Bruno de Loynes Fumichon e Michel Humbert[184], o *arbiter* mencionado pela Lei das XII Tábuas é um personagem investido de uma função judiciária pública; a prerrogativa que lhe é atribuída para resolver o litígio não decorre de sua livre nomeação pelas partes em conflito, mas da delegação dessa autoridade pelo próprio magistrado titular do *imperium* – o pretor.

A natureza da autoridade conferida ao *arbiter* pela Lei das XII Tábuas ressalta a proximidade existente entre a prática cotidiana do instituto e as relações semânticas da palavra. Para Bruno de Loynes Fumichon e Michel Humbert[185], ela possui o mesmo radical de *arbitratus*, que indica o poder discricionário atribuído ao magistrado de fixar a quantidade de vergastadas a serem infligidas ao ladrão impúbere, e também o poder ilimitado a ser exercido por Roma sobre as cidades conquistadas, na fórmula ritual da *deditio* (*arbitratu dicione potestate*): "**TÁBUA VII – Dos Delitos** - 5. Se o autor do dano é impúbere, que seja fustigado ao arbítrio do pretor e indenize o prejuízo em dobro"[186].

[184] Fumichon, Bruno de Loynes; Humbert, Michel. L'Arbitrage à Rome. In: **Revue de l'Arbitrage**, v. 2003, n. 2. Paris: Comité Français de l'Arbitrage, 2003, p. 288.

[185] Fumichon, Bruno de Loynes; Humbert, Michel. L'Arbitrage à Rome. In: **Revue de l'Arbitrage**, v. 2003, n. 2. Paris: Comité Français de l'Arbitrage, 2003, p. 287.

[186] Silvio Meira traduz a palavra *arbitratu* como "a critério". Substituímos pela expressão mais precisa no trecho transcrito. Outras reconstruções incluem a regra na Tábua VIII, como esta que manteve o texto original em latim: "9. Frugem [...] aratro quaesitam noctu pavisse ac secuisse puberi XII tabulis capital erat, suspensumque Cereri necari iubebant, [...] inpubem praetoris arbitratu verberari noxiamve duplionemve decerni" Disponível em: https://www.hs-augsburg.de/~harsch/Chronologia/Lsante05/LegesXII/leg_intr.html. Acesso em: 10 maio 2021. Meira, Sílvio A. B. **A Lei das XII Tábuas** – fonte do direito público e privado. Rio de Janeiro: Forense, 1961.

Dessa perspectiva, o árbitro não é compreendido como aquele que encontra a solução justa, ou aquele que encerra o litígio; o árbitro é, acima, de tudo, aquele que detém o **arbítrio**, o poder incontestável de proferir a última decisão vinculante a respeito de algum conflito. E esse poder não lhe é atribuído pelas partes do conflito, mas pelo próprio magistrado da República, que delega o poder que, por sua vez, recebeu diretamente do *populus romanus*.

O papel desempenhado pelo árbitro no processo civil romano é melhor compreendido graças a Gaio, que em suas **Instituições** descreveu com precisão o procedimento arcaico das *legis actiones*. Segundo argumenta Moreira Alves[187], as ações da lei são em geral submetidas ao *ordo iudiciorum privatorum*, o que significa que elas eram processadas em duas fases: na primeira, diante do magistrado (*in iure*), proferia-se a fórmula ritual e solicitava-se a indicação do direito aplicável; na segunda, perante o árbitro (*apud iudicem*), realizava-se a análise dos fatos concretos e promovia-se a aplicação do direito fixado pelo pretor. Gaio[188] esclarece o procedimento ao descrever a *iudicis postulatio*:

> IV.17a. Ia-se a juízo, interpondo-se a *iudicis postulatio*, nos casos em que a lei mandasse agir conforme a Lei das XII Tábuas, sobre aquilo que se pede por causa da estipulação. Quem assim agia, o processo corria mais ou menos assim: Quem agia dizia: EU DIGO QUE TU ME DEVES PAGAR DEZ MIL SESTÉRCIOS, POR CAUSA DA *SPONSIO*. PEÇO-TE QUE CONFIRMES OU NEGUES O QUE DIGO. O autor dizia ainda: JÁ QUE NEGAS, PEÇO, OH PRETOR, QUE INDIQUES UM JUIZ OU UM ÁRBITRO. Nessa categoria de ações, portanto, podia-se contestar a lide sem incorrer em penalidade.

O ritualismo do processo civil romano arcaico se manifesta em plenitude. O autor da ação comparecia perante o pretor e proferia a fórmula ritual, sob a forma de um desafio ao réu. Diante de sua contestação, solicitava o autor a nomeação de um árbitro pelo magistrado, para que avaliasse os fatos do caso. A atividade do árbitro é descrita na explicação da *actio per sacramentum*: devia analisar o sumário da causa e aplicar aos fatos o direito estabelecido pelo pretor.

[187] MOREIRA ALVES, José Carlos. **Direito romano**. Rio de Janeiro: Forense, 2019, p. 194.

[188] GAIO. **Instituições** – direito privado romano. Tradução de J. A. Segurado Campos. Lisboa: Fundação Calouste Gulbenkian, 2010, p. 185.

IV.15. [...] Nomeado o juiz, as partes marcavam o terceiro dia para ir a juízo. Depois, perante o juiz, antes de debaterem a causa, costumavam fazer-lhe breve resumo da questão, denominado *causae coniectio*, breve sumário da causa[189].

Compreendem-se, então, as profundas diferenças existentes entre o árbitro moderno e o *arbiter* do *ius civile*: o *arbiter* romano não era chamado a resolver o litígio, atribuindo os direitos devidos às partes em conflito; esse papel era reservado ao magistrado, que julgava com a autoridade do *imperium* que lhe fora atribuído pelo povo romano. O *arbiter* se limitava a promover a aplicação do direito estabelecido pelo magistrado ao caso concreto, pela análise de suas circunstâncias fáticas. Desempenhava, dessa forma, uma função complementar de conclusão do processo iniciado perante o magistrado estatal, no exercício de uma autoridade que não lhe havia sido conferida pelas partes, mas pelo próprio magistrado. Atuava, dessa forma, como um auxiliar da magistratura pública, não como um mandatário dos particulares em conflito. Bruno de Loynes Fumichon e Michel Humbert reconhecem que "nada há de arbitral nesse procedimento"[190] e concluem:

> O *arbitrium* arcaico não pode ser traduzido pelo termo atual de arbitragem ou arbitral. Com efeito, o *arbiter* encontrado até aqui não é investido de uma missão privada por iniciativa das duas partes em litígio, mas é investido de uma missão pública. Sua designação (pelo magistrado) e sua competência são fixadas imperativamente pela lei. [...] A figura do *arbiter* é parte integrante do *ius* no sentido mais rigoroso e técnico do termo[191].

[189] Gaio. **Instituições** – direito privado romano. Tradução de J. A. Segurado Campos. Lisboa: Fundação Calouste Gulbenkian, 2010, p. 184.

[190] Fumichon, Bruno de Loynes; Humbert, Michel. L'Arbitrage à Rome. In: **Revue de l'Arbitrage**, v. 2003, n. 2. Paris: Comité Français de l'Arbitrage, 2003, p. 302. No original: "Il n'y a rien d'arbitral dans tout cela: la justice rendue est exclusivement de nature publique".

[191] Fumichon, Bruno de Loynes; Humbert, Michel. L'Arbitrage à Rome. In: **Revue de l'Arbitrage**, v. 2003, n. 2. Paris: Comité Français de l'Arbitrage, 2003, p. 206. No original: "L'arbitrium archaïque ne peut pas être rendu par le terme actuel d'arbitrage ou d'arbitral. En effet, l'arbiter rencontré jusqu'ici n'est pas investi d'une mission privée à l'initiative de deux parties en litige, mais il est muni d'une mission publique ("staatlich" pour trouver um équivalent moderne). Sa désignation (par le magistrat) et as compétence sont fixées impé-

A figura do *arbiter* volta a aparecer no direito romano no século II a.C. Fumichon e Humbert[192] recordam as fórmulas contratuais redigidas por Catão em seu tratado de agronomia **De Agri Cultura**, para a adequada gestão do trabalho agrícola por parte dos grandes proprietários. Essas cláusulas devem ser compreendidas em um contexto de desequilíbrio entre as partes contratantes: de um lado o proprietário, que dispõe da força econômica, política e social para impor livremente as condições do contrato a ser celebrado; de outro o empreiteiro, responsável pela arregimentação e gestão da mão de obra a ser empregada, que tem a liberdade de aceitar as condições impostas pelo proprietário ou simplesmente buscar trabalho em outro lugar. Trata-se, em suma, do que chamaríamos hoje de "cláusulas de adesão", a estabelecerem em favor do contratante "poderes exorbitantes" de direção, disciplinamento e controle sobre o empreiteiro contratado para gerir a mão de obra terceirizada. No trecho transcrito abaixo, Catão[193] apresenta um exemplo de cláusula a ser inserida em contrato para a colheita de olivas:

> Termos para a colheita de olivas: o empreiteiro reunirá toda a colheita cuidadosamente, de acordo com as instruções do proprietário, seu representante ou do comprador da colheita. Ele não colherá nem esmagará olivas sem ordens expressas do proprietário ou do seu representante. Se alguém violar esta regra, ninguém pagará ou será responsável pelo que tiver colhido nesse dia. Todos os coletores proferirão um juramento, perante o proprietário ou seu representante, de que não roubaram olivas, nem ninguém com a sua conivência roubou olivas da propriedade de Lucius Manlius durante a colheita; se alguém se recusar a proferir o juramento, ninguém pagará ou será responsável pelo que ele tiver coletado. O empreiteiro deve garantir a colheita adequada das azeitonas, satisfatória para Lucius Manlius. As escadas devem ser devolvidas em tão bom estado como quando foram entregues, exceto as que tiverem se quebrado em razão da idade; se não forem

rativement par la loi – sauf, naturellement, si le demandeur renonce à la mission dont il fait la requête. Le rôle de l'arbiter est une partie intégrante du *ius* au sens le plus rigoureux et technique du terme".

[192] FUMICHON, Bruno de Loynes; HUMBERT, Michel. L'Arbitrage à Rome. In: **Revue de l'Arbitrage**, v. 2003, n. 2. Paris: Comité Français de l'Arbitrage, 2003, p. 310.

[193] CATO, M. Porcius; VARRO, M. Terentius. ***On Agriculture***. (trans. W.D. Hooper, Harrison Boyd Ash). Cambridge: Harvard University Press, 1922, p. 144.

devolvidas, será feita uma dedução justa por arbitragem de um homem honesto. Seja qual for o dano causado ao proprietário por culpa do empreiteiro, este último compensará o montante a ser deduzido após arbitragem por uma pessoa honesta. O empreiteiro fornecerá tantos coletores e recolhedores quantos forem necessários; e se não o fizer, será feita uma dedução do custo de contratação ou empreitada, e esse montante será reduzido no total[194].

Como se vê, a cláusula estabelece uma série de obrigações ao empreiteiro contratado para gerir a mão de obra dos coletores: de cuidado na coleta, obediência às ordens do contratante, juramento quanto a furtos, devolução em bom estado dos materiais fornecidos pelo proprietário etc. Em caso de descumprimento de qualquer dessas obrigações, o dano causado ao proprietário seria deduzido do valor originalmente devido ao empreiteiro, mediante "arbitragem por um homem honesto" (*viri boni arbitratu deducetur*).

Esse modelo é muito distinto da arbitragem privada contemporânea. Nele, toda a relação se estabelece de forma unilateral, cabendo ao empreiteiro simplesmente acatar a submissão à cláusula imposta pelo proprietário – que define os seus termos, estabelece as condições passíveis de punição e escolhe entre os "homens honestos" de sua confiança o responsável pelo arbitramento do valor devido. O *arbitratus* do *bonus vir* sugerido por Catão não remete, portanto, à ideia contemporânea de resolução do litígio por um terceiro imparcial consensualmente escolhido pelas partes, mas à ideia tipicamente romana de arbítrio – poder soberano e discricionário de decisão. Se desejássemos insistir em algum

[194] No original (latim): "Oleam legendam hoc modo locare oportet. Oleam cogito recte omnem arbitratu domini, aut quem custodem fecerit, aut cui olea venierit. Oleam ne stringito neve verberato iniussu domini aut custodis. Si adversus ea quis fecerit, quod ipse eo die delegerit, pro eo nemo solvet neque debebitur. Qui oleam legerint, omnes iuranto ad dominum aut ad custodem sese oleam non subripuisse neque quemquam suo dolo malo ea oletate ex fundo L. Manli. Qui eorum non ita iuraverit, quod is legerit omne, pro eo argentum nemo dabit neque debebitur. Oleam cogi recte satis dato arbitratu L. Manli. Scalae ita uti datae erunt, ita reddito, nisi quae vetustate fractae erunt. Si non erunt redditae, aequom viri boni arbitratu deducetur. Siquid redemptoris opera domino damni datum erit, resolvito; id viri boni arbitratu deducetur. Legulos, quot opus erunt, praebeto et strictores. Si non praebuerit, quanti conductum erit aut locatum erit, deducetur; tanto minus debebitur".

tipo de analogia com o ordenamento jurídico contemporâneo, as cláusulas sugeridas por Catão estariam muito mais próximas das cláusulas exorbitantes de um contrato de trabalho ou de um contrato administrativo do que de uma cláusula de compromisso arbitral.

Mas o termo também é empregado, em período próximo (I a.C.), em referência a outro tipo de função: *arbitrium* podia indicar também o modo como atuavam os magistrados na aplicação do *ius honorarium*. Fundamentando suas decisões não mais nas formas rígidas do *ius civile*, mas nos critérios fluidos e equitativos do direito pretoriano, esses magistrados eram referidos como árbitros sempre que desconsiderassem os critérios das *legis actiones* para tomarem decisões fundadas na equidade ou na boa-fé. Esse emprego da palavra fica claro na referência de Cícero ao pontífice Quinto Múcio Cévola:

> Quinto Cévola, pontífice máximo, dizia haver um grandíssimo valor em todas aquelas fórmulas dos juízos arbitrais nas quais se acrescenta "segundo a boa-fé", e considerava que o critério da boa-fé tivesse um escopo vastíssimo, e que encontrasse aplicação em matéria de tutela, de sociedade, de fidúcia, de mandato, nas compras, nas vendas, nas conduções, nas locações, em todas as relações através das quais se desenvolve a própria vida da cidade; e considerava que nesses juízos arbitrais fosse a principal tarefa do juiz estabelecer o que cada parte devesse prestar à outra, especialmente quando, como acontece frequentemente, também o réu apresenta pretensões[195].

Em casos como os mencionados por Cícero, os magistrados não estão simplesmente empregando o *iudicium* (juízo) para examinarem os conteúdos do *ius civile* tradicional e promoverem a sua aplicação ao caso concreto; mas, de fato, exercendo o seu *arbitrium* (arbítrio, autoridade) para encontrarem a solução mais equitativa às circunstâncias do caso concreto[196]. O sentido atribuído à expressão reforça, nesses casos, a ligação do conceito à ideia de autoridade que se encontra em sua origem, na mesma medida em que o afasta das concepções contemporâneas de arbitragem.

[195] CÍCERO. **Dos deveres**. Tradução de Angélica Chiapeta. São Paulo: Martin Claret, 1999, p. 157.

[196] Sobre o conceito de equidade no direito romano ver: GUANDALINI JUNIOR, Walter. **História do direito romano**. Curitiba: Intersaberes, 2021, p. 154.

Ainda no século I a.C. outro modelo de *arbitratus* se desenvolve entre os romanos: não mais aquela "arbitragem" realizada pelos próprios magistrados, que deixavam de lado o formalismo do *ius civile* para aderirem ao novo *ius honorarium* e proferirem decisões por equidade; mas uma "arbitragem" realizada por iniciativa das próprias partes em conflito, que consensualmente decidem submeter o seu litígio à decisão de um terceiro imparcial. Trata-se do *arbitrium ex compromisso*, regulado no Edito Perpétuo e, por isso, objeto de diversos comentários no Digesto. Paulo e Ulpiano sintetizam o instituto:

> D.4.1. Paulo, *Livro Segundo sobre o Edito.* A arbitragem se assemelha a uma ação judicial, e se destina a encerrar o litígio[197].
>
> D.4.2. Ulpiano, *Livro Quarto sobre o Edito.* Nenhuma exceção pode ser oposta pelo descumprimento de uma arbitragem, mas somente um pedido de aplicação da penalidade[198].

Como se vê pela opinião de Paulo, para a doutrina jurídica romana, a arbitragem se "assemelhava" a uma ação judicial, realizando-se com o objetivo de pôr fim ao litígio. Essa semelhança não pode ser exagerada, contudo; afinal, logo em seguida, Ulpiano explica que a decisão proferida pelo árbitro não possui a mesma natureza nem os mesmos efeitos atribuídos à decisão proferida pelo magistrado: ela não impede, por uma exceção, a propositura de ação judicial para a rediscussão do litígio, mas se limita a atrair a incidência da penalidade fixada no compromisso como sanção pelo descumprimento.

Os efeitos jurídicos atribuídos à sentença proferida pelo árbitro *ex compromissum* aproximam esse modelo de arbitragem de um pacto, por meio do qual as partes litigantes, agora "pactuantes", assumem reciprocamente a obrigação de cumprir o comando a ser emitido pelo terceiro consensualmente escolhido. O descumprimento desse comando não atrai a incidência de medidas executivas voltadas a assegurar o cumpri-

[197] No original (latim): "Paulus libro secundo ad edictum. Compromissum ad similitudinem iudiciorum redigitur et ad finiendas lites pertinet". Disponível em 19 de março de 2021 no endereço eletrônico https://droitromain.univ-grenoble-alpes.fr/#III.

[198] No original (latim): "Ulpianus libro quarto ad edictum. Ex compromisso placet exceptionem non nasci, sed poenae petitionem". Disponível em 19 de março de 2021 no endereço eletrônico https://droitromain.univ-grenoble-alpes.fr/#III.

mento da obrigação; mas somente da penalidade pelo descumprimento do pacto, garantida pelo magistrado em nome da preservação da boa-fé entre as partes pactuantes.

Os efeitos atribuídos ao acordo são compatíveis com a cultura jurídica vigente ao final do período republicano. O contexto de expansão da atividade comercial romana em direção ao Mediterrâneo, após a vitória contra Cartago, fez com que os cidadãos romanos passassem a estabelecer novos tipos de relações com diversos povos estrangeiros. A nova realidade socioeconômica deu origem a novas necessidades jurídicas: o aprofundamento das trocas comerciais e a intensificação dos contatos com estrangeiros fizeram com que o direito ritualista e formalista que havia sido desenvolvido a partir da interpretação da Lei das XII Tábuas se tornasse cada vez mais inadequado, exigindo-se a sua adaptação à nova realidade social[199]. Por meio da atividade jurisprudencial dos pretores começou a se desenvolver, em paralelo ao *ius civile* arcaico, um *ius honorarium*, que buscava submeter à regulação jurídica a complexidade das novas relações econômicas e sociais.

Aldo Schiavone[200] sublinha que o *ius honorarium* tendia a privilegiar o consenso entre as partes, em detrimento de tradições e cerimônias. A preservação do acordo formalizado em uma *conventio* ou *pactum* indicava a preocupação dos magistrados que governavam a República com a proteção jurídica das práticas e acordos comerciais, mesmo sem proteção específica pelo *ius civile*. Desenvolvem-se, assim, novos esquemas contratuais mais fluidos e flexíveis, que permitem a superação do ritualismo dos contratos típicos do *ius* arcaico e o desenvolvimento de novas relações jurídicas atípicas, fundadas nas ideias de reciprocidade, boa-fé e equidade.

É nesse contexto que deve ser compreendido o modelo do *compromissum*: trata-se de uma nova espécie de *conventio*, reconhecida pelo *ius honorarium* em nome da boa-fé, por meio da qual as partes buscam evitar o formalismo do *ius civile* tradicional para atribuírem, a um terceiro imparcial de sua confiança, a autoridade para resolver o seu litígio com

199 Guandalini Junior, Walter. **História do direito romano.** Curitiba, Intersaberes, 2021, p. 141.

200 Schiavone, Aldo. **Ius**: l'invenzione del diritto in Occidente. Torino: Giulio Einaudi Editore, 2005, p. 125.

a emissão de um julgamento por equidade. A relação se institui por um duplo pacto: de um lado o *compromissum*, por meio do qual as partes em conflito se comprometem a submeter o seu litígio ao julgamento de um terceiro de sua confiança, estabelecendo as condições a serem observadas durante o procedimento; e do outro lado o *receptum*, por meio do qual o terceiro nomeado como árbitro aceita a incumbência, assumindo o compromisso de emitir a sua decisão e resolver o conflito.

Reconhecer a essa *conventio* caráter jurisdicional, contudo, ou mesmo semijurisdicional, seria extrapolar os limites impostos ao *ius honorarium* e desrespeitar a própria essência do *ius civile*. Somente o magistrado romano dispõe da autoridade para resolver definitivamente um litígio, sobre a base das tradições formais do *ius* da *civile* romana. O eventual descumprimento da sentença arbitral não pode, portanto, receber o mesmo tratamento jurídico atribuído ao descumprimento da sentença emitida pelo pretor. Afinal, não tem força de coisa julgada nem autoridade executória. Trata-se, em sua essência, de um negócio privado, um compromisso por meio do qual as partes assumem a obrigação de cumprirem o comando emitido pelo árbitro. Dessa forma, nem impede a rediscussão do litígio perante o pretor por meio de uma *actio*, nem admite a execução específica da obrigação indicada na sentença arbitral, podendo no máximo atrair a aplicação da penalidade estabelecida para a hipótese de descumprimento.

Não se trata, em suma, de instituição alternativa à magistratura estatal; mas do reconhecimento jurídico de uma prática desenvolvida e realizada às margens do *ius civile*, a partir dos costumes comerciais formados durante a expansão pelo mediterrâneo, aos quais os pretores vão progressivamente reconhecendo efeitos jurídicos vinculantes.

O fundamento dessa prática não é o reconhecimento de uma atividade jurisdicional por parte de um particular; mas, assim como já se verificava com o árbitro das XII Tábuas, a atribuição, a um particular, do arbítrio para emitir um comando com autoridade definitiva. Bruno de Loynes Fumichon e Michel Humbert sintetizam a unidade por trás da diversidade dos "árbitros" identificados na história do direito romano:

> O *arbitrium* reencontrado em todas as figuras atua como crítica e complemento do *ius*, ao atribuir a um personagem poderes qualificados como discricionários, porque destinados a libertá-lo das restrições do direito.

> Poder para conceder ao réu a possibilidade de escapar de uma condenação inevitável pela restituição do que não lhe pertence (ações arbitrárias); poder de promover a justiça equitativa através de uma apreciação livre, equilibrada, dos direitos e deveres de cada um (*arbitria bona fidei*); poder soberano de se antepor à competência do juiz (*arbiter dominus* ou *bonus vir*); poder discricionário recebido de um compromisso de promover entre as partes uma "justiça" concorrente à justiça pública (*arbiter ex compromisso*); poder que a lei (a própria lei!) atribui ao seu juiz, prisioneiro do sistema estrito das ações da lei, de proceder a uma livre estimativa da pena ou do dano. Em qualquer hipótese a decisão do *arbiter* é definitiva, soberana, não suscetível de recurso, fruto de uma lógica que já não é mais compreendida nos dias de hoje[201].

Tantas peculiaridades tornam pouco útil o esforço de analogia entre o *arbitratus* romano e a arbitragem contemporânea. As importantes diferenças quanto ao fundamento do acordo, à natureza do poder atribuído ao árbitro, o conteúdo de sua atividade, os efeitos da sentença proferida e a própria relação com o ordenamento jurídico "principal" nos impedem de enxergar na arbitragem romana algo como a "origem", ou o "embrião" da arbitragem instituída pela cultura jurídica moderna.

[201] No original: L'arbitrium, dans toutes les figures rencontrées, vaut critique et complément du *ius* en accordant à un personnage des pouvoirs qualifiés de discrétionnaires car destinés à l'affranchir des contraintes du droit. Pouvoir d'accorder au défendeur la possibilité d'échapper à une inéluctable condamnation en restituant de lui-même ce qui ne lui appartient pas (actions arbitraires); pouvoir de rendre une justice équitable par une libre appréciation, équilibrée, des droits et devoirs de chacun (*arbitria bonae fidei*); pouvoir souverain de déjouer par avance la compétence du juge (*arbiter dominus* ou *bonus vir*); pouvoir discrétionnaire reçu d'un compromis de rendre entre les parties une "justice" concurrente de la justice publique (*arbiter ex compromisso*); pouvoir que la loi (la loi elle-même!) donne à son juge, prisonnier du système étroit des actions de la loi, de procéder à une libre estimation de la peine ou du dommage. En toute hypothèse, la décision de l'*arbiter* est définitive, souveraine, non susceptible de recours, fruit d'une logique qui n'est plus perçue aujourd'hui". FUMICHON, Bruno de Loynes; HUMBERT, Michel. L'Arbitrage à Rome. *In*: **Revue de l'Arbitrage**, v. 2003, n. 2. Paris: Comité Français de l'Arbitrage, 2003.

Ocidente Moderno	**Roma**
Árbitro	***Arbiter***
meio alternativo	meio complementar
autonomia da vontade	consensualidade e boa-fé
formalização do compromisso arbitral	formalização do *compromissum* e do *receptum*
competência residual	competência ampla
direitos patrimoniais disponíveis	litígios comerciais
adjudicação de direitos	equidade
árbitro profissional	autoridade
decisão executável	descumprimento convertido em sanção pecuniária
dependente da força estatal	dependente de força estatal
permissão estatal	reconhecimento estatal
julgamento conforme o direito estatal	julgamento por equidade
institucionalizado	relações privadas

Fonte: Tabela elaborada pelo autor.

Conclusões

Essa "releitura de uma história conhecida" nos ajuda a corrigir os graves equívocos cometidos pela dogmática arbitralista na cronologia evolutiva da arbitragem que costuma apresentar. Deixando de considerar os contextos históricos específicos em que o instituto se manifesta, o significado atribuído ao direito em cada um desses contextos e o papel específico desempenhado pela "arbitragem" (ou algo parecido) em meio aos demais institutos jurídicos existentes, promove o apagamento das importantes diferenças existentes entre passado e presente, e apresenta em seu lugar o reflexo desfocado de nossa própria imagem reconfortante. Assim pode conceber a arbitragem, erroneamente, como instituto jurídico natural, universal e eterno, que acompanha o homem onde quer que ele se estabeleça como sociedade civilizada.

Como vimos, a imagem é gravemente enganosa. Ao ressituarmos os diversos modelos de arbitragens em seus contextos históricos específicos, nos tornamos capazes de enxergar as peculiaridades específicas de cada encarnação do instituto, os processos sociais que levaram à sua formação e transformação, a radical diferença entre a arbitragem contemporânea e as arbitragens do passado e, consequentemente, o caráter histórico, relativo e provisório da arbitragem conhecida atualmente.

Pudemos enxergar, assim, como a civilização mesopotâmica não recorreu à instituição da arbitragem para resolver seus conflitos. Em vez disso, adotou uma concepção de autoridade política compartilhada, que reconhecia a diversos órgãos e entidades a prerrogativa de, em nome do rei, distribuir a justiça divina. Promoveu, também, a pacificação informal de conflitos, adotando técnicas de resolução comunitária dos litígios por meio da avaliação das circunstâncias fáticas e da adoção de práticas conciliatórias com o objetivo de preservar a harmonia social – sempre dependente, contudo, de homologação pelas autoridades oficiais.

Pudemos perceber também as importantes diferenças entre a arbitragem praticada pelos gregos e aquela praticada pelos modernos. Afinal, também entre os gregos, não se recorria a um terceiro imparcial para obter a adjudicação de direitos; mas a um grupo de amigos que, pelo aconselhamento, pudesse contribuir para pacificar o grupo ao qual pertenciam as partes em litígio. Nessa perspectiva, o importante é manter a paz, o que leva ao privilégio de soluções domésticas e conciliatórias, buscando-se o meio termo às partes em conflito mesmo que isso demande o sacrifício de direitos de ambas. O objetivo não era obter uma justiça mais "rápida, barata e eficiente", mas evitar o combate simbólico formalizado em um julgamento público tradicional.

Por fim, nem mesmo os romanos, que forneceram quase todo o vocabulário contemporâneo do instituto jurídico da arbitragem, praticavamna em termos semelhantes aos nossos. No direito romano, o recurso à arbitragem não se desenvolvia em um ambiente de autonomia da vontade negocial, mas de valorização das relações consensuais e de boa-fé em contextos, usualmente comerciais, nos quais o ritualismo do *ius civile* tradicional já se mostrava inadequado. Desse modo, nem mesmo o formalismo do *compromissum* e do *receptum* eram suficientes para atribuirse à arbitragem caráter "jurisdicional" institucionalizado, semelhante ao que recebe hoje; os magistrados apenas protegiam a boa-fé da convenção celebrada, mas não garantiam a executividade das decisões proferidas, limitando-se a aplicarem as sanções pactuadas para os casos de descumprimento.

O quadro abaixo sintetiza as diferenças observadas:

Ocidente Moderno	Antiguidade		
Árbitro	***Šibûtû***	*Διαιτητέσ*	***Arbiter***
meio alternativo	preliminar ao sistema judicial	meio complementar	meio complementar
autonomia da vontade	harmonia comunitária	pacificação	consensualidade e boa-fé
formalização no compromisso arbitral	apreensão informal do réu	aconselhamento por amigos	formalização do *compromissum* e do *receptum*
competência residual	sem competência formal	competência ampla	competência ampla
direitos patrimoniais disponíveis	litígios comerciais e civis	assuntos domésticos e comerciais	litígios comerciais
adjudicação de direitos	pacificação do conflito	harmonia do grupo social	equidade
árbitro profissional	testemunha	amigo	autoridade dotada de arbítrio
decisão executável	decisão depende de confirmação judicial	decisão executável	descumprimento convertido em sanção pecuniária
dependente da força estatal	dependente da força estatal	autotutela	dependente de força estatal
permissão estatal	autoridade compartilhada	permissão estatal	reconhecimento estatal
julgamento conforme o direito estatal	julgamento conforme os fatos	julgamento conforme o "meio-termo"	julgamento por equidade
institucionalizado	espaço comunitário	ambiente doméstico	relações privadas

Fonte: Tabela elaborada pelo autor.

Essa revisão histórica do instituto de arbitragem não deve desanimar o jurista arbitralista. A afirmação de que a arbitragem não é "natural", nem "universal", nem "eterna", nem mesmo "antiga", não é demérito algum; simplesmente decorre do reconhecimento de que **o direito tem uma história**, e de que, sendo parte integrante desse direito, também a **arbitragem tem uma história**: desenvolve-se em um contexto determinado, transforma-se em correspondência às transformações desse contexto e desaparece quando deixa de corresponder às necessidades sociais que haviam motivado a sua formação.

A destruição dos mitos que fundamentam a história dogmática da arbitragem pode encabular eventuais doutrinadores preocupados em garantir efeitos de naturalidade e legitimidade que pudessem fortalecer o instituto jurídico "alternativo" em relação à predominante jurisdição estatal oficial. Mas a compreensão mais precisa do contexto histórico de formação e transformação da arbitragem também pode contribuir para identificar as necessidades sociais específicas as quais o instituto pretende satisfazer, e para a sua cada vez melhor adaptação a esse conjunto de necessidades sociais.

Se o objetivo é fortalecer a arbitragem em face da jurisdição estatal, é preciso reconhecer que nenhuma força pode advir de lendas fantasiosas e mitos falsos, sem qualquer respaldo na realidade histórica; mas somente da verdade histórica, e de uma observação muito atenta da realidade em que vivemos nós e viveram os nossos antepassados. Edifícios sólidos não são construídos sobre a areia:

> Todo aquele, pois, que escuta estas minhas palavras, e as pratica, assemelhá-lo-ei ao homem prudente, que edificou a sua casa sobre a rocha;
>
> E desceu a chuva, e correram rios, e assopraram ventos, e combateram aquela casa, e não caiu, porque estava edificada sobre a rocha.
>
> E aquele que ouve estas minhas palavras, e não as cumpre, compará-lo-ei ao homem insensato, que edificou a sua casa sobre a areia;
>
> E desceu a chuva, e correram rios, e assopraram ventos, e combateram aquela casa, e caiu, e foi grande a sua queda (Mateus, 7:24-27).

Referências

ARISTÓTELES. **Constituição dos atenienses**. Tradução de Delfim Ferreira Leão. Lisboa: Fundação Calouste Gulbenkian, 2003.

AZEVEDO, Anderson. Evolução da arbitragem – jurisdição, arbitragem e globalização: uma análise histórica e política sobre a evolução e concretização dos principais mecanismos de soluções de conflitos. *In*: TEIXEIRA, Tarcísio; LIGMANOVSKI, Patrícia Ayub da Costa. **Arbitragem em evolução**: aspectos relevantes após a reforma da Lei Arbitral. Barueri: Manole, 1999.

BACON, Francis. ***Novum organum* ou verdadeiras indicações acerca da interpretação da natureza**. Tradução de José Aluysio Reis de Andrade. São Paulo: Nova Cultural, 1999.

BERALDO, Leonardo de Faria. **Curso de arbitragem nos termos da Lei n. 9.307/96**. São Paulo: Atlas, 2014.

BLACKABY, Nigel; PARTASIDES, Constantine; REDFERN, Alan; HUNTER, J. Martin. **On international arbitration**. Oxford: Oxford University Press, 2009.

BRETONE, Mario. **História do direito romano**. Tradução de Isabel Teresa Santos e Hossein Seddighzadeh Shooja. Lisboa: Estampa, 1998.

CAHALI, Francisco José. **Curso de arbitragem**. 8. ed. São Paulo: RT, 2020.

CARMONA, Carlos Alberto. **Arbitragem e processo**: um comentário à Lei 9.307/96. 2. ed. São Paulo: Atlas, 2004.

CATO, M. Porcius; VARRO, M. Terentius. ***On Agriculture.*** (trans. W.D. Hooper, Harrison Boyd Ash). Cambridge: Harvard University Press, 1922.

CERAMI, Pietro; PÚRPURA, Gianfranco. **Profilo storico-giurisprudenziale del diritto pubblico romano**. Torino: G. Giappichelli, 2007.

CÍCERO. **Dos deveres**. Tradução de Angélica Chiapeta. São Paulo: Martin Claret, 1999.

COSTA, Pietro. Para que serve a história do direito? Um humilde elogio da inutilidade. *In*: **Soberania, representação, democracia** – ensaios de história do pensamento jurídico. Curitiba: Juruá, 2010.

DOLINGER, Jacob; TIBURCIO, Carmen. **Direito internacional privado e arbitragem comercial internacional**. Rio de Janeiro: Renovar, 2003.

DEMÓSTENES. **Against midias** (trans. A. T. Murray). Cambridge, London: Harvard University Press, William Heinemann, 1939.

FARAGUNA, Michele. Archives, documents and Legal Practices in the Greek Polis. *In*: **The Oxford Handbook of Ancient Greek Law** (Edward M. Harris and Mirko Canevaro ed.). Oxford: Oxford University Press, 2015.

FICHTNER, José Antonio; MANNHEIMER, Sérgio Nelson; MONTEIRO, André Luis. **Teoria geral da arbitragem**. Rio de Janeiro: Forense, 2019.

FIGUEIRA JUNIOR, Joel. **Arbitragem**. Rio de Janeiro: Forense, 2019.

FONSECA, Ricardo Marcelo. **Introdução teórica à história do direito**. Curitiba: Juruá, 2009.

FOUCAULT, Michel. **A verdade e as formas jurídicas**. Tradução de Roberto Cabral de Melo Machado e Eduardo Jardim Morais. Rio de Janeiro: Nau, 2005.

FOUCAULT, Michel. **O governo de si e dos outros**. Tradução de Eduardo Brandão. São Paulo: Martins Fontes, 2010.

FOUCHARD, Philippe. Où va l'arbitrage international? *In*: **McGill Law Journal**, v. 34. Quebec: McGill, 1989.

FOUCHARD, Philippe; GAILLARD, Emmanuel; GOLDMAN, Berthold. **On international commercial arbitration**. Hague: Kluwer Law International, 1999.

FUMICHON, Bruno de Loynes; HUMBERT, Michel. L'Arbitrage à Rome. In: **Revue de l'Arbitrage**, v. 2003, n. 2. Paris: Comité Français de l'Arbitrage, 2003.

FRANZONI, Diego. Histórico legislativo da arbitragem no Brasil. *In*: TEIXEIRA, Tarcísio; LIGMANOVSKI, Patrícia Ayub da Costa. **Arbitragem em evolução**: aspectos relevantes após a reforma da Lei Arbitral. Barueri: Manole, 1999.

GAILLARD, Emmanuel. Sociologie de l'arbitrage international. *In*: **Journal du Droit International Clunet**, v. 142, n. 4. Paris: LexisNexis, p. 1.089-1.113, 2015.

GAILLARD, Emmanuel; SAVAGE, John. **On International Commercial Arbitration**. Hague: Kluwer Law International, 1999.

GAIO. **Instituições** – direito privado romano. Tradução de J. A. Segurado Campos. Lisboa: Fundação Calouste Gulbenkian, 2010.

GRISEL, Florian; JOLIVET, Emmanuel; SILVA ROMERO, Eduardo. Aux Origines de l'Arbitrage Commercial Contemporain: l'émergence de l'arbitrage CCI (1920-1958). *In*: **Revue de l'Arbitrage**, n. 4. Paris: Comité Français de l'Arbitrage, 2016.

GROSSI, Paolo. O ponto e a linha: história do direito e direito positivo na formação do jurista do nosso tempo. Tradução de Monica Sol Glik. *In*: **Revista Seqüência**, v. 26, n. 51, p.41-35, dez. Florianópolis: UFSC, 2005.

GROSSI, Paolo. A formação do jurista e a exigência de uma reflexão epistemológica inovadora. *In*: **História da propriedade e outros ensaios**. Tradução de Luiz Ernani Fritoli e Ricardo Marcelo Fonseca. São Paulo: Renovar, 2006.

GUANDALINI, Bruno. **Economic analysis of the arbitrator's function**. Netherlands: Kluwer Law International, 2020.

GUANDALINI JUNIOR, Walter. O direito etéreo: trilhas para um explorador do intangível. *In*: FONSECA, Ricardo Marcelo (org.). **Nova história brasileira do direito** – ferramentas e artesanias. Curitiba: Juruá, 2011.

GUANDALINI JUNIOR, Walter. A crise da tradição romanística: perspectivas para uma historiografia do direito romano. *In*: **Iushistoria Investigaciones** – Revista del Centro de Estudios e Investigaciones de Historia del Derecho, n. 6. Buenos Aires: Facultad de Historia, Geografia y Turismo, Universidad del Salvador, p. 37-47, 2013.

GUANDALINI JUNIOR, Walter. Perspectivas da Tradição Romanística: passado e futuro do direito romano. **Revista Seqüência**, n. 70. Florianópolis: Programa de Pós-Graduação em Direito da UFSC, p. 163-187, jun. 2015.

GUANDALINI JUNIOR, Walter. **História do direito administrativo**. Curitiba: Juruá, 2016.

GUANDALINI JUNIOR, Walter. Uma teoria das fontes do direito romano: genealogia histórica da metáfora. **Revista da Faculdade de Direito da UFPR**, v. 62, n. 1, Curitiba, jan.-abr. 2017.

GUANDALINI JUNIOR, Walter. **História do direito romano**. Curitiba: Intersaberes, 2021.

GUILHERME, Luis Fernando do Vale de Almeida. **Manual de arbitragem e mediação**: conciliação e negociação. 5. ed. São Paulo: Saraiva, 2020.

HARPER, Robert F. (trans.). **The Code of Hammurabi.** Chicago: University of Chicago Press, 1904.

HARRIS, Edward M. The rule of law in athenian democracy: reflections on the Judicial Oath, **Dike**: Rivista di Storia del Diritto Greco ed Ellenistico, n. 9. Milano: Edizioni Universitarie di Lettere Economia Diritto, 2006a.

HARRIS, Edward M. Solon and the spirit of the law in archaic and classical Greece. *In*: **Democracy and the rule of law in classical Athens**: essays on law, society and politics. Cambridge: Cambridge University Press, p. 3-28, 2006b.

HARRIS, Edward M. Some recent developments in the study of ancient Greek law. *In*: **Journal of Ancient Civilizations**, v. 33, n. 2. Changchun: Institute for the History of Ancient Civilizations, p. 187-266, 2018.

HARRIS, Edward M.; MAGNETTO, Anna. Arbitration, Greek. *In*: **Oxford Classical Dictionary**. Oxford: Oxford University Press, 2020.

HARTER-Uibopuu, Kaja. Ancient Greek approaches toward alternative dispute resolution. *In*: **Willamette Journal of International Law and Dispute Resolution**, v. 10, n.1. Salem: Willamette University College of Law, p. 47-69, 2002.

HESPANHA, António Manuel. **Cultura jurídica europeia**: síntese de um milênio. Lisboa: Almedina, 2012.

HERÓDOTO. **História**. Tradução de Brito Broca. Rio de Janeiro: Jackson, 1950.

HILAIRE, Jean. L'arbitrage dans la période moderne (XVIe-XVIIIe siècle). *In*: **Revue de l'Arbitrage**, n. 2. Paris: Comité Français de l'Arbitrage, p. 187-226, 2000.

ISEU. **On the Estate of Menecles** (transl. Edward Seymour Forster). Cambridge, London: Harvard University Press; William Heinemann, 1962.

JEANCLOS, Yves. La pratique de l'arbitrage du XVIIe au XVe siècle – éléments d'analyse. *In*: **Revue de l'Arbitrage**, v. 1999, n. 3. Paris: Comité Français de l'Arbitrage, p. 417-474, 1999.

LAFONT, Bertrand; WESTBROOK, Raymond. Mesopotamia – neo-sumerian period (Ur III). *In*: **A history of ancient near eastern law**, v. 1. Leiden, Boston: Brill, p. 183-226, 2003.

LAFONT, Sophie. L'arbitrage en Mésopotamie. *In*: **Revue de l'arbitrage**, n. 4. Paris: Comité Français de l'Arbitrage, p. 557-590, 2000.

LAFONT, Sophie. Mesopotamia – middle assyrian period. *In*: **A history of ancient near eastern law**, v. 1. Leiden, Boston: Brill, p. 521-564, 2003.

LAFONT, Sophie. Second-millennium arbitration. *In*: **MAARAV**: a journal for the study of the northwest semitic languages and literatures, v. 12, n.1-2. Rolling Hills: Western Academic Press, p. 1-13, 2005.

LAMAS, Natália Mizrahi. Introdução e princípios aplicáveis à arbitragem. *In*: LEVY, Daniel; PEREIRA, Guilherme Setoguti J. (org.) **Curso de arbitragem**. São Paulo: RT, p. 27-59, 2018.

MAFFI, Alberto. Quarant'anni di studi sul processo greco (I). *In*: **Dike**: Rivista di Storia del Diritto Greco ed Ellenistico, n. 10. Milano: Edizioni Universitarie di Lettere Economia Diritto, p. 185-267, 2007.

MAGNETTO, Anna. Interstate arbitration and foreign judges. *In*: HARRIS, Edward; CANEVARO, Mirko. **The Oxford Handbook of Ancient Greek Law**. Oxford: Oxford University Press, p. 1-43, 2015.

MAGNETTO, Anna. Interstate arbitration as a feature of the hellenistic polis: between ideology, international law and civic memory. *In*: BÖRM, Henning; LURAGHI, Nino (org.). **The polis in the Hellenistic World**. Stuttgart: Franz Steiner Verlag, p. 85-107, 2018.

MEIRA, Sílvio A. B. **A Lei das XII Tábuas** – fonte do direito público e privado. Rio de Janeiro: Forense, 1961.

MOREIRA ALVES, José Carlos. **Direito romano**. Rio de Janeiro: Forense, 2019.

OELSNER, Joachim; WELLS, Bruce; WUNSCH, Cornelia. Mesopotamia – neo-babylonian period. *In*: **A history of ancient near eastern law**, v. 1. Leiden, Boston: Brill, p. 911-975, 2003.

OPPETI, Bruno. Sur le concept d'arbitrage. *In*: **Le droit des relations économiques internationales**. Études offertes à Berthold Goldman. Paris: Litec, p. 229-239, 1987.

PAPADATOU, Daphné. L'arbitrage byzantin. *In*: **Revue de l'arbitrage**, v. 2000, n. 3. Paris: Comité Français de l'Arbitrage, p. 349-376, 2000.

PINHO, Humberto Dalla Bernardina de; MAZZOLA, Marcelo. **Manual de mediação e arbitragem**. São Paulo: Saraiva, 2019.

POUDRET, Jean-François. Deux aspects de l'arbitrage dans les pays romands au moyen âge: L'arbitrabilité et le juge-arbitre. *In*: **Revue de l'Arbitrage**, v. 1999, n. 1. Paris: Comité Français de l'Arbitrage, p. 3-20, 1999.

RACINE, Jean-Baptiste. **Droit de l'arbitrage**. Paris: PUF, 2016.

RADNER, Karen. Mesopotamia – neo-assyrian period. *In*: **A history of ancient near eastern law**, v. 1. Leiden, Boston: Brill, p. 883-910, 2003.

RADNER, Karen. The reciprocal relationship between judge and Society in the neo-assyrian period. *In*: **MAARAV**: a journal for the study of the northwest semitic languages and literatures, v. 12, n. 1-2. Rolling Hills: Western Academic Press, p. 41-68, 2005.

ROGERS, Catherine A. The vocation of the international arbitrator. *In*: **American University International Law Review**, v. 20, n. 5. Washington: Washington College of Law, p. 957-1020, 2005.

SALLES, Carlos Alberto. Introdução à arbitragem. *In*: SALLES, Carlos Alberto de; LORENCINI, Marco Antônio Garcia Lopes; SILVA, Paulo Eduardo Alves da Silva. **Negociação, mediação, conciliação e arbitragem**: curso de métodos adequados de solução de controvérsias. Rio de Janeiro: Forense, p. 236-259, 2020.

Samtleben, Jurgen. Arbitragem no Brasil. *In*: **Revista da Faculdade de Direito da Universidade de São Paulo**, n. 77. Universidade de São Paulo (USP), São Paulo, p. 185-210, 1982.

Scavone Junior, Luiz Antonio. **Arbitragem:** mediação, conciliação e negociação. 10. ed. Rio de Janeiro: Forense, 2020.

Schiavone, Aldo. **Ius**: l'invenzione del diritto in Occidente. Torino: Giulio Einaudi Editore, 2005a.

Schiavone, Aldo. **Uma história rompida**: Roma antiga e ocidente moderno. Tradução de Fábio Duarte Joly. São Paulo: Edusp, 2005b.

Schiavone, Aldo (org.). **Storia giuridica di Roma**. Torino: Giapichelli, 2016.

Slanski, Kathryn. Mesopotamia – middle babylonian period. *In*: **A history of ancient near eastern law**, v. 1. Leiden, Boston: Brill, p. 485-520, 2003.

Stein, Peter. **Roman law in european history**. Cambridge: Cambridge University Press, 2010.

Surgik, Aloísio. **Lineamentos do processo civil romano**. Curitiba: Edições Livro é Cultura, 1990.

Thür, Gerard. Oaths and dispute settlement in ancient Greek law. *In*: **Greek law in its political setting**. Justification not justice (Foxhall/Lewia ed.). Oxford: Oxford University Press, p. 57-72, 1996.

Thür, Gerard. Rationality and irrationality in the ancient Greek law of procedure. *In*: **Fundamina**: a journal of legal history (Pretoria), v. 20, n. 2. Pretoria: University of KwaZulu-Natal, p. 916-924, 2014.

Veenhof, Klaas R. Mesopotamia – old assyrian period. *In*: **A history of ancient near eastern law**, v. 1. Leiden, Boston: Brill, p. 431-484, 2003.

Velissaropaoulos-Karakostas, Julie. L'arbitrage dans la Grèce antique – Epoques archaïque et classique. *In*: **Revue de l'Arbitrage**, v. 2000, n. 1. Paris: Comité Français de l'Arbitrage, p. 9-26, 2000.

Westbrook, Raymond (org.). **A history of ancient near eastern law**, v. 1. Leiden, Boston: Brill, 2003.

Westbrook, Raymond (org.). Mesopotamia – old babylonian period. *In*: **A history of ancient near eastern law**, v. 1. Leiden, Boston: Brill, p. 361-430, 2003.

Wilcke, Claus. Mesopotamia – early dinastic and sargonic periods. *In*: **A history of ancient near eastern law**, v. 1. Leiden, Boston: Brill, p. 141-182, 2003.

Zaccagnini, Carlo. Mesopotamia – Nuzi. *In*: **A history of ancient near eastern law**, v. 1. Leiden, Boston: Brill, p. 565-618, 2003.

PARTE 2

A FUNÇÃO DE ÁRBITRO NA VISÃO DE DIFERENTES ATORES

1. A FUNÇÃO DE ÁRBITRO NA VISÃO DO PRÓPRIO ÁRBITRO[202]

Pedro A. Batista Martins

Introdução

Contrariamente ao que se presume numa primeira mirada, o tema em questão neste artigo potencializa uma série de vertentes que pode ser analisada sob diferentes óticas; dentre outras, teórica, prática, comportamental e psicológica.

No entanto, não há aqui outra pretensão que não a de reportar a visão do árbitro no exercício da sua função. E assim fazê-lo, em grande parte, pautado na experiência acumulada, na percepção pessoal extraída da prática dos procedimentos arbitrais, e em alguns dos pressupostos norteadores do ofício.

Nessa senda, a atividade comporta ser examinada sob dois ângulos, posto ser dual a visão do árbitro no desempenho de seu mister. Um olhar volta-se aos fatos e às circunstâncias decorrentes das ações e das omissões dos partícipes do procedimento, notadamente partes e advogados, podendo-se incluir os técnicos e as testemunhas. O outro olhar – mais intimista e menos conhecido – pouco ou nada perceptível, centra-se na relação orgânica do próprio colegiado que compõe o tribunal arbitral.

Essa visão *interna corporis* releva, por suposto, nos usuais casos em que o painel é composto por três membros. Sem embargo, ainda que

[202] Para fins deste artigo, "Árbitro" é todo aquele ou aquela que exerce essa função jurisdicional.

único o árbitro, a sensibilidade, a razoabilidade, as boas práticas, enfim, os padrões de conduta mantêm-se vivos e, quiçá, mais dependentes de ponderação e de prudência, dada a ausência de pares capazes de dividir as angústias e ansiedades naturais no exercício da função.

Desse contexto, percebe-se que a atividade do julgador privado pode ser por ele encarada e analisada sob dois ângulos: um externo (**exógeno**) e outro interno (**endógeno**).

Antes, e acima de tudo, imperioso acentuar e relembrar: o exercício jurisdicional exige uma gama de virtudes e de qualificações, pessoais e profissionais, cabendo realçar a **coragem de desagradar**.

O árbitro não deve e não pode ter, do início ao fim do procedimento, medo de desapontar partes ou patronos. Aliás, ao final, por certo, descontentará alguma parte, quiçá os dois polos do processo e seus advogados. Todavia, essa circunstância é inerente à função de julgador. Cabe ao árbitro decidir, e não lhe pode faltar firmeza de espírito.

O que releva é a consciência do julgamento justo, fundado no convencimento construído com espírito desarmado e desprovido de tendenciosidade.

Esses pressupostos são também expressão da independência e embasam a confiança que se requer do profissional. Afinal, a confirmação para atuar no procedimento pressupõe ter o árbitro a confiança das partes. Não de uma das partes isoladamente, mas de todas aquelas que integram o processo de arbitragem. E, no exercício da função, deve proceder com independência e imparcialidade, e pautar suas decisões no livre convencimento.

Com efeito, esses padrões de conduta encerram regras virtuosas do que se espera e se demanda do árbitro, afigurando-se a independência e a imparcialidade como pressupostos de uma atuação desimpedida e desprovida de sentimentos, preconceitos e prejulgamentos ocultos.

Independência aferível, em certa medida, pelo histórico do árbitro e, em boa parcela, pelo dever de revelar.

1. Dever de revelação

Nesse particular, vale ressaltar que o dever de revelar também implica num olhar duplo, **exógeno** e **endógeno**. O primeiro encarado sob o prisma das partes, e o segundo sob o ângulo da consciência do potencial árbitro.

Exatamente sob essas óticas – não raro distantes entre si –, radicam alguns excessos de parte a parte, os quais, por vezes, geram embaraços para a confirmação do árbitro ou mesmo o impedem de compor o painel, com certa frequência devido a percepções equivocadas ou mal interpretadas.

Nessa dualidade de olhares que recai sobre o dever de revelação, a que realmente deve predominar – e não necessariamente a que prevalece –, não é a visão **endógena** ou tampouco a **exógena**.

Quero dizer, não é o olhar unilateral do candidato a árbitro ou aquele individualista e peculiar das partes que, forçosamente, norteará as circunstâncias que deverão ser reveladas.

A apreensão dos limites e da extensão do dever de revelar, e dos fatos revelados ou não, há de ser sentida e digerida, concretamente, por um **terceiro equidistante**.

Conquanto o critério de avaliação da independência do árbitro tenha cunho objetivo, a sugerir parca complexidade para se chegar às conclusões de estilo, ao reverso, tem se mostrado tema intrincado, com parâmetros imprecisos e hipóteses incertas, a resultar em boa dose de exagero e de perplexidade.

É exatamente essa realidade que revelam os inúmeros textos doutrinários publicados mundo afora, e os esforços das diretrizes internacionais para construir conceitos e padrões de aferição, e, assim, conferir certo grau de harmonia entre as distintas jurisdições e o conforto possível no exame das questões suscitadas.

Afinal, a independência do árbitro é campo fértil para especulações e conjecturas, muito embora, reitere-se, versar, basicamente, sobre dados e fatos atinentes ao relacionamento ou vínculo do árbitro com as partes e, em alguma e limitada medida, com o advogado/escritório das partes.

Os fatos que devem ser revelados e os que não precisam restam por transitar em campo minado, repleto de irracionalidade e de idiossincrasias.

De modo a mitigar as dificuldades, dois parâmetros se apresentam: um *legal* e outro de origem *doutrinária*. Por força da lei, o árbitro deve revelar fato que denote *dúvida justificada* quanto à sua imparcialidade e independência. Não é, portanto, *qualquer fato* que gere alguma sensação de dúvida, mas apenas aquele que *dê causa* a uma dúvida que *justifique* seja revelada. Dúvida essa fundada em circunstância que, na *percepção do árbitro*, justifique sua revelação. Em outras palavras, segundo a regra legal, cabe ao árbitro – e só a ele – ponderar sobre aquilo que demande sua revelação.

Portanto, embora o fato a revelar pressuponha dados objetivos e, de outro, seja desejável que a análise do árbitro esteja despida de um olhar puramente egoísta, é natural que o exame encerre a visão do próprio, pois é dele o dever de revelar o fato apto a gerar dúvida justificável quanto à sua independência.

De modo a aplacar uma análise um tanto individualista, a doutrina passou a sustentar, ladeada pela mais internacional e antiga Corte de Arbitragem (*i.e.* CCI), que o exame da circunstância passível de revelação deve se dar sob a perspectiva das partes. Em outros termos, o árbitro deve divulgar qualquer circunstância que "aos olhos das partes" encerre dúvida sobre a sua independência.

Esse critério, contudo, encontra certos óbices para a sua efetiva adoção, pois não é fácil a qualquer humano se colocar nos "sapatos" de outras pessoas e, a partir daí, se conscientizar de que determinado fato gera ou não nas partes incerteza quanto à sua independência.

Ora, há partes sensatas e outras nem um pouco. Umas são perseguidas e desconfiadas por natureza, ao reverso de outras. Algumas são coerentes e ponderadas, enquanto outras desconhecem o que seja racionalidade e são movidas por inseguranças e reações ilógicas.

Enfim, diante da hesitação sobre a prevalência do polo de apreensão dos fatos – árbitro ou partes –, o meio termo chega com os olhos de um *terceiro razoável* e de *bom senso,* equidistante de partes e árbitro.

Esse é *o sentir e a visão a empregar* na análise das hipóteses que possam resultar em dúvida que justifique a revelação. Tal olhar é menos complexo que o das partes e não tão complicado de o árbitro vislumbrar.

Nessa esteira, a *dualidade de olhares* – *endógena* (legal) e *exógena* (doutrinária/regulamentar) – passa a se nortear sob o viés de um terceiro, ponderado, sensato e desapegado de desconfianças, caprichos e idiossincrasias, e, por isso, muito melhor preparado para definir o que efetivamente deve ser informado.

É sob esse *prisma* que o árbitro e as partes devem encarar o dever de revelação.

Nesse particular, ressalte-se que, à luz dos crescentes excessos que se tem verificado na prática arbitral, a dúvida que justifica a revelação deve ser *marcante.*

A *materialidade* do fato que aciona o dever de revelação é a que indica boa dose de predisposição do árbitro, apta a influir nas suas decisões.

2. A função do árbitro – visão endógena

A par de experiência e conhecimento técnico (normalmente jurídico), a função de árbitro demanda também ostentar o julgador capacidades e virtudes importantes para o bom andamento do procedimento, e da saudável relação exigida pelo exercício do colegiado.

Primeiro, não custa lembrar que o árbitro não deve se levar tanto a sério, pois não **é** árbitro; **está** árbitro enquanto durar sua jurisdição.

Quanto às atribuições, aquelas atinentes ao árbitro presidente superam as que concernem aos seus pares, pois a ele não somente cabe ditar o ritmo do procedimento, como tomar a dianteira, instando o colegiado a refletir e a deliberar sobre os incidentes processuais e objeções formuladas pelas partes, além de minutar as ordens processuais e as decisões cabíveis.

Usualmente também recai na figura do presidente o contato preliminar com potenciais peritos e a secretaria da câmara, além de outras tarefas de ordem administrativa.

Outrossim, o papel do presidente na interação dos membros do colegiado é determinante para um convívio saudável no curso do procedimento, como também na busca por consensos e, portanto, pelo melhor encaminhamento das decisões arbitrais.

Quanto ao consenso, penso que o presidente deve, o quanto possível, incentivar a convergência de opiniões, de forma a evidenciar a união do painel e, assim, fortalecer as suas decisões.

Nessa toada, o árbitro deve evitar dissentir em questões menores e, havendo dois caminhos plausíveis juridicamente de se trilhar a decisão, o presidente deve buscar, na medida do possível, aquele que traduza a convergência.

A unidade reclama ponderação e, acima de tudo, certo despojamento de ideais e de opiniões pré-concebidas. Reclama a flexibilização de pontos de vista e leveza de espírito para rever e aceitar os fatos e dados sob nova perspectiva. Reclama explorar as alternativas viáveis à luz do contexto fático-jurídico, com razoabilidade e bom senso.

Para tanto, maneirismo no trato com os colegas de painel e aptidão à conciliação de ideias são traços marcantes para o sucesso do presidente nessa empreitada.

Assim, os árbitros não precisarão ser surdos ou mudos em certos momentos do relacionamento profissional, de forma a evitar situações sensíveis ou constrangimentos nas deliberações colegiadas.

Com efeito, é preciso empenho e *savoir faire*, a despeito de o esforço, no mais das vezes, passar despercebido de partes e advogados, por se tratar de atividade eminentemente *interna corporis* e, por isso, restrita ao conhecimento dos árbitros.

Por certo, o fim a atingir revela a relevância emergente desse esforço conciliatório. A unidade do painel milita em prol da higidez do procedimento e reforça a eficácia da sentença arbitral, pois evidencia a unanimidade e a firmeza do entendimento manifestado pelos árbitros em suas decisões.

Nessa toada, a harmonia entre os árbitros agrega muito à condução do procedimento e à troca de opiniões. A sintonia do painel e a confiança nos seus colegas – determinante para a fluidez dos trabalhos – são alguns dos motivos que indicam porquê o presidente deve ser escolhido pelos coárbitros.

Isso não implica, forçosamente, que os árbitros se conheçam, embora possa ser um facilitador. O que importa é a diligência, o profissionalismo e o trato adequado e respeitoso. A homogeneidade do painel também pode colaborar, mas não é condição essencial para a harmonia dos trabalhos.

Por sinal, nacionalidade e *background* distintos são sempre bem-vindos, assim como visões dessemelhantes, haja vista incorporarem ao debate maior gama de elementos e de posições não coincidentes, enriquecendo, aguçando e aprofundando a deliberação, em proveito do resultado final.

Nesse específico ponto, sempre bom acentuar que *opinião discordante* não pode ser recebida no psiquismo como uma afronta ou um atentado ao intelecto, ou uma desaprovação ao conhecimento e à inteligência da pessoa. Posição divergente nada mais é do que um modo distinto de encarar a mesma questão. Portanto, deve ser encarada como mero ponto de vista diferente.

A função de árbitro, de outro lado, requer certo grau de *criatividade* para enfrentar situações particulares. Pensar fora da caixa faz parte da atuação. *Criatividade produtiva* que resulte em eficiência do procedimento é louvável, desde que preservado, sempre, o devido processo legal.

A dosagem, todavia, deve ser bem calculada, pois o excesso de criatividade acaba descambando para uma desastrada invencionice, em prejuízo da arbitragem e da imagem do tribunal arbitral.

A criatividade, por vezes, se faz necessária nos incidentes e nas objeções surgidos em audiência, sempre um teste para os árbitros. Incidentes e objeções que usualmente se intensificam quando presentes sócios ou representantes das partes.

Nessas ocasiões, e na administração pontual do procedimento, pensar fora da caixa é parte da função do árbitro; o que, reitere-se, é o bom senso nas tomadas de decisões que escapa ao ordinário ou à prática. Outrossim, eficiência é o que se espera dos árbitros no exercício de suas funções jurisdicionais, e que pode ser alcançada mediante a adoção de certas medidas.

Como exemplo, bifurcar o procedimento para desde logo decidir arguição de ausência de jurisdição, questões preliminares sobre prescrição e decadência, ou validade e alcance de quitações.

Com efeito, a redução das questões controvertidas normalmente se reverte em ganhos de tempo e custo, e em agilidade na gestão do procedimento.

No entanto, a adoção de providências do gênero deve se pautar em prévia e detida análise pelos árbitros, usualmente após ouvidas as partes, sob pena de efeito reverso.

Reuniões por videoconferência com os advogados e os árbitros para tratar de certos incidentes têm se mostrado útil para a boa e eficiente gestão do procedimento. Nesse cenário, a litigiosidade observada nas manifestações escritas arrefece e os nós são mais facilmente desatados, propiciando que convergências sejam alcançadas.

Para tanto, essencial o modo de condução da reunião pelos árbitros. É recomendável que os pontos a serem abordados junto às partes e aos advogados, e a forma de enfrentá-los, sejam previamente debatidos e acordados pelos membros do painel.

De outra banda, no exercício de seu múnus, os árbitros devem estar atentos e sensíveis aos conflitos cuja solução mais apropriada seja aquela negociada e acordada pelas próprias partes.

Há disputas que claramente indicam que o resultado, dado o tempo de duração do processo, resultará em manifesto perde-perde, em claro desproveito dos litigantes. Há também as arbitragens que, logo na largada, evidenciam ser prejudiciais a ambas as partes por força das perdas de oportunidade que irão vivenciar e jamais recuperar (*v.g.* prestadoras de serviços ligados a grandes eventos).

Nessa linha, oportuno exaurir os meios e os modos de solução consensual no caso, por exemplo, de conflitos cuja complexidade do arranjo societário ou contratual demandar julgamento por equidade, mas a convenção, ao reverso, determinar que o conflito seja solucionado com base nas normas legais.

Ausente consenso das partes, o direito será aplicado e a controvérsia resolvida, sem embargo de, provavelmente, as partes permanecerem vinculadas na teia societária ou contratual e, portanto, sempre em iminente – ou, quiçá, constante – litígio.

Enfim, em certa gama de disputas é proveitoso que as partes, acompanhadas de seus advogados, sejam alertadas pelo painel arbitral sobre os passos do procedimento, o tempo estimado de duração e os custos associados, e, ao fim, instadas a resolver o conflito por meio de negociação ou de mediação.

A depender da natureza da demanda e dos pedidos das partes, esse chamado do tribunal arbitral à reflexão pode ser pertinente já no momento da assinatura do termo de arbitragem ou no eventual pedido de tutela de urgência. Sem embargo, ao final da audiência, e na presença das partes ou de seus representantes, tem se mostrado a ocasião propícia para essa abordagem.

Nesse momento, as argumentações os esclarecimentos foram vivamente explanados por cada parte e os depoimentos prestados, encontrando-se todos mais alinhados em termos de informações. A assimetria resta mitigada, nessa oportunidade, e as posições e os entendimentos até então sustentados com boa dose de confiança e de segurança são naturalmente submetidos a um novo escrutínio pelos interessados.

Nesse contexto, não raro, as pressões e as tensões estão arrefecidas pela possibilidade de cada parte expor oralmente suas pretensões e relatar os fatos a elas subjacentes; e pelo ambiente menos formal e, em certa medida, descontraído das audiências arbitrais colaborar para a proximidade dos representantes dos litigantes.

Esse cenário, por certo, pode contribuir para a distensão dos ânimos e, por consequência, permitir que sejam iniciadas, e às vezes retomadas, negociações para pôr fim ao conflito.

Nessa senda, releva o olhar dos membros do painel para o escopo social da jurisdição que reclama, para além da resolução do conflito, a pacificação das partes. Uma mensagem de incentivo do tribunal arbitral pode ser suficiente para conscientizar as partes a envidarem esforços na busca por acordo hábil a pôr fim ao litígio.

Ademais, vale acentuar que a praticidade e a objetividade do painel arbitral devem ser sempre perseguidas, pois são marcas indeléveis da boa administração do procedimento. Simplifica e agiliza as deliberações, e, assim, coadjuva na emissão mais célere de ordens processuais.

Contudo, vale ponderar que rapidez nem sempre é sinônimo de eficiência, pois pode decorrer de mera precipitação. Acelerar o ritmo é sempre bem-vindo, quando não impulsionado por arroubos de ansiedade e de agitação de espírito. A rapidez esperada do painel arbitral é aquela cujo tempo seja justo a permitir a necessária reflexão pelos árbitros, sem açodamento.

Colabora para a celeridade das deliberações a constituição de um painel harmônico, permeado pela confiança e em regular sintonia. O debate se aperfeiçoa despido de vaidades, com respeito e compreensão na defesa dos pontos de vista, em franco proveito da convergência de entendimentos. Essa realidade, habitualmente, é alcançada quando o presidente é escolhido pelos coárbitros.

Em painel desse naipe, as sugestões às minutas de ordem processual e sentenças são aquelas efetivamente relevantes e que agregam valor ao texto, e não as simplesmente cosméticas ou de somenos importância.

Outrossim, há situações nas quais o painel deve demonstrar atitude e se posicionar com determinação. A autoridade deve ser evidenciada em circunstâncias concretas e muito particulares, sempre com firmeza, mas **sem perder a ternura**. Com educação e ponderação, por certo, mas de modo claro, efetivo e, se preciso, incisivo.

Nesses momentos em que o fato, o ato ou a questão se apresentam **fora do tom**, a manifestação de autoridade serve, profilaticamente, para frear os ímpetos e sinalizar os limites imanentes ao papel de cada sujeito da relação processual.

3. A função do árbitro – visão exógena

Com mais frequência do que a esperada ou desejada, as partes têm introduzido uma gama de cláusulas e de condições na minuta de Termo de Arbitragem e/ou da Ordem Processual n.1, sob a alegação de evitar surpresas e conferir maior segurança ao procedimento.

Algumas das estipulações esbanjam preocupação com o devido processo legal, princípio esse que, sabidamente, não deve e não pode ser violado; outras replicam disposições contidas no regulamento aplicável (desnecessárias, portanto); outras tantas decorrem de experiência negativa vivenciada por uma das partes ou patronos em determinado processo de arbitragem – logo, exceção à regra geral – e, finalmente, embora poucas, existem aquelas cláusulas efetivamente pertinentes.

Abstraídas as sugestões razoáveis, as demais inserções geram debate a implicar em acréscimo de tempo, desgaste e incidentes, totalmente infrutíferos e inúteis. Não só no momento da conclusão do Termo de Arbitragem ou da Ordem Processual n. 1, mas, pior, no curso do procedimento.

Nessa seara, parcela das sugestões, embora acordadas pelas partes em aparente boa-fé, são daquelas sabidamente propícias ao descumprimento.

Chegado o fadado momento do inadimplemento, a parte arguirá que a disposição ajustada sucumbe frente aos seus legítimos direitos de defesa e do contraditório, enquanto a contraparte, de outra banda, abordará em petição de dezenas de páginas a flagrante violação de regra livremente pactuada para, ao final, em negrito e sublinhado, registrar enfático pedido de penalização da contraparte por litigância de má-fé.

Ademais, antes que o tribunal arbitral consiga deliberar, petições acaloradas e recheadas de adjetivos de parte a parte serão trocadas, a despeito da irrelevância de seus conteúdos para a solução do incidente.

Enfim, muitas das cláusulas e condições sugeridas e pactuadas pelas partes acabam, na realidade, fomentando inconvenientes e dispensáveis incidentes.

Pior, subjacente a essa pletora de estipulações desimportantes revela-se, aos poucos e subliminarmente, a processualização da arbitragem, cujos esforços em sentido contrário têm sido enormes ao longo do tempo.

Por certo, muita criatividade por parte de árbitros, demandante e demandada na inclusão de disposições que regerão o procedimento, a par daquelas contempladas no próprio regulamento e de outras que ordinariamente têm se mostrado suficientes, poderá acabar por demandar interpretações quando acionada sua aplicação.

Em suma, partes e árbitros devem, a rigor, manter a prática consolidada, com os ajustes demandados pelo caso concreto. Por vezes, menos é mais eficiente, lógico e objetivo. Conforme dito por *Leonardo da Vinci*, a simplificação é o **máximo** da sofisticação.

Estimular a *simplificação* ajuda, em muito, o curso do procedimento. Regras em demasia e profundamente detalhadas, seja no Termo de Arbitragem ou na Ordem Processual n. 1, resultam em delongas processuais e elevam o nível do debate e do confronto. Outrossim, práticas consolidadas e bem-sucedidas no plano internacional devem ser perseguidas nas arbitragens domésticas, *sem tropicalização.*

Com efeito, deve ser compreendida por partes, advogados e árbitros que a fidedignidade do relato contido no depoimento escrito de testemunha decorre, naturalmente, de sua apresentação *pari passu* com as respectivas manifestações, ao reverso do que se revela com a sua juntada em momento posterior (*v.g.* na especificação de provas), quando os fatos e os argumentos já foram narrados e esmiuçados. Então, por que não manter a experiência internacional que a arbitragem doméstica, por vezes, insiste em contrariar?

O demandante, a rigor, no momento de apresentar as alegações iniciais, normalmente desconhece quem testemunhará pela demandada e o grau de conhecimento e de detalhes detidos por essa pessoa. Não sabe, em princípio, o que será afirmado pela demandada e as nuances atinentes aos fatos subjacentes à sua defesa.

O mesmo vale para a demandada quando da elaboração de sua resposta, cujos fatos alegados sofrerão contra-ataque da demandante em réplica.

É evidente, portanto, a relevância de o depoimento da testemunha ser prestado à medida que a alegação inicial, a resposta, a réplica e a tréplica sejam apresentadas, inclusive por terem as testemunhas ciência de que poderão ser chamadas a comparecer à audiência e submetidas à inquirição pela contraparte.

Portanto, perde boa dose de valor os depoimentos escritos quando prestados "numa tacada só", após a plena ciência do quanto aduzido *ad nauseam* pelas partes em suas manifestações.

Nesse momento, reitere-se, as particularidades e as estratégias já foram expostas e os fatos devidamente retratados, informados e reiterados. Inexiste preocupação da testemunha de ser "pega no contrapé" ou, tampouco, de ser mais precisa e cautelosa no seu depoimento.

Outra prática consolidada e não tanto observada nas arbitragens domésticas diz com o momento de se instaurar o debate sobre a exibição de documentos na posse da outra parte.

Embora usualmente ocorra logo após a resposta às alegações iniciais, por vezes as partes acordam nas arbitragens internas (quiçá o próprio tribunal arbitral) que o contraditório sobre esse tema aconteça depois de esgotada a fase de apresentação das manifestações ou mesmo antes de iniciada, ou seja, na sequência da assinatura do termo de arbitragem.

Nesse particular, partes e árbitros devem ter em mente que, somente em casos muito específicos e, sem dúvida, raros, será viável instaurar esse procedimento em fase preliminar às alegações iniciais.

No mais, a impraticabilidade e a perda de tempo são evidentes, dada a ausência de conhecimento mínimo pelos árbitros das questões, dos fatos e dos fundamentos de mérito subjacentes às pretensões.

Posteriormente à última manifestação, seja ela réplica ou tréplica, a improdutividade é manifesta, pois a juntada dos documentos reabrirá a fase de alegações com novas rodadas e, eventualmente, argumentos adicionais.

Portanto, a eficiência indica que o melhor momento para se discutir a exibição de documentos é aquele em que os árbitros já detêm razoável nível de informações, dados sobre a causa de pedir e sobre os argumentos de defesa, e ainda não estiver finalizado o cronograma de apresentação de manifestações pelas partes.

De outra banda, penso que os árbitros (e também partes e patronos) devem ter um pouco mais de paciência e de condescendência com os depoimentos daqueles direta e pessoalmente envolvidos na disputa.

Com efeito, creio razoável que tais pessoas possam, guardados os limites e conforme o caso concreto, se expandir um pouco mais ao responderem às indagações formuladas pelos patronos, dadas a tensão, a angústia e a ansiedade vividas ao longo do procedimento, cujo conflito, por vezes, atinge a sua idoneidade e honradez.

Na audiência, notadamente no transcurso do depoimento, surge para a parte que se encontra pressionada por essas circunstâncias a oportunidade de "se expandir" e, com isso, afrouxar a angústia. Resulta, por vezes, fluir naturalmente, sem se perceber.

Nessa esteira, uma explicação um pouco mais emocional ou aguda que vá além do indagado, mas que não ultrapasse as fronteiras da civilidade e não prejudique o devido processo legal, pode contribuir para relaxar as tensões e ansiedades e, ao final, até mesmo para a solução consensual do conflito.

Releva, nessas circunstâncias pontuais, a sensibilidade e o bom senso do painel e a ponderação e a razoabilidade da parte adversa. A experiência tem confirmado – em ocasiões especiais – a pertinência dessa prática menos formal e mais humana.

Por fim, algumas sucintas e específicas observações:

- A rapidez na prolação de provimento de urgência não se mostra compatível com petição com dezenas de páginas, vasta gama de dados e de informações, acompanhada de outras dezenas de documentos, contestada pela contraparte, ao menos, na mesma proporção.
- A troca de manifestações sem a autorização prévia dos árbitros costuma gerar tumulto e/ou afetar a celeridade na expedição da ordem processual cabível, cuja minuta se encontra pronta ou em processo de deliberação, mas resta indefinidamente complementada para retratar, no relatório, as trocas de farpas sem que tal, não raro, modifique o entendimento alcançado pelo tribunal arbitral na fase originária do debate.
- A litigiosidade sem estratégia estimula conflitos e incidentes, e acaba por gerar ineficiência. O advogado aguerrido ou combativo não se confunde com advogado "brigão", tido (*rectius*, confundido) como o bom defensor dos interesses do cliente. Aquele normalmente trabalha tática jurídico-processual sagaz, ciente dos limites do direito do cliente, atento aos percalços e munido de opções. Já o "brigão" é provido de perfunctória estratégia e pautado em exame menos aprofundado das circunstâncias e do conflito ou põe muito a perder na recorrência e intensidade que imprime ao embate.
- A penalização por litigância de má-fé por abusos processuais, por exemplo, pedidos de esclarecimentos em total desacordo com as hipóteses legais e normalmente apresentados por simples emulação ou flagrante inconformidade com a decisão, deve ser considerada por partes e árbitros. Entretanto, não só considerada, mas imposta pelos árbitros na medida necessária, dado o caráter pro-

filático da pena, tanto para o direito, haja vista a regra que veda o exercício irregular de direito, quanto, ao final, para o instituto da arbitragem.

Enfim, vale reiterar que a função de árbitro não se coaduna com o medo ou o receio de decidir e de desagradar. O convencimento deve ser formado livremente, fundado, pois, no que consta no dossiê da arbitragem e na plena e efetiva convicção do árbitro. Se assim for, o árbitro terá cumprido o seu mister e colaborado com a administração da justiça.

2. A FUNÇÃO DE ÁRBITRO NO BRASIL NA VISÃO DE UM ADVOGADO

Marcelo Roberto Ferro

Introdução

Ao ser convidado para escrever nesta valiosa obra sobre o tema, contive o impulso de recorrer ao célebre trabalho de Piero Calamandrei, *Eles os juízes vistos por nós, os advogados*. Por óbvio, não tenho nem o gênio, nem a elegância do notável jurista italiano e, além disso, estaria, de certa forma, escrevendo também sobre minhas funções, pois atuo como árbitro e, portanto, jamais me submeteria à pecha do cabotinismo.

Em uma palavra, a função do árbitro é adjudicar a demanda, aplicando as normas legais adequadas aos fatos da causa. Conceito simples na formulação, mas complexo na aplicação, seja aqui, seja no exterior.

De fato, para bem cumprir sua função, o árbitro precisa reunir características pessoais e profissionais relevantes, que não se resumem apenas ao conhecimento do tema central do litígio, ou de técnicas processuais específicas à arbitragem, e envolvem, também, uma interação relevante com as partes e seus advogados, todos eles, juntos com a instituição arbitral – quando atuante –, responsáveis, em diferentes medidas, pelo êxito do processo arbitral, que não se esgota na prolação de uma sentença exequível, mas, sobretudo, na convicção das partes de não terem se arrependido pela opção de submeter seu litígio a esse método alternativo de solução de disputas. Afasto, aqui, os vários casos nos quais os sucumbentes se queixam do resultado, reverberando sua decepção quanto ao instituto, esquecendo-se, todavia, da probabilidade de sua derrota ocorrer também perante o Poder Judiciário, pela singela circunstância deles... não terem direito.

Tem sido comum, no Brasil e no exterior, a função de árbitro ser exercida em tempo integral por advogados, professores e ex-magistrados. No entanto, a maioria dos árbitros, aqui e alhures, é formada por advogados ainda no exercício de sua profissão, sócios ou associados de escritórios de advocacia – o que potencializa o risco de eventuais conflitos –, havendo, também, profissionais de outras áreas, como economistas, administradores e engenheiros.

Sob o plano pessoal, a indicação para árbitro representa, de certa forma, o reconhecimento, pelos pares e pelas partes, da reunião de atributos morais e intelectuais para o exercício de uma elevada função de julgar o litígio. Mais especificamente pela ótica dos advogados de contencioso, trata-se de uma experiência única e relevantíssima, que ajuda a aprimorar sua advocacia, ao saber avaliar o peso de certos argumentos no convencimento do julgador. Neste particular, acredito que o bom advogado é o que descobre três argumentos para ganhar uma causa; o ótimo descobre cinco; o excelente descobre sete; mas o excepcional é aquele que, dentre os sete argumentos, sabe qual é o melhor, ou seu "cavalo vencedor". E a atuação como árbitro refina e potencializa essa percepção, pois o convida a desenvolver um exercício lógico para o qual ele nem sempre foi preparado, consubstanciado na reflexão, por uma ótica isenta e não parcial, de quem tem razão.

Naturalmente, nos estreitos limites deste texto, não tenho a pretensão de trazer qualquer novidade sobre o que outros excelentes autores já publicaram sobre a função de árbitro no Brasil. Muitos deles escreveram com propriedade, pois, como naquele célebre bordão de locutor esportivo ao passar a palavra ao comentarista, ex-jogador de futebol, "aquele que sabe porque já esteve lá".

Penso que, no Brasil, a função de árbitro se diferencia ligeiramente na forma de atuação dos seus pares estrangeiros. Em primeiro lugar, pela ênfase que, entre nós, se confere à oralidade, em comparação aos argumentos por escrito. Raras são as arbitragens nas quais não se realiza ao menos uma audiência, mesmo sem depoimentos pessoais, ou inquirição de testemunhas, ou peritos.

Em segundo lugar, o notório exagero na juntada de pareceres sobre temas conhecidos no cenário nacional – muitas vezes, até vários pareceres sobre o *mesmo* tema –, tentando persuadir o árbitro pelo argumento da autoridade, e não pela autoridade do argumento. Neste particular, penso já ter chegado a hora de árbitros brasileiros começarem a inquirir em audiência os pareceristas brasileiros[203], tal como fazem seus pares estrangeiros. Como os pareceristas sérios não trabalham com honorários de êxito, seria muito profícuo para o tribunal ouvir o *cross examination* de um parecerista sobre um quesito que, propositalmente, não foi formulado pelo consulente, embora se encontre em sua área de *expertise*. Tão importante quanto saber o que o parecerista diz, é saber o que ele pensa sobre o que não foi perguntado. O efeito prático parece-me evidente: diminuirão o número de pareceres e as partes brasileiras se restringirão a um único parecer sobre cada área do direito; por consequência, o tribunal estará ainda mais bem informado sobre o direito aplicável.

Em terceiro lugar, diversamente dos árbitros estrangeiros, os brasileiros não costumam estimular a mediação no curso da arbitragem, o que pode ser feito mesmo na ausência de pedido formal dos advogados das partes. Não entro no debate de tal mediação ser conduzida pelo próprio tribunal arbitral – com todos os riscos para as partes se não houver acordo –, ou por mediador externo, mas apenas noto que, em tribunais estrangeiros, muitas vezes antes da produção de documentos – geradora de custos significativos – há consultas mesmo informais entre os árbitros e advogados sobre a possibilidade de suspender o procedimento para discussão sobre acordo[204].

A ideia deste singelo texto é trazer impressões sobre alguns atributos de um bom árbitro e, em um segundo momento, no contexto de minha experiência profissional, apresentar uma lista de exemplos positivos e negativos de árbitros – não necessariamente brasileiros –, qualificando-os com alguma irreverência, mas sem perder a seriedade, nem tampouco ter a intenção de ferir, ou magoar ninguém (até porque, em um

[203] Em minha experiência, só vi ocorrer uma única vez, em tema de propriedade intelectual.

[204] Nosso escritório atuou em uma arbitragem LCIA na qual a audiência estava agendada para ocorrer em Londres, durante todo o mês de junho e, como reserva, a primeira semana de julho de um determinado ano, com custos estratosféricos. Pouco mais de três meses antes, em fevereiro, as partes suspenderam o processo e iniciaram mediação com mediador externo, que durou uma semana e terminou em acordo.

exercício sincero de autoanálise ao escrever este artigo, identifiquei-me em algumas descrições positivas e negativas).

1. Atributos de um bom árbitro na visão de um advogado

Certas qualidades de um bom árbitro são, na sua grande maioria, atributos de natureza pessoal e não apenas profissional, por exemplo, as habilidades de ouvir, de observar e de processar os fatos da causa, além da paciência com a forma (nem sempre a melhor) escolhida pelo advogado para persuadi-lo no curso da demanda. Destaque-se, ainda, a manutenção de um espírito aberto ao convencimento, mesmo quando certas circunstâncias apontarem na direção de que um determinado fato já está provado. É o caso, por exemplo, da prova documental, cujo teor é arrasador para o direito de uma parte, mas que vem a ser desqualificada por outras circunstâncias (*v.g.*, falsidade, incapacidade momentânea do agente). Na prática, quanto mais cedo no processo se chega a uma convicção, mais cauteloso deve ser o árbitro na predisposição sincera de ratificar ou retificar essa conclusão em estágio mais avançado.

Não existe uma cartilha, nem fórmula para a escolha do "árbitro perfeito", até porque cada caso demanda um perfil diferente. No entanto, parece-me que o paradigma do árbitro perfeito deve ser adotado para que se chegue ao "árbitro ideal", isto é, aquele que, por seu perfil e características, é mais adequado para o caso concreto. Em outras palavras, até mesmo seus eventuais "defeitos" – com as ressalvas evidentes às questões de honestidade e caráter – podem ser justamente o critério relevante para sua indicação. Pense-se, por exemplo, na parte que opta por um não especialista no mérito da causa, por entender serem maiores suas chances de êxito se julgada por um leigo no tema. Ou, então, no árbitro com larga experiência no tema de mérito (*v.g.*, óleo e gás), mas pouca (ou nenhuma), em processo arbitral.

Numa visão pragmática, coloquial e reducionista, o bom árbitro é aquele que vota a favor do seu cliente. Numa visão holística e institucional, é aquele que analisa todos os pontos da causa e vota, mesmo contra o seu cliente. Nesses casos, a parte e seu patrono reconhecem terem tido "seu dia na corte" e que foram bem julgados, embora lamentem o resultado. Recentemente, tivemos uma experiência com um tribunal arbitral sofisticado, que conduziu uma causa muito complexa de forma impecável e que gerou no espírito dos escritórios envolvidos a convicção unânime de que, fosse qual fosse o resultado, a causa teria sido bem julgada, o que ocorreu.

Admitindo um certo exagero na comparação, escolher um árbitro é como escolher seu parceiro(a) para este casamento temporário, mas no qual, curiosamente, um "cônjuge" (o árbitro) não deve fidelidade ao outro (a parte e o seu advogado), salvo quanto à sua postura imparcial e independente –, não fazendo (nem podendo fazer) juras de amor eterno, ou solidariedade na alegria e na tristeza.

Seja como for, o árbitro não exerce sozinho a sua função, mas em colaboração com os advogados das partes. Para tanto, há que se ter confiança recíproca (cf. art. 13 da Lei de Arbitragem). E essa confiança se apresenta sob várias formas, no início e durante o processo.

Com efeito, no início do processo, existe um dever de lealdade entre árbitros e partes, de tal forma que os primeiros tenham a segurança de poderem exercer sua função sem serem questionados por fatos anteriores à sua indicação, e que poderiam ter sido objeto de indagação pelos advogados, credores de informações relevantes sobre a vida pessoal e profissional pretérita dos árbitros. Os advogados das partes têm também o dever de se informar[205], regra em tudo similar à existente em direito obrigacional, e que, em tema de arbitragem, é referenciada pela jurisprudência francesa como "dever de curiosidade"[206]. Trata-se, na essência, de um corolário de boa-fé tanto dos árbitros – que devem revelar fatos relevantes que ponham em questão sua imparcialidade e independência – quanto das partes, que, podendo se informar sobre temas que julgam relevantes, deixam de indagar os árbitros, ou só suscitam ques-

[205] O Tribunal de Justiça de São Paulo censurou a parte que, no início da arbitragem, não se desincumbiu do dever de se informar sobre a parcialidade da árbitra, só o fazendo em sede de ação anulatória, caracterizando sua desídia como benefício de sua própria torpeza: "Querer auferir com sua deliberada falta de diligência o benefício de ver extirpada a validade dos extensos degraus galgados no campo alternativo de resolução de disputas e do pronunciamento que o findou e culminou por não lhe ser benéfico caracteriza verdadeiro e repudiável comportamento contraditório, sintetizado pelo conhecido brocardo *nemo auditur propriam turpitudinem allegans*". Brasil. Tribunal de Justiça de São Paulo. Apel. n. 1076161-35.2017.8.26.0100, 31ª CDP, Rel. Francisco Casconi, j. 08- 09-2020.

[206] Paris. **Sté Dommo Energia**, n. 19/07575, 25-02-2020, reconhecendo o dever de curiosidade da parte se informar com base em informações públicas acessíveis.

tionamentos após a publicação de sentença adversa, o que a jurisprudência brasileira denomina de "nulidade de algibeira"[207].

De fato, a experiência mostra que, em arbitragens envolvendo grandes quantias, as partes, representadas por advogados sofisticados, pesquisam a vida dos candidatos a árbitro antes de aceitá-lo, indo muito além do que revelado nos questionários das instituições, o que é prudente e recomendável no contexto do cumprimento da obrigação de se informar. Todavia, postura reprovável é a parte sucumbente promover verdadeira devassa na vida dos árbitros após a prolação da sentença, buscando as mais mínimas conexões para fundamentar pleitos anulatórios com base na falta de imparcialidade do árbitro, que teria deixado de revelar certos fatos, por ela agora convenientemente qualificados de "relevantes". Esses fatos, muitas vezes, ocorreram há anos e cuja ciência estava acessível a todos (tanto assim que foram captados pela pesquisa *a posteriori* feita pela parte sucumbente na arbitragem).

Durante o processo, a confiança entre árbitros e partes se opera sob um prisma diverso, pois confiança não se dá, se conquista. E a conquista de confiança é uma via de duas mãos, de forma que, assim como o árbitro tem que conquistar a confiança das partes, os advogados também têm que conquistar a confiança do árbitro.

O árbitro conquista a confiança das partes não apenas na demonstração de um comportamento honesto, imparcial e independente, mas na convicção de que ele está dedicando atenção ao caso, lendo os documentos e as petições, por mais extensas que sejam. Muitas vezes tem-se a triste impressão de um ou outro árbitro estar tendo contato pela primeira vez com a causa na abertura da audiência de apresentação (ou de instrução). Ele sabe que é um tema de construção, ou societário, mas não conhece os detalhes, nem mesmo as personagens, porque, até então não leu nada. É como aquela pessoa que se jacta de dominar a técnica de leitura dinâmica e de ter lido *Guerra e Paz* em alguns minutos, e, inda-

[207] BRASIL. Tribunal de Justiça do Rio de Janeiro. AC 0248041-79.2018.8.19.0001. Rel. Des. Maria da Gloria Oliveira Bandeira de Mello, 20ª Câmara Cível, j. 03-03-2021. No mesmo sentido, o Tribunal de Justiça de São Paulo, citado na nota 4: "Desvencilhou-se de seu dever de investigar e passou a mobilizar a busca por detalhamentos apenas após sucumbir, ignorando o dever de preservação do procedimento da arbitragem e desdenhando as sérias consequências e prejuízos, de tempo e financeiros, advindos de uma eventual anulação quando já se encontre em estágio avançado".

gada sobre o enredo da obra, afirma: "trata-se de uma história que se passa na Rússia".

Nesse particular, em vários casos identifiquei uma relação, muitas vezes correta, entre a extensão das petições e a passividade do tribunal. De acordo com essa fórmula, quanto mais passivo o tribunal, mais extensas as petições – ressalvadas, é claro, as situações insolúveis dos prolixos contumazes. De fato, a experiência mostra que o tribunal mais ativo, mais objetivo e mais pragmático na sua relação com as partes torna as petições menos extensas, pois elas passam a endereçar aquilo que exatamente o tribunal quer ouvir para formar sua convicção. O tribunal mudo, quieto e passivo deixa as partes numa situação de completa cegueira, lançando os mesmos argumentos, na vã esperança de que, em algum momento, o tribunal vá se convencer de alguns deles. Se, no entanto, o tribunal assume postura mais ativa e orienta as partes no sentido de que não devem mais escrever sobre um determinado ponto, deve ele informá-las, ao invés de apenas criticar a extensão das petições. Tome-se, por exemplo, as alegações finais, as quais, por definição, não devem ser longas, até porque, neste estágio, o tribunal já formou convicção sobre vários pontos da causa. Ora, para tornar essa petição mais eficaz para as partes e para o tribunal, penso que, ao invés de limitar o número de páginas, ou apenas formular um convite à concisão, age melhor o tribunal que orienta as partes sobre o que interessa nesse estágio, seja sob a forma de tópicos, ou de perguntas, evitando, assim, que o último ato do processo seja um "combo" de petições relevantes já apresentadas.

Por sua vez, os advogados conquistam a confiança do árbitro pela forma como se endereçam a ele em suas manifestações escritas e isso requer uma certa habilidade, até porque a brevidade e a concisão são habilidades que exigem tempo para serem implementadas. De fato, sua atuação deve ser marcada pela tentativa de apresentar o caso da forma mais clara, sintética e objetiva possível, evitando mostrar o quanto direito ele sabe, ou o quanto do tema técnico ele aprendeu, mas concentrando-se em mostrar quanto direito seu cliente tem. A tendência é as petições subsequentes restringirem os temas ao que é controverso, deixando de lado as citações fastidiosas de trechos do contrato, excertos de doutrina e jurisprudência. Se essa tendência não se verifica, perde-se a confiança do árbitro que passa a esperar, na data aprazada no cronograma, outras cento e vinte páginas de argumentos, adjetivos e imputações de violação à boa-fé objetiva (um clássico na prática arbitral brasileira, juntamente com o pedido de condenação em litigância de má-fé).

Em suas intervenções orais, normalmente em audiências de instrução, o advogado pode perder a confiança do árbitro, o que é frustrante por ocorrer em um dos momentos mais importantes e aguardados por todos. De fato, na inquirição das partes, das testemunhas, ou dos peritos, o advogado perde a atenção do árbitro se, após quinze minutos, não tiver feito uma pergunta inteligente e apropriada para o caso, mas ficar gastando o tempo com questões superficiais, irrelevantes, mal formuladas, ou solicitando que o depoente leia cláusulas do contrato. Por isso, os tais "quinze minutos de fama" a que todos teriam direito um dia, segundo Andy Warhol, têm o seu equivalente na audiência de instrução, pois esse é o tempo necessário para o árbitro confiar que aquele advogado fará perguntas inteligentes, que o ajudarão a compreender melhor os temas e entregar a melhor justiça.

2. Exemplos de tipos de árbitros (e suas cepas)

Como cediço, não existe catálogo de árbitros e mesmo as jurássicas listas de instituições arbitrais (até quando conviveremos com elas ???) não ajudam muito na escolha do árbitro, ou na descrição de seu perfil. Algumas ferramentas eletrônicas no cenário internacional – do tipo GAR Art, ou *Arbitrator Intelligence* – oferecem informações relevantes, mas nem sempre suficientes sobre certos aspectos dos casos[208]. Portanto, na busca incessante do melhor árbitro para um determinado caso, tem grande valor o chamado *Game of Phones*, em que os advogados telefonam para colegas – ou conversam em conferências e congressos – que atuaram em tribunais arbitrais com o potencial candidato, ou como advo-

[208] Conforme acentua Catherine Rogers: "*The market for international arbitrators is shaped by two defining features. The first is high barriers to entry: it is really hard to become an international arbitrator. The second is profound information asymmetries: it is really difficult to obtain information about arbitrators and not all participants have equal access to that information. Because most arbitration is confidential, parties must resort to person-to-person research about arbitrators' track records. That process is most effectively – but not necessarily most efficiently – conducted by big, repeat players*". Rogers, Catherine A. Arbitrator intelligence. The market for arbitrators and the market for lemons. **Kluwer Arbitration Blog**, 10 jun. 2020.

gados, e procuram informações mais precisas sobre a personalidade e o comportamento dos candidatos a árbitro.

Em razão de alguma vivência em processos arbitrais domésticos e internacionais, além de congressos e seminários, registrei tipos de árbitros e suas variações (em tristes tempos de pandemia, mais apropriado aludir a "cepas"), qualificando-os pelos seus aspectos positivos, ou negativos. Trata-se de uma lista em constante progresso, a qual poderá ser incrementada pelo leitor (mas dificilmente reduzida).

A circunstância de os exemplos negativos – que Serge Lazareff refere como "a patologia de certos árbitros"[209] – serem em maior número do que os positivos decorre do fato de que, como se verá, as críticas à atuação dos árbitros contemplam várias atitudes distintas, ao passo que os exemplos positivos congregam algumas poucas características as quais, quando presentes, qualificam o árbitro da forma mas superlativa.

Dentre os exemplos positivos, vale citar os seguintes:

> **Árbitro 5 Estrelas** – árbitro que tem a causa na mão e, por isso, se antecipa a problemas, não espera ser provocado, decide tudo antes de maneira clara e objetiva, orienta as partes de forma elegante, fazendo-as perceber que a exacerbação adversarial da disputa não é relevante para o êxito respectivo. Em geral, tendem a conduzir o procedimento de forma cooperativa com as partes, solicitando suas opiniões quanto a calendário, provas e outros temas, sempre exortando ao consenso e substituindo as longas petições por esclarecimentos em conferências telefônicas. Tal como um "sinalizador de aeronave", guia as partes de forma serena e segura, mostra-lhes o caminho para que o poder de persuasão dos advogados possa atingir o alvo desejado[210]. Em razão de todos esses atributos, é com frequência consultado para ser árbitro único.

[209] LAZAREFF, Serge. L'arbitre singe ou comment assassiner l'arbitrage. *In*: **Liber Amicorum in honour of Robert Briner**, 2005, p. 484.

[210] Tive a honra de integrar um tribunal arbitral internacional, no qual o presidente, quatro meses antes de uma audiência apenas para apresentação do caso (note-se, não era a audiência de instrução e de colheita de depoimentos), convocou os árbitros para discutirem os pontos principais até aquele momento e, em seguida, expediu uma recomendação às partes para que, em suas respectivas apresentações, endereçassem aqueles pontos e respondessem alguns questionamentos prévios. Portanto, com muita antecedência, as partes puderam estruturar suas apresentações endereçando precipuamente o que o tribunal queria, de fato, ouvir.

Árbitro Yoda – trata-se de uma cepa do Árbitro 5 Estrelas. No processo e na condução da causa, mostra as mesmas habilidades que o mestre Jedi com o sabre de luz. Um sábio instrutor que pode ajudar as partes na condução célere e eficaz do procedimento. Responde a pedidos de informação ou a uma impugnação com a serenidade de um monge budista e a elegância de um lorde. Conduz a audiência sem alterar o tom de voz. Expressa-se, muitas vezes, de forma proverbial (*v.g.*, "a sua linha de inquirição é muito interessante para reforçar este ponto sobre o qual, aliás, não há divergência"), que só é percebida pelos iniciados e pelos que entendem que, muitas vezes, o que importa está nas entrelinhas. Jamais se irrita com pedidos de esclarecimentos, até porque, ciente da falibilidade de sua condição humana, recebe-os com espírito aberto, acolhendo-os com galhardia, ou rejeitando-os sem fazer alarde.

Árbitro Evangelizador – muito útil quando um, ou ambos os advogados não têm muita experiência em arbitragem (*v.g.*, os que chamam os árbitros de "excelência", ou criam problema no resumo do caso feito pela outra parte na Ata de Missão). Outra característica notável desse árbitro se verifica no contexto da prova pericial, quando ele orienta as partes e o perito sobre como devem ser apresentadas as conclusões respectivas, buscando o consenso para que um só laudo seja apresentado – ao invés de dois, ou até três (se o tribunal tiver seu próprio perito) – com todas as respostas dos respectivos assistentes técnicos, tornando, assim, compreensível o parecer técnico e mitigando os efeitos deletérios do perito atuante como *hired gun*. Com seu poder de antevisão da sentença a ser proferida em relação a valores, determina que os peritos das partes respondam a todos os cenários possíveis de liquidação da sentença, adotando aquele que o tribunal eleger. Em suma: tem tudo em mãos para proferir uma sentença líquida.

Árbitro "Coração de mãe" – como diz o ditado popular, "coração de mãe sempre cabe mais um". São árbitros que congregam as características dos anteriores, mas com uma específica particularidade, entendendo não haver nada de anormal em ter quarenta ou cinquenta casos em andamento, pois eles dispõem de equipe e de logística suficientes para cuidar de todos esses. Essa percepção, muitas vezes verdadeira, desconsidera o sentimento da parte, que, legitimamente, tem dificuldade de compreender como uma pessoa com tantos processos terá condições de dedicar tempo à análise do seu caso. As partes tendem a ser mais lenientes quando o árbitro em questão só exerce essa função, sem cumular outras atividades profissionais. Na sua enorme maioria, são excelentes árbitros, o que leva as partes a aceitá-los mesmo diante desse extenso volume.

Vejam-se agora os diferentes exemplos **negativos**, bem mais numerosos do que os anteriores em razão, sobretudo, da multiplicidade de possibilidades de sua ocorrência:

Árbitro bronco – esse, talvez, seja um dos tipos mais perigosos, pois agride, indistintamente, partes, advogados e testemunhas, não em razão de uma parcialidade, mas de seu temperamento. Ofende-se quando a parte não se lembra de um fato, constrange a testemunha com perguntas incisivas ("O Senhor acha que eu acredito no fato de que ..."), ataca os advogados, vendo no trabalho deles o exclusivo propósito de enganá-lo, mas não conseguirão este intento, pois ele é mais esperto, daí derivando seu constante destempero com esses personagens. Às vezes sua agressão pode atingir até outros árbitros, quando pretende conduzir a audiência mesmo não sendo presidente. Curiosamente, sua postura inflamada só se verifica nas audiências, sendo afável nos encontros sociais e em congressos, fiado na (equivocada) ideia de que "o que ocorre na audiência, fica na audiência".

Árbitro Luis XIV – ***L'Etat c'est moi*** – árbitro que quer aparecer mais do que os outros, sem necessariamente ser rude ou grosseiro. Em geral, desconsidera a jurisprudência mesmo remansosa dos tribunais superiores, já que ele é o Rei Sol. Ama sua voz e ama ainda mais ser chamado de Presidente mesmo fora da audiência (são as pessoas que Jacques Lacan descreve como *s'y croit*, no sentido de se acharem as tais mesmo fora da arbitragem). Há uma cepa desse tipo, mais danosa, que é o que julga sua opinião mais importante até mesmo do que as partes acordaram (*v.g.*, imposição de redução de prazos para as petições, ou formato da inquirição das testemunhas).

Árbitro Terraplanista – acredita apenas nas suas teses, por mais absurdas que sejam e por mais dissociadas que sejam da prova dos autos. Ousa até mesmo desafiar, sem nenhuma base científica ou técnica, as conclusões da perícia, e o faz não para beneficiar uma parte ou outra, mas apenas pela convicção de suas ideias. Pragueja contra a jurisprudência e a doutrina, ignorando serem fontes do direito que ele se comprometeu a aplicar. Uma cepa perigosíssima é a que o transforma em julgador por equidade, sendo inexistente seu critério de "justiça". Não confundir com o "justiceiro" tratado mais adiante.

Árbitro *Side-car* ou *tag along* — acompanha sempre os demais. Nas audiências, quase nunca faz perguntas e, nas deliberações de ordens processuais e da sentença, concorda rapidamente com a minuta enviada pelo Presidente. Há registros de sentença de mais de duzentas páginas que recebeu um "de acordo com a brilhante minuta apresentada pelo nosso querido e competente Presidente" nos trinta minutos seguintes à remessa do *e-mail*. Sua presença só é detectável no seio do tribunal, e quase nunca é perceptível pelas partes.

Árbitro Esfinge (*"Decifra-me ou devoro-te"*) – esse é o árbitro misterioso, que nunca dá nem mesmo a mais leve indicação do que pensa (às vezes nem mesmo aos coárbitros[211]). Normalmente quieto e silencioso em audiências, costuma ter uma pose característica (queixo apoiado na lateral do polegar e indicador na bochecha, e olhos semi-cerrados)[212].

Árbitro Pusilânime – há uma máxima universalmente aceita, segundo a qual a arbitragem vale tanto quanto valem os árbitros. Nesse sentido, nada mais prejudicial às partes do que um tribunal formado por árbitros medrosos, que temem condenar uma parte em valores elevados (diante do risco de ações anulatórias), ou cedem a toda e qualquer ameaça feita por uma das partes de violação ao devido processo legal (muitas vezes inexistente), acarretando o que a doutrina internacional denomina de *due process paranoia*. Não se trata de proteger uma parte, mas de por seus interesses pessoais acima do seu *munus*, zelando pelos seus nomes, que serão expostos na potencial ação anulatória, caso, por exemplo, indefiram a juntada de um documento extemporâneo, o refazimento de uma prova, ou neguem o desentranhamento de um documento, ou indefiram perguntas impertinentes em audiência. Em geral, pedidos desse jaez vêm acompanhados da célebre e malandra invocação à decantada "flexibilidade do processo arbitral". Pulso, perseverança e coragem são requisitos impositivos para o exercício da atividade judicante, seja togada, seja em arbitragem.

Árbitro "*Wanna be*" – árbitro que queria ser juiz, gosta da função judicante não apenas para dizer o direito (o que é louvável), mas pela sua posi-

[211] Muitas vezes esse mutismo de um dos árbitros decorre de sua desconfiança dos demais, como acentua Yves Derains, acarretando uma quebra de espontaneidade no tribunal: "*The fear of a possible breach of the principle of confidentiality by one of the members of the Tribunal is the source of a regrettable lack of spontaneity therein. When arbitrators are unsure of the impartiality of their colleagues, each of them refrains from discussing the merits of the case before it is absolutely necessary in order to make a final decision.*" DERAINS, Yves. The arbitrator's deliberation. *In*: **27 Am. U. Int'l L. Rev. 911** (2011-2012), p. 915.

[212] Esse era o desafio da Esfinge de Tebas.

ção de poder (criticável). Frequentemente macaqueiam juízes togados, seja na cópia das regras de processo civil estatal, seja endereçando aos advogados da arbitragem as críticas e admoestações recebidas dos juízes.

Árbitro Salomônico (ou "***split the baby***") – árbitro que quer sempre dividir as vitórias e derrotas das partes. Em arbitragens de construção, sua atuação não é negativa, pois, em tais casos, raras são as hipóteses nas quais apenas uma das partes é culpada. Em outras arbitragens, contudo, esse perfil de atuação é censurável (*v.g.*, em arbitragens societárias, muitas vezes a solução é binária, a favor, ou contra uma das partes). Constrange-se com a derrota integral de uma das partes e, não podendo "dividir o bebê" quanto ao mérito, procura compensar com algo (*v.g.*, parcimônia na alocação das custas).

Árbitro Robin Hood – uma cepa do Salomônico. Muitas vezes tira da parte rica para dar à pobre, sobretudo quando a última é derrotada na arbitragem. Há um certo *franciscanismo* nessa postura, marcada pela sincera solidariedade no infortúnio da parte sucumbente.

Árbitro Ingrato – mal é nomeado e já pragueja contra os advogados, manifestando distanciamento deles para demonstrar sua independência.

Árbitro "Mandrake" – aquele que faz surgir do nada um argumento não debatido entre as partes, não necessariamente em favor da parte que o indicou. Frequentes exemplos são os árbitros especialistas em uma determinada área muito específica, que adoram mostrar sua erudição e sua superioridade em relação aos patronos das partes, que não atinaram para o tópico em questão. Tal comportamento, contudo, é louvável se o tribunal der oportunidade às partes do contraditório, evitando a surpresa na sentença.

Árbitro "Kinder Ovo" – traz sempre uma surpresa para os coárbitros (nas deliberações), ou para as partes (nas audiências, quando, *v.g.*, propõe alterar regras já acordadas entre todos em relação ao tempo de apresentação, sistema de inquirição de testemunhas, etc.)[213].

Árbitro *Millenial* – a despeito de um louvável incremento na indicação de jovens, ainda há poucos representantes dessa geração dentre os árbitros. Essa qualificação não decorre da idade, mas engloba os que, mesmo não

[213] Certa feita, integrando um tribunal arbitral, chegamos à conclusão unânime em favor de uma parte. Apresentada a minuta da sentença pelo presidente, fiz meus comentários pontuais e aguardamos os comentários do outro coárbitro, que, após quatro meses, apresentou voto divergente por escrito, sem qualquer contato prévio informando sua mudança de entendimento.

sendo da geração Y, agem como tais. São aqueles que valorizam mais um *power point* incrementado do que uma petição bem escrita e sintética. São capazes de citar o último *post* do *blog* da Kluwer e artigos de revistas pouco acessíveis para demonstrar erudição. Em razão de sua (ainda) pouca vivência, devotam uma subserviência total às *guidelines*, equiparando-as a súmulas vinculantes, na errônea crença de que elas já resolveram tudo e não é preciso "reinventar a roda". Reclamam de petições sem *hyperlinks* para os documentos. Sonham com menções na GAR — que adotam como sua Bíblia — e compram placas do Chambers (quando conseguem uma menção).

Árbitro "Outras palavras" - árbitro que tende a repetir perguntas já feitas às partes, ou às testemunhas, a fim de mostrar uma (pseudo) atenção ao processo, ou porque estava desatento quando o questionamento foi formulado. Tal postura, todavia, é escusável e até admissível quando a testemunha se contradiz, ou quando a eventual desatenção decorre de fastidiosa inquirição durante horas a fio sobre temas irrelevantes (*v.g.*, leitura de cláusula contratual antes de cada pergunta).

Árbitro "Amigão" - não se indispõe com ninguém, por medo de não receber outras indicações, nunca aplicou uma pena de litigância de má-fé, mesmo diante de chicanas evidentes, esquecendo-se de que a pena é para a parte e não para o advogado (o qual age em nome da parte e por orientação dela). Não perde sua imparcialidade porque trata a todos da mesma forma (até porque as indicações futuras podem vir do advogado adversário da parte que o indicou)[214].

Árbitro Tribalista – cepa variável do "Amigão". Ora bate em uma parte, ora em outra, e ainda elogia ambas ao fim da audiência, afinal, como diz o refrão da música "Já sei namorar", "(...) eu sou de ninguém, eu sou de todo mundo e todo mundo me quer bem".

Árbitro Prematuro – sua ansiedade incontrolável o faz pular etapas lógicas, atravessar as partes na inquirição de testemunhas, ou atravessar as perguntas dos coárbitros. Às vezes, chega a antecipar entendimentos sobre temas ainda em debate, e sujeitos à demonstração probatória suplementar.

[214] "O ardente desejo de acumular riqueza provoca em alguns árbitros um verdadeiro pavor de perder a possibilidade de serem nomeados para mais e mais arbitragens. Este medo desenfreado de diminuição de receitas leva o julgador a evitar – a todo custo – qualquer desavença com a parte (*rectius*, o advogado) que o indicou, apostando na possibilidade de novas indicações". CARMONA, Carlos Alberto. Os sete pecados capitais do árbitro. **Revista de Arbitragem e Mediação**. v. 52. São Paulo: RT, 2017, p. 391-406.

Não raro, se julga em condições de decidir o caso apenas com a leitura da Ata de Missão.

Árbitro "Orloff – Eu sou você amanhã"[215] – é frequente que os árbitros e os advogados em uma causa possam estar em posições inversas em outra, ainda pendente, ou já encerrada. Nestas hipóteses, o perigo potencial do "árbitro Orloff" se apresenta sob duas vertentes, podendo ser vingativo – ao retaliar o advogado, que foi árbitro em outro caso, e julgou a demanda de forma adversa ao seu cliente – ou retributivo – ao reciprocar uma decisão que lhe foi (ou será) favorável na outra demanda[216]. Perigoso em ambos os casos.

Árbitro "Zeca Pagodinho" – adota o estilo "deixa a vida [*rectius*, o processo] me levar", ficando sempre a reboque, o que é prejudicial quando se trata de o presidente e seus coárbitros não serem tão proativos. Também conhecido como "árbitro jurisdição", o qual só atua mediante provocação, das partes, dos coárbitros, ou da instituição.

Árbitro "Cavaleiro da Esperança" – ajuda quem o indicou, de forma implícita, sem, no entanto, chegar a uma total parcialidade quanto ao mérito. Portanto, ele respeita algum limite.

Personal arbitrator – cepa mais perigosa do que a do "Cavaleiro da Esperança", pois trata-se de alguém que demonstra fidelidade canina à parte que o indica, seja sugerindo soluções criativas benéficas para essa parte, quando, na sua opinião, ela está mal assessorada[217], seja, inclusive, na

[215] No fim da década de 1980, havia um comercial de televisão sobre a vodca Orloff, no qual dois homens conversavam em um bar e um deles pede uma vodca e o outro pede que a substitua por Orloff afirmando: "eu sou você amanhã". ORLOFF. **Propaganda Vodka Orloff.** Youtube. Disponível em: https://www.youtube.com/watch?v=FaixGLyYieQ. Acesso em: 08 set. 2021.

[216] Trata-se de uma forma de conchavo a qual aludiu Carlos Alberto Carmona: "Sob uma concepção negativa, existem os conchavos, grupos em que impera a barganha de influências e onde transitam os "árbitros profissionais" de parte (ou os árbitros que são indicados com frequência inapropriada pelo advogado da parte), pautados por trocas de favores, em relação quase clientelista". CARMONA, Carlos Alberto. Os sete pecados capitais do árbitro. **Revista de Arbitragem e Mediação.** v. 52. São Paulo: RT, 2017, p. 391-406

[217] O exemplo é de Yves Derains ao qualificar esses atos como *arbitral terrorism*: "*Too often, the interest of the arbitrator is to favor the party that has appointed him, either by endorsing all those party's positions or, more rarely, by suggesting creative and favorable solutions when he considers that such party is poorly advised by its counsel.*" DERAINS, Yves. The arbitrator's deliberation. *In*: **27 Am. U. Int'l L. Rev. 911** (2011-2012), p. 915.

aderência às táticas de guerrilha de quem o indicou, como constatado pelo saudoso Emmanuel Gaillard[218]. Não confundi-lo com aquele que é frequentemente indicado pela mesma parte, ou pelo mesmo escritório de advocacia, mas apenas o que tem fama de ser um defensor dos argumentos e das estratégias de quem o honrou com a indicação[219]. Mas há uma cepa perigosíssima que é o "árbitro justiceiro", claramente enviesado no propósito de ajudar a parte que o indicou, não por dinheiro, mas por se achar ungido ao posto para cumprir uma missão. É capaz de se avistar com peritos próprios e fazer diligências pessoais na busca da verdade[220]. Sua parcialidade é manifesta.

Árbitro "Contador de almoxarifado" – qualidade específica do Presidente, caracterizado por aquele que faz um primor de relatório, porém, sem uma fundamentação mínima.

Árbitro "cenário hollywoodiano" – caracterizado por muita pose e perfume, mas, por detrás, há apenas o deserto de Nevada – isto é, sem conteúdo. Muitas vezes, as partes têm o dissabor de perceber que um belo currículo esconde um julgador preguiçoso e incompetente. Uma cepa caricata e inofensiva é o *name dropper*, que não perde uma oportunidade de dizer, em geral nos intervalos das audiências, seu recente encontro com figuras expo-

[218] *"Les comportements dilatoires des parties sont aujourd'hui souvent prolongés par des comportements analogues de la part de certains arbitres désignés par les parties. Se considérant à tort comme les auxiliaires de celle-ci plutôt que comme des juges indépendants, certains arbitres croient bon d'utiliser diverses tactiques pour retarder ou interrompre l'instance ou pour empêcher le prononcé d'une sentence régulière dans l'intérêt des parties qui les ont désignés"*. GAILLARD, Emmanuel. Les manoeuveres dilatoires des parties e des arbitres dans l'arbitrage comercial international. **Revue d'Arbitrage**, 1990, p. 759.

[219] Certa feita, durante uma audiência, instruí meu cliente, um economista, a não responder à (absurda) pergunta de um dos árbitros sobre princípios doutrinários de interpretação de contratos coligados no direito brasileiro. Meu constrangimento só não foi maior do que o dos outros dois experientes árbitros, em clara demonstração de vergonha alheia. Desnecessário dizer que tal árbitro votou vencido na sentença.

[220] Cito um precedente, há vários anos, no qual o presidente de um tribunal e eu fomos surpreendidos pelo árbitro que, após as alegações finais, chegou para uma reunião de deliberação da sentença munido de documentos que ele próprio obteve, em investigações por ele ordenadas em relação à parte que não o nomeou, com o objetivo de demonstrar que esta última tivera comportamento distinto ao adotado no caso *sub judice*. Revoltou-se conosco por não concordarmos em considerar tais documentos e, por óbvio, ficou vencido. Jamais soube de outras indicações ao seu nome, a demonstrar que o sistema se autorregula.

nenciais da arbitragem em congressos ou conferências, atribuindo-se, por osmose, as qualidades do seu interlocutor de então.

Conclusões

Por certo, será interessante abordar, no futuro, a visão oposta, isto é, do advogado pelo árbitro, sendo possível, inclusive, o enquadramento de categorias semelhantes, mas pelo outro prisma.

Há vários anos, a arbitragem consome, pelo menos, 70% do meu tempo profissional em suas diversas vertentes. Dentre outros colegas, o percentual é ainda maior, sendo de 100% em relação àqueles que só atuam como árbitros. Endereçando críticas sinceras a seus diversos atores – árbitros, partes, instituições, peritos –, mesmo com uma pitada de irreverência, penso que contribuímos para melhor cuidar do instituto e sua aplicação no Brasil. Afinal, como diz a letra de Peninha na canção *Sozinho*, "quando a gente gosta é claro que a gente cuida"[221].

Referências

BRASIL. Tribunal de Justiça de São Paulo. Apel. n. 1076161-35.2017.8.26.0100, 31ª CDP, Rel. Francisco Casconi, j. 08- 09-2020.

BRASIL. Tribunal de Justiça do Rio de Janeiro. AC 0248041-79.2018.8.19.0001. Rel. Des. Maria da Gloria Oliveira Bandeira de Mello, 20ª Câmara Cível, j. 03-03-2021.

CARMONA, Carlos Alberto. Os sete pecados capitais do árbitro. **Revista de Arbitragem e Mediação**. v. 52. São Paulo: RT, 2017.

DERAINS, Yves. The arbitrator's deliberation. *In*: **27 Am. U. Int'l L. Rev. 911** (2011-2012).

GAILLARD, Emmanuel. Les manoeuveres dilatoires des parties e des arbitres dans l'arbitrage comercial international. **Revue d'Arbitrage**, 1990.

LAZAREFF, Serge. L'arbitre singe ou comment assassiner l'arbitrage. *In*: **Liber Amicorum in honour of Robert Briner**, 2005.

[221] No mesmo sentido, Serge Lazareff: "*Alors pourquoi se tourner vers l'arbitre singe? Tout simplement parce qu'il faut lutter pour que a la qualité de l'arbitrage international ne se dégrade pas et par conséquent dénoncer avec vigueur les excès qui le font actuellement souffrir*". LAZAREFF, Serge. L'arbitre singe ou comment assassiner l'arbitrage. *In*: **Liber Amicorum in honour of Robert Briner**, 2005, p. 477.

ORLOFF. **Propaganda Vodca Orloff**. Youtube. Disponível em: https://www.youtube.com/watch?v=FaixGLyYieQ. Acesso em: 08 set. 2021.

PARIS. **Sté Dommo Energia**, n. 19/07575, 25-02-2020.

ROGERS, Catherine A. Arbitrator intelligence. The market for arbitrators and the market for lemons. **Kluwer Arbitration Blog**, 10 jun. 2020.

3. A FUNÇÃO DE ÁRBITRO NA VISÃO DO ADVOGADO PÚBLICO

Eugenia Cristina Cleto Marolla

Introdução

Ficou para trás o tempo em que se questionava o cabimento da arbitragem como meio de solução de controvérsias envolvendo a administração pública. Essa discussão encontra-se superada pela expressa disposição inserida na Lei n. 9.307/1996 (Lei de Arbitragem Brasileira – LAB) pela Lei Federal n. 13.129/2015 autorizando o uso da arbitragem pela administração pública direta e indireta para a solução de conflitos que versem sobre direitos patrimoniais disponíveis[222].

A alteração legislativa de 2015 conferiu a segurança jurídica necessária à ampliação do uso da arbitragem como meio de solução de controvérsias, superando as discussões até então existentes sobre a possibilidade de sua utilização pela administração em razão da indisponibilidade do interesse público[223]. O incremento no uso da arbitragem no âmbito público é patente. Uma pesquisa realizada em 2020 demonstrou um aumento significativo no número de arbitragens envolvendo o setor

[222] Brasil. Lei Federal n. 13.129/2015. "Art. 1º As pessoas capazes de contratar poderão valer-se da arbitragem para dirimir litígios relativos a direitos patrimoniais disponíveis. § 1º A administração pública direta e indireta poderá utilizar-se da arbitragem para dirimir conflitos relativos a direitos patrimoniais disponíveis".

[223] No âmbito da administração direta do Estado de São Paulo houve uma arbitragem iniciada EM 2013, três no ano de 2014, quatro em 2017, duas em 2018, uma em 2019 e uma em 2020. Disponível em: http://www.pge.sp.gov.br/Portal_PGE/Portal_Arbitragens/paginas/#team. Acesso em: 15 jan. 2021.

público. Em 2018, as arbitragens com partes públicas totalizaram 10% do número de arbitragens iniciadas naquele ano nas 7 câmaras pesquisadas[224], correspondendo a, aproximadamente, 30 casos, passando a ser, em 2019, 16,66% do total das arbitragens iniciadas, algo em torno de 48 novos casos[225].

A disseminação do uso da arbitragem no âmbito público não implica a superação de todos os desafios relacionados à sua compatibilização com as regras de direito público, tampouco significa uma fácil adaptação do Poder Público à sua sistemática. Isto ocorre por duas razões principais relacionadas à sua natureza jurídica mista[226], que combina características contratuais (a arbitragem tem origem em um contrato) e jurisdicionais (implica no exercício de jurisdição).

A primeira relaciona-se ao aspecto contratual da arbitragem comercial moderna, que se desenvolveu no âmbito privado, observando princípios e regras típicos dessa área do direito. Autonomia da vontade e liberdade das partes[227] são os princípios nos quais a arbitragem se assenta, os quais não encontram exata correspondência no âmbito do direito público, em que a liberdade e a autonomia do agente público são bastante restritas e conformadas pela lei.

[224] As câmaras pesquisadas são as seguintes: Centro de Arbitragem da AMCHAM – Brasil (AMCHAM), Centro de Arbitragem da Câmara de Comércio Brasil-Canadá (CAM-CCBC), Câmara de Mediação, Conciliação e Arbitragem de São Paulo CIESP/FIESP (CAM-CIESP/FIESP), Câmara de Arbitragem do Mercado – B3 (CAM-MERCADO), Corte Internacional de Arbitragem da Câmara de Comércio Internacional – (CCI); Câmara de Arbitragem da Fundação Getulio Vargas (CAM- FGV), Centro Brasileiro de Mediação e Arbitragem (CBMA); Câmara de Arbitragem Empresarial-Brasil (CAMARB).

[225] Lemes, Selma. Disponível em: https://migalhas.uol.com.br/arquivos/2021/1/8D798318F697FE_Analise-Pesquisa-ArbitragensNs.pdf. Acesso em: 26 jan. 2021.

[226] Embora aqui se adote a teoria mista da natureza jurídica da arbitragem, não existe consenso na doutrina sobre a questão. É possível apontar pelo menos três outras teorias acerca da natureza jurídica da arbitragem: a contratual, a jurisdicional e a autônoma.

[227] A vontade das partes é a base de todo o sistema arbitral. São as partes que decidem o procedimento desde se vão adotar integralmente as regras de uma câmara, se vão usar as regras de alguma câmara com alguma adaptação, se vão preferir o procedimento *ad hoc*, passando pela quantidade e forma de escolha dos árbitros, prazos, até a eventual previsão de alguma forma de revisão de sentença. A Lei Brasileira de Arbitragem traz os parâmetros para a realização dessas escolhas.

A segunda razão está relacionada ao aspecto jurisdicional e decorre do fato de a arbitragem possuir características bastante particulares se comparada ao sistema judicial, via preponderante e massivamente utilizada pela administração pública para solucionar controvérsias.

De fato, as sentenças arbitrais, em regra[228], não estão sujeitas a recurso ou homologação pelo Poder Judiciário. Proferida a decisão, ela vincula as partes de maneira imediata e independente de qualquer manifestação do Poder Judiciário. O recurso ao Judiciário apenas é possível se a parte sucumbente se recusar a dar cumprimento voluntário à decisão, caso em que deverá ser proposta, perante o Poder Judiciário, ação de execução.

A via judicial também é possível para declarar a nulidade da sentença arbitral seja por meio da ação declaratória de nulidade prevista no art. 33 da Lei de Arbitragem, sujeita às regras do procedimento comum e ao prazo decadencial de noventa dias e cabível nas taxativas hipóteses previstas no art. 32 da mesma LAB[229], seja em sede de impugnação ao cumprimento de sentença, sujeita às regras e aos prazos disciplinados nos arts. 525 e seguintes do CPC.

A anulação da sentença arbitral, nos termos da LAB, é cabível em casos de *error in procedendo*, os erros de julgamento (*error in judicando*) dos árbitros não seriam passíveis de revisão nem mesmo pelo Poder Judiciário[230]. Assim como ocorre com os atos administrativos, o que a Lei de Arbitragem permite é o controle pelo Poder Judiciário da legalidade; o mérito da decisão não é passível de revisão. Na hipótese de procedência do pedido de anulação, será desconstituída a sentença arbitral, com o competente decreto de nulidade ou, sendo o caso, serão as partes submetidas a novo julgamento arbitral, não competindo ao magistrado togado, em nenhuma hipótese, julgar novamente o mérito da controvérsia (art. 33, § 2º, da Lei de Arbitragem).

Outra característica da arbitragem é que os árbitros, diversamente dos juízes, não pertencem a uma instituição, eles são privados que atuam como julgadores em razão de sua expertise e da confiança das partes

[228] Diz-se em regra porque seria possível aventar disposição das partes em sentido diverso.

[229] Lei n. 9.307/1996.

[230] Há discussão quanto à possibilidade de revisão nos casos em que há ofensa à Ordem Pública.

para solucionar um determinado conflito existente entre elas. São os juízes de fato e de direito[231] dos conflitos que a administração pública decide submeter à via arbitral, exercendo atividade personalíssima. Não existe poder hierárquico ou disciplinar sobre os árbitros. Sua atuação não está sujeita a esse tipo de controle, nem mesmo das Câmaras[232]. O árbitro não é servidor público e sua atividade não está sujeita ao sistema de controle e de responsabilizações a eles aplicáveis. A responsabilidade dos árbitros é conformada pela natureza jurídica híbrida da arbitragem, podendo ser contratual, decorrente da sua obrigação de cumprir a avença celebrada pelas partes na convenção de arbitragem, ou extracontratual, seguindo o rito da responsabilidade dos magistrados[233], observada a necessidade de comprovação de dolo ou culpa grave para sua caracterização[234].

Os árbitros são julgadores privados escolhidos pelas partes de acordo com as regras estabelecidas na convenção arbitral, não mantém qualquer vínculo estatutário, trabalhista ou de sujeição especial com a administração pública, e cuja atribuição é a de decidir controvérsias, de modo definitivo e sem possibilidade de recurso.

O administrador público não se preocupa com a escolha do juiz quando o conflito envolvendo a administração pública é submetida ao Poder Judiciário, em razão do princípio do juiz natural, que faz com que o conflito seja julgado por um juiz com competência fixada em lei. Para se tornar juiz, presta-se concurso público e, uma vez confirmado na carreira, o cargo é vitalício. O juiz não escolhe os processos que irá julgar,

[231] BRASIL. Lei 9.307/1995. Lei de Arbitragem. Art. 18. "O árbitro é juiz de fato e de direito, e a sentença que proferir não fica sujeita a recurso ou a homologação pelo Poder Judiciário".

[232] A Lei de Arbitragens Brasileira não exige nem limita a escolha das partes aos árbitros constantes da lista de árbitros das câmaras, nem obriga que elas possuam lista. Também não existe procedimento pré-definido para que uma pessoa ingresse em uma lista de árbitros, visto que isso depende da regra de cada instituição. A lista das câmaras pode ser um bom indicador na escolha dos árbitros, mas ela por si só não é suficiente.

[233] Nos termos do art. 14 da Lei de Arbitragem aplicam-se aos árbitros, no que couber, os mesmos deveres e responsabilidades dos juízes, conforme previsto no Código de Processo Civil.

[234] LUCAS, Marcus Vinicius Pereira. **Responsabilidade civil do árbitro**. 2018. 202f. Dissertação (Mestrado em Direito). São Paulo, Pontifícia Universidade Católica de São Paulo (PUC-SP), 2018.

mas os recebe de acordo com regras de competência pré-estabelecidas em lei.

A sistemática na arbitragem é distinta; os julgadores, sempre em número ímpar, são escolhidos pelas partes entre as pessoas capazes e de sua confiança[235], para decidir determinado conflito. Em regra, os árbitros são escolhidos em razão do seu conhecimento e experiência sobre a questão controvertida ou sobre o procedimento arbitral, ou porque as partes creem que, em razão de características individuais como formação, confiança, respeitabilidade, trajetória profissional, ele é a melhor escolha possível para decidir determinada controvérsia.

Esta diferença de métodos em relação ao julgador tem consequências importantes para o administrador público. Enquanto no Poder Judiciário o gestor público não tem qualquer ingerência na escolha do juiz que decidirá o litígio, aplicando-se o princípio do juiz natural, na arbitragem é ele quem tem o poder de escolher os árbitros que julgarão o conflito.

Ademais, na arbitragem, as partes também têm papel bastante relevante no controle do desempenho da função do árbitro, especialmente em relação à manutenção do requisito essencial à nomeação: a confiança. Além da possibilidade de impugnar os árbitros quando presente algum indício fundado da ocorrência de eventos aptos a macular a confiança neles depositada, as partes possuem um dever ativo de zelar pela manutenção dessa confiança, mantendo a atenção ao surgimento de hipóteses de potencial conflito de interesse relacionado aos árbitros até mesmo para evitar discussões quanto à eventual nulidade da decisão.

Não há dúvidas de que a escolha e o acompanhamento da atividade dos árbitros é ponto nevrálgico no sistema arbitral[236]; pilar sobre o qual

[235] Brasil. Lei 9.307/1995. Lei de Arbitragem. "Art. 13. Pode ser árbitro qualquer pessoa capaz e que tenha a confiança das partes".

[236] Segundo Ricardo Dalmaso Marques: "Assim, tratando-se a arbitragem de um método heterocompositivo de resolução de disputas, a expressão da vontade pelas partes na indicação dos árbitros é sensível e delicada, porquanto se elegerá os julgadores que definirão, sem possibilidade de recurso, questões de mérito e também como o procedimento arbitral será guiado. Trata-se de escolha que pode comprometer a qualidade e também a validade de todo o processo arbitral, seja no procedimento ou no julgamento, o que justifica, em alguns casos, as muitas horas gastas por partes e seus advogados para buscar e avaliar os melhores nomes e os conhecimentos e experiências que se mostram marcantes para aquela deter-

se assenta todo o sistema. A confiança é a pedra de toque da arbitragem, é o elemento que a justifica e legitima.

O desempenho da função de árbitro ganha maior peso nas arbitragens envolvendo a administração pública, pois, além da importância que essa atribuição tem sob o ponto de vista do sistema arbitral, também há que ser considerada sua relevância em relação ao direito público, principalmente, em razão das consequências concretas que o seu desempenho pode gerar para o interesse público. De fato, nos casos envolvendo a administração pública, os árbitros decidem questões que, na imensa maioria das vezes, possuem externalidades que extrapolam os estritos limites da relação negocial entabulada pelas partes, podendo, inclusive, impactar toda a sociedade.

Considerando a relevância da função do árbitro nas demandas envolvendo a administração pública e as particularidades do regime jurídico de direito público ao qual a administração está submetida, propõe-se uma reflexão, a partir do ponto de vista público, sobre a escolha e o desempenho da função de árbitro nessas arbitragens.

1. A escolha do julgador e suas consequências. Uma abordagem sob a perspectiva do regime jurídico de direito público

A indicação de árbitro envolve uma decisão do administrador público e, assim, submete-se a procedimentos, regras e controles típicos do direito público. Isto se dá porque o administrador público exerce função pública, administrando bens e direitos que não são seus, mas de toda a sociedade. Sua atuação é conformada pela lei e controlada não apenas pelos mecanismos internos de controle da administração como pelas Cortes de Contas, Ministério Público, Poder Judiciário e a própria sociedade. O regime jurídico ao qual a administração está sujeita, e que acaba espraiando-se ainda que reflexamente por todo procedimento arbitral, é o que diferencia a escolha do árbitro feita exclusivamente por partes privadas daquela realizada por uma parte pública.

A escolha do árbitro é discricionária para o administrador, o que implica na existência de uma margem de livre avaliação e escolha dentro da moldura de parâmetros legalmente estabelecidos.

minada causa". Marques, Ricardo Dalmaso. **O dever de revelação do árbitro**. São Paulo: Almedina, 2018, p. 35.

Em princípio, também no âmbito público[237], os únicos requisitos legais aplicáveis à escolha dos árbitros são a capacidade civil e a confiança das partes. Diz-se em princípio porque a discricionariedade do administrador pode ser menor quando houver critérios estabelecidos na cláusula compromissória ou nos decretos que regulamentam, dentro da esfera dos entes federativos, os procedimentos e as diretrizes que devem ser observados pelos administradores públicos nas arbitragens. Desta forma, o administrador que realizará a indicação do árbitro deve observar tanto os requisitos legais quanto os critérios pré-estabelecidos pela autoridade competente nos decretos e/ou cláusulas compromissórias.

A escolha dos árbitros pela administração pública, tal qual ocorre no âmbito privado, considera características individuais dos indicados, no mesmo intuito de encontrar a melhor opção de julgador para determinado conflito.

Não existe procedimento legalmente pré-estabelecido para se realizar a indicação dos árbitros pelo administrador público. Neste caso, não se aplicam os preceitos da Lei n. 8.666/1993, a lei brasileira de licitações e contratos. Deveras, a atividade exercida pelos árbitros não se insere no conceito de serviço disciplinado na Lei n. 8.666/1993, art. 6º, II, segundo o qual serviço é

> toda atividade destinada a obter determinada utilidade de interesse para a Administração, tais como: demolição, conserto, instalação, montagem, operação, conservação, reparação, adaptação, manutenção, transporte, locação de bens, publicidade, seguro ou trabalhos técnico-profissionais[238].

Os árbitros não exercem uma atividade que gere uma utilidade de interesse da administração, não prestam um serviço para a administração, ao menos nos moldes previstos na Lei n. 8.666/1993. Sua atuação

[237] Pelo menos enquanto vigente a Lei n. 8.666/1993. Em 10 de dezembro de 2020, foi aprovada no Senado a Nova Lei de Licitações, encaminhada ao Presidente da República para sanção.

[238] A nova Lei de Licitações e Contratos, Lei n. 14.133/2021, considera "serviço: atividade ou conjunto de atividades destinadas a obter determinada utilidade, intelectual ou material, de interesse da Administração" (art. 6º, IX).

vai além, na medida em que eles exercem função[239], possuindo a incumbência de alcançar a satisfação de um interesse – solução de controvérsia – que não é seu, mas de outrem, recebendo, para esse fim, um poder jurídico, cujo conteúdo e delimitação decorrem da vontade das partes[240]. Trata-se de exercício de função destinada a pacificar um conflito de interesses, ou seja, os árbitros exercem jurisdição e, por conseguinte, sua atuação não é dirigida apenas à administração, mas também ao contratado, ao interveniente-anuente e, de maneira mediata, a todos os indivíduos[241].

[239] Segundo Marçal Justen Filho, "O árbitro está investido do poder jurídico de emitir decisão destinada a compor um litígio entre outros sujeitos. Essa posição jurídica lhe é atribuída por uma escolha voluntária dos sujeitos. Mas tal escolha não é acompanhada da autorização para que o árbitro exercite tais poderes para outro fim que não promover a solução mais justa e legítima do litígio, com observância do devido processo legal e com a mais absoluta imparcialidade [...] A posição jurídica do árbitro é instrumental: o árbitro é um sujeito que atua para realizar fins que são estranhos aos próprios. Mais do que isso, até se poderia afirmar que o árbitro não busca realizar os interesses de qualquer das partes. Ainda que a sua decisão possa implicar a prevalência e a tutela aos interesses de uma das partes, a decisão do árbitro se orienta a promover a pacificação social". JUSTEN FILHO, Marçal. **Administração Pública e arbitragem**: o vínculo com a câmara de arbitragem e os árbitros. Disponível em: https://www.justen.com.br. Acesso em: 13 jan. 2021, p. 23.

[240] As contratações regidas pela Lei n. 8.666/1993 são definidas em razão de seu objeto. As atividades desempenhadas pelos árbitros não se enquadram nos objetos disciplinados pela lei, quais sejam, contratos administrativos pertinentes a obras, serviços, inclusive de publicidade, compras, alienações e locações realizadas no âmbito dos Poderes da União, dos Estados, do Distrito Federal e dos Municípios.

[241] "Assim sendo, no momento em que o árbitro aceita o encargo, recebe das partes o poder de decidir um litígio, impondo em caráter obrigatório e vinculativo a solução para o caso concreto, caracterizando-se a substituição da vontade das partes pela do árbitro, que expressa e sintetiza a vontade da lei. A função do árbitro, como se vê, não é diferente da do Juiz. Quanto à atividade de árbitro, não difere daquela substancialmente desempenhada pelo Juiz togado: tanto um como outro conhecem questões de fato e de direito deduzidas pelas partes, analisando-as e valorando-as para formar o seu convencimento, propiciando as bases para a decisão da pretensão que lhes foi submetida esta, aliás, a característica básica da atividade cognitiva. Por derradeiro, o árbitro e Juiz ostentam *poder*: a decisão que proferem um e outro é obrigatória e vinculante para os contendentes". CARMONA, Carlos Alberto. Das boas relações entre os juízes e os árbitros, p. 672-673. *In*: WALD, Arnoldo (org.). **Arbitragem e mediação**: elementos da arbitragem e medidas de urgência. São Paulo: RT, 2014 (Coleção doutrinas essenciais; v. 2).

O árbitro indicado pela administração não advoga os interesses desta no âmbito arbitral, mas deve ser independente e imparcial em relação a todos os envolvidos no procedimento. Assim como ocorre no Poder Judiciário, o árbitro é o juiz da causa, por isso, deve atuar de maneira equidistante, imparcial e independente das partes.

Assim, a indicação de árbitros pela administração não é hipótese de inexigibilidade de licitação, mas de não aplicação da Lei n. 8.666/1993. Ela também não se confunde com a escolha e a contratação das câmaras arbitrais[242], dado que se trata de atividades absolutamente distintas.

Não obstante, até em razão das consequências práticas advindas da atuação dos Tribunais de Contas sobre os gestores públicos e da inexistência de posicionamento desses órgãos sobre a específica questão da escolha dos árbitros, bem como face à inexistência de procedimento específico disciplinado para realizar essa indicação, é possível verificar a adoção, em regra, do procedimento de inexigibilidade de licitação previsto na Lei n. 8.666/1993, enquadrando a situação como contratação de serviços técnicos especializados[243].

Neste caso, além das justificativas para a contratação, instrui-se o processo administrativo com a razão da escolha do indicado e a justificativa de preço, comunicando-se o ato no prazo de 3 (três) dias à autoridade superior para ratificação e publicação na imprensa oficial no prazo de 5 (cinco) dias, como condição para a eficácia dos atos[244].

[242] No caso da contratação de câmaras, entendemos aplicável a inexigibilidade de licitação, o que fica mais evidente na nova lei, que prevê de maneira expressa em seu art. 74, IV, como hipótese de inexigibilidade de licitação aquelas que possuam "objetos que devam ou possam ser contratados por meio de credenciamento". As câmaras não exercem jurisdição como ocorre com os árbitros.

[243] Nos termos do art. 13 da Lei n. 8.666/1993, consideram-se serviços técnicos profissionais especializados os trabalhos relativos a: I – estudos técnicos, planejamentos e projetos básicos ou executivos; II – pareceres, perícias e avaliações em geral; III – assessorias ou consultorias técnicas e auditorias financeiras ou tributárias; IV – fiscalização, supervisão ou gerenciamento de obras ou serviços; V – patrocínio ou defesa de causas judiciais ou administrativas; VI – treinamento e aperfeiçoamento de pessoal; VII – restauração de obras de arte e bens de valor histórico. Essas hipóteses são consideradas exemplificativas, porquanto a licitação será inexigível nas hipóteses em que houver inviabilidade de competição.

[244] Brasil. Lei n. 8.666/1993. "Art. 23. § 4º. Nas contratações diretas por inexigibilidade ou por dispensa, quando não for possível estimar o valor do objeto na forma estabelecida nos §§ 1º, 2º e 3º deste artigo, o contratado deverá comprovar previamente que os preços

Aqui é preciso abrir parênteses para tratar da nova lei geral de licitações, a Lei n. 14.133/2021. A nova legislação conviverá com a Lei n. 8.666/1993, com a Lei n. 10.520/2002 (lei do pregão) e com a Lei n. 12.462/2011 (lei do regime diferenciado de contratação – RDC), durante dois anos. A administração poderá optar por licitar ou contratar diretamente conforme a nova lei ou com as antigas, devendo indicar expressamente a opção escolhida no edital ou no aviso ou instrumento de contratação direta, vedada a aplicação combinada das leis[245].

No que tange ao procedimento legalmente pré-estabelecido para realizar a indicação dos árbitros pelo administrador público, a nova lei de licitações e contratos não destoa da Lei n. 8.666/1993[246]. Não há na nova lei previsão expressa de um procedimento de indicação de árbitros. Assim, o procedimento de inexigibilidade de licitação muito provavelmente continuará a ser aplicado no âmbito da administração pública. Esse procedimento é um pouco mais detalhado no art. 72 da nova Lei n. 14.133/2021do que ocorre na Lei 8.666/1993, devendo contar com documento de formalização de demanda, estimativa de despesa, parecer jurídico e pareceres técnicos, se for o caso, que demonstrem o atendimento dos requisitos exigidos, a compatibilidade da previsão de recursos orça-

estão em conformidade com os praticados em contratações semelhantes de objetos de mesma natureza, por meio da apresentação de notas fiscais emitidas para outros contratantes no período de até 1 (um) ano anterior à data da contratação pela Administração, ou por outro meio idôneo".

245 Portanto, nos dois anos que se seguem à publicação da lei, a administração pública poderá contratar tanto com base no regime antigo quanto no regime da nova lei de licitações e contratos.

246 Também na Lei n. 14.133/2021, não se vislumbra a subsunção da função de árbitro aos serviços técnicos especializados de natureza eminentemente intelectual, passível de contratação direta por inexigibilidade de licitação. Dispõe o art. 6ª da nova lei: "Art. 6º Para os fins desta Lei, consideram-se: [...] XVIII – serviços técnicos especializados de natureza predominantemente intelectual: aqueles realizados em trabalhos relativos a: a) estudos técnicos, planejamentos, projetos básicos e projetos executivos; b) pareceres, perícias e avaliações em geral; c) assessorias e consultorias técnicas e auditorias financeiras e tributárias; d) fiscalização, supervisão e gerenciamento de obras e serviços; e) patrocínio ou defesa de causas judiciais e administrativas; f) treinamento e aperfeiçoamento de pessoal; g) restauração de obras de arte e de bens de valor histórico; h) controles de qualidade e tecnológico, análises, testes e ensaios de campo e laboratoriais, instrumentação e monitoramento de parâmetros específicos de obras e do meio ambiente e demais serviços de engenharia que se enquadrem na definição deste inciso.

mentários com o compromisso a ser assumido, a comprovação de que o contratado preenche os requisitos de habilitação e qualificação mínima necessária, razão da escolha do contratado, justificativa de preço e autorização da autoridade competente. O ato que autorizar a contratação direta ou o extrato decorrente do contrato deverá ser divulgado e mantido à disposição do público em *site* oficial.

Diversamente da Lei n. 8.666/1993, a Lei n. 14.133/2021 prevê, expressamente, em seu art. 151, a possibilidade de utilização de meios alternativos de soluções de controvérsias pela administração pública, incluída a arbitragem, quando essas controvérsias envolverem direitos patrimoniais disponíveis, como as questões relacionadas ao restabelecimento do equilíbrio econômico-financeiro do contrato, ao inadimplemento de obrigações contratuais por quaisquer das partes e ao cálculo de indenizações[247].

A nova lei de licitações vai além da simples autorização ao emprego de meios alternativos de solução de controvérsias nos contratos administrativos. Seu art. 154 traz uma nova regra a ser observada pela administração na realização da escolha dos árbitros, dos colegiados arbitrais e dos comitês de resolução de disputas, impondo que ela observe critérios isonômicos, técnicos e transparentes.

A transparência impõe para a administração pública o dever de dar ampla publicidade de sua atuação, permitindo que todos tenham conhecimento de seus atos, processos e decisões, assim como dos motivos que lhes são subjacentes. Trata-se de uma evolução do princípio da publicidade previsto no art. 37 da Constituição Federal de 1988, exigindo da administração uma atuação ativa na divulgação de seus atos. Significa dizer que a disponibilização de informação pelo Poder Público independe de qualquer provocação de eventuais interessados e deve ser realizada de ofício.

[247] Brasil. Lei n. 14.133/2021. "Art. 151. Nas contratações regidas por esta Lei, poderão ser utilizados meios alternativos de prevenção e resolução de controvérsias, notadamente a conciliação, a mediação, o comitê de resolução de disputas e a arbitragem. Parágrafo único. Será aplicado o disposto no *caput* deste artigo às controvérsias relacionadas a direitos patrimoniais disponíveis, como as questões relacionadas ao restabelecimento do equilíbrio econômico-financeiro do contrato, ao inadimplemento de obrigações contratuais por quaisquer das partes e ao cálculo de indenizações".

A exigência de transparência no procedimento de escolha dos árbitros ou de formação do tribunal arbitral na nova lei de licitações e contratos inova ao exigir outro nível de cometimento da administração em relação à publicidade. Assim, nos termos da nova lei, não basta a publicidade em relação ao nome dos árbitros indicados, mas é necessário que a administração dê transparência aos critérios técnicos e isonômicos considerados no processo de escolha dos árbitros.

Se a nova lei impõe o dever de transparência, é preciso refletir sobre o momento em que esse dever deve ser observado pela administração, na medida em que a indicação do árbitro envolve questões relacionadas à estratégia da administração pública no processo arbitral, fazendo com que a explicitação dos critérios por ela considerados para a indicação dos árbitros possa, a depender do momento, interferir na estratégia processual da administração ou até gerar uma disparidade entre a posição pública e a privada no procedimento.

A imposição de uma escolha técnica dos árbitros não traz maiores desafios, porque se alinha com um dos pressupostos da arbitragem, que é o de permitir decisões mais técnicas. Embora a tecnicidade não tenha sido até então um requisito legal para a escolha dos árbitros pela administração pública, na prática, sempre foi utilizada como critério nessa indicação. Inclusive alguns decretos que regulamentam o uso da arbitragem já haviam previsto expressamente o conhecimento técnico como critério a ser observado pelos seus agentes públicos no processo de indicação de árbitros. Ora, se a ideia da arbitragem é a de possibilitar a obtenção de decisões mais técnicas, dada por *experts* na matéria objeto do litígio, natural que esse critério seja utilizado pelo administrador para realizar a sua escolha. A análise de currículos, a verificação dos trabalhos pregressos e do material doutrinário produzido, além da verificação da pertinência desses elementos com o conflito submetido à arbitragem são exemplos de práticas rotineiras daqueles que analisam possíveis indicações de árbitros no âmbito da administração pública. A tecnicidade sempre foi o critério mais objetivo e, portanto, o que traz maior segurança para o gestor frente aos órgãos de controle, sendo amplamente utilizado pelos administradores públicos no procedimento de indicação de árbitros.

Na nova lei, o ponto que causa maior preocupação frente à sistemática arbitral não é a exigência de transparência ou a tecnicidade na escolha do árbitro, mas a necessidade de observância de isonomia pela administração pública na realização dessa escolha, especialmente se considerarmos que além da capacidade civil, o único requisito previsto pela Lei de Arbitragem para ser árbitro é que o indicado conte com a confiança das partes.

A grande questão a ser enfrentada é que a isonomia pressupõe uma análise calcada em critérios eminentemente objetivos, de forma a permitir que qualquer um que preencha determinados requisitos pré-estabelecidos possa participar ou ser escolhido pela administração pública para funcionar como árbitro, enquanto a confiança das partes é elemento absolutamente subjetivo, que afasta a possibilidade de simples comparação.

De fato, a atividade de julgar é eminentemente intelectual e como tal depende de características individuais não passíveis de objetivação. A ideia subjacente à escolha do procedimento arbitral, que o legitima e o justifica, é a de que os árbitros são constituídos para julgarem um caso específico pelas partes em razão de suas particularidades, as quais são avaliadas pelas partes como essenciais para gerar a confiança de que aquela pessoa é a mais indicada para decidir sobre a controvérsia. Reputação, fama, conhecimento, respeitabilidade, são circunstâncias individuais e subjetivas muitas vezes mais importantes para definir os árbitros no caso concreto do que as objetivas[248].

A experiência anterior, a facilidade de comunicação e de argumentação, a participação em tribunais anteriores, o posicionamento externado pelo indicado, sua trajetória profissional e acadêmica, sua credibilidade, respeitabilidade, postura profissional, capacidade de interação são fatores que devem ser considerados pelo gestor público na escolha de um árbitro[249]. A formação de um tribunal arbitral, ou a eleição do julgador

[248] "A experiência dita que conhecimento especializado, reputação, credibilidade e disponibilidade, por exemplo, são requisitos que podem ser considerados praticamente unânimes por litigantes e instituições arbitrais em quaisquer das modalidades de arbitragens existentes". MARQUES, Ricardo Dalmaso. **O dever de revelação do árbitro**. São Paulo: Almedina, 2018, p. 45.

[249] "Para a identificação de um conteúdo à imparcialidade é necessária, antes, a tomada de consciência de que o ato de conhecer algo (e, portanto, interpretar e decidir) é precedido da pré-compreensão do intérprete. Essa pré-compreensão, por sua vez, é originada a partir das experiências até então vividas pelo intérprete; tudo o que ele vivenciou influencia no ato de conhecer (e decidir), de modo que as "outras influências" às quais o julgador

único, como ocorre com a escolha dos jurados em um tribunal do júri, é determinante para a decisão a ser dada ao conflito[250]. A escolha de um árbitro é também e cada vez mais uma decisão de estratégia processual, que visa o sucesso em relação ao mérito da arbitragem[251]. Limitar ou privar a administração da possibilidade de se valer de critérios subjetivos para realizar sua indicação no mínimo cria um desbalanceamento na posição das partes em âmbito arbitral, podendo trazer prejuízos à atuação concreta da administração nesta seara.

É preciso ter cautela na interpretação da previsão contida no art. 154 da nova lei de licitações e contratos para compatibilizar a necessidade de se observar a isonomia sem comprometer os eventuais ganhos trazidos pelo uso da arbitragem na administração. Impedir de forma absoluta a utilização de critérios subjetivos para avaliar as indicações pode significar, na prática, a realização inadequada do interesse público.

Por essas razões, entendemos que a elaboração de um cadastro ou de um credenciamento de árbitros a partir da predefinição de requisitos objetivos mínimos contraria não apenas os princípios da arbitragem como também o interesse público na escolha da pessoa com o perfil mais adequado para julgar determinada controvérsia[252] de forma a obter,

não deveria estar exposto não caracterizam sua parcialidade. Ao contrário, elas configuram condição necessária para o julgamento. Não é por outra razão que as partes analisam os currículos, os contatos, as opiniões e os trabalhos dos árbitros que irão escolher, buscando potencializar suas chances de vitória no litígio". ELIAS, Carlos Eduardo Stefen. **Imparcialidade dos árbitros.** 2014. 252 f. Tese (Doutorado em Direito). São Paulo, Faculdade de Direito da Universidade de São Paulo (USP), 2014.

[250] "[...] estudos têm demonstrado também que, principalmente na arbitragem internacional, um dos critérios mais usados – além da reputação e do conhecimento técnico reconhecidos, que se mantiveram no decorrer das décadas – é o poder de influência na condução do processo e nas deliberações do tribunal. Para além de um árbitro com um notório saber jurídico, tem-se buscado alguém com perfil e competência para atuar com influência no processo". MARQUES, Ricardo Dalmaso. **O dever de revelação do árbitro.** São Paulo: Almedina, 2018, p. 51.

[251] MARQUES, Ricardo Dalmaso. **O dever de revelação do árbitro.** São Paulo: Almedina, 2018, p. 51.

[252] "Ninguém vai designar um árbitro hostil ou, sequer, desconhecido: tais escolhas não se fazem pela lista telefônica, nem por tabelas disponíveis na Ordem dos Advogados ou em qualquer outro sítio. Noutros termos: a parte não escolhe o melhor ou o mais imparcial, mas, antes, o que dê mais hipóteses de vitória". CORDEIRO, Antonio Menezes. **Tratado de arbitragem.** Coimbra: Almedina, 2015, p. 158.

ainda que em tese, a melhor decisão possível para o conflito. Não há fungibilidade nesse caso e a aplicação pura do princípio da isonomia para a escolha dos árbitros não apenas colide com a ideia subjacente ao uso da arbitragem como também não demonstra ser a opção que melhor atende ao interesse público. Mesclar critérios objetivos, como a tecnicidade, com outros de cunho subjetivo, como atualmente ocorre no âmbito de diversos entes federativos parece ser a forma mais adequada de se extrair o máximo de ganho na utilização da arbitragem como meio de solução de controvérsias sem deixar de observar o critério da nova lei de licitações.

Não é demais observar que a não incidência da Lei n. 8.666/1993 sobre a indicação de árbitros pela administração não afasta e nunca afastou a aplicação de outros preceitos legais decorrentes do regime jurídico de direito administrativo, que encontram assento no art. 37 da Constituição Federal de 1988.

De fato, também em relação à escolha de árbitros, deve-se observar o princípio da impessoalidade, segundo o qual "a Administração não pode atuar com vistas a prejudicar ou beneficiar pessoas determinadas, uma vez que é sempre o interesse público que tem que nortear o seu comportamento"[253]. A impossibilidade de a Administração indicar sempre a mesma ou as mesmas pessoas para funcionarem como árbitros também decorre do dever do administrador público de buscar o melhor nome possível para a indicação, observando as particularidades do caso concreto, a concretização do princípio da eficiência administrativa.

Deve-se considerar ainda que a indicação sistemática de uma mesma ou das mesmas pessoas para figurarem como árbitros já não é adequada pela própria dinâmica da arbitragem. Dada a necessidade de independência e de imparcialidade dos árbitros, a reiteração de indicações por uma mesma parte de uma mesma pessoa para funcionar como árbitro em causas distintas é potencialmente apta a macular o princípio da imparcialidade dos árbitros, princípio este considerado um dos pilares do sistema arbitral.

Apesar da previsão da necessária observância à transparência, à tecnicidade e à isonomia na escolha dos árbitros, a nova lei de licitações e

[253] PIETRO, Maria Sylvia Zanella. **Direito administrativo**. 27. ed. São Paulo: Atlas, 2014, p. 68.

contratos não alterou a essência discricionária dessa escolha pelo administrador público. No limite, é possível afirmar que essa nova previsão diminuiu o espaço de discricionariedade do administrador[254], reforçando a necessidade de motivação desse ato.

A discricionariedade confere margem de apreciação na decisão do administrador público, permitindo que ele possa adotar, ante o caso concreto, a solução que melhor atenda ao interesse público. Não se trata, portanto, de um cheque em branco.

Os limites da discricionariedade estão disciplinados em lei e a sua utilização pressupõe razoabilidade, transparência e motivação, para que se possa verificar a adequação da escolha realizada com a finalidade de melhor atender o interesse público.

Também em relação à escolha dos árbitros, esses pressupostos se colocam ao administrador público. Razoabilidade, transparência e motivação devem estar presentes na indicação do árbitro pela administração pública, elementos que permitirão verificar se a escolha observa o princípio da legalidade e atende ao interesse público.

O que se pode discutir, especialmente em relação à transparência e à motivação, não é a sua necessidade, mas a sua medida. Qual é a publicidade ou a transparência necessária e suficiente a ser dada à indicação do árbitro? Quanto à motivação, qual o nível de fundamentação fática do ato necessária para não haver vício?

A resposta não é trivial, porquanto a indicação do árbitro não é apenas um ato administrativo, mas integra um procedimento arbitral, ou seja, um procedimento de caráter jurisdicional litigioso em que as partes buscam junto a um terceiro a solução de suas controvérsias. É sempre bom retornar à ideia de que a arbitragem não é um instituto de direito administrativo; quem se submete a tais regras é a administração pública, uma das partes da arbitragem.

A discricionariedade do administrador na escolha e na indicação dos árbitros é ampla, e tem na confiança o elemento central da escolha (art. 13 LAB). A ampla discricionariedade não é desconhecida do direito público, ela existe, por exemplo, no provimento de cargos em comissão de livre nomeação e exoneração. Nesses casos, para a nomeação, o administrador precisa comprovar apenas que o indicado preenche os requisi-

[254] A depender de como será concretizado o princípio da isonomia.

tos legais, sem necessidade de demonstrar os elementos subjetivos considerados para a tomada de decisão. A existência de confiança, motivo da nomeação, é pressuposta.

Da mesma forma, a indicação de árbitros demanda que o administrador comprove que o indicado preenche o requisito objetivo legal (capacidade civil) dado que o critério subjetivo (confiança) é pressuposto. Nos casos em que houver decreto do Poder Executivo dispondo sobre o uso da arbitragem, deve demonstrar que os critérios considerados pelo chefe do Poder Executivo como essenciais à indicação dos árbitros foram considerados na realização da indicação.

É que assim como os administradores podem manifestar sua vontade em relação a aspectos que devam ser considerados na indicação dos árbitros no momento da elaboração da cláusula compromissória, porquanto tal possibilidade se insere no âmbito da autonomia da vontade das partes, o mesmo ocorre em relação aos decretos, hipótese em que o chefe do Poder Executivo expressa, para toda a administração, os critérios que entende devam ser considerados pelos administradores públicos na indicação dos árbitros. Esses decretos não podem ser considerados ilegais se sua finalidade for a de estabelecer procedimentos administrativos e exteriorizar a vontade da administração pública para os administradores, não criando obrigação para terceiros.

Ainda que se cogitasse a necessidade de explicitação dos motivos da escolha do árbitro, o fato é que a apresentação de todos os elementos considerados pelo administrador nessa escolha pode dar para a parte contrária vantagens em sua atuação no contencioso arbitral. A escolha dos árbitros é absolutamente estratégica e essencial quando a administração opta pela via arbitral para solucionar suas controvérsias. Escolher bem o árbitro único ou conseguir uma composição adequada e harmônica de um Tribunal Arbitral é determinante para a boa condução do procedimento, para uma análise apropriada do pleito, e para uma decisão legal e justa.

Por estas razões, a explicitação das razões considerada pelo administrador para a indicação do árbitro restringe-se a comprovar os requisitos objetivos para a indicação e os critérios previstos nos decretos, se existentes, e/ou cláusulas compromissórias. A publicidade pode ser diferida para o final do procedimento arbitral, permitindo a realização do controle da atuação administrativa sem prejudicar a defesa e a estratégia do Estado no procedimento[255].

2. A advocacia pública e a arbitragem

A advocacia pública exerce papel central em relação às arbitragens que envolvem a administração pública, participando de todo o procedimento, desde a elaboração da cláusula compromissória ou do compromisso arbitral até a execução da sentença arbitral. É ela que, dentro da administração, possui o conhecimento sobre as melhores práticas envolvendo a arbitragem.

Em relação à função dos árbitros, o papel da advocacia pública não é diferente, na medida em que geralmente são os advogados públicos que possuem as informações necessárias para realizar uma boa indicação. Eles conhecem o objeto do litígio, o contrato, a cláusula compromissória, o procedimento a ser adotado na arbitragem e a partir desses dados conseguem buscar os perfis mais adequados para funcionarem como árbitros na solução de um determinado conflito.

Os diversos decretos que regulamentam a utilização da arbitragem no âmbito dos diferentes entes federativos reconhecem essa importante função das advocacias públicas.

O Decreto estadual n. 46.245/2018, do Estado do Rio de Janeiro, contém um capítulo específico para disciplinar as atribuições da Procuradoria Geral do Estado nos procedimentos arbitrais. Em relação à indicação dos árbitros, atribui expressamente a competência à Procuradoria Geral do Estado[256].

[255] "Desta feita, seja em setor, cenário ou mercado específicos, é lógica a eleição da que se entende ser a pessoa mais conceituada, respeitada ou capacitada para decidir sobre um determinado tema, mas, principalmente, da que poderá levar quem o indique à vitória, seja por dela se esperar determinada conduta ou por confiar que suas visões podem ser antecipadas ou previstas. Mais que isso, partes e advogados podem eleger um árbitro em virtude de outras habilidades que não o conhecimento técnico, como a sua influência sobre outros árbitros, e, nesse ponto, os atributos intelectuais são tradicionalmente os mais relevantes. Sobretudo, escolhe-se para vencer [...]". MARQUES, Ricardo Dalmaso. **O dever de revelação do árbitro**. São Paulo: Almedina, 2018, p. 52.

[256] BRASIL. Rio de Janeiro. Decreto estadual n. 46.245/2018. "Art. 17. Quando a escolha do árbitro incumbir ao Estado, caberá à Procuradoria Geral do Estado, justificadamente, fazer a respectiva indicação, considerando o seu conhecimento técnico e a sua afinidade com a matéria a ser dirimida".

Na mesma linha, o Decreto estadual n. 64.356/2019 do Estado de São Paulo também possui um capítulo específico sobre as competências da Procuradoria Geral do Estado nas arbitragens envolvendo a administração direta e autárquica do estado prevendo, em relação à designação dos árbitros pela administração, a necessidade de prévia aprovação da indicação pelo Procurador Geral do Estado[257].

Já o Município de São Paulo regulamentou o uso da arbitragem pela administração direta, autárquica e fundacional por meio do Decreto municipal n. 59.963/2020. Seguindo a tônica dos decretos regulamentares dos Estados do Rio de Janeiro e São Paulo, o decreto previu as competências da Procuradoria Geral do Município em relação às arbitragens estabelecendo, entre elas, a de escolher a câmara arbitral e designar os árbitros nos casos envolvendo a administração pública municipal direta, assim como naqueles relativos às autarquias e às fundações que representar judicialmente[258].

Os decretos que regulamentam o uso da arbitragem no âmbito dos entes federativos dão especial atenção a dois pontos na escolha dos árbitros: o conhecimento compatível com o objeto do litígio e a inexistência de impedimento ou suspeição e outras situações de conflito de interesses com a administração.

O Decreto Federal n. 10.025/2019, por exemplo, dispõe que os árbitros serão escolhidos nos termos estabelecidos na convenção de arbitragem, devendo, no mínimo, estar no gozo de plena capacidade civil, possuir conhecimento compatível com a natureza do litígio, e não ter, com as partes ou com o litígio que lhe for submetido, relações que caracterizem as hipóteses de impedimento ou suspeição de juízes, conforme previsto no Código de Processo Civil, ou outras situações de conflito de

[257] BRASIL. São Paulo. Decreto estadual n. 64.356/2019. "Art. 5º. Cabe à Procuradoria Geral do Estado, por meio de sua Assistência de Arbitragens, atuar em todas as etapas do procedimento arbitral. Parágrafo único – A designação de árbitros pela Administração Pública direta e suas autarquias será precedida de aprovação pelo Procurador Geral do Estado".

[258] BRASIL. São Paulo. Decreto municipal n. 59.963/2020. "Art. 7º Caberá à Procuradoria Geral do Município a escolha da câmara arbitral e a designação de árbitros nos casos que envolvam a Administração Pública Municipal Direta, assim como naqueles relativos às Autarquias e às Fundações que representar judicialmente, devendo atuar em todas as etapas do respectivo procedimento arbitral".

interesses previstas em lei ou reconhecidas em diretrizes internacionalmente aceitas ou nas regras da instituição arbitral escolhida.

A capacidade civil, como visto, é requisito que consta da Lei de Arbitragem aplicando-se não apenas ao poder público, mas a todos aqueles que utilizam a arbitragem. A previsão expressa desse requisito no decreto reforça o dever do advogado público de checar o preenchimento dessa condição para a indicação de um árbitro.

O conhecimento técnico compatível com a natureza do litígio deve ser tido pelo gestor público como característica preponderante a ser considerada na escolha de árbitros pela administração, na medida em que é o elemento mais objetivo, o que confere a maior margem de segurança para o administrador em relação à sua opção.

A maior parte das regulamentações sobre arbitragem contém previsão nesse sentido, vinculando os gestores à sua observância. Trata-se de mais uma tentativa de diminuir a discricionariedade do administrador na escolha dos árbitros por meio de critérios menos subjetivos[259], que permitem um maior controle dos atos praticados pelos administradores públicos. É certo que essa previsão é mais restritiva à administração se comparada com a autonomia e a liberdade dos privados na escolha de árbitros, já que estes podem se basear no simples fato de confiarem na reputação do indicado. A autolimitação é o preço pago pela administração por um controle mínimo sobre as indicações a serem efetuadas pelos administradores públicos, estando em consonância com as premissas do regime jurídico de direito público.

O conhecimento compatível com o objeto do litígio e a inexistência de impedimento ou suspeição e outras situações de conflito de interesses com a administração são, de fato, dois pontos-chaves para que as arbitragens possam atingir a finalidade de solucionar, da melhor maneira possível, um conflito. No caso da administração pública, eles ganham maior peso, pois os interesses envolvidos não são da pessoa jurídica de direito público ou do administrador, mas de toda a sociedade,

[259] É preciso observar, contudo, que não existe critério objetivo para se realizar a indicação dos árbitros, de forma que essa escolha será sempre predominantemente subjetiva. Marques, Ricardo Dalmaso. **O dever de revelação do árbitro**. São Paulo: Almedina, 2018, p. 44.

além de as causas geralmente possuírem alta complexidade e envolverem montantes bastante significativos.

Assim, o potencial lesivo de uma má escolha de árbitros é amplificado nas causas envolvendo o poder público. Claro que um mau juiz também pode causar danos à sociedade com suas decisões, mas, no mínimo, elas estão sujeitas ao duplo grau de jurisdição, o que permite sua reavaliação.

Os decretos expedidos pelos chefes do Poder Executivo têm como finalidade precípua externar a sua vontade em relação à arbitragem, trazendo normas que vinculam e uniformizam a atuação dos administradores públicos, conferindo maior segurança jurídica aos gestores, aos particulares que contratam com a administração e à população em geral, diminuindo a discricionariedade dos administradores, além de pautar sua atuação tanto na elaboração das convenções de arbitragem[260] quanto durante o procedimento arbitral.

A previsão contida nesses decretos não vincula imediatamente os particulares; essa vinculação ocorre de maneira mediata por meio da obrigação de que os agentes públicos as observem na elaboração das

[260] Cite-se como exemplo o art. 4º do Decreto paulista que regulamenta a arbitragem: "Art. 4º. A Procuradoria Geral do Estado será responsável pela redação das convenções de arbitragem a serem utilizadas pela Administração Pública direta e suas autarquias. § 1º. **As convenções de arbitragem deverão conter** os seguintes elementos: 1. a capital do Estado de São Paulo como a sede da arbitragem; 2. a escolha das leis da República Federativa do Brasil como sendo a lei aplicável, vedado o julgamento por equidade; 3. a adoção da língua portuguesa como o idioma aplicável à arbitragem; 4. a eleição do juízo da comarca sede da arbitragem como competente para o processamento e julgamento das demandas correlatas ou cautelares, quando cabível; 5. o adiantamento das despesas pelo requerente da arbitragem; 6. a composição do tribunal arbitral por três membros, indicados de acordo com o regulamento da câmara arbitral indicada, podendo ser escolhido árbitro único em causas de menor valor ou menor complexidade; 7. a vedação de condenação da parte vencida ao ressarcimento dos honorários advocatícios contratuais da parte vencedora, aplicando-se por analogia o regime de sucumbência do Código de Processo Civil (Lei federal n. 13.105, de 16 de março de 2015). § 2º. Para fins do disposto no item 3 do § 1º deste artigo, o idioma aplicável à arbitragem não impede a utilização de documentos técnicos redigidos em outro idioma, facultado o recurso à tradução juramentada em caso de divergência entre as partes quanto à sua tradução. § 3º. O Procurador Geral do Estado poderá celebrar compromisso arbitral para submeter divergências à arbitragem após o surgimento da disputa ou para esclarecer ou integrar lacuna de cláusula compromissória, independentemente de previsão no contrato ou edital de licitação".

convenções de arbitragem, como manifestação da vontade externada pela autoridade hierárquica máxima do Poder Executivo.

A expedição de decretos é útil, mas não é necessária para que a administração pública possa usar a arbitragem. A previsão desse meio de solução de controvérsias nos instrumentos obrigacionais celebrados pela administração já é suficiente para tornar o seu uso obrigatório[261], inclusive para a administração pública.

Daí a importância de se desenhar com muita cautela a cláusula compromissória ou o compromisso arbitral. A experiência anterior ou de outros entes públicos na elaboração dessas convenções é bastante importante, pois permite replicar experiências bem-sucedidas e ajustar os problemas. A troca de experiências entre as advocacias públicas é essencial para fortalecer e aprimorar o uso da arbitragem no âmbito da administração pública. A realização de consultas públicas sobre as convenções ou os regulamentos de arbitragem é bastante recomendável, pois permite que a experiência privada seja trazida para a avaliação dos entes públicos, contribuindo para o desenvolvimento do instituto.

As convenções de arbitragem devem prever a quantidade de árbitros, a forma de sua indicação pelas partes, a utilização ou não do árbitro de emergência. Elas também devem trazer claramente os requisitos mínimos exigíveis para a indicação de árbitros. É bastante recomendável que indiquem a necessidade de que o escolhido possua conhecimento compatível com o objeto do litígio e não tenha impedimento, suspeição ou outras situações de conflito de interesses com a administração que possam trazer qualquer dúvida quanto a sua imparcialidade ou independência para julgar a causa. Essa previsão é necessária mesmo quando existe decreto regulamentador, pois esses decretos vinculam apenas o administrador público, sem criar obrigação para terceiros. Para que estes sejam obrigados a observar as regras veiculadas por meio dos decretos elas devem estar previstas na convenção de arbitragem.

[261] Brasil. Lei n. 9.307, de 23 de setembro de 1996. Lei da Arbitragem. "Art. 7º. Existindo cláusula compromissória e havendo resistência quanto à instituição da arbitragem, poderá a parte interessada requerer a citação da outra parte para comparecer em juízo a fim de lavrar-se o compromisso, designando o juiz audiência especial para tal fim [...]".

Ponto central em relação ao exercício da função de árbitro é a inexistência de situações de conflito de interesses com as partes, que possam ensejar dúvidas quanto à sua imparcialidade ou independência.

A arbitragem é um meio de solução de controvérsias calcado na autonomia da vontade e na confiança. A autonomia na escolha do julgador e a confiança que as partes nele depositam são o cerne do sistema arbitral. Por conseguinte, a parcialidade ou a dependência de um árbitro em relação a uma das partes atenta contra a confiança que lastreia o sistema arbitral, maculando a decisão proferida.

No sistema arbitral brasileiro, o mérito da decisão proferida pelos árbitros não é passível de revisão nem mesmo pelo Poder Judiciário. Não obstante, a sentença é considerada nula se proferida por quem não podia ser árbitro. A Lei Brasileira de Arbitragem considera impedido de funcionar como árbitro pessoas que tenham, com as partes ou com o litígio que lhes for submetido, algumas das relações que caracterizam os casos de impedimento ou suspeição de juízes, obrigando, ainda, que as pessoas indicadas revelem, antes da aceitação da função, qualquer fato que denote dúvida justificada quanto à sua imparcialidade e independência.

O controle da imparcialidade e da independência dos árbitros é realizado precipuamente pelas partes. Se o indicado tem o dever de revelar qualquer situação que coloque em xeque sua imparcialidade ou independência, são as partes que avaliam se o que foi revelado tem o condão de abalar sua confiança no indicado. Questões envolvendo conflito de interesse de árbitros podem aparecer até mesmo no momento de execução da sentença arbitral. Mais do que isso, as partes devem atuar ativamente na observância da manutenção da confiança depositada nos árbitros durante todo o procedimento arbitral. Significa dizer que as partes têm o dever de vigilância em relação ao surgimento ou à manifestação de situações de potencial conflito de interesse que possam colocar em xeque a atuação dos árbitros.

Os decretos chamam a atenção para esse dever do administrador e, em alguns casos, até estabelecem algumas diretrizes para orientá-los na busca de informações sobre a ocorrência dessas situações.

O decreto paulista, por exemplo, veda a indicação de pessoas que possuam interesse direto ou indireto no resultado da arbitragem, além de criar a obrigação de se solicitar ao árbitro indicado que atua em outras atividades profissionais informação sobre eventual prestação de serviços que possa colocá-lo em conflito de interesses com a administração pública e ao árbitro indicado que exerce a advocacia, informação sobre a existência de demanda por ele patrocinada, ou por escritório do qual seja associado, contra a administração pública, além da existência de demanda por ele patrocinada ou por escritório do qual seja associado, na qual se discuta tema correlato àquele submetido ao respectivo procedimento arbitral.

O decreto do Rio de Janeiro, a seu turno, aduz que para aferir a independência e a imparcialidade dos árbitros, além do dever de revelação previsto na Lei de Arbitragem, deverá ser informada a existência de demanda patrocinada pelo árbitro ou pelo seu escritório contra o Estado do Rio de Janeiro ou entidades da administração pública indireta, além da existência de demanda patrocinada por ele ou seu escritório na qual se discuta tema correlato àquele que será submetido ao respectivo procedimento arbitral.

A avaliação sobre eventual abalo na confiança depositado no árbitro é eminentemente subjetiva, embora existam parâmetros aptos a nortear a avaliação. Em regra, usa-se, no âmbito das advocacias públicas, as *Guidelines on Conflict of Interest da International Bar Association*[262]. Essas diretrizes não são cogentes, mas utilizadas como *soft law*. A propósito, o Decreto Federal n. 10.025/2019, art. 12, III, prevê expressamente a possibilidade de se utilizar essas diretrizes internacionalmente aceitas, ou as regras da instituição arbitral escolhida para verificar situações de potencial conflito de interesse.

Considerando a necessidade de procedimentalização das escolhas da administração, o uso desses instrumentos de *soft law* conferem um norte para a análise das situações de conflito, permitindo controlar a atuação da administração pública.

A necessidade de maior flexibilidade da atuação administrativa faz com que o processo (administrativo) seja essencial à validade das decisões. Se a confiança é o fator que legitima a arbitragem, o processo administrativo é o elemento que certifica a decisão administrativa. Assim, a eventual decisão da administração de impugnar um árbitro ou as decisões relacionadas à impugnação de árbitros devem estar refletidas

262 Não se pretende aqui aprofundar o estudo sobre a imparcialidade dos árbitros.

em um procedimento administrativo, do qual conste os elementos que balizaram a decisão do administrador, permitindo que o controle da atividade administrativa possa ser efetuado, tanto pelos órgãos de controle quanto pela população.

3. A prática da administração pública na indicação de árbitros e análise de potenciais situações de conflito de interesses

A indicação de árbitros e a análise de situações de potencial conflito de interesses possuem grande margem de subjetividade e incerteza, por isso, demandam cautela nas avaliações. Informação é essencial para se realizar uma boa indicação e mitigar a possibilidade de existência de conflito de interesses.

A experiência acumulada em procedimentos arbitrais e a troca de informações são grandes aliados na realização dessas avaliações. A publicidade inerente às arbitragens envolvendo o Poder Público também contribui para dar visibilidade e mais elementos sobre a atuação dos árbitros em outros procedimentos arbitrais.

Embora não seja mandatório, é bastante recomendável que o árbitro tenha conhecimento de direito público, ou tenha alguma vivência nessa seara. O regime jurídico de direito público e o dia a dia da administração possuem particularidades em relação ao âmbito privado, os quais também devem ser ponderados pelos árbitros no julgamento das causas. Na arbitragem, o caráter técnico-factual tem grande relevância, justificando a adoção, como regra, desse tipo de cautela. Diz-se como regra porque uma das grandes vantagens da arbitragem é a sua flexibilidade, que, em relação à indicação de árbitros, significa a possibilidade de se indicar aquele que, ao menos em tese, possui as melhores condições para julgar o conflito. Desta forma, pode acontecer no caso concreto de a melhor opção para a administração não ter conhecimento profundo ou vivência em direito público, ou isto não ser o ponto mais relevante para o julgamento de determinada controvérsia[263].

A análise de currículo e das atividades anteriores dos árbitros é de suma importância para se realizar uma boa indicação. Artigos, participações em eventos, vida acadêmica, atividade laborativa, costumam ser

[263] Vale lembrar que a Lei n. 14.133/2021 impõe que o processo de escolha dos árbitros observe critérios isonômicos, técnicos e transparentes.

pesquisados na busca pela melhor indicação. No caso de indicados que já tenham funcionado como árbitros em outros procedimentos, é bastante comum que se verifique como foi sua atuação anterior, dado que esse é um elemento relevante de maior concretude a ser considerado na avaliação para indicação. A busca por informações para prospecção de possíveis indicados na esfera pública não é distinta daquela feita em âmbito privado.

Preocupação bastante comum no âmbito da administração pública é com a quantidade de arbitragens em andamento, seja como coárbitro, presidente, ou como advogado das partes, que o indicado possui. As arbitragens são procedimentos complexos, que exigem do árbitro tempo de estudo, de maturação e para as providências práticas. O tempo é finito mesmo para um árbitro muito experiente e quanto mais arbitragens ele tiver em andamento, menor será a disponibilidade de tempo para a causa. Mais do que uma preocupação da parte pública, a disponibilidade é um dever dos árbitros. Verificar junto aos possíveis indicados a quantidade de arbitragens em que estão participando é essencial para avaliar a disponibilidade e mitigar os riscos de que o árbitro não tenha tempo suficiente para se dedicar a uma análise cuidadosa do caso.

Para otimizar o tempo e auxiliá-los, os árbitros podem se utilizar de assistentes ou de equipes próprias. Esse também deve ser um ponto de atenção, dado que a função do árbitro é personalíssima. O uso de apoio pode ocorrer apenas em relação a atividades meio, nunca em relação à atividade fim.

Na linha de cautelas, é preciso estar atento ao relacionamento profissional entre os árbitros e as partes não apenas antes e durante a arbitragem, mas também após o seu término. Como não existe árbitro profissional, terminada a arbitragem os indicados estão livres para iniciarem novas relações de trabalho, podendo, eventualmente, acontecer de um árbitro começar a trabalhar para uma das partes. Um relacionamento profissional posterior entre árbitro e uma das partes não configura por si só hipótese de conflito de interesse; é preciso verificar em concreto se existe a situação conflituosa.

Aliás, o mero relacionamento de um árbitro com uma das partes ou de seus patronos não é suficiente para configurar conflito de interesse, ou seja, é necessário verificar a circunstância, a frequência, a intensidade, a existência de relação de subordinação, o recebimento de valores, o acesso a informações referentes à parte ou à arbitragem para poder configurar, em concreto, um conflito de interesses. Diretrizes consubstanciadas em *soft law* são guias úteis, embora não exaurientes das hipóteses de conflito de interesses envolvendo árbitros, a realidade é sempre mais rica e complexa, sendo impossível se prever *ex ante* todas as possíveis hipóteses de conflito.

Não parece haver diferença substancial entre as preocupações e cautelas em relação à escolha e ao acompanhamento do exercício da função de árbitro nos âmbitos público e privado. O que pode haver é uma diferença de recursos e de metodologias utilizados para empreender essas tarefas.

Do lado público, a sempre presente ideia de controle dos atos da administração e o pouco tempo desde a pacificação da possibilidade de uso da arbitragem como meio de solução de controvérsias pela administração pública, o que ocorreu em 2015 com a alteração da Lei de Arbitragem, traz dúvidas sobre o nível do controle que será exercido sobre as opções feitas pela administração no procedimento arbitral, especialmente em razão da natureza jurídica híbrida do instituto. Contratos e negócios jurídicos entabulados pela administração pública são amplamente controlados, gerando incentivos para que os agentes públicos atuem de maneira menos inovadora, assumindo menos riscos. No âmbito da arbitragem, isso significa procedimentalizar os atos de tomada de decisão por meio de expedientes administrativos, nos quais são expostos os motivos de fato e de direito que lastreiam a tomada de decisão.

Assim, no âmbito da administração pública, os motivos das escolhas e das decisões relacionadas à arbitragem são explicitados pelos agentes públicos em expedientes administrativos específicos, tanto para legitimar a atuação administrativa quanto para evitar questionamentos futuros dos órgãos de controle[264]. Neste cenário, a grande diferença entre a escolha feita no âmbito privado e aquela feita no âmbito público é a necessidade de procedimento, a exposição formal (e o respectivo con-

[264] É controverso o entendimento de que essa escolha poderia ser objeto de controle pelos órgãos de contas. Entretanto, tem sido bastante comum a ampliação do espaço de controle a ser realizado pelas cortes de contas por interpretação realizada por esses órgãos.

trole) dos motivos considerados pelo administrador na indicação de determinada pessoa para atuar como árbitro.

Conclusões

A arbitragem é relativamente nova para a administração pública. Trata-se de instituto forjado no âmbito privado, sob os auspícios desse ramo do direito. Conceitos como autonomia da vontade e liberdade das partes, típicos da seara privada, não são facilmente conformáveis com os ditames do direito público.

Sua adoção pela administração pública representa não apenas uma revolução na sua forma de atuar, mas uma mudança cultural. Como toda mudança, o uso da arbitragem gera desconfiança e medo naqueles que estavam acostumados aos antigos paradigmas. A transcendência para essa nova dimensão de atuação administrativa exige tempo e trabalho extra dos agentes públicos, de construir a comunicação entre o antigo e o novo cenário. Tempo porque a mudança é gradual e a internalização dos novos conceitos e forma de agir se dá em momentos distintos para aqueles que atuam em funções distintas. O gestor será exposto à necessidade de conhecer e decidir pelo uso da arbitragem muito antes do controlador ou do juiz e, por conseguinte, terá que pensar e se estruturar antes para fazer uso desse instrumento. A atividade do controlador e do juiz normalmente ocorre *a posteriori*, quando o gestor já teve que tomar decisões demandadas pelo uso do procedimento arbitral. É exatamente esse descasamento entre o momento de atuação e o momento de controle, aliado à novidade do instituto, que faz com que os gestores tenham certo temor em relação à arbitragem.

Em relação à indicação dos árbitros esse temor também se coloca, especialmente ante à discricionariedade existente na escolha; quanto maior a discricionariedade e mais novo o instituto, maior a incerteza quanto aos limites do controle a ser realizado. Esse temor tende a diminuir com a evolução do tema e da consolidação dos posicionamentos dos órgãos de controle. A alteração da legislação para prever expressamente a possibilidade do uso da arbitragem pela administração pública, os decretos disciplinando no âmbito de cada ente o uso desse instituto e o reiterado posicionamento jurisprudencial pró arbitragem têm sido fundamentais no processo de consolidação do instituto, trazendo balizas mais objetivas para a atuação do administrador público.

A confiança não é elemento comumente utilizado pelo administrador público em suas decisões, visto que, no âmbito do direito administrativo, a regra é a de observância dos princípios da isonomia e da impessoalidade. Apesar disso, não constitui elemento estranho a esse ramo do direito, que comporta, por exemplo, a existência de cargos e funções de confiança para atribuições de direção, chefia e assessoramento, nas quais a investidura independe de motivação específica além da confiança daquele que tem a competência para realizar a nomeação. Como a confiança é o elemento justificador da escolha, portanto, o seu pressuposto, o administrador não precisa motivar explicitamente o seu ato.

Na mesma linha, sendo a confiança um pressuposto legal da indicação do árbitro pelas partes e elemento eminentemente subjetivo, não será necessário que o administrador público explicite os motivos pelos quais entende que o árbitro atende a esse requisito. A confiança é pressuposto da indicação, conforme ocorre com os cargos em confiança. O que se deve exigir do administrador não é apresentar razões que justificam a confiança depositada no indicado, mas demonstrar que todas as cautelas necessárias à verificação da existência de possível conflito de interesses com a administração foram adotadas antes de se realizar a indicação.

Afora os requisitos legais previstos na lei de arbitragem, quais sejam confiança e capacidade civil, o administrador pode ter que observar alguns critérios pré-estabelecidos nos decretos e nas cláusulas compromissórias na indicação de árbitros e verificação da existência de potencial conflito de interesses com a administração.

Os princípios incidentes sobre o procedimento de indicação dos árbitros expressamente previstos na nova lei de licitações e contratos – transparência, tecnicidade e isonomia também deverão ser observados pela administração. Já se antevê discussões a respeito da forma e da extensão da aplicação desses princípios pela administração pública *vis a vis* a sistemática subjacente à arbitragem e o melhor atendimento ao interesse público.

A formalização da atuação da administração em expedientes administrativos não apenas é recomendável como necessária, especialmente para demonstrar que o agente público observou os critérios eleitos pela administração (dentro de sua autonomia da vontade) na indicação do árbitro e que adotou as providências indicadas para apurar a existência de eventual conflito de interesse do indicado com a administração.

Por fim, é relevante registrar que a arbitragem não é instituto típico de direito público, não se submete às regras de direito administrativo. Quem se submete a elas, por exigência constitucional, é a administração pública. Assim, a incidência do regime jurídico de direito público sobre a arbitragem é apenas reflexa, decorrente da especial posição jurídica da administração.

Referências

ALVES, Rafael Francisco. **Árbitro e direito**: o julgamento do mérito na arbitragem. São Paulo: Almedina, 2018.

BORN, Gary B. **International Arbitration**: law and practice. Holanda: Kluwer Law International, 2012.

CARMONA, Carlos Alberto. Das boas relações entre os juízes e os árbitros. *In*: WALD, Arnoldo (org.). **Arbitragem e mediação**: elementos da arbitragem e medidas de urgência. São Paulo: RT, 2014 (Coleção doutrinas essenciais; v. 2)

CORDEIRO, Antonio Menezes. **Tratado de arbitragem**. Coimbra: Almedina, 2015.

ELIAS, Carlos Eduardo Stefen. **Imparcialidade dos árbitros**. 2014. 252 f. Tese (Doutorado em Direito). São Paulo: Faculdade de Direito da Universidade de São Paulo, 2014.

GARCIA, Flávio Amaral. **A escolha dos árbitros e das Câmaras Arbitrais**: licitar ou não? Disponível em: http://www.direitodoestado.com.br/colunistas/flavio-amaral-garcia/a-escolha-dos-arbitros-e-das-camaras-arbitrais-licitar-ou-nao. Acesso em: 15 dez. 2020.

JUSTEN FILHO, Marçal. **Administração Pública e arbitragem**: o vínculo com a câmara de arbitragem e os árbitros. Disponível em: https://www.justen.com.br/pdfs/IE110/IE%20110%20-%20MJF%20-%20Escolha%20de%20Institui%C3%A7%C3%B5es%20e%20%C3%81rbitros%20e%20a%20Lei%20de%20Licita%C3%A7%C3%B5es.pdf. Acesso em: 13 jan. 2021.

LEMES, Selma. **Pesquisa – 2020**. Arbitragem em números e valores. Oito Câmaras. 2 anos. Disponível em: https://migalhas.uol.com.br/arquivos/2021/1/8D798318F697FE_Analise-Pesquisa-ArbitragensNs.pdf. Acesso em: 26 jan. 2021.

LEMES, Selma. **O papel do árbitro**. Disponível em: http://selmalemes.adv.br/artigos/artigo_juri11.pdf. Acesso em 20 dez. 2020.

LUCAS, Marcus Vinicius Pereira. **Responsabilidade civil do árbitro**. 202f. Dissertação (Mestrado em Direito). São Paulo: Pontifícia Universidade Católica de São Paulo (PUC-SP), São Paulo, 2018.

MARQUES, Ricardo Dalmaso. **O dever de revelação do árbitro**. São Paulo: Almedina, 2018.

PIETRO, Maria Sylvia Zanella. **Direito administrativo**. 27. ed. São Paulo: Atlas, 2014.

VERÇOSA, Fabiane. A liberdade das partes na escolha e indicação dos árbitros. *In*: WALD, Arnoldo (org.). **Arbitragem e mediação**: elementos da arbitragem e medidas de urgência. São Paulo: RT, 2014 – (Coleção doutrinas essenciais; v. 2).

4. A FUNÇÃO DO ÁRBITRO NA VISÃO DO USUÁRIO RECORRENTE

Daniel Gruenbaum

Introdução

A pacificação das partes pela resolução de uma crise jurídica é certamente o primeiro e mais evidente aspecto da função do árbitro[265]. Afinal, não é de se esperar que alguém se aventure por um processo arbitral por diletantismo, e a arbitragem não prosperará sem que seja útil e necessária, porque também nela se exige o interesse de agir[266].

Mas a resolução da controvérsia não esgota os aspectos da função dos árbitros, especialmente para um usuário recorrente. Que o usuário recorrente – assim como qualquer parte em arbitragem – deseja ganhar[267],

[265] Dolinger, Jacob; Tiburcio, Carmen. **Arbitragem comercial internacional**. Rio de Janeiro: Renovar, 2003, p. 19 ("Na arbitragem, as partes buscam a solução através de uma decisão imposta por um terceiro que atua como árbitro"); Kröll, Stefan. Promoting settlements in arbitration: the role of the arbitrator. *In*: Shaughnessy, Patricia Louise; Tung, Sherlin (eds). **The powers and duties of an arbitrator**: *liber amicorum* Pierre A. Karrer. Kluwer, 2017, p. 209 ("The primary task of an arbitrator is to decide the dispute and render an enforceable award").

[266] Dinamarco, Cândido Rangel. **A arbitragem na teoria geral do processo**. São Paulo: Malheiros, 2013, p. 67-68.

[267] Rubino-Sammartano, Mauro. L'élaboration de la décision mettan fin au litige: comparaison entre les démarches de l'arbitre international et du juge étatique. *In*: Heuzé, Vincent; Libchaber, Rémy; Vareilles-Sommières, Pascal de. **Mélanges en l'honneur du Professeur Pierre Mayer**. Paris: LGDJ, 2015, p. 803, esp. p. 815 ("chaque partie souhaite que ses demandes soient acceptées entièremente et sen plus sans délai").

em bom tempo e com custo compatível[268], é bastante evidente. A um usuário recorrente, contudo, a função dos árbitros possui diversos outros aspectos que extrapolam a resolução da controvérsia concreta posta em cada arbitragem.

Para o presente artigo, escolheram-se, sem pretensão de exaurimento, alguns aspectos da função do árbitro que vão além do exercício da jurisdição para resolução de uma crise jurídica e que talvez sejam menos evidentes, mas muito importantes para um usuário recorrente. Certamente haverá outros aspectos além daqueles tratados aqui, a depender da perspectiva e da experiência de cada usuário. Nem todos os aspectos da função do árbitro estão presentes em todos os casos, e alguns deles possivelmente são comuns a todos usuários, e não só a um recorrente. Mas, em razão das peculiaridades da arbitragem, esses aspectos da função dos árbitros são mais salientes e mais evidentes para essa modalidade de usuário[269].

[268] Ribeiro, Marilda Rosado de Sá. Comentários sobre a arbitragem no Brasil: custos, eficiência e outras questões controvertidas. **Revista de Arbitragem e Mediação**, v. 48, 2016, p. 185.

[269] A noção de usuário recorrente pode ser dada inicialmente a partir de um critério puramente numérico-temporal, essencialmente com base no número de vezes em que a parte se vale da arbitragem para resolução de suas controvérsias. Esse critério, contudo, apesar de correto, apenas desloca a pergunta de lugar, substituindo recorrência por frequência relativa, fazendo com que uma noção jurídica dependa de outra puramente estatística, da definição e do tamanho da amostra. Por isso, a noção talvez ganhe mais densidade se tomada em conjunto com as características do usuário recorrente. E talvez principal característica típica do usuário recorrente está na perspectiva a partir da qual trata os processos arbitrais: como um plexo interconectado de casos, e não cada arbitragem como uma ilha. Isso implica que as decisões e condução do procedimento são pensadas estrategicamente tendo vista a parte ter ou poder vir a ter múltiplos casos, ainda que desconexos e versando matérias distintas. A atuação em uma arbitragem é pensada, então, não só a partir da sua estratégia para o caso individual, mas tendo em vista o conjunto de casos de que participa e de que participará e, acima de tudo, as repercussões que a sua atuação poderá ter nas demais causas. Isso obviamente não significa que seja sempre possível encontrar o ponto ótimo de atuação que só produza efeitos virtuosos em todas as causas de que o usuário recorrente é parte. Mas o usuário recorrente não pode normalmente se dar ao luxo de atuar em uma arbitragem como se não houvesse outras causas cujos interesses devem também ser ponderados.

1. Harmonização jurídica

Um usuário recorrente cujas atividades econômicas sejam transnacionais está potencialmente sujeito a uma pluralidade de ordens jurídicas e, o que é mais marcante, ordens jurídicas que adotam soluções distintas para questões jurídicas similares[270]. A divergência normativa implica incerteza ("incerteza constitutiva" para parte da literatura econômica)[271], aumenta o custo de transação e não facilita as trocas comerciais[272]. Na verdade, já no século XVIII, afirmava-se que nada poderia ser mais inadequado ao comércio internacional do que transações válidas segundo o direito de um lugar serem consideradas inválidas em outro lugar em razão da diversidade legislativa[273].

Criam-se, assim, estratégias para lidar com as incertezas advindas da diversidade normativa e das fricções entre sistemas jurídicos[274]. Uma dessas estratégias passa pela arbitragem, cuja autonomia (seja real[275] ou

[270] RÜHL, Giesela. **Statut und Effizienz**: Ökonomische Grundlagen des Internationalen Privatrechts. Tübingen: Mohr Siebeck, 2011, p. 29 et seq.

[271] SCHMIDT-TRENZ, Hans-Jörg; SCHMIDTCHEN, Dieter. Private international trade in the shadow of the territoriality of law: why does it work?, **Southern Economic Journal**, v. 58, 1991, p. 329-338; SCHMIDTCHEN, Dieter. Territorialität des Rechts, Internationales Privatrecht und die privatautonome Regelung internationaler Sachverhalte. **Rabels Zeitschrift für ausländisches und internationales Privatrecht**, v. 59, 1995, p. 56-112.

[272] DRAHOZAL, Christopher R. Diversity and Uniformity in International Arbitration Law. **Emory International Law Review**, v. 31, 2017, p. 393, esp. 397; RÜHL, Giesela. **Statut und Effizienz**: Ökonomische Grundlagen des Internationalen Privatrechts. Tübingen: Mohr Siebeck, 2011, p. 33; VICENTE, Dário Moura. **Direito comparado.** v. I. 4. ed. Coimbra: Almedina, 2019, p. 539.

[273] HUBER, Ulrich. **Praelectionum Juris civilis tomi tres**. Leipzig, 1707, pars II, lib. 1, tit. 3 (*De Conflictu Legum Diversarum in Diversis Imperiis*) § 2: "ita commerciis et usu gentium promiscuo nihil foret magis incommodum, quam si res jure certi loci validae mox alibi diversitate Juris infirmarentur". Para tradução: LORENZEN, Ernest G. Huber's. *De conflictu legum*. **Illinois Law Review**, v. 13, 1918-1919, p. 375 (inglês); ANCEL, Betrand. **Éléments d'histoire du droit international privé**, 2017, p. 339 et seq (francês).

[274] BASEDOW, Jürgen. **The law of open societies**: private ordering and public regulation in the conflict of laws. Brill, 2015, n. 20, p. 14; MAURÍCIO, Caroline Carneiro. **O movimento de padronização contratual e o uso de contratos-padrão em negociações internacionais.** Dissertação (Mestrado em Direito). Faculdade de Direito da Universidade do Estado do Rio de Janeiro (UERJ), Rio de Janeiro, 2021.

[275] GAILLARD, Emmanuel. Aspects philosophiques du droit de l'arbitrage international. **Recueil des cours**, t. 329, 2007, p. 49-216, esp. p. 91-120; PAULSSON, J. **The idea of arbitration**. Oxford: Oxford University Press, 2013, p. 30-51.

utópica[276]) frente à ordem jurídica estatal é compreensivelmente, e por diversos motivos, objeto de grande fascinação para esses agentes econômicos[277].

O árbitro exerce, então, para o usuário recorrente uma função de harmonização jurídica[278]. Evidentemente, existe um limite a essa função, e nem a arbitragem em geral, nem os árbitros em particular são capazes de criar uma "reconciliação ecumênica de todas as tradições

[276] MICHAELS, Ralf. Dreaming law without a state: scholarship on autonomous international arbitration as utopian literature. **London Review of International Law**, v. 1, 2013, p. 35.

[277] BUREAU, Dominique; WATT, Horatia Muir. **Droit international privé**. t. II, 4. ed., n. 891. Paris : PUF, 2017, p. 369. (*"Il nous semble incontestable que la promotion de l'arbitrage commercial international au moyen de concepts juridiques qui lui confèrent un caractère auto-poïetique autonome par raport aux droit étatique [...] est incontestablement le fruit ou l'instrument d'une vision idéologique* [...]. *Celle-ci, comme les autres expressions de l'autonomie individuelle en matière internationales, tend à s'insèrer dans une vision néolibérale du droit et se prête aisément à une déconstruction* [...]"); DEZALAY, Yves; GARTH, Bryant G. **Dealing in virtue**: international commercial arbitration and the construction of a transnational legal order. Chicago: University of Chicago Press, 1996, p. 98. (*"The law and legal practices directed to the north-south disputes, for example, developed to reflect the interests of Western businesses in avoiding national courts and laws. And merchants found the services useful and valuable also because the perceived autonomy and universality of the lex mercatoria enabled the Western merchants to ensure – at last statistically – the domination and their profits in their business relations with excolonial governments. Stated simply, autonomy and universality are not only consistent, but also closely related to the subordination of law to economic and political power"*).

[278] Também sobre a relação entre arbitragem e harmonização jurídica, de passagem, SERAGLINI, Christophe. L'influence de la culture juridique sur la décision de l'arbitre. *In*: HEUZÉ, Vincent; LIBCHABER, Rémy; VAREILLES-SOMMIÈRES, Pascal de. **Mélanges en l'honneur du Professeur Pierre Mayer**. Paris: LGDJ, 2015, p. 817, esp. 822; KEGEL, Gerhard; SCHURIG, Klaus. **Internationales privatrecht**. 9. Aufl. München: C.H. Beck, 2004, p. 127; POSNER, Eric A. Arbitration and the harmonization of international commercial law: a defense of Mitsubishi. **Virginia Journal of International Law**, v. 39, 1999, p. 647, esp. p. 649. Fala-se aqui em harmonização jurídica em sentido amplo, de aproximação jurídica, a englobar também a uniformização unificação do direito. A respeito, em geral: CASELLA, Paulo Borba. Modalidades de harmonização, unificação e uniformização do direito. *In*: CASELLA, Paulo Borba; ARAUJO, Nádia de (coord.). **Integração Jurídica Interamericana, as Convenções Interamericanas de Direito Internacional Privado (CIDIPs) e o Direito Brasileiro**. São Paulo: LTr, 1988, p. 85.

culturais"[279]. Mas, tomada em suas proporções, os árbitros podem vir a promover a aproximação das soluções adotadas por diversos sistemas jurídicos para uma mesma questão jurídica.

De fato, os árbitros (a quem já se chamou de "juízes internacionais privados da globalização")[280] contribuem, ainda que pontualmente, para a harmonização jurídica por meio da observância de um conjunto de normas jurídicas próprias que acabam por serem seguidas em diversos processos arbitrais de que o usuário recorrente é parte[281].

Em matéria processual, a busca por progressiva harmonização é notável[282]. Deixando-se de lado os meios que dependem de fatores exter-

[279] A expressão, em contexto ligeiramente distinto, é de Pierre Bourdieu, Forward, in DEZALAY, Yves; GARTH, Bryant G. **Dealing in virtue**: international commercial arbitration and the construction of a transnational legal order. Chicago: University of Chicago Press, 1996, p. ix *("To speak of a global – or, better, international – legal field is immediately to escape the temptation to explain the processes of unification observed in very different domains of practice in one of two ways: either as a quasi-mechanical effect of the intensification and acceleration of circulation and exchange, leading to an ecumenical reconciliation of all cultural traditions, or as an effect of imperialism exercised by a few great industrial powers capable of exporting and imposing, on a universal scale, not only their products but also their style of life").*

[280] FOUCHARD, Philippe. L'arbitrage et la mondialisation de l'économie. *In*: **Écrits.** Paris : Comité Français de l'Arbitrage, 2007, p. 471, esp. p. 483.

[281] WATT, Horatia Muir. Private international law's shadow contribution to the question of informal transnational authority. **Indiana Journal of Global Legal Studies**, v. 25, 2018, p. 45. *("Thus, the development of autonomous forms of dispute resolution specific to the global international trade and investment system, particularly international arbitration, has facilitated the growth of a body of norms which, while not formally binding, exert a powerful influence on the community of arbitrators. Yet the development of such norms, which flourish in the name of (private) party autonomy, is not subject to any but the most random expressions of review or accountability that accompany, in one form or another, public adjudication of similar disputes").*

[282] KRÖLL, Stefan. Promoting settlements in arbitration: the role of the arbitrator. *In*: SHAUGHNESSY, Patricia Louise; TUNG, Sherlin (eds). **The powers and duties of an arbitrator**: *liber amicorum* Pierre A. Karrer. Kluwer: 2017, p. 209, esp. p. 214 *("Despite all flexibility and the different starting points of parties and arbitrators used to a more adversarial style of conducting proceedings and those used to a more inquisitorial style, the last decades have seen the gradual development of an 'internationalized' or 'harmonized' procedure")*. MANGE, Flavia Foz. **Processo arbitral**: aspectos transnacionais. São Paulo: Quartier Latin, 2013, p. 175-192; SERAGLINI, Christophe. L'influence de la culture juridique sur la décision de l'arbitre. *In*: HEUZÉ, Vincent; LIBCHABER, Rémy; VAREILLES-SOMMIÈRES, Pascal de. **Mélanges en l'honneur du Professeur Pierre Mayer**. Paris: LGDJ, 2015, p. 817, esp. p. 822; HASCHER, D. Principes et pratique de procédure dans l'arbitrage commercial international. **Recueil des cours**,

nos à função arbitral – como a adoção pelos Estados da Lei Modelo da UNCITRAL sobre Arbitragem Comercial Internacional, ou da Convenção de Nova York (1958), ou a adoção sistemática e constante de um mesmo regulamento de arbitragem pelo usuário recorrente – a harmonização jurídica é promovida pelos árbitros de duas formas.

Em primeiro lugar, pela recorrente aplicação de instrumentos não vinculantes. Bons exemplos são as Regras da IBA sobre Produção de Provas em Arbitragem Internacional, algumas recomendações da *International Law Association* (ILA) e, talvez no futuro, também as Regras de Praga sobre a Condução Eficiente de Procedimento em Arbitragem Internacional[283].

Em segundo lugar, a harmonização jurídica é promovida por meio da criação e da adoção reiterada de regras e de práticas convergentes. Essas regras e práticas surgem e são transmitidas pela comunidade de árbitros e, dado o caráter normalmente confidencial dos procedimentos, o seu conhecimento é adquirido pela atuação em arbitragens ou por meio de artigos, livros e palestras nos quais são pontualmente relevadas. Assim, apesar de não vincularem em sentido estrito[284], algumas delas se cristalizam a ponto de sua aplicação passar a ser normalmente esperada[285].

t. 279, 1999, p. 51; Mayer, Pierre. Le pouvoir des arbitres de régler la procédure: una analyse comparative des systèmes de *civil law* et de *common law*, **Revue de l'arbitrage**, 1995, p. 163, esp. p. 177.

[283] Dasser, Felix. Soft Law in International Commercial Arbitration, **Recueil des cours**, t. 402, 2019, p. 435 et seq; Abbud, André de Albuquerque Cavalcanti. O papel da *soft law* processual no desenvolvimento da arbitragem. *In*: Carmona, Carlos Alberto *et al.* (coord.). **20 Anos da Lei de Arbitragem**: homenagem a Petrônio R. Muniz. São Paulo: Atlas, 2017, p. 3; Mange, Flavia Foz. **Processo arbitral**: aspectos transnacionais. São Paulo: Quartier Latin, 2013, p. 193-217.

[284] Arroyo, Diego P. Fernández. Adjudication without precedent? *In*: Watt, Horatia Muir; Arroyo, Diego P. Fernández (eds.). **Private International Law and Global Governance**, Oxford: Oxford University Press, 2014, p. 119; Bermann, George A. International Arbitration and Private International Law: General Course on Private International Law, **Recueil des cours**, t. 381, 2015, p. 41, esp. p. 76 (*"To the extent that the parties have not prescribed, or otherwise agreed on, a set of arbitral procedures, the decision as to how an arbitration is to proceed lies largely in the hands of the arbitral tribunal itself – and, like the parties, the tribunal enjoys the freedom to deviate both from the practices that prevail in courts in their home jurisdictions, and even from whatever may be the prevailing practices in arbitration"*).

[285] Mayer, Pierre. La liberté de l'arbitre. **Revue de l'arbitrage**, 2013, p. 339-365, esp. p. 360.

Isso ocorre nem sempre em razão da qualidade dessas regras e práticas, mas, dentre outros motivos, porque o seu conhecimento é parte da expertise que forma o capital simbólico[286] dos árbitros[287]. Assim, ao demonstrarem proficiência nesses aspectos técnicos, os árbitros reforçam não só as suas credenciais para participarem do campo da arbitragem, mas também a sua autoridade e legitimidade como julgadores[288].

286 BOURDIE, Pierre. **Raisons pratiques**: Sur la théorie de l'action. Paris: Éditions du Seuil, 1994, p. 160-161; BOURDIE, Pierre. Ökonomisches Kapital, kulturelles Kapital, soziales Kapital. *In*: R. Kreckel (Hrsg.), **Soziale Ungleichheiten.** Göttingen: Otto Schwartz, 1983, p. 183-198, esp. p. 187; BOURDIE, Pierre. The forms of capital. *In*: RICHARDSON, John G. (ed.). **Handbook of theory and research for the sociology of education**. New York: Greenwood Press, 1986, p. 241-258, esp. p. 245.

287 SCHULTZ, Thomas; KOVACS, Robert B. The rise of a third generation of arbitrators? – Fifteen Years after Dezalay and Garth. **Arbitration International**, v. 18, 2012, esp. p. 163 *("If we take the example of being an arbitrator, symbolic capital boils down to displaying the socio-professional characteristics that make a person a credible arbitrator. The more an arbitrator can display the socio-professional characteristics that make him/her a credible and trustworthy dispute resolver, the more frequently he/she is selected. So goes the theory")*. Também referindo o conceito de capital simbólico no campo da arbitragem: GAILLARD, Emmanuel. Sociology of international arbitration. **Arbitration International**, v. 31, 2015, p.1, esp. p. 2. *("The notion of 'symbolic capital' developed by Bourdieu is indeed a very powerful analytical tool to understand that domination relationships within a given field are to be understood not only in economic terms (welfare, money), but also in symbolic terms (honours, prestige, recognition). This concept is particularly important in our field as many of us have—for better or for worse – a greater symbolic capital than an economic one")*. Em versão ligeiramente distinta do texto, GAILLARD, Emmanuel. Sociologie de l'arbitrage international. **Journal du droit international**, 2015, p. 1089, esp. p. 1092. *("A côté du capital économique (argent, prospérité), existe le capital symbolique (honneur, prestige, reconnaissance), qui coïncide ou non avec le capital économique. Dans son village, l'instituteur possède un fort capital symbolique même si son capital économique est modeste. De nombreux spécialistes de l'arbitrage possèdent, de la même façon, un capital symbolique supérieur à leur capital économique")*.

288 DEZALAY, Yves; GARTH, Bryant G. **Dealing in virtue**: international commercial arbitration and the construction of a transnational legal order. Chicago: University of Chicago Press, 1996, p. 19; 29. *("The values of specific forms of symbolic capital and their market equivalence, we should note, are not necessarily stable. Different kind of symbolic capital may gain or lose in value over time. Indeed, as we shall see, change within the field of international commercial arbitration can be examined through contests about the value of various forms of symbolic capital – academic standing, scholarly publication, particular kinds of practical experience, training in alternative dispute resolution, connection to business, connections to political power, particular skills, proficiency in technical aspects of arbitration practice. [...] The arbitrators and would-be arbitrators themselves operate within this field. They learn the rules of the game – what accounts for success. They see the relative value given to publications, to links to institutions, to alternative dispute resolution, and the like, and those who*

Quanto ao direito material, apesar de se narrar o encontro de exemplos pontuais[289], o poder de criação de novas normas jurídicas materiais uniformes pelos árbitros é mais limitado[290]. A interpretação e a aplicação do direito pelo tribunal arbitral até podem, a depender das características de seus membros e dos elementos da causa, ser informadas por visão de mundo mais cosmopolita e por um estudo comparado de outros sistemas jurídicos. Em tese, uma interpretação comparativa tem potencial de promoção de uma solução jurídica menos paroquial e parece adequada ao caráter transnacional de muitas causas submetidas à arbitragem. Mas, mesmo assim, esse tipo de método hermenêutico possui suas dificuldades e seus limites[291] e, exceto quando recebem poderes para julgar *ex aequo et bono*, os árbitros não podem simplesmente fugir do direito

seek success in the field act accordingly. They not only promote the forms of symbolic capital that give maximum value to their personal characteristics, but also they try to build symbolic capital that will allow them to prosper and succeed in the changing environment. The main point, however, is simply that the concept of symbolic capital can be used to explore the field of international commercial arbitration. The basic question is simples: what are the characteristics of the people who are recognized as having authority to handle these high-stakes, complicated disputes").

[289] Gaillard, Emmanuel Gaillard. The emergence of transnational responses to corruption in international arbitration. **Arbitration International**, v. 35, 2019, p. 1-19; Verçosa, Fabiane Verçosa; Monegalha, Guilherme. Como deve se comportar o árbitro diante de indícios e provas de corrupção? Algumas impressões. **Revista de Arbitragem e Mediação**, v. 63, 2019, p. 159.

[290] Mayer, Pierre. La liberté de l'arbitre. **Revue de l'arbitrage**, 2013, p. 339-365, esp. p. 361 *("Au total la vocation des arbitres du commerce international à véritablement créer des règles nouvelles, destinées à s'imposer progressivement dans le monde de l'arbitrage, paraît être fort limitée")*; Seraglini, Christophe. L'influence de la culture juridique sur la décision de l'arbitre. *In*: Heuzé, Vincent; Libchaber, Rémy; Vareilles-Sommières, Pascal de. **Mélanges en l'honneur du Professeur Pierre Mayer**. Paris: LGDJ, 2015, p. 817, esp. p. 823.

[291] Bydlinski, Franz. **Grundüge der juristischen Methodenlehre**. 2. ed. Wien: Facultas, 2012, p. 57-58.

aplicável à causa[292]. Aliás, intérprete algum poderia, porque a interpretação comparativa não se presta a isso[293].

Mas, onde terminam as potencialidades do texto normativo e da interpretação jurídica informada por uma visão comparativa e cosmopolita e onde começa uma sentença que simplesmente ignora o direito aplicável à causa é um problema complicado de metodologia do direito, que não se resume à arbitragem[294].

2. Variação e adaptação

Existe – e aqui vai uma constatação eminentemente sociológica e não um clichê de propaganda advocatícia – uma demanda dos empresários por soluções jurídicas cada vez mais especializadas e adaptadas ao caso concreto[295]. Um dos atrativos da arbitragem é justamente a promessa, ao menos teórica, de atendê-la[296]. Isso pressupõe que o exercício da fun-

[292] BASEDOW, Jürgen. **The law of open societies**: private ordering and public regulation in the conflict of laws. Brill, 2015, n. 182, p. 112 *("Arbitrators usually apply the law of a specific State to the dispute and they perform their functions also in other respects in the shadow of State law")*; DRAHOZAL, Christopher R. Is arbitration lawless? **Loyola of Los Angeles Law Review**, v. 40, 2006, p.187, esp. p. 215 *("The research to date, however, suggests that perhaps arbitration is less lawless than is sometimes feared")*.

[293] ZWEIGERT, Konrad. Rechtsvergleichung als universale Interpretationsmethode. **Rabels Zeitschrift für ausländisches und internationales Privatrecht**, 1949-1950, p. 5, esp. p. 10: ("a percepção, obtida por meio da comparação jurídica, de que a solução da norma estrangeira é melhor do que aquela da correspondente nacional não pode acarretar nunca a negação de vigência à norma nacional") (tradução livre).

[294] COENDET, Thomas. **Rechtsvergleichende Argumentation**. Tübingen: Mohr Siebeck, 2012.

[295] WEBER, Max. **Economy and society**: an outline of interpretive sociology. Berkeley: University of California Press, 1978, p. 882. *("In the first place, they have been a result of the occupational differentiation and the increasing attention which commercial and industrial pressure groups have obtained for themselves. What they expect from these particularistic arrangements is that their legal affairs will be handled by specialized experts. The second cause, which has played an increasingly important role in most recent times, has been the desire to eliminate the formalities of normal legal procedure for the sake of a settlement that would be both expeditious and better adapted to the concrete case. In practice, this trend signifies a weakening of legal formalism out of considerations of substantive expediency and thus constitutes but one instance among a whole series of similar contemporary phenomena")*.

[296] Já fazendo a relação da arbitragem com a constatação de DEZALAY, Yves; GARTH, Bryant G. **Dealing in virtue**: international commercial arbitration and the construction of a trans-

ção arbitral se atente aos contornos e características de cada causa, o que demanda tempo, atenção e genuíno interesse dos árbitros.

Um certo grau de diversidade e variação no exercício da função arbitral em cada arbitragem é favorável a um usuário recorrente por variadas razões.

Em primeiro lugar, sem diversidade e variação, não há inovação e progresso[297]. Como os árbitros possuem a liberdade de conduzir o procedimento de maneira mais larga e flexível do que um juiz togado[298] (balizada por eventual acordo das partes e pelas normas imperativas a que sujeito cada processo arbitral), a arbitragem em tese favorece a criação de soluções flexíveis e sob medida[299], o que é tratado frequentemente como uma de suas grandes vantagens[300].

national legal order. Chicago: University of Chicago Press, 1996, p. 117. *("Arbitration responds effectively to this need, since it permits merchants to choose arbitrators who are either directly or indirectly familiar with their business problems")*; Born, Gary B. **International commercial arbitration**. 3.ed. Kluwer, 2021, p. 77 *("Another essential objective of international arbitration is providing a maximally competent, expert dispute resolution process")*.

[297] Sacco, Rodolfo. Diversity and Uniformity in the Law. **American Journal of Comparative Law**, v. 49, 2001.
p. 171, esp. 174 *("Without variation we would not have progress, for progress is itself variation. Human beings desire progress, as well as variation; if we accept variation we must also accept diversity")*; Vicente, Dário Moura. **Direito comparado.** v. I. 4. ed. Coimbra: Almedina, 2019, p. 542.

[298] Carmona, Carlos Alberto. **Arbitragem e processo**. 3. ed. São Paulo: Atlas, 2009, p. 289; Rubino-Sammartano, Mauro. L'élaboration de la décision mettan fin au litige: comparaison entre les démarches de l'arbitre international et du juge étatique. *In*: Heuzé, Vincent; Libchaber, Rémy; Vareilles-Sommières, Pascal de. **Mélanges en l'honneur du Professeur Pierre Mayer**. Paris: LGDJ, 2015, p. 803, esp. p. 808.

[299] Kröll, Stefan. Promoting settlements in arbitration: the role of the arbitrator. *In*: Shaughnessy, Patricia Louise; Tung, Sherlin (eds). **The powers and duties of an arbitrator**: *liber amicorum* Pierre A. Karrer. Kluwer, 2017, p. 209, esp. p. 214 *("One of the hallmarks of international arbitral procedure is its flexibility, resulting from the important role accorded to party autonomy. Within the very broad limits imposed by the few mandatory requirements of due process the parties – or failing an agreement by the parties the arbitrators – are generally free to adopt a procedure which takes into the account the needs of each particular case")*. Dasser, Felix. Soft Law in International Commercial Arbitration. **Recueil des cours**, t. 402, 2019, esp. p. 564; Drahozal, Christopher R. Diversity and Uniformity in International Arbitration Law. **Emory International Law Review**, v. 31, 2017, p. 393, esp. 404.

[300] Fichtner, José Antonio; Mannheimer, Sergio Nelson; Monteiro, André Luís. **Teoria Geral da Arbitragem**. Rio de Janeiro: Forense, 2019, p. 55-61; Born, Gary B. **Interna-**

Em segundo lugar, a diversidade permite ao usuário recorrente a escolha de estratégias distintas conforme as características da controvérsia e os interesses específicos na sua resolução; não por outro motivo, o *forum shopping*[301] se manifesta não só na escolha do foro judicial, mas também na arbitragem, por meio de escolhas como as regras procedimentais e materiais aplicáveis, a sede da arbitragem, o número e as qualidades dos membros do tribunal arbitral.

Por fim – e aqui um ponto frequentemente ignorado –, nem todos os usuários (recorrentes ou não) possuem idênticas preferências pelas mesmas normas e procedimentos[302]. Fala-se que a arbitragem seria uma espécie de "produto jurídico heterogêneo", porque sobre ela haveria uma significativa variação de preferência dos usuários[303]. O exemplo das regras sobre instrução probatória é bastante significativo, e a discussão acerca das diferenças entre as Regras da IBA sobre Produção de Provas em Arbitragem Internacional e as Regras de Praga sobre a Condução Eficiente de Procedimento em Arbitragem Internacional demonstra o ponto[304].

A função do árbitro para o usuário recorrente abarca, portanto, também promover diversidade e soluções adaptadas à causa.

tional commercial arbitration. 3. ed. Kluwer, 2021, p. 81 *("A further objective, and advantage, of international commercial arbitration is the maximization of party autonomy and procedural flexibility. [...] One of the principal reasons that this procedural autonomy is recognized is to enable the parties and arbitrators to dispense with the technical formalities and procedures of national court proceedings and instead to fashion procedures tailored to particular disputes")*.

301 Tiburcio, Carmen. **Extensão e limites da jurisdição brasileira**: competência internacional e imunidade de jurisdição. Salvador: JusPodivm, 2016, p. 143-145.

302 Lynch, Katherine. **The forces of economic globalization**: challenges to the regime of international commercial arbitration. Kluwer, 2003, p. 306 *("There may in fact be an enriching effect of the diversity of national arbitration practices and procedures since after all, the international business community is not a homogenous body. Such diversity may allow the practice of arbitration to be adapted to meet the respective needs of transnational economic actors")*.

303 Drahozal, Christopher R. Diversity and Uniformity in International Arbitration Law. **Emory International Law Review**, v. 31, 2017, p. 393, esp. 405.

304 Stampa, Gonzalo. The Prague rules. **Arbitration International**, v. 35, 2019, p. 221-244; Henry, Marc; Romero, Eduardo Silva. La preuve dans l'arbitrage: Prague Rules v. IBA Rules, **Revue de l'arbitrage**, 2020, p. 71-87; Henry, Marc. Les prague rules: ou comment le vent d'Est pourrait insuffler une dynamique vertueuse à l'arbitrage, **Revue de l'arbitrage**, 2019, p. 318; Berger, Klaus Peter. Common law *vs.* civil law in international arbitration: the beginning or the end? **Journal of International Arbitration**, v. 36, 2019, p. 295-314.

3. Consultoria e retroalimentação

Árbitros, evidentemente, não prestam consultoria às partes. E quem busca a arbitragem não encontrará um conselho, mas uma "solução através de uma decisão imposta por um terceiro"[305]. Para quem tem, contudo, seus contratos, padrões e procedimentos recorrentemente analisados e testados em arbitragens, os árbitros produzem elementos dos quais se podem extrair lições para além da causa que está sendo julgada.

As sentenças arbitrais, especialmente quando tomadas em conjunto, servem para o usuário recorrente avaliar a qualidade de cláusulas contratuais recorrentes, a integridade de padrões corporativos e a eficiência de procedimentos internos. Sob esse aspecto, os árbitros acabam, ainda que indireta e involuntariamente, por exercer uma espécie de "consultoria" para o usuário recorrente, que pode tomar as sentenças arbitrais como reveladoras de uma visão externa, neutra e qualificada acerca de suas ações passadas, indicadoras de pontos de atenção e de melhoria futura.

Por exemplo, se em sucessivas arbitragens penalidades aplicadas são equitativamente reduzidas por terem sido manifestamente excessivas (Código Civil, art. 413), o usuário recorrente pode identificar que há algo a ser melhorado, seja na negociação, seja na aplicação das cláusulas penais em seus contratos. Inversamente, se frequentemente a parte é bem-sucedida na apresentação de provas documentais acerca de suas pretensões, então, o usuário recorrente pode identificar que os seus padrões e procedimentos de produção, organização e retenção de documentos estão funcionando bem.

Ganha aqui ainda mais importância a boa fundamentação. Além de requisito da sentença arbitral e exigência de um processo justo (ao menos no direito brasileiro), a fundamentação se presta não apenas a explicar racionalmente os motivos pelos quais o usuário recorrente ganhou ou perdeu a causa[306], mas também se presta a ser lida como indi-

[305] DOLINGER, Jacob; TIBURCIO, Carmen. **Arbitragem comercial internacional**. Rio de Janeiro: Renovar, 2003, p. 19.

[306] MAGALHÃES, José Carlos de. Os deveres do árbitro. *In*: CARMONA, Carlos Alberto *et al.* (coord.). **20 Anos da Lei de Arbitragem**: homenagem a Petrônio R. Muniz. São Paulo: Atlas, 2017, p. 227, esp. 233. ("A motivação, por isso, é dever a ser observado em toda decisão, pois se destina a convencer os litigantes das razões que levaram o julgador a tomá-la. [...] Tem por objetivo atingir o âmago da controvérsia, com razões que permitam conven-

cador do que deu certo e o que deu errado, o que deve ser mantido e o que deve ser mudado para outras transações e em outras causas. Uma fundamentação deficiente ou superficial não só priva a parte de conhecer as razões que justificaram o resultado da arbitragem, mas lhe retira o benefício de poder extrair da sentença arbitral conhecimento crítico que informe ações futuras.

4. Indução de solução consensual

A indução de solução consensual da controvérsia é – ao menos na tradição brasileira – um dos aspectos da função do árbitro[307]. Essa também é a tradição em outros sistemas jurídicos, mas notadamente não na tradição anglo-americana[308].

Surge aqui o debate acerca das maneiras pelas quais os árbitros podem promover a solução consensual entre as partes, e dos limites de sua atuação nesse sentido. Há três situações distintas[309].

cer as partes e , no caso do juiz, também a comunidade, da justiça da decisão"). Jarrosson, Charles. Reasoning in arbitration. *In*: Crivellaro, Antonio; Hodgson, Mélida. (eds.). **Explaining why you lost**: reasoning in arbitration. Kluwer/ICC, 2020, p. 16, esp. p. 20. *("The main function the reasons stated in the award serve is to justify and explain the chosen solution to the parties and, first and foremost, to the losing party who wishes to know why this is the case, why his arguments or pieces of evidence failed to win over the tribunal. The winning party is more interested in the last page of the award and will soon forget being disappointed with the reasons for the award as long as the eventual award is favourable to him").*

[307] Martins, Pedro A. Batista. **Apontamentos sobre a Lei de Arbitragem**. Rio de Janeiro: Forense, 2008, p. 237 ("São inúmeras as arbitragens que se resolvem por acordo das partes. A informalidade e a consensualidade inerentes ao instituto são indutores inconscientes dessa prática").

[308] Kröll, Stefan. Promoting settlements in arbitration: the role of the arbitrator. *In*: Shaughnessy, Patricia Louise; Tung, Sherlin (eds). **The powers and duties of an arbitrator**: *liber amicorum* Pierre A. Karrer. Kluwer, 2017, p. 209-224; Berger, Klaus Peter; Jensen, J. Ole. The arbitrator's mandate to facilitate settlement. **Fordham Int'l L.J.**, v. 40, 2017, p. 887; Kaufman-Kohler, Gabrielle. When arbitrators facilitate settlement: towards a transnational standard. **Arbitration International**, v. 25, 2009, p. 187; Born, Gary B. **International commercial arbitration**. 3. ed. Kluwer, 2021, p. 2.151-2.154.

[309] Berger, Klaus Peter; Jensen, J. Ole. The arbitrator's mandate to facilitate settlement. **Fordham Int'l L.J.**, v. 40, 2017, p. 887; Pitkowitz, Richter. May a neutral third person serve as arbitrator and mediator in the same dispute? **SchiedsVZ**, 2009, p. 225; Dendorfer, R. The interaction between arbitration and mediation: vision *vs.* reality, **SchiedsVZ**,

A primeira é o recurso à mediação sucedida por arbitragem ("med--arb") perante um mesmo terceiro neutro. Ao menos no direito brasileiro, isso não é admissível, porque há vedação legal expressa para um mediador ser árbitro em processo arbitral relativo ao conflito mediado (art. 7º da Lei n. 13.140/2015). O recurso à mediação sucedida por arbitragem deve, no direito brasileiro, ocorrer perante terceiros neutros distintos[310].

A segunda situação é o recurso à arbitragem sucedida ou paralelamente à mediação ("arb-med"). Aqui, as partes até podem escolher como mediador um dos membros do tribunal arbitral. Neste caso, quando aplicável o direito brasileiro, o profissional deverá, contudo, sair do tribunal arbitral e, se frustrada a mediação, não poderá voltar a compô-lo para resolução daquele conflito, por vedação legal (art. 7º da Lei n. 13.140/2015).

A terceira situação é a atuação do árbitro, durante o próprio procedimento arbitral, na tentativa de conciliação das partes. No direito brasileiro, optou-se por expressamente determinar que, no início do procedimento, competirá ao tribunal arbitral "tentar a conciliação das partes" (art. 21, § 4º, da Lei n. 9.307/1996). O sucesso no exercício dessa função parece depender em algum grau da cultura jurídica de origem do árbitro[311] e talvez seja ela mais promissora quando exercida não no início, mas quando o procedimento já estiver um pouco mais desenvolvido[312]. Não só porque no início do procedimento é infrequente que o tribunal

2007, p. 204; HORVATH, Günther J. Schiedsgerichtsbarkeit und Mediation – Ein glückliches Paar? **SchiedsVZ**, 2005, p. 292.

310 A mesma vedação parece não existir, por exemplo, em Singapura, Hong Kong ou Índia. BORN, Gary B. **International commercial arbitration**. 3. ed. Kluwer, 2021, p. 2153, nota 281; BERGER, Klaus Peter; JENSEN, J. Ole. The arbitrator's mandate to facilitate settlement. **Fordham Int'l L.J.**, v. 40, 2017, p. 887, esp. p. 895, nota 31.

311 KAUFMANN-KOHLER, Gabrielle; REYNES, Victor Bonnin. L'arbitre-conciliateur: approche statistique de la corrélation entre le rôle de l'arbitre et sa culture juridique, **Bull. CCI**, v. 18, 2007. Disponível em: https://archive-ouverte.unige.ch/unige:44137. Acesso em: 10 maio 2021, p. 81.

312 CARMONA, Carlos Alberto. **Arbitragem e processo**. 3. ed. São Paulo: Atlas, 2009, p. 303. ("Por outro lado, importa salientar que a tentativa de conciliação não fica reduzida apenas à fase inicial do processo arbitral. Pode o árbitro a qualquer momento tentar a harmonização dos interesses das partes, convocando os contendentes – a pedido deles ou por iniciativa própria – para tentar a transação").

arbitral já tenha uma boa visão da controvérsia, mas porque muitas vezes as próprias partes tampouco a têm.

A ideia de que uma controvérsia só é posta para solução pelo juízo arbitral quando as partes já têm, ambas, uma visão completa e acabada de suas posições jurídicas – de suas vulnerabilidades e fortalezas – não se confirma sempre na prática. O usuário recorrente, em razão da experiência adquirida com a sucessão de casos submetidos à arbitragem, sabe que o procedimento arbitral se torna não raramente um sítio arqueológico, onde se revelam fatos e argumentos jurídicos até então encobertos e desconhecidos. O transcurso do procedimento arbitral e, acima de tudo, a perspectiva de que, mais dia, menos dia, a controvérsia será resolvida por vontade externa à das partes já induz muitas vezes a busca pela solução consensual da controvérsia[313]. O efeito da abertura do prazo para prolação de sentença arbitral no ânimo das partes em se comporem é real. Não é incomum que um pedido de homologação de acordo seja apresentado pelas partes ao tribunal arbitral quando a minuta de sentença arbitral já estava sendo preparada, e não é inaudito que isso ocorra quando ela estava pronta para ser comunicada às partes. Não se deve supor que isso ocorra porque as partes decidiram pelo acordo apenas no final do procedimento. Muitas vezes as tratativas para o acordo ocorrem paralelamente ao procedimento arbitral, levam tempo, e são aceleradas pela perspectiva e iminência de que a sentença será em breve proferida.

5. Ordenação jurídica privada

Existe antiga e ainda viva discussão sobre a possibilidade no direito internacional privado de as partes designarem, no exercício da autonomia da vontade, um conjunto de normas não estatais para reger a sua relação jurídica[314].

[313] MARTINS, Pedro A. Batista. **Apontamentos sobre a Lei de Arbitragem**. Rio de Janeiro: Forense, 2008, p. 237. ("São inúmeras as arbitragens que se resolvem por acordo das partes. A informalidade e a consensualidade inerentes ao instituto são indutores inconscientes dessa prática").

[314] NISHITANI, Yuko. Party autonomy in contemporary private international law – the Hague principles on choice of law and East Asia, **Japanese Yearbook of International Law**, v. 59, 2016, p. 300-344; LEQUETTE, Yves. Les mutations du droit international privé: vers un changement de paradigme? **Recueil des couts**, t. 387, 2016, p. 494-502; BASEDOW, Jürgen. **The law of open societies**: private ordering and public regulation in the conflict

Podem as partes escolher, por exemplo, os Princípios do UNIDROIT sobre Contratos Comerciais Internacionais[315]; o direito islâmico (*Sharia*),[316] como um conjunto de normas religiosas e não como parte do direito de um Estado determinado; o direito judaico (*Halacha*),[317] como um conjunto de normas religiosas e não como parte do direito em vigor em Israel; uma convenção internacional que não esteja em vigor ou fora do seu âmbito de aplicação[318]; ou ainda, um conjunto de normas privadas como as Regras da FIFA?[319]

O debate teórico costuma girar em torno da indeterminabilidade, incompletude, desequilíbrio ou inoperabilidade das normas não estatais[320]

of laws. Brill, 2015, p. 121-123; RÜHL, Giesela. **Statut und Effizienz**: Ökonomische Grundlagen des Internationalen Privatrechts. Tübingen: Mohr Siebeck, 2011, p. 485-493; SYMEONIDES, Symeon C. Contracts subject to non-state norms, **Am. J. Comp. L.** v. 54, 2006, p. 209-231; SCHILF, Sven. **Allgemeine Vertragsgrundregeln als Vertragsstatut**. Tübingen: Mohr Siebeck, 2005; ROTH, Wulf-Henning. Zur Wählbarkeit nichtstaatlichen Rechts. *In*: MANSEL, Heinz-Peter *et al.* (Hrsg.), **Festschrift für Erik Jayme**, Bd I, München: Sellier, 2004, p. 757-772.

315 GAMA, Lauro. Les principes d'UNIDROIT et la loi régissant les contrats de commerce. **Recueil des cours**, t. 406, 2020, p. 131; MICHAELS, Ralf. Umdenken für die UNIDROIT-Prinzipien: Vom Rechtswahlstatut zum Allgemeinen Teildes transnationalen Vertragsrechts, **Rabels Zeitschrift für ausländisches und internationales Privatrecht**, 2009, p. 866-888; WICHARD, Johannes Christian. Die Anwendung der UNIDROIT Prinzipien für internationale Handelsverträge durch Schiedsgerichte und staatliche Gerichte. **Rabels Zeitschrift für ausländisches und internationales Privatrecht**, v. 60, 1996, p. 269-302.

316 Shamil Bank of Bahrain *v.* Beximco Pharmaceuticals Ltd. [2004] EWCA Civ 19, [2004] 1 WLR 1784 (CA); Musawi v. RE International (UK) Ltd [2007] EWHC 2981.

317 Halpern *v.* Halpern [2007] EWCA Civ 291, [2008] QB 195.

318 POTSCH, Bernard. A aplicação da CISG à sentença arbitral: quando e como deve o árbitro aplicar a CISG. *In*: CARMONA, Carlos Alberto *et al.* (coord.). **20 Anos da Lei de Arbitragem**: homenagem a Petrônio R. Muniz. São Paulo: Atlas, 2017, p. 545.

319 Tribunal fédéral, 20.12.2005, **ATF** 132 III 285 = **IPRax** 2007, 230; KONDRING, Jörg. Nichtstaatliches Recht als Vertragsstatut vor staatlichen Gerichten-oder: Privatkodifikationen in der Abseitsfalle? **IPRax** 2007, p. 241.

320 SCHINKELS, Boris. (Un-)Zulässigkeit einer kollisionsrechtlichen Wahl der UNIDROIT Principles nach Rom I: Wirklich nur eine Frage der Rechtspolitik?, **Zeitschrift für Gemeinschaftsprivatrecht**, 2007, p. 106-111; RÜHL, Giesela. **Statut und Effizienz**: Ökonomische Grundlagen des Internationalen Privatrechts. Tübingen: Mohr Siebeck, 2011, p. 490; Max Planck Institute for Comparative and International Private Law, Comments on the European Commission's Proposal for a Regulation of the European Parliament and the Councilon the law applicable to contractual obligations (Rome I), **Rabels Zeitschrift für ausländisches**

ou do risco de privatização excessiva do espaço normativo[321]. Se essas objeções são fundadas, é uma questão teórica fascinante[322]. Mas, muitas vezes, a admissibilidade ou não de escolha pelas partes de normas não estatais já foi resolvida pelo direito internacional privado de cada foro.

Perante tribunais judiciais, a liberdade para escolha costuma se limitar na maioria dos sistemas jurídicos à indicação de normas estatais[323]. Só raramente a escolha de normas não estatais é permitida pelo direito internacional privado (assim, por exemplo, até certo limite, no Uru-

und internationales Privatrecht, 2007, p. 225-344, esp. p. 244-245; Wichard, Johannes Christian. Die Anwendung der UNIDROIT Prinzipien für internationale Handelsverträge durch Schiedsgerichte und staatliche Gerichte. **Rabels Zeitschrift für ausländisches und internationales Privatrecht**, v. 60, 1996, p. 269-302, esp. p. 284-289.

321 Bureau, Dominique; Watt, Horatia Muir. **Droit international privé**. t. II, 4. ed., n. 916. Paris: PUF, 2017.

322 Arroyo, Diego P. Fernández. The growing significance of sets of principles to govern trans-boundary private relationships. *In*: International Institute for the Unification of Private Law (ed.). **Eppur si muove**: The age of uniform law essays in honour of Michael Joachim Bonell to celebrate his 70th birthday, v. I. Rome, 2016, p. 251, esp. p. 261; Watt, Horatia Muir. Party autonomy in global context: the political economy of a self-constituting regime. **Japanese Y.B. Int'l Law**, v. 58, 2015, p. 181-182; Schinkels, Boris. (Un-)Zulässigkeit einer kollisionsrechtlichen Wahl der UNIDROIT Principles nach Rom I: Wirklich nur eine Frage der Rechtspolitik?, **Zeitschrift für Gemeinschaftsprivatrecht**, 2007, p. 106-111.

323 Beilfuss, Gonzável. Party autonomy in international family law. **Recueil des cours**, t. 408, 2020, p. 89, esp. 274; Gama, Lauro. Les principes d'UNIDROIT et la loi régissant les contrats de commerce. **Recueil des cours**, t. 406, 2020, n. 72, p. 131; Symeonides, Symeon C. Private International Law, Idealism, Pragmatism, Eclecticism: General Course on Private International Law, **Recueil des cours**, t. 384, 2017, p. 75, 78-79; Lequette, Yves. Les mutations du droit international privé: vers un changement de paradigme? **Recueil des couts**, t. 387, 2016, p. 9, esp. n. 320, p. 494; Basedow, Jürgen. **The law of open societies**: private ordering and public regulation in the conflict of laws, n. 20. Brill, 2015, n. 193, p. 121; Vareilles-Sommières, Pascal de. Autonomie substantielle et autonomie conflictuelle en droit international privé des contrats. *In*: Heuzé, Vincent; Libchaber, Rémy; Vareilles-Sommières, Pascal de. **Mélanges en l'honneur du Professeur Pierre Mayer**. Paris: LGDJ, 2015, p. 882-883; Rühl, Giesela. **Statut und Effizienz**: Ökonomische Grundlagen des Internationalen Privatrechts. Tübingen, Mohr Siebeck, 2011, p. 485. A respeito da posição da Convenção Interamericana sobre Lei Aplicável aos Contratos Internacionais (México, 1994); Dolinger, Jacob. Evolution of principles for resolving conflicts in the field of contracts and torts, **Recueil des cours**, t. 283, 2000, p. 187, esp. p. 440-444.

guai[324] e no Paraguai[325]). Por exemplo, de acordo com a corrente majoritária, o art. 3 do Regulamento (UE) n. 593/2008 (Roma I)[326], em vigor na maior parte dos Estados-membros da União Europeia, permite apenas a escolha pelas partes de normas integrantes de uma ordem jurídica estatal[327]. A escolha de um conjunto de normas não estatais implica, no regime do Regulamento Roma I, não apenas a ausência de escolha acerca do direito aplicável (com a consequente aplicação do direito indicado objetivamente pelas regras de conexão), mas a aplicação das normas não estatais, quando muito, se forem suficientemente determináveis, com força de cláusulas contratuais, incorporadas ao contrato por referência e sujeitas às normas cogentes do direito estatal aplicável[328].

[324] Art. 45(2) Ley n. 19920 (Ley General de Derecho Internacional Privado), do Uruguai (*"De acuerdo a lo establecido en los artículos 13 y 51 de la presente ley, las partes pueden elegir normas de derecho generalmente aceptadas a nivel internacional como un conjunto de reglas neutrales y equilibradas, siempre que estas emanen de organismos internacionales en los que la República Oriental del Uruguay sea parte"*).

[325] Art. 5 Ley n. 5393-2015 sobre derecho aplicable a los contratos internacionales (*"En esta Ley, la referencia a derecho incluye normas de derecho de origen no estatal, generalmente aceptadas como un conjunto de normas neutrales y equilibradas"*).

[326] Regulamento (CE) n. 593/2008 do Parlamento Europeu e do Conselho, de 17 de junho de 2008, sobre a lei aplicável às obrigações contratuais (Roma I). **OJ** L 177, 4.7.2008, p. 6-16.

[327] Martiny, Dieter. **Münchener Kommentar zum Bürgerlichen Gesetzbuch**, Bd. 13, 8. Aufl., München, C.H.Beck, 2021, Rom I-VO Art. 3 n. 29; Spichoff, Andreas. *In*: Hau, Wolfgang; Poseck, Roman (Hrsg.). **Beck'sche Online-Kommentare**, 56. ed., 2020, Art. 3 para.7; Pinheiro, Luís de Lima. **Direito internacional privado**. v. II. 3. ed. Coimbra: Almedina, 2018, p. 330-331; Ferrari, Franco *et al.* **Internationales Vertragrecht.** 3. Aufl., München, 2018, Rom I-VO Art. 3 n. 18-22; Mankowski, Peter. Article 3. *In*: Magnus, Ulrich; Mankowski, Peter (eds.). **European Commentaries on Private International Law**, v. II (Rome I Regulation), Köln, Otto Schmidt, 2017, para. 247-312, p. 185-209; Briggs, Adrian. **The conflict of laws**. 3. ed. Oxford: Oxford University Press, 2013, p. 237; Kessekjian, Catherine. Les normes a-nationales et le futur règlement Rome I: une occasion manquée (jusqu'à nouvel ordre?), **Revue des contrats**, 2007, p. 1.470.

[328] Martiny, Dieter. **Münchener Kommentar zum Bürgerlichen Gesetzbuch**, Bd. 13, 8. Aufl., München, C.H.Beck, 2021, Rom I-VO Art. 3 n. 29; Mankowski, Peter. Article 3. *In*: Magnus, Ulrich; Mankowski, Peter (eds.). **European Commentaries on Private International Law**, v. II (Rome I Regulation), Köln, Otto Schmidt, 2017, para. 251, p. 187; Briggs, Adrian. **The conflict of laws**. 3. ed. Oxford: Oxford University Press, 2013, p. 238. Halpern *v.* Halpern [2007] EWCA Civ 291, [2008] QB 195, para. 33 (*"I cannot for my part see why, in a context such as exists in this case, compromising disputes between Orthodox Jews under*

Ao mesmo resultado se chega nos Estados Unidos, ao menos nos estados que seguem o Restatement (Second) of Conflict of Laws[329].

Já perante o juízo arbitral, em grande parte por autorização expressa do direito internacional privado do local da arbitragem (*lex arbitri*), a escolha de um conjunto de normas não estatais é amplamente aceita[330]. Assim, na esteira do que ocorre em diversos ordenamentos[331], o direito brasileiro permite que se escolham "as regras de direito que serão aplicadas na arbitragem" (art. 2º, § 2º da Lei n. 9.307/1996), o que certamente inclui não apenas o direito estatal, mas também normas não estatais[332].

É verdade que tal escolha é raramente feita direta e expressamente em contratos empresariais[333]. O grau de atenção dedicado pela doutrina

Jewish law, where it seems to be common ground there is a distinct body of law, Jewish law may not be relied on as part of the contractual framework").

329 Restatement (Second) of Conflict of Laws s 187(1) ("law of the state"), s 187 (2) ("law of the state), s 187(3) ("law of the state"). SYMEONIDES, Symeon C. Private international law, idealism, pragmatism, eclecticism: general course on private international Law, **Recueil des cours**, t. 384, 2017, p. 9, esp. p. 75.

330 NISHITANI, Yuko. Party autonomy in contemporary private international law - the Hague principles on choice of law and East Asia, **Japanese Yearbook of International Law**, v. 59, 2016, p. 300-344, esp. p. 316-317; BERMANN, George A. International Arbitration and Private International Law: General Course on Private International Law, **Recueil des cours**, t. 381, 2015, p. 41, esp. p. 282-292; KESSEDJIAN, Catherine. **Droit du commerce international.**Paris, PUF, 2013, p. 61-62; FOUCHARD, E. Gaillard; GOLDMAN, B. **Traité de l'arbitrage commercial international**. Paris: Litec, 1996, n. 1443, p. 813; Lew, L. Mistelis, & S Kröll. **Comparative International Commercial Arbitration**, The Hague: Kluwer, 2003, p. 450-452.

331 Por exemplo, art. 28(1) da Lei Modelo da UNCITRAL sobre Arbitragem Comercial Internacional; art. 1511 do Code de Procedure Civil francês; art. 187, §1er da Lei Federal de Direito Internacional Privado suíça.

332 MUNIZ, Joaquim de Paiva. A escolha de regras de direito em arbitragem. *In*: LEMES, Selma Ferreira; BALBINO, Inez. (coord.). **Arbitragem**: temas contemporâneos. São Paulo: Quartier Latin, 2013, p. 223, esp. p. 232-235; MARTINS, Pedro A. Batista. **Apontamentos sobre a Lei de Arbitragem**. Rio de Janeiro: Forense, 2008.
p. 45-46.

333 CUNIBERT, Gilles. The merchant who would not be king: unreasoned fears about private lawmaking. *In*: WATT, Horatia Muir; ARROYO, Diego P. Fernández (eds.). **Private International Law and Global Governance**, Oxford: OUP, 2014, p. 141; DRAHOZAL, Christopher R. Contracting out of national law: an empirical look at the new law merchant, **Notre Dame Law Review**, v. 80, 2005, p. 523; DASSER, Felix. Soft Law in Interna-

ao tema não contagiou os usuários, que preferem, na maioria das vezes, designar um direito estatal, sem os riscos da indeterminação e de incompletude de um conjunto de normas cujo custo de aprendizado é maior do que a de um direito estatal (ainda que estrangeiro) conhecido e frequentemente escolhido.

Mas, mesmo quando as partes não escolhem diretamente a aplicação de um conjunto de normas não estatais à arbitragem, o potencial de os árbitros exercerem uma função de ordenação jurídica privada é, se comparada com a resolução judicial, certamente maior[334]. Na arbitragem, há reconhecida e notável influência de atores não estatais (instituições de arbitragem, associações profissionais etc.) e de sua produção normativa (padrões, guias, recomendações, regras etc.)[335]. Não por outro motivo, a arbitragem é muitas vezes considerada e promovida como uma "luxuosa fábrica anacional do direito"[336]. Para os usuários da arbitragem em geral, e para um recorrente em particular, isso costuma ser vantajoso. Afinal, quando a produção normativa estatal representa um empecilho à expansão das atividades empresariais transnacionais, os agentes econômicos

tional Commercial Arbitration, **Recueil des cours**, t. 402, 2019, p. 483-488; BERMANN, George A. International Arbitration and Private International Law: General Course on Private International Law, **Recueil des cours**, t. 381, 2015, p. 41, esp. p. 283; MICHAELS, Ralf. Umdenken für die UNIDROIT-Prinzipien: Vom Rechtswahlstatut zum Allgemeinen Teildes transnationalen Vertragsrechts, **Rabels Zeitschrift für ausländisches und internationales Privatrecht**, 2009, p. 866, esp. p. 870-872.

334 TEUBNER, Gunther. Global Bukowina: legal pluralism in the world society. **Global Law Without a State**, Dartmouth: Aldershot, 1997, p. 3, esp. p. 13. (*"Thus, arbitration bodies and private legislation change dramatically the role of the international contract itself. Although arbitration and standard contracting themselves are based on contract, they transform the contractual creation of rights and duties into 'unofficial law' which is now controlled and disciplined by the `official law' of the arbitration bodies. Private arbitration and private legislation become the core of a decision system which begins to build up a hierarchy of norms and of organizational bodies"*).

335 BERMANN, George A. International Arbitration and Private International Law: General Course on Private International Law, **Recueil des cours**, t. 381, 2015, p. 81-91.

336 WATT, Horatia Muir. La globalisation et le droit international privé. *In*: HEUZÉ, Vincent; LIBCHABER, Rémy; VAREILLES-SOMMIÈRES, Pascal de. **Mélanges en l'honneur du Professeur Pierre Mayer**, Paris, LGDJ, 2015, p. 591, esp. p. 599 (*"fabrique a-national du droit de luxe"*).

tendem buscar o seu afastamento[337] e formas de se descolarem da regulação nacional[338].

Conclusões

O fenômeno é conhecido: uma bola é solta em queda livre em um trem que se move em velocidade constante. Para quem está dentro do trem, a trajetória percorrida pela bola é vertical; para um observador externo, parabólica. A perspectiva e o local do observador – se não alteram todas as características da coisa – fazem ao menos com que alguns dos seus aspectos sejam realçados; outros, encobertos.

Esta contribuição buscou apresentar algumas considerações preliminares acerca da função do árbitro vista de dentro do trem por um usuário recorrente. Talvez um observador externo na plataforma perceba as coisas de maneira diversa; outros usuários, com experiências diferentes, sintam-se em vagões de estilo e conforto nada semelhantes aos descritos aqui. Afinal – e a constatação não é nova, mas muito atual – "os homens julgam sobre as coisas conforme a disposição de seu cérebro e [...] as imaginam mais do que as entendem"[339].

[337] TEUBNER, Gunther. **Constitutional fragments**: societal constitutionalism and globalization. Oxford: Oxford University Press, 2012, p. 77-78. *("[...] corporate constitutional politics have successfully dismantled nation-state production regimes whenever they impede the global expansion of corporate activities. The newly emerging global corporate constitutions therefore pursue two goals: to reduce the influence of nation-state politics and law on corporate activities, and to promote the 'rule of law' insofar as it facilitates worldwide transactions. Constitutive constitutional norms of this kind serve to release the intrinsic dynamics of business corporations at the global level").*

[338] WAY, Robert. Transnational Liftoff and Juridicial Touchdown: The Regulatory Function of Private International Law in an Era of Globalization, **Columbia Journal of Transnational Law**, v. 40, 2002, p. 209-287; WATT, Horatia Muir. Aspects économiques du droit international privé: réflexions sur l'impact de la globalisation économique sur les fondements des conflits de lois et de juridictions, **Recueil des cours**, t. 307, 2004, p. 25.

[339] SPINOZA, Benedictus de. **Ética**. Tradução do Grupo de Estudos Espinosanos, São Paulo: EdUSP, 2015, p. 121. [Apêndice à Primera Parte]. Na tradução de Tomaz Tadeu: "os homens julgam as coisas de acordo com o estado de seu cérebro e[...] mais do que as compreender, eles as imaginam". SPINOZA, Benedictus de. **Ética**. Trad. Tomaz Tadeu. 2. ed. Belo Horizonte: Autêntica, 2019, p. 47.

Referências

Abbud, André de Albuquerque Cavalcanti. O papel da *soft law* processual no desenvolvimento da arbitragem. *In*: Carmona, Carlos Alberto *et al.* (coord.). **20 Anos da Lei de Arbitragem**: homenagem a Petrônio R. Muniz. São Paulo: Atlas, 2017.

Ancel, Betrand. **Éléments d'histoire du droit international privé**, 2017.

Arroyo, Diego P. Fernández. Adjudication without precedent? *In*: WATT, Horatia Muir; Arroyo, Diego P. Fernández (eds.). **Private International Law and Global Governance**, Oxford: Oxford University Press, 2014.

Arroyo, Diego P. Fernández. The growing significance of sets of principles to govern trans-boundary private relationships. *In*: International Institute for the Unification of Private Law (ed.). **Eppur si muove**: the age of uniform law essays in honour of Michael Joachim Bonell to celebrate his 70th birthday, v. I, Rome, 2016.

Basedow, Jürgen. **The law of open societies**: private ordering and public regulation in the conflict of laws. Brill, 2015.

Beilfuss, Gonzável. Party autonomy in international family law. **Recueil des cours**, t. 408, 2020.

Berger, Klaus Peter. Common law *vs.* civil law in international arbitration: the beginning or the end? **Journal of International Arbitration**, v. 36, 2019.

Berger, Klaus Peter; Jensen, J. Ole. The arbitrator's mandate to facilitate settlement. **Fordham Int'l L.J.**, v. 40, 2017.

Bermann, George A. International arbitration and private international law: general course on private international law, **Recueil des cours**, t. 381, 2015.

Born, Gary B. **International commercial arbitration**. 3. ed. Kluwer, 2021.

Briggs, Adrian. **The conflict of laws**. 3. ed. Oxford: Oxford University Press, 2013.

Bourdie, Pierre. **Raisons pratiques**: sur la théorie de l'action. Paris: Éditions du Seuil, 1994.

Bourdie, Pierre. Ökonomisches Kapital, kulturelles Kapital, soziales Kapital. *In*: R. Kreckel (Hrsg.), **Soziale Ungleichheiten.** Göttingen: Otto Schwartz, 1983.

Bourdie, Pierre. The forms of capital. *In*: Richardson, John G. (ed.). **Handbook of theory and research for the sociology of education**. New York: Greenwood Press, 1986.

Bureau, Dominique; Watt, Horatia Muir. **Droit international privé**. t. II, 4. ed.. Paris: PUF, 2017.

Bydlinski, Franz. **Grundüge der juristischen Methodenlehre**. 2. ed. Wien: Facultas, 2012.

Carmona, Carlos Alberto. **Arbitragem e processo**. 3. ed. São Paulo: Atlas, 2009.

Casella, Paulo Borba. Modalidades de harmonização, unificação e uniformização do direito. *In*: Casella, Paulo Borba; Araujo, Nádia de (coord.). **Integra-**

ção jurídica interamericana, as Convenções Interamericanas de Direito Internacional Privado (CIDIPs) e o direito brasileiro. São Paulo: LTr., 1988.

COENDET, Thomas. **Rechtsvergleichende Argumentation**. Tübingen: Mohr Siebeck, 2012.

CUNIBERT, Gilles. The merchant who would not be king: unreasoned fears about private lawmaking. *In*: WATT, Horatia Muir; ARROYO, Diego P. Fernández (eds.). **Private International Law and Global Governance**. Oxford: Oxford University Press, 2014.

DASSER, Felix. Soft law in international commercial arbitration. **Recueil des cours**, t. 402, 2019.

DENDORFER, R. The interaction between arbitration and mediation: vision *vs*. reality, **SchiedsVZ**, 2007.

DEZALAY, Yves; GARTH, Bryant G. **Dealing in virtue**: international commercial arbitration and the construction of a transnational legal order. Chicago: University of Chicago Press, 1996.

DINAMARCO, Cândido Rangel. **A arbitragem na teoria geral do processo**. São Paulo: Malheiros, 2013.

DOLINGER, Jacob; TIBURCIO, Carmen. **Arbitragem comercial internacional**. Rio de Janeiro: Renovar, 2003.

DOLINGER, Jacob. Evolution of principles for resolving conflicts in the field of contracts and torts, **Recueil des cours**, t. 283, 2000.

DRAHOZAL, Christopher R. Diversity and uniformity in international arbitration law. **Emory International Law Review**, v. 31, 2017.

DRAHOZAL, Christopher R. Contracting out of national law: an empirical look at the new law merchant, **Notre Dame Law Review**, v. 80, 2005.

DRAHOZAL, Christopher R. Is arbitration lawless? **Loyola of Los Angeles Law Review**, v. 40, 2006.

FERRARI, Franco *et al.* **Internationales Vertragrecht**. 3. Aufl., München, 2018.

FICHTNER, José Antonio; MANNHEIMER, Sergio Nelson; MONTEIRO, André Luís. **Teoria geral da arbitragem**. Rio de Janeiro: Forense, 2019.

FOUCHARD, E. Gaillard; GOLDMAN, B. **Traité de l'arbitrage commercial international**. Paris: Litec, 1996.

FOUCHARD, Philippe. L'arbitrage et la mondialisation de l'économie. *In*: **Écrits**. Paris : Comité Français de l'Arbitrage, 2007.

GAILLARD, Emmanuel. Aspects philosophiques du droit de l'arbitrage international. **Recueil des cours**, t. 329, 2007.

GAILLARD, Emmanuel. Sociology of international arbitration. **Arbitration International**, v. 31, 2015.

GAILLARD, Emmanuel. Sociologie de l'arbitrage international. **Journal du droit international**, 2015.

GAILLARD, Emmanuel Gaillard. The emergence of transnational responses to corruption in international arbitration. **Arbitration International**, v. 35, 2019.

GAMA, Lauro. Les principes d'UNIDROIT et la loi régissant les contrats de commerce. **Recueil des cours**, t. 406, 2020.

HASCHER, D. Principes et pratique de procédure dans l'arbitrage commercial international. **Recueil des cours**, t. 279, 1999.

HENRY, Marc; ROMERO, Eduardo Silva. La preuve dans l'arbitrage: Prague Rules *v*. IBA Rules, **Revue de l'arbitrage**, 2020.

HENRY, Marc. Les prague rules: ou comment le vent d'Est pourrait insuffler une dynamique vertueuse à l'arbitrage, **Revue de l'arbitrage**, 2019.

HORVATH, Günther J. Schiedsgerichtsbarkeit und Mediation – Ein glückliches Paar? **SchiedsVZ**, 2005.

HUBER, Ulrich. **Praelectionum Juris civilis tomi tres**. Leipzig, 1707.

JARROSSON, Charles. Reasoning in arbitration. *In*: CRIVELLARO, Antonio; HODGSON, Mélida (eds.). **Explaining why you lost**: reasoning in arbitration. Kluwer/ ICC, 2020.

KAUFMAN-KOHLER, Gabrielle. When arbitrators facilitate settlement: towards a transnational standard. **Arbitration International**, v. 25, 2009.

KAUFMAN-KOHLER, Gabrielle; REYNES, Victor Bonnin. L'arbitre-conciliateur: approche statistique de la corrélation entre le rôle de l'arbitre et sa culture juridique, **Bull. CCI**, v. 18, 2007.

KEGEL, Gerhard; SCHURIG, Klaus. **Internationales privatrecht**. 9. Aufl. München: C.H. Beck, 2004.

KESSEDJIAN, Catherine. **Droit du commerce international**. Paris: PUF, 2013.

KESSEDJIAN, Catherine. Les normes a-nationales et le futur règlement Rome I: une occasion manquée (jusqu'à nouvel ordre?), **Revue des contrats**, 2007.

KONDRING, Jörg. Nichtstaatliches Recht als Vertragsstatut vor staatlichen Gerichten-oder: Privatkodifikationen in der Abseitsfalle? **IPRax**, 2007.

KRÖLL, Stefan. Promoting settlements in arbitration: the role of the arbitrator. *In*: SHAUGHNESSY, Patricia Louise; TUNG, Sherlin (eds.). **The powers and duties of an arbitrator**: *liber amicorum* Pierre A. Karrer. Kluwer, 2017.

LEQUETTE, Yves. Les mutations du droit international privé: vers un changement de paradigme? **Recueil des couts**, t. 387, 2016.

LORENZEN, Ernest G. Huber's. *De conflictu legum*. **Illinois Law Review**, v. 13, 1918-1919.

LYNCH, Katherine. **The forces of economic globalization**: challenges to the regime of international commercial arbitration. Kluwer, 2003.

MAGALHÃES, José Carlos de. Os deveres do árbitro. *In*: CARMONA, Carlos Alberto *et al.* (coord.). **20 Anos da Lei de Arbitragem**: homenagem a Petrônio R. Muniz. São Paulo: Atlas, 2017.

MANGE, Flavia Foz. **Processo arbitral**: aspectos transnacionais. São Paulo: Quartier Latin, 2013.

MANKOWSKI, Peter. Article 3. *In*: MAGNUS, Ulrich; MANKOWSKI, Peter (eds.). **European Commentaries on Private International Law**, v. II (Rome I Regulation). Köln: Otto Schmidt, 2017.

MARTINS, Pedro A. Batista. **Apontamentos sobre a Lei de Arbitragem**. Rio de Janeiro: Forense, 2008.

MARTINY, Dieter. **Münchener Kommentar zum Bürgerlichen Gesetzbuch**, Bd. 13, 8. Aufl., München, C.H.Beck, 2021.

MAURÍCIO, Caroline Carneiro. **O movimento de padronização contratual e o uso de contratos-padrão em negociações internacionais**. Dissertação (Mestrado em Direito). Faculdade de Direito da Universidade do Estado do Rio de Janeiro (UERJ), Rio de Janeiro, 2021.

MAX PLANCK. Institute for comparative and international private law, comments on the european commission's proposal for a regulation of the European Parliament and the council on the law applicable to contractual obligations (Rome I), **Rabels Zeitschrift für ausländisches und internationales Privatrecht**, 2007.

MAYER, Pierre. Le pouvoir des arbitres de régler la procédure: una analyse comparative des systèmes de *civil law* et de *common law*, **Revue de l'arbitrage**, 1995.

MAYER, Pierre. La liberté de l'arbitre. **Revue de l'arbitrage**, 2013.

MICHAELS, Ralf. Dreaming law without a state: scholarship on autonomous international arbitration as utopian literature. **London Review of International Law**, v. 1, 2013.

MICHAELS, Ralf. Umdenken für die UNIDROIT-Prinzipien: Vom Rechtswahlstatut zum Allgemeinen Teildes transnationalen Vertragsrechts, **Rabels Zeitschrift für ausländisches und internationales Privatrecht**, 2009.

MUNIZ, Joaquim de Paiva. A escolha de regras de direito em arbitragem. *In*: LEMES, Selma Ferreira; BALBINO, Inez (coord.). **Arbitragem**: temas contemporâneos. São Paulo: Quartier Latin, 2013.

NISHITANI, Yuko. Party autonomy in contemporary private international law – the hague principles on choice of law and East Asia. **Japanese Yearbook of International Law**, v. 59, 2016.

PAULSSON, J. **The idea of arbitration**. Oxford: Oxford University Press, 2013.

PINHEIRO, Luís de Lima. **Direito internacional privado**. v. II. 3. ed. Coimbra: Almedina, 2018.

PITKOWITZ, Richter. May a neutral third person serve as arbitrator and mediator in the same dispute? **SchiedsVZ**, 2009.

POSNER, Eric A. Arbitration and the harmonization of international commercial law: a defense of Mitsubishi. **Virginia Journal of International Law**, v. 39, 1999.

POTSCH, Bernard. A aplicação da CISG à sentença arbitral: quando e como deve o árbitro aplicar a CISG. *In*: CARMONA, Carlos Alberto *et al.* (coord.). **20 Anos da Lei de Arbitragem**: homenagem a Petrônio R. Muniz. São Paulo: Atlas, 2017.

RIBEIRO, Marilda Rosado de Sá. Comentários sobre a arbitragem no Brasil: custos, eficiência e outras questões controvertidas. **Revista de Arbitragem e Mediação**, v. 48, 2016.

ROTH, Wulf-Henning. Zur Wählbarkeit nichtstaatlichen Rechts. *In*: MANSEL, Heinz-Peter *et al.* (Hrsg.), **Festschrift für Erik Jayme**, Bd I. München: Sellier, 2004.

RUBINO-SAMMARTANO, Mauro. L'élaboration de la décision mettan fin au litige: comparaison entre les démarches de l'arbitre international et du juge étatique. *In*: HEUZÉ, Vincent; LIBCHABER, Rémy; VAREILLES-SOMMIÈRES, Pascal de. **Mélanges en l'honneur du Professeur Pierre Mayer**. Paris: LGDJ, 2015.

RÜHL, Giesela. **Statut und Effizienz**: Ökonomische Grundlagen des Internationalen Privatrechts. Tübingen: Mohr Siebeck, 2011.

SACCO, Rodolfo. Diversity and uniformity in the law. **American Journal of Comparative Law**, v. 49, 2001.

SCHMIDT-TRENZ, Hans-Jörg; SCHMIDTCHEN, Dieter. Private international trade in the shadow of the territoriality of law: why does it work? **Southern Economic Journal**, v. 58, 1991.

SCHMIDTCHEN, Dieter. Territorialität des Rechts, Internationales Privatrecht und die privatautonome Regelung internationaler Sachverhalte. **Rabels Zeitschrift für ausländisches und internationales Privatrecht**, v. 59, 1995.

SCHILF, Sven. **Allgemeine Vertragsgrundregeln als Vertragsstatut**. Tübingen: Mohr Siebeck, 2005.

SCHINKELS, Boris. (Un-)Zulässigkeit einer kollisionsrechtlichen Wahl der UNIDROIT Principles nach Rom I: Wirklich nur eine Frage der Rechtspolitik? **Zeitschrift für Gemeinschaftsprivatrecht**, 2007.

SCHULTZ, Thomas; KOVACS, Robert B. The rise of a third generation of arbitrators? – fifteen years after Dezalay and Garth. **Arbitration International**, v. 18, 2012.

SERAGLINI, Christophe. L'influence de la culture juridique sur la décision de l'arbitre. *In*: HEUZÉ, Vincent; LIBCHABER, Rémy; VAREILLES-SOMMIÈRES, Pascal de. **Mélanges en l'honneur du Professeur Pierre Mayer**. Paris: LGDJ, 2015.

SPINOZA, Benedictus de. **Ética**. Trad. Grupo de Estudos Espinosanos. São Paulo: EdUSP, 2015.

SPINOZA, Benedictus de. **Ética**. Trad. Tomaz Tadeu. 2. ed. Belo Horizonte: Autêntica, 2019.

SPICHOFF, Andreas. *In*: HAU, Wolfgang; POSECK, Roman (Hrsg.). **Beck'sche Online-Kommentare**, 56. ed., 2020.

STAMPA, Gonzalo. The Prague rules. **Arbitration International**, v. 35, 2019.

SYMEONIDES, Symeon C. Private international law, idealism, pragmatism, eclecticism: general course on private international Law, **Recueil des cours**, t. 384, 2017.

SYMEONIDES, Symeon C. Contracts subject to non-state norms, **Am. J. Comp. L.** v. 54, 2006.

TEUBNER, Gunther. Global Bukowina: legal pluralism in the world society. **Global Law Without a State**. Dartmouth: Aldershot, 1997.

TEUBNER, Gunther. **Constitutional fragments**: societal constitutionalism and globalization. Oxford: Oxford University Press, 2012.

TIBURCIO, Carmen. **Extensão e limites da jurisdição brasileira**: competência internacional e imunidade de jurisdição. Salvador: JusPodivm, 2016.

VAREILLES-SOMMIÈRES, Pascal de. Autonomie substantielle et autonomie conflictuelle en droit international privé des contrats. *In*: HEUZÉ, Vincent; LIBCHABER, Rémy; VAREILLES-SOMMIÈRES, Pascal de. **Mélanges en l'honneur du Professeur Pierre Mayer**. Paris: LGDJ, 2015.

VERÇOSA, Fabiane Verçosa; MONEGALHA, Guilherme. Como deve se comportar o árbitro diante de indícios e provas de corrupção? Algumas impressões. **Revista de Arbitragem e Mediação**, v. 63, 2019.

VICENTE, Dário Moura. **Direito comparado**. v. I. 4. ed. Coimbra: Almedina, 2019.

WATT, Horatia Muir. Private international law's shadow contribution to the question of informal transnational authority. **Indiana Journal of Global Legal Studies**, v. 25, 2018.

WATT, Horatia Muir. Aspects économiques du droit international privé: réflexions sur l'impact de la globalisation économique sur les fondements des conflits de lois et de juridictions, **Recueil des cours**, t. 307, 2004.

WATT, Horatia Muir. La globalisation et le droit international privé. *In*: HEUZÉ, Vincent; LIBCHABER, Rémy; VAREILLES-SOMMIÈRES, Pascal de. **Mélanges en l'honneur du Professeur Pierre Mayer.** Paris : LGDJ, 2015.

WATT, Horatia Muir. Party autonomy in global context: the political economy of a self-constituting regime. **Japanese Y.B. Int'l Law**, v. 58, 2015.

WAY, Robert. Transnational liftoff and juridicial touchdown: the regulatory function of private international law in an era of globalization. **Columbia Journal of Transnational Law**, v. 40, 2002.

WEBER, Max. **Economy and society**: an outline of interpretive sociology. Berkeley: University of California Press, 1978.

WICHARD, Johannes Christian. Die Anwendung der UNIDROIT Prinzipien für internationale Handelsverträge durch Schiedsgerichte und staatliche Gerichte. **Rabels Zeitschrift für ausländisches und internationales Privatrecht**, v. 60, 1996.

ZWEIGERT, Konrad. Rechtsvergleichung als universale Interpretationsmethode. **Rabels Zeitschrift für ausländisches und internationales Privatrecht**, 1949--1950.

5. A FUNÇÃO DO ÁRBITRO NA VISÃO DO *IN-HOUSE COUNSEL*

Emir Calluf Filho

O árbitro, no conceito do homem médio, é o terceiro investido do poder de dirimir conflitos e aplicar corretamente as regras, aqui no Brasil mais comumente associado às partidas de futebol. Importante lembrar de que o conceito de árbitro remonta aos primórdios do direito no Direito Romano, quando o instituto do árbitro já era previsto e até mesmo incentivado.

A ideia aqui, entretanto, não é discorrer sobre a história da arbitragem ou do árbitro, mas dar um enfoque mais pragmático e aplicável ao nosso dia a dia, uma vez que hoje a arbitragem é um instituto corriqueiro na grande parte dos litígios de alta complexidade, não só no Brasil, mas no mundo afora.

Grandes corporações sempre oscilam quanto às suas estratégias jurídicas – em determinados momentos, optam por um departamento jurídico mais enxuto; em outros, por uma equipe mais completa. Observamos que o mundo passou por um enorme processo de terceirização em várias áreas, o que claramente raz efeitos positivos e negativos a serem valorados por cada organização. Porém, uma coisa é fato: quando a organização atinge determinado grau de complexidade, se faz fundamental não só possuir bons advogados externos, mas também uma boa equipe interna, que possa não só atuar nos problemas já existentes mas lado a lado do negócio para que eles sequer venham a existir.

Como advogado interno de empresa, existe sempre uma tendência para "puxar a sardinha para o nosso lado", mas acreditamos que possuir um departamento jurídico interno de alta qualidade pode ser o diferencial definitivo em um mercado onde cada vez mais os vencedores são decididos nos pequenos detalhes. Alguns pontos aqui merecem nosso destaque visto que o departamento jurídico de fato agrega muito valor ao negócio:

1. Possui um enorme conhecimento da sua empresa;
2. Focado em vários problemas, mas de um único cliente, portanto tem uma visão mais estratégica do todo;
3. Comprometimento com o resultado para a empresa;
4. Atendimento imediato e constante ao cliente: a melhor resposta não é a resposta perfeita depois de 1 mês, mas a melhor resposta possível num curto período de tempo.

Parte dos empresários no Brasil ainda tem uma visão de ter um advogado interno que só ajude na resolução de problemas, enquanto as grandes corporações americanas têm no seu advogado interno – o famoso *General Counsel* – um verdadeiro conselheiro de negócios, guardião da empresa e da ética, o notório *Gate Keeper*. Lá, além de resolver os problemas da companhia no seu dia a dia, o *General Counsel* é figura indispensável à gestão estratégica da empresa, atuando lado a lado com o CEO, e não raras vezes, se tornando o próprio CEO.

Conforme a pesquisa da *Association of Corporate Counsel – Chief Legal Officers Survey*, nas maiores empresas do mundo, 80% dos *General Counsel* reportam diretamente ao CEO. Se olharmos o universo da Fortune 500, este número sobe para 93%. Este mesmo percentual de executivos jurídicos também são parte do time de gestão da companhia – isso representa um aumento de quase 10% se comparado a números de 10 anos anteriores. Evidentemente, é mais um indicativo de porquê, cada vez mais, os *General Counsel* estão se tornando CEOs.

Em artigo publicado na *Harvard Business Review*[340], os autores observam que as equipes jurídicas estão rapidamente mudando a sua imagem de departamentos burocráticos que somente revisam documentos, supervisionam a conformidade regulatória e lidam com funcionários desonestos quando necessário. Em vez disso, sugerem que os *General*

[340] GROYSBERG, Boris; KELLY, L. Kevin. MACDONALD, Bryan. **The new path to the C-suite.** March 2011.

Counsel estão se tornando diretores executivos de risco, especialmente em empresas que não possuem um executivo dedicado para supervisionar esta área. Para os *General Counsel*, isso significa ser uma parte importante dos negócios desde o início – e não apenas ser incluído ao final de um processo para dar uma aprovação legal.

Atualmente, os *General Counsel* são, em sua grande maioria, vistos como membros necessários e relevantes da administração de grandes empresas ao redor do mundo, não mais se restringindo aos aspectos legais de determinados problemas, mas fundamentais também na avaliação dos riscos. Estes têm um papel determinante não só na estratégia jurídica das empresas, mas também na proteção da companhia, ainda que isso possa contrariar a vontade de algum executivo ou CEO. E aqui reside a principal diferença com grande parte dos cargos de liderança jurídica no Brasil, pois em território nacional, se busca em grande parte das vezes, um advogado que defenda o seu cliente a qualquer custo, enquanto nos EUA, o objetivo maior desta posição é assegurar o melhor para a empresa – o que, nem sempre, é o que querem seus gestores e/ou acionistas.

Feitas estas considerações iniciais, tratemos do tema em si: a função do árbitro na visão do jurídico interno. A analogia acima é importante, pois muitas vezes, quando da escolha do árbitro, a empresa leva esta carga cultural pensando unicamente em escolher o árbitro que vote a seu favor ou que acolha seus pedidos, mas sem considerar fatores muito mais relevantes quando se está em busca de um processo justo e equilibrado.

Dito isto, em um mundo tão tomado por problemas éticos e morais, talvez um dos pilares mais importantes e fundamentais na escolha de um árbitro seja sua integridade e imparcialidade. Não são raros casos de disputas onde partes escolhem árbitros não com base em suas credenciais, princípios morais e éticos e/ou conhecimentos técnicos, mas considerando unicamente a probabilidade de um daqueles árbitros ser mais ou menos simpático à causa.

Quase que numa aplicação direta do princípio de que os fins justificam os meios, muito enfoque se dá em avaliar o possível voto e muitas vezes deixando de lado os critérios mencionados acima que podem pôr toda a arbitragem a perder. Atualmente, há que se considerar que os meios são tão importantes quantos a finalidade, portanto, não se pode admitir por exemplo, quc para obter uma decisão favorável se aceite um árbitro eticamente comprometido – prática, aliás, muito comum em indicações políticas por décadas no Brasil e no mundo.

O resultado disso, como sabemos, é desastroso – para dizer o mínimo. O longo prazo de qualquer demanda empresarial nos mostra que sempre os caminhos corretos são os melhores – seja para gerar valor para a empresa, seja para a sociedade na qual ela está inserida. Quando vamos escolher um árbitro, além do princípio fundamental da ética, alguns critérios são relevantes, conforme demonstraremos a seguir.

Imparcialidade – talvez um dos princípios mais importantes e que necessariamente deve presente na atuação de um árbitro é a garantia de sua imparcialidade. Inúmeras são as definições de imparcialidade, mas de maneira simples, ser imparcial é ser capaz de avaliar, sem qualquer preferência, as razões de ambos os lados. E aqui sempre cabe a ressalva de não se confundir imparcialidade com ser neutro ou indiferente: o árbitro imparcial irá sopesar os argumentos e, ao final, decidir, mas fará a sua avaliação de maneira equânime com ambas as partes para que possa fazê-lo de forma imparcial.

Independência. Com a mesma relevância, um dos pilares fundamentais da arbitragem é a independência. O árbitro não pode ter qualquer relação com as partes que possa comprometer a sua independência em relação ao caso. Apesar de ser um critério muitas vezes subjetivo, atualmente, no mundo conectado, tornou-se muito mais fácil revelar eventuais conexões de árbitros com as partes. E aqui, quando como representante do jurídico interno vou atuar na escolha de um árbitro, impera absoluta transparência. Quando um árbitro foi escolhido para compor um tribunal, espera-se que revele qualquer vínculo existente com uma das partes de livre e espontânea vontade. Não fazê-lo pode ser muitas vezes um lapso, mas também pode revelar uma conduta não admissível para uma posição de árbitro.

Local, idioma e cultura. Muito já se falou sobre a importância do local e do idioma da arbitragem e sobre como os árbitros estão confortáveis ou não com estes. A diferença entre estar ou não estar confortável com estes pontos pode significar ou não uma arbitragem bem-sucedida. Contudo, outra questão extremamente relevante, mas menos debatida, é a questão cultural. A cultura de onde viemos e vivemos é um forte influenciador de quem somos e como agimos. Portanto, é de fato relevante, na escolha de um árbitro, avaliar se ele conhece o contexto cultural de onde aquele litígio está inserido e se saberá considerar fatores culturais, que podem determinar o rumo de um procedimento arbitral.

Conhecimento técnico e diligência. Sempre de suma importância ao avaliar um árbitro é avaliar seu conhecimento prévio frente ao caso presente. Muitas vezes, escolher um árbitro renomado, mas que não tem familiaridade alguma com o tema (por exemplo, temas extremamente técnicos) pode ser um problema tanto de prazo quanto de resultado, pois não se pode avaliar corretamente um tema sem entendê-lo plenamente. E para entender qualquer assunto, é necessário que os árbitros sejam diligentes, demonstrem interesse e se empenhem em compreender o problema e seus detalhes. Árbitros interessados unicamente na remuneração ou no *status* podem deixar de lado aspectos críticos de compreensão do caso, podendo levar a eventual equívoco. Por fim, sobre este tópico, importante ressaltar que não raramente partes escolhem árbitros unicamente avaliando se estes votarão a seu favor ou não, desconsiderado completamente suas credenciais e/ou experiências. Desnecessário dizer que usualmente este cenário se revela desastroso, pois um árbitro sem conhecimento do tema muitas vezes não tem sequer senso crítico para decidir ou discordar dos demais quando necessário, e acaba vencido por sólidos argumentos técnicos de árbitros melhor preparados. O árbitro deve possuir um conhecimento que lhe faça ser capaz de discutir o caso em pé de igualdade com o restante do tribunal, seja para reavaliar seu pensamento ou convencer os demais do seu entendimento.

Confidencialidade e discrição. Uma das grandes bandeiras da arbitragem é a confidencialidade. Muito se propaga que pelo procedimento se revestir de sigilo, este é mais seguro para discussões delicadas e complexas. Aqui deve-se esperar do árbitro que zele por este princípio e atue com discrição. O ser humano tem uma tendência à autopromoção e árbitros são tentados constantemente a revelar casos em que trabalharam e opiniões já emitidas, por isso, é fundamental escolher um profissional sério e que preze pela discrição durante e depois da condução dos trabalhos.

Disponibilidade. Apesar de parecer algo evidente, quem aceita uma função de árbitro para participar de uma arbitragem deve ter tempo para desempenhar esta função com afinco e dedicação. Todos sabemos que neste meio, a grande maioria dos profissionais tem agendas ocupadíssimas, e que caso não exista um empenho do profissional e uma grande disciplina neste sentido, poderá haver graves prejuízos ao procedimento arbitral: de atrasos no resultado a não compreensão de aspectos chaves do caso. Assim, importante avaliar também este aspecto do eventual árbitro. A CCI, por exemplo, pede aos futuros árbitros que revelem em quantos procedimentos estão trabalhando atualmente, de maneira a revelar às partes a sua disponibilidade.

***Track record* de sucesso.** Normalmente, árbitros que cumpram com todos os requisitos acima têm grandes chances de serem bons profissionais, contudo, ainda cabe avaliar o histórico do profissional. Apesar de os procedimentos serem confidenciais, o mercado sempre sabe dizer se o profissional X ou Y tem um bom histórico de atuação nos casos. E quando me refiro a bom histórico, isso engloba todos os princípios: integridade, imparcialidade, cultura e conhecimento, dentre outros. Portanto, sempre vale uma consulta ao mercado para ter referências de determinado profissional que se pretende indicar para árbitro.

Para finalizar o tema princípios, o qual o árbitro deve ter quando da sua escolha, temos que ser ainda mais rigorosos com a ética dos árbitros do que com os juízes. Não por que um deva ser menos ético que o outro, mas por que temos uma responsabilidade direta na escolha dos árbitros enquanto juízes são postos, e não escolhidos. Além disso, os juízes poderão ter suas decisões revistas em inúmeras cortes de apelações, enquanto a decisão o árbitro é única e definitiva. Portanto, o processo de escolha deve ser detalhado, criterioso e realizado com o maior número de informações possíveis, pois ao participar ativamente do processo, o departamento jurídico interno também será responsável caso a escolha se mostre equivocada. E aqui, vale frisar novamente, que quando nos referimos à equivocada, não é somente uma questão de ganhar ou perder, mas ganhar ou perder pelas razões corretas, sempre observando os princípios acima. Conforme bem posto no clássico *Redfern and Hunter on International Arbitration*:

> *Once a decision to refer a dispute to arbitration has been made, choosing the right tribunal is critical to the success of the arbitral process. It is an important choice not only for the parties to the particular dispute, but also for the reputation and standing of the process itself. It is, above all, the quality of the arbitral tribunal* ***that makes***

or breaks the arbitration, and it is one of the unique distinguishing factors of arbitration as opposed to national judicial proceedings[341].

O texto acima resume bem quão importante é a escolha dos árbitros num procedimento arbitral. E não só neste como em vários outros trabalhos, muito se debate quão difícil é saber as qualificações dos árbitros antes do início da arbitragem. É sempre um desafio tentar conhecer alguém antes de se ter alguma convivência, seja profissional ou pessoal. Contudo, importante dizer que, atualmente, encontrar a pessoa certa para a função é tarefa imensamente mais fácil se comparada há 20 anos, quando iniciei como advogado em meu primeiro departamento jurídico. Antigamente, estávamos nos primórdios da computação e da internet, com um acesso limitadíssimo a informações; hoje, uma simples busca no Google permite descobrir praticamente tudo em relação à vida de uma pessoa.

Porém, para que esta pesquisa seja útil e minimamente apurada, não se pode imaginar que uma *due dilligence* automatizada (como acontece em diversas instâncias em empresas) será capaz de resolver a questão. Deve-se fazer uma análise detalhada e cuidadosa das informações disponíveis para poder se certificar, além dos fatores acima mencionados, da ética e integridade daquele profissional. Um profissional com critérios sólidos de integridade seguramente irá observar os princípios da independência e da imparcialidade, pois todos então intimamente conectados à ética.

Talvez pelo fato de que ao longo da minha carreira sempre tive grande foco no *compliance*, a integridade é de fato o primeiro fator (não o único, mas quiçá, o mais importante) a ser avaliado quando me envolvo na escolha de um árbitro, pois ele acaba pressupondo a conformidade com uma série de outros princípios. Historicamente, a única coisa que guiava a conduta dos árbitros era o seu *ethos*, que em outras palavras significa o caráter ou os valores fundamentais de uma pessoa. Hoje, além do seu caráter, a ética do árbitro se tornou assunto de acalorados debates, e é constante objeto de leis, códigos e regulamentos de câmaras de arbitragem mundo afora. E apesar de todas as mudanças ocorridas no

[341] BLACKABY, Nigel; PARTASIDES, Constantine; REDFERN, Alan; HUNTER, Martin. **Redfern and Hunter on International Arbitration**. 6. ed. 2015, p. 233.

mundo, ainda é fundamental tentar conhecer o melhor possível, o interior de cada indivíduo (em especial o seu *ethos*), pois sabemos que regras sempre podem ser burladas, mas bom caráter dificilmente se altera.

Além disso, importante lembrar que os escritórios de advocacia com atuação nesta área criaram verdadeiros procedimentos para a escolha de árbitros. Cabe a nós, como departamento jurídico interno, fazer bom uso disso, sabendo escolher entre o que funciona e o que pode não ser tão eficaz para cada caso. Em uma visão de um jurídico diligente e mais proativo, o mínimo que devemos fazer é avaliar com cautela cada um dos pontos acima. Ouso dizer que em alguns pontos – como a cultura, por exemplo – o setor jurídico interno, conhecendo bem a empresa na qual está inserida, o caso a ser decidido e a comunidade em que está envolvido, tem melhores condições de contribuir na escolha de determinado árbitro. E neste ponto, sou sempre favorável a uma participação ativa do departamento jurídico na escolha do árbitro, pois existe uma grande contribuição a ser oferecida, da mesma forma que muito se apreende durante o processo.

Uma vez findo o processo de escolha de um árbitro e instaurado um procedimento, este se equipara a um juiz de direito, com a diferença de que seu poder emana da vontade das partes e cessará após este caso, portanto, não é árbitro, mas está investido nesta função por determinado período. A partir daí, inicia-se outra etapa: a de conhecimento do profissional escolhido, por meio do trabalho durante o procedimento arbitral.

E para fazer um paradigma interessante sobre o procedimento arbitral, não poderia ser mais apropriada a definição pragmática de Alan Redfern e Martin Hunter:

> *In some respects, an international arbitration is like a ship. An arbitration may be said to be "owned" by shipowners. But the ship is under the day-to-day command of the captain, to whom the owners hand control. The owners may dismiss the captain if they wish and hire a replacement, but there will always be someone on board who is in command – and behind the captain, there will always be someone with ultimate control*[342].

[342] Blackaby, Nigel; Partasides, Constantine; Redfern, Alan; Hunter, Martin. **Redfern and Hunter on International Arbitration**. 6. ed. 2015, p. 354.

At the beginning of an international arbitration, the parties are firmly in control of the process. In ad hoc arbitration, in which there is no institution involved, they may – and sometimes do – write a complete set of procedural rules to govern the way in which proceedings are to be handled. When they subsequently appoint an arbitral tribunal, by whatever method they have agreed, that tribunal is constrained by that agreed procedural framework. In institutional arbitration, the procedural framework is provided by the institution rules, to which the parties agreed when they signed the arbitration agreement and which they put into effect when they referred the resolution of disputes between them to the rules of the institution concerned.

When the tribunal is established, day to day control of the proceedings begin to pass to the tribunal. However, the transfer of control is not total and is not immediate. The tribunal usually engages in a dialogue with the parties on procedural matters, and often a first procedural order is issued to design the essential elements of the process and the time limits within each stage to take place.

Many tribunals make considerable efforts, often adopting compromises in the process, to enable "Procedural Order no 1"to carry the subheading "by consent". However, whether or not the procedural order is made by consent, once it is made the procedure will acquire a desirable degree of predictability and authenticity. The tribunal will be more firmly in control, to ensure that the procedural steps are completed on time, and will have a firm basis for determining the almost inevitable procedural issues that will arise between the parties as the arbitration moves forward. By the time of the witness hearings, the tribunal is fully in command (in the sense of being "captain of the ship"); in any event by that stage the parties usually find it easier to ask the tribunal for directions on disputed procedural issues than to attempt to reach agreement between themselves.

Dito isto, fica claro que as partes são os "donos" do navio, mas o seu capitão (no caso, o árbitro) tem o papel de conduzi-lo da melhor maneira ao porto de chegada. Para isso, tem em si depositada uma confiança para conduzir da maneira que entender mais benéfica e eficaz. Neste ponto, também tenho visão de que o jurídico interno deve sempre participar ativamente de todo o procedimento arbitral: da elaboração de peças, até a participação em audiências com o árbitro ou tribunal arbitral. Um procedimento arbitral, ainda que institucional, demanda mais proatividade e atenção quando comparado a uma demanda judicial.

Neste caso, relevante fazer uma nova ponderação: como parte, espera-se do árbitro uma postura proativa, ponderada e atenta às ações das partes, pois, procedimentos arbitrais empresariais, em grande parte das vezes, envolvem litígios de alta complexidade e cifras altíssimas. Por isso, espera-se do árbitro que atue sempre com muita diligência e rigor na condução do caso. Novamente, cabe ressaltar ser fundamental o papel do jurídico interno, não só para fazer os escritórios de advocacia externos (quando for o caso de contar com este apoio) conhecerem totalmente a questão, mas para levar aos árbitros este conhecimento com a riqueza de detalhes que, muitas vezes, somente quem vivencia o dia a dia da empresa pode apresentar. Não é incomum ver situações em casos muito complexos nos quais o fato de o árbitro ter um entendimento completo da questão ser determinante para a conclusão do caso. Aqui, além das dificuldades normais de se explicar casos complexos para agentes externos, muitas vezes tem de se enfrentar artifícios da parte contrária que tentam justamente ofuscar esta realidade, tentando levar os árbitros ao erro por meio de artifícios processuais ou excesso de informações com o mero objetivo de tumultuar o caso.

Frente a casos assim, entra em jogo um importante fator: a senioridade e a experiência do árbitro. Em casos muito complexos, e onde as partes tentam tumultuar o processo, é necessária uma intervenção do árbitro de maneira a ordenar o procedimento e evitar que se gaste tempo e energia de todos em questões sem relevância ao processo, e que muitas vezes tem o único intuito de atrasá-lo ou de tumultuá-lo. Outras vezes, tem-se pedidos legítimos de ambos os lados, e aqui, com partes razoáveis, deve-se sempre observar o *fair play* no procedimento.

Escolher advogados mais familiares com o procedimento arbitral pode ser extremamente benéfico ao procedimento em si, pois advogados mais focados no contencioso judicial tem uma tendência natural a questionar todo e qualquer ato – praxe muitas vezes usual no sistema judiciário – o que pode causar atrasos e perda de foco no objeto principal da demanda.

Por fim, quando da emissão da sentença arbitral, é fundamental a execução de uma avaliação cuidadosa de todos os aspectos para saber quando "vale a pena levar a briga adiante". A função da arbitragem é ser um procedimento mais célere justamente por não possuir instância recursal. Em casos raros, no entanto, problemas podem ensejar uma busca legítima ao Poder Judiciário após o término do procedimento, mas, o que se vê na realidade é que na maioria das vezes, quando se aciona o Poder Judiciário, após o término do procedimento, o que se almeja é uma rediscussão indevida do mérito do caso. Em resumo: as partes devem ter em mente que tentar rediscutir o mérito no Poder Judiciário resulta em perda de tempo, de dinheiro e, muitas vezes, acaba trazendo resultados ainda piores.

Ao final, cabe ao jurídico interno guardar todas as informações relevantes que uma vitória ou uma derrota trouxe ao caso, de modo a utilizá-las como aprendizado em atividades futuras da empresa.

E, tão importante quanto apreender com os resultados e fazer deles o melhor uso, é saber separar as questões profissionais lembrando que árbitros são seres humanos, passíveis de equívocos, e em uma arbitragem deverão decidir de uma maneira ou de outra. Aqui, importante saber entender e separar que uma decisão desfavorável de um árbitro está longe de querer dizer que este tem uma antipatia pela empresa x ou y, mas significa, unicamente, que este aplicou a lei de maneira neutra e imparcial. Como já dizia o famoso jurista Eduardo Couture, em um mandamento para os advogados, mas que pode igualmente se aplicar aos árbitros: "A advocacia é uma luta de paixões. Se em cada batalha fores carregando tua alma de rancor, sobrevirá o dia em que a vida será impossível para ti. Concluído o combate, olvida tão prontamente tua vitória como tua derrota".

Por fim, árbitros que atuam com ética, integridade e retidão ao longo do procedimento, e que decidem não com base no compadrio ou no relacionamento, mas na aplicação do direito aos fatos em disputa, estes sim, independentemente para qual lado decidiram, serão sempre chamados para outros procedimentos, pois o mercado sabe e conhece a reputação de cada um deles, e, diversamente de cargos vitalícios ou concedidos a apadrinhados políticos, um árbitro que faça um mal trabalho, estará naturalmente excluído neste mercado.

E ao jurídico interno como "cliente" final do árbitro e dos escritórios, cabe reforçar cada vez mais a exigência por estes critérios, buscando árbitros capazes, preparados e, acima de tudo, íntegros. Na minha visão, a arbitragem como um todo simboliza como o setor privado pode ser mais eficiente em resolver temas complexos de maneira mais rápida e pragmática. Todavia, para isso, cabe ao advogado desempenhar um papel fundamental que vai desde a avaliação para verificar se este procedimento é o melhor para o caso em mãos, a escolha dos árbitros e, por fim, a defesa dos interesses de seu cliente ao longo do procedimento.

Referências

BLACKABY, Nigel; PARTASIDES, Constantine; REDFERN, Alan; HUNTER, Martin. **Redfern and Hunter on International Arbitration**. 6. ed. 2015, p. 233.

GROYSBERG, Boris; KELLY, L. Kevin. MACDONALD, Bryan. **The new path to the C-suite**. March 2011.

6. A FUNÇÃO DE ÁRBITRO NA VISÃO DO PERITO DE ENGENHARIA

Clémenceau Chiabi Saliba Júnior
Débora Totini Seabra Barreto

Introdução

Muito nos honrou receber o convite dos ilustres doutores Carlos Eduardo Stefen Elias e Bruno Guandalini para integrar o rol de autores da presente obra. Trata-se de tema de extrema atualidade e relevância, especialmente no momento de celebração dos 25 anos da Lei de Arbitragem.

A pretensão do texto aqui desenvolvido é compartilhar a vivência e a experiência profissional dos autores, no intuito de contribuir para construir uma visão cada vez mais ampla e dialética dos papéis exercidos na arbitragem, em especial da função de árbitro.

A nós coube a abordagem acerca da função de árbitro sob a ótica do perito de engenharia. Contudo, essa visão não se restringe apenas ao profissional de engenharia enquanto perito, uma vez que ele pode desempenhar diferentes papéis em arbitragem. Assim, faz-se pertinente contextualizar essas diversas atuações, e suas perspectivas, em relação à função do árbitro.

1. Papéis do profissional de engenharia na arbitragem

Para atuar em arbitragem, embora seja assegurado a qualquer profissional de engenharia exercer a profissão de acordo com a Lei n. 5.194/1966, é da nossa vivência que profissionais mais experientes, com formação sólida e destacada reputação sejam habitualmente escolhidos pelas partes ou pelo Tribunal Arbitral. No mesmo sentido, é o entendimento do conceituado escritório Grebler Advogados:

> [...] precisam apresentar conhecimento técnico e teórico a respeito do assunto discutido e uma expressiva experiência profissional. Formação e reputação também são considerados pontos essenciais na escolha de uma testemunha técnica ou de um perito[343].

A atuação do profissional de engenharia configura um verdadeiro movimento de alternância na arbitragem, ora funcionando como perito num procedimento, ora como assistente técnico noutro[344]. Esse profissional também pode, eventualmente, vir a funcionar como árbitro, preferencialmente quando especialista na matéria discutida, uma vez que a Lei n. 9.307/1996, (Lei de Arbitragem), em seu art. 13, assim o permite: "Pode ser árbitro qualquer pessoa capaz e que tenha a confiança das partes".

Contudo, tais papéis não se confundem. Quando contratado pela parte para representá-la como assistente técnico, o profissional de engenharia pode ter a oportunidade de acompanhar a demanda desde o seu estágio embrionário, ainda na fase pré-arbitral. Ao ser indicado para atuar como árbitro, o profissional acompanha o litígio desde a instauração do procedimento. Enquanto perito, sua atuação inicia-se já com o processo em curso e, normalmente, se exaure com a entrega do laudo técnico e dos respectivos esclarecimentos, se existentes.

2. Assistente técnico

O assistente técnico é aquele profissional contratado pela parte para lhe auxiliar, podendo atuar antes mesmo da instauração, quanto ao longo de todo o procedimento arbitral, em especial no acompanhamento do perito designado.

[343] TESTEMUNHA Técnica na Arbitragem: Entenda o que é! Grebler Advogados, 09 jan. 2020. Disponível em: https://grebler.com.br/conteudo/testemunha-tecnica-de-arbitragem/. Acesso em: 18 mar. 2021.

[344] Além dessas funções, ainda há a possibilidade, menos usual, da atuação como testemunha técnica (*expert witness*), figura adaptada do processo civil de países anglo-saxônicos. Essa função se assemelha àquela exercida pelo perito, tendo que apresentar laudo independente e ser arguido em audiência de instrução. A diferença reside basicamente na sua contratação que ocorre pela parte.

2.1. Fase pré-arbitral

O papel do profissional de engenharia, especialmente aquele com experiência pericial em arbitragem, inicia-se, muitas vezes, prestando consultoria técnica à parte que o contratou e sua equipe jurídica na compreensão da matéria, na análise de eventuais pleitos, auxiliando na validação das teses e podendo ainda, quando demandado, sugerir nomes de profissionais para compor o rol de possíveis árbitros.

Isso porque é usual as partes recorrerem às recomendações e às experiências de seu assistente técnico para compreender melhor o perfil de um determinado profissional, seu conhecimento sobre a matéria e sua dinâmica ao conduzir um procedimento arbitral quando funciona como árbitro.

Aqui, portanto, tem-se o primeiro indício da constante alternância das funções proporcionada pela arbitragem. É extremamente salutar que as relações entre árbitros, peritos, assistentes técnicos e advogados se desenvolva de forma equânime, cordial e diligente.

2.2. Fase do procedimento arbitral

A atuação do assistente técnico é de extrema importância também ao longo de todo o procedimento arbitral. Na fase pericial, é ele quem auxilia na formulação dos quesitos que definirão o escopo da perícia e nortearão seu prazo e custo.

Em nossa experiência, quesitos mal formulados geram prejuízos quanto ao entendimento da tese pelo *expert* e ainda, eventualmente, confusão ou repetição em suas respostas. A título ilustrativo, a seguir, encontram-se trechos de respostas[345] de um perito sobre quesitos que entendemos ser impertinentes.

> **QUESITO 105.** Queira o douto perito informar qual era o prazo originalmente previsto para conclusão das obras;
>
> **RESPOSTA:** 180 dias. Esta resposta já foi dada uma dezena de vezes. O assunto já foi abundantemente abordado em vários quesitos.
>
> [...]
>
> **QUESITO 109.** Pode-se constatar que as alterações ocorridas nos projetos, durante o curso das obras, implicou na necessidade de alteração do

[345] Excerto de um laudo técnico, parte do acervo dos autores, recebido num procedimento arbitral em que o primeiro autor funcionou como árbitro.

planejamento original? E do prazo original? E da metodologia de execução original? E dos custos? Gentileza comentar;

RESPOSTA: Quesito idêntico ao quesito 87, já respondido, mas vou responder novamente [...].

Ademais, o assistente técnico interage com o perito, funcionando como um interlocutor entre este e a parte que aquele representa. Também é seu papel acompanhar as diligências relativas à perícia, fornecendo documentos e informações necessárias à formação da convicção do *expert*, elevando o debate técnico envolvendo a demanda, de forma que deve ter seu espaço reservado e respeitado.

A relação do assistente técnico com o Tribunal Arbitral é limitada à apresentação de parecer escrito e/ou participação em audiência de instrução, na qual poderá ter a oportunidade do primeiro contato com os árbitros.

Se, por um lado, ele deve demonstrar confiança e conferir credibilidade ao conteúdo do seu trabalho, por outro, é no momento da audiência que terá a percepção sobre a adequada compreensão dos árbitros acerca da tese técnica apresentada e/ou quais pontos ainda carecem de maior aprofundamento. Tal percepção pode lhe ser útil na própria audiência e no auxílio aos advogados quando da elaboração das alegações finais.

3. Perito de engenharia

Após esses breves comentários acerca da conjuntura que envolve o profissional de engenharia numa arbitragem, passaremos a tratar especificamente da ótica do perito acerca da função de árbitro.

3.1. Delimitação da matéria controvertida e elaboração de quesitos

É de extrema valia ao perito delimitar o objeto da perícia por meio da fixação dos pontos controvertidos e dos pontos já resolvidos pelo Tribunal Arbitral. O que também pode vir a ser complementado em seguida pela formulação de quesitos pontuais pelo próprio Tribunal. Afinal, como destinatário da prova pericial, tais ações servem para balizar e delinear todo o desenrolar da perícia de forma que o laudo cumpra o seu propósito com assertividade e acurácia.

Ainda, é importante considerar que quando uma das partes tem um caso que possa ser considerado fraco, há a tendência de se formular quesitos em demasia, na tentativa de alguma brecha servir de esteio para a sua argumentação. Assim, quando o Tribunal também formula alguns quesitos, o perito começa a compreender melhor o que ainda é obscuro aos árbitros, atentando-se a esses pontos em seu estudo, o que incorpora mais objetividade à perícia.

Por óbvio, é fundamental que o perito respeite a tese dos advogados e seus respectivos quesitos. Contudo, a formulação de quesitos pelo Tribunal confere clareza ao *expert* na condução de seus trabalhos, possibilitando o desenvolvimento de um laudo ainda mais robusto naqueles pontos de questionamento do Tribunal.

No mesmo sentido, é interessante ao perito que o Tribunal Arbitral avalie os quesitos apresentados pelas partes indeferindo, quando necessário, aqueles impertinentes e sem aderência técnica ao objeto do litígio.

Desta feita, quesitos que demandam a mera verificação do teor de documentos, leitura e reprodução de declarações, assim como quesitos repetitivos e/ou que fogem do objeto técnico da demanda – muitas vezes, inclusive, requerendo julgamento de mérito, o que claramente extrapola as atribuições do perito – não contribuem com o estudo pericial. Como exemplo, citamos, a seguir, quesitos que fogem totalmente à seara da engenharia, pretendendo respostas das áreas médica e jurídica.

> 11) Prestar esclarecimentos sobre as potenciais consequências da contaminação existente para a saúde humana a médio e longo prazos na área de influência direta e indireta da unidade industrial[346].
>
> 73. O abandono de obras públicas, após iniciadas, pode caracterizar ato de improbidade administrativa, à luz do regime jurídico-administrativo vigente no Brasil?[347]

Outra vantagem que pode resultar dessas ações do Tribunal é a possível e provável redução do custo da prova pericial, ponto tão criticado atualmente, uma vez que a delimitação do seu escopo define a extensão

[346] Excerto de um laudo técnico, parte do acervo dos autores, recebido num procedimento arbitral em que o primeiro autor funcionou como assistente técnico da parte contrária àquela que elaborou o quesito.

[347] Excerto de um laudo técnico, parte do acervo dos autores, recebido num procedimento arbitral em que o primeiro autor funcionou como perito.

do estudo e, como consequência, o respectivo custo financeiro. Além, evidentemente, de tornar mais ágil o procedimento como um todo.

3.2. Do entendimento do laudo

No tocante estritamente à dinâmica entre o perito e o Tribunal Arbitral, salienta-se a importância de reuniões prévias. Primeiramente, antes do início da perícia, para que se possa alinhar as expectativas do trabalho a ser desenvolvido. Posteriormente, quando da finalização da minuta do laudo para apresentar aos árbitros que terão a oportunidade de sanar suas dúvidas e verificar se ainda há algum tema que deva ser mais aprofundado e clarificado.

Enquanto perito também procedemos dessa maneira com os assistentes técnicos, oportunizando e privilegiando o debate técnico adequado. Conforme pontua o engenheiro e advogado Francisco Maia Neto:

> [...] é comum a troca de informações entre perito e assistentes técnicos durante a fase de diligências, portanto, nada mais lógico do que apresentar a estes uma minuta para discussão contendo os resultados do laudo, antes de sua entrega. Este procedimento é importante também para o perito, também passível de erros ou equívocos, o que pode ser evitado ao apresentar seu trabalho aos assistentes técnicos que farão o papel de revisores, podendo em alguns casos evitar uma interpretação incorreta de algum fato que tenha, por qualquer motivo, passado despercebido ao perito.[348]

Interpreta-se do trecho acima a necessidade de uma relação ética e transparente entre o perito e os assistentes técnicos durante o desenvolvimento do trabalho pericial, primando por conclusões tecnicamente fundamentadas. Nesse sentido, rememora-se o conselho do arquiteto Francisco Alves Gomes Júnior: "Perito não é Juiz, nem Assistente Técnico é advogado da parte".[349]

[348] Mello, Eduardo T. P. Vaz de. A relação entre o perito oficial e os assistentes técnicos. **Revista Técnica IBAPE** – MG, Belo Horizonte, v. 07, n. 03, p. 06-07, jan. 2017. Disponível em: https://www.ibapemg.com.br/2018/wp-content/uploads/revista-tecnica-ibape-mg-2017-web.pdf. Acesso em: 18 mar. 2021.

[349] Saliba Júnior, Clémenceau Chiabi. A importância da prova pericial na prevenção e solução de controvérsias nos contratos de engenharia. *In*: Bernardes, Edson Garcia (org.).

O mesmo raciocínio se aplica à relação entre a equipe pericial e o Tribunal Arbitral. O perito almeja, por meio do seu trabalho, ser decisivo ao auxiliar os árbitros, porém, sem adentrar no mérito, prerrogativa reservada aos julgadores.

3.3. Proteção da prova pericial

É do nosso entendimento que tanto a prova pericial quanto o perito devam ser protegidos pelo Tribunal das investidas dos advogados que, eventualmente, possam ocorrer por meio de seus assistentes técnicos.

É que, por vezes, há grande tumulto na fase pericial, o que poderá gerar situações que parecem transformar a perícia em uma espécie de miniarbitragem. Tais situações devem atrair o olhar do Tribunal especialmente por abrirem brechas, ainda que de forma velada, para uma futura alegação de nulidade da prova pericial pela parte que não tiver seus anseios satisfeitos ao final do procedimento.

Desta forma, após a entrega do laudo pericial e, em seguida, dos pareceres dos assistentes técnicos, é comum sucederem-se várias rodadas de comentários cruzados e esclarecimentos pelo perito de maneira genérica e sem assertividade.

Observa-se ser mais produtivo que eventuais pedidos de esclarecimentos sobre o laudo sejam formulados sob a forma de quesitos, proporcionando respostas objetivas pelo perito, contribuindo para aprimorar o laudo.

Por outro lado, pela nossa experiência, por vezes, o que ocorre é a construção de um parecer pelo assistente técnico com o intuito principal de apresentar ao Tribunal uma tese divergente, fazendo poucas menções ao laudo pericial e sem trazer comentários nem pedidos de esclarecimento ao perito.

Ao invés de pedir ao perito para comentar todos os pontos divergentes do material apresentado, é entendimento dos autores ser mais produtivo que lhe fosse determinado aclarar apenas aquelas matérias trazidas nos quesitos de esclarecimentos apresentados pelas partes.

De maneira similar, com o objetivo de se evitar audiências longas e desnecessárias, após uma breve apresentação do laudo pelo perito,

Administração Contratual & Claim: coexistência pacífica dos aspectos jurídicos e de engenharia em obras. São Paulo: Pini, 2015.

entendemos ser mais profícuo que os temas a serem trazidos ao *expert* em audiência também sejam limitados àqueles de eventuais pedidos de esclarecimentos já apresentados nas manifestações anteriores, evitando-se repassar todo o laudo, inclusive temas já assentes.

3.4. Contraponto com o poder judiciário

Ainda é de suma importância fazer um contraponto entre a perícia em arbitragem e a perícia judicial. Por mais que, *a priori*, pareça paradoxal, no âmbito do Poder Judiciário, é comum que se desenvolva um diálogo entre o juiz e o perito, inclusive é habitual a alguns juízes, quando já conhecem o perito, entrar em contato para sanar dúvidas acerca do laudo. Ao passo que na arbitragem não se vivencia com frequência tamanha abertura.

Há que se considerar que no Poder Judiciário, é extremamente comum que o perito seja nomeado pelo juízo sendo considerado, portanto, de sua confiança, o que pode não ocorrer na arbitragem quando, por exemplo, a indicação dos profissionais para funcionar como *expert* vier das partes[350]. Contudo, é extremamente salutar ao procedimento, especialmente à fase pericial, que possa haver maior acesso e diálogo entre a equipe pericial e o Tribunal Arbitral.

Nesse sentido, pontua-se que os regulamentos das mais diversas Câmaras de Arbitragem não disciplinam em minúcias a prova pericial como assim o faz o Código de Processo Civil, o que permite certa liberdade aos árbitros e às partes na condução dessa fase.

Inclusive, tanto esse diálogo aberto quanto as reuniões prévias, ambos já mencionados, proporcionam trocas valiosas entre a equipe pericial e os membros do Tribunal Arbitral. Como exemplo, pode-se citar o *feedback* sobre a condução do trabalho pericial, sobre a exposição do caso em audiência e, mais importante, sobre o laudo final.

Essa sinergia é de grande proveito a todos, seja pela possibilidade de os árbitros exporem seus questionamentos e entenderem melhor a demanda técnica desde o início dos trabalhos, seja pela possibilidade de a equipe pericial aprimorar seu laudo e entregar um trabalho mais claro,

[350] Em que pese o novo Código de Processo Civil ter previsto a nomeação consensual do perito em seu art. 471, essa ainda não tem sido uma prática adotada com frequência no judiciário, prevalecendo a nomeação pelo juízo.

completo e direcionado à real demanda do Tribunal. Contudo, e com pesar, nem sempre ocorrem essas trocas.

Destaca-se que todos os atores num procedimento arbitral integram um objetivo comum, não devendo enxergar um ao outro de forma distante, pelo contrário, devem prezar sempre pela sinergia e cooperação mútua.

Outro ponto de comparação que merece especial atenção é no tocante às audiências. No Poder Judiciário, o perito recebe previamente as perguntas por escrito, no intuito de se preparar adequadamente e rememorar os temas do laudo que ainda precisam ser clarificados. Assim, a audiência transcorre mais fluida, de forma objetiva e assertiva, abordando apenas assuntos que ainda carecem de algum esclarecimento.

Tal rito pode auxiliar o presente debate à medida que em arbitragem, muitas vezes, as audiências são longas e extenuantes, requerendo ao perito rememorar todo o laudo, inclusive itens já esclarecidos e não mais controvertidos, e até mesmo temas que nem mesmo foram objeto de pedidos de esclarecimentos. Portanto, a falta de objetividade que, por vezes, ocorre em audiência, pode ser um ponto de atenção pelo Tribunal Arbitral.

3.5. A presença do engenheiro na composição do tribunal arbitral

Por último, é importante trazer à discussão a participação do especialista na composição do Tribunal Arbitral. É sabido que uma das vantagens proporcionadas pela arbitragem é a possibilidade de nomear um profissional, com formação diversa do Direito, especializado na matéria do litígio para integrar o Tribunal.

Assim, embora não seja usual engenheiros serem nomeados para integrar Tribunais Arbitrais, mesmo em demandas de engenharia, a prática traz benefícios tanto às partes, quanto aos coárbitros, uma vez que sua experiência pode auxiliar em muito na compreensão técnica da demanda. Nesse sentido, é o entendimento doutrinário:

> Quer a Lei que o árbitro seja competente, isto é, que tenha conhecimento, aptidão e capacidade que o habilitem a dirimir a controvérsia que lhe será submetida. Espera-se que o julgador escolhido pelas partes seja um especialista no assunto e que tenha razoável experiência na matéria.[351]

[351] CARMONA, Carlos Alberto. **Arbitragem e processo**: um comentário à Lei n. 9.307/96. 3. ed. São Paulo: Atlas, 2009.

Contudo, alguns pontos devem ser analisados. Quando há um engenheiro no Tribunal a presença desse profissional não deve ter um peso maior que aquela dos coárbitros, assim, ele deve cuidar para que a sua opinião não apresente um tom diferenciado daquele dos seus pares em se tratando, evidentemente, da matéria de engenharia. Uma forma de zelar por isso é explicar os conceitos técnicos que respaldam o seu entendimento, apresentando sua fundamentação e contextualização do tema, ao invés de fixar a sua posição sem discussão.

Ademais, ao compor o painel arbitral, o engenheiro não deve exercer a função de perito para não haver confusão de posições e, consequentemente, desequilíbrio no procedimento. Salvo se atuar como árbitro único. Nesse diapasão, destacamos a seguinte colocação do engenheiro e advogado Robert Farrer:

> Poderia o árbitro especialista atuar também como perito? Numa arbitragem com árbitro único entendo que apenas em casos mais simples, de menor relevância, poderia sim, o árbitro atuar também como perito.
>
> Em casos de maior complexidade será muito melhor indicar outro especialista como perito. Assim o fazendo, terá a oportunidade de comparar e avaliar tecnicamente se suas decisões estão coerentes com as provas apresentadas pelas partes, evitando eventuais erros de avaliação.
>
> Já num tribunal, seria totalmente desaconselhável que o árbitro especialista assumisse também a posição de perito, pois se tornaria uma espécie de Super-Árbitro, com oportunidade de utilizar a dupla função no convencimento dos demais árbitros, o que evidentemente irá quebrar o equilíbrio do Tribunal. (informação verbal)[352].

Com observância e rigor dessas questões é do nosso entendimento e experiência que tanto um maior diálogo entre perito e Tribunal Arbitral quanto um painel misto, composto por profissionais do Direito e profissionais especialistas, são saudáveis e proporcionam um debate mais par-

[352] Notas da fala apresentada na mesa redonda sobre "As alterações da lei de arbitragem, DRB e Adjudicação, Arbitragem em obras públicas e em desequilíbrios de contratos", ocorrida em 2015 durante o XVIII COBREAP (Congresso Brasileiro de Engenharia de Avaliações e Perícias), que teve como palestrantes os advogados Robert Farrer, Francisco Maia Neto e Camila Pereira Linhares.

ticipativo e completo, com trocas valiosas entre os profissionais e maior interesse em todos os assuntos envolvendo a demanda em litígio.

Conclusões

Como abordado ao longo deste artigo, a visão do profissional de engenharia acerca da função do árbitro abrange as suas diversas atuações – não só como perito, mas até mesmo como assistente técnico ou árbitro especialista compondo o Tribunal Arbitral.

Essa dinamicidade reforça a necessidade de se primar pela cordialidade, diligência, respeito e equanimidade nas relações entre todos, sejam árbitros, peritos, assistentes técnicos e advogados.

Ao perito, em suma, cumpre analisar e investigar os fatos apresentados, formando sua convicção técnica de maneira fundamentada para auxiliar os árbitros a cumprir o seu mister. Assim, ações por parte do Tribunal que delimitem e delineiem o escopo da perícia são extremamente valorosas, como a fixação de pontos controvertidos e a formulação de quesitos pelos próprios julgadores.

Do mesmo modo, reuniões prévias entre o perito e o Tribunal para alinhamento de expectativas acerca do desenvolvimento do estudo pericial, bem como uma reunião ao final para apresentação do laudo, visando dirimir dúvidas dos árbitros, conferem mais assertividade ao trabalho pericial.

Assim, uma maior comunicação e sinergia entre o perito e os árbitros comportam ganhos a todos os envolvidos; seja pela oportunidade de os árbitros entenderem melhor a questão técnica e todas as suas implicações no caso – o que lhes confere maior discernimento no julgamento, seja pela possibilidade de a equipe pericial construir um laudo claro, completo e direcionado à real solução da parte técnica da demanda.

Referências

BRASIL. Lei n. 9.307, de 23 de setembro de 1996. **Dispõe sobre a arbitragem**. Disponível em: http://www.planalto.gov.br/ccivil_03/leis/l9307.htm. Acesso em: 16 mar. 2021.

CARMONA, Carlos Alberto. **Arbitragem e processo**: um comentário à Lei n. 9.307/96. 3. ed. São Paulo: Atlas, 2009.

MELLO, Eduardo T. P. Vaz de. A relação entre o perito oficial e os assistentes técnicos. **Revista Técnica IBAPE – MG**, Belo Horizonte, v. 07, n. 03, p. 06-07, jan. 2017. Disponível em: https://www.ibapemg.com.br/2018/wp-content/uploads/revista-tecnica-ibape-mg-2017-web.pdf. Acesso em: 18 mar. 2021.

SALIBA JÚNIOR, Clémenceau Chiabi. A importância da prova pericial na prevenção e solução de controvérsias nos contratos de engenharia. *In:* BERNARDES, Edson Garcia (org.). **Administração Contratual & Claim**: coexistência pacífica dos aspectos jurídicos e de engenharia em obras. São Paulo: Pini, 2015.

TESTEMUNHA Técnica na Arbitragem: Entenda o que é! **Grebler Advogados**, 09 jan. 2020. Disponível em: https://grebler.com.br/conteudo/testemunha-tecnica-de-arbitragem/. Acesso em: 18 mar. 2021.

7. A FUNÇÃO DO ÁRBITRO NA VISÃO DOS FINANCIADORES DE LITÍGIOS

Marcela Kohlbach de Faria

Introdução

O financiamento de litígios por terceiros está longe de ser uma prática recente no mercado. Desde a Idade Média, já se trabalha com o conceito de financiamento de litígios, inclusive com a vedação de algumas práticas a ela relacionadas. Conforme relata Marcel Carvalho Engholm Cardoso, o direito inglês na Idade Média possuía um sistema complexo, de difícil acesso ao cidadão comum, o que propiciou a figura de especialistas em direito, aumentando ainda mais o custo do processo[353]. Dessa forma, tornou-se comum o patrocínio do processo por grandes senhores feudais. Essas figuras receberam o nome de *champerty e maintanance* e sua prática foi vedada, inclusive classificada como crimes. No entanto, no final da década de 1970, a Suprema Corte norte-americana passou a reconhecer a legitimidade das práticas e aboliu sua criminalização. Após reconhecer sua legitimidade, a prática do financiamento de litígios se desenvolveu intensamente no Reino Unido, e igualmente, ganhou força na Austrália, nos Estados Unidos e na Inglaterra.

Na realidade, o financiamento de litígios é uma modalidade dentro de um universo de possibilidades de investimentos em litígios, já bastante conhecido pelo mercado brasileiro e internacional. A cessão de

[353] Cardoso, Marcel Carvalho. **Financiamento de litígios por terceiros (*third-party litigation funding*) em processos cíveis (judiciais e arbitrais).** Dissertação (Mestrado em Direito). Universidade de São Paulo (USP), São Paulo, 2017, p. 10-11.

direitos creditórios, por exemplo, é prática bastante usual e muito difundida no Brasil, especialmente com o já consolidado mercado de compra e venda de precatórios[354]. Na mesma toada, outras formas de financiamento podem ser igualmente utilizadas para o custeio de litígios, como é o caso do empréstimo bancário, de contratos simples de mútuo e da dação do crédito judicial em garantia de um financiamento.

Assim, a fim de diferenciar o financiamento de litígios de outras práticas já conhecidas, importante destacar o que a doutrina entende como "financiamento típico" de litígios. Trata-se da possibilidade de um terceiro, que não possui qualquer relacionamento direto com o litígio, pagar a integralidade ou parte das custas necessárias para a condução do processo e, ao final, receber uma remuneração diretamente relacionada ao êxito da demanda financiada. Essa remuneração costuma consistir no retorno do capital investido, com a incidência de alguma taxa pré-estipulada entre as partes, acrescido de um prêmio, que costuma ser um percentual do proveito econômico da parte financiada ou um múltiplo do capital investido pelo financiador[355].

Dessa forma, o principal fator a diferenciar o financiamento típico das demais formas de financiamento de litígios é que esse último adota a modalidade *non recourse*, ou seja, a remuneração do financiador está totalmente atrelada ao êxito da parte financiada na demanda. Caso

[354] Os precatórios são títulos públicos utilizados para o pagamento dívidas dos entes públicos, na forma prevista no artigo 100 da Constituição, que dispõe: "Art. 100. Os pagamentos devidos pelas Fazendas Públicas Federal, Estaduais, Distrital e Municipais, em virtude de sentença judiciária, far-se-ão exclusivamente na ordem cronológica de apresentação dos precatórios e à conta dos créditos respectivos, proibida a designação de casos ou de pessoas nas dotações orçamentárias e nos créditos adicionais abertos para este fim". Uma vez inscrito, o precatório deverá ser pago no exercício seguinte, ressalvadas as previsões contidas em Emendas Constitucionais e acordos feitos com o ente público que autorizam a postergação ou parcelamento do pagamento dos precatórios. Diante da possibilidade de cessão do precatório, a prática de compra e venda de precatórios é bastante usual e encontra um mercado bastante consolidado no Brasil, especialmente diante da possibilidade de compensação do crédito do precatório com outros tributos devidos ao respectivo ente.

[355] Há diversas formas de estruturação do financiamento de litígios. Apesar de a aplicação do percentual do proveito econômico ou do múltiplo do capital investido serem práticas usuais, as partes são livres para estabelecer o modelo econômico de remuneração mais adequado ao caso específico e que faça sentido para ambas as partes.

a parte saia derrotada, nada será devido ao financiador[356]. Observa-se, portanto, que o financiamento de litígios na forma considerada se torna muito atrativo para a parte não só do ponto de vista de levantamento de fundos para arcar com os custos do processo em caso de impecuniosidade, mas também da perspectiva da divisão de riscos entre a parte financiada e o financiador, que assume uma parcela de risco relevante da demanda.

No que tange ao modelo contratual para o financiamento de litígios, muito já se discutiu sobre qual seria o contrato "adequado" para concretizar o financiamento. O tema foi analisado por Napoleão Casado, que verificou a adequação de figuras contratuais como a cessão de crédito, a cessão da posição contratual, a estipulação em favor de terceiros e a cessão fiduciária de créditos, para concluir que essa última seria a forma mais apropriada para se efetivar um investimento em procedimentos arbitrais. No caso,

> parte investida seria o devedor fiduciante, e o investidor, o credor fiduciário. O investido permaneceria na propriedade dos créditos, mas com condição resolutiva (término do procedimento arbitral ou qualquer outra pactuada no contrato de investimento). Ao término do procedimento (ou quando da efetivação da condição resolutiva), a propriedade sobre os créditos pactuados na arbitragem se resolveria e recairia sobre o investidor, na qualidade de credor fiduciário[357].

[356] "Como alerta Maya Steinitz, a correta acepção da locução financiamento por um terceiro consiste em um grupo de métodos de financiamento e não apenas uma única configuração (2011, p. 1.275-1.276). Em sua forma tradicional, o serviço prestado (ou produto ofertado) pelo financiador é o custeio de todas as despesas necessárias ao início e desenrolar do procedimento arbitral. A operação é classificada como um investimento de risco, pois se os pleitos da parte financiada restarem improcedentes, nada é devido ao financiador. Em troca, ajusta-se um percentual do resultado da sentença ou um múltiplo do investimento feito para viabilizar o procedimento arbitral". Cruz, Elisa Schmildlon. **Arbitragem comercial financiada por terceiros**: um estudo da perspectiva regulatória a partir da nova economia institucional. Dissertação (Mestrado em Direito). Pontifícia Universidade Católica do Paraná (PUC-PR), Curitiba, 2017, p. 63.

[357] Casado Filho, Napoleão. **Arbitragem e acesso à justiça**: o novo paradigma do *third party funding*. São Paulo: Saraiva, 2017, p. 157-158.

No entanto, importante salientar que nesse aspecto vige a liberdade contratual. Ou seja, não há uma forma correta e outra errada no que diz respeito ao contrato de financiamento de litígios. Cabe às partes estabelecerem o modelo contratual que melhor se ajustar aos seus interesses. Usualmente, as partes celebram um contrato de cessão de direitos creditórios futuros, com a condição suspensiva de reconhecimento e efetivação dos direitos creditórios para que haja o recebimento pelo financiador.

1. A arbitragem e o mercado de financiamento de litígios no Brasil

Conforme mencionado, o investimento em litígios não é prática recente no Brasil, especialmente a prática da cessão de direito creditórios. Há diversos *players* atuantes no mercado com foco na aquisição de direitos creditórios, de origem privada ou pública. No entanto, o chamado financiamento típico de litígios, até recentemente, não era tema muito comentado no mercado brasileiro. De fato, se o financiamento de litígios judiciais encontra mercado sólido em países como Estados Unidos e Inglaterra, nos quais o custo para litigar é extremamente elevado, o mesmo não ocorre no Brasil. O financiamento de litígios judiciais enfrenta dificuldades de consolidação no mercado brasileiro especialmente por alguns fatores: a) a imprevisibilidade de duração dos casos judiciais; b) a longa duração dos casos judiciais; c) a insegurança jurídica ("risco Brasil")[358]; d) o baixo custo de se demandar no Poder Judi-

[358] "As sofisticadas e complexas interações entre os agentes e as instituições em cada sistema jurídico demonstram que as regras do jogo e os incentivos dependem intimamente da estrutura e do ambiente institucional em que estão inseridos. Dentre as muitas espécies institucionais, existem aquelas criadas para solucionar conflitos, categoria em que se insere a jurisdição estatal e mecanismos extrajudiciais de resolução de controvérsias, inclusive privados. (Bullard; Repetto, 2014, p. 114). Como esclarece Hadfield, 'contracting parties, in theory, can contract not only over the substance of their transaction but also over the enforcement mechanism they sill use to resolve disputes in the event of a failure of commitment' (2008, p. 199). Como se vê, os sistemas legais são verdadeiras molduras institucionais para o sucesso das transações de mercado. Assim, a matriz institucional de uma sociedade deve sempre evoluir de modo a permitir o confrontamento e a resolução de problemas cada vez mais sofisticados (North, 1994, p. 364). Nesta conjuntura, o sistema jurídico congrega uma série de mecanismos institucionais dotados de dinâmica própria e é de se esperar que ganhem força aqueles que melhor se adaptem às necessidades do meio social e econômico em que se desenvolvem". Cruz, Elisa Schmildlon. **Arbitragem comer-**

ciário[359]. Não se afirma que é impossível ou inviável financiar litígios no Brasil, no entanto, os fatores apontados usualmente tornam mais difícil estruturar um modelo de financiamento que faça sentido para as partes financiadora e financiada.

Por outro lado, de alguns anos para cá, verificou-se um mercado extremamente fértil para o financiamento de litígios no Brasil, qual seja, o mercado das demandas arbitrais[360]. Se por um lado, a arbitragem

cial financiada por terceiros: um estudo da perspectiva regulatória a partir da nova economia institucional. Dissertação (Mestrado em Direito). Pontifícia Universidade Católica do Paraná (PUC-PR), Curitiba, 2017, p. 27.

[359] A afirmação acerca do baixo custo de se demandar no Poder Judiciário deve ser interpretada com certa cautela. De fato, os custos iniciais para se demandar no Poder Judiciário são limitados, haja vista a existência de teto de custas judiciais, além da possibilidade de se obter gratuidade de justiça em caso de hipossuficiência econômica. Nesse sentido, "Quando consideramos a jurisdição tradicional, os altos custos do aparato operacional necessário ao alcance do equacionamento satisfatório do litígio são, em grande parte, subvencionados pela máquina pública. Além disso, ao menos no Brasil, o benefício da gratuidade de justiça é legalmente assegurado ao contendente que não apresenta condição financeira que lhe permita ir a Juízo sem prejudicar sua manutenção ou de sua família. O princípio fundamental que garante o amplo e irrestrito acesso à justiça encontra guarida constitucional, conforme preceitua o artigo 5º, XXXV (Brasil, 1988), não se pode excluir da apreciação do Poder Judiciário qualquer lesão ou ameaça de lesão a direito. Em contraponto, a administração onerosa de procedimentos arbitrais e sua administração e julgamento por terceiro(s) remunerado(s) têm finalidade econômica, não podendo, portanto, ser classificados de outra forma, senão como prestação de serviços aos litigantes que a ela se submetem. Assim, embora desejável que os custos da arbitragem sejam razoáveis, facilitando sua disponibilidade '[...] o seu acesso em qualquer circunstância não é elevado a uma condição fundante do sistema arbitral". Cruz, Elisa Schmildlon. **Arbitragem comercial financiada por terceiros**: um estudo da perspectiva regulatória a partir da nova economia institucional. Dissertação (Mestrado em Direito). Pontifícia Universidade Católica do Paraná (PUC-PR), Curitiba, 2017, p. 50.

[360] "A realidade da arbitragem internacional congrega uma série de fatores altamente atrativos para os fundos de investimento de litígios, sendo que ao menos quatro deles merecem especial destaque: (i) usualmente, os valores em disputa são consideráveis, o que garante uma boa oportunidade de retorno do investimento; (ii) o custo total de um procedimento arbitral é, ao menos em tese, mais previsível do que o custo de um processo judicial e o tempo de tramitação do caso é consideravelmente reduzido; (iii) a especialidade dos julgadores na matéria objeto do litígio permite uma maior previsibilidade das decisões (iv) a sentenças arbitrais, se não cumpridas espontaneamente, contam com o suporte de uma gama de tratados que garantem sua exequibilidade internacionalmente (Shannon; Nieuwveld, 2012, p. 12; Cánovas, 2016, p. 16)". Cruz, Elisa Schmildlon. **Arbitragem comer-**

costuma ser apontada como vantajosa por ser um procedimento mais célere, oferecer a possibilidade de escolha de julgadores qualificados e especializados[361], contar com maior flexibilidade procedimental e a possibilidade de opção pela confidencialidade, por outro lado, o alto custo da arbitragem é apontado como ponto negativo e, muitas vezes, impeditivo para a utilização desse método de resolução de conflitos.

Da mesma forma, normalmente os litígios destinados à resolução pela arbitragem são litígios complexos, que demandam investimento em profissionais especializados e, consequentemente, têm custo mais elevado. Assim, a busca por financiamento de litígios arbitrais aumentou exponencialmente nos últimos anos, inclusive a fim de viabilizar o acesso à justiça diante da vinculação da parte a uma cláusula compromissória previamente estabelecida, ainda que ela não possua recursos financeiros para dar início ao procedimento arbitral.

De fato, o financiamento de litígios acaba por trazer maior complexidade às demandas arbitrais, justamente por trazer para a cena um *player* até então desconhecido, e por multiplicar questões relevantes já conhecidas na arbitragem, como a possível existência de conflitos de interesses entre os árbitros e as partes, incluindo-se, agora, o financiador de litígios, equiparado às partes tão somente para a análise de conflitos de interesses. A verificação de existência de conflitos de interesses pressupõe, ainda, o conhecimento pelos árbitros sobre a existência do financiamento e da identidade do financiador, o que igualmente levanta discussões sobre a necessidade de se revelar o contrato de financiamento, o momento adequado e a extensão dessa revelação. Dessa forma, verifica-

cial financiada por terceiros: um estudo da perspectiva regulatória a partir da nova economia institucional. Dissertação (Mestrado em Direito). Pontifícia Universidade Católica do Paraná (PUC-PR), Curitiba, 2017, p. 67.

361 "Os árbitros não são chamados de acordo com o princípio do acaso ou do sorteio nem da regra que faz escolher o julgador com base em factores supostamente objectivos, como são os critérios da competência territorial ou em razão da matéria. Pelo contrário, os árbitros são seleccionados para cada litígio concreto em função de atributos que supostamente possuem e que os tornam especialmente habilitados a fazer justiça no caso em questão. Esta regra da especialização (que melhor seria dizer adequação) é um dos segredos do sucesso da arbitragem [...] ou, quando fracassa, talvez a principal das causas que leva muitos empresários, gestores e advogados a desconfiar do sistema". Júdice, José Miguel. Árbitros: características, perfis, poderes e deveres. **Doutrinas Essenciais Arbitragem e Mediação**, v. 2. São Paulo: RT, 2014, p. 835-860.

se que todo esse incremento de complexidade ao procedimento arbitral exige também maior habilidade dos árbitros na condução do procedimento. Assim, cumpre ao presente artigo analisar o papel dos árbitros na garantia de eficiência e qualidade no julgamento de demandas nas quais há incremento de complexidade em razão da presença do financiador.

2. A função do árbitro

A Lei de Arbitragem brasileira (Lei n. 9.307/1996) não exige nenhuma qualificação específica para a atuação como árbitro. Ao contrário do juiz que tem a sua investidura por meio de concurso público e atua permanentemente na função de juiz, conforme o artigo 13 da Lei n. 9.307/1996, "pode ser árbitro qualquer pessoa capaz e que tenha a confiança das partes". Ou seja, tendo capacidade para a prática dos atos da vida civil, pode ser árbitro qualquer pessoa indicada pelas partes, não havendo sequer necessidade de formação em direito.

A Lei de Arbitragem equipara o árbitro ao juiz togado, na forma dos artigos 17 e 18, segundo os quais os árbitros são equiparados aos funcionários públicos, para os efeitos da legislação penal, e dispõem que o árbitro é juiz de fato e de direito, dispensando a necessidade de homologação judicial da sentença arbitral. No entanto, ao contrário do juiz togado, que exerce jurisdição em caráter permanente, o árbitro exerce jurisdição apenas enquanto está atuando em algum procedimento arbitral[362]. Ninguém é arbitro, mas está atuando como árbitro em caráter temporário. No exercício dessa função, compete ao árbitro, sozinho

[362] No entender de José Miguel Júdice, esse fato gera ainda maiores responsabilidades aos árbitros, que decorre justamente do fato de o árbitro supostamente ser especializado na matéria que permeia a disputa a ser resolvida, ou mesmo a confiança depositada pelas partes, se comparado com o juiz togado. Em suas palavras: "Mas os poderes que definem por contraste a função arbitral resultam ainda de um fator muito relevante que é mais tributário da psicologia e de outras ciências do comportamento do que do âmbito do Direito: o facto de os árbitros serem escolhidos pelas partes (ou pelos seus mandatários) outorga-lhes um grau de poder conformador bem superior ao que detém um magistrado judicial que não foi objecto de selecção pelas partes no processo. Um árbitro é supostamente seleccionado entre um universo muito elevado de possibilidades porque se entende que tem atributos muito especiais para fazer adequada justiça naquele caso concreto". JÚDICE, José Miguel. Árbitros: características, perfis, poderes e deveres. **Doutrinas Essenciais Arbitragem e Mediação**, v. 2. São Paulo: RT, 2014 | p. 835-860.

ou em conjunto com os demais membros do tribunal arbitral, julgar a demanda que lhe foi posta, nos limites da arbitrabilidade da disputa, e da jurisdição que lhe fora garantida pela convenção de arbitragem. Não poderá o árbitro decidir fora desses limites sob pena de extrapolar os poderes que lhe foram conferidos, com a consequência de ser nula a sentença por ele proferida nessa parte.

Portanto, pode-se dizer que a função principal do árbitro é resolver o litígio que lhe foi posto para conhecimento e julgamento, dentro dos limites estabelecidos[363]. No entanto, além desse papel principal, o árbitro possui outros deveres anexos de conduta na condução adequada do procedimento. É o que passamos a analisar a seguir.

3. Atributos do "bom" árbitro: competência, discrição, diligência, transparência e disponibilidade

A despeito de não haver nenhum atributo ou qualificação específica exigida para que alguém exerça a função de árbitro, é notório que a escolha do tribunal arbitral é um dos momentos mais relevantes do procedimento arbitral e essencial para o adequado deslinde da controvérsia. A conhecida expressão "as arbitragens valem o que valerem os árbitros"[364] já demonstra quão crucial é a escolha de um "bom" árbitro para um resultado justo e uma decisão qualificada no procedimento arbitral. Mas quais seriam os atributos de um "bom" árbitro"?

Inicialmente, não há dúvidas de que os atributos dos árbitros são diversos dos atributos dos juízes togados. Ao passo que o juiz é um generalista por natureza, já que, apesar das varas especializadas, precisa conhecer e decidir diversas causas de inúmeras e diversas naturezas, o árbitro é um especialista na matéria para o qual foi escolhido para decidir. No entanto, alguns atributos são comuns ao juiz e ao árbitro, como

[363] "Quando duas partes submetem um determinado litígio à arbitragem, as principais motivações são a necessidade de uma decisão especializada em assuntos de elevada complexidade técnica combinada com maior celeridade, pois a decisão arbitral é irrecorrível em seu mérito. Superficialmente, quando pensamos nos deveres do árbitro, o que nos vem à mente é o dever de decidir o litígio, ou seja, o dever de proferir uma sentença que possa ser executada pelo Poder Judiciário". PICCININI, Mariana da Fonseca; PAIVA, Rafael Bianchini Abreu. O dever de decidir. **Revista de Direito Empresarial**, v. 3, maio2014, p. 353.

[364] JÚDICE, José Miguel. Árbitros: características, perfis, poderes e deveres. **Doutrinas Essenciais Arbitragem e Mediação**, v. 2. São Paulo: RT, 2014, p. 835-860.

a independência, a imparcialidade e a neutralidade[365], atributos esses diretamente relacionados ao devido processo legal, princípio caro e aplicável a qualquer modalidade de processo.

Além da imparcialidade e da independência, o art. 13, § 6º da Lei n. 9.307/1996, são elencadas algumas qualificações a serem observadas pelos árbitros na condução do procedimento, quis sejam, competência, diligência e discrição. A competência pode ter dois significados diversos. O primeiro deles diz respeito à competência do ponto de vista jurídico,

[365] "A doutrina arbitral internacional tem definido, de um modo geral, a "independência" como uma característica razoavelmente objectiva – de um teste objectivo para detectar a existência de enviesamento, falam alguns autores – e que se mede pelo grau de relação com uma das partes e de interesse financeiro que possam retirar do resultado da arbitragem. Ou, como de forma lapidar escreveu Pierre Lalive, *"Independence implies the courage of displease, the absence of any desire specially for the arbitrator appointed by a party, to be appointed once again as arbitrator"*. Na sua essência, a "independência" é instrumental do valor da "imparcialidade" e da aparência das coisas que é essencial ao prestígio e ao desenvolvimento do sistema arbitral de resolução de conflitos. Um árbitro não independente pode, apesar disso, ser imparcial, pois esta é uma característica mais subjectiva. Um árbitro nomeado por uma das partes pode, como atrás se referiu, ter uma predisposição favorável à tese da parte que o nomeou, até porque muitas vezes a escolha é feita tendo por base posições anteriores sobre questões de direito. Mas a sua imparcialidade será confirmada se isso não afectar a sua consciência profissional e se for capaz de decidir contra quem o indicou se a outra parte, afinal e no caso concreto, demonstrou ter razão (to have a better case como se costuma dizer nos sistema de *common law*). Há quem diga que o árbitro é imparcial *in his own way*. No que se refere à "neutralidade", a expressão só tem autonomia conceitual se for referida como exprimindo uma forma diversa de potencial enviesamento, o que decorre de uma proximidade acima da média com a posição de uma das partes, maxime se com ela coincidir em nacionalidade ou enquadramento cultural. Não é forçoso que um árbitro oriundo do mesmo país de uma das partes seja afectado por algum vício mais ou menos oculto que o torne impróprio para integrar esse tribunal arbitral. Mas a experiência revela que, sobretudo em relação ao árbitro presidente, nas arbitragens internacionais a tendência é cada vez mais no sentido de escolher árbitro de diferente nacionalidade, nomeadamente para o proteger e para que o enquadramento cultural em que se insere não afecte, ainda que inconscientemente, o seu julgamento. Mas o conceito de "neutralidade" é mais amplo do que se acabou de mencionar. Visa provocar a análise de todos os factores objectivos de potencial enviesamento que se não integrem nas categorias de "independência" ou de "imparcialidade", desse modo se tornando um instrumento conceitual útil na busca de condições cada vez mais rigorosas para a selecção de árbitros". JÚDICE, José Miguel. Árbitros: características, perfis, poderes e deveres. **Doutrinas Essenciais Arbitragem e Mediação**, v. 2. São Paulo: RT, 2014, p. 835-860.

ou seja, deter jurisdição e competência para decidir a matéria posta para julgamento e com relação às partes envolvidas no litígio. Como visto, a competência na arbitragem é definida tanto pela análise de arbitrabilidade objetiva e subjetiva, como pela análise dos limites da convenção de arbitragem.

Por outro lado, há outra perspectiva qualitativa do conceito de competência, relativa à competência técnica para julgar a matéria posta. Se a especialização do árbitro é elemento relevantíssimo para a sua indicação, por certo que a sua inteligência e capacitação profissional será atributo indispensável. Por certo, não é necessário que o árbitro seja formado em direito ou seja advogado. É possível que a especialização esperada do árbitro envolva outra área de conhecimento, como ocorre com muita frequência em arbitragens de construção, em que há uma constante indicação de engenheiros para atuarem como árbitro em razão do seu conhecimento técnico específico na matéria. No entanto, é sempre relevante que o árbitro, ou ao menos o presidente do tribunal arbitral, tenha conhecimento técnico-jurídico ou experiência jurídica na condução do procedimento arbitral, sob pena de o procedimento em si carecer de uma organização processual adequada e sem a devida efetividade.

No que tange à discrição, importante destacar que a confidencialidade, apesar de não ser atributo essencial na arbitragem, costuma ser a regra. Quando o procedimento arbitral é confidencial, os árbitros, assim como todo os prestadores de serviço que atuam no procedimento arbitral, inclusive o terceiro financiador, se for o caso, estão igualmente vinculados ao dever de confidencialidade, podendo ser inclusive responsabilizados pelos prejuízos causados à parte lesada pela quebra da confidencialidade contratada. No entanto, o dever de discrição vai além do dever contratualmente assumido quando há cláusula de confidencialidade aplicável ao procedimento arbitral. Mesmo em arbitragens não confidenciais, os árbitros não devem comentar publicamente sobre questões do procedimento arbitral que possam expor as partes envolvidas, especialmente no que tange a questões comerciais relevantes que possam estar em jogo na arbitragem.

O dever de diligência, por sua vez, está diretamente relacionado à própria condução do procedimento arbitral. Se por um lado o dever de diligência impõe ao árbitro o dever de garantir a observância do devido processo legal, por outro, igualmente, deverá adotar uma postura firme no sentido de vedar condutas inadequadas e procrastinatórias das partes. O fato de os árbitros serem indicados pelas partes e não exercerem a função de árbitro em caráter permanente, muitas vezes leva os árbitros a não adotarem uma postura firme na condução do procedimento. É certo que o procedimento arbitral é flexível, no entanto, a permissividade excessiva, admitindo manifestações inoportunas e procrastinatórias a todo tempo pelas partes impactam a eficiência do procedimento[366]. No entanto, a expectativa de indicação em procedimentos arbitrais futuros, ou mesmo o receio excessivo de impugnações à sentença arbitral podem levar os árbitros a serem permissivos demais na condução do procedimento[367].

A transparência é igualmente relevante e assunto especialmente delicado quando tratamos do financiamento de litígios. A revelação intem-

[366] Um aspecto relevante ao financiamento de litígios é a extensão adequada da revelação acerca do financiador. Adotamos a posição de que somente a qualificação do administrador é suficiente para se verificar a existência de conflito de interesses entre financiador e árbitros, sem qualquer necessidade de revelação dos termos do contrato de financiamento. O pedido de informações adicionais inadequada, como, por exemplo, a indicação dos cotistas de fundos de investimento que atuam como financiadores, informação essa protegida por sigilo bancário, é claramente procrastinatória e deve ser prontamente indeferido pelo tribunal arbitral, sob pena de gerar incidentes.

[367] "Sob uma concepção negativa, existem os conchavos, grupos em que impera a barganha: de influências e onde transitam os "árbitros profissionais" de parte (ou os árbitros indicados com frequência inapropriada pelo advogado da parte), pautados por trocas de favores, em uma relação quase clientelista. Por outro lado, há os *country clubs*, círculos fechados de árbitros que estabeleceram relação mútua de confiança em virtude da conduta exemplar que demonstraram em casos anteriores, tratando-se, em oposição à barganha de influências, de barganha de virtudes em que a moeda de troca é o capital simbólico detido por seus integrantes. Enquanto os conchavos geram painéis viciados, em que os árbitros padecem do pecado da gula arbitral e comportam-se de modo a angariar novas indicações entre seus pares (para presidir painéis, o que os leva à contemporização ou, por vezes, à leniência no trato de determinados argumentos), a indicação com base na confiança e em experiências anteriores conduz a uma experiência positiva, em que imperam a confiança recíproca e a discussão honesta da causa, sem o objetivo de inflar o ego de outros membros do painel (presidente do tribunal em relação aos coárbitros) ou de favorecer a parte que indicou o julgador (coárbitro em relação a algum dos litigantes)". CARMONA, Carlos Alberto. Os sete pecados capitais do árbitro. *In*: **Revista de Arbitragem e Mediação**, v. 52, 2017, p. 391-406.

pestiva sobre a existência de conflitos de interesses entre os árbitros e as partes pode ferir de morte todo o procedimento arbitral, culminando com a anulação ou não homologação da sentença arbitral. Numa experiência arbitral recente no Brasil, tivemos o emblemático caso Abengoa, julgado pela Corte Especial do Superior Tribunal de Justiça[368], que decidiu pela não homologação de sentença arbitral estrangeira fundada no fato de que o árbitro presidente sócio de um grande escritório americano havia deixado de informar que seu escritório havia recebido US$ 6,5 milhões da Abengoa[369]. No caso, decidiu-se ser irrelevante a existên-

[368] SEC 9.412/US, julgado pela Corte Especial do Superior Tribunal de Justiça, em 19-04-2017.

[369] A doutrina aponta o caso Abengoa como o mais relevante no Brasil para a definição dos critérios de análise da imparcialidade e independência dos árbitros, especialmente pela aplicação do conceito de "dúvida justificada". Conforme destaca Alessandro Torresi: "Com influência da Lei Modelo da Uncitral, no Brasil, a temática da imparcialidade e independência do árbitro vem destacada em dispositivos específicos da Lei n. 9.307/1996 (LGL\1996\72): (I) o art. 13, § 6º, pelo qual, "no desempenho de sua função, o árbitro deverá proceder com imparcialidade, independência, competência, diligência e discrição"; (II) o art. 14, *caput*, segundo o qual "estão impedidos de funcionar como árbitros as pessoas que tenham, com as partes ou como o litígio que lhes for submetido, algumas das relações que caracterizam os casos de impedimento ou suspeição de juízes, aplicando-se-lhes, no que couber, os mesmos deveres e responsabilidades, conforme previsto no Código de Processo Civil(LGL\2015\1656)"; e (III) o art. 14, § 1º, o qual prevê: 'as pessoas indicadas para funcionar como árbitro têm o dever de revelar, antes da aceitação da função, qualquer fato que denote dúvida justificada quanto à sua imparcialidade e independência'. O primeiro ponto a chamar a atenção é que o art. 14, *caput*, da Lei n. 9.307/1996 (LGL\1996\72) vai na contramão da tendência mundial ao remeter a matéria dos impedimentos e suspeições do árbitro para o Código de Processo Civil (LGL\2015\1656) ("CPC (LGL\2015\1656)"). O árbitro e o juiz, apesar de terem funções análogas – a ambos cabe resolver um litígio –, são figuras completamente distintas e se inserem em mundos completamente diferentes: enquanto o juiz tem a magistratura como profissão, os árbitros 'andam pelo mundo e podem ter interesses muito diversificados, para lá da prática arbitral. Ser árbitro – pelo menos em tese – não é uma profissão, tendo os árbitros de exercer outras ocupações, sendo muitas vezes advogados ou professores, gerando com essas atividades possíveis teias de interesses que é preciso acautelar ('árbitro não é juiz, é árbitro'). Ao assim proceder, a Lei n. 9.307/1996 (LGL\1996\72) cria uma confusão desnecessária, que poderia levar um intérprete desatento a achar que, caso o impedimento não viesse a ser tipificado no rol do CPC (LGL\2015\1656) (arts. 144 e 145), estaria o árbitro, automaticamente, preenchendo os requisitos da imparcialidade e independência para julgar o caso concreto, o que não é verdade. Na realidade, o art.14, *caput*, da Lei n. 9.307/1996 (LGL\1996\72) não contém

cia de ligação direta entre o dinheiro recebido pelo escritório e a decisão arbitral, porque o simples recebimento da quantia já caracteriza violação à ordem pública, segundo a decisão do Superior Tribunal de Justiça. Fica evidente, portanto, a relevância e o peso do dever de transparência do árbitro para a adequada resolução do procedimento arbitral.

Por fim, não poderia faltar menção à disponibilidade, que vem sendo cada vez mais objeto de preocupação por parte daqueles que trabalham com arbitragem[370]. A disponibilidade é tão relevante que passou a

em seu texto nenhum elemento de taxatividade, não esgota o elenco dos arts. 144 e 145 do CPC (LGL\2015\1656) toda a matéria. Pelo contrário, o próprio § 1º do art. 14 da Lei n. 9.307/1996 (LGL\1996\72) é aberto no sentido de que o árbitro tem o dever de revelar qualquer fato que denote dúvida justificada quanto à sua imparcialidade e independência. Nesse ponto, observe-se que a lei brasileira prevê como critério para aferição da imparcialidade e independência do árbitro 'fato que denote dúvida justificada quanto à sua imparcialidade e independência'. De fato, disposição análoga consta do art. 12, (1) e (2), da Lei Modelo da Uncitral, segundo os quais, respectivamente: (I) o árbitro deve revelar todas as circunstâncias que possam suscitar 'dúvidas fundamentadas' sobre sua imparcialidade e independência; e (II) um árbitro só pode ter sua nomeação impugnada se existirem circunstâncias que possam suscitar 'dúvidas fundamentadas' sobre sua imparcialidade e independência, ou caso não possua as qualificações que as partes acordaram. Seja sob a expressão 'dúvida justificada', 'dúvidas fundamentadas ou 'fundadas dúvidas', o fato é que todos esses diplomas incorporam a mesma fórmula, que se baseia em um risco ou possibilidade de parcialidade, em vez de uma certeza ou probabilidade de parcialidade. Nesse critério, não é necessário demonstrar que o árbitro agiu, efetivamente, de forma parcial em favor de uma das partes (o que, de fato, seria bastante difícil no âmbito probatório). É suficiente demonstrar fatos concretos que, objetivamente, originam uma substancial dúvida ou suspeita a respeito da falta de imparcialidade e independência do árbitro. Tal dúvida justificada, evidentemente, tem de ser significativa, e não um pretexto ou se basear em circunstâncias objetivamente irrelevantes (afinal, deve ser "fundada"). Sem dúvida, trata-se a 'dúvida justificada' de um critério objetivo, que não adentra na análise da boa-fé subjetiva do árbitro para fins de verificação de sua imparcialidade, levando em consideração, na verdade, fatos objetivos que possam causar uma aparência justificável de parcialidade. Torresi, Alessandro. Imparcialidade e independência do árbitro: "parcialidade evidente" *vs.* "dúvida justificada" e o caso Abengoa. **Revista de Arbitragem e Mediação**, v. 59, dez. 2018, p. 91-117.

370 "Uma das primeiras contribuições dos árbitros ao ideal do Grande Tribunal Arbitral é a decantada disponibilidade. Trata-se, ao lado da confidencialidade, celeridade e especialidade, de mais uma das vantagens do procedimento arbitral. Não à toa, algumas instituições de arbitragem têm adotado em seus parâmetros de eficiência do procedimento a verificação prévia de disponibilidade dos árbitros indicados, mediante a informação pelos profissionais

ser inserida nos questionários a serem preenchidos pelos árbitros para a análise do conflito de interesses, muitas vezes incluindo a indicação do número de casos em que o árbitro está atuando e em quantos procedimentos atua como presidente do tribunal arbitral, função esta que demanda mais tempo e dedicação do árbitro[371].

4. Os pilares econômicos do financiamento do litígio e os impactos negativos da má atuação dos árbitros sobre o financiamento de litígios

O financiamento de litígios demanda profunda análise de risco pelo financiados, que realiza extensiva *due diligence* no caso para verificar a probabilidade de êxito da demanda, uma vez que o seu retorno está exclusivamente ligado ao proveito econômico da parte financiada na demanda. Não havendo êxito e, consequentemente, proveito econômico, o investimento realizado pelo financiador será todo perdido, sem nenhuma possibilidade de recuperação.

Conforme observa Elisa Schmildlon,

> a gênesis econômica do financiamento em questão vai além e guarda estreita proximidade com muitos produtos do mercado financeiro que têm por objeto a transferência de riscos, pois é pela correta aplicação da equação crédito *vs.* risco que o financiador de litígios transforma probabilidade de uma decisão favorável [...] *into a fundable asset*[372].

Assim, o financiador deve realizar extensiva análise jurídica sobre o mérito do caso, além de uma adequada análise sobre a capacidade de

de seus compromissos agendados". Martins, Pedro A. Baptista. O grande tribunal arbitral. **Revista de Arbitragem e Mediação**, v. 59, out.-dez, 2018, p. 79-90.

371 Algumas instituições arbitrais já implementaram em seus *sites* mecanismos de busca para identificar a composição dos tribunais arbitrais nas arbitragens em curso, como é o caso do Centro de Arbitragem da Câmara de Comércio Internacional (CCI) e o Centro de Arbitragem da Câmara de Comércio Brasil-Canadá (CCBC). Disponível em: https://iccwbo.org/dispute-resolution-services/arbitration/icc-arbitral-tribunals/. Acesso em: 09 maio 2021. https://iccwbo.org/dispute-resolution-services/arbitration/icc-arbitral-tribunals/

372 Cruz, Elisa Schmildlon. **Arbitragem comercial financiada por terceiros**: um estudo da perspectiva regulatória a partir da nova economia institucional. Dissertação (Mestrado em Direito). Pontifícia Universidade Católica do Paraná (PUC-PR), Curitiba, 2017, p. 69.

crédito das partes, a fim de verificar: a) no que tange à parte cedente a possibilidade de cessão do crédito, sem configurar fraude à execução; e b) em relação à contraparte na demanda, a capacidade financeira de arcar com eventual condenação, os riscos jurídicos e a efetividade de eventual cumprimento forçado da sentença arbitral.

No entanto, há um fator igualmente relevante para o financiador: o tempo. A expressão *time is money* é uma constante no que diz respeito ao financiamento de litígios. Isso porque, o tempo de duração do processo afeta diretamente o racional do custo do investimento e do valor do ativo, no caso, o direito creditório futuro decorrente do êxito na demanda. Assim, qualquer interferência negativa, que possa afetar a duração do processo que não seja prevista ou previsível pelo financiador poderá impactar diretamente o seu investimento.

Da mesma forma, por mais adequada e profunda que seja a *due diligence* realizada pelo financiador, a volatilidade dos elementos concretos da demanda e das variáveis que podem surgir no curso do procedimento igualmente faz com que a acuracidade das bases de precificação dos ativos seja inviável de ser alcançada com precisão e, portanto, qualquer desvio imprevisível de rota do procedimento ou qualquer elemento novo que possa alterar o cenário fático e jurídico inicialmente analisado pelos financiadores poderá igualmente impactar os resultados esperados com o investimento.

Mas, qual a relação disso com a atuação dos árbitros? Ora, a eficiência na condução do procedimento, na maior parte das vezes, decorre da adequada conduta dos árbitros especialmente na análise de questões procedimentais complexas, e na vedação de condutas procrastinatórias[373]. Se é certo que a sentença arbitral é o ápice da arbitragem e de

[373] "Não se está a afirmar que os árbitros são os únicos responsáveis pela eficiência do procedimento. Por certo que as partes e, principalmente, os advogados por ela indicados, possuem um papel crucial na adequada condução do procedimento. Nesse sentido: "No entanto, o atingimento desse ideal de arbitragem não repousa somente nos ombros dos árbitros, como também não recai apenas nas costas dos advogados ou no colo das partes. De nada adianta partes e advogados serem cooperativos, cumprirem com prazos e cronogramas, e intervirem no estrito necessário, se os árbitros, por seu turno, não agirem com bom senso em suas decisões procedimentais ou não se dedicarem a entender o âmago da controvérsia. Do mesmo modo, pouco importa ser o procedimento impulsionado a tempo e hora pelo tribunal arbitral, e que os árbitros coíbam pretensões descabidas ou protelatórias,

suma relevância, não se pode afastar a importância de outras decisões arbitrais ao longo do procedimento[374].

A fase inicial da arbitragem é quando se delimita o objeto do litígio e, eventualmente, os limites subjetivos da cláusula compromissória. Um primeiro impacto negativo que poderia surgir numa demanda em que há a presença do financiador, além do dever de revelação dos árbitros em relação a conflitos de interesses eventualmente existentes em relação aos financiadores, diz respeito a eventuais pedidos das partes, ou dos próprios financiadores, para intervirem no procedimento. Nesse ponto, o financiador, salvo estipulação contratual expressa ou a verificação de consentimento tácito[375], não está vinculado à convenção de arbitragem. No próprio conceito de financiamento típico apresentado linhas acima, observamos que o financiador é um terceiro estranho ao litígio e, portanto, não é parte signatária do contrato que deu origem à jurisdição arbitral. Dessa forma, salvo acordo expresso entre as partes e o financiador (o que representaria verdadeira novação à convenção de arbitragem), esse não poderia figurar como parte no procedimento arbitral. A pronta resolução de litígios envolvendo esses pedidos é de suma relevância para a definição ágil dos limites objetivos e subjetivos da arbitragem.

A fase instrutória é igualmente delicada e demanda atuação eficiente dos árbitros, especialmente quando se está diante de partes de culturas jurídicas diferentes. Sistemas jurídicos alinhados à *common law*, como é o caso do Reino Unido e dos Estados Unidos, costumam adotar um procedimento instrutório precedido de ampla demanda e troca de documentos, denominada *descovery* ou *desclousure*. Essa extensa possibilidade

se as partes ou seus advogados insistirem em emulações e artimanhas no curso do procedimento". MARTINS, Pedro A. Baptista. O grande tribunal arbitral. **Revista de Arbitragem e Mediação**, v. 59, out.-dez., 2018, p. 79-90.

374 "Não se discute aqui a importância da sentença arbitral, mas as decisões do árbitro não se restringem à sentença, percorrendo um longo caminho que se inicia com o dever de revelação, prévio à investidura, até a correção de eventuais contradições e erros nas sentenças". PICCININI, Mariana da Fonseca; PAIVA, Rafael Bianchini Abreu. O dever de decidir. **Revista de Direito Empresarial**, v. 3, maio 2014, p. 353.

375 Sobre vinculação de terceiros à convenção de arbitragem fora das hipóteses de convenção arbitral escrita: FARIA, Marcela Kohlbach de. **Participação de terceiros na arbitragem**. São Paulo: Quartier Latin, 2020.

de solicitação de documentos da contraparte, muitas vezes, é utilizada de forma abusiva, por meio do que se chama *fishing expedition*, em que a parte solicitante faz um pedido demasiadamente extenso de documentos da contraparte justamente para tentar "pescar" alguma informação que possa incrementar o seu direito, mas sem qualquer embasamento prévio para tanto. Assim, nessas hipóteses, cabe aos árbitros a administração adequada e a eficiência do procedimento, limitando as solicitações indevidas de documentos. Algumas técnicas são usualmente utilizadas na arbitragem para evitar expedientes procrastinatórios durante a produção de provas. As *IBA Rules on the Taking of Evidence*, buscam dar um norte para a condução adequada nessa fase processual, especialmente buscando compatibilizar o procedimento em caso de partes de culturas jurídicas diferentes[376]. Outra técnica usualmente utilizada é a chamada Redfen Schedulle, pela qual as partes apresentam a sua demanda de documentos acompanhada de uma justificativa, as quais são respondidas pela contraparte. Ao final, as solicitações autorizadas

[376] "De fato, os países da *civil law* não são familiarizados, ou ao menos não possuem muita experiência, com a exibição compulsória dos documentos tanto favoráveis quanto desfavoráveis às partes. Diante desse contexto, a *International Bar Association* elaborou um conjunto de regras com o intuito de uniformizar o sistema de produção de provas de forma que pudesse ser utilizado tanto pelos países da *common law* como da *civil law*. Em 1983, foram editadas as *Supplementary Rules Governing Comercial Arbitration*, as quais foram muito bem aceitas no contexto internacional. Com o desenvolvimento da prática da arbitragem internacional, estas regras foram revisadas, com a ajuda de 16 membros de países tanto de cultura de *common law* como de cultura de *civil law*, e em 1999, foram editadas as regras revisadas sob o nome de *Rules on the taking of Evidence in International Arbitration*. Em 2010, estas regras passaram por novo processo de revisão, iniciado em 2008. Conforme expressamente afirmado no preâmbulo das aludidas regras, estas têm por objetivo prover um procedimento eficiente, econômico e justo de colheita de provas nas arbitragens internacionais, principalmente aquelas envolvendo partes de diferentes tradições. O preâmbulo destaca, ainda, o caráter suplementar das regras com relação às demais previsões legais e institucionais, ou previsões *ad hoc* que se aplicam na condução da arbitragem. As regras não têm a pretensão de fornecer uma sistemática rígida de condução de todo o procedimento arbitral, principalmente diante da flexibilidade inerente à própria arbitragem, mas visam tão somente a traçar diretrizes, podendo as partes adotar as regras no todo ou em parte e mesmo combiná-las com outras regras que entenderem convenientes". FARIA, Marcela Kohlbach de. A produção de prova no procedimento arbitral. **Doutrinas Essenciais Arbitragem e Mediação**, v. 3, São Paulo: 2014, p. 461-480.

são decididas pelos árbitros, tudo no formato de uma tabela comparativa para facilitar a análise dos árbitros[377].

É crucial, ainda, que a sentença proferida pelos árbitros seja válida e facilmente exequível. A anulação da sentença arbitral é o pior desfecho possível para a arbitragem, já que, salvo nulidade da própria convenção de arbitragem, o Poder Judiciário não poderá adentrar o mérito e rejulgar a causa, portanto, as partes retornam ao *status quo ante*, sem qualquer solução para o seu litígio, ainda vinculados à convenção de arbitragem. Do ponto de vista do financiador, o próprio ajuizamento da demanda arbitral poderá impactar de forma relevante no retorno do seu investimento, já que terá como consequência o incremento de duração do litígio, inclusive com a possibilidade de antecipação dos efeitos da tutela na demanda anulatória para inviabilizar o cumprimento da sentença que se busca anular.

Do ponto de vista da exequibilidade da demanda arbitral, é relevante que a sentença possua critérios claros e bem determinados, especialmente no que tange aos índices de correção monetária e juros eventualmente incidentes sobre a condenação. Tratando-se de sentença parcial, que demanda liquidação em fase posterior, é importante que os critérios para a liquidação sejam prévia e adequadamente definidos, para garantir a eficiência, a celeridade e a previsibilidade da fase de liquidação. Ainda que se admitida a apuração de dano zero no direito brasileiro, muitas vezes o resultado negativo decorre de uma falha na sentença parcial, que deixa de apreciar adequadamente os fatos e as provas e transfere para a fase de liquidação matérias que deveriam ser decididas na fase de conhecimento.

[377] "[...] a *Request to Produce* é apresentada a outra parte em uma tabela com quatro diferentes colunas. Na primeira, coloca-se a identificação dos documentos ou da categoria de documentos requerida. Na segunda, uma breve descrição das razões pelas quais se está requerendo esse documento ou categoria de documentos. Na terceira, um espaço para a parte requerida apresentar objeções à apresentação do documento ou da categoria de documentos. A quarta, por sua vez, é normalmente deixada em branco para constar a decisão do Tribunal em caso de objeção. A essa tabela deu-se o nome de Redfern Schedule, em homenagem ao professor Alan Redfern, que foi o primeiro a sugerir essa formatação". Faria, Marcela Kohlbach de. A produção de prova no procedimento arbitral. **Doutrinas Essenciais Arbitragem e Mediação**, v. 3, São Paulo: 2014, p. 461-480.

Conclusões

Assim, do ponto de vista do financiador de litígios, o adequado e diligente exercício da função do árbitro é extremamente relevante para garantir o almejado retorno do seu investimento. De fato, o adequado julgamento da demanda é tão relevante para o financiador quanto para a parte, e não poderia ser diferente, uma vez que, diante da natureza *non recourse* do financiamento típico de litígios, o financiador possui absoluto alinhamento de interesses com a parte do ponto de vista do resultado da demanda, chegando a ser equiparado a um "sócio" da parte no litígio.

É relevante, ainda, que o árbitro tenha conhecimento sobre o papel do financiador, os limites de sua atuação e a possibilidade de participação na demanda. Se é certo que a existência do financiador pode gerar um incremento de complexidade para a arbitragem, não se pode autorizar que a figura do financiador sirva como instrumento para manobras procrastinatórias e desleais da contraparte. Se é certo que o financiamento de arbitragens encontra mercado fértil no Brasil e possui diversas vantagens não só para a parte financiada, mas também para o desenvolvimento da arbitragem de maneira geral, é igualmente certo que os árbitros devem se informar cada vez mais sobre a prática e seus impactos no procedimento arbitral, de forma a garantir a condução adequada do procedimento em que uma ou demais partes estão sendo financiadas por um terceiro.

Referências

CARDOSO, Marcel Carvalho. **Financiamento de litígios por terceiros (*third-party litigation funding*) em processos cíveis (judiciais e arbitrais)**. Dissertação (Mestrado em Direito). Universidade de São Paulo (USP), São Paulo, 2017.

CARMONA, Carlos Alberto. Os sete pecados capitais do árbitro. *In*: **Revista de Arbitragem e Mediação**, v. 52, 2017.

CASADO FILHO, Napoleão. **Arbitragem e acesso à justiça**: o novo paradigma do *third party funding*. São Paulo: Saraiva, 2017.

CENTRO de Arbitragem da Câmara de Comércio Internacional (CCI) e o Centro de Arbitragem da Câmara de Comércio Brasil-Canadá (CCBC). Disponível em: https://iccwbo.org/dispute-resolution-services/arbitration/icc-arbitral-tribunals/. Acesso em: 09 maio 2021. https://iccwbo.org/dispute-resolution-services/arbitration/icc-arbitral-tribunals/

CRUZ, Elisa Schmildlon. **Arbitragem comercial financiada por terceiros**: um estudo da perspectiva regulatória a partir da nova economia institucional. Dissertação (Mestrado em Direito). Pontifícia Universidade Católica do Paraná (PUC-PR), Curitiba, 2017.

FARIA, Marcela Kohlbach de. **Participação de terceiros na arbitragem**. São Paulo: Quartier Latin, 2020.

FARIA, Marcela Kohlbach de. A produção de prova no procedimento arbitral. **Doutrinas Essenciais Arbitragem e Mediação**, v. 3, São Paulo: 2014.

JÚDICE, José Miguel. Árbitros: características, perfis, poderes e deveres. **Doutrinas Essenciais Arbitragem e Mediação**, v. 2. São Paulo: RT, 2014.

MARTINS, Pedro A. Baptista. O grande tribunal arbitral. **Revista de Arbitragem e Mediação**, v. 59, out.-dez, 2018.

MARTINS, Pedro A. Baptista. O grande tribunal arbitral. **Revista de Arbitragem e Mediação**, v. 59, out.-dez., 2018.

PICCININI, Mariana da Fonseca; PAIVA, Rafael Bianchini Abreu. O dever de decidir. **Revista de Direito Empresarial**, v. 3, maio 2014.

SEC 9.412/US, julgado pela Corte Especial do Superior Tribunal de Justiça, em 19-04-2017.

TORRESI, Alessandro. Imparcialidade e independência do árbitro: "parcialidade evidente" *vs.* "dúvida justificada" e o caso Abengoa. **Revista de Arbitragem e Mediação**, v. 59, dez. 2018.

PARTE 3

A FUNÇÃO DE ÁRBITRO E PROCEDIMENTO ARBITRAL

1. A ÉTICA E A FUNÇÃO DO ÁRBITRO[378]

José Carlos de Magalhães

Introdução

Discorrer sobre a função do árbitro tem a ver com o conceito de ética, que deve presidir a conduta das pessoas e é destinado a atingir o *bem*, como valor da conduta em determinado grupo social e objetivo último, ao qual está vinculado. Embora integre a esfera do direito, cujo propósito é alcançar a *justiça*, o *justo*, a ética tem, como referência, grupo social com objetivos próprios, harmônicos ou não com o mais amplo da comunidade a que pertence. Não se confunde com lei, como ato do Estado, nem com direito, emanado da sociedade, embora possa ser complementar de ambos.

O comportamento de um indivíduo pode não contrariar a Lei, mas ser antiético, por estar dissociado dos padrões do seu grupo social. Também nada tem a ver com a *justiça*, o *justo*, objeto do direito, pois o conceito da ética está ligado ao *bem* almejado pelo grupo social, enquanto direito visa à *justiça*. Nem sempre o que é ético e, portanto, *bom* para o grupo, é *justo* para a sociedade. O malfeitor, para usar palavra fora de moda, ao se recusar a delatar o comparsa, observa conduta ética que dele esperam seus associados. É comportamento *bom* para o grupo, com o qual coopera. É também lícito, pois não contraria a lei, uma vez que não

[378] A redação deste artigo contou com a participação da advogada Tânia F. Rodrigues Palma, a quem o autor agradece.

tem o dever de delatar. Todavia, é injusto por estar dissociado do direito emanado da sociedade, com a qual se recusa a colaborar.

Se, ao contrário, o malfeitor resolver delatar os seus cúmplices na empreitada criminosa, tem atitude antiética com esse grupo, mas, ao traí-lo, se integra na sociedade maior, com comportamento socialmente *bom*. A delação, portanto, é um *bem* para a sociedade como um todo e ao mesmo tempo antiético para o agrupamento do delator. São parâmetros distintos a configurar comportamentos e lealdades também distintos.

Por outro lado, o que é *bom* em um momento pode não ser em outro, ou para outra comunidade, da mesma forma que o conceito de *justo* pode variar no tempo e no espaço. A dinâmica social resulta em contínuas reformulações de conceitos e de apreciação ou valoração de condutas e de costumes. Os valores e princípios que governam cada sociedade não são eternos ou imutáveis, embora haja os que perduram por períodos prolongados e somente se modificam após grandes transformações paulatinamente assentadas.

Ilustra-o a escravidão. Praticada desde os tempos bíblicos, somente foi condenada universalmente no século XIX. Demorou milênios para que a humanidade tomasse consciência da iniquidade da instituição. Mas, enquanto perdurou, era socialmente ético possuir escravos, por ser prática aceita pela generalidade das comunidades. Inicialmente resultava de guerras, em que o vencedor submetia o vencido ao trabalho servil, além de confiscar-lhe os bens, como butim. No início do século XX, esse conceito ainda perdurava, com a condenação da Alemanha a pagar vultosa indenização aos países vencedores na I Guerra Mundial. Foi uma espécie de confisco de bens, travestido de indenização, para compensar prejuízos estimados pelos países vencedores e obrigar o povo alemão a contribuir com recursos destinados aos vencedores na contenda. Na Segunda Guerra Mundial, a humanidade evoluiu e condenou apenas as pessoas responsáveis pela agressão[379] e não mais o país como um todo. Foi o reconhecimento de que o povo também fora vítima das autorida-

[379] O Tribunal de Nuremberg, constituído para apurar crimes de guerra na II Guerra Mundial, condenou autoridades da Alemanha por eles responsáveis, mudando a orientação do Tratado de Versalhes, que pôs fim à I Guerra Mundial e condenara aquele país a pagar indenização, penalizando, dessa forma, toda a população.

des governamentais responsáveis pelas atrocidades cometidas no conflito e por sua eclosão.

A escravidão era, pois, prática amparada pelo direito incrustado na consciência dos povos, e amparada por Lei a sancioná-la. Era o ônus suportado pelos povos vencidos em guerras. A sua abolição decorreu da consciência que se foi formando nas diversas sociedades de não ser *bom*, e, por isso, deixou de ser *ético*. O caráter antiético da escravidão contaminou o direito, deixando de considerá-la *justa*, a provocar alteração na legislação dos países, para ser abolida por lei, como ato de autoridades governamentais atentas às modificações verificadas na sociedade.

Como cada sociedade nacional é integrada por diversos grupos sociais, ou comunidades com características próprias, são eles regidos por conceitos éticos específicos, sem considerações de ordem jurídica ou legal. Os advogados, os médicos e outros profissionais observam códigos de ética específicos, com recomendação de condutas que, em si, não são antijurídicas, nem ilegais, mas éticas. Quem infringe uma norma de conduta profissional pode não violar a lei, nem o direito, mas está sujeito à sanção imposta pelo seu grupo social. A pecha de comportamento antiético pode afetar a reputação e a credibilidade do infrator e até a exclusão da comunidade a que pertence. Os clubes esportivos ou sociais e associações profissionais têm regras de conduta para seus integrantes que, se não observados, podem acarretar até a exclusão da entidade. É a norma ética a prevalecer sobre o direito vigente na sociedade maior na qual se integra e sobre a lei editada pelo Estado.

Essas considerações indicam que a ética preside as relações humanas e é observada pelo homem comum no dia a dia de seus relacionamentos. É o que se verifica na etiqueta, a pequena ética, a presidir comportamentos e hábitos sociais, como trajes apropriados para certas ocasiões (casamentos, velórios, celebrações) ou para frequentar determinados locais, como restaurantes, igrejas, ou, ainda, no exercício de atividades profissionais (toga dos magistrados, beca dos advogados, jaleco branco dos médicos e enfermeiros), hábitos alimentares e de se portar à mesa, dentre outros.

Assume maior importância em situações em que, envolvido em controvérsia, soluciona-a mediante negociações e em boa-fé, que governa as relações sociais. Quando falham os entendimentos diretos, apela-se para a intermediação de terceiros, a mediação conduzida por mediadores, o

Estado, por meio de seu Poder Judiciário, ou a arbitragem, com a nomeação de árbitros

1. A função do árbitro

E é na solução de controvérsias, quando fracassam as negociações, que o árbitro é chamado pelos interessados para interferir, sob princípios éticos e pela boa-fé. O *bem* almejado pelos litigantes é a solução da controvérsia, com a pacificação da relação litigiosa. É o objetivo ético da investidura. A decisão a ser proferida tem também outro propósito, o da *justiça*, com o reconhecimento da procedência ou improcedência da pretensão de um dos contendores, em detrimento do outro. Tem-se, pois, dois efeitos: o *bom*, da ética – com o término do litígio – e o da **justiça**, do direito, com a sentença.

Esse resultado é diverso da mediação, em que se almeja apenas o *bom*, da ética, alcançado com o término da contenda pelos próprios litigantes, auxiliados por mediadores, a ensejar a negociação entre eles, sem considerações de *justiça*. O objetivo da mediação é, pois, o de pôr fim à controvérsia mediante concessões mútuas, por transação, ou renúncia unilateral da pretensão de uma das partes. Nela não se busca *justiça*, mas tão somente o *bom*, com o término do litígio. A arbitragem é que tem o duplo desiderato, o *bom*, da ética e o da *justiça*, do direito.

Para atingir esse duplo efeito, as partes delegam poderes para o árbitro, que passa a atuar na condição de autoridade delegada para declarar o direito aplicável à relação negocial controvertida. Para isso deve observar as normas processuais aprovadas pelos contendores ou pela entidade de arbitragem por eles selecionada e aplicar o direito material que rege a relação jurídica controvertida, tal como o juiz togado.

Isso decorre do fato de que o contrato, ao regular as obrigações e direitos das partes, pode conter duas ordens de normas jurídicas: (i) a que disciplina a relação negocial ajustada, como a compra e venda, a prestação de serviços, a constituição da sociedade, ou o financiamento e outras e (ii) a forma de solução de controvérsias que, eventualmente, possa ocorrer no curso dessa relação. A primeira diz respeito ao direito aplicável ao negócio em si e rege, de imediato, a relação ajustada, desde a sua formação, até o seu cumprimento integral; a segunda, de caráter processual, é eventual, e somente será acionada se surgir litígio no cumprimento do contrato. A cláusula de eleição de foro e de arbitragem é dessa segunda categoria. Somente terá aplicação se houver divergência entre os contratantes não solucionada por negociações.

Nos contratos internacionais, em que os contratantes têm domicílio ou sede em países distintos, a lei aplicável ao ajuste pode ser definida para reger o negócio pactuado (art. 78 do Código Civil[380]). Ao juiz ou ao árbitro incumbe acatar o acordo sobre o direito aplicável ao negócio. Tratando-se de relação comercial de partes sediadas em países diferentes, possuem elas autonomia para definir a lei a reger o acordo, podendo ser do país de qualquer dos contratantes ou de terceiro país, cuja ordem jurídica as partes consideram adequado para regular o ajuste. Pode, ainda, ser de Convenção internacional, mesmo não ratificada pelo Estado, como ocorria no Brasil antes da ratificação da Convenção das Nações Unidas sobre Contratos de Compra e Venda Internacional de Mercadorias[381], em que os contratantes já acordavam a sua aplicação em contratos internacionais de compra e venda de mercadorias.

Todavia, se omisso o contrato, as normas de direito internacional privado podem definir a lei a ele aplicável. No Brasil, a regra geral é a prevista no art. 9º da Lei de Introdução às Normas do Direito Brasileiro (LINDB), segundo o qual para qualificar e reger as obrigações, aplicar-se-á a lei do país em que se constituírem. Há controvérsia sobre o caráter impositivo ou dispositivo dessa norma. Questiona-se se seria aplicável somente no silêncio das partes, ou se haveria a possibilidade de adoção de norma diversa, diante das características do contrato e da relação das partes.

O art. 78 do Código Civil, ao admitir que os contratantes podem especificar domicílio onde se exercitem e cumpram os direitos e obrigações deles resultantes, autoriza, indiretamente, a escolha da lei aplicável, com o afastamento da aplicação do princípio *locus regit actum* que inspira o art. 9º da LINDB. É a prevalência da autonomia da vontade, a permitir seja perquirida a intenção comum dos contratantes, com base na realidade do negócio. Trata-se de reconhecer a independência das partes

[380] Brasil. Código Civil (2002). "Art. 78. Nos contratos escritos, poderão os contratantes especificar domicílio onde se exercitem e cumpram os direitos e obrigações deles resultantes".

[381] A Convenção das Nações Unidas sobre Contratos de compra e Venda Internacional de Mercadorias (Uncitral) foi ratificada pelo Brasil pelo Decreto Legislativo n. 538, de 18 de outubro de 2012 e objeto do Decreto n. 8.327, de 16-10-2014.

para estabelecer as regras a reger as obrigações pactuadas, cada vez mais acentuada na prática contratual, com o afastamento da intromissão do Estado em assuntos de interesse privado.

Há entendimentos divergentes que consideram ser impositiva a norma do art. 9º da LINDB. O art. 78 do Código Civil, todavia, contradiz essa conclusão, ao conferir às partes autonomia para indicar o local do cumprimento do contrato. Com base nessa norma, a lei do lugar escolhido pelas partes é a que regula a relação contratual, mesmo sendo diverso do que foi firmado no contrato.

Se as partes forem omissas em indicar a lei aplicável ou deixarem de especificar o domicílio ou a sede do local onde as obrigações devem ser cumpridas, mas o comportamento delas, o costume e as circunstâncias que presidem a relação jurídica o indicarem, há que se considerar essa realidade. A vontade presumida das partes deve prevalecer para definir o direito aplicável, a despeito da norma de caráter dispositivo da LINDB. Não há razão lógica para a ela conferir caráter impositivo, se seu objeto diz respeito à negócio privado, sem considerações de ordem pública a justificar a imposição da norma. Admitir o contrário é aceitar a intromissão do Estado em assuntos de interesse exclusivo dos contratantes, a contrariar o princípio inscrito no *caput* do art. 174 da Constituição Federal[382].

O tema ora aflorado tem o propósito de destacar a distinção entre as leis materiais que regem a relação negocial, o contrato, das de caráter processual destinadas à composição de controvérsias dela decorrentes.

2. O caráter privado do processo arbitral

As normas de processo que presidem a atuação do juiz estatal são as do Código de Processo Civil e de organização judiciária e prescinde da vontade dos litigantes e do juiz. Emanam do Estado a que o juiz e as partes estão sujeitos e possuem caráter geral, para todas as controvérsias não resolvidas por negociações entre os interessados. São impositivas, não podendo o juiz, nem as partes disporem de maneira diversa. Não se confunde com a aplicação de leis estrangeiras de direito privado, destinadas

[382] BRASIL. Constituição Federal (1988). "Art. 174. Como agente normativo e regulador da atividade econômica, o Estado exercerá, na forma da lei, as funções de fiscalização, incentivo e planejamento, sendo este determinante para o setor público e indicativo para o setor privado".

a reger o contrato, o negócio ajustado, fundado na autonomia da vontade[383].

As que concernem à arbitragem, embora processuais, são de caráter privado e observam o acordo de vontade das partes em cada caso específico. Estão subordinadas a princípios e parâmetros próprios, dentre os quais os indicados na Lei n. 9.307/1996, que as autoriza a escolher a lei aplicável ao processo, desde que não haja violação aos bons costumes e à ordem pública[384]. É de se notar que essa faculdade é conferida às partes; não aos árbitros, autorizados apenas a disciplinar as normas de **procedimento**, se as partes forem omissas sobre o tema[385]. Essa faculdade, frise-se ainda uma vez, refere-se tão somente às normas de **procedimento**, não às de direito material que, se omisso o contrato, deve observar o objeto do direito internacional privado nos contratos internacionais.

Assim, a apreciação da função do árbitro deve se cingir a sua atuação no âmbito do processo, pois, no que se refere ao direito material, não se distingue do juiz estatal. Ambos decidem com base na mesma norma jurídica que rege a relação jurídica controvertida.

A possibilidade de divergência de interpretação da lei material é corriqueira e normal, pois, mesmo entre juízes do mesmo grau de jurisdição e tribunais judiciários há interpretações díspares, nem sempre conciliadas por decisões dos tribunais superiores, com turmas e câmaras a decidir controvérsias similares com decisões conflitantes. Integra a estrutura judicial de todos os Estados, com os graus de jurisdição para revisão de sentenças. Embora a lei disponha de uma forma determinada, as circunstâncias de cada caso podem interferir com sua interpretação

383 Brasil. LINDB. "Art. 13. A prova dos fatos ocorridos em país estrangeiro rege-se pela lei que nele vigorar, quanto ao ônus e aos meios de produzir-se, não admitindo os tribunais brasileiros provas que a lei brasileira desconheça"; "Art. 14. Não conhecendo a lei estrangeira, poderá o juiz exigir de quem a invoca prova do texto e da vigência.

384 Brasil. Lei n. 9.307/1996. "Art. 2º, § 1º. Poderão as partes escolher, livremente, as regras de direito que serão aplicadas na arbitragem, desde que não haja violação aos bons costumes e à ordem pública".

385 Brasil. Lei n. 9.307/1996. "Art. 21. A arbitragem obedecerá ao **procedimento** estabelecido pelas partes na convenção de arbitragem, que poderá reportar-se às regras de um órgão arbitral institucional ou entidade especializada, facultando-se, ainda, às partes delegar ao próprio árbitro, ou ao tribunal arbitral, regular o procedimento. § 1º Não havendo estipulação acerca do **procedimento**, caberá ao árbitro ou ao tribunal arbitral discipliná-lo" (grifos nossos).

e resultar em decisões divergentes de precedentes similares. Fatores como local da ocorrência, características das partes e do negócio, época dos acontecimentos, flutuação da jurisprudência, enfim diversos fatores podem interferir para a tomada de decisão sobre uma controvérsia.

Uma vez que, sob a ótica do direito material, não há distinção entre a atuação do juiz estatal e o árbitro, há que se examinar o que diferencia ambas as funções sob o prisma do processo, subordinado a parâmetros e princípios diversos, sobretudo no que diz respeito às hipóteses de impedimento e de suspeição.

3. A confiança das partes

A lei dispõe que os árbitros devem atuar com imparcialidade, independência, competência, diligência e discrição[386]. São princípios éticos destinados a alcançar o bem almejado pelas partes, que é a solução da controvérsia. Embora sejam próprios da atividade de qualquer julgador, não se encontram discriminados no Código de Processo Civil, ao estabelecer as normas a serem observadas pelo juiz estatal[387], sujeito ao padrão de conduta geral dos funcionários públicos estabelecido na Constituição Federal[388].

A diferença entre ambos os julgadores reside, primordialmente, no fato de o juiz possuir jurisdição outorgada pela Lei e o árbitro pelas partes, fundada na confiança nele depositada. É a confiança no árbitro, sua independência e imparcialidade que o habilita a atuar, sem as amarras das hipóteses de suspeição ou de impedimento do juiz, fincadas em pressupostos distintos, diante do caráter público de sua função, em contraposição ao privado do árbitro.

Os artigos 144 e 145 do Código de Processo Civil reconhecem essa distinção, ao estabelecerem as hipóteses de impedimento e de suspeição dos juízes, referidos na Lei n. 9.307/1996 como aplicáveis aos árbitros, com a ressalva no que couber. O que se justifica, pois, a jurisdição

386 Brasil. Lei n. 9.307/96. "Art. 13, § 6º. No desempenho de sua função, o árbitro deverá proceder com imparcialidade, independência, competência, diligência e discrição".

387 Brasil. Código de Processo Civil. Art. 139.

388 Brasil. Constituição Federal (1988). "Art. 37. A administração pública direta e indireta de qualquer dos Poderes da União, dos Estados, do Distrito Federal e dos Municípios obedecerá aos princípios de legalidade, impessoalidade, moralidade, publicidade e eficiência e, também, ao seguinte: [...]".

conferida ao árbitro funda-se na confiança nele depositada e não em sua investidura por ato do Estado, por lei, como ocorre com o juiz estatal.

A confiança, por isso mesmo, constitui requisito ético-jurídico-legal essencial para a nomeação e atuação do árbitro. É o único exigido pela lei[389] para o árbitro ser indicado, não obstante possam as partes estabelecer outros complementares, em função das características do contrato e da controvérsia. Ao confiar no árbitro, as partes nele têm a expectativa de sua atuação imparcial, competente e dedicada à solução da controvérsia em que se envolvem. É de se notar que a atuação imparcial e independente não se confunde com neutralidade, pois o julgador, seja árbitro, seja juiz, nunca é neutro, pois carrega em si sua formação familiar, cultural, religiosa, meio social de onde provém, experiência pessoal e demais fatores que informam e habitam o inconsciente de qualquer ser humano.

É certo que as partes podem estabelecer requisitos adicionais ao da confiança, em função das características da relação jurídica controvertida, como o de exercer o árbitro determinada profissão, ou possuir conhecimento especializado na matéria a ser decidida, ou do direito estrangeiro que rege o contrato. É a vontade dos contratantes a prevalecer, desde que presente o requisito fundamental da confiança de todas as partes – e não apenas da parte que faz a indicação.

Há, ainda, o requisito adicional, que, todavia, não diz respeito ao árbitro, mas à controvérsia. Ela só pode versar sobre direitos patrimoniais disponíveis para se submeter à arbitragem. Trata-se de condição legal do sistema jurídico brasileiro que se aplica às partes, a obstar-lhes a utilização desse meio privado de solução de litígios sobre direitos não patrimoniais e indisponíveis, sobre os quais o Estado ainda mantém o monopólio de jurisdição.

4. O dever de revelação do árbitro

O fundamento da confiança das partes exige de quem for indicado para atuar como árbitro a divulgação de qualquer fato que possa afetar essa confiança. A lei faz referência ao dever de revelação de fato "que denote dúvida *justificada* quanto à sua imparcialidade e independência", *antes de*

[389] Brasil. Lei n. 9.307/1996. "Art. 13 – Pode ser árbitro qualquer pessoa capaz e que tenha a confiança das partes".

aceitar a função[390]. Desde logo, há de se notar que a lei se refere à *dúvida justificada*, do que resulta que tem procedência, pois é *justificada*, e, sendo assim, desqualifica o árbitro. Se o fato revelado faz aflorar uma dúvida *justificada*, parece lógico deduzir que a confiança está abalada. A prática da arbitragem, no entanto, tem indicado certa flexibilização no conceito legal, em que o árbitro faz a revelação de fato que pode influir na confiança das partes, instadas a se manifestarem, para ratificá-la ou não. Se considerarem que o fato revelado não interfere com a confiança, habilitam-no a atuar. Essa ratificação impede seja o fato revelado motivo para desqualificar o árbitro, após a decisão ou de qualquer incidente processual. Por essa razão, os Termos de Arbitragem elaborados pelas instituições de arbitragem, firmados quando do início do procedimento, contêm disposição expressa de que as partes aceitam os árbitros indicados, cientes da revelação eventualmente apresentada, contra a qual nada têm a opor.

Deve-se notar que a lei se refere a fato *anterior* à nomeação do árbitro, a preceder, portanto, sua nomeação. Trata-se de condição legal. Todavia, é insuficiente, uma vez que o requisito da confiança exige sua manutenção durante todo o curso do processo. A ética alarga o dever legal e o estende para perdurar por todo o processo, e mesmo depois de seu término. Se, após a nomeação do árbitro, surgir fato novo que possa toldar a confiança nele depositada, a ética – e não a Lei – impõe-lhe o dever de informá-lo às partes, para que a confirmem ou não. Se o árbitro é consultado para representar empresa vinculada a uma das partes, ou de suas emanações conhecidas, ou para prestar algum serviço ou consultoria, ou elaborar parecer, deve, antes de aceitar a incumbência, divulgar o fato no curso do processo e consultar as partes, instando-as a se pronunciar sobre o tema.

Não há norma legal que imponha essa providência, mas tão somente ética. A falta dessa revelação, embora não prevista em lei, frise-se ainda uma vez, pode desqualificar o árbitro, por interferir com a confiança nele depositada, ao gerar suspeita de favorecimento ou de influência de uma das partes na sua conduta. É certo que a parte pode recusar a atua-

[390] BRASIL. Lei n. 9.307/1996. "Art. 14, § 1º. As pessoas indicadas para funcionar como árbitro têm o dever de revelar, antes da aceitação da função, qualquer fato que denote dúvida justificada quanto à sua imparcialidade e independência".

ção do árbitro por fato posterior à sua nomeação, embora não imponha ao árbitro o dever de revelar o fato[391].

Mesmo após o término do processo, pode surgir fato novo que o árbitro, na verdade agora ex-árbitro, deve considerar. É o caso de convite para aceitar incumbência que tenha relação direta com uma das partes ou com os fatos examinados na arbitragem. Um pedido de parecer ou de prestação de consultoria para uma das partes, depois de terminado o processo arbitral, ainda que sobre tema a ela não relacionado, ou convite para integrar entidade de interesse do árbitro na qual uma parte tem influência, pode trazer implicações e despertar dúvida sobre o seu comportamento no curso da arbitragem terminada.

De fato, não há norma legal que impeça o agora ex-árbitro de aceitar o novo encargo, até porque o processo arbitral já terminou, assim como sua condição de árbitro já expirou. Mas a ética impõe-lhe o dever de considerar se pode aceitar a incumbência, se deve consultar os antigos contendores, ou simplesmente recusá-la, diante da possibilidade de interferir com a confiança nele depositada na arbitragem, embora já terminada. O fato posterior pode gerar suspeita de eventual envolvimento anterior a contaminar a relação de confiança. Trata-se de situação delicada, não regulada por lei, mas de conduta ética a ser avaliada, até para evitar eventual fundamento de ação de nulidade de sentença, fundada na falta de independência do árbitro.

É, novamente, a ética a prevalecer sobre a norma legal.

5. Direito, lei e ética

A situação acima descrita revela a distinção entre o direito, como norma que expressa valores, princípios e anseios da sociedade, que a Constituição denomina "povo"[392] e a Lei, ato do Estado, por meio das pessoas integrantes dos seus Poderes. A Lei pode ser norma de Direito somente quando circunscrita aos limites da delegação de poderes feita

[391] Brasil. Lei n. 9.307/1996. "Art. 14, § 2º. O árbitro somente poderá ser recusado por motivo ocorrido após sua nomeação. Poderá, entretanto, ser recusado por motivo anterior à sua nomeação, quando: a) não for nomeado, diretamente, pela parte, ou b) o motivo para a recusa do árbitro for conhecido posteriormente a sua nomeação.

[392] Brasil. Constituição Federal (1988). Art. 1º, Parágrafo único: "Todo o **poder** emana do povo, que o exerce por meio de representantes eleitos ou diretamente, nos termos desta Constituição" (grifo nosso).

pela sociedade ("povo") ao Estado. Quando isso não ocorre, continua a manter eficácia, amparada pela força de que o Estado dispõe, ainda que divorciada dos princípios e valores aprovados pela sociedade. Mas, não é norma de direito, é somente lei. O Estado, por exercer autoridade delegada, seus atos devem se pautar pelos valores expressos pela sociedade, pelo povo, titular do poder, como indicado na Constituição Federal, ao ratificar princípio expresso no Brasil, desde a Constituição do Império, de 1824[393]. Assim, a lei, como ato do Estado, e o direito emanado da sociedade, não se confundem, salvo quando a lei retrata a norma de direito, o que nem sempre ocorre. Também não se identificam com a ética, que, como acima referido, visa ao *bem*, ao *bom* e não ao *justo* (direito), nem ao *lícito* (lei).

Essa distinção pode ser percebida na ordem internacional pela redação do art. 53 da Convenção de Viena sobre o Direito dos Tratados, que ratificou o conceito de *jus cogens*, como norma imperativa de direito internacional[394]. O texto dessa norma revela a preponderância dos princípios gerais de direito e dos costumes reconhecidos pela comunidade internacional sobre tratados, como instrumentos firmados por Estados.

O Brasil precedente do regime militar ilustra bem essa dicotomia, que contradiz entendimento de positivistas, que consideram haver equivalência entre lei e direito, ou que o Estado é a fonte do direito. Não é. A edição do Ato Institucional n. 5, em 1968, do Estado brasileiro, contraria a conclusão. Esse Ato autorizou autoridades governamentais a confiscar bens de pessoas, instaurar processos administrativos e disciplinares sem direito de defesa, cassar mandatos de parlamentares, impor

[393] A Constituição brasileira do Império, de 1824, esclareceu: "Todos estes poderes do Império do Brasil são delegações da nação". No art. 11 ratificou: "os representantes da nação brasileira são o Imperador e a assembleia geral", arrematando no art. 12.: Todos esses poderes são delegações da nação".

[394] Tratado em Conflito com uma Norma Imperativa de Direito Internacional Geral (*jus cogens*). "Artigo 53. É nulo um tratado que, no momento de sua conclusão, conflite com uma norma imperativa de Direito Internacional geral. Para os fins da presente Convenção, uma norma imperativa de Direito Internacional geral é uma norma aceita e reconhecida pela comunidade internacional dos Estados como um todo, como norma da qual nenhuma derrogação é permitida e que só pode ser modificada por norma ulterior de Direito Internacional geral da mesma natureza". Ratificado pelo Brasil por meio do Decreto Legislativo n. 496, de 17-07-2009 e objeto do Decreto n. 7.030, de 14-12-2009.

aposentadorias compulsórias e outros atos, sem recurso ao Poder Judiciário. Teve sua efetividade amparada pela força militar, não pelo consenso da sociedade, e vigorou por 10 anos. Não obstante sua eficácia, não continha norma de direito. Ao contrário, foi ato de força, despido da autoridade legítima conferida pela sociedade. Era norma legal, mas não de direito. A sociedade brasileira percebia-o e, em movimentos de massa a atulhar ruas e praças em todo o país, clamava pela restauração do Estado de Direito, ao postular a eleição direta para presidente da República. O país vivia sob regime legal, mas não de direito, restaurado com Assembleia Nacional Constituinte que aprovou a Constituição Federal, em 05 de outubro de 1988, nela incluindo cláusulas pétreas não modificáveis por emendas, dentre as quais as garantias individuais.

Essa dicotomia – lei e direito – se reflete na atuação do juiz, que atua na condição de representante do Estado, subordinado à lei processual pública no encaminhamento de atos destinados à solução de controvérsias a ele submetida. Considerações éticas podem, quando muito, informar decisão de declinar de julgar por questões de foro íntimo, sem declará-las[395].

Episódio ocorrido no Supremo Tribunal Federal brasileiro nos anos 2018/2020 revela, a uma só vez, a distinção entre a lei, o direito e a ética. Ao ser submetido a um dos ministros pedido de *habeas corpus* pelo pai de seu afilhado de casamento, o magistrado não se deu por impedido ou suspeito, pois não se tratava de hipótese prevista na lei. Aplicou, pois, a lei. Ao julgar, observou o direito, ao reconhecer a legitimidade da pretensão, em consonância com precedentes por ele julgados em casos similares, portanto, sem favorecimento especial. Deixou, contudo, de atentar para a ética, que lhe recomendava dar-se por impedido, diante da relação pessoal com o impetrante. As críticas de que foi alvo não foram provocadas pelo mérito de sua decisão, até por estar em conformidade com seu entendimento antigo sobre o tema do julgamento, mas pelo fato de não se ter declarado impedido. Aplicou estritamente a lei e o direito, deixando de lado considerações da ética, que lhe recomendava abster-se de atuar.

[395] Brasil. Código de Processo Civil (2015). "Art. 145, § 1º. Poderá o juiz declarar-se suspeito por motivo de foro íntimo, sem necessidade de declarar suas razões".

Essa divagação tem o propósito de demonstrar que a distinção entre ética, direito e lei não é teórica, mas está incrustada na sociedade, que a percebe em momentos em que a autoridade, pública ou privada, como é o caso do árbitro, adota regras de conduta, dissociadas dos valores e princípios acolhidos pela sociedade.

6. A preservação da confiança

Como a confiança é o pressuposto da nomeação e atuação do árbitro, deve ela ser mantida durante todo o procedimento arbitral. Para isso, a revelação de qualquer fato que possa influir na confiança deve ser feita não apenas no ato de nomeação do árbitro, como dispõe a lei[396], mas durante todo o curso do procedimento. O alargamento do dever de revelação não provém da lei, mas da ética a que está sujeito o árbitro. A confiança nele depositada deve perdurar até o final do processo e mesmo depois dele, como acima notado.

A prevalecer a lei sobre a ética, o árbitro não teria o dever de revelar fato verificado após sua nomeação, pois a lei não o prevê e, segundo postulado inscrito no art. 5º, II, da Constituição brasileira "ninguém será obrigado a fazer ou deixar de fazer alguma coisa senão em virtude de lei". É princípio estabelecido como garantia individual contra eventuais desmandos de autoridades governamentais. O texto constitucional, todavia, diz respeito à obrigação imposta pelo Poder Público prevista em **lei**, não no contrato, ato privado.

A obrigação contratual provém da vontade do contratante manifestada livremente e não imposta pelo Poder Público. O preceito constitucional tem como alvo o Estado (a lei) e não interfere com ajustes privados regulados em instrumento contratual, que obrigam pelos seus próprios termos e pela boa-fé que os presidem. É o caso da arbitragem, cujo fundamento é a vontade das partes, a reger os atos de todos os seus integrantes, dentre eles o árbitro. Paira sobre todos a ética a informar o valor da conduta, do comportamento no encaminhamento dos atos destinados a compor a controvérsia. São premissas diversas da lei imposta pelo Estado, com fundamento na Constituição.

[396] Brasil. Lei n. 9.307/1996. "Art. 14 [...] § 1º As pessoas indicadas para funcionar como árbitro têm o dever de revelar, **antes da aceitação da função**, qualquer fato que denote dúvida justificada quanto à sua imparcialidade e independência" (grifos nossos).

Na arbitragem, o valor da conduta repousa na confiança depositada no julgador, a ser preservada na solução da controvérsia a ele submetida. Tem ele o dever de mantê-la e dar credibilidade na condução do processo e na solução dos incidentes surgidos no seu curso. Por essa razão, a lei autoriza a parte a recusar a permanência do árbitro no processo em curso, se vier a verificar fato novo posterior à sua nomeação, mas não impõe ao árbitro o dever de revelá-lo. É a ética que o obriga.

A prática da arbitragem tem demonstrado ser conduta reiterada de árbitros a obediência ao princípio ético de revelação de fato durante o processo, ao se apressarem em informar às partes eventuais fatos que possam afetar a confiança neles depositada. Se o árbitro a isso não está obrigado, pois a lei não o especifica, a ética impõe-lhe esse dever, que tem sido observado, a revelar a consciência da necessidade de observância dessa conduta.

7. Dever de motivar a sentença arbitral

A motivação da sentença tem por objetivo esclarecer as razões que levaram à sua conclusão, com indicação dos fundamentos jurídicos e das provas que os suportam. Tem o propósito, também, de persuadir as partes da razoabilidade da decisão. Não se trata de requisito meramente formal, mas essencial. Além de legal, é também ético.

Essa premissa foi adotada no art. 26 da Lei n. 9.307/1996, que estabeleceu como requisito obrigatório da sentença arbitral "os fundamentos da decisão, onde serão analisadas as questões de fato e de direito, mencionando-se expressamente, se os árbitros julgaram por equidade". Em complemento a essa disposição, o art. 32, III, da mesma Lei, esclarece ser nula a sentença arbitral que não observar os requisitos obrigatórios do art. 26. Assim, depreende-se que a motivação da sentença arbitral constitui exigência legal obrigatória.

Essas normas, contudo, por integrarem o conjunto normativo regulador da arbitragem privada, devem ser examinadas à luz do fundamento maior que a inspira, que é o da autonomia da vontade das partes. A Lei n. 9.307/1996 reconhece-o ao dizer, no art. 21, que a arbitragem obedecerá ao procedimento estabelecido pelas partes, ou pela entidade por elas identificada. Da mesma forma, o art. 2º confere às partes o poder de escolher as regras de direito aplicáveis à controvérsia e de convencionar que se realize com base em princípios gerais de direito, nos usos e costumes e nas regras internacionais do comércio.

A autonomia da vontade das partes, como se nota, é ampla e se sobrepõe às regras legais a serem interpretadas como de caráter meramente supletivo, a serem aplicadas no silêncio das partes. São elas que detém a autoridade para indicar as normas de direito aplicáveis e de regular o procedimento arbitral e seus requisitos essenciais. Nada dispondo o contrato sobre o tema, a lei preenche a omissão. É possível que esta seja, justamente, a intenção das partes, ao deixarem de estabelecer normas específicas no contrato. Por essa razão, há sempre que se observar a deliberação dos contratantes sobre as normas de procedimento.

As características da relação contratual controvertida podem sugerir a dispensa da motivação da sentença, se as partes assim tiverem convencionado. É o caso dos contratos de compra e venda de produtos negociados em bolsas de mercadorias, em que, em face de inadimplemento de uma das partes, fica a outra com o direito de haver a diferença de preço do produto negociado, mas não entregue, ou cujo preço não foi pago. A decisão arbitral, nessa circunstância, se prevista no regulamento da entidade reguladora, ou na convenção arbitral, pode se restringir a fixar o valor da diferença de preço que a parte prejudicada teve de suportar, ou deixou de auferir, em virtude do inadimplemento da outra. Não há, nesse caso, a necessidade de fundamentação ou de motivação da decisão, mas tão somente a constatação do inadimplemento e a indicação do dano sofrido. Se a cotação do produto negociado oscilar para mais e o vendedor deixar de honrar o compromisso de vendê-lo, o comprador pode estar autorizado a adquiri-lo de outro, devendo o inadimplente arcar com o valor da diferença. Essa tem sido a prática usual nesse tipo de transação. Uma sentença arbitral que a isso se restrinja, deixando de motivar a conclusão, não será nula, amparada pelo costume desse tipo de negócio.

É certo que a motivação da decisão constitui garantia das partes para afastar entendimento arbitrário do juiz no processo público, ou do árbitro no processo arbitral, se as partes nada dispuseram a respeito. Nesse caso, a lei preenche a lacuna da vontade não declarada e há de se aplicar, compelindo o árbitro a motivar sua decisão. Mas, se os contratantes tiveram o cuidado de dispensar essa motivação, como referido, os preceitos sobre nulidade por sua falta não se aplicam. Deve prevalecer a autonomia da vontade das partes autorizadas a estabelecer as normas de procedimento que não ofendam a ordem pública e se coadunem com os costumes e princípios gerais de direito. É o mesmo princípio que autoriza o árbitro dissidente da maioria a não declarar o fundamento de sua divergência[397].

Há que se considerar que a motivação da sentença é requisito de ordem pública apenas nos processos judiciais e administrativos, nos quais as partes não possuem autonomia para interferir nas disposições legais que os disciplinam. É garantia contra ato da autoridade governamental, como é o juiz, e prevista no art. 93, IX, da Constituição Federal[398]. Seu objetivo é demonstrar as razões que levaram à conclusão da sentença, vinculando-as ao dispositivo. Não é, portanto, mera formalidade legal, mas substancial, a impedir o arbítrio do julgador público.

Todavia, a depender das características da controvérsia e do negócio subjacente, podem as partes dela prescindir se, do fato exposto, se deduz a conclusão, como nos negócios de bolsa de mercadorias mencionado. A ausência de motivação, nessa hipótese, não torna nula a decisão, apenas por não conter esse requisito obrigatório, quando afastado pela vontade das partes, repise-se.

8. Dever de clareza

A sentença arbitral, ao resolver a controvérsia, após examinar as provas e os argumentos das partes, se destina a definir a conclusão do julgador sobre as pretensões das partes. Os motivos nela expostos têm essa finalidade. É uma das razões pela qual deve ser clara e convincente, despida do jargão forense, com expressões pseudotécnicas, com frequência ininteligível aos não com elas familiarizados, como são, em geral, as partes dela destinatárias. São os litigantes que devem compreender a decisão e se convencerem da sua razoabilidade, ainda que não atendam suas pretensões.

[397] Brasil. Lei n. 9.307/1996. "Art. 24. A decisão do árbitro ou dos árbitros será expressa em documento escrito. § 2º O árbitro que divergir da maioria poderá, *querendo*, declarar seu voto em separado".

[398] Brasil. Constituição Federal (1988). "Art. 93, IX. Todos os julgamentos do Poder Judiciário serão públicos e fundamentadas todas as decisões, sob pena de nulidade, podendo a lei, se o interesse público o exigir, limitar a presença, em determinados atos, às próprias partes e a seus advogados ou somente a estes".

A sentença, judicial ou arbitral, não é peça acadêmica a ser lida por doutos, recheada de citações doutrinárias, por vezes em idioma estrangeiro, nem destinada a mostrar erudição do julgador e seu conhecimento jurídico. Seu propósito é o de persuadir as partes da razoabilidade da conclusão adotada, com a análise das provas produzidas e dos argumentos despendidos. Por isso, é dever ético do árbitro expor com clareza, precisão e sem rebuscamentos os argumentos que o levaram à decisão tomada.

Conclusões

Os temas ora abordados incluem-se no extenso rol de matérias que o processo arbitral suscita. Muito se tem escrito sobre arbitragem e muito certamente se continuará a escrever, diante da dinâmica da sociedade e da evolução do processo arbitral e das suscitadas peculiaridades. Os aspectos éticos ora abordados também se aplicam às partes, que, a despeito de se comprometerem a respeitar a decisão a ser adotada na arbitragem, por vezes procuram pretextos para ingressar com pedidos de anulação de sentenças arbitrais, com o propósito oculto de postergar o cumprimento da condenação. Tem sido, no entanto, conduta não comum e excepcional, observando-se, de maneira geral, respeito às decisões e à ética requerida pelo compromisso assumido.

Referências

BRASIL. **Constituição da República Federativa do Brasil (1988)**. Disponível em: http://www.planalto.gov.br/ccivil_03/constituicao/constituicao.htm. Acesso em: 01 jun. 2021.

BRASIL. **Lei de Introdução às normas do Direito Brasileiro**. Redação dada pela Lei nº 12.376, de 2010). Disponível em: http://www.planalto.gov.br/ccivil_03/decreto-lei/del4657compilado.htm. Acesso em: 01 jun. 2021.

BRASIL. **Lei n. 9.307, de 23 de setembro de 1996**. Dispõe sobre a arbitragem. Disponível em: http://www.planalto.gov.br/ccivil_03/leis/l9307.htm. Acesso em: 01 jun. 2021.

BRASIL. **Lei n. 13.105, de 16 de março de 2015**. Código de Processo Civil. Disponível em: http://www.planalto.gov.br/ccivil_03/_ato2015-2018/2015/lei/l13105.htm. Acesso em: 01 jun. 2021.

Brasil. **Decreto Legislativo n. 496, de 17-07-2009**. Aprova o texto da Convenção de Viena sobre o Direito dos Tratados, concluída em Viena, em 23 de maio de 1969, ressalvados os artigos 25 e 66. Disponível em: https://legis.senado.leg.br/norma/539485#:~:text=APROVA%20O%20TEXTO%20DA%20CONVEN%C3%87%C3%83O,OS%20ARTIGOS%2025%20E%2066. Acesso em: 01 jun. 2021.

Brasil. **Decreto Legislativo n. 7.030, de 14-12-2009**. Decreto n. 7.030, de 14 de dezembro de 2009. Promulga a Convenção de Viena sobre o Direito dos Tratados, concluída em 23 de maio de 1969, com reserva aos Artigos 25 e 66. Disponível em: https://www2.camara.leg.br/legin/fed/decret/2009/decreto-7030-14-dezembro-2009-597745-publicacaooriginal-120532-pe.html. Acesso em: 01 jun. 2021.

2. A FUNÇÃO DO ÁRBITRO NO BRASIL E O CONTRADITÓRIO

Carlos Eduardo Stefen Elias

Introdução

Quando recorrem à arbitragem, as partes buscam um julgador qualificado e com disponibilidade para se debruçar sobre a causa, pois intuem que esses fatores serão importantes para uma decisão de qualidade para a sua controvérsia. O raciocínio é verdadeiro em parte: o árbitro com mais disponibilidade e com conhecimentos compatíveis para compreender as alegações das partes terá, em tese, maiores chances de aplicar corretamente o direito à disputa que lhe seja trazida. Mas – e aí está o "porém" da afirmação anterior – o resultado também depende do aproveitamento razoável do instrumento processual na produção de um efetivo debate, do qual o árbitro não é mero expectador, mas sujeito ativo.

Parece-nos que a pedra angular dessa construção é o contraditório, entendido como *possibilidade de influência (de qualquer) das partes sobre o julgador*. Em uma primeira análise, essa concepção de contraditório funciona como fator legitimador do próprio método arbitral, tema objeto da seção 1.1 deste estudo. Dessa base também são irradiados poderes-deveres para o árbitro, que lhe impõem comportamentos no sentido de alcançar certo nível de eficiência qualitativa no processo arbitral, pautar-se de modo a não ferir a segurança jurídica e proferir decisões racionalmente controláveis, conforme apontará a seção 1.2.

A concepção do contraditório aqui tratada também impõe ao árbitro o dever de cooperar com as partes para a solução da controvérsia, mediante o exercício de poderes-deveres, fenômeno tratado na seção 2.1. Sem preocupação com a precisa delimitação conceitual, o presente estudo irá se deter sobre os poderes-deveres de esclarecimento (seção 2.2.1), de diálogo ou debate (seção 2.2.2) e de consulta (seção 2.2.3), fazendo referência a casos em que o seu exercício contribuiu para uma decisão de maior qualidade.

O exame empreendido no presente estudo fundamenta-se no direito nacional e na realidade brasileira, na qual os advogados, segundo a nossa experiência, devem se dedicar a um número de procedimentos maior que seus pares norte-americanos ou europeus – geralmente em prejuízo do aprofundamento do debate –, sob pena de inviabilização econômica da sua atividade profissional.

1. Contraditório como possibilidade de influência

1.1. A influência como elemento legitimador do processo

O direito processual brasileiro deixou de considerar a satisfação de escopos extrajurídicos da jurisdição como elemento legitimador da decisão jurisdicional, visto que tal visão amplifica uma distorção fundamental: a busca da realização de valores políticos e sociais exteriores ao processo[399-400] autoriza o exercício de *poderes discricionários* pelo julgador[401],

[399] Segundo o paradigma instrumentalista, o processo possui escopos sociais, políticos e jurídicos. O escopo social constitui-se na consecução da paz social e na educação do povo; o escopo político trata o processo como atuação da autoridade do Estado; e o escopo jurídico busca a concretização da "vontade concreta do direito". Dinamarco, Cândido Rangel. A instrumentalidade do processo. 10. ed. São Paulo: Malheiros, 2002, p. 215-219 (escopo jurídico).

[400] "A percepção e exame ordenado de todos os escopos que animam a instituição e o exercício da jurisdição como expressão do poder político e a bem do harmonioso convívio social constituem fator de primeira grandeza para o encontro de soluções adequadas, seja no plano teórico ou prático, seja em casos particulares ou na generalização legislativa". Dinamarco, Cândido Rangel. A instrumentalidade do processo. 10. ed. São Paulo: Malheiros, 2002, p. 188.

[401] Ao defender a iniciativa probatória do juiz, José Roberto dos Santos Bedaque aponta: "quanto melhor os fatos estiverem representados nos autos, maior a possibilidade de um provimento justo, que expresse perfeitamente a regra jurídica do caso concreto. E somente um resultado como esse possibilitaria a *verdadeira* paz social. [...] A finalidade de atuação da lei e, portanto, de alcance da verdadeira paz social, sobrepõe-se aos possíveis interesses

o que termina por transformá-lo em um personagem autocrático e solipsista[402], e deixa em segundo plano a constatação de que é a partir do diálogo que ocorre a *reconstrução* da ordem jurídica[403], ou seja, que o processo é o mecanismo de *reconstrução* do direito material diante da riqueza inesgotável dos casos concretos[404]. A eleição de escopos para o exercício do poder jurisdicional, além de cientificamente superada[405], abala gravemente a segurança jurídica, pois (i) permite ao julgador alterar o procedimento diante de fins externos ao próprio processo[406] (o que não se confunde com a flexibilidade, que permite a alteração das formas

egoístas das partes". Bedaque, José Roberto dos Santos. Poderes instrutórios do juiz. 2. ed. São Paulo: RT, 1994, p. 55.

402 A falta de referência à atividade das partes no processo e a importância atribuída a um sentimento pessoal de justiça, características do solipsismo, são claras quando se defende que "o juiz pensa no caso concreto e cabe-lhe apenas, com sua sensibilidade, buscar no sistema de direito positivo e nas razões que lhes estão à base, a justiça do caso. Tem liberdade para a opção entre duas soluções igualmente aceitáveis ante o texto legal, cumprindo-lhe encaminhar-se pela que melhor satisfaça seu sentimento de justiça". Dinamarco, Cândido Rangel. A instrumentalidade do processo. 10. ed. São Paulo: Malheiros, 2002, p. 243. Sobre o tema do solipsismo: Streck, Lenio Luiz. Dicionário de hermenêutica. 2. ed. Belo Horizonte: Casa do Direito, 2020, p. 411-418.

403 Para Humberto Ávila, "[...] a atividade interpretativa é reconstrutiva, no sentido de ser, de um lado, constitutiva, mas de outro, não ser discricionária, porque a norma de decisão é constrangida pelos sentidos do texto. Mesmo a aceitação da margem de indeterminação da linguagem não autoriza o 'vale tudo' interpretativo, ou uma manipulação '*a la diable*' dos elementos normativos, como enuncia Machado Derzi, em razão da necessidade de referência do aplicador aos elementos internos do sistema jurídico, de modo fundamentado". Ávila, Humberto. Teoria da segurança jurídica. 5. ed. São Paulo: Malheiros, 2019, p. 271.

404 Mitidiero, Daniel. Colaboração no processo civil – do modelo ao princípio. 4. ed. São Paulo: RT, 2019, p. 38-40.

405 "Desse modo, parece mais apropriado se falar em *efeitos políticos e sociais* do que em *escopos políticos e sociais* da jurisdição. Com efeito, a produção de efeitos metajurídicos é um *wishful thinking*, ou seja, trata-se de efeitos desejados, mas não de fins da jurisdição". Gonçalves, Marcelo Barbi. **Teoria geral da jurisdição**. Salvador: Juspodivm, 2020, p. 300.

406 "O juiz sensível não pode senão ser rebelde. Ele tem uma antena permanentemente atenta às infelicidades, às angústias e aos sofrimentos. Tem consciência da finitude de seus poderes. Não desconhece dispor de um arsenal de ferramentas para mitigar as dores de quem está faminto por justiça." Nalini, José Renato. A rebelião da toga. Campinas: Millennium, 2006, p. 247. Apontando as raízes ideológicas dessa concepção de processo: Aroca, Juan Montero. Prova e verdade no processo civil – contributo para o esclarecimento da base

processuais para fins intrínsecos ao processo[407]) e (ii) impede o controle do seu resultado, tornando impossível a checagem da racionalidade da decisão final, seja quanto (ii.a) ao tratamento de todas as questões trazidas pelas partes[408], seja quanto (ii.b) aos argumentos utilizados para a solução dessas questões[409].

O desenvolvimento do constitucionalismo a partir da segunda metade do século XX e a necessidade de se assumir um paradigma procedimental do Estado Democrático de Direito[410] guindaram o *contraditório como influência* para o centro do sistema processual, minando o protagonismo judicial em sistemas processuais de viés mais publicista (como

ideológica de certas posições pretensamente técnicas. *In*: CALDEIRA, Adriano Cesar Braz. Processo e ideologia. São Paulo: LTr., 2015, p. 133-142.

[407] Trabalhando a flexibilidade procedimental em termos amplos, Fernando da Fonseca Gajardoni afirma: "a adaptação do processo ao seu objeto e sujeitos, assim, dá-se, em princípio, no plano legislativo [...]. Mas é recomendável que ocorra também 'no próprio âmbito do processo, com a concessão de poderes ao juiz para, dentro de determinados limites, realizar a adequação de forma concreta." GAJARDONI, Fernando da Fonseca. Os princípios da adequação e da adaptabilidade (flexibilidade) procedimental na teoria geral do processo. *In*: YARSHELL, Flávio Luiz; ZUFFELATO, Camilo. 40 anos da teoria geral do processo no Brasil. São Paulo: Malheiros, 2013, p. 306. Tratando da flexibilização como "ferramenta poderosa para instrumentalizar até mesmo procedimentos razoavelmente completos", pela qual o árbitro "trata da inserção de atos não previstos no procedimento adotado" ou pela qual ocorre a "utilização, pelos árbitros, de técnicas processuais que as partes não previram", vide: CARMONA, Carlos Alberto. Flexibilização do procedimento arbitral. Revista Basileira de Arbitragem, v. 6, n. 24, 2009, p. 15-17.

[408] "Note-se que mesmo pontos e questões logicamente incompatíveis com as razões dadas pelo juiz devem ser referidos, brevemente, na decisão; ainda que apenas para indicar que o ponto ou questão restou prejudicado". LUCCA, Rodrigo Ramina de. O dever de motivação das decisões judiciais: Estado de Direito, segurança jurídica e teoria dos precedentes. 2. ed. Salvador: Juspodivm, 2016, p. 221.

[409] Corretas as afirmações de que "a motivação é completa sob o ponto de vista fático quando define quais fatos são 'verdadeiros' *para o processo*, e por quê, e quais fatos não são 'verdadeiros' para o processo, e por quê", e que, no que diz respeito aos fundamentos jurídicos, "o foco da motivação deve ser, repete-se, na indicação das razões jurídicas que justificam o dispositivo e no afastamento *expresso* de *todas* as alegações jurídicas da parte desfavorecida pela decisão". LUCCA, Rodrigo Ramina de. O dever de motivação das decisões judiciais: Estado de Direito, segurança jurídica e teoria dos precedentes. 2. ed. Salvador: Juspodivm, 2016, p. 221-223.

[410] NUNES, Dierle José Coelho. Processo jurisdicional democrático. Curitiba: Juruá, 2012, p. 216-224.

o brasileiro) e deslocando o equilíbrio das relações de poder entre julgador e partes[411].

Nesse contexto, o elemento legitimador da decisão do litígio passa a ser o *contraditório*, ou seja, a própria situação comunicativa entre partes e julgador, desde que os sujeitos parciais estejam em posição de efetivamente participarem do processo e influenciarem a construção da norma jurídica concreta à qual se submeterão pela decisão do sujeito imparcial[412].

Inaugurou-se, assim, a ideia de um processo policêntrico e democrático[413], que estabelece um modelo de diálogo e de cooperação entre julgador e partes, devendo o primeiro respeitar o agir estratégico dessas

[411] NUNES, Dierle José Coelho. **Processo jurisdicional democrático**. Curitiba: Juruá, 2012, p. 214. Paradoxalmente, em sistemas com viés mais privatista, nos quais o juiz era mais um expectador do debate entre as partes, mas não um sujeito ativo, os poderes do julgador foram aumentados. Ao fim, os sistemas de ambos os vieses (publicista e privatista) buscaram um ponto de equilíbrio ao repartirem poderes e deveres processuais entre julgador e partes. Sobre o tema: BARBOSA MOREIRA, José Carlos. Correntes e contracorrentes no processo civil contemporâneo. *In*: **Temas de direito processual**: nona série. São Paulo: Saraiva, 2007, p. 59-67.

[412] "*il contraddittorio assume la funzione di principio gui55-da di um vero dibattito giudiziario, rendendo possibile l'esercizio del diritto di influenzare la formazione della volontà statale e, d'altra parte, imponendo doveri*". CABRAL, Antonio do Passo. Il principio del contraddittorio come diritto d'influenza e dovere di dibattito. Rivista di Diritto Processuale, 2005, v. 2, n. 2, p. 464; MARINONI, Luiz Guilherme. **Curso de processo civil**. São Paulo: RT, 2006.

[413] "[...] no processo, o Juiz nunca está só. O processo não é um monólogo: é um diálogo, uma conversação, uma troca de propostas, de respostas, de réplicas; um intercâmbio de ações e reações, de estímulos e de impulsos contrários, de ataques e contra-ataques. Por isso, foi comparado a uma luta ou disputa esportiva; mas cuida-se de uma luta de persuasões e uma disputa argumentativa". OLIVEIRA, Carlos Alberto Álvaro de. O juiz e o princípio do contraditório. Revista de Processo, v. 71, p. 195-205, jul. 1993, p. 1-2.

últimas[414-415], ou seja, um processo que *não desconsidera a condição adversarial do litígio*[416] e, justamente por isso, impõe limites ao poder do julgador[417] e o obriga a estabelecer as condições para que as partes busquem seus objetivos sem perder de vista o respeito às regras do discurso[418].

[414] "Durante a marcha do processo, convergem todas as atividades desenvolvidas nos autos em uma mesma direção: a construção do quadro de elementos a partir dos qual será concebida a sentença. Deixa de ser importante o fato de serem os sujeitos vistos um em relação ao outro, e ganha lugar uma visão na qual cada um exerce um papel dentro de uma estrutura dialética em constante movimento. Autor e réu deixam de ser apenas atores considerados lado a lado em um retrato estático no qual figuram em posição secundária em relação à do magistrado, mas passam a ser vistos como pessoas que exercem funções dentro de uma mecânica destinada à construção conjunta da decisão a ser respeitada por todos." Reichelt, Luis Alberto. O conteúdo da garantia do contraditório no direito processual civil. **Revista de Processo**, v. 162, p. 330-351, ago. 2008; Ramos Neto, Newton Pereira. Poderes do juiz no processo civil e sua conformação constitucional. 2. ed. Salvador: Juspodivm, 2021, p. 63-68.

[415] O fato de as partes não se desincumbirem adequadamente de exercitar o contraditório e os ônus a ele inerentes, não infirma tal princípio. O processo tem um procedimento estabelecido na lei e um tempo de duração, que não volta atrás, com fases preclusivas. A perda de oportunidade pelo decurso do prazo, a falta de produção de prova adequada e mesmo de alegações fundadas, fazem parte das regras do jogo que informam o devido processo legal. O contraditório, nestas situações, não foi executado por vontade das próprias partes, a qual ele poderia aproveitar". Carneiro, Paulo Cezar Pinheiro. Comentários aos artigos 1º ao 12. *In*: Wambier, Teresa Arruda Alvim (coord.); Didier Jr., Fredie; Talamini, Eduardo; Dantas, Bruno. **Breves Comentários ao Novo Código de Processo Civil**: de acordo com as alterações da Lei 13.256/2016. 2. ed. São Paulo: RT, 2016, p. 91-92.

[416] "As partes, porém, não têm deveres recíprocos por força da colaboração. Ação e defesa são posições antagônicas que denotam diferentes interesses diante da causa". Mitidiero, Daniel. Colaboração no processo civil – do modelo ao princípio. 4. ed. São Paulo: RT, 2019, p. 71.

[417] "Deve o juiz respeitar os espaços de liberdade das partes no âmbito do processo, velando, entretanto, para que o exercício de suas capacidades (e, portanto, dessa liberdade) seja destituído de qualquer óbice de ordem extra ou intraprocessual. Abreu, Rafael Sirangelo de. Igualdade e processo: posições processuais equilibradas e unidade do direito. São Paulo: RT, 2015, p. 94-95.

[418] [...] "contraditório vai além e exige que, antes de tomada a posição pelo juiz dentro do processo, as partes tenham tido efetiva possibilidade de influenciar a formação de seu convencimento. Nesse sentido, tendo como norte auxiliar a cognição do juízo, aproximando-o da realidade da causa, o contraditório permite que ambas as partes influenciem o convencimento judicial, através de intenso debate". Porto, Sérgio Gilberto; Ustárroz, Daniel.

Daí a importância renovada do contraditório, agora entendido como ferramenta de participação efetiva das partes no debate. Para garantir que o julgador atuará para a constituição de um ambiente de discussão pluralista e que o debate seja o mais completo possível (respeitando-se, evidentemente, os limites da demanda), a ele são impostos deveres relacionados à condução do processo[419]. É nesse sentido que o árbitro deve cooperar com as partes, como se verá mais adiante neste estudo.

1.2. O contraditório como vetor da eficiência qualitativa, da segurança jurídica e da controlabilidade da decisão

Na medida em que o processo é orientado ao debate das circunstâncias específicas de cada caso, é natural que seja favorecido o respeito à vontade regularmente exercida pelos litigantes quando estes, livremente, definem a conformação do processo que melhor atenda aos seus interesses[420]. Na arbitragem, que nasce justamente da autonomia privada, o respeito ao procedimento estabelecido pelas partes atinge seu grau máximo[421]. Isso não significa que o julgador tenha perdido seu poder de gestão processual, mas que ele deve ser exercido para objetivar, na prática e na máxima medida possível, o consenso a respeito da melhor opção de encadeamento dos atos processuais para a identificação e solução das questões que pavimentam o caminho para o julgamento dos pedidos[422].

Lições de direitos fundamentais no processo civil: o conteúdo processual da Constituição Federal. Porto Alegre: Livraria do Advogado, 2009, p. 53.

419 Cabral, Antonio do Passo. Il principio del contraddittorio come diritto d'influenza e dovere di dibattito. Rivista di Diritto Processuale, v. 2, n. 2, 2005, p. 464.

420 Oliveira, Paulo Mendes de. Segurança jurídica e processo – da rigidez à flexibilização processual. São Paulo: RT, 2018, p. 176.

421 *"At most, their arbitration agreement will provide for arbitration pursuant to a set of institutional rules, which will ordinarily supply only a broad procedural framework. Filling in the considerable gaps in this framework will be left to the subsequent agreement of the parties or, when they cannot agree, the arbitral tribunal."* Born, Gary B. **International commercial arbitration**: commentary and materials. 2. ed. Kluwer Law International, 2001, p. 437. No Brasil, essa é a orientação positivada pelo art. 21, § 1º, da Lei n. 9.307/1996.

422 *"In practice, arbitrators faced with a procedural issue in respect of which the parties have not specifically agreed do not simply ote the lac of such agreement and then pronounce their decision 'from on high'. The experienced – and, I dare say, effective – arbitraror will consult with the parties and counsel, and solicit their views and suggestions, going so far as to encourage agreement between them, prior to*

Isso dá lugar à flexibilização procedimental, promovida, não por um julgador que cria regras procedimentais de modo solipsista segundo um critério de abstrato de "justiça", mas por um verdadeiro (e responsável) gestor que busca uma interlocução real com as partes para a escolha da sequência de atos adequada ao caso concreto. Assim, a segurança jurídica baseada em formas rígidas (conquanto prefixadas)[423] dá lugar a uma segurança dinâmica, de criação de consensos, e, quando eles não forem possíveis, baseada em deliberação tomada após ser oferecida a oportunidade à parte discordante a efetiva chance de apresentar suas razões em relação ao ato objeto da deliberação[424]. É assim que o procedimento arbitral é construído para a solução do caso concreto, considerando todas as suas especificidades para assegurar que essa construção possibilitará às partes o exercício da influência também quanto às questões de mérito a serem discutidas. A segurança jurídica, antes pensada como respeito às regras preestabelecidas, é substituída por uma segurança dinâmica, derivada da adequação do procedimento ao exercício da influência pelas partes no caso concreto: eis o *contraditório como influência* atuando para o aumento da segurança jurídica processual.

Para além da mudança de foco na segurança do processo mediante a flexibilização procedimental, a imposição de um contraditório como influência também favorece o *incremento da eficiência* do procedimento, tanto em termos quantitativos como qualitativos. Quantitativamente, a adequação do procedimento às especificidades do conflito significará

rendering a decision". Fortier, Yves. The minimum requirements of due process in taking measures against dilatory tactics: arbitral discretion in International Commercial Arbitration. *In*: **ICCA Congress series**, n. 9. Paris, 1999, p. 402.

423 "As leis processuais devem estabelecer atos e formas adequadas e capazes de descobrir a verdade, conciliando a segurança do exame e da decisão com a simplicidade. O formalismo é necessário, sem dúvida, porque sem a forma não se concebe o processo. É pela forma que o processo se exterioriza. E a forma é também a garantia do direito". Rezende Filho, Gabriel José Rodrigues de. **Curso de direito processual civil**. v. I. 2. ed. São Paulo: Saraiva, 1948, p. 39.

424 "A ideia é a de harmonizar "uma direção mais firme e adequada do processo pelo juiz com a autonomia privada e com as garantias fundamentais do processo". Greco, Leonardo. Novas perspectivas da efetividade e do garantismo processual. *In*: Mitidiero, Daniel; Amaral, Guilherme Rizzo (coord.). Processo civil: estudos em homenagem ao Professor Doutor Carlos Alberto Alvaro de Oliveira. São Paulo: Atlas, 2012, p. 293.

a eliminação de atos inúteis e a conformação do tempo do processo à real necessidade das partes para o exercício da influência, reduzindo o comprometimento de tempo e de recursos para que o veículo processual chegue à sua conclusão (*time and costs*)[425]. A eficiência observada sob a perspectiva qualitativa, por sua vez, diz respeito à *qualidade da decisão*[426].

O caráter privado da arbitragem, que se desenvolve em um ambiente de mercado, impõe de forma mais incisiva – mas sem que se abra mão do devido processo[427] – a busca da eficiência quantitativa. Nesse sentido orientam-se sobretudo os regulamentos institucionais[428] e, na prática, os árbitros na condução dos casos. Abrir às partes as oportunidades adequadas e suficientes para apresentarem seu caso e influírem na decisão também é um meio de aumentar, ao menos em tese, o nível de informação e de detalhe que o árbitro terá do caso e, por consequência, a efi-

[425] Jobim, Marco Félix. **As funções da eficiência no processo civil brasileiro**. São Paulo: RT, 2018, p. 125-126.

[426] Jobim, Marco Félix. As funções da eficiência no processo civil brasileiro. São Paulo: RT, 2018, p. 127. Em sentido análogo: Cunha, Leonardo Carneiro da. O princípio da eficiência no novo Código de Processo Civil. *In*: Didier Júnior, Fredie (coord.). Coleção Grandes temas do novo CPC – normas fundamentais. v. 8. Salvador: Juspodivm, 2016, p. 376-377.

[427] *"In light of the duty of efficiency, it is not only legitimate but indeed obligatory for the tribunal to make procedural decisions with due regard to the interest of an efficient arbitration. If the tribunal makes such a decision after also having had sufficient regard to the interest of the parties in due process, it can hardly be said to have acted unreasonably"*. Menon, Sundaresh. Dispelling due process paranoia: fairness, efficiency and the rule of law. **Asian International Arbitration Journal 2021**, v. 17, n. 1, p. 13.

[428] Nesse sentido, vide art. 14.5 do Regulamento de Arbitragem da London Court of Internacional Arbitration (LCIA): "*Without prejudice to the generality of the Arbitral Tribunal's discretion, after giving the parties a reasonable opportunity to state their views, the Arbitral Tribunal may, subject to the LCIA Rules, make any procedural order it considers appropriate with regard to the fair, efficient and expeditious conduct of the arbitration*". Igualmente, o art. 22.1 do Regulamento de Arbitragem da ICC: "O tribunal arbitral e as partes deverão envidar todos os esforços para conduzir a arbitragem de forma expedita e eficiente quanto aos custos, levando em consideração a complexidade do caso e o valor da disputa".

ciência qualitativa do procedimento[429], ou seja, a qualidade do serviço prestado pelo julgador com a prolação da sentença[430].

O contraditório como possibilidade de influência impõe ao julgador o dever de considerar com seriedade os argumentos das partes para formar sua convicção. Mais: impõe que essa consideração seja *demonstrada* na fundamentação da decisão[431]. Para além disso, a concepção do contraditório como influência *proíbe* ao julgador fundamentar sua decisão em argumento que não foi debatido no processo[432].

Dessa forma, o contraditório como influência não apenas legitima a decisão final, mas também contribui para incrementar sua qualidade e controlabilidade mediante a verificação dos seus fundamentos. Tudo isso em um procedimento desenhado especificamente – através do debate das partes entre si e com o julgador – para possibilitar o exercício dessa influência, em procedimento adequado ao exercício dos poderes, deveres e faculdades processuais das partes à luz das circunstâncias concretas do litígio.

429 *"The principle of iura novit curia and the notion of a non-passive arbitrator underlying the principle are wonderful 'efficiency-promoting tools' that also promote the goals of arbitration and strengthen the process."* Öhlberger, Veit; Pinkston, Jarred. Chapter II: the arbitrator and the arbitration procedure, *iura novit curia* and the *non-passive arbitrator*: a question of efficiency, cultural blinders and misplaced concerns about impartiality. *In*: Klausegger, Christian; Klein, Peter *et al.* (eds). Austrian Yearbook on International Arbitration, 2016, p. 117.

430 *"The duty of efficiency is thus a balancing exercise between speed and getting it right: it is not only about conducting the arbitration quickly (which often results in cost savings) – it is just as much about the quality of the service rendered"*. Darwazeh, Nadia. Chapter 7: is efficiency an arbitrator's duty or simply a character trait? *In*: Shaughnessy, Patricia Louise; Tung, Sherlin. The powers and duties of an arbitrator: *Liber Amicorum* Pierre A. Karrer. Kluwer Law International, 2017, p. 62.

431 A motivação da decisão judicial depende da *efetiva demonstração* de que aquele ato é *jurídico* porque, considerando os fatos alegados e provados pelas partes, aquela é a consequência prevista ou almejada pela ordem jurídica brasileira." Lucca, Rodrigo Ramina de. **O dever de motivação das decisões judiciais**: Estado de Direito, segurança jurídica e teoria dos precedentes. 2. ed. Salvador: Juspodivm, 2016, p. 196.

432 "Dentro de um processo organizado a partir da necessidade de colaboração é absolutamente indispensável tenham as partes a possibilidade de *pronunciar-se sobre tudo que pode servir de ponto de apoio para a decisão da causa*, inclusive quanto àquelas *questões que o juiz pode apreciar de ofício.*" Mitidiero, Daniel. **Colaboração no processo civil** – do modelo ao princípio. 4. ed. São Paulo: RT, 2019, p. 151.

2. Repercussão do contraditório como influência na função do árbitro

2.1. Contraditório como influência e deveres do árbitro

A concepção do contraditório como possibilidade de influência pelas partes demanda que o árbitro estabeleça um "estado de coisas"[433] que permita, justamente, o exercício potencial dessa influência. Daí decorre que o árbitro não pode se restringir ao papel de *mero expectador* do embate entre as partes, devendo figurar como agente promotor do diálogo na formação do provimento.

Dialogar, nesse sentido, exige que o árbitro estimule as partes a apresentarem suas alegações, pedidos e posições, eventualmente apontando os trechos em que a posição de uma das partes não foi tratada pela outra. Exige que o árbitro coordene os esforços probatórios no sentido de permitir que as partes apresentem o *seu caso*, sem perder de vista – e alertando as partes sobre – quais assuntos, dentre os discutidos, parecem importantes para a solução das questões postas. O contraditório como influência exige, por fim, que o árbitro pondere sobre as posições das partes em sua decisão, ou seja, *colabore* com as partes – e estas, com o julgador – para que o processo atinja o seu objetivo de solucionar a disputa conforme os fatos e o direito nele revelados.

A doutrina processual civil brasileira busca identificar os deveres do julgador voltados ao patrocínio da possibilidade de influência e da sua demonstração no julgamento, ligando-os a uma *concepção colaborativa* do processo[434]. Para a finalidade deste estudo, não interessam o aprofundamento e a distinção técnica entre os deveres em questão. Longe disso, interessa o resultado da incidência desses deveres no exercício da função do árbitro, razão pela qual o presente estudo tratará dos deveres de

[433] "*Estado de coisas* pode ser definido como uma situação qualificada por determinadas qualidades. O estado de coisas transforma-se em *fim* quando alguém aspira conseguir, gozar ou possuir as qualidades presente naquela situação." ÁVILA, Humberto. Teoria dos princípios. 20. ed. São Paulo: Malheiros, 2021, p. 97.

[434] "O principal fundamento da comparticipação (cooperação) é o contraditório como garantia de influência e não surpresa". THEODORO JÚNIOR, Humberto; NUNES, Dierle; BAHIA, Alexandre Melo Franco; PEDRON, Flávio Quinaud. Novo CPC: fundamentos e sistematização. 3. ed. Rio de Janeiro: Forense, 2016, p. 111. Alerta, porém, que "contraditório e colaboração não se confundem, embora estejam obviamente ligados". MITIDIERO, Daniel. **Colaboração no processo civil** – do modelo ao princípio. 4. ed. São Paulo: RT, 2019, p. 70.

esclarecimento, de diálogo e de consulta em categorias apartadas com o exclusivo fim de identificação dos seus efeitos na atuação do árbitro[435]. Na prática, esses deveres se interpolam e se interconectam, formando, em conjunto com o dever de imparcialidade e da igualdade das partes, um tecido que orienta a condução do procedimento pelo árbitro e coíbe o julgador de ultrapassar os limites a partir dos quais estariam em risco os elementos do devido processo, sobretudo a igualdade das partes[436], ou seja, promovem o julgador ativo, mas não "ativista"[437].

O tratamento apartado dos deveres oriundos do *modelo cooperativo de processo* é, portanto, artificial, mas trará mais concretude ao presente estudo, pois permitirá ilustrar sua incidência preponderante em situações concretas, algumas delas vividas por este autor.

2.1.1. O dever de esclarecimento

Para cumprir o seu dever fundamental de julgar a causa conforme o direito aplicável, *o árbitro tem que entendê-la*, conhecendo em suficiente detalhe a descrição dos fatos e os elementos jurídicos utilizados na argumentação das partes.

[435] Para Márcio Carvalho Faria, a classificação segue os deveres de esclarecimento, de prevenção (ou advertência), de consulta e de auxílio (ou assistência). FARIA, Márcio Carvalho. A lealdade processual na prestação jurisdicional: em busca de um modelo de juiz leal. São Paulo: RT, 2017, p. 334-249. Para Rafael Stefanini Aulio, tais deveres seriam o esclarecimento, de consulta, de prevenção e de auxílio. AULIO, Rafael Stefanini. **O modelo cooperativo de processo civil no novo CPC**. Salvador: Juspodivm, 2017, p. 71-88.

[436] "A asseguração qualificada da igualdade, portanto, requer a compreensão de que suas noções são *complementares* e não *alternativas* ou *excludentes*. À *igualdade ou paridade de armas* soma-se a proibição de distinções arbitrárias e a promoção justificada do equilíbrio *no conteúdo e na aplicação da lei processual*." ABREU, Rafael Sirangelo de. **Igualdade e processo**: posições processuais equilibradas e unidade do direito. São Paulo: RT, 2015, p. 106.

[437] "Assim, a crítica faz com que o instrumentalismo esvazie o próprio escopo processual de valores, pois concede, ao alargar o campo para outros dois escopos – social e político – força igual ou maior para estes, o que denota um enfraquecimento da própria acepção do que vem a ser processo e da jurisdição, concedendo um amplo poder discricionário para o juiz que poderá julgar, no mais das vezes, conforme o entendimento que ele próprio tem de determinado fato social, trazendo insegurança ao jurisdicionado e, consequentemente, ao Estado Constitucional." JOBIM, Marco Félix. **Cultura, escolas e fases metodológicas do processo**. 4. ed. Porto Alegre: Livraria do Advogado, 2018, p. 153.

É possível que os fundamentos trazidos por uma ou ambas as partes – necessariamente sob a forma de signos linguísticos – não sejam suficientemente claros para transmitir o conteúdo de maneira a permitir o seu pleno entendimento pelo adversário e pelo julgador. Isso porque as partes não trazem *fatos* à apreciação do árbitro (visto que eles pertencem ao mundo ôntico[438]), mas *relatos fragmentados e parciais* de fatos[439]. Estes relatos podem padecer não apenas de problemas semânticos e sintáticos[440], o que dificulta a exata compreensão do seu conteúdo, como também podem não contar com extensão ou profundidade bastantes para o entendimento dos argumentos defendidos, impossibilitando que o árbitro acompanhe, com o detalhamento necessário para uma boa compreensão (e, por consequência, uma boa decisão), o caminho lógico-axiológico proposto pela parte para a construção da norma concreta que ela quer ver estampada na sentença.

Em geral, a experiência demonstra que argumentos eventualmente dispersos no início do procedimento vão sendo melhor assentados (ou

[438] "A realidade (realidade *da qual tomamos consciência*) é o que *aparenta ser* (*se apresenta = presenta*) *para cada consciência*. Diante de um objeto qualquer, minha consciência recebe o impacto do que ele *representa* (como ele se *apresenta*) para mim. Posso dizer, então, que minha consciência vê os objetos exteriores como eles são, visto que eles são (*para nós*), nas suas manifestações (*aparições*), absolutamente indicativos de si mesmos. Como, porém, os objetos e a realidade existem em suas manifestações (*aparições*) para mim, jamais os descrevo – os objetos e a realidade. Descrevo apenas *o modo sob o qual eles se manifestam* (= o que representam) *para mim*. GRAU, Eros Roberto. **Por que tenho medo dos juízes** (a interpretação/aplicação do direito e os princípios). 10. ed. São Paulo: Malheiros, 2021, p. 58-59.

[439] "Uma narrativa dos fatos jamais pode ser (especialmente em um processo) algo já pronto e acabado que cai do céu na mesa de um advogado ou de um juiz. Pelo contrário: as narrativas são *construídas* por seus autores, frequentemente através de atividades criativas, complexas e sofisticadas. Essa construção não é uma descrição passiva, abstrata ou neutra dos fatos: como já dito, as narrativas *constroem os fatos* que são contados." TARUFFO, Michelle. **Uma simples verdade** – o juiz e a construção dos fatos. Trad. Vitor de Paula Ramos. São Paulo: Marcial Pons, 2016, p. 73.

[440] Como afirma Tercio Ferraz Junior, "para interpretar, temos que decodificar os símbolos *no seu uso* e isto significa conhecer-lhes as regras de controle da denotação e conotação (regras semânticas), de controle das combinatórias possíveis (regras sintáticas) e de controle das funções (regras pragmáticas)." FERRAZ JUNIOR, Tercio Sampaio. **Introdução ao estudo do direito**: técnica, decisão, dominação. 2. ed. São Paulo: Atlas, 1996, p. 260.

abandonados[441]) nas manifestações das partes ao longo do seu desenvolvimento, visto que o aprofundamento e o maior envolvimento do advogado na causa vai ocorrendo na medida em que ele deve se inteirar para redigir as manifestações e contramanifestações previstas no cronograma procedimental. Assim, conhecendo mais e melhor a causa, o advogado terá condições de indicar com clareza e o devido detalhamento os seus pontos, permitindo que o árbitro os compreenda[442]. Algumas vezes, porém, a disputa envolve uma quantidade tão grande de fatos (que contam, por sua vez, com grande número de especificidades e particularidades), que nem mesmo os advogados mais cuidadosos conseguem intuir todas as múltiplas facetas e detalhes que podem ser considerados importantes pelo árbitro.

Assim, seja porque (i) os argumentos padecem de problemas ou insuficiências de diversas ordens, seja (ii) porque há inúmeros detalhes para a compreensão da causa, é necessário que o árbitro atue diretamente, *instando a parte a esclarecer sua narrativa ou tratar de um detalhe específico*, ou seja, é necessário que o árbitro aponte suas dúvidas a respeito das alegações de fato e de direito, permitindo que as partes[443] esclareçam-

[441] Alertando contra o perigo de má gestão do tempo do advogado, afirma-se: "por vezes, as urgências do dia-a-dia de um escritório de advocacia criam dificuldades ao enfrentamento adequado dessa fase preparatória. Apenas quando o fatídico prazo se aproxima, o advogado responsável pela escrita efetivamente se debruça sobre os fatos e o direito da disputa. E somente quando já é tarde demais os desafios se revelam. O resultado? Uma peça jurídica que ora apresenta os fatos de maneira distorcida ou incompleta, ora enfrenta inadequadamente o direito subjacente." Potsch, Bernard. Alegações escritas em arbitragem. *In*: Muniz, Joaquim de Paiva; Mendes, Lucas da Costa. **Práticas de arbitragem** – técnicas, agentes e mercados. 2. ed. Rio de Janeiro: Curso Prático de Arbitragem, 2020, p. 72-73.

[442] *"In view of the foregoing, it can be argued, in our opinion, that arbitrators play a proactive role in the truth-seeking and fact-finding process. This does not mean, however, that the parties' autonomy is restricted. It is, however, essential that the arbitrators at all times during the arbitration, including during the hearing, be free to touch on questions which, in their view, require clarification by the parties or the submission of additional information (evidence) by a party or both parties. It could be necessary, for example, to discuss with the parties whether, by whom and in which way (witness testimony, expert opinion, etc.) such additional information should be made available to the arbitrators"*. Gerven. Dirk van; Asser, Daan. Which instruments can arbitrators use in search for the truth? *In*: Demeyere, Luc. **Do arbitral awards reveal the truth?** Wolters Kluwer, 2019, p. 84-85.

[443] Não é objeto do presente estudo a análise pormenorizada da estrutura da relação que envolve esse dever, ou seja, as hipóteses em que o julgador tem o direito de ser esclarecido, o que atribui às partes o correspondente dever, e as hipóteses em que o julgador estabe-

nas[444], sem o que a análise do caso – e, por consequência, a qualidade da sentença – estará aquém daquela pretendida pelo julgador e desejada pelas partes.

Na nossa experiência como advogados, trabalhamos em um caso no qual se discutia se seria ou não caso fortuito ou de força maior um incêndio ocorrido em armazéns portuários disponibilizados e operados pelo requerido, nos quais estava armazenado – e foi destruído – produto (açúcar) de propriedade do requerente. O produto havia sido adquirido de terceiros mediante contratos de fornecimento (de longo prazo) e transportado para os armazéns para que fosse realizada sua elevação (embarque) em navios fretados com origem em (a partir de) um específico porto, contíguo aos armazéns. A destruição do produto impedia que o requerente honrasse os contratos firmados com seus clientes. Sabendo-se que o fogo teve início na esteira que movia o produto de um armazém para o outro, o debate entre as partes sobre a ocorrência ou não de caso fortuito iniciou-se com a demonstração de quais são os componentes e como funciona uma esteira para elevação, os modelos comerciais disponíveis, os materiais usados na sua composição e sua respectiva inflamabilidade, o nível de atrito e a temperatura média de operação para identificação dos níveis esperados de desgaste para a produção de uma fagulha, os diversos mecanismos de ativação dos sistemas de segurança disponíveis no equipamento (para sua comparação com a tecnologia disponível no varejo), o histórico e a escala de manutenção preditiva, preventiva e corretiva do equipamento ao longo de meses e sua comparação com a média na indústria, e a atuação da brigada de

lece a matéria objeto do esclarecimento, atribuindo às partes o ônus de fazê-lo. Sobre os pares conceituais nas relações jurídicas e a composição do ônus como sendo o resultado "substancialmente, do encontro de uma faculdade e de uma sujeição: Lumia, Giuseppe. **Elementos de teoria e ideologia do direito**. Trad. Denise Agostinetti. São Paulo: Martins Fontes, 2003, p. 107-111; 113. Sobre a existência tanto do *dever de esclarecer* quanto do *ônus de esclarecer*, a depender do caso concreto: Aulio, Rafael Stefanini. **O modelo cooperativo de processo civil no novo CPC**. Salvador: Juspodivm, 2017, p. 148-155.

[444] "O dever de esclarecimento consiste no dever que o órgão judicante tem de esclarecer eventuais dúvidas que tenha sobre as alegações e pedidos das partes antes de proferir qualquer decisão eivada de impressões equivocadas sobre aquela situação jurídico-processual específica." Aulio, Rafael Stefanini. **O modelo cooperativo de processo civil no novo CPC**. Salvador: Juspodivm, 2017, p. 78.

incêndio. A demonstração teria sido infinitamente menos ilustrativa se os árbitros – todos advogados – não tivessem exposto suas dúvidas sobre vários pontos desses e de outros temas técnicos. A complexidade não se resumia à operação da esteira, à geração da fagulha e ao alastramento do incêndio. Ao contrário disso, novas dificuldades se impuseram para o cálculo do dano. Era necessário demonstrar como opera o mercado de fornecimento de longo prazo de açúcar e diferenciá-lo do mercado *spot* (no qual foi feita a aquisição substitutiva para que o requerente honrasse seus compromissos com terceiros), demonstrar o modo de contratação e a operação de modais ferroviários (instruindo os árbitros a respeito de conceitos como estadia, expedição e transbordo, sobre como checar os dados nas centenas de documentos correspondentes; qual a malha ferroviária disponível e seu impacto na formação do preço de transporte, entre outros) e ilustrar os julgadores sobre o afretamento de navios para transporte marítimo (contratação por viagem e seu cancelamento, modo de leitura da carta de afretamento, conceitos como *demurrage* e *despatch*, entre outros). Imagine-se se os árbitros tivessem que julgar sem as informações necessárias: teriam eles elementos para verificar se o nível de segurança da esteira deveria ser maior ou menor que a média ou se as manutenções deveriam ser menos ou mais frequentes, para assim verificar qual a imputabilidade do dano à atuação do requerido? Teriam eles o instrumental para analisar os documentos e checar os cálculos dos danos? Teriam condições de entender a lógica que informou a utilização dos diversos modais de transporte, com reflexo direto no valor da indenização pleiteada? Inúmeras demonstrações e detalhes foram tratados para que os advogados se certificassem de que as informações estavam disponíveis nos autos, até que um dos árbitros perguntou sobre a inflamabilidade do açúcar. Na verdade, esse é um produto *altamente inflamável*, pois suas moléculas acumulam grande quantidade de energia (não por outra razão também medida em "calorias") e essa questão, tratada pelas partes como um ponto pacífico e por isso pouco explorada nas manifestações, foi a que gerou dúvida no julgador. Como se vê, os advogados, por mais dedicados e minuciosos que sejam, *sempre* ensejarão, no bom árbitro, algumas dúvidas no que diz respeito aos argumentos apresentados. O árbitro que não tem dúvidas e não dialoga com as partes não está, no nosso entender, efetivamente inteirado da causa.

Saindo do exemplo concreto e retornando à generalidade da teoria, é importante ressaltar que as atitudes do árbitro para o cumprimento satisfatório do seu dever de esclarecimento *não deve interferir nas linhas de argumentação*[445] *e na estratégia processual das partes*. Independentemente do fundamento trazido, não é dado ao árbitro, com sua atitude, suprir as deficiências técnico-jurídicas das partes[446], mas apenas perguntar e reunir informações no sentido de compreender as alegações de maneira que isso lhe permita decidir a disputa com a aplicação do direito ao caso concreto.

A dúvida a esclarecer pode decorrer (i) de falhas na apresentação das alegações, (ii) em razão de informações conflitantes ou insuficientes, ou (iii) do cotejo dessas informações com aquelas extraídas das provas produzidas, demandando que o árbitro inste as partes a tomarem as medidas para sua solução[447]. Os exemplos são inúmeros (e muito comuns na arbitragem), como na hipótese em que a juntada de uma planta construtiva e cronogramas previsto *vs.* realizado não sejam suficientes para a compreensão das variações na execução da obra, exigindo explicações pormenorizadas a respeito das áreas e dados lá compreendidos, além de outros elementos de prova. É possível que dúvidas originadas do contraste às alegações das partes sejam potencializadas pelas informações carreadas pelos elementos de prova: em nossa experiência pessoal como árbitros, houve caso em que certos aspectos de uma obra objeto de vistoria (pelos árbitros) não estavam contemplados nem no projeto executivo (como defendido por uma das partes), nem no *as built* (como defendido pela outra), demandando esclarecimentos a respeito da posição de ambas as partes sobre o tema.

[445] Sobre o *iura novit curia*, ver seção 3.1.3.

[446] Ramos Neto, Newton Pereira. **Poderes do juiz no processo civil e sua conformação constitucional**. 2. ed. Salvador: Juspodivm, 2021, p. 57.

[447] *In view of the foregoing, it can be argued, in our opinion, that arbitrators play a proactive role in the truth-seeking and fact-finding process. This does not mean, however, that the parties' autonomy is restricted. It is, however, essential that the arbitrators at all times during the arbitration, including during the hearing, be free to touch on questions which, in their view, require clarification by the parties or the submission of additional information (evidence) by a party or both parties. It could be necessary, for example, to discuss with the parties whether, by whom and in which way (witness testimony, expert opinion, etc.) such additional information should be made available to the arbitrators.* Demeyere, Luc. Do arbitral awards reveal the truth? Wolters Kluwer, 2019, p. 84-85.

O árbitro, ao buscar construir uma descrição fidedigna dos fatos, não substituirá as partes no esforço probatório, pois tão importante quanto o resultado obtido pela sua análise (a fixação aproximada dos fatos ocorridos em uma narrativa congruente com elementos confiáveis trazidos aos autos[448]) é a forma pela qual se chega a tal resultado. Isso não significa, entretanto, que o árbitro deva se resignar com a juntada de contratos sem os anexos, de relatórios sem os documentos base ou de *e-mails* destacados de sua cadeia, se os elementos não trazidos prejudicarem sua análise, ou que peça às partes uma melhor circunscrição dos danos e respectiva comprovação em demanda indenizatória[449]. Voltando à nossa experiência pessoal como árbitros, tivemos procedimento em que aparentemente parte dos requeridos identificados pelo requerente eram pessoas jurídicas já extintas, mas que ainda assim haviam outorgado procuração para que um advogado as representasse (ou seja, a questão não havia sido levantada por nenhuma das partes). Se não fosse efetivamente esclarecida a situação dessas pessoas jurídicas, todo o processo arbitral poderia ser considerado inválido, pois instaurado contra sujeitos de direito inexistentes. Nessa situação de potencial prejuízo ao próprio procedimento, não houve alternativa senão questionar as partes e abrir a oportunidade para que demonstrassem a real situação das sociedades, com a juntada da documentação pertinente arquivada na Junta Comercial.

Em suma, o árbitro não deve solapar o agir estratégico das partes, tomando as rédeas das iniciativas instrutórias[450]. Não obstante, é quase

[448] Para Michelle Taruffo, "o grau de confirmação de um enunciado deriva de inferências lógicas que levam em conta a quantidade e a qualidade das provas disponíveis que se referem àquele enunciado, seu grau de confiabilidade e sua coerência." TARUFFO, Michelle. Uma simples verdade – o juiz e a construção dos fatos. Trad. Vitor de Paula Ramos. São Paulo: Marcial Pons, 2016, p. 252. Especificamente sobre a análise dos fatos: "a verdade dos fatos é o resultado de um procedimento cognitivo complexo, que se desenvolve segundo diretrizes jurídicas e racionais, possibilitando um juízo racionalmente justificado." LANES, Júlio Cesar Goulart. **Fato e direito no processo civil cooperativo**. São Paulo: RT, 2014, p. 166.

[449] O art. 22 da Lei n. 9.307/1996 confere ao árbitro o poder de determinar a produção de provas de ofício. Também a prática internacional reconhece tal poder, conforme se vê em: LANDOLT, Phillip. Arbitrator's initiatives to obtain factual and legal evidence. *In*: **Arbitration International**, 2012, v. 28, n. 2, p. 180-190.

[450] Em substituição à atividade instrutória do julgador, Rodrigo Ramina de Lucca afirma: "mais eficiente seria impor ao juiz o dever de informação *antes de proferida a decisão*, esclare-

regra que a análise detida das alegações das partes em casos complexos (contratos comerciais, operações de fusão e aquisição societárias ou construção) ensejem dúvidas (ou hiatos de informação) que nenhuma das partes endereçou em suas manifestações ou nos elementos de prova trazidos, cabendo ao árbitro requisitar a informação necessária para compreender adequadamente as circunstâncias sobre as quais deve decidir e para que tenha em mãos os elementos a serem utilizados nessa decisão, sem o que não poderá julgar os pedidos das partes ou o fará mais com base na ausência de informação ou de provas do que por convicção a respeito de qual é a pretensão amparada pelo direito material aplicável[451].

O dever em questão não se limita ao fluxo de informações partes-árbitro, mas opera também em sentido oposto[452]. É nosso entendimento que, em causas mais complexas, o árbitro deve – com o auxílio das partes – indicar qual o *thema decidendum*, ou seja, quais são as questões que devem ser solucionadas para a decisão da disputa. Quanto maior a capacidade de organização das matérias em discussão e quanto

cendo à parte, ao termo da instrução, que ele não foi suficientemente convencido da veracidade de determinada alegação fática, oportunizando então a produção adicional de provas. Se mesmo assim a questão não for devidamente esclarecida, não há nada a fazer senão julgar segundo o ônus da prova. Lucca, Rodrigo Ramina de. **Disponibilidade processual**: a liberdade das partes no processo. São Paulo: RT, 2019, p. 65.

451 Demonstrando como realizar, na prática, essa atividade, Rafael Francisco Alves descreve: "de todo modo, ao convidar as manifestações das partes, é *prudente* que o árbitro procure formular perguntas *abertas*, que procurem contemplar os *diferentes pontos de vista* sobre a aplicação daquele fundamento específico, evitando, assim, qualquer *impressão equivocada* das partes sobre a sua isenção. Tomados os devidos cuidados, estarão assegurados os princípios da imparcialidade do árbitro e da igualdade das partes." Alves, Rafael Francisco. **Árbitro e direito**: o julgamento do mérito na arbitragem. São Paulo: Almedina, 2018, p. 139.

452 "*Toutefois, il nous paraît que l'interdiction pour l'arbitre de procéder «par surprise» doit rester l'une des règles essentielles du principe de la contradiction. Notamment, le tribunal arbitral doit s'en tenir à une règle établie lors d'une première audience, et ce pour toutes les autres audiences qui se dérouleront entre les parties. Simple bon sens, pourrait-on dire. Certes, mais il n'est peut être pas mauvais de rappeler, de temps en temps, ces règles de bon sens surtout quand les arbitres commencent à se prendre pour des «dieux»ainsi qu'il a pu être dit dans un forum célèbre en matière d'arbitrage, dieux qui, d'ailleurs, souvent s'ignorent ou nient en être et font encore pire que les dieux déclarés. De plus, l'arbitre devra soumettre au débat contradictoire tous les éléments de fait et de droit dont il a l'intention de se servir pour rendre la sentence*". Kessedjian, Catherine. Principe de la contradiction et arbitrage. **Revue de l'Arbitrage**, 1995, v. 1995, n. 3, p. 408-409.

maior a transparência do árbitro em indicar os pontos de dúvida[453] e as medidas que tomará[454], mais proveitosa será a instrução, pois isso permitirá que os advogados concentrem seu foco nas matérias de maior relevância para o julgamento da causa e alcancem o nível de detalhe suficiente para solucionar as dúvidas do árbitro.

Ainda quanto ao tema das provas, a partir da concepção cooperativa do processo exsurge que as partes têm o dever de conduta leal uma frente a outra[455]. Isso não significa apenas a delimitação razoável das suas alegações (indispensável para o exercício da defesa da contraparte), mas também auxiliar na instrução da causa, apresentando os documentos importantes em seu poder, ainda que favoráveis à parte contrária, se assim for determinado pelo julgador[456]. Na prática, esses documentos não são entregues voluntariamente; o árbitro deve intervir para deter-

[453] De forma lapidar: "O que se defende aqui é que o árbitro *verbalize* seus entendimentos *ainda preliminares* na forma de *questionamentos* para as partes, justamente para que elas possam *participar* da formação de sua convicção. Em outras palavras, o que se defende é a *transparência no julgamento do mérito* para evitar que as partes sejam *surpreendidas* com a sentença arbitral. ALVES, Rafael Francisco. **Árbitro e direito**: o julgamento do mérito na arbitragem. São Paulo: Almedina, 2018, p.138.

[454] "Impõe-se, assim, a leitura do contraditório como garantia de influência no desenvolvimento e resultado do processo [...] Nota-se que, uma vez que os poderes do julgador são aumentados, impõe-se a este o dever de informar às partes as iniciativas que pretende exercer, de modo a permitir a elas um espaço de discussão em contraditório, devendo haver a expansão e a institucionalização do dever de esclarecimento judicial a cada etapa do procedimento, inviabilizando julgamentos supresa." THEODORO JÚNIOR, Humberto; NUNES, Dierle José Coelho. Uma dimensão que urge reconhecer ao contraditório no direito brasileiro: sua aplicação como garantia de influência, de não surpresa e de aproveitamento da atividade processual. Revista de Processo, n. 168, p. 122-123; 125.

[455] AULIO, Rafael Stefanini. **O modelo cooperativo de processo civil no novo CPC**. Salvador: Juspodivm, 2017, p. 127-128. Ressaltando o incentivo que a inexistência de um dever de produção de provas ensejaria à parte beneficiada pela sua ocultação: RAMOS, Vitor de Paula. Ônus da prova no processo civil: do ônus ao dever de provar. 2. ed. São Paulo: RT, 2018, p. 104-105.

[456] No processo civil, Ricardo de Carvalho Aprigliano afirma: "no âmbito das posturas ativas de cada litigante, não se pode cogitar que a parte tenha algum dever de produzir provas desfavoráveis a si própria. O que os litigante não podem fazer [...] é criar obstáculos à produção probatórias requerida pela parte contrária, ou de ofício pelo juiz". APRIGLIANO, Ricardo de Carvalho. Comentários ao Código de Processo Civil. v. VIII, t. I, São Paulo: Saraiva, 2020, p. 228.

minar sua apresentação nos autos somente se a parte interessada identificá-los com razoável nível de detalhe, demonstrar sua existência e sua posse pela parte contrária, além da impossibilidade de obtê-los por outros meios. Além disso, a parte interessada deve demonstrar que os documentos não são protegidos por regras de exclusão[457]. A intervenção do árbitro para a obtenção de documentos somente ocorrerá para que a atuação processual da parte que requer a medida não reste inviabilizada pela inação ou contumácia de seu adversário[458].

Por fim, se no curso do prazo para prolação da sentença, o árbitro identificar questão para a qual não encontra resposta ou qualquer elemento que possa utilizar, ele poderá "converter o julgamento em diligência", reabrindo a instrução para buscar o elemento faltante. Para não haver dúvida quanto a essa faculdade, modelos de termo de arbitragem disciplinam expressamente essa hipótese. Essa faculdade, no entanto, deve ser utilizada em caso de invencível necessidade, pois a expectativa das partes e de seus patronos pela emissão da sentença arbitral no prazo originalmente fixado também incorpora um valor – a celeridade – caro a todos os envolvidos na disputa.

2.1.2. Dever de diálogo ou de debate

Às vezes por estratégia, às vezes por descuido, as partes não produzem um efetivo debate, mas verdadeiros monólogos nos quais, por exemplo, o requerente insiste em repisar os fatos e fundamentos jurídicos que originariam o dano reclamado (e o correspondente dever de reparar do adversário) e o requerido insiste em fatos e fundamentos jurídicos outros, que também explicariam o dano, imputando-o ao requerente. As narrativas seguem "paralelas" e, se não forem buscados os pontos de interseção entre elas, ambas podem ser consideradas igualmente válidas. Como resultado, o árbitro ficará sem material para reconstituir a sucessão de eventos relativos à disputa e julgar a causa aplicando o direito material corretamente, ou o fará com material insuficiente para

457 A respeito dessas regras na arbitragem internacional: WAINCYMER, Jeffrey. **Procedure and evidence in international arbitration**. Kluwer Law International, 2012, p. 800-815. Sobre algumas das regras de exclusão no processo civil: MARINONI, Luiz Guilherme; ARENHART, Sérgio Cruz. Prova e convicção. 5. ed. São Paulo: RT, 2019, p. 176-178.

458 RAMOS NETO, Newton Pereira. **Poderes do juiz no processo civil e sua conformação constitucional**. 2. ed. Salvador: Juspodivm, 2021, p. 66.

decidir com segurança, o que resultará em uma sentença tecnicamente pobre, aquém da qualidade esperada pelas partes e com fraca aderência ao direito positivo se comparada com o resultado obtido caso as informações fossem suficientes. A situação é conhecida nas arbitragens de construção, nas quais o mesmo resultado pode ser atribuído a diferentes causas (por exemplo, o dono da obra atribuiu a ocorrência de trincas e fissuras à qualidade do material adquirido e utilizado pelo construtor, ao passo que este afirma que o fenômeno é resultado de recalque diferencial que não foi calculado devidamente no projeto estrutural a cargo do dono da obra). Ainda no direito da construção, outro exemplo vem das variações contratuais por atraso, que o dono da obra imputa ao contratado em razão de correção de erros de execução ou perda de produtividade, ao passo que o contratado as imputa ao contratante em razão de não liberação de frentes, atraso na entrega de material (quando o fornecimento cabe ao contratante) etc. Se o julgador não encontrar elementos pelos quais uma das hipóteses possa ser refutada, ele deve instar as partes a trazê-los, sob pena de proferir uma sentença potencialmente ruim, baseada em falsa concausalidade, quando, na verdade, esclarecimentos ou provas adicionais permitiriam que a hipótese defendida por uma das partes fosse descartada, ou então, concorrendo efetivamente várias causas para o fenômeno, permitiriam ao árbitro proporcionalizá-las corretamente para a imputação da responsabilidade.

Nessas circunstâncias, cabe ao árbitro colocar o diálogo sobre o direito e sobre os fatos no centro da experiência processual, ou seja, cabe ao árbitro atuar para estabelecer um *efetivo estado de debate* ente as partes e destas com o julgador.

A bem da verdade, o árbitro cumpre com o dever de debate já na discussão do termo de arbitragem, pois fatalmente haverá pontos a respeito do procedimento que não são preestabelecidos pelas partes e sobre os quais elas eventualmente não se manifestam, mas que deverão ser enfrentados, especialmente em arbitragens mais complexas ou que envolvam profissionais de diferentes culturas jurídicas. Aí entram questões relativas à produção de provas (quais documentos serão admitidos? Em qual língua? Como será tratada a confidencialidade ou privilégio? A prova pericial será produzida por perito nomeado pelo árbitro ou por *experts* de cada uma das partes?). Para evitar um estado de anomia, diversos regulamentos estabelecem tais critérios ou prevêem que eles devem constar do termo de arbitragem ou da ordem processual n. 1[459]. Ainda que o tribunal arbitral tenha o poder de disciplinar o procedimento na ausência de consenso, a abertura do diálogo por parte do árbitro é medida que se impõe[460].

Por paradoxal que possa parecer, a ausência de diálogo pode se dar pelo excesso de alegações das partes. São tantas as alegações sobre fatos, tantos os argumentos, contra-argumentos, re-argumentos, teses, sub-teses e teses alternativas que as próprias partes não têm mais clareza sobre os pontos verdadeiramente úteis para a decisão da disputa[461]. A perda de energia e de tempo – especialmente na fase de instrução – é enorme se não se tiver clareza sobre quais são os pontos centrais dos argumentos de cada parte e dos respectivos contra-argumentos.

Os *monólogos paralelos* e a *superargumentação desnecessária* são males que podem ser evitados ou ao menos mitigados pelo árbitro. Por isso, assim que possível (geralmente após a troca das alegações escritas), é recomendável que o árbitro apresente um resumo das posições das partes no que diz respeito à matéria que informará seu julgamento, apontando a formação das questões (quando houver contraposição de argumentos) ou o silêncio de uma das partes a respeito da alegação da adversária. As partes podem ainda comentar e sugerir complementos, ajustes ou alterações tanto na identificação dos pontos de debate, sugerindo outros não contemplados pelo árbitro, quanto na paráfrase (feita pelo árbitro) dos argumentos das partes nos pontos identificados[462]. Com essa medida

[459] Sobre a conduta do árbitro em momentos diferentes do procedimento e sua modulação frente às expectativas e experiências dos advogados, vide: WELSER, Irene; MINNAGH, Samuel. The arbitrator and the arbitration procedure, an arbitrator's imperative – how to avoid disappointing the parties, preventing surprises and enabling efficient and progressive arbitral proceedings. *In*: KLAUSEGGER, Christian; KLEIN, Peter *et al.* (eds). **Austrian Yearbook on International Arbitration 2021**, p. 140-143.

[460] CARMONA, Carlos Alberto. Flexibilização do procedimento arbitral. **Revista Brasileira de Arbitragem**, v. 6, n. 24, 2009, p. 21; ARAUJO, Yuri Maciel. Arbitragem e devido processo legal. São Paulo: Almedina, 2021, p. 116.

[461] Compreensiva, embora sucinta descrição da atividade do advogado na apresentação do caso aos árbitros pode ser encontrada em: IMBRECHTS, Luc. Truth in arbitration. What instruments do parties have in search for the truth? *In*: DEMEYERE, Luc. **Do arbitral awards reveal the truth?** Wolters Kluwer, 2019, p. 9-34.

[462] *"In connection with stablishing a sensible arbitral procedure, the tribunal and parties must define the contested issues of law and fact, and devise an efficient, fair means of presenting and deciding them."*

simples – mas que exige que árbitro e advogados estudem e se dediquem à causa desde o seu início[463] – busca-se o auxílio das partes para a elaboração de um documento comum, que irá pautar os esforços de cada uma delas segundo a sua própria estratégia.

Entre outras ferramentas para enfrentar os males dos *monólogos paralelos* e a *superargumentação desnecessária* se encontra, na arbitragem de construção, o *Scott Schedule*, que consiste, na sua versão mais simples, em uma tabela em que cada linha é composta pelo pedido (*claim*) e seus fundamentos, apresentados pelo requerente, os fundamentos de defesa apresentados pelo requerido, e encerrada com a réplica do requerente[464].

Uma advertência: é evidente que o árbitro, ao registrar que a parte não se manifestou a respeito de algum tema, não tem o poder de obrigá-la a se posicionar sobre ele. Esse é um espaço reservado à estratégia processual da parte[465]. No entanto, se permanecer inerte, ela não poderá, no futuro, alegar que ignorava a relevância do ponto para a influência do julgador. Desse modo, a identificação das questões e a abertura de possibilidade para que os litigantes auxiliem na reconstrução dos fatos e na identificação do direito aplicável funciona também como ferramenta de conservação da higidez do processo arbitral, sem que com isso seja desrespeitada a estratégia processual das partes.

3.1.3. O dever de consulta

A partir da proibição de que as decisões considerem elemento não trazido ao debate, são duas as possibilidades de encaminhamento caso o

Born, Gary. **International commercial arbitration**. 3. ed. Kluwer Law International, 2021, p. 2.408.

[463] "*The process of identifying elements and types of proof in advance entails the tribunal assimilating the issues and facts in a case, and making tentative assessments regarding aspects of the case, at early points in the process.*" Born, Gary. **International commercial arbitration**. 3. ed. Kluwer Law International, 2021, p. 2.409.

[464] Jenkis, Jane. **International construction arbitration law**. 3. ed. Kluwer Law International, 2021, p. 234. A prática é recomendada pela ICC. Vide: ICC Commission on Arbitration and ADR on Construction Industry Arbitrations. Recommended tools and techniques for effective management, 2019, p. 16.

[465] "A necessidade de colaboração no processo civil *não importa em renúncia ao primado da autorresponsabilização das partes no processo.*" Mitidiero, Daniel. Colaboração no processo civil – do modelo ao princípio. 4. ed. São Paulo: RT, 2019, p. 109.

julgador identifique, em arbitragem de direito, norma jurídica que teria o potencial de influir na decisão, mas que não foi mencionada por nenhuma das partes: (i) ou o árbitro ignora o tema não debatido e produz uma decisão tecnicamente ruim, pois inadequada segundo o direito material que se comprometeu a aplicar; ou (ii) o árbitro indica o tema omitido, convidando – mas jamais impondo – às partes a considerá-lo frente ao caso concreto.

Essa segunda opção dá vez ao dever de indicação, por meio do qual o julgador assinala algum ponto de vista jurídico que as partes ignoraram ou entenderam insignificante, dando-lhes oportunidade para se manifestarem a respeito. Se, de fato, é dada ao julgador a missão de aplicar o direito escolhido pelas partes e se tal direito atribui ao julgador o poder-dever de qualificar juridicamente os fatos (como ocorre no direito brasileiro) segundo o brocardo *iura novit curia*, o julgador deve dar aos litigantes a possibilidade de se manifestarem sobre os reflexos jurídicos que podem ser ensejados pelos fatos debatidos[466]. Inadmissível, ao menos para o direito brasileiro, seria se o árbitro sacasse qualificação ou efeitos jurídicos sem previamente ouvir as partes[467].

Existe, na experiência estrangeira, orientações expressas nesse sentido, como ocorre na França[468] e na Alemanha[469]. As Cortes estatais suíças têm uma visão particular da questão: apenas as qualificações jurídicas que as partes não pudessem razoavelmente antever como relevantes

[466] "Segundo, como consequência, pode-se inferir que o princípio do devido processo legal é na verdade vinculativo às partes e aos árbitros. Isso significa que as ideias dos árbitros devem ser levadas às partes antes de se transformarem em sentença. Portanto, o devido processo legal é uma relação triangular em arbitragem comercial internacional, que vincula as partes e os árbitros, *i.e.*, todos devem estar cientes de todos os motivos que podem interferir no resultado da disputa." SANTOS, Leonardo Mäder Furtado dos. *Iuria novit curia* em arbitragem e as Cortes europeias. **Revista Brasileira de Arbitragem**, 2012, v. IX, n. 36, p. 44.

[467] TUCCI, José Rogério Cruz e. Reflexões sobre a estrutura formal da sentença arbitral. *In*: Processo Civil e Ideologia. São Paulo: Marcial Pons, 2019, p. 279-282.

[468] COUR D'APPEL DE PARIS. Pôle 1 – Chambre 1. Arrêt du 15 Mars 2016. 14/1916. Republique de Madagascar *v.* De Sutter P. *et al.* Disponível em: https://www.italaw.com/sites/default/files/case-documents/italaw7208.pdf. Acesso em: 10 fev. 2021.

[469] KROLL, Stefan Michael. Arbitration in Germany: the model law in practice. 2. ed. Kluwer Law International, 2015, p. 472-473.

deveriam ser apontadas pelo árbitro antes de serem utilizadas como razão de decidir[470].

Desse modo, reservadas as circunstâncias de cada caso concreto, o árbitro deve *consultar* as partes quanto à possibilidade de aplicar determinado artigo legal, cláusula contratual[471] ou construção dogmático-jurisprudencial por ele identificadas à luz dos fatos narrados e frente aos pedidos e defesas apresentados[472]. Ir além disso, ou seja, apresentar uma argumentação pronta e refinada – ou mesmo definitiva – poderia dar a impressão de que o árbitro teria saído da esfera de influência das partes e desenvolvido sua própria concepção da causa[473], independentemente

[470] X.________ Kft v. Y.________ AG, 4A_108/2009. **Swiss Federal Supreme Court as of 9 June 2009**. Tradução para o inglês. Disponível em: footnote1_26a8mup. Acesso em: 10 fev. 2021. Julgado suíço mais recente, embora no mesmo sentido: A.________ v. B.________, 4A_554/2014. Ire Cour de droit civil. Arrêt du 15 avril 2015. Tradução para o inglês. Disponível em: https://www.swissarbitrationdecisions.com/sites/default/files/15%20avril%202015%204A%20554%202014.pdf. Acesso em: 10 fev. 2021.

[471] Após apontar a necessidade de o árbitro observar sua imparcialidade e com o devido processo, Bernard Hanotiau observa: "*compliance with these principles implies that the arbitral tribunal should be extremely prudent when it raises ex officio issues which have not been addressed by the parties. The conduct of the tribunal will, of course, depend upon the specificities of the case. If the parties have overlooked a provision of the contract which has definitely some relevance to the outcome of the case, the tribunal might ask them how they interpret this provision.*" HANOTIAU, Bernard. Chapter 6: The arbitrator's duty to render justice: constraints and prerogatives. *In*: KAPLAN, Neil; PRYLES, Michael (eds). **International arbitration**: when east meets west – *Liber Amicorum* Michael Moser. Kluwer Law, 2020, p. 81-82.

[472] Em sentido análogo: KAUFMANN-KOHLER, Gabrielle. The arbitrator and the law: does he/she know it? Apply it? how? and a few more questions, arbitration international. **Arbitration international**, v. 21, n. 4, p. 635. Importante ressaltar que o julgador, além de respeitar o contraditório e não proferir decisão-surpresa, deve também respeitar o princípio da demanda quando da aplicação do *iura novit curia*, conforme anota DOMIT, Otávio Augusto Dal Molin. *Iura novit curia* e causa de pedir: o juiz e a qualificação jurídica dos fatos no processo civil brasileiro. São Paulo: RT, 2016, p. 286-300.

[473] Realizando uma pesquisa empírica pelo questionamento direto de árbitros internacionais, Bernard Hanotiau constatou: "*having tested the issue with a great number of colleagues in a recent symposium in Milan, it appears that the overwhelming majority of arbitrators would not raise ex officio an outcome-determinative issue overlooked by one party – because this could be considered a breach of the principle of equality or even a breach of the duty of impartiality – but a minority seems to have a different view.*" HANOTIAU, Bernard. Chapter 6: The arbitrator's duty to render justice: constraints and prerogatives. *In*: KAPLAN, Neil; PRYLES, Michael (eds). **International Arbitration**: when east meets west – *Liber Amicorum* Michael Moser. Kluwer Law, 2020, p. 83.

do que as partes viessem a alegar posteriormente, levantando dúvidas sobre o respeito ao devido processo no caso concreto[474].

A abordagem jurídica alternativa apontada pelo árbitro não seria vinculante, pois poderia muito bem ser rechaçada pelo litigante, se conflitar com sua estratégia de encaminhamento do caso. As perguntas do árbitro, como "digam as partes se entendem aplicável o artigo 'X' no presente caso", formulada de modo não direcionado e abrangente basta para cumprir o dever em questão. Seja como for, a atividade proativa do árbitro dará às partes mais oportunidades de influenciarem o julgador, aumentando – e não diminuindo – o controle que elas têm sobre os argumentos debatidos e sobre a influência deles no convencimento do árbitro[475].

Guardadas as proporções e numa específica circunstância, o mesmo pode ocorrer relativamente a fatos: por vezes, a juntada de documentação alentada faz com que as partes não prestem atenção em alguma informação relevante para a controvérsia lá registrada, mas não mencionada expressamente nas manifestações de nenhum dos litigantes. Deve o árbitro ignorar o elemento fático trazido e não discutido? Deve considerá-lo porque, ao constar de documento, tal elemento foi de algum modo trazido à cognição do julgador e poderia, ao menos potencialmente, ter sido discutido? Para evitar esses questionamentos, o árbitro,

[474] Novamente cabe a advertência feita por Rafael Francisco Alves quanto ao modo de se levantar a questão jurídica olvidada pelas partes. ALVES, Rafael Francisco. **Árbitro e direito**: o julgamento do mérito na arbitragem. São Paulo: Almedina, 2018, p. 139.

[475] "*By fully engaging with a non-passive arbitrator, parties will have much more opportunity to influence an arbitrator where it counts most. A better way of looking at the issue is to consider the non-passive arbitrator as placing a flag down on an issue (after initially hearing the parties) and inviting the parties to move him or her to the left or right of the flag toward their position. A party may only have to move the arbitrator a millimeter or two in their direction on that issue to win the issue. In contrast, a passive arbitrator that allows the parties to place their own flags down, potentially kilometers apart, must then determine where his or her conclusion should fall (somewhere along that large spectrum created by the parties). All the while the parties' arguments may fall well away from the arbitrator's conclusion. The parties wasted time arguing unnecessary issues and the arbitrator wasted time crafting a middle ground solution.*" ÖHLBERGER, Veit; PINKSTON, Jarred. Chapter II: the arbitrator and the arbitration procedure, *iura novit curia* and the *non-passive arbitrator*: a question of efficiency, cultural blinders and misplaced concerns about impartiality. *In*: KLAUSEGGER, Christian; KLEIN, Peter *et al.* (eds). **Austrian Yearbook on International Arbitration**, 2016, p. 116-117.

tanto quanto possível, deve chamar a atenção das partes sobre o dado até então ignorado[476]. Veja-se que o elemento fático *consta dos autos*, mas deixou de ser referido pelas partes. Não se trata de consideração, pelo árbitro, de elemento fático alheio aos autos, nem se trata de esclarecimento ou aprofundamento do árbitro sobre fatos discutidos, mas de consulta do julgador às partes sobre elemento não debatido.

A situação também pode ocorrer quando a prova produzida gerar novas questões, tanto de fato quanto de direito, não endereçadas pelas partes. Nessa situação, cabe ao árbitro apontá-las[477]. Na nossa experiência pessoal, tivemos um caso em que as partes disputavam sobre o cumprimento satisfatório de um contrato para coprodução de aditivos químicos por determinada planta industrial. Os documentos até então disponíveis somente permitiam discutir o volume de produção. Com a chegada dos levantamentos de produção mês a mês, juntamente com os testes de qualidade e de pureza, passou-se a discutir a qualidade do produto, tema até então não tratado especificamente pelas partes, o que levou o tribunal arbitral a indicar a existência de nova questão e abrir o contraditório a respeito. Ainda em nossa experiência, as partes disputavam a respeito de uma área construída atender ou não à legislação; o tribunal arbitral identificou a alteração legislativa no curso da obra, facultando às partes a manifestação a respeito do tema.

Cabe dizer que, dentre os deveres derivados da cooperação, este é o que mais facilmente pode ser modulado pelas partes antes da assunção

[476] Utilizamos a expressão "tanto quanto possível" porque o fato pode ser único e relevante para o julgamento da causa (por exemplo, a constituição em mora mediante o envio de notificação, as conclusões de um parecer ou laudo técnico) ou pode se tratar de fato repetitivo e de importância desprezível (o relatório diário de obra que aponta uma ocorrência de mesma natureza, por exemplo, o atraso na liberação de frente de trabalho. A generalidade dessas ocorrências foi tratada nos argumentos das partes.

[477] *"Consequently, evidence that has been produced may give rise to further questions, and the arbitral tribunal is entitled to raise with the parties the issue of whether the taking of additional evidence should be ordered and by which means. In this respect there is no difference between the powers of a court and an arbitral tribunal. Both must respect the factual and legal basis of the claim and the defence but are free to discuss with the parties new information that turns up during the fact-finding process and the relevance of this information for a final decision in the case."* GERVEN. Dirk van; ASSER, Daan. Which instruments can arbitrators use in search for the truth? *In*: DEMEYERE, Luc. **Do arbitral awards reveal the truth?** Wolters Kluwer, 2019, p. 84.

do encargo pelo árbitro. Basta que elas disciplinem a impossibilidade da aplicação do *iura novit curia*.

3.2. Contraditório e racionalidade da sentença arbitral

O último dos papéis tratados neste estudo, derivados do *contraditório como influência* e sobre os deveres dessa concepção projetados sobre o julgador, diz respeito à fundamentação das decisões proferidas pelo árbitro. Compete a ele demonstrar quais foram os argumentos que lhe convenceram, quais não o convenceram e a razão para ambas as considerações[478], pois é a partir da fundamentação que se demonstra a racionalidade da decisão.

É inaceitável a proposição anedótica segundo a qual o julgador decide e *depois* busca as razões jurídicas para justificar sua decisão. Ao contrário, a decisão do julgador – incluso o árbitro – deve partir de séria e aprofundada consideração dos argumentos das partes e das provas produzidas[479]. A fundamentação não é um anteparo atrás do qual o árbitro esconde as verdadeiras razões de sua decisão, mas o elemento pelo qual ele demonstra que considerou – séria e adequadamente – as posições das partes[480] e as ponderou diante das provas capazes de suportar e de infirmar sua decisão[481].

[478] LUCCA, Rodrigo Ramina de. **O dever de motivação das decisões judiciais**: Estado de Direito, segurança jurídica e teoria dos precedentes. 2. ed. Salvador: Juspodivm, 2016, p. 210-225.

[479] *"The right to be heard would be an empty shell if a tribunal was at liberty to simply ignore the parties' submissions and evidentiary offers. This explains why German courts have ruled that arbitral tribunals are bound to take cognizance of and consider ("zur Kenntnis nehmen und in Erwägung ziehen") the parties' submissions. This does not mean that arbitral tribunals must address each and every submission by the parties in detail in the arbitral award."* FERRARI, Franco; ROSENFELD, Friedrich Jakob; CZERNICH, Dietmar. Chapter 1: general report. *In*: **Due process as a limit to discretion in international commercial arbitration.** Kluwer Law International, 2020, p. 27.

[480] "Deve-se checar se a motivação declina que tenham sido as partes efetivamente ouvidas, isto é, faz-se essencial à adequada fundamentação que nela conste o exame sério das alegações das partes, incluindo suas manifestações acerca do material probatório produzido. Tudo o quanto alegado deverá ser na fundamentação expressamente acolhido ou repelido." LANES, Júlio Cesar Goulart. **Fato e direito no processo civil cooperativo.** São Paulo: RT, 2014, p. 200.

[481] "Afinal, se todas as provas têm, em tese, o mesmo valor, o mesmo peso, a mesma capacidade de convencimento do julgador, a atitude de se *pinçar uma ou outra do conjunto probató-*

Conclusões

A concepção do contraditório como possibilidade de influência das partes na decisão jurisdicional carreia para o árbitro uma série de deveres voltados a estabelecer o diálogo entre os sujeitos da arbitragem. Sua observância com alguma dose de cuidado – e habilidade – pelo árbitro, longe de desestabilizar o procedimento, causar insegurança ou ensejar tratamento desigual das partes, na verdade, aumenta a eficiência qualitativa do processo e funciona como elemento promotor do devido processo.

É fenômeno comum à atividade do árbitro *ter dúvidas sinceras*, porque é o que ocorre sempre que se estuda algo. Mas, da mesma forma, cabe ao árbitro solicitar às partes (se os autos não trouxerem) os elementos necessários para saná-las. Agir de outra forma seria transformar um instrumento (o processo) em uma armadilha, o que não nos parece ser a finalidade do instituto e certamente não era a intenção das partes quando buscaram a solução do seu litígio por meio da arbitragem.

Referências

A.________ v. B.________, 4A_554/2014. **Ire Cour de droit civil. Arrêt du 15 avril 2015**. Tradução para o inglês. Disponível em: https://www.swissarbitrationdecisions.com/sites/default/files/15%20avril%202015%204A%20554%20 2014.pdf. Acesso em: 10 fev. 2021.

Abreu, Rafael Sirangelo de. **Igualdade e processo**: posições processuais equilibradas e unidade do direito. São Paulo: RT, 2015.

Alves, Rafael Francisco. **Árbitro e direito**: o julgamento do mérito na arbitragem. São Paulo: Almedina, 2018.

Araujo, Yuri Maciel. **Arbitragem e devido processo legal**. São Paulo: Almedina, 2021.

Aroca, Juan Montero. Prova e verdade no processo civil – contributo para esclarecimento da base ideológica de certas posições pretensamente técnicas. *In*: Caldeira, Adriano Cesar Braz. **Processo e ideologia**. São Paulo: LTr, 2015.

Aulio, Rafael Stefanini. **O modelo cooperativo de processo civil no novo CPC**. Salvador: Juspodivm, 2017.

rio, de modo incontrolável e antidemocrático, revela-se manifestamente ilegítima." Faria, Márcio Carvalho. **A lealdade processual na prestação jurisdicional**: em busca de um modelo de juiz leal. São Paulo: RT, 2017, p. 226.

APRIGLIANO, Ricardo de Carvalho. **Comentários ao Código de Processo Civil**. v. VIII, t. I, São Paulo: Saraiva, 2020.

ÁVILA, Humberto. **Teoria dos princípios**. 20. ed. São Paulo: Malheiros, 2021.

ÁVILA, Humberto. **Teoria da segurança jurídica**. 5. ed. São Paulo: Malheiros, 2019.

BARBOSA MOREIRA, José Carlos. Correntes e contracorrentes no processo civil contemporâneo. *In*: **Temas de direito processual**: nona série. São Paulo: Saraiva, 2007.

BEDAQUE, José Roberto dos Santos. **Poderes instrutórios do juiz**. 2. ed. São Paulo: RT, 1994.

BORN, Gary B. **International commercial arbitration**: commentary and materials. 2. ed. Kluwer Law International, 2001.

BORN, Gary. **International commercial arbitration**. 3. ed. Kluwer Law International, 2021.

CABRAL, Antonio do Passo. Il principio del contraddittorio come diritto d'influenza e dovere di dibattito. **Rivista di Diritto Processuale**, v. 2, n. 2, 2005.

CARMONA, Carlos Alberto. Flexibilização do procedimento arbitral. **Revista Basileira de Arbitragem**, v. 6, n. 24, 2009.

CARNEIRO, Paulo Cezar Pinheiro. Comentários aos artigos 1º ao 12. *In*: WAMBIER, Teresa Arruda Alvim (coord.); DIDIER JUNIOR, Fredie; TALAMINI, Eduardo; DANTAS, Bruno. **Breves Comentários ao Novo Código de Processo Civil**: de acordo com as alterações da Lei n. 13.256/2016. 2. ed. São Paulo: RT, 2016.

COUR D'APPEL DE PARIS. Pôle 1 – Chambre 1. Arrêt du 15 Mars 2016. 14/1916. Republique de Madagascar *v*. De Sutter P. *et al*. Disponível em: https://www.italaw.com/sites/default/files/case-documents/italaw7208.pdf. Acesso em: 10 fev. 2021.

CUNHA. Leonardo Carneiro da. **O princípio da eficiência no novo Código de Processo Civil**. *In*: DIDIER JUNIOR, Fredie (coord.). Coleção Grandes Temas do Novo CPC – normas fundamentais. v. 8. Salvador: Juspodivm, 2016.

DARWAZEH, Nadia. Chapter 7: is efficiency an arbitrator's duty or simply a character trait? *In*: SHAUGHNESSY, Patricia Louise; TUNG, Sherlin. **The powers and duties of an arbitrator**: *Liber Amicorum* Pierre A. Karrer. Kluwer Law International, 2017.

DEMEYERE, Luc. **Do arbitral awards reveal the truth?**, Wolters Kluwer, 2019.

DINAMARCO, Cândido Rangel. **A instrumentalidade do processo**. 10. ed. São Paulo: Malheiros, 2002.

DOMIT, Otávio Augusto Dal Molin. ***Iura novit curia* e causa de pedir**: o juiz e a qualificação jurídica dos fatos no processo civil brasileiro. São Paulo: RT, 2016.

FARIA, Márcio Carvalho. **A lealdade processual na prestação jurisdicional**: em busca de um modelo de juiz leal. São Paulo: RT, 2017.

FERRARI, Franco; ROSENFELD, Friedrich Jakob; CZERNICH, Dietmar. Chapter 1: general report. *In*: **Due process as a limit to discretion in international commercial arbitration**. Kluwer Law International, 2020.

FERRAZ JUNIOR, Tercio Sampaio. **Introdução ao estudo do direito**: técnica, decisão, dominação. 2. ed. São Paulo: Atlas, 1996.

FORTIER, Yves. The minimum requirements of due process in taking measures against dilatory tactics: arbitral discretion in international commercial arbitration. *In*: **ICCA Congress series**, n. 9. Paris, 1999.

GAJARDONI, Fernando da Fonseca. Os princípios da adequação e da adaptabilidade (flexibilidade) procedimental na teoria geral do processo. *In*: YARSHELL, Flávio Luiz; ZUFFELATO, Camilo. **40 anos da teoria geral do processo no Brasil**. São Paulo: Malheiros, 2013.

GERVEN, Dirk van; ASSER, Daan. Which instruments can arbitrators use in search for the truth? *In*: DEMEYERE, Luc. **Do arbitral awards reveal the truth?**, Wolters Kluwer, 2019.

GONÇALVES, Marcelo Barbi. **Teoria geral da jurisdição**. Salvador: Juspodivm, 2020.

GRAU, Eros Roberto. **Por que tenho medo dos juízes** (a interpretação/aplicação do direito e os princípios). 10. ed. São Paulo: Malheiros, 2021.

GRECO, Leonardo. Novas perspectivas da efetividade e do garantismo processual. *In*: MITIDIERO, Daniel; AMARAL, Guilherme Rizzo (coord.). **Processo civil**: estudos em homenagem ao Professor Doutor Carlos Alberto Alvaro de Oliveira. São Paulo: Atlas, 2012.

HANOTIAU, Bernard. Chapter 6: The arbitrator's duty to render justice: constraints and prerogatives. *In*: KAPLAN, Neil; PRYLES, Michael (eds). **International arbitration**: when east meets west – *Liber Amicorum* Michael Moser. Kluwer Law, 2020.

ICC Commission on Arbitration and ADR on Construction Industry Arbitrations. **Recommended tools and techniques for effective management**, 2019.

IMBRECHTS, Luc. Truth in arbitration. What instruments do parties have in search for the truth? *In*: DEMEYERE, Luc. **Do arbitral awards reveal the truth?**, Wolters Kluwer, 2019.

JENKIS, Jane. **International construction arbitration law**. 3. ed. Kluwer Law International, 2021.

JOBIM, Marco Félix. **As funções da eficiência no processo civil brasileiro**. São Paulo: RT, 2018.

JOBIM, Marco Félix. **Cultura, escolas e fases metodológicas do processo**. 4. ed. Porto Alegre: Livraria do Advogado, 2018.

KAUFMANN-KOHLER, Gabrielle. The arbitrator and the law: does he/she know it? Apply it? how? and a few more questions. **Arbitration international**, v. 21, n. 4.

KESSEDJIAN, Catherine. Principe de la contradiction et arbitrage. **Revue de l'Arbitrage**, n. 3, 1995.

KROLL, Stefan Michael. **Arbitration in Germany**: the model law in practice. 2. ed. Kluwer Law International, 2015.

LANDOLT, Phillip. Arbitrator's initiatives to obtain factual and legal evidence. *In*: **Arbitration International**, v. 28, n. 2, 2012.

LANES, Júlio Cesar Goulart. **Fato e direito no processo civil cooperativo**. São Paulo: RT, 2014.

LCIA. **Regulamento de Arbitragem da London Court of Internacional Arbitration**. Disponível em: https://www.lcia.org/Dispute_Resolution_Services/lcia-arbitration-rules-2020.aspx. Acesso em: 16 set. 2021.

LUCCA, Rodrigo Ramina de. **O dever de motivação das decisões judiciais**: Estado de Direito, segurança jurídica e teoria dos precedentes. 2. ed. Salvador: Juspodivm, 2016.

LUCCA, Rodrigo Ramina de. **Disponibilidade processual**: a liberdade das partes no processo. São Paulo: RT, 2019.

LUMIA, Giuseppe. **Elementos de teoria e ideologia do direito**. Trad. Denise Agostinetti. São Paulo: Martins Fontes, 2003.

MARINONI, Luiz Guilherme; ARENHART, Sérgio Cruz. **Prova e convicção**. 5. ed. São Paulo: RT, 2019.

MARINONI, Luiz Guilherme. **Curso de processo civil**. São Paulo: RT, 2006.

MENON, Sundaresh. Dispelling due process paranoia: fairness, efficiency and the rule of law. **Asian International Arbitration Journal 2021**, v. 17, n. 1.

MITIDIERO, Daniel. **Colaboração no processo civil** – do modelo ao princípio. 4. ed. São Paulo: RT, 2019.

NALINI, José Renato. **A rebelião da toga**. Campinas: Millennium, 2006.

NUNES, Dierle José Coelho. **Processo jurisdicional democrático**. Curitiba: Juruá, 2012.

OLIVEIRA, Carlos Alberto Álvaro de. O juiz e o princípio do contraditório. **Revista de Processo**, v. 71, p. 195-205, jul. 1993.

ÖHLBERGER, Veit; Pinkston, Jarred. Chapter II: the arbitrator and the arbitration procedure, *iura novit curia* and the *non-passive arbitrator*: a question of efficiency, cultural blinders and misplaced concerns about impartiality. *In*: Klausegger, Christian; Klein, Peter *et al.* (eds). **Austrian Yearbook on International Arbitration**, 2016.

OLIVEIRA, Paulo Mendes de. **Segurança jurídica e processo** – da rigidez à flexibilização processual. São Paulo: RT, 2018.

PORTO, Sérgio Gilberto; USTÁRROZ, Daniel. **Lições de direitos fundamentais no processo civil**: o conteúdo processual da Constituição Federal. Porto Alegre: Livraria do Advogado, 2009.

POTSCH, Bernard. Alegações escritas em arbitragem. *In*: MUNIZ, Joaquim de Paiva; MENDES, Lucas da Costa. **Práticas de arbitragem** – técnicas, agentes e mercados. 2. ed. Rio de Janeiro: Curso Prático de Arbitragem, 2020.

RAMOS NETO, Newton Pereira. **Poderes do juiz no processo civil e sua conformação constitucional**. 2. ed. Salvador: Juspodivm, 2021.

RAMOS, Vitor de Paula. **Ônus da prova no processo civil**: do ônus ao dever de provar. 2. ed. São Paulo: RT, 2018.

REICHELT, Luis Alberto. O conteúdo da garantia do contraditório no direito processual civil. **Revista de Processo**, v. 162, p. 330-351, ago. 2008.

REZENDE FILHO, Gabriel José Rodrigues de. **Curso de direito processual civil**. v. I. 2. ed. São Paulo: Saraiva, 1948.

SANTOS, Leonardo Mäder Furtado dos. *Iuria novit curia* em arbitragem e as Cortes europeias. **Revista Brasileira de Arbitragem**, v. IX, n. 36, 2012.

STRECK, Lenio Luiz. **Dicionário de hermenêutica**. 2. ed. Belo Horizonte: Casa do Direito, 2020.

TARUFFO, Michelle. **Uma simples verdade** – o juiz e a construção dos fatos. Trad. Vitor de Paula Ramos. São Paulo: Marcial Pons, 2016.

THEODORO JÚNIOR, Humberto; NUNES, Dierle José Coelho. Uma dimensão que urge reconhecer ao contraditório no direito brasileiro: sua aplicação como garantia de influência, de não surpresa e de aproveitamento da atividade processual. **Revista de Processo**, n. 168.

THEODORO JÚNIOR, Humberto; NUNES, Dierle; BAHIA, Alexandre Melo Franco; PEDRON, Flávio Quinaud. **Novo CPC**: Fundamentos e sistematização. 3. ed. Rio de Janeiro: Forense, 2016.

TUCCI, José Rogério Cruz e. Reflexões sobre a estrutura formal da sentença arbitral. *In*: **Processo Civil e Ideologia**. São Paulo: Marcial Pons, 2019.

WAINCYMER, Jeffrey. **Procedure and evidence in international arbitration**. Kluwer Law International, 2012.

WELSER, Irene; MINNAGH, Samuel. The arbitrator and the arbitration procedure, an arbitrator's imperative – how to avoid disappointing the parties, preventing surprises and enabling efficient and progressive arbitral proceedings. *In*: KLAUSEGGER, Christian; KLEIN, Peter *et al.* (eds). **Austrian Yearbook on International Arbitration 2021**.

X.________ Kft v. Y.________ AG, 4A_108/2009. **Swiss Federal Supreme Court as of 9 June 2009**. Tradução para o inglês. Disponível em: footnote1_26a8mup. Acesso em: 10 fev. 2021.

3. O DEVER DE DILIGÊNCIA DO ÁRBITRO E SUA DISPONIBILIDADE[482]

Rafael Francisco Alves

"Existem muito mais atividades e oportunidades no mundo do que tempo e recursos para investir nelas [...]. O caminho do essencialista exige aprender a fazer uma distinção: filtrar todas essas opções e selecionar apenas as verdadeiramente essenciais".

Greg Mckeown. **Essencialismo**: a busca disciplinada por menos.
Trad. Beatriz Medina. 3. ed. Rio de Janeiro: Sextante, 2021, p. 13.

Introdução

No mundo atual, não há nada mais valioso do que *a atenção qualificada* de um ser humano. Por *atenção qualificada*, deve-se entender a atenção que possui como atributo a *expertise de um profissional*, qualificada, assim, pela sua formação, capacitação técnica e experiência prática. Em muitas profissões, discute-se qual será o papel a ser exercido por robôs com inteligência artificial e em que medida eles poderão substituir os seres humanos em um futuro próximo. Para tarefas repetitivas, padronizadas, massificadas, pouco complexas, a inteligência artificial tende a ganhar

[482] O autor agradece à colaboração de Stefânia Françoso Giosa e Juliana Costa nas pesquisas que embasaram o presente artigo.

cada vez mais espaço. É justamente por isso que, do lado oposto, *a atenção qualificada de um ser humano*, com toda a sua *expertise* e experiência profissional, tende a se tornar cada vez mais escassa e, portanto, valiosa.

Não é diferente no mundo do Direito. Particularmente, no campo da arbitragem, não há nada mais escasso e valioso do que *a atenção qualificada* dos árbitros, o tempo dos árbitros. Não deixa de ser curioso constatar que, paradoxalmente, ainda pouca atenção é dada a esse tema no Brasil. Muitos sabem que a *falta de disponibilidade dos árbitros* é, atualmente, um dos grandes problemas da arbitragem no Brasil, mas poucos publicam a esse respeito. Temos excelentes árbitros no país, mas eles são escassos e muitos estão sobrecarregados. É difícil encontrar árbitros qualificados e com disponibilidade de tempo hoje, sobretudo porque o volume de arbitragens aumentou consideravelmente nos últimos anos[483], sobrecarregando aqueles mais experientes e de maior reputação no mercado.

A Lei de Arbitragem (Lei n. 9.307/1996) prevê em seu art. 13, § 6º, que "no desempenho de sua função, o árbitro deverá proceder com imparcialidade, independência, competência, diligência e discrição" (grifou-se). Em que consiste exatamente esse dever de diligência indicado nesse dispositivo legal? O que fazer para procurar e encontrar árbitros qualificados e com disponibilidade de tempo hoje? Quais são as ferramentas à disposição das partes e das câmaras arbitrais para garantir que os árbitros envolvidos em seu processo arbitral possuam, de fato, disponibilidade para atuar como julgadores? O propósito deste artigo é tentar responder a essas questões, analisando o regime jurídico do chamado dever de diligência do árbitro e sua disponibilidade.

Para tanto, o presente artigo está dividido da seguinte forma: (i) primeiro, um breve panorama sobre esse dever de diligência do árbitro à luz da Lei n. 9.307/1996, depois a (ii) exposição do problema atinente

[483] As estatísticas apontam na mesma direção: nesses 25 anos desde a promulgação da Lei n. 9.307/1996, o crescimento da arbitragem no Brasil tem sido vertiginoso. Basta acompanhar os números de duas das principais instituições arbitrais que passaram a publicar suas estatísticas recentemente.
CAM. **Centro de Arbitragem e Mediação.** Disponível em: https://ccbc.org.br/cam-ccbc-centro-arbitragem-mediacao/arbitragem-estatisticas. Acesso em: 30 jun. 2021; CAM B3. Câmara do Mercado – Arbitragem. Disponível em: https://www.camaradomercado.com.br/pt-BR/sobre--estatisticas.html. Acesso em: 30 jun. 2021.

à sobrecarga dos árbitros (falta de disponibilidade) e, em seguida, (iii) a sugestão de algumas possíveis soluções, passando-se, finalmente, à (iv) conclusão.

1. Regime jurídico do dever de diligência e disponibilidade do árbitro na Lei n. 9.307/1996

Segundo o dicionário Houaiss, "diligência" significa "interesse e cuidado na execução de uma tarefa" e, ainda, "urgência em fazer algo"[484]. Nota-se, aqui, a existência de, pelo menos, duas dimensões bem claras: (i) o cuidado no fazer e (i) o tempo do fazer. Alguém que executa uma tarefa *com diligência* é alguém que a faz com cuidado e com tempo. Em grande medida, essas duas dimensões caminham juntas, uma alimentando a outra. Com mais tempo, faz-se com mais cuidado. Para fazer com mais cuidado, é preciso mais tempo.

Por essas razões, pode-se dizer que o legislador brasileiro foi muito sábio ao incluir a palavra "diligência" no rol de deveres do árbitro constante do art. 13, § 6º, da Lei de Arbitragem (Lei n. 9.307/1996), já reproduzido acima. A sabedoria decorre de ter conseguido exprimir, com uma única palavra, duas dimensões muito caras ao trabalho a ser desempenhado pelo árbitro: cuidado e tempo. Assim, pela lei brasileira, o árbitro deve ser diligente, isto é, deve proceder com cuidado e com tempo. Conforme Carlos Alberto Carmona, ao comentar o dever de diligência: "ou o árbitro tem o tempo necessário para dedicar-se à causa e tratar com atenção todos os seus detalhes, ou não deve aceitar o encargo"[485]. Há, ainda, uma outra dimensão temporal importante no dever de diligência do árbitro, igualmente sublinhada por Carlos Alberto Carmona: conduzir o processo arbitral de forma diligente, isto é, com a rapidez que esperam e exigem aqueles que se valem do instituto da arbitragem, o que também possui impacto direto nos *custos* do procedimento[486].

[484] Houaiss. **Pequeno Dicionário da Língua Portuguesa**. São Paulo: Moderna, 2015, p. 337.

[485] Carmona, Carlos Alberto. Arbitragem e processo: um comentário à lei 9.307/96. 3. ed. São Paulo: Atlas, 2009, p. 245.

[486] "O árbitro, assim como o juiz, precisa armar-se de considerável dose de bom-senso para evitar armadilha comum plantada pela parte que tem menor interesse (ou nenhum interesse) na finalização rápida da causa, armadilha que consiste no persistente requerimento de produção de mais e mais provas, alongando o processo e aumentando os custos respec-

Há mais de 20 anos, Selma Ferreira Lemes afirmava:

> os árbitros devem dedicar tempo e atenção que as partes razoavelmente possam exigir, de acordo com as circunstâncias do caso, e empregar seus melhores esforços em dirigir a arbitragem de modo tal que os custos não se elevem a uma proporção desmedida, com respeito aos interesses em litígio[487].

No mesmo sentido, mais recentemente, esclareceu Carlos Elias:

> o dever de diligência (art. 13, § 6º, da LArb) é composto pelos eixos tempo e custo, ou seja, é diligente o árbitro que conduz de modo zeloso e responsável o procedimento para, com a máxima eficiência (i) permitir que ambas as partes apresentem suas alegações, (ii) cercar-se das provas suficientes para decidir as questões surgidas no processo, indeferindo as que forem inúteis; e (iii) decidir tais questões, proferindo decisão final exequível[488].

Portanto, não há dúvida de que o dever de diligência envolve todos esses elementos conjugados: cuidado, atenção, tempo, rapidez, custos.

A redação do art. 13, § 6º, da Lei de Arbitragem (Lei n. 9.307/1996) contém outra sabedoria no uso das palavras: nesse rol de deveres imputados aos árbitros, os verbos utilizados certamente não foram em vão: "no desempenho de sua função, o árbitro deverá proceder com imparcialidade, independência, competência, diligência e discrição". Esse "deverá proceder" aliado ao "desempenho da sua função" não deixa dúvida: exige-se que o árbitro atue de forma diligente no curso do processo arbitral. Portanto, quando se analisa o dever de diligência do árbitro, não está em questão apenas o momento de contratação do árbitro –

tivos". Carmona, Carlos Alberto. Arbitragem e processo: um comentário à lei 9.307/96. 3. ed. São Paulo: Atlas, 2009, p. 245. No mesmo sentido, Luiz Olavo Baptista: "o dever de diligência impõe fazer o possível para que o processo arbitral se desenrole com rapidez e não permitir que incidentes processuais ou a chicana o prolonguem, porque, como sabemos, um dos caminhos escolhidos por certos advogados quando a causa é difícil é o de tentar postergar a decisão da mesma". Baptista, Luiz Olavo. Arbitragem comercial e internacional. São Paulo: Lex, 2011, p. 174; Dinamarco, Cândido Rangel. A arbitragem na teoria geral do processo. São Paulo: Malheiros, 2013, p. 49-50.

[487] Lemes, Selma M. Ferreira. Dos árbitros. *In*: **Aspectos fundamentais da Lei de Arbitragem**. Rio de Janeiro: Forense, 1999, p. 256.

[488] Elias, Carlos. O árbitro. *In*: Levy, Daniel; Pereira, Guilherme Setoguti J. (coord.). **Curso de arbitragem**. 2. ed. São Paulo: RT, 2021, p. 138.

isto é, o momento da sua investidura[489] – mas também e sobretudo a sua atuação no curso do processo arbitral.

Nesse sentido, pode-se dizer que o dever de diligência (assim como os demais deveres do árbitro previstos no art. 13, § 6º) tem incidência desde o momento da nomeação do árbitro (sua contratação) – pois, o árbitro que não possui tempo suficiente para se dedicar ao julgamento daquela disputa deve declinar do encargo que lhe foi confiado, isto é, deve recusá-lo – mas assume sua máxima expressão no curso do processo arbitral, isto é, na fase arbitral propriamente dita[490], iniciada com o efetivo aceito do encargo e confirmação do árbitro, conforme dispõe o art. 19 da Lei n. 9.307/1996[491].

Conforme explica Carlos Elias, não se deve confundir esses dois momentos da arbitragem: (i) o seu nascedouro, marcado pela relação contratual entre partes e árbitro e (ii) o seu desenvolvimento, marcado pela relação processual entre partes e árbitro[492]. Enquanto os deveres do árbitro previstos no art. 13, § 6º, atuam em ambos os momentos, a confiança das partes exigida pela lei para nomear ou designar um árbitro[493],

[489] Sobre os conceitos de "investidura" e "contrato de investidura", ver: Lemes, Selma M. Ferreira. Árbitro: princípios da independência e da imparcialidade – abordagem no direito internacional, nacional e comparado. Jurisprudência. São Paulo: LTr, 2001, p. 50-51.

[490] Dinamarco, Cândido Rangel. **A arbitragem na teoria geral do processo**. São Paulo: Malheiros, 2013, p. 110-112.

[491] Brasil. Lei n. 9.307/1996. "Art. 19. Considera-se instituída a arbitragem quando aceita a nomeação pelo árbitro, se for único, ou por todos, se forem vários".

[492] "A despeito das tentativas da doutrina brasileira em ligar a confiança das partes à imparcialidade [...], o presente estudo defende que a confiança requerida pelo dispositivo liga-se à contratação do árbitro, e não ao exercício do seu poder jurisdicional. Em outras palavras, ela se refere à *relação contratual* entre as partes e árbitro, e não à *relação processual*, pois, para a prestação do serviço de solucionar a controvérsia, o árbitro – tal como qualquer contratado – deve gozar da confiança dos que os contratam, ao passo que seu poder jurisdicional não encontra qualquer amparo na confiança, derivando da eficácia que a lei confere à investidura do árbitro". Elias, Carlos. **Imparcialidade dos árbitros**. São Paulo: Almedina, 2021, p. 77.

[493] Sobre a importância do conceito legal da confiança das partes no árbitro: Alves, Rafael Francisco. Árbitro e direito: o julgamento do mérito na arbitragem. São Paulo: Almedina, 2018, p. 21-23.

conforme o art. 13[494], por exemplo, diz respeito preponderantemente ou essencialmente[495] à relação contratual entre as partes e o árbitro.

Essa distinção conceitual tem consequências práticas relevantes: a relação de *confiança* não pode ser o critério definidor quando se trata de discutir, por exemplo, a imparcialidade do árbitro (relação processual), sobretudo porque – seguindo a linha de Carlos Elis – a perda de confiança (subjetivamente) no árbitro por uma das partes não acarreta, por si só, sua exclusão ou substituição[496]. É preciso haver causas objetivas para a impugnação do árbitro e, eventualmente, sua efetiva remoção ou exclusão do procedimento arbitral. Considera-se aqui que a imparcialidade do árbitro esteja preponderantemente no campo da autonomia das partes (autonomia privada) – sobretudo na relação contratual, ainda antes da fase arbitral propriamente dita – não porque ela seja total-

[494] Brasil. Lei n. 9.307/1996. "Art. 13. Pode ser árbitro qualquer pessoa capaz e que tenha a confiança das partes".

[495] Diz-se *preponderantemente* e *essencialmente*, porque, embora os conceitos da confiança e da imparcialidade não possam ser confundidos (aqui, concordamos com Carlos Elias, conforme citação feita em nota anterior), no caso da arbitragem, em certas circunstâncias, pode haver alguma relação entre eles (aqui, uma pequena ressalva ou, melhor dizendo, qualificadora em relação ao exposto por Carlos Elias (Alves, Rafael Francisco. Árbitro e direito: o julgamento do mérito na arbitragem. São Paulo: Almedina, 2018, p. 70-76). Por exemplo, quando as partes aceitam que determinado árbitro que possa ter uma simples aparência de parcialidade continue atuando no procedimento arbitral em questão, elas modulam concretamente o conceito de imparcialidade naquele caso (e o fazem sem renunciar ao devido processo legal), o que, em certa medida, pode ter alguma relação também com a confiança que depositam naquele árbitro, ainda no momento de contratação desse árbitro (relação contratual), antes da sua confirmação. Portanto, os conceitos não se confundem, mas podem ter alguma relação no momento da contratação do árbitro.

[496] Esclarece Carlos Elias: "se uma das partes não mais confiar no árbitro, ela não pode – sozinha e exclusivamente com base na perda subjetiva da confiança – resolver o contrato com o árbitro. Assim, não é a mera perda da confiança a hipótese que desencadeia uma consequência jurídica, mas o ato negocial de ambas as partes" [...] "assim, a imparcialidade e a independência não podem se relacionar com a confiança das partes, sob pena de se desestabilizar a relação processual toda vez que a parte desgostar e alterar sua impressão subjetiva a respeito do árbitro". Elias, Carlos. **Imparcialidade dos árbitros**. São Paulo: Almedina, 2021, p. 78; 80-81. Concordamos com essas passagens na medida em que a imparcialidade do árbitro não pode ter a confiança como seu elemento (ou critério) definidor, ainda que possa haver alguma relação entre os conceitos em determinadas circunstâncias, no momento de contratação do árbitro.

mente estranha ou alheia ao proceder do árbitro no curso do processo arbitral (relação processual), mas porque os seus contornos concretos serão conferidos e modulados pelas partes[497], dentro do binômio ciência-anuência, no momento da contratação do árbitro. Em outras palavras, quando as partes aceitam que a disputa seja julgada por um árbitro que pudesse ter, por hipótese, uma aparente parcialidade, elas não estão, a rigor, renunciando a ter um processo arbitral conduzido por árbitro imparcial, mas estão, na verdade, modulando por conta própria tal imparcialidade no caso concreto, dentro do exercício da sua autonomia privada[498].

Nesse contexto, a imparcialidade do árbitro deve existir não apenas no momento da contratação (relação contratual), mas também durante todo o procedimento arbitral (relação processual), portanto, pode e deve ser aferida nos dois momentos. O árbitro deve ser imparcial e assim manter-se durante todo o processo arbitral: mesmo que a violação dessa imparcialidade no curso do processo arbitral viole também outros princípios e garantias processuais das partes, nem por isso se pode descartar a ocorrência de uma violação no próprio dever de imparcialidade[499].

O mesmo ocorre com o dever de diligência, que também pode ser modulado pelas partes no caso concreto. As partes são livres para modu-

[497] Tal modulação da imparcialidade pelas partes é defendida por Carlos Elias. ELIAS, Carlos. **Imparcialidade dos árbitros**. São Paulo: Almedina, 2021, p. 223.

[498] Tem razão Carlos Elias (ELIAS, Carlos. **Imparcialidade dos árbitros**. São Paulo: Almedina, 2021, p. 223-224): "para chegar a tal conclusão, não é necessário excluir a imparcialidade do julgador do conceito de devido processo legal. Basta reconhecer o peso conferido pela lei à autonomia das partes para modular tal imparcialidade no caso concreto. Em outras palavras, neste tema da imparcialidade, a autonomia privada – qualificada pelo binômio ciência-anuência – prepondera sobre eventual rigidez que se pudesse enxergar na aplicação do devido processo legal. Assim, preservando-se o binômio ciência-anuência, são as partes que estabelecem os limites e os contornos concretos da imparcialidade do árbitro, sem abrir mão, necessariamente, de ter o seu processo decidido por julgador imparcial, isto é, sem renunciar ao devido processo legal. Com isso, revejo parcialmente opinião manifestada em artigo anterior, publicado no final de 2005: [...]" ALVES, Rafael Francisco. A imparcialidade do árbitro no direito brasileiro: autonomia privada ou devido processo legal? Revista de Arbitragem e Mediação, n. 7, p. 109-126, 2005.

[499] Aqui também uma revisão parcial e qualificada: ALVES, Rafael Francisco. A imparcialidade do árbitro no direito brasileiro: autonomia privada ou devido processo legal? **Revista de Arbitragem e Mediação**, n. 7, p. 109-126, 2005.

lar e delimitar, no caso concreto, qual seria a medida aceitável da disponibilidade do árbitro, desde que tenham ciência dos fatos e das circunstâncias existentes, em particular, a quantidade de casos em que o árbitro está envolvido (como árbitro e também como advogado), bem como a disponibilidade da sua agenda para os próximos 18 meses, pelo menos (vide abaixo, no item sobre "soluções", quando forem abordados os formulários a respeito da disponibilidade dos árbitros). Daí a relevância, novamente, do binômio ciência-anuência também para o adequado endereçamento do dever de diligência do árbitro, conforme será detalhado mais adiante.

No Direito, sempre que se discute o regime jurídico de um "dever", como é o caso aqui, é preciso indagar a respeito das consequências jurídicas decorrentes de eventual *descumprimento* desse dever, ou seja, é preciso perquirir a respeito de eventuais *sanções* em razão da ausência de diligência. Aqui, é preciso separar os momentos indicados acima: (i) a contratação do árbitro e (ii) a condução do processo arbitral.

Em relação ao primeiro item, isto é, a contratação do árbitro que não possui a disponibilidade de tempo para se dedicar ao caso, violando, assim, o seu dever de diligência (violação esta que, provavelmente, só se tornaria aparente no curso do próprio processo arbitral), pelas próprias características do instituto da arbitragem, existem certos obstáculos para se sancionar esse árbitro diretamente, à luz da Lei n. 9.307/1996, o que torna o tema controverso na doutrina. Em princípio, seria possível cogitar a aplicação do art. 32, II, da Lei n. 9.407/1996[500] somente em casos muito excepcionais de completa desídia, descaso ou desleixo do árbitro (que inevitavelmente teriam reflexos na própria condução do processo arbitral), chegando-se ao extremo de dizer que esse árbitro, na verdade, sequer poderia ter sido árbitro desde o início, o que levaria à possível anulação da sentença arbitral em razão dessa falha no dever de diligência desde a contratação. Todavia, em nossa visão, o art. 32, II, deve permanecer reservado para hipóteses graves e excepcionais que envolvam, por exemplo, a violação dos deveres de independência e

[500] BRASIL. Lei n. 9.407/1996. "Art. 32. É nula a sentença arbitral se: II – emanou de quem não podia ser árbitro".

imparcialidade do árbitro[501] e somente em *casos muito extremados* poderia se cogitar a sua aplicação também para a quebra do dever de diligência desde a contratação do árbitro. Nesta linha mais dura, há autores que entendem ser aplicável o instituto da *impugnação* contra árbitro que descumpra o dever de diligência[502], nos termos do art. 20 da Lei n. 9.307/1996[503] (embora esse dispositivo não mencione, expressamente, o descumprimento do dever de diligência como uma das hipóteses de sua aplicação), o que poderia até mesmo culminar, em última instância, nesta hipótese do art. 32, II, no âmbito de uma ação anulatória.

Por outro lado, existem, sim, determinadas sanções de caráter *administrativo* que devem ser aplicadas pelas câmaras arbitrais, a depender do regulamento (no caso de arbitragens institucionais), conforme pontuado por Ana Olívia Haddad. Dentre elas, advertência, remoção, substituição, redução de honorários, impedimento de nomeações futuras e eliminação da lista de árbitros[504] – algumas dessas sanções também estão relacionadas à falta de diligência na própria condução do processo arbitral, o que será analisado logo abaixo, e no item 3 mais adiante, a respeito de possíveis "soluções" para o problema da falta de disponibilidade dos árbitros.

Para além dessas sanções meramente administrativas, a maior consequência imputada a um árbitro que, a rigor, não possui disponibilidade de tempo (a despeito de ter aceitado o encargo e, portanto, declarado – implícita ou explicitamente – que teria tal disponibilidade) será de natureza reputacional[505], portanto, uma sanção indireta. Além disso, só será

[501] SESTER, Peter Christian. **Comentários à Lei de Arbitragem e à legislação extravagante**. São Paulo: Quartier Latin, 2020, p. 359-361.

[502] ELIAS, Carlos. O árbitro. *In*: LEVY, Daniel; PEREIRA, Guilherme Setoguti J. (coord.). **Curso de arbitragem**. 2. ed. São Paulo: RT, 2021, p. 139.

[503] BRASIL. Lei n. 9.307/1996. "Art. 20. A parte que pretender argüir questões relativas à competência, suspeição ou impedimento do árbitro ou dos árbitros, bem como nulidade, invalidade ou ineficácia da convenção de arbitragem, deverá fazê-lo na primeira oportunidade que tiver de se manifestar, após a instituição da arbitragem".

[504] HADDAD, Ana Olívia Antunes. **Transparência no processo arbitral**. São Paulo: Almedina, 2021, p. 96.

[505] A esse respeito, ver: ALVES, Rafael Francisco. Árbitro e direito: o julgamento do mérito na arbitragem. São Paulo: Almedina, 2018, p. 81-82; 284-287. No mesmo sentido, Carlos Alberto Carmona: "um laudo mal fundamentado, que revele graves equívocos dos julgadores na apreciação dos fatos, não será – *ipso facto* – sujeito a anulação; os árbitros que o profe-

efetiva quando houver maior transparência nos procedimentos arbitrais, como explica Ana Olívia Haddad[506]. Do contrário, haverá um certo sentimento de impunidade em relação ao árbitro que aceitou o encargo sem ter condições de julgá-lo de forma séria, responsável e, sobretudo, diligente, o que não se pode admitir. Para tentar endereçar esse problema, indicamos algumas possíveis soluções inclusive no que diz respeito ao reforço, aprimoramento e fortalecimento das sanções administrativas.

Em relação ao segundo item, isto é, a própria condução do processo arbitral, para além das sanções administrativas já adiantadas, pode haver casos extremos nos quais o descumprimento do dever de diligência pode implicar (i) violação dos princípios do devido processo legal, dentre eles, o contraditório, a imparcialidade do árbitro e a igualdade das partes (art. 32, VIII, cumulado com o art. 21, § 2º, ambos da Lei n. 9.307/1996[507]) ou mesmo (ii) prolação de sentença arbitral fora do prazo estipulado pelas partes ou constante do regulamento aplicável ou do termo de arbitragem.

Aqui, é preciso fazer duas ressalvas importantes.

Primeiro, não é qualquer vício procedimental que enseja a anulação de uma sentença arbitral. Assim, não será qualquer desvio procedimental do árbitro ou qualquer atraso do árbitro que poderá motivar uma ação anulatória com base nos arts. 32 e 33; o legislador brasileiro reservou a demanda anulatória contra sentenças arbitrais apenas para

rirem, porém, provavelmente não serão chamados a participar de novos julgamentos (não só envolvendo as partes que os indicaram, mas possivelmente outras no meio em que aqueles atuam, ampliando-se consideravelmente o círculo se forem as partes atores do comércio internacional, onde uma performance desastrosa do árbitro encerra sua 'carreira')". CARMONA, Carlos Alberto. Arbitragem e processo: um comentário à Lei 9.307/96. 3. ed. São Paulo: Atlas, 2009, p. 370.

[506] HADDAD, Ana Olívia Antunes. **Transparência no processo arbitral**. São Paulo: Almedina, 2021, p. 78; 93-100: "a sanção reputacional é uma alternativa adequada para reduzir desvios de conduta. Contudo, para que ela possa cumprir adequadamente esse papel, sua eficácia precisa ser incrementada, o que requer o aumento do nível de transparência do processo arbitral" (p. 98).

[507] BRASIL. Lei n. 9.307/1996. "Art. 32. É nula a sentença arbitral se: VIII – forem desrespeitados os princípios de que trata o art. 21, § 2º, desta Lei"; "Art. 21. § 2º Serão, sempre, respeitados no procedimento arbitral os princípios do contraditório, da igualdade das partes, da imparcialidade do árbitro e de seu livre convencimento".

circunstâncias excepcionais envolvendo vícios formais graves[508], o que tem sido respeitado pelos tribunais pátrios de modo geral, a exemplo do Superior Tribunal de Justiça (STJ), que tem rejeitado demandas anulatórias que procuram esconder, na verdade, mero inconformismo da parte com o julgamento desfavorável do mérito da arbitragem[509]. A propósito, não se tem notícia de qualquer julgado do STJ anulando uma sentença arbitral (ou referendando a anulação proveniente de tribunais estaduais) em um contexto de descumprimento do dever de diligência do árbitro.

Segundo, no tocante, especificamente, à prolação de sentença arbitral fora do prazo, é preciso conceder o prazo final de 10 dias ao árbitro em questão e respeitá-lo antes de propor uma demanda anulatória, seguindo a jurisprudência do Superior Tribunal de Justiça[510].

De todo modo, em qualquer circunstância, tecnicamente, as consequências jurídicas de uma quebra do dever de diligência – em casos extremos e excepcionais, reitere-se – devem recair sobre a sentença arbitral proferida (tornando-a anulável), jamais sobre a pessoa do árbitro (excetuadas as sanções administrativas antecipadas). Constitui erro grosseiro atacar a pessoa do árbitro por falhas na condução do procedi-

[508] ALVES, Rafael Francisco. Árbitro e direito: o julgamento do mérito na arbitragem. São Paulo: Almedina, 2018, p. 350-352.

[509] ABBUD, André A. C.; LEVY, Daniel; ALVES, Rafael Francisco. **Lei de Arbitragem anotada**: a jurisprudência do STF e do STJ. São Paulo: RT, 2019, p. 146: "[...] eventual adoção de entendimento equivocado não configura causa de nulidade da sentença arbitral [...]". BRASIL. Superior Tribunal de Justiça. 3ª Turma, REsp n. 1.636.102, Rel. Min. Ricardo Villas Bôas Cuevas, DJ 1.8.2017, v.u. "Não é possível a análise do mérito da sentença arbitral pelo Poder Judiciário, sendo, contudo, viável a apreciação de eventual nulidade no procedimento arbitral". BRASIL. Superior Tribunal de Justiça. 3ª Turma, REsp n. 693.219, Rel. Min. Nancy Andrighi, DJ 6.6.2005, v.u. "O mero inconformismo quanto ao conteúdo meritório da sentença arbitral não pode ser apreciado pelo Poder Judiciário". BRASIL. Superior Tribunal de Justiça, 3ª Turma, REsp 1.636.113, Rel. Min. Ricardo Villas Bôas Cueva, DJ 5.9.2017, v.u.

[510] ABBUD, André A. C.; LEVY, Daniel; ALVES, Rafael Francisco. **Lei de Arbitragem anotada**: a jurisprudência do STF e do STJ. São Paulo: RT, 2019, p. 148: "a anulação da sentença proferida fora do prazo está condicionada à notificação do árbitro ou do presidente do tribunal arbitral, de modo a conceder-lhe um prazo suplementar de 10 (dez) dias". BRASIL. Superior Tribunal de Justiça. 3ª Turma, REsp n. 1.636.102, Rel. Min. Ricardo Villas Bôas Cuevas, DJ 1.8.2017, v.u.

mento ou no julgamento do mérito da arbitragem[511]. De acordo com a jurisprudência do Superior Tribunal de Justiça, em nenhuma hipótese seria possível cogitar da inclusão do árbitro no polo passivo de uma ação anulatória contra a sentença por ele proferida[512]. Apenas e tão somente nas hipóteses de culpa grave ou dolo do árbitro (cenários extremos e excepcionais), é que se poderia discutir a responsabilização civil pessoal do árbitro[513], mas sempre por meio de ação própria, jamais em sede de uma ação anulatória contra a sentença arbitral.

Repita-se à exaustão: os árbitros não são partes da disputa, portanto, não são partes legítimas para figurar em qualquer demanda anulatória contra suas sentenças arbitrais, sob qualquer fundamento, em qualquer hipótese.

As dificuldades de se anular uma sentença arbitral por falhas de competência ou diligência foram sintetizadas por Peter Sester:

> apesar de as partes terem (com base no artigo 13, § 6º, da Lei de Arbitragem) a expectativa de que os árbitros procedam com competência e dili-

[511] ALVES, Rafael Francisco. Árbitro e direito: o julgamento do mérito na arbitragem. São Paulo: Almedina, 2018, p. 83-87.

[512] ABBUD, André A. C.; LEVY, Daniel; ALVES, Rafael Francisco. **Lei de Arbitragem anotada**: a jurisprudência do STF e do STJ. São Paulo: RT, 2019, p. 149-150: "[...] nem mesmo os árbitros, embora prolatores do ato considerado viciado, teriam, em tese, legitimidade para integrar o polo passivo de demanda anulatória de sentença arbitral. [...] a ação anulatória de sentença arbitral guarda certa semelhança com a ação rescisória de sentença judicial. Logo, não se cogita da inclusão do órgão julgador no polo passivo da demanda visando a sua desconstituição, somente figurando como partes legítimas da ação anulatória aquelas que integraram a relação original, ou seja, que submeteram a solução do litígio ao juízo arbitral". BRASIL. Superior Tribunal de Justiça. 3ª Turma, REsp n. 1.433.940, Rel. Min. Ricardo Villas Bôas Cueva, DJ 2.10.2017, v.u.

[513] ALVES, Rafael Francisco. Árbitro e direito: o julgamento do mérito na arbitragem. São Paulo: Almedina, 2018, p. 83-87; LIMA, Leandro Rigueira Rennó. A responsabilidade civil do árbitro. *In*: CELLI JÚNIOR, Umberto; BASSO, Maristela; AMARAL JÚNIOR, Albert do (coord.). Arbitragem e comércio internacional: estudos em homenagem a Luiz Olavo Baptista. São Paulo: Quartier Latin, 2013, p. 922-925; HADDAD, Ana Olívia Antunes. **Transparência no processo arbitral**. São Paulo: Almedina, 2021, p. 96: "as consequências previstas na lei buscam proteger o jurisdicionado, mas, ao mesmo tempo, garantir o bom andamento do processo. Por esse motivo, a anulação da sentença é limitada aos casos mais graves (impedindo que a ação de anulação seja utilizada por motivos frívolos), e a responsabilidade do árbitro é restrita aos casos de dolo e culpa grave (possibilitando que o árbitro exerça seu mister sem o medo de sofrer retaliações)".

gência, a frustração dessa expectativa raramente justifica uma anulação da sentença arbitral. Comparados com a imparcialidade e a independência, os requisitos de diligência e competências são muito difíceis de avaliar, especialmente *a posteriori*. É complicado para o Judiciário definir um nível básico de competência ou diligência na arbitragem a fim de constatar uma violação a tal nível[514].

Por fim, para concluir a discussão sobre o regime jurídico do dever de diligência do árbitro à luz da Lei n. 9.307/1996, destaca-se a posição do autor, para quem os deveres de competência e de diligência devem caminhar juntos, pois "a falta de competência técnica pode, até certo ponto, ser compensada por uma maior diligência no estudo do caso"[515]. Para tanto, o autor faz uma ressalva fundamental sobre a necessidade de uma postura sempre humilde dos árbitros e sua pré-disposição em aprender, sem pensamentos preconcebidos, como corolário do dever de diligência[516].

2. O problema: árbitros sobrecarregados

No enfrentamento de problemas jurídicos, é sempre mais eficiente começar pelas balizas da discussão, isto é, pelos limites jurídicos existentes em razão do regramento aplicável (regime jurídico). Esclare-

[514] SESTER, Peter Christian. **Comentários à Lei de Arbitragem e à legislação extravagante**. São Paulo: Quartier Latin, 2020, p. 221.

[515] SESTER, Peter Christian. **Comentários à Lei de Arbitragem e à legislação extravagante**. São Paulo: Quartier Latin, 2020, p. 220.

[516] Segundo o autor: "em nossa visão, diligência inclui uma mentalidade humilde e postura aberta para aprender com cada caso. Aplicar a lei não é uma ciência exata, além de que cada litígio faz parte de um conjunto específico de fatos socioeconômicos ou técnicos (*e.g.* arbitragem de construção). Uma das principais razões pelas quais os usuários escolhem a arbitragem é o fato de que os juízes estatais às vezes têm uma postura autoritária – de olhar de cima para baixo – e, frequentemente, seus precedentes criam um certo pensamento preconcebido. A expectativa dos usuários da arbitragem é diferente. O árbitro não deve colocar-se acima das partes e dos patronos; pelo contrário, deve respeitar as partes e seus advogados como iguais. [...] Ademais, devido à complexidade dos casos submetidos à arbitragem, os árbitros não devem prender-se a julgamentos anteriores e pensamentos preconcebidos, mas sim julgar cada caso como se fosse único, considerando suas especificidades". SESTER, Peter Christian. **Comentários à Lei de Arbitragem e à legislação extravagante**. São Paulo: Quartier Latin, 2020, p. 220.

cida a moldura jurídica envolvendo o dever de diligência do árbitro e a sua disponibilidade, delineando-se o seu regime jurídico à luz da Lei n. 9.307/1996, cabe agora enfrentar mais diretamente o problema objeto deste artigo e suas possíveis soluções.

O primeiro passo para se resolver qualquer problema é traçar um diagnóstico preciso. Neste tema, o diagnóstico atual é claro: em grande medida, os árbitros brasileiros estão sobrecarregados. Aqui, entra em cena o problema da falta da disponibilidade. Claro que não são todos os árbitros, nem há um problema crônico e insuperável de falta de disponibilidade. Apenas um problema a ser enfrentado e endereçado. Essa é a percepção dos usuários da arbitragem (notadamente, as empresas), dos advogados e dos próprios árbitros, conforme detalhado em recente pesquisa empírica realizada brilhantemente por Bruno Guandalini, Naíma Perrella Milani e Laura Gouvêa de França Pereira, publicada em artigo[517], cujo trecho abaixo reflete tal diagnóstico aqui exposto, valendo reproduzi-lo por inteiro:

> Quanto aos critérios adicionais mencionados por advogados como relevantes para seu processo de tomada de decisão (e de seu cliente), é interessante notar que ao menos dois deles foram mencionados por um número bastante expressivo de entrevistados [...]. O primeiro desses critérios adicionais é a disponibilidade do candidato a árbitro: 20,9% dos advogados afirmaram que adotam como critério a disponibilidade de tempo do profissional para atuar no caso. Nota-se que, na esteira de algumas instituições que atualmente solicitam aos árbitros que confirmem por escrito sua disponibilidade para atuar em um dado procedimento antes mesmo de sua nomeação e confirmação, os advogados vêm demonstrando semelhante preocupação. Em uma comunidade arbitral como a brasileira em que, como confirmado pela análise desenvolvida nessa pesquisa, ainda valoriza muito a experiência prévia dos candidatos na função de árbitro para novas indicações e não sinaliza semelhante apoio a candidatos com pouca ou nenhuma experiência na função, é natural que muitos dos árbitros que finalmente são indicados sejam extremamente ocupados, atuando simultaneamente como

[517] Guandalini, Bruno; Milani, Naíma Perrella; Pereira, Laura Gouvêa de França. A cultura jurídica brasileira relativa à formação do tribunal arbitral, o exercício do dever de revelação e impugnações à independência e imparcialidade dos árbitros: uma pesquisa empírica (Parte I). **Revista de Arbitragem e Mediação**, v. 61, p. 73-140, 2019.

coárbitros e árbitros presidentes em diversos procedimentos, além de acumularem muitas vezes as funções de advogados, pareceristas, professores e acadêmicos. A limitada disponibilidade dos árbitros – especialmente do árbitro presidente – é uma crescente preocupação da comunidade arbitral, podendo, naturalmente, gerar ineficiências procedimentais e tornar a arbitragem morosa e (ainda mais) custosa. Além disso, são muitas as críticas a árbitros que pouco se envolvem nos casos, chegando despreparados às audiências e tendo pouquíssima participação na redação da sentença arbitral, mesmo quando ocupam a posição de presidentes, graças a um time de assistentes – prática necessária para permitir a acumulação de casos. Por esse motivo, alguns advogados vêm buscando alternativas para garantir a indicação de árbitros que, de fato, exercem os deveres inerentes à função, isto é, ler as manifestações das partes, analisar os documentos apresentados, e elaborar a sentença de forma cuidadosa. O depoimento de um advogado ilustra perfeitamente essa situação: "o árbitro deve ter disponibilidade. Alguns dos árbitros mais famosos já estão lotados de arbitragens, trabalho, palestras mundo afora, e acabam sofrendo do mesmo mal que os desembargadores – não escrevem a própria sentença. Tenho indicado árbitros menos famosos, mas que têm mais tempo. A dedicação pessoal do árbitro ao caso é muito importante para mim" (grifou-se).

No caso de tribunais arbitrais, normalmente composto por três árbitros, o dever de diligência do(a) Presidente e sua disponibilidade de tempo é ainda mais crítica, conforme indicado na transcrição acima e detalhado em outro trecho do mesmo artigo:

> A relevância de alguns desses critérios considerados por coárbitros pode ser explicada pela necessidade de o árbitro presidente ter experiência e disponibilidade para conduzir o procedimento de forma expedita, o que se mostra ainda mais fundamental visto que críticas à morosidade do tribunal na condução do procedimento e na elaboração da sentença arbitral são uma realidade. Atualmente, essa parece ser uma preocupação crescente não apenas de advogados, que naturalmente buscam uma resolução célere da disputa de seu cliente pela via arbitral, mas também de árbitros, já que estes têm uma reputação a zelar – a qual, como demonstrado anteriormente, é extremamente valorizada por todos os atores envolvidos no processo de formação do tribunal. O depoimento de um dos árbitros entrevistados ilus-

tra esse ponto, explicando também porque essas características são ainda mais valorizadas se o candidato irá ocupar a posição de presidente do tribunal: "o árbitro presidente deve ser uma pessoa expedita na condução da arbitragem. O comportamento anterior dele em outras arbitragens é importante. Se ele demora, não tem habilidade na condução, ou não quer escrever a sentença, não deve ser árbitro presidente, embora possa ser bom coárbitro" (grifou-se)[518].

Em outro artigo[519], Carlos Alberto Carmona descreve o fenômeno denominado "gula arbitral", ao mesmo tempo que apresenta uma qualificadora importante para esse debate, qual seja, o fato de que alguns árbitros têm se dedicado quase que exclusivamente à atuação como árbitro, contando, assim, com equipe e estrutura condizentes com o número de casos nos quais atua, critério relevante quando são comparados os números de casos entre árbitros distintos, com estruturas e equipes distintas:

> O fenômeno da gula arbitral é observável ainda naqueles indivíduos que não sabem quando parar: aceitam todas as indicações sem verificar sua real disponibilidade para se dedicar à causa e sem aferir se têm capacidade para cumprir o encargo. Creio que os operadores da arbitragem já devem ter visto o profissional aceitar o encargo sem ter depois tempo para a realização de uma audiência [...]. Sobre este último ponto (disponibilidade de tempo) convém tomar *cum grano salis* as informações do candidato a árbitro: muitos daqueles que fazem parte do *country club* tomaram gosto pela arbitragem (e especialmente pela participação em painéis arbitrais), de modo que criaram estrutura compatível com o manejo de vários processos ao mesmo tempo, liberando-se de outras atividades de modo a poderem dedicar-se aos processos arbitrais em que atuam (grifou-se).

518 Guandalini, Bruno; Milani, Naíma Perrella; Pereira, Laura Gouvêa de França. A cultura jurídica brasileira relativa à formação do tribunal arbitral, o exercício do dever de revelação e impugnações à independência e imparcialidade dos árbitros: uma pesquisa empírica (Parte I). **Revista de Arbitragem e Mediação**, v. 61, p. 73-140, 2019.

519 Carmona, Carlos Alberto. Os sete pecados capitais do árbitro. **Revista de Arbitragem e Mediação**, v. 52, p. 391-407, mar. 2017.

Se este é o problema (árbitros sobrecarregados), que está relativamente claro e diagnosticado pelos próprios atores que atuam no mercado da arbitragem, há que se indagar a respeito das raízes desses problemas, as causas que nos trouxeram até aqui.

Como costuma ocorrer em problemas complexos, essas causas são multifacetadas e, na verdade, podem ser representadas por uma série de fatores combinados para criar a sobrecarga identificada acima. Dentre eles, combinados em maior ou menor grau, conforme o caso, alguns já expostos nos parágrafos anteriores e nos trechos reproduzidos acima: (i) aumento repentino e expressivo da demanda por árbitros nos últimos dez a quinze anos no Brasil (vide estatísticas das câmaras arbitrais com atuação no Brasil, conforme indicado na introdução); (ii) *pool* ainda restrito de árbitros disponíveis nas listas das diversas câmaras com atuação no Brasil, a despeito dos esforços recentes dessas câmaras para ampliá-las e diversificá-las; (iii) falta de transparência sobre a efetiva disponibilidade dos árbitros, inclusive pela ausência de mecanismos nas regras institucionais prevendo a divulgação adequada dessa disponibilidade; (iv) acúmulo de papéis e atribuições que concorrem para consumir o tempo disponível dos profissionais candidatos a árbitros (atuação simultânea na qualidade de árbitros, advogados, professores, pareceristas, pesquisadores, dirigentes de entidades e instituições etc.); (v) dificuldade dos profissionais em dizer "não", recusando casos que excedam a sua capacidade de trabalho com diligência; (vi) exigência de determinadas partes e/ou de seus advogados de que o candidato tenha larga experiência prévia na função de árbitro, o que novamente limita as opções existentes e restringe ainda mais o *pool* de árbitros disponíveis que atendam a esse critério; (vii) ausência de mecanismos de controle da disponibilidade dos árbitros pelas câmaras arbitrais; (viii) falta de estrutura e de equipe apropriada (incluindo secretários administrativos, papel previsto, inclusive, na Lei n. 9.307/1996[520]).

Se esses fatores são possíveis causas do problema enfrentado (ainda que nem todos estejam simultaneamente presentes e combinados em todos os casos), as possíveis soluções talvez passem por endereçá-los, conforme o detalhamento a seguir.

[520] BRASIL. Lei n. 9.307/1996. "Artigo 13. [...] § 5º O árbitro ou o presidente do tribunal designará, se julgar conveniente, um secretário, que poderá ser um dos árbitros".

3. Possíveis soluções

Diagnosticado o problema, passemos às possíveis soluções.

De saída, expandir o *pool* de árbitros disponíveis e torná-lo mais diverso em todos os âmbitos (gênero, raça, idade, nacionalidade, especialidade, formação, atuação profissional) parece ser a medida mais efetiva para se obter resultados imediatos no tocante ao problema dos árbitros sobrecarregados – com o bônus de, seguindo-se por esse caminho, aumentar a transparência do processo arbitral e a qualidade das decisões dos árbitros simultaneamente. A boa notícia é que diversas câmaras brasileiras estão ampliando as suas listas de árbitros (no caso das câmaras que as possuam) e abraçando políticas mais voltadas à promoção da diversidade na arbitragem[521], a exemplo da Resolução n. 30/2018 do Centro de Arbitragem e Mediação da Câmara de Comércio Brasil-Canadá[522].

Outra possível solução que teria resultados imediatos seria exigir que os árbitros informassem, quando da aceitação do encargo, a quantidade exata de casos que possuem em andamento, tanto como árbitro (na qualidade de presidente e na qualidade de coárbitro), quanto como advogado, exatamente como faz a Corte Internacional de Arbitragem da Câmara de Comércio Internacional (CCI) há mais de dez anos[523]. Não há nenhuma razão ou justificativa para as câmaras brasileiras deixarem

[521] CAM-CCBC. **Diversidade de gênero**. Estatísticas de gêneros para 2020. Disponível em: https://ccbc.org.br/cam-ccbc-centro-arbitragem-mediacao/resolucao-de-disputas/arbitragem/estatisticas-mulheres-da-arbitragem/diversidade-de-genero/. Acesso em: 20 jul. 2021.

[522] CAM- CCBC. Centro de Arbitragem e Mediação. RA 30/2018. **Igualdade de oportunidades para as mulheres no âmbito da arbitragem**. Disponível em: https://ccbc.org.br/cam-ccbc-centro-arbitragem-mediacao/resolucao-de-disputas/resolucoes-administrativas/ra-30-2018-igualdade-de-oportunidades-para-as-mulheres-no-ambito-da-arbitragem/. Acesso em: 20 jul. 2021.

[523] International Court of Arbitration. **Nota às partes e aos tribunais sobre a condução da arbitragem conforme o regulamento de arbitragem CCI**. Disponível em: https://iccwbo.org/content/uploads/sites/3/2021/03/icc-note-to-parties-and-arbitral-tribunals-on-the-conduct-of-arbitration-portuguese-2021.pdf. Acesso em: 20 jul. 2021 (item 33).

de fazer o mesmo, seguindo essa boa prática da CCI, conforme anotaram Ana Olívia Haddad[524] e João Marçal Rodrigues Martins da Silva[525].

No mesmo sentido, as conclusões de Bruno Guandalini, Naíma Perrella Milani e Laura Gouvêa de França Pereira, no artigo anterior[526], vendo como positiva a iniciativa de instituições e advogados de se preocuparem com a disponibilidade dos árbitros no momento de nomeá-los, apenas com a ressalva de que o número de casos, por si só, não deve ser tomado como o único critério definidor da disponibilidade ou indisponibilidade de determinado candidato, considerando que diferentes pro-

[524] "As instituições prestariam um grande auxílio se seus questionários já contemplassem perguntas similares às da CCI, as quais permitem às partes realizar um juízo de adequação entre a disponibilidade informada pelo candidato e a disponibilidade que elas esperam e consideram necessária, sem a necessidade de pedidos de esclarecimentos, o que agilizaria o procedimento de nomeação de árbitros". HADDAD, Ana Olívia Antunes. **Transparência no processo arbitral**. São Paulo: Almedina, 2021, p. 231-232.

[525] *"Unfortunately, it is quite common to hear these days that arbitrators are oftentimes slow, unprepared and overscheduled. As arbitration was supposed to be a fast method for resolving disputes, it is not acceptable that arbitrators may not be able to schedule hearings for months or render awards for years. A study of the Corporate Counsel International Arbitration Group (CCIAG) found that inefficiency of arbitration is due to (i) arbitrator unavailability; (ii) failure of tribunals to limit issues, evidence and arguments leading parties to feel the need to cover all bases; and (iii) concern for due process over efficiency, what the Queen Mary Survey called 'due process paranoia'. So, what should arbitration chambers, arbitrators and lawyers do? With regard to the availability of arbitrators, they should require that arbitrators' statements contain detailed information on their availability. The International Chamber of Commerce (ICC), for instance, asks that information on availability in its Arbitrator Statement of Independence be included "in the form of data about other cases in which an arbitrator candidate is serving", as well as any other commitments and their availability over the next 24 months". There is no doubt that such an initiative may persuade the overscheduled arbitrators to refuse (or at least to be more cautious before) accepting new cases. In addition, arbitral institutions may also ask specific information, such as a calendar with black-out dates for schedules hearings, meetings as arbitrator, hearings, filings as counsel and other relevant commitments. Arbitrators, in turn, should pay careful attention when filling out their availability forms. Disclosing all of their scheduled commitments is paramount because doing so allows parties to decide if they would rather choose other arbitrators who have more time to dedicate to the dispute"*. SILVA, João Marçal Rodrigues Martins da. An answer to criticisms against the lack of efficiency in arbitration: measures to reduce time and costs. **Revista Brasileira de Arbitragem**, Porto Alegre, v. 14, n. 56, p. 23-34, 2017.

[526] GUANDALINI, Bruno; MILANI, Naíma Perrella; PEREIRA, Laura Gouvêa de França. A cultura jurídica brasileira relativa à formação do tribunal arbitral, o exercício do dever de revelação e impugnações à independência e imparcialidade dos árbitros: uma pesquisa empírica (Parte I). **Revista de Arbitragem e Mediação**, v. 61, p. 73-140, 2019.

fissionais possuem métodos diversos de trabalho, estruturas e equipes para lidar com a demanda (portanto, na mesma linha de Carlos Alberto Carmona):

> A iniciativa de instituições arbitrais e, como demonstrado pela pesquisa, também de advogados de avaliar a disponibilidade dos árbitros antes de nomeá-los para decidir uma nova disputa é extremamente positiva e fortalece o instituto da arbitragem. [...]. O cuidado na nomeação de árbitros eficientes e que possuam suficiente disponibilidade para conduzir o procedimento de forma cautelosa, porém célere, funciona, portanto, como uma garantia aos usuários da arbitragem de que essa é, de fato, uma via de resolução de disputas alinhada com a dinamicidade e eficiência exigida pelo mercado e pelas relações comerciais. Nesta pesquisa não se buscou identificar especificamente, nem as respostas permitiram identificar, os critérios para diferenciar um "árbitro disponível" de um "árbitro indisponível". Apesar de um dos advogados entrevistados ter mencionado como critério determinante a quantidade de casos em que o árbitro está atuando no momento, entende-se que a mera informação sobre o número de casos é em certa medida subjetiva, pois o limite de procedimentos arbitrais nos quais o árbitro pode atuar até se tornar "indisponível" varia de acordo com o perfil de cada candidato, sua agilidade, experiência na função de árbitro, complexidade dos casos, se atuam como árbitro único, presidente de tribunal ou co-árbitro, entre outros critérios[527].

De fato, embora não exista (e não deva existir) uma "profissão de árbitro"[528], existem diversos profissionais no Brasil, hoje, cuja princi-

[527] Guandalini, Bruno; Milani, Naíma Perrella; Pereira, Laura Gouvêa de França. A cultura jurídica brasileira relativa à formação do tribunal arbitral, o exercício do dever de revelação e impugnações à independência e imparcialidade dos árbitros: uma pesquisa empírica (Parte I). **Revista de Arbitragem e Mediação**, v. 61, p. 73-140, 2019.

[528] Neves, Flávia Bittar. O dilema da regulamentação da função de árbitros, mediadores e das atividades das instituições arbitrais no Brasil. **Revista de Arbitragem e Mediação**, n. 7, p. 101-108, 2005; Alves, Rafael Francisco; Orzari, Octávio. *Habeas Corpus*. Crimes de quadrilha, falsidade ideológica, usurpação de função pública e contravenção penal de exercício ilegal de profissão de árbitro ou mediador. Pedido de trancamento da ação penal. Deferimento parcial. **Revista Brasileira de Arbitragem**, n. 19, 2008, p. 159; Alves, Rafael Francisco. Árbitro e direito: o julgamento do mérito na arbitragem. São Paulo: Almedina, 2018, p. 25-26.

pal fonte de receita é a atuação como árbitros. São árbitros com atuação profissional, que possuem maior capacidade de tempo e de dedicação, maior disponibilidade, quando comparados com outros profissionais que dividem seu tempo entre diversas funções e atribuições. Esta é uma razão, dentre outras, pelas quais é preciso cuidado ao se comparar a disponibilidade de diferentes árbitros a partir do número absoluto de casos em andamento sob a sua responsabilidade.

Aqui entra em cena outro aspecto muito relevante quando se discute possíveis soluções para o problema da sobrecarga dos árbitros: a remuneração. Negligenciar o aspecto financeiro seria subestimar um dos aspectos de maior impacto no curto prazo para efetivamente enfrentar o problema da falta de disponibilidade dos árbitros. Agentes minimamente racionais pautam-se por incentivos econômicos. Se uma das causas desse problema da sobrecarga dos árbitros está relacionada à dificuldade dos profissionais em dizer "não", particularmente no caso de profissionais que possuam como renda principal a sua atuação como árbitros, parece evidente que, se houvesse um incentivo econômico maior para que o profissional concentrasse a sua atuação em menor quantidade de casos, certamente a sua sobrecarga seria aliviada com o transcorrer do tempo.

Em regra, os árbitros são muito bem remunerados, particularmente no Brasil, e sobretudo em comparação com a difícil realidade econômica que assola a esmagadora maioria dos profissionais desse país. Não há nada de errado nessa constatação, especialmente considerando a formação, a qualificação e a *expertise* necessárias para ter a confiança das partes ou da instituição arbitral a ponto de receber uma nomeação como árbitro(a). O problema reside no fato de que a remuneração recebida pelos árbitros pelos procedimentos nos quais atuam varia sobremaneira, dificultando o planejamento desses profissionais e, muitas vezes, levando à sobrecarga indicada. Nem todas as arbitragens remuneram adequadamente os árbitros, particularmente quando se considera o tempo médio de duração de uma arbitragem, que pode levar entre 18 e 36 meses, exigindo dedicação e comprometimento dos árbitros durante esse período. Como a maior parte das arbitragens é institucional, as regras sobre a remuneração dos árbitros normalmente provêm dos regulamentos dessas câmaras arbitrais. É necessário, portanto, mais uma medida de caráter administrativo, qual seja, revisar as tabelas de honorários dos árbitros, aumentando sua remuneração, pelo menos em determinadas faixas relativas ao valor em disputa que possam incentivar o acúmulo de casos.

Não se ignora que uma das maiores críticas feitas à arbitragem, hoje, envolva os seus altos custos. Mas aqui é preciso ponderar dois interesses contrapostos: reduzir a sobrecarga de árbitros ou evitar o encarecimento da arbitragem. É difícil conciliar ambos os interesses na mesma medida. A pergunta é qual desses dois interesses parece preocupar mais os usuários da arbitragem no Brasil atualmente. Pelas considerações apresentadas neste artigo, inclusive com base nos estudos e artigos mencionados, tudo indica que a sobrecarga dos árbitros preocupa mais. Sendo este o caso, na ponderação dos dois interesses indicados, talvez possa preponderar, ainda que em pouca medida, a remuneração um pouco maior dos árbitros em certas faixas de valores como medida para atenuar sua sobrecarga no curto prazo.

Também não se ignora os esforços que vêm sendo feitos por diversas câmaras para baratear os custos das arbitragens envolvendo valores menores em disputa, notadamente por meio de regras de arbitragem expedita, visando a diminuir as barreiras à entrada e combater a narrativa de que o instituto da arbitragem somente serviria para casos muito complexos e/ou com valores muito elevados em disputa. Mas nem por isso deve-se perder de vista a importância de se assegurar uma remuneração adequada e condizente aos árbitros, particularmente considerando o tempo de disponibilidade que será requerido desses árbitros, mesmo em um caso de arbitragem expedita.

Ainda na dimensão de possíveis soluções que passem por iniciativas institucionais, deve-se mencionar também que, mais recentemente, algumas câmaras arbitrais, como, por exemplo, a Corte Internacional de Arbitragem da Câmara de Comércio Internacional (CCI)[529] e o Centro de Arbitragem e Mediação da Câmara de Comércio Brasil-Canadá[530] passaram a divulgar em seus *sites* as informações a respeito da composi-

[529] INTERNATIONAL CHAMBER OF COMMERCE. **ICC Arbitral Tribunals.** Disponível em: https://iccwbo.org/dispute-resolution-services/arbitration/icc-arbitral-tribunals/. Acesso em: 20 jul. 2021.

[530] CAM-CCBC. **Tribunais arbitrais do CAM-CCBC**. Arbitragens sob administração do CAM-CCBC. Disponível em: https://ccbc.org.br/cam-ccbc-centro-arbitragem-mediacao/resolucao-de-disputas/arbitragem/tribunais-arbitrais/. Acesso em: 20 jul. 2021.

ção de tribunais arbitrais em casos em andamento sob a sua administração. Esta prática contribui para ampliar a transparência da arbitragem e, em última análise, permitir um maior controle sobre a disponibilidade dos árbitros, o que também deveria ser seguido por outras câmaras.

Outras iniciativas que buscam ampliar a transparência do processo arbitral de modo geral, incluindo a publicação de relatórios e de sentenças arbitrais, por exemplo, o *Arbitrator Intelligence*[531], merecem ser aplaudidas. Igualmente, câmaras arbitrais reviram recentemente suas políticas de publicação de sentenças arbitrais, estimulando e promovendo a divulgação e a transparência, embora ainda sejam muito dependentes do consentimento das partes envolvidas[532]. Aqui é preciso enfrentar a resistência dos usuários da arbitragem, notadamente das empresas que se valem da arbitragem como método de resolução de disputas. Frequentemente, as empresas que contratam a arbitragem em seus contratos costumam lidar com apenas um ou dois procedimentos em determinado período. Aliás, boa parte das empresas que se valem da arbitragem possui apenas uma ou outra experiência com o instituto em sua história. Em outras palavras, diferentemente do que ocorre com o contencioso judicial, é raro encontrar empresas *repeat players* no campo da arbitragem, isto é, usuários recorrentes da arbitragem, com múltiplos procedimentos arbitrais simultaneamente. Sendo este o caso, há pouco ou nenhum incentivo para essas empresas *one-shot* em matéria de arbitragem aderirem voluntariamente às políticas de publicação de sentenças das câmaras arbitrais. Essas empresas não possuem visão sistêmica ou incentivo sistêmico: de nada adianta dizer que, ao aderir à política de publicação de sentenças, a empresa contribuirá para ampliar a transparência do mecanismo da arbitragem e, no futuro, também poderá ser beneficiada dessa transparência (por exemplo, tendo maior conhecimento sobre o perfil dos árbitros e – o que mais interessa a esse artigo – sobre a sua disponibilidade), porque, na maior parte dos casos, essa mesma empresa

[531] ARBITRATOR INTELLIGENCE. Disponível em: https://arbitratorintelligence.com/. Acesso em:_20 jul. 2021.

[532] INTERNATIONAL COURT OF ARBITRATION. **Nota às partes e aos tribunais sobre a condução da arbitragem conforme o regulamento de arbitragem CCI**. Disponível em: https://iccwbo.org/content/uploads/sites/3/2021/03/icc-note-to-parties-and-arbitral-tribunals-on-the-conduct-of-arbitration-portuguese-2021.pdf. Acesso em:_20 jul. 2021 (itens 56 a 64).

não terá uma segunda arbitragem no curto ou médio prazo. E ainda que tenha uma segunda arbitragem na sequência, infelizmente não é tão palpável o ganho que a empresa terá no curto prazo ao aderir à política de publicação de sentenças. Novamente, partindo-se da premissa de que agentes minimamente racionais pautam-se por incentivos econômicos, se as câmaras arbitrais desejam, de fato, impulsionar suas políticas de publicação de sentenças arbitrais (fundamentais para promover maior transparência à arbitragem, objetivo a ser buscado e aplaudido, repita-se), o que deve ser feito é precificar essa publicação, criando incentivos econômicos para as empresas aderirem. O modo de fazê-lo seria criar duas tabelas distintas de custas arbitrais: (i) a tabela padrão, sem a previsão de publicação das sentenças arbitrais ao final do procedimento, e (ii) outra tabela, com um desconto relevante, com a previsão de publicação das sentenças arbitrais ao final do procedimento. Com isso, as câmaras arbitrais estariam abrindo mão de parte de sua receita no curto prazo, para incentivar seus usuários a aderirem a sua política de promoção da transparência na arbitragem.

Por fim, outras medidas a serem adotadas por câmaras arbitrais para atenuar o problema da sobrecarga dos árbitros estão relacionadas às sanções administrativas. Os mecanismos de controle institucional do cumprimento do dever de diligência do árbitro e de sua disponibilidade ainda não poucos e frágeis no Brasil, e sua efetiva utilização ainda é muito escassa. As câmaras arbitrais deveriam se recusar a confirmar a nomeação de árbitros sobrecarregados de casos. Algumas dezenas de casos (dez, vinte ou trinta) é muito diferente de muitas dezenas de casos (quarenta, cinquenta, sessenta...), ainda que, novamente, números absolutos devam ser lidos com parcimônia, porque diferentes árbitros possuem estruturas e capacidades diversas para assumi-los. De todo modo, as câmaras deveriam, como faz a CCI[533], (i) solicitar que os árbitros reve-

[533] Conforme o item 33 da Nota às Partes e aos Tribunais Arbitrais sobre a Condução da Arbitragem, do Regulamento de Arbitragem da CCI: "Os árbitros têm o dever de dedicar à arbitragem o tempo necessário para que o procedimento seja conduzido de maneira tão diligente, eficiente e rápida quanto possível. Assim, os candidatos a árbitro precisam indicar na Declaração em quantas arbitragens atuam no momento em pauta, e especificar se atuam como presidente, árbitro único, coárbitro ou advogado das partes. Deverá também ser indicada a previsão de outros compromissos e sua disponibilidade para os próximos 24 meses". INTERNATIONAL COURT OF ARBITRATION. **Nota às partes e aos tribunais sobre**

lem quantos casos possuem em andamento (como advogados e como árbitros – e, neste caso, em quantos atuam como árbitro único ou presidente), (ii) questionar árbitros que *pareçam* mais sobrecarregados e, em última instância, (iii) recusar a confirmação de um árbitro que não conseguiu demonstrar, claramente, a sua disponibilidade para assumir o novo caso, quebrando o seu dever de diligência, portanto. Em casos mais graves (excepcionais), as câmaras arbitrais também deveriam excluir ou substituir árbitros que tenham demonstrado desleixo, descaso ou desídia com determinado procedimento, descumprindo, assim, o seu dever de diligência. As câmaras arbitrais também deveriam prever em suas regras a possibilidade de descontar honorários de tribunais arbitrais que não cumpram adequadamente o seu dever de diligência, como faz a CCI há muito tempo[534].

As câmaras arbitrais também deveriam publicar diretrizes e boas práticas de condução eficiente dos procedimentos arbitrais, contemplando técnicas que auxiliem os árbitros a cumprirem com o seu dever de diligência, novamente como faz a CCI[535].

Esses são apenas alguns exemplos de medidas e de providências que podem ser tomadas facilmente no curto prazo para enfrentar o problema da sobrecarga dos árbitros e, com isso, zelar pelo cumprimento do dever de diligência do árbitro e sua disponibilidade. Provavelmente, se todas essas medidas fossem combinadas, em pouco tempo, haveria uma sensível melhora no ambiente institucional, com ganhos para todos, inclusive para os próprios árbitros.

a condução da arbitragem conforme o regulamento de arbitragem CCI. Disponível em: https://iccwbo.org/content/uploads/sites/3/2021/03/icc-note-to-parties-and-arbitral-tribunals-on-the-conduct-of-arbitration-portuguese-2021.pdf. Acesso em:_20 jul. 2021.

[534] INTERNATIONAL COURT OF ARBITRATION. **Nota às partes e aos tribunais sobre a condução da arbitragem conforme o regulamento de arbitragem CCI**. Disponível em: https://iccwbo.org/content/uploads/sites/3/2021/03/icc-note-to-parties-and-arbitral-tribunals-on-the-conduct-of-arbitration-portuguese-2021.pdf. Acesso em:_20 jul. 2021 (item 155).

[535] Vide Apêndice IV do Regulamento de Arbitragem da CCI. INTERNATIONAL COURT OF ARBITRATION. **Nota às partes e aos tribunais sobre a condução da arbitragem conforme o regulamento de arbitragem CCI**. Disponível em: https://iccwbo.org/content/uploads/sites/3/2021/03/icc-note-to-parties-and-arbitral-tribunals-on-the-conduct-of-arbitration-portuguese-2021.pdf. Acesso em:_20 jul. 2021.

Conclusões

O propósito deste artigo foi aprofundar a análise sobre o dever de diligência do árbitro e sua disponibilidade. Esclarecido o regime jurídico do dever de diligência do árbitro à luz da Lei n. 9.307/1996, foi possível apresentar o problema da sobrecarga dos árbitros (falta de disponibilidade) e apontar possíveis soluções, sobretudo no contexto da autorregulação da arbitragem, focando-se nas câmaras arbitrais, que, em grande medida, já têm adotado diretrizes e políticas voltadas a ampliar a transparência e a diversidade e aprimorar os mecanismos de controle do dever de diligência do árbitro e sua disponibilidade. Assim, o presente artigo gravitou em torno do *tempo dos árbitros* e de seu *cuidado* com o encargo que lhe foi confiado. Retomando a citação da epígrafe, é fundamental que os atores da arbitragem – e notadamente os árbitros – comecem a dedicar maior atenção ao tema do *gerenciamento do tempo*, que é escasso por definição. Essa talvez seja uma das habilidades que mais requer disciplina e constante monitoramento, com ajustes periódicos, para escolher fazer menos, com mais qualidade.

Referências

ABBUD, André A. C.; LEVY, Daniel; ALVES, Rafael Francisco. Lei de Arbitragem anotada: a jurisprudência do STF e do STJ. São Paulo: RT, 2019.

ALVES, Rafael Francisco. Árbitro e direito: o julgamento do mérito na arbitragem. São Paulo: Almedina, 2018.

ALVES, Rafael Francisco; ORZARI, Octávio. *Habeas Corpus*. Crimes de quadrilha, falsidade ideológica, usurpação de função pública e contravenção penal de exercício ilegal de profissão de árbitro ou mediador. Pedido de trancamento da ação penal. Deferimento parcial. Revista Brasileira de Arbitragem, n. 19, 2008.

ALVES, Rafael Francisco. A imparcialidade do árbitro no direito brasileiro: autonomia privada ou devido processo legal? Revista de Arbitragem e Mediação, n. 7, p. 109-126, 2005.

ARBITRATOR INTELLIGENCE. Disponível em: https://arbitratorintelligence.com/. Acesso em: 20 jul. 2021.

CAM. Centro de Arbitragem e Mediação. Disponível em: https://ccbc.org.br/cam-ccbc-centro-arbitragem-mediacao/arbitragem-estatisticas. Acesso em: 30 jun. 2021

CAM B3. Câmara do Mercado – Arbitragem. Disponível em: https://www.camaradomercado.com.br/pt-BR/sobre--estatisticas.html. Acesso em: 30 jun. 2021.

CARMONA, Carlos Alberto. Arbitragem e processo: um comentário à Lei 9.307/96. 3. ed. São Paulo: Atlas, 2009.

BAPTISTA, Luiz Olavo. Arbitragem comercial e internacional. São Paulo: Lex, 2011.

BRASIL. Superior Tribunal de Justiça. 3ª Turma, REsp n. 1.636.102, Rel. Min. Ricardo Villas Bôas Cuevas, DJ 1-8-2017.

BRASIL. Superior Tribunal de Justiça. 3ª Turma, REsp n. 693.219, Rel. Min. Nancy Andrighi, DJ 6-6-2005.

BRASIL. Superior Tribunal de Justiça, 3ª Turma, REsp 1.636.113, Rel. Min. Ricardo Villas Bôas Cueva, DJ 5-9-2017.

BRASIL. Superior Tribunal de Justiça. 3ª Turma, REsp n. 1.433.940, Rel. Min. Ricardo Villas Bôas Cueva, DJ 2-10-2017.

CAM-CCBC. Centro de Arbitragem e Mediação. RA 30/2018. Igualdade de oportunidades para as mulheres no âmbito da arbitragem. Disponível em: https://ccbc.org.br/cam-ccbc-centro-arbitragem-mediacao/resolucao-de-disputas/resolucoes-administrativas/ra-30-2018-igualdade-de-oportunidades-para-as-mulheres-no-ambito-da-arbitragem/. Acesso em: 20 jul. 2021.

CAM-CCBC. Tribunais arbitrais do CAM-CCBC. Arbitragens sob administração do CAM-CCBC. Disponível em: https://ccbc.org.br/cam-ccbc-centro-arbitragem-mediacao/resolucao-de-disputas/arbitragem/tribunais-arbitrais/. Acesso em: 20 jul. 2021

CAM-CCBC. Diversidade de gênero. Estatísticas de gêneros para 2020. Disponível em: https://ccbc.org.br/cam-ccbc-centro-arbitragem-mediacao/resolucao-de-disputas/arbitragem/estatisticas-mulheres-da-arbitragem/diversidade-de-genero/. Acesso em: 20 jul. 2021.

CARMONA, Carlos Alberto. Os sete pecados capitais do árbitro. Revista de Arbitragem e Mediação, v. 52, p. 391-407, mar. 2017.

DINAMARCO, Cândido Rangel. A arbitragem na teoria geral do processo. São Paulo: Malheiros, 2013.

ELIAS, Carlos. Imparcialidade dos árbitros. São Paulo: Almedina, 2021.

GUANDALINI, Bruno; MILANI, Naíma Perrella; PEREIRA, Laura Gouvêa de França. A cultura jurídica brasileira relativa à formação do tribunal arbitral, o exercício do dever de revelação e impugnações à independência e imparcialidade dos árbitros: uma pesquisa empírica (Parte I). Revista de Arbitragem e Mediação, v. 61, p. 73-140, 2019.

HADDAD, Ana Olívia Antunes. Transparência no processo arbitral. São Paulo: Almedina, 2021.

HOUAISS. Pequeno Dicionário da Língua Portuguesa. São Paulo: Moderna, 2015.

INTERNATIONAL CHAMBER OF COMMERCE. ICC Arbitral Tribunals. Disponível em: https://iccwbo.org/dispute-resolution-services/arbitration/icc-arbitral-tribunals/. Acesso em: 20 jul. 2021.

INTERNATIONAL COURT OF ARBITRATION. Nota às partes e aos tribunais sobre a condução da arbitragem conforme o regulamento de arbitragem CCI. Disponível em: https://iccwbo.org/content/uploads/sites/3/2021/03/icc-note-to-parties-and-arbitral-tribunals-on-the-conduct-of-arbitration-portuguese-2021.pdf. Acesso em: 20 jul. 2021.

LEMES, Selma M. Ferreira. Dos árbitros. *In*: Aspectos fundamentais da Lei de Arbitragem. Rio de Janeiro: Forense, 1999.

LEMES, Selma M. Ferreira. Árbitro: princípios da independência e da imparcialidade – abordagem no direito internacional, nacional e comparado. Jurisprudência. São Paulo: LTr., 2001.

LEVY, Daniel; PEREIRA, Guilherme Setoguti J. (coord.). Curso de arbitragem. 2. ed. São Paulo: RT, 2021.

LIMA, Leandro Rigueira Rennó. A responsabilidade civil do árbitro. *In*: CELLI JÚNIOR, Umberto; BASSO, Maristela; AMARAL JÚNIOR, Alberto do (coord.). Arbitragem e comércio internacional: estudos em homenagem a Luiz Olavo Baptista. São Paulo: Quartier Latin, 2013.

NEVES, Flávia Bittar. O dilema da regulamentação da função de árbitros, mediadores e das atividades das instituições arbitrais no Brasil. Revista de Arbitragem e Mediação, n. 7, p. 101-108, 2005.

SESTER, Peter Christian. Comentários à Lei de Arbitragem e à legislação extravagante. São Paulo: Quartier Latin, 2020.

SILVA, João Marçal Rodrigues Martins da. An answer to criticisms against the lack of efficiency in arbitration: measures to reduce time and costs. Revista Brasileira de Arbitragem, Porto Alegre, v. 14, n. 56, p. 23-24, 2017.

4. TENSÕES ENTRE ÁRBITROS E PARTES NA CONDUÇÃO DO PROCEDIMENTO ARBITRAL

Matthieu de Boisséson

Introdução

A arbitragem internacional é mais conhecida como um campo de disputas do que um campo de tensões. É verdade que resolver uma disputa é, muitas vezes, a melhor forma de liberar tensões: uma disputa entre as partes, uma disputa entre uma parte e um árbitro quando um dos membros do tribunal arbitral é impugnado, uma disputa entre as partes e uma câmara de arbitragem no caso de uma ação de responsabilidade contra a instituição.

Ainda assim, eu sugeriria que as tensões entre os árbitros e as partes têm um papel na arbitragem internacional, e que as tendências e mudanças na condução dos casos em arbitragem internacional ao longo do tempo deram lugar a certas tensões.

Tensões podem ser definidas como desacordos implícitos, mal-entendidos, ressentimentos secretos ou estratégias elementares entre os árbitros e as partes, a maior razão sendo, ocasionalmente e, às vezes, fundamentalmente, a seguinte: o tribunal arbitral e as partes, ou uma das partes, não têm o mesmo estilo na condução dos procedimentos. Eles, simplesmente, não desejam a mesma coisa.

Pode ocorrer que algumas dessas tensões emerjam à superfície durante os procedimentos, quando, por exemplo, uma parte expressa reserva sobre a condução da arbitragem, com base no Artigo 22 do Regulamento de Arbitragem da CCI em vigor a partir de 1º de janeiro de 2021. Nós poderíamos dizer que tensões como essas dizem respeito à condução da arbitragem.

Com efeito, é inquestionável que as partes tenham a escolha das regras procedimentais que serão aplicáveis e que essa escolha vincule os árbitros. Por outro lado, é no curso dos procedimentos em que, por vezes, ocorre um conflito entre os árbitros e as partes, devido aos critérios utilizados pelos árbitros na condução do procedimento que a ele foi referido e que, talvez, tenha se intensificado com o passar do tempo.

1. Alguns exemplos de tensões ou desacordos

Em interessante artigo, Richard Kreindler e Philippe Pinsolle[536] se referiram a diversos exemplos práticos e empíricos de desentendimentos entre árbitros e partes: um tribunal arbitral que reduz prazos pela metade contra um pedido de ambas as partes; um presidente do tribunal arbitral que indica antecipadamente às partes que as oitivas das testemunhas contempladas pelas partes são inúteis e que deveriam ser canceladas; ao final, o tribunal aceita a audiência para essa finalidade mas reduz sua duração; um tribunal arbitral que decide confrontar, acarear testemunhas antes da audiência, contrariamente ao desejo das partes.

Há numerosos outros exemplos, como a relutância, ou até recusa, expressa pelos árbitros em ouvir *legal experts*, ainda que as partes ou uma delas expresse seu desejo de examinar ou não examinar testemunhas de direito.

Esses exemplos mostram como as tensões frequentemente ocupam um papel entre os interesses, geralmente admiráveis, de árbitros em tomar medidas para acelerar o procedimento e, de outro lado, o interesse compreensível de uma ou mais partes em apresentar seu caso da forma mais completa possível, consistente com sua própria cultura legal ou concepção de como a arbitragem internacional deve ser conduzida.

É claro que todos somos familiarizados com a controvérsia principal que fundamenta essas dificuldades, trazida há tempos como tema de debate da primeira sessão do Congresso da ICCA em Londres em 2002[537]: *As partes, não os árbitros, controlam a arbitragem.* Alguns consi-

[536] PINSOLLE, P.; KREINDLER, R. Les limites du rôle de la volonté des parties dans la conduite de l'instance arbitrale, **Revue de L'Arbitrage**, n. 1, p. 41-63, 2003, p. 41-63.

[537] XVIth ICCA Congress, London, May 2002.

deram que o tribunal arbitral deve seus poderes à vontade das partes e que, consequentemente, isso vinculará o tribunal arbitral todas as vezes em que for claramente invocada. A hipótese contrária considera que o árbitro tem a discricionariedade do juiz togado e que ele tem o dever de tomar iniciativas para garantir a efetividade da arbitragem, não obstante a vontade das partes. Por trás dessa conhecida controvérsia, é importante ressaltar vários pontos cruciais desse problema e fazer algumas sugestões para a melhor cooperação entre os árbitros e as partes.

2. Razões para as tensões entre árbitros e partes

Algumas razões parecem explicar certas tensões entre árbitros e partes ao longo do tempo.

2.1. Aumento dos poderes do tribunal arbitral na condução dos procedimentos

Nos últimos vinte anos, muitas legislações nacionais adotaram previsões favorecendo os poderes extensivos aos árbitros em termos de condução dos procedimentos. Por exemplo, a Section 34, do Arbitration Act de 1996, prevê que "o tribunal deve decidir todas as matérias de procedimento e provas, sujeito ao direito das partes de concordar com qualquer matéria"[538]. Entre outros tipos de medidas, essas matérias incluem "se e em que medida o tribunal deve ele mesmo tomar a iniciativa em determinar o fato e a lei"[539]. Como destacou Robert Merkin, em seu livro sobre o Arbitration Act, a Section 34 (1) estabelece:

> todas as questões de prova são matéria para os árbitros. Em fazendo isso, o dispositivo adota o princípio encontrado no Artigo 19 (2) da Lei Modelo. O direito das partes de aprovar essas matérias [...] é relegado ao *status* de possibilidade subsidiária: isso contrasta com a Lei Modelo, que visa que os poderes dos árbitros de determinar aspectos de prova e processuais da arbi-

[538] *"It shall be for the tribunal to decide all procedural and evidential matters, subject to the right of the parties to agree any matter".*

[539] Arbitration Act 1996, Section 34(2)(g): "Whether and to what extent the tribunal should itself take the initiative in ascertaining the fact and the law". THE ARBITRATION AND CONCILIATION ACT, 1996. Arrangement of Sections Arbitration Act 1996, Section 34(2). Disponível em: https://legislative.gov.in/sites/default/files/A1996-26.pdf. Acesso em: 08 set. 2021.

tragem apenas se apliquem automaticamente, onde as partes não tenham conseguido chegar a um acordo[540].

Outro exemplo, a Section 33 (1) do Arbitration Act prevê que o Tribunal Arbitral deve oferecer "a cada uma das partes oportunidade razoável para apresentar seu caso"[541]. Interessante notar que o *Departmental Advisory Committee on Arbitration*, em seu Relatório de fevereiro de 1996, § 165, apontou que uma oportunidade plena pode levar a atrasos não razoáveis, contrários aos interesses da justiça[542].

Outras séries de exemplos são previstas por vários regulamentos de instituições arbitrais, como é o caso do Artigo 25 (1) do Regulamento de Arbitragem da CCI, em vigor a partir de 1º de janeiro de 2021, segundo o qual "(o) tribunal arbitral deverá proceder à instrução da causa com a maior brevidade possível, recorrendo a todos os meios apropriados." Yves Derains e Eric Schwartz destacam:

> a discrição do Tribunal Arbitral conforme o Artigo 20 (1) [atual 25 (1)] é, portanto, extremamente ampla, sujeita apenas a (i) outras previsões do Regulamento, (ii) onde o Regulamento for silente, qualquer acordo das partes conforme o Artigo 15 [atual 19] e (iii) requisitos legais obrigatórios[543].

De maneira muito significativa, os autores acrescentam:

> Dentre as matérias deixadas para serem resolvidas por "meios apropriados", estão aquelas questões como a natureza e a sequência das submissões escritas das partes, as regras que devem se aplicar à produção de

[540] *"(A)ll evidential questions are matters for the arbitrators. In so doing, it adopts the principle found in art. 19 (2) of the Model Law. The right of the parties to agree these matters [...] is relegated to the status of subsidiary possibility: this contrasts with the Model Law, which envisages that the arbitrators' power to determine the evidential and procedural aspects of the arbitration are default powers only, operating where the parties themselves have failed to reach agreement."* MERKIN, Robert. **Arbitration Act 1996, an annotated guide**. Published by LLP Limited, London, New York and Hong Kong (1996, xxvi 215 pp. incl Contents, Preface, Table of Cases, Table of Legislation, Schedules, Appendices and Index). Soft cover, 1996, p. 58.

[541] *"(E)ach party a reasonable opportunity of putting his case."*

[542] Vale notar que a Lei Modelo se refere a uma *full opportunity of presenting his case*, no Artigo 18 de sua versão de 1985, mantida na revisão de 2006.

[543] DERAINS, Yves; SCHWARTZ, Eric. Guide to the New ICC Rules of Arbitration, Kluwer, 1998, p. 252.

provas, incluindo sua admissibilidade, materialidade e peso, e a convocação e exame de testemunhas[544].

Similarmente, o Artigo 22.1 das Regras da American Arbitration Association sobre Resolução de Disputas Internacionais, em sua versão em vigor desde 1º de março 2021, prevê que "(s)ujeito a essas regras, o tribunal pode conduzir a arbitragem de qualquer maneira que considerar apropriada, desde que as partes sejam tratadas com igualdade e que cada parte tenha o direito de ser ouvida e seja concedida uma oportunidade justa de apresentar seu caso"[545].

O Artigo 14.2 das Regras da LCIA, da mesma forma, prevê que o "Tribunal Arbitral deve ter a mais ampla discrição para desempenhar esses deveres gerais, sujeito às previsões obrigatórias de qualquer lei aplicável ou quaisquer regras legais as quais o Tribunal possa decidir ser aplicável [...]"[546].

É claro que, algumas regras fazem reservas ao que foi acordado pelas partes em termos de procedimento. De outro lado, algumas decisões judiciais especificam que as partes podem impor aos árbitros uma regra particular para estabelecer os fatos, conforme decisão proferida pela Corte de Apelação de Paris no caso Torno[547].

Entretanto, essa reserva é atenuada por numerosa jurisprudência, destacando que as menores irregularidades em relação às regras de procedimento escolhidas pelas partes não são suficientes para invalidar ou colocar em questão a responsabilidade do árbitro. Esse é o sentido da

[544] DERAINS, Yves; SCHWARTZ, Eric. Guide to the New ICC Rules of Arbitration, Kluwer, 1998, p. 252.

[545] *"22.1 Subject to these Rules, the arbitral tribunal may conduct the arbitration in whatever manner it considers appropriate, provided that the parties are treated with equality and that each party has the right to be heard and is given a fair opportunity to present its case."*

[546] *"14.2 The Arbitral Tribunal shall have the widest discretion to discharge these general duties, subject to the mandatory provisions of any applicable law or any rules of law the Arbitral Tribunal may decide to be applicable; and at all times the parties shall do everything necessary in good faith for the fair, efficient and expeditious conduct of the arbitration, including the Arbitral Tribunal's discharge of its general duty."*

[547] PARIS. Corte de Apelação, 1ª Câm. Civ., 19 de maio de 1998, **Revue de l'arbitrage**, 1999, p. 600.

decisão no caso *Matra*[548], na França, e decisões proferidas nos Estados Unidos, tal como a do *Southern District of New York*, ao determinarem:

> a Corte é consciente dos fatores pesando contra a decisão dos árbitros de proferir julgamento na prova documental sozinho: a importância de audiências para a maioria dos procedimentos arbitrais; de testemunhar os fundamentos das determinações sumárias; e o desejo repetido de Intercarbon de apresentar testemunha viva. Não obstante tais considerações, a decisão dos árbitros é razoável e não significa uma transgressão. Audiências não serão requeridas apenas para ver se questões reais emergem[549].

Em outra decisão judicial, mencionada no artigo de P. Pinsolle e R. Kreindler[550], houve recusa em verificar detalhadamente a compatibilidade das decisões dos árbitros com o Regulamento de Arbitragem da CCI aplicável: "A Corte não acredita [...] que o Artigo 5.1 tinha como intenção permitir revisões da Corte para controlar toda decisão procedimental emitida pelo árbitro e anular a Sentença se qualquer violação do procedimento CCI for encontrada"[551].

Por fim, muitas jurisdições, notadamente na França e na Suíça, têm visões estritas sobre a ordem pública processual, acreditando que sua violação somente existe quando princípios fundamentais e amplamente reconhecidos tenham sido violados, resultando em uma contradição insustentável com a noção de justiça, de forma que a decisão pareça incompatível com os valores legalmente reconhecidos. É isso que quer dizer o julgamento do Swiss Federal Tribunal de 3 de abril de 2002[552], assim como um número de decisões e de julgamentos das cortes francesas[553].

548 Paris. Corte de Apelação. 28 de abril de 1988, **Revue de l'arbitrage**, 1989, p. 289.

549 New York. Southern District of New York, 19 de janeiro de 1993, **Yearbook**, 1994, p. 802.

550 Pinsolle, P. ; Kreindler, R. Les limites du rôle de la volonté des parties dans la conduite de l'instance arbitrale, **Revue de L'Arbitrage**, n. 1, p. 41-63, 2003, p. 54-55.

551 EUA. United States District Court, District of Columbia, 29 de maio de 1992, **Yearbook**, 1993, p. 566.

552 Bul. ASA 2002, p. 358; Kaufmann-Kohler, G.; Rigozzi, A. **Arbitrage International**, Schultess, n. 832, 2006.

553 Paris. Corte de Apelação de Paris, 15 de junho de 2000, **Revue de l'arbitrage**, 2001, p. 805; Paris. Corte de Apelação de Paris, 20 de abril de 2000, **Revue de l'arbitrage**, 2001, p. 802.

Na prática, portanto, os árbitros têm uma margem significativa em seus poderes discricionários, mesmo que eles não atuem inteiramente de acordo com as regras escolhidas pelas partes, ou que sejam tentados a determinar uma parte recalcitrante ou todas as partes a conduzirem os procedimentos de determinada forma, o risco de uma decisão ser anulada no futuro é muito limitado.

4. Padronização dos poderes do árbitro

Uma segunda razão para a tensão entre árbitros e partes é o fato de que os árbitros estão sob a pressão dos centros de arbitragem que os indagam sobre os prazos e oferecem a eles conselhos sob a forma de guias, diretrizes e outras ferramentas, no sentido de garantir a melhor administração para o exame do caso.

É claro, esse é o dever dos árbitros de tentar evitar qualquer atraso indevido que possa ser causado por táticas dilatórias de partes litigantes. Mas o problema é muito mais sutil.

O aumento na quantidade de guias, diretrizes, instruções e documentos práticos em circulação na arbitragem internacional introduziu um novo vocabulário estabelecendo a inserção de processos mecânicos em procedimentos jurisdicionais que devem permanecer "vivos", quer dizer, livres e capazes de improvisar.

Um documento importante é o relatório sobre "Técnicas de controle de tempo e custos em arbitragem"[554], publicado pelo Comitê de Arbitragem Internacional da CCI. A palavra "técnicas", seguida por várias palavras como *case-management, time-periods*, e assim em diante, é importante desde a origem, porque o propósito real desse documento é tentar não apenas fornecer orientações para o procedimento durante a arbitragem, mas de realmente fornecer aos árbitros técnicas *prêt-à-porter* que podem incitá-los a se referir a soluções que se aplicam a todos os casos.

É inquestionável que esse tipo de documento não é vinculante: ele apenas fornece orientações aos árbitros, e nenhuma sentença arbitral pode ser impugnada por deixar de observar qualquer orientação.

[554] ICC. **ICC arbitration commission report on techniques for controlling time and costs in arbitration techniques for controlling time and costs in arbitration**. Disponível em: https://iccwbo.org/publication/icc-arbitration-commission-report-on-techniques-for-controlling-time-and-costs-in-arbitration/. Acesso em: 08 set. 2021.

Entretanto, o espírito de muitas dessas previsões é o de conferir maiores poderes ao tribunal arbitral e, na prática, limitar a possibilidade de as partes submeterem documentos ou produzirem provas da forma que elas bem entenderem e com a extensão e quantidade de documentos e declarações que desejarem. Um exemplo pode ser encontrado nas seções 43 e seguintes, relativas às manifestações escritas, propondo que os árbitros devam sugerir ou requerer às partes que estabeleçam antecipadamente a forma e o conteúdo de suas submissões escritas, com a intenção de limitar a extensão das manifestações, sugerindo incitar as partes a exporem o caso por completo no início do procedimento (seção 43), o que permitirá que os árbitros e as partes entendam melhor as questões-chave em um estágio inicial.

No que concerne à produção de prova testemunhal, no mesmo documento, consta outra proposta, na seção 60, no sentido de limitar o número de testemunhas; e vai além, ao afirmar que o tribunal arbitral pode auxiliar a identificar questões sobre as quais a prova testemunhal deve ser requerida e se focar.

Também é contemplado, na seção 62, considerar como presunção que a prova pericial não será requerida, salvo quando tal prova for necessária para informar o tribunal arbitral a respeito de questões-chave em disputa. Mas, quem deve julgar sobre a natureza de uma questão-chave? Com frequência, os árbitros e as partes não têm exatamente o mesmo entendimento acerca da definição de questão-chave, apenas pelo fato de as partes estarem em disputa sobre a determinação das questões-chave. E mais, esse é precisamente o objetivo de se produzir provas, através de testemunhas, peritos ou documentos para esclarecê-las.

A seção 80 estabelece que o tribunal arbitral, ouvidas as partes, deve considerar limitar o tempo disponível para cada parte fazer o *crossexamination.*

Ainda que as previsões não sejam vinculantes, elas podem ser impostas às partes quando combinadas com regras procedimentais, por exemplo, com o Artigo 25 das Regras da UNCITRAL, de acordo com as quais o tribunal arbitral pode estender prazos caso conclua que uma extensão é justificada.

O simples fato de permitir aos árbitros concederem às partes uma oportunidade razoável, mas não uma oportunidade total, de apresentar seu caso repousa em um embasamento legal que impõe as ferramentas acima descritas.

E vai além, nesse esforço de assegurar uma sorte de uniformização de *case management*, é a própria imagem do árbitro que é, friamente, colocada em questão. O árbitro se torna um prestador de serviços. O espírito da, por vezes, chamada "arbitragem administrada", penetra profundamente na própria instituição arbitral.

Essa tendência, de colocar a imagem do árbitro como um prestador de serviços explica porque foram formulados documentos para avaliar os árbitros. Tempos atrás, por exemplo, grupos de trabalho nos Estados Unidos circularam entre os membros do *International Institute for Conflict Prevention and Resolution*, e entre muitos outros especialistas em arbitragem internacional, o que à época era uma minuta de formulário de avaliação de árbitro (*Arbitrator Evaluation Form*), a ser preenchida pelas partes e enviada ao tribunal arbitral ou à instituição arbitral com um *feedback* sobre a administração do procedimento pelo árbitro, incluindo questões sobre se o tribunal arbitral tomou medidas para simplificar a arbitragem (por exemplo, bifurcando o procedimento); ou limitou o número de manifestações, dias de audiência, etc. ao razoavelmente necessário para decidir as questões em disputa; ou, ainda, se manteve um cronograma apropriado considerando o montante envolvido e a complexidade das questões.

O assunto inteiro se tornou mais uma fonte de tensões entre árbitros e partes, porque alguns árbitros passaram a pressionar as partes para aceitarem previsões *prêt-à-porter* dos guias e diretrizes, algumas partes relutaram a aceitar esse tipo de pressão, nem sempre na tentativa de adotar táticas dilatórias, mas por preferirem um procedimento feito sob medida e dentro do tempo que elas livremente escolheram. Ao mesmo tempo, algumas partes podem ter receio de desagradar os árbitros ao deixar de aceitar suas sugestões. Na minha visão, isso pode ser prejudicial à Arbitragem Internacional no futuro, embora reconheça que algumas orientações, guias e diretrizes para garantir mais eficiência na arbitragem, às vezes, possam ser úteis.

5. Harmonização *versus* uniformização

É lugar comum na Arbitragem Internacional dizer que houve harmonização da arbitragem através de leis nacionais modernas em matéria de arbitragem pelo mundo, assistida, por exemplo, por algumas ferramentas como a Lei Modelo, transposta em muitos países.

Um certo grau de harmonização também foi encontrado na condução de procedimentos arbitrais internacionais. Como ocorreu com a *disclosure* de documentos (com maior orientação de direito civil) e o uso de testemunhas (com maior orientação de *common law*), conforme apontado por Yves Derains[555]. Mas alguns árbitros confundem harmonização e uniformidade. Uniformidade não existe, e não é desejável em Arbitragem Internacional. Como um exemplo, o *English Arbitration Act* de 1996 é um repertório de regras muito específico e interessante, que não é formulado como a Lei Internacional Suíça de 1987, por exemplo. A grande tarefa de um Tribunal Arbitral é respeitar a diversidade e não tentar impor que a condução do procedimento arbitral observe uma apresentação uniforme das manifestações e provas.

Muito melhor é o que Jan Paulsson chamou de método *Bockstiegel*, que parece "estabelecer poucas regras firmes e, então, convidar as partes a fazer, como bem entenderem – para melhor ou pior – dentro desses limites."[556] Em outras palavras, adicionou Jan Paulsson, "o Tribunal deixa a questão para que os advogados formulem sua estratégia de apresentação"[557].

É preciso que alguns árbitros entendam a importância de respeitar as referências culturais das partes, de respeitar o estilo de suas manifestações, sua estratégia no exame e no *cross-examination* de testemunhas, de aceitar que eles têm estilos diferentes de advertir seus clientes e apresentar seus casos.

A quais conclusões podemos chegar a partir das sugestões para apaziguar as tensões?

Acho útil, como tive a oportunidade de lembrar em 2018[558], sugerir que uma nova visão a respeito dos direitos das partes seja considerada,

[555] Derains, Y. L'administration de la preuve dans la pratique arbitrale, Revue de L'Arbitrage, 2004, p. 781.

[556] Paulsson, J. The timely arbitrator: reflections on the Böckstiegel Method. **Arbitration International 22**, n. 1, p. 21, 2006, p. 21.

[557] Paulsson, J. The timely arbitrator: reflections on the Böckstiegel Method. **Arbitration International 22**, n. 1, p. 21, 2006, p. 22.

[558] Boisséson, M. de. *Post-scriptum* critique sur les principes de la procédure arbitrale en droit français, Revue de l'arbitrage, 2018, p. 709.

especialmente sobre a liberdade das partes de apresentação do caso e sobre o controle, pelas partes, da definição e dos limites do litígio.

Sobre o primeiro tema, qual é o real sentido do respeito ao contraditório? O princípio, na França, tem um valor constitucional consagrado pela Corte de Apelação de Paris, que precisou o conteúdo do princípio em decisão de 16 de janeiro de 2003:

> o contraditório supõe que cada parte tenha estado em medida de fazer valer seus argumentos de fato e de direito, de conhecer aqueles de seu adversário e de discuti-los, em seguida que nenhum escrito, ou que nenhum documento não tenha sido trazido ao conhecimento dos árbitros sem ser igualmente comunicado à outra parte, enfim que nenhum argumento, de fato ou de direito, não seja suscitado de ofício pelo tribunal arbitral sem que as partes não tenham sido convidadas a apresentar suas observações[559].

Essa representação da contradição deu lugar a uma jurisprudência abundante em matéria de arbitragem, a respeito da notificação do procedimento, como mostra a decisão no caso francês *République du Congo*[560], sobre argumentos e provas[561], de perícia[562] e do tempo útil[563].

Esses elementos são conhecidos, mas através deles se desenha na arbitragem, a meu ver, a ideia de um devido processo legal como elemento essencial do respeito ao contraditório, noção intraduzível, mas que sugere que o sistema procedimental da arbitragem, notadamente as modalidades de prova e a organização das manifestações escritas ou das audiências, deve permitir a cada parte ter o sentimento legítimo de não ter tido frustrada a possibilidade de se exprimir correta e plenamente.

[559] PARIS. Corte de Apelação de Paris, 16 de janeiro de 2003, Revue de l'arbitrage, p. 369, nota L. Jaeger, 2004.

[560] PARIS. Corte de Apelação de Paris, 13 de setembro de 2007, Revue de l'arbitrage, p. 313, nota F.-X. Train, 2008; PARIS. Corte de Cassação, 1ª Câm. Civ., 5 de março de 2008, *JCP*, 2008, I, 164, obs. J. Ortscheidt; *Dalloz*, pan. 3117, obs. Th. Clay, 2008.

[561] PARIS. Corte de Apelação de Paris, 12 de fevereiro de 1993, Revue de l'arbitrage, p. 255, nota D. Hascher, 1993; PARIS. Corte de Apelação de Paris, 26 de março de 1991, Revue de l'arbitrage, p. 456, nota H. Gaudemet-Tallon, 1991, p. 456.

[562] POUDRET, J.-F. Expertise et droit d'être entendu dans l'arbitrage international. **Etudes de droit international en l'honneur de Pierre Lalive**, Bâle, 1993, p. 607.

[563] PARIS. Corte de Cassação, 1ª Câm. civ., 23 de junho de 2010, Revue de l'arbitrage, p. 499, nota C. Chinais, 2011, p. 499, nota C. Chinais.

Não se trata apenas de uma questão de equilíbrio ou de equidade, ou de uma alocação da expressão, mas de uma intensidade de expressão, de sua plenitude razoável.

Pensar o contraditório arbitral em termos de intensidade de expressão talvez ofereça a chave de uma série de questões a serem resolvidas pelo árbitro. Assim, por exemplo, podemos duvidar que um árbitro possa se opor à oralidade do procedimento solicitada por uma parte, porque as questões de idioma, de expressão oral, de tradução, de diálogo com as testemunhas e as partes, tão importantes no procedimento arbitral internacional, criam, a meu ver, um direito à oralidade para as partes[564]. Essa solução é retomada por alguns regulamentos de arbitragem, como o Regulamento da Câmara de Comércio Internacional, artigo 25(5), em sua versão de 1º de janeiro de 2021.

Além dessa observação, geralmente admitida, reside a exigência, mais discutida, de uma plenitude razoável de expressão à qual as partes podem, a meu ver, legitimamente aspirar, isso porque elas escolheram a arbitragem. Mas essa plenitude se traduz – sobre esse sujeito da oralidade e sobre outros como a administração da prova, os memoriais ou as audiências – como uma tensão entre essa exigência e o poder do árbitro de conduzir o procedimento. Essa reflexão resulta da afirmação, que já encontramos em outras ocasiões, segundo a qual, não obstante as objeções devidas com a preocupação de assegurar a eficácia da arbitragem, elas têm um *final say* sobre as regras e a organização do procedimento[565].

Esse princípio dispositivo é também, sem dúvidas, constitutivo do procedimento arbitral, e ele lhe confere traços particulares. Esse é o segundo tema da nova visão dos direitos das partes.

O árbitro dispõe, sobre o litígio, de um poder de interpretação e de decisão. As partes dispõem do próprio litígio. O princípio dispositivo significa que as partes, que dispõem livremente sobre seus direitos, controlam também a matéria litigiosa que submetem, sem entregá-la, ao

[564] PARIS. Corte de Apelação de Paris, 19 de janeiro de 1990, **Revue de l'arbitrage**, 1991, p. 125; LÉVI, L. Oralité et contradiction em procédure écrite, JCP, II, p. 3459, 1990; KESSEDJIAN, C. Principe de la contradiction et arbitrage, **Revue de l'arbitrage**, 1995, p. 381.

[565] Em sentido contrário, o rico estudo KAUFMANN-KOHLER, G. Qui controle l'arbitrage? Autonomie des parties, pouvoirs des arbitres et príncipe d'efficacité. Liber amicorum Claude Reymond, 2004, p. 153.

juiz ou ao árbitro. Essa submissão não é uma *transmissão* do litígio porque as partes conservam ao longo da instância o controle de sua definição e de sua consistência, e esse domínio é intenso na arbitragem pois "o árbitro não saberia, ele mesmo, adicionar aos fatos 'em debate' os elementos factuais que a ele serão sugeridos por terceiros ao processo. Sua ação está sujeita à matéria litigiosa definida pelas partes"[566]. Sob esse ponto de vista, o princípio dispositivo, uma das formas de autonomia das partes, é um princípio do procedimento arbitral, e ele suscita problemas particulares em matéria internacional, na qual o árbitro deve determinar um direito aplicável e, por vezes, para resolver uma matéria complexa, suscitar de ofício argumentos de fato e de direito. Como conciliar esse exercício com o princípio dispositivo? Como não arriscar, na presença de partes de nacionalidades diversas e de uma matéria transacional, violar o dever de imparcialidade ou o princípio do contraditório? Essas são as interessantes questões trazidas pela jurisprudência, a respeito das quais C. Chainais consagrou estudos profundos[567].

Conclusões

Para concluir, pode ser importante, no futuro, restaurar a dignidade do papel dos árbitros e das expectativas das partes, desfazendo a imagem da arbitragem como um tipo de instrumento tecnológico de resolução de disputas.

Não seria inútil também rememorar alguns árbitros sobre seus deveres, sem frustrar as partes, mas manter a mente aberta, sem quaisquer ideias pré-concebidas de diversas tradições legais, idiomas das partes e estilo de seus advogados. Todos nós devemos muito ao que não somos.

Relevante também lembrar que as partes têm a palavra final na condução dos procedimentos, o que não é inconsistente com os poderes dos árbitros que, não obstante, não podem ultrapassar os desejos das partes.

Por fim, a instituição arbitral deve permanecer viva, permitindo o comparecimento físico, as declarações das partes e as testemunhas. Ela é um instituto, essencialmente, de alta costura.

[566] Chainais, C. L'arbitre, le droit et la contradicion: l'office du juge arbitral à la recherche de son point d'équilibre. **Revue de l'arbitrage**, 2010, p. 3.

[567] Chainais, C. L'arbitre, le droit et la contradicion: l'office du juge arbitral à la recherche de son point d'équilibre. **Revue de l'arbitrage**, 2010, p. 3.

Referências

BOISSÉSON, M. de. *Post-scriptum* critique sur les principes de la procédure arbitrale en droit français, Revue de l'arbitrage, 2018.

CHAINAIS, C. L'arbitre, le droit et la contradicion: l'office du juge arbitral à la recherche de son point d'équilibre. Revue de l'arbitrage, 2010.

DERAINS, Y. L'administration de la preuve dans la pratique arbitrale. Revue de L'Arbitrage, 2004.

DERAINS, Yves; SCHWARTZ, Eric. **Guide to the New ICC Rules of Arbitration**. Kluwer, 1998.

EUA. United States District Court, District of Columbia, 29 de maio de 1992, Yearbook, 1993.

ICC. **ICC arbitration commission report on techniques for controlling time and costs in arbitration techniques for controlling time and costs in arbitration**. Disponível em: https://iccwbo.org/publication/icc-arbitration-commission-report-on-techniques-for-controlling-time-and-costs-in-arbitration/. Acesso em: 08 set. 2021.

KAUFMANN-KOHLER, G.; RIGOZZI, A. Arbitrage International, Schultess, n. 832, 2006.

KAUFMANN-KOHLER, G. Qui controle l'arbitrage? Autonomie des parties, pouvoirs des arbitres et príncipe d'efficacité. **Liber amicorum Claude Reymond**, 2004.

KESSEDJIAN, C. Principe de la contradiction et arbitrage. Revue de l'arbitrage. 1995.

LÉVI, L. Oralité et contradiction em procédure écrite, JCP, II, 3459, 1990.

MERKIN, Robert. **Arbitration Act 1996, an annotated guide**. Published by LLP Limited, London, New York and Hong Kong (1996, xxvi 215 pp. incl Contents, Preface, Table of Cases, Table of Legislation, Schedules, Appendices and Index). Soft cover, 1996.

NEW YORK. Southern District of New York, 19 de janeiro de 1993, Yearbook, 1994.

PARIS. Corte de Apelação de Paris, 15 de junho de 2000, Revue de l'arbitrage, 2001.

PARIS. Corte de Apelação de Paris, 20 de abril de 2000, Revue de l'arbitrage, 2001.

PARIS. Corte de Apelação, 1ª Câm. Civ., 19 de maio de 1998, Revue de l'arbitrage, 1999.

PARIS. Corte de Apelação. 28 de abril de 1988, Revue de l'arbitrage, 1989.

PARIS. Corte de Apelação de Paris, 13 de setembro de 2007, Revue de l'arbitrage, p. 313, nota F.-X. Train, 2008.

PARIS. Corte de Cassação, 1ª Câm. Civ., 5 de março de 2008, JCP, I, p. 164, obs. J. Ortscheidt; Dalloz, pan. 3117, obs. Th. Clay, 2008.

PARIS. Corte de Apelação de Paris, 12 de fevereiro de 1993, Revue de l'arbitrage, p. 255, nota D. Hascher, 1993.

PARIS. Corte de Apelação de Paris, 26 de março de 1991, Revue de l'arbitrage, p. 456, nota H. Gaudemet-Tallon, 1991.

PARIS. Corte de Apelação de Paris, 16 de janeiro de 2003, Revue de l'arbitrage, p. 369, nota L. Jaeger, 2004.

PARIS. Corte de Cassação, 1ª Câm. civ., 23 de junho de 2010, Revue de l'arbitrage, p. 499, nota C. Chinais, 2011.

PARIS. Corte de Apelação de Paris, 19 de janeiro de 1990, Revue de l'arbitrage, 1991.

PAULSSON, J. The timely arbitrator: reflections on the Böckstiegel Method. Arbitration International 22, n. 1, p. 21, 2006.

PINSOLLE, P. ; KREINDLER, R. Les limites du rôle de la volonté des parties dans la conduite de l'instance arbitrale, Revue de L'Arbitrage, n. 1, p. 41-63, 2003.

POUDRET, J.-F. Expertise et droit d'être entendu dans l'arbitrage international. **Etudes de droit international en l'honneur de Pierre Lalive**, Bâle, 1993.

THE ARBITRATION AND CONCILIATION ACT, 1996. Arrangement of Sections Arbitration Act 1996, Section 34(2). Disponível em: https://legislative.gov.in/sites/default/files/A1996-26.pdf. Acesso em: 08 set. 2021.

XVIth ICCA Congress, London, May 2002.

5. O EXERCÍCIO DA FUNÇÃO DE ÁRBITRO E A PRODUÇÃO DE PROVA TÉCNICA

Thiago Marinho Nunes

Introdução

Passados 25 (vinte e cinco) anos da promulgação da Lei n. 9.307/1996 ("Lei de Arbitragem") é possível afirmar, seguramente, que o Brasil é um *case* de sucesso da arbitragem. O aperfeiçoamento da prática arbitral brasileira vem se consolidando há algum tempo e se expandido por todas as regiões do Brasil. Esse sucesso se deve não só ao legislador (que apresentou um projeto de lei moderno e baseado em diplomas de importância significativa, como a Lei Espanhola de Arbitragem[568] e a Lei Modelo da UNCITRAL[569]), e que evoluiu ao longo tempo, alinhando-se à tendência jurisprudencial a respeito de importantes temas (*e.g.* regulamentação da arbitragem envolvendo a administração pública, a permissão do uso de medidas cautelares pré-arbitrais perante o Poder Judiciário, *inter alia*[570]), mas também, à comunidade arbitral como um

[568] Espanha. **Ley 60/2003, de 23 de diciembre**, de Arbitraje. Legislación consolidada. Disponível em: https://www.boe.es/buscar/pdf/2003/BOE-A-2003-23646-consolidado.pdf. Acesso em 20 abr. 2021.

[569] A Lei Modelo da UNCITRAL sobre Arbitragem Comercial Internacional é uma lei modelo preparada pela UNCITRAL e adotada pela Comissão das Nações Unidas sobre Direito Comercial Internacional em 21 de junho de 1985 e revista em 2006. Disponível em: https://uncitral.un.org/sites/uncitral.un.org/files/media-documents/uncitral/en/19-09955_e_ebook.pdf. Acesso em 20 abr. 2021.

[570] Modificações trazidas pela Lei n. 13.129/2015. A esse respeito, menciona-se a recente obra editada pelo Migalhas: Ferreira, Olavo A. Alves; Lucon, Paulo Henrique dos Santos.

todo, como advogados, *in-house counsels* e árbitros atuantes nessa seara que compreenderam o "espírito" da arbitragem e suas peculiaridades. Prova disso é o baixo índice de anulação de sentenças arbitrais pelo Poder Judiciário, além da maciça jurisprudência pró-arbitragem desenvolvida no âmbito dos tribunais superiores, em especial a emanada do Superior Tribunal de Justiça ("STJ")[571].

Outro motivo para o sucesso da arbitragem é o trabalho realizado pelos árbitros. A arbitragem, como se sabe, "vale o que vale o árbitro"[572], pois é dele a responsabilidade por entregar a prestação jurisdicional. É dele a obrigação, de resultado, de proferir uma sentença exequível e, ao fim e ao cabo, entregar a tutela jurisdicional. Trata-se, na visão de Bruno Guandalini, de uma regra universal[573].

Arbitragem: 5 anos da Lei n. 13.129, de 26 de maio de 2015. Disponível em: https://www.migalhasbooks.com/product-page/ebook-arbitragem-5-anos-da-lei-n%C2%BA-13-129-de-26-de-maio-de-2015. Acesso em: 03 jun. 2021.

[571] Dados que podem ser aferidos em pesquisa realizadas pelo Comitê Brasileiro de Arbitragem ("CBAr") em conjunto com a Associação Brasileira dos Estudantes de Arbitragem ("ABEArb"). Disponível em: http://cbar.org.br/site/pesquisa-cbar-abearb-2016/. Acesso em: 20 abr. 2021.

[572] Segundo Selma Ferreira Lemes: "Discorrer sobre o papel do árbitro no procedimento arbitral impõe, inicialmente, refletir sobre um adágio mundialmente conhecido: *"a arbitragem vale o que vale o árbitro"*, fato incontroverso. E mais, saliento: "o árbitro representa a chave da abóbada da arbitragem e ao seu redor gravitam todos os temas e conceitos afeitos à arbitragem". Lemes, Selma Ferreira. **O papel do árbitro**. Disponível em: http://selmalemes.adv.br/artigos/artigo_juri11.pdf. Acesso em 20 abr. 2021.

[573] Segundo Bruno Guandalini: *"The arbitration is as good as the arbitrator's function. No other words could occupy the first lines of this book. The adage "an arbitration is as good as the arbitrator," even though of unknown origin, is nevertheless a universal rule. It ensures that the link between the arbitration and the arbitrator is solid and glorious. Indeed, the arbitrator is the central character in the arbitration and, in a certain way, is the arbitration (...). The arbitrator is the natural person, not moral, who is entrusted by the parties to exercise the function. She acts as a judge and has to be trusted by the parties. But the arbitration is not only the arbitrator. The arbitration's ultimate goal is the settlement of the dispute through an enforceable award. And this product is a consequence of the arbitrator's function, without whom there is no award. The quality of the arbitrator herself does not matter; the quality of the function effectively exercised does. Consequently, this book proposes that the famous adage should be rewritten, because the arbitration will only be as good as the function actually performed by the arbitrator. And for this performance both the contractual and jurisdictional natures of the arbitrator's function matter"*. Guandalini, Bruno. Economic analysis of the arbitrator's function. **International Arbitration Law Library**, v. 55, Kluwer Law International, 2020, p. 1-8.

Visando um trabalho profícuo dos árbitros, diversos elementos são imprescindíveis: a par dos cruciais elementos da independência e imparcialidade, o árbitro deve ser, nos termos da lei, competente, diligente e discreto[574]. Necessita também ter disponibilidade, ser eficiente, saber trabalhar em harmonia com os demais membros do tribunal arbitral, ter coragem para decidir[575] e, acima de tudo, ser ético[576].

Para que a missão jurisdicional do árbitro se efetive com sucesso, o que se dá mediante a entrega de uma sentença exequível (ou capaz de ser cumprida), em determinados casos, a prova a ser produzida pelas partes pode ser crucial. Seja por meio de um documento, de uma testemunha, seja ela fática ou técnica, seja por uma perícia, a prova exerce papel preponderante na missão do árbitro.

No estudo ora apresentado, cuidar-se-á do exercício da função de árbitro *vis-à-vis* a prova técnica, a qual pode ser exercida por diversos meios na arbitragem. Se de um lado, a tradição do processo demonstra que a prova pericial exercida por perito do tribunal arbitral no âmbito de uma arbitragem pode ter a sua utilidade, mas contém peculiaridades na relação entre árbitros e *experts* se comparado ao processo estatal (1), a evolução do estudo e da prática da arbitragem, por outro lado, caminha

[574] Brasil. Lei n. 9. 307, de 23 de setembro de 1996. Art. 13, § 6º. "No desempenho de sua função, o árbitro deverá proceder com imparcialidade, independência, competência, diligência e discrição".

[575] Sobre o tema ver: Lalive, Pierre. **Du courage dans l'arbitrage internacional**. Mélanges en l'honneur de François Knoepller. Collection Neuchateloise. Helbing & Lichtenhahn, Bâle, 2005, p. 157-160. Disponível em: https://cdn.arbitration-icca.org/s3fs-public/document/media_document/media012320439069540du-courage_melanges_knoepfler_2005.pdf. Acesso em: 20 abr. 2021.

[576] A ética na arbitragem é lançada com propriedade por Catherine A. Rogers, sobretudo no campo internacional, em que, segundo a autora, a necessidade de uma "autorregulação" do sistema, fundada em normas claras e éticas, reforça a credibilidade à arbitragem. No original: *"While 'regulation' is a term that is generally resisted, self-regulation in international arbitration is a healthy way to preserve existing structures and strengthen the regime. The legitimacy of international arbitration is predicated in substantial part on the integrity and professional conduct of its founders and of its modern custodians – the arbitrators, counsel, experts and administrators od arbitral institutions who manage and decide the disputes. These participants build and sustain the legal frameworks and procedures on which the legitimacy of international arbitration is founded. Clearer ethical norms and a reliable enforcement regime are essential to that function and have evolved organically in international arbitration"*. Rogers Catherine A. **Ethics in international arbitration**. Oxford University Press, 2014, p. 272.

no sentido de dispensar o uso de um terceiro técnico para auxílio do tribunal arbitral, cabendo às próprias partes a demonstração de seu direito, por meio do uso de seus próprios peritos, o que em nada afetará o exercício da função jurisdicional do árbitro (2).

1. O exercício da função de árbitro e a elaboração da prova técnica com o auxílio de um terceiro: o perito do tribunal

Diversos são os estudos publicados nacional e internacionalmente dedicados à produção probatória no âmbito da arbitragem. Nesses estudos, procurou-se apresentar (com sucesso, aliás) os diversos meios probatórios comumente utilizados na arbitragem internacional e sua transposição para a prática interna, trazendo suas vantagens e desvantagens. Já no presente estudo, a abordagem se restringirá às relações entre o árbitro e os profissionais técnicos que atuam na arbitragem em seu auxílio. Após uma breve apresentação sobre a figura do perito num contexto geral do direito processual (1.1), discutir-se-á a sua atuação na seara arbitral na qualidade de braço técnico do julgador (1.2).

1.1. A figura do perito: o auxiliar da justiça

Inicialmente, é preciso tecer considerações acerca da figura do perito, e qual a sua função no sistema de justiça. A resposta imediata está disposta no art. 149 do Código de Processo Civil ("CPC"):

> São auxiliares da Justiça, além de outros cujas atribuições sejam determinadas pelas normas de organização judiciária, o escrivão, o chefe de secretaria, o oficial de justiça, o perito, o depositário, o administrador, o intérprete, o tradutor, o mediador, o conciliador judicial, o partidor, o distribuidor, o contabilista e o regulador de avarias.

A referida disposição não deixa dúvidas: o perito é um auxiliar, não do juiz, do árbitro, mas da própria justiça. É dever de qualquer auxiliar da justiça, e no caso em exame, do perito, participar da movimentação do processo, seja ele judicial ou arbitral, de maneira a auxiliar o julgador na entrega da tutela jurisdicional[577]. A doutrina processual clássica confirma essa premissa. Celso Barbi, por exemplo, aduz:

[577] Nesse sentido, afirma Luis Fernando Guerrero: "Não houve alteração, contudo, ao caráter teleológico da função de "auxiliares da justiça". Sob o regime do CPC/1973 ou do

A análise levada a efeito pelos modernos processualistas mostrou que o perito é um auxiliar do juiz, para colaborar no exame de coisas ou pessoas, quando faltarem a estes conhecimentos técnicos para isso. A rigor, teoricamente falando, deveria o próprio juiz fazer esse exame; mas as circunstâncias já indicadas o levam a recorrer ao auxílio de pessoa mais entendida no assunto, a qual relatará o que viu e apresentará suas conclusões ao magistrado[578].

No mesmo sentido, é a lição de Moacyr Amaral Santos:

É o perito uma pessoa que, pelas qualidades especiais que possui, geralmente de natureza científica ou artística, supre as insuficiências do juiz no que tange à verificação ou apreciação daqueles fatos da causa que para tal exijam conhecimentos especiais ou técnicos. Suprindo deficiências do juiz, não o substitui, porém, nas suas atividades; apenas auxilia, isto é, colabora na formação do material probatório, quer recolhendo percepções dos fatos, quer emitindo pareceres, transmitindo umas e outros ao juiz para que ele, após o trabalho crítico devido, forme convicção quanto aos mesmos fatos[579].

A partir das clássicas lições acima transcritas, é possível concluir que o perito exerce função não adjudicatória, mas de cooperação, auxílio ao julgador, de maneira que este último, a quem cabe a *juridictio*, isto é, dizer o direito, possa se pronunciar sobre o caso. O perito, em sua essência, é o técnico, ou especialista que manifesta a sua opinião quando solicitado pelo julgador, de modo a esclarecer questões que auxiliem o jul-

CPC/2015, o fato é que todos esses profissionais têm como função principal participarem da movimentação do processo de algum modo e auxiliarem o magistrado nessa condução e, ao final, permitir que essa confira a prestação jurisdicional. Tradicionalmente, os "auxiliares da justiça" não são mencionados como sujeitos do processo (tríade entre autor, juiz e réu), mas indubitavelmente permitem que o juiz participe de diversas relações processuais ao mesmo tempo e, ainda, conferindo a prestação jurisdicional [...]. (Cruz e Tucci, José Rogério. *et al.* (coord.) Conceito de auxiliar de justiça. Código de processo civil anotado. São Paulo: Associação dos Advogados de São Paulo; OAB Paraná, 2019, p. 271-274.

578 Barbi, Celso Agrícola. **Comentários ao Código de Processo Civil**. Rio de Janeiro: Forense, 1998, p. 599.

579 Santos, Moacyr Amaral. Primeiras linhas de direito processual civil. 17. ed. São Paulo: Saraiva, 1996, p. 474.

gador na formação de seu convencimento[580]. Entende-se que o julgador, seja ele juiz ou árbitro, não tem obrigação de conhecer, por exemplo, questões técnicas acerca de medicina, engenharia, economia, contabilidade, *inter alia*. Se há, por exemplo, uma demanda que discute erro médico, é imperioso que o julgador se valha de laudo elaborado por profissional da área de medicina que possa atestar, tecnicamente, o que ocorreu com a vítima do suposto erro médico, cabendo, ao fim e ao cabo, ao julgador proclamar a existência ou não de erro médico. Tal premissa vale para qualquer aspecto técnico que esteja em discussão numa causa. No entanto, importante frisar que o perito é figura que deve ter a confiança do julgador[581], não estando subordinado a qualquer esquema fixo de determinado tribunal.

Em resumo, vale-se aqui da definição da figura do perito, feita com precisão por Luis Fernando Guerrero:

> Perito é o profissional cuja função é fornecer conhecimento ao magistrado acerca de questões técnicas e específicas. É muito comum sua atuação em processos que demandem conhecimento profundo nas áreas de Contabilidade, Economia, Engenharia, Medicina, por exemplo. Além de uma análise do caso, geralmente elabora um laudo técnico com o escopo de esclarecer ou elucidar uma determinada questão específica ao magistrado. Não pertence ao esquema fixo do Tribunal e é indicado por ter a confiança do magistrado[582].

O fim pretendido com a atuação do perito no âmbito de qualquer processo, seja ele judicial ou arbitral é o de contribuir com a prova. Não cabe ao perito julgar. A atividade do perito é no sentido de colaborar,

[580] Tal posição é confirmada pela jurisprudência do Superior Tribunal de Justiça. A esse respeito, ver: Brasil. Superior Tribunal de Justiça, 4ª Turma, REsp n. 213799/SP, Rel. Min. Sálvio de Figueiredo Teixeira, unânime, j. 24-6-2003, DJ 29-9-2003, p. 253; **Revista dos Tribunais**, v. 820, p. 188.

[581] Preferencialmente, para o exercício das funções de perito judicial, o profissional deverá estar registrado no Conselho de Classe de sua jurisdição e estar em dia com as obrigações relativas ao respectivo órgão de classe (CREA, CRBM, CRA, CRC, CRM), dentre outros.

[582] Guerrero, Luís Fernando. **Conceito de auxiliar de justiça**. *In*: Cruz e Tucci, José Rogério *et al.* (coord.) Código de Processo Civil anotado. São Paulo: Associação dos Advogados de São Paulo; OAB Paraná, 2019, p. 271-274.

com a sua *percepção técnica*[583] de fatos discutidos em determinado caso ou que auxilie o juízo na compreensão e na avaliação de fatos sob um viés técnico, produzindo o competente laudo pericial. Na visão de Fredie Didier Jr., o perito substitui o juiz na percepção e análise das fontes da prova, contribuindo, na verdadeira condição de auxiliar da justiça, para a investigação dos fatos, restando, ademais, impossível, a acumulação das funções de juiz e perito, ainda que o primeiro detivesse algum conhecimento técnico a respeito da matéria. Assim entende o ilustre professor baiano, invocando as lições de Cândido Rangel Dinamarco:

> Resta, então, responder à seguinte pergunta: dispondo o magistrado de conhecimentos técnicos (por exemplo, além de bacharel em direito, o magistrado é médico), poderia ele dispensar a realização da perícia, aplicando o seu próprio saber técnico para a formação de seu convencimento?
>
> Não. Do contrário, o juiz acumularia a função de perito, impossibilitando a adoção do correspondente procedimento probatório e amputando às partes a oportunidade de participar dele da forma que a lei lhe assegura. Tanto quanto o juiz-testemunha, o juiz-perito é recusado pelo sistema. Ademais: a) nem sempre o juiz que preside a produção da prova será aquele que sentenciará e b) a instância recursal é composta necessariamente por outros magistrados, distintos daquele que proferiu a sentença[584].

Em suma: se a prova do fato depender de conhecimento especial de técnico, deve o juízo determinar a realização de prova pericial[585], a ser produzida por *expert* na matéria que o auxiliará na avaliação técnica dos fatos. A convicção para decidir a lide caberá apenas ao julgador, a quem compete examinar e valorar o resultado da perícia e considerá-lo no seu julgamento, podendo até mesmo, em alguns casos, concluir o julgador

[583] Nesse sentido: Didier Junior, Fredie; Braga, Paula Sarno; Oliveira, Rafael Alexandria de. **Curso de direito processual civil**. v. 2: teoria da prova, direito probatório, decisão, precedente, coisa julgada e tutela provisória. 11. ed. Salvador: Juspodivm, 2016, p. 266.

[584] Didier Júnior, Fredie; Braga, Paula Sarno; Oliveira, Rafael Alexandria de. **Curso de direito processual Civil**. v. 2: teoria da prova, direito probatório, decisão, precedente, coisa julgada e tutela provisória. 11. ed. Salvador: Juspodivm, 2016, p. 267.

[585] Brasil. Código de Processo Civil. Arts. 464 a 480.

que a perícia realizada foi imprestável e determinar a realização de nova prova técnica[586].

Em breves linhas, são essas as considerações acerca da figura do profissional intitulado "perito", o que pode ser transposto para o processo de forma geral, seja o estatal ou o arbitral. Em ambas as searas, o perito permanece sendo um auxiliar, muito mais do que do próprio magistrado, mas da justiça, como preconiza o título do capítulo III do CPC/2015.

Considerando que processo estatal e o processo arbitral exercem suas funções de forma estruturalmente semelhante[587], coordenada[588], cooperativa, porém, dissociada, o chamado sistema arbitral[589] contempla uma análise específica de como se dá o exercício da função de árbitro *vis-à-vis* a necessidade de obtenção de prova técnica, por meio de um

[586] Segundo Fredie Didier Jr., "Se não concordar com as conclusões da perícia ou entender que o trabalho realizado foi muito raso ou de duvidosa credibilidade, poderá o magistrado determinar outra perícia, chamada de segunda perícia.". Didier Júnior, Fredie; Braga, Paula Sarno; Oliveira, Rafael Alexandria de. **Curso de direito processual Civil**. v. 2: teoria da prova, direito probatório, decisão, precedente, coisa julgada e tutela provisória. 11. ed. Salvador: Juspodivm, 2016, p. 267.

[587] A arbitragem possui um sistema estrutural semelhante ao do processo civil, com a diferença de que quem julgará o litígio serão árbitros indicados pelas partes, imparciais e independentes, assim como o juiz estatal. Processo civil e arbitragem constituem, assim, "instrumentos heterônimos de solução de conflitos", na visão de Donaldo Armelin: "[...] apresenta, no seu conjunto, estrutura semelhante a do processo civil, até porque ambos são instrumentos heterônimos de solução de conflitos, nos quais emerge a existência de terceiro desinteressado ao qual se atribui autoridade suficiente para o deslinde do litígio". Armelin, Donaldo. Prescrição e arbitragem. **Revista de Arbitragem e Mediação**, n. 15, out.-dez. 2007. São Paulo: RT, 2007, p. 69.

[588] Conforme risado por Carlos Alberto Carmona, trata-se de uma relação (entre o Poder Judiciário e a arbitragem) vista sob o prisma cooperativo (ou de "coordenação") e jamais de supremacia ou hierarquia (ou "subordinação"). Carmona. Carlos Alberto. Das boas relações entre os juízes e os árbitros, **Revista do Advogado**, São Paulo, AASP, n. 51, p. 17-24, out. 1997.

[589] A esse respeito, avalia Eduardo de Albuquerque Parente: "Esse modelo típico do processo arbitral é decorrente de seu universo interno, produzido por ele mesmo, em função dos princípios que o regem e o informam, contexto totalmente diverso do paradigma estatal. Na medida em que seus instrumentos são produzidos pelo próprio sistema arbitral, ele é autorreferente, e, por isso, autônomo. Principalmente em relação ao sistema do processo estatal". Parente, Eduardo de Albuquerque. **Processo arbitral e sistema**. São Paulo: Atlas, 2010, p. 57.

auxiliar do tribunal além do funcionamento das interações que devem ocorrer entre árbitro e perito. É o que será analisado no ponto seguinte.

1.2. O árbitro, o perito e a prova pericial

A arbitragem comercial é conhecida por ser um método de resolução de conflitos específico e complexo. Pelo fato de o poder estatal não dispor de estrutura suficiente a processar uma demanda arbitral complexa, de realização probatória profunda e custosa, as partes (normalmente o empresariado), optam por resolver seus litígios numa esfera privada, privativa, cativa e totalmente dissociada do Poder Judiciário. Não se está aqui fazendo uma crítica ao julgador estatal, mas ao sistema estatal[590], o qual não tem capacidade estrutural para processar uma demanda, por exemplo, que tenha por objeto verificar alegados defeitos em grandes projetos de infraestrutura, e, ao fim e ao cabo, decidir sobre ocorrência ou não de desequilíbrio econômico-financeiro em determinada relação contratual complexa.

Pelo fato de a arbitragem comercial contemplar uma enorme gama de casos envolvendo aspectos técnicos relevantes – além do exemplo anterior, típicos das arbitragens de construção[591], citam-se os casos

[590] Segundo Carlos Alberto Carmona, "em apertada síntese, o árbitro pode valer-se de mecanismos desconhecidos (porque o Código de Processo Civil não contempla), pouco conhecidos ou inacessíveis (porque a estrutura do Poder Judiciário tem conhecida deficiência econômica) ao juiz togado, de modo que o julgamento tenderá a ser de melhor qualidade". CARMONA Carlos Alberto. O processo arbitral, **Revista de Arbitragem e Mediação**, São Paulo, RT, v. 1, n. 1, p. 21-31, jan.-abr. 2004.

[591] As arbitragens de construção podem englobar, desde litígios simples, como a reparação de defeitos de obra em eventual casa ou apartamento, até litígios decorrentes de obras complexas, como a construção de usinas termoelétricas, hidrelétricas, parques eólicos, entre outras. Nos casos mais complexos, o número de pleitos numa arbitragem pode ser extenso: reparação financeira decorrente de atrasos em obras, de alteração de escopo, erros de projeto, erros de orçamento, pagamentos de medições de obra em atraso, demandas de reequilíbrio econômico-financeiro do contrato, pretensões cujo valor pode ser de natureza líquida ou ilíquida, *inter alia*, estão entre os pleitos que podem surgir numa única arbitragem de construção. Isso sem contar as pretensões que tenham origem em contratos cuja tipologia seja específica, como é o caso do EPC (*Engineering, Procurement and Construction*), usual negócio jurídico firmado no âmbito do direito da construção. Sobre a complexidade das arbitragens de construção, ver: PECORARO, Eduardo. Arbitragem nos contratos de construção. *In*: SILVA, Leonardo Toledo da (coord.) **Direito e infraestrutura**. São Paulo: Saraiva, 2011, p. 231-255.

envolvendo dissolução de sociedades, que normalmente necessitam de prova técnica para apurar haveres, discussões em casos de separação empresarial, em que há necessidade de avaliação econômica das empresas, os chamados casos "pós M&A", em que surgem discussões de ajuste de preço, entre tantos outros.

Diversamente do processo estatal, em que os julgadores são designados por sorteio eletrônico[592], na arbitragem prevalece a ampla autonomia negocial das partes, que escolhem, livremente, quem julgará a sua controvérsia. Tão importante quanto o caráter flexível da arbitragem é a possibilidade da efetiva escolha do julgador do processo arbitral: o árbitro. De forma diametralmente oposta ao processo estatal, e contrariamente ao princípio processual do juiz natural, o julgador do processo arbitral é escolhido por meio de convenção entre as partes envolvidas, que deverão selecionar um número de árbitros necessariamente ímpar, de forma a compor o tribunal arbitral, conforme estabelecido nos arts. 13 e seguintes da Lei de Arbitragem[593].

Ainda que os árbitros escolhidos pelas partes possam deter profundo conhecimento técnico sobre o objeto da lide, e possam julgar a lide diretamente conforme a sua convicção, inclusive técnica sobre o assunto, em certos casos (e talvez na maioria deles) é solicitada ao tribunal arbitral a realização de prova técnica, a qual pode se dar por meio de perito de escolha e confiança do tribunal arbitral, a depender da efetiva vontade das partes.

O uso da prova técnica na arbitragem, seja ela por perito do tribunal ou por técnicos indicados pelas próprias partes (o que será analisado no capítulo seguinte), é dado como relevantíssimo no âmbito do processo, em geral, conforme destacado por Octavio Fragata Martins de Barros:

> A demonstrar a relevância da prova pericial na arbitragem está a citação simples e certeira de uma juíza da Corte de Apelações da Inglaterra, Elizabeth Butler-Sloss: *Without them, we could not do our jobs.* Enquanto essa assertiva demonstra a importância da prova pericial, denota também a fre-

[592] BRASIL. Código de Processo Civil. "Art. 930. Far-se-á a distribuição de acordo com o regimento interno do tribunal, observando-se a alternatividade, o sorteio eletrônico e a publicidade".

[593] BRASIL. Lei n. 9.307, de 23 de setembro de 1996. Lei de Arbitragem. "Art. 13. Pode ser árbitro qualquer pessoa capaz e que tenha a confiança das partes".

quência com que ela vem sendo usada. A tendência de se balizar a produção probatória sobre um perito (seja ele de que natureza for) levou um engenheiro a proferir a seguinte frase, que, embora não contradiga a anterior, a satiriza: *Lawyer's prefer expert's opinion over common sense*[594].

De fato, o uso da perícia técnica pelo tribunal arbitral é de crucial importância, dado que, conforme afirma Octavio Fragata Martins de Barros,

> A grande força da prova pericial é a apresentação de uma questão técnica de maneira a que se faça entender pelo tribunal arbitral. Sua credibilidade resta justamente na imparcialidade do perito que, por ser técnico, deve, em tese, manter-se distante das agruras da lide. Daí, por exemplo, a adoção, na maioria das leis nacionais, do perito nomeado pelo juiz[595].

Com efeito, da mesma forma que no processo judicial, o perito do tribunal arbitral é igualmente um auxiliar da justiça. Representa um verdadeiro braço auxiliar do julgador, dando-lhe subsídios técnicos dos quais o tribunal não disponha, de maneira que esse último possa formar o seu convencimento sobre determinada questão. Deve ser independente e imparcial. Ademais, cabe a esse profissional o dever de revelação, que normalmente compete ao árbitro. Uma vez que um laudo técnico elaborado por perito de confiança dos árbitros possa causar influência na convicção do árbitro, deve o perito, quando nomeado, revelar[596] toda e

[594] Barros, Octávio Fragata Martins de. **Como julgam os árbitros**: uma leitura do processo decisório arbitral. São Paulo: Marcial Pons, 2017, p. 169.

[595] Barros, Octávio Fragata Martins de. **Como julgam os árbitros**: uma leitura do processo decisório arbitral. São Paulo: Marcial Pons, 2017, p. 170.

[596] A importância da atuação do perito de confiança do Tribunal Arbitral faz com que o dever de revelação ao qual está sujeito o árbitro, seja transposto, também, ao perito. A lição de Carlos Eduardo Stefen Elias, a seguir transcrita, é perfeitamente aplicável aos profissionais que atuam como peritos de tribunais arbitrais: "Tema fortemente ligado à imparcialidade é o dever de revelação, por parte do árbitro, de todos os eventos, circunstâncias, fatos e ligações que possam dar ensejo à aparência de parcialidade. De posse dessas informações previamente à aceitação do encargo pelo árbitro prospectivo, as partes terão condições de avaliá-las, assim coibindo que figure como árbitro profissional que ostente aparência de parcialidade [...] O presente estudo defende que a imparcialidade do árbitro deriva do próprio modelo processual democrático. É um dever que nasce em razão do processo e para o processo, assumido a partir do momento em que o profissional é alçado à função de

qualquer situação que possa denotar dúvida sobre sua imparcialidade ou independência[597].

A perícia, no âmbito arbitral, toma um relevo um pouco distinto da perícia travada no âmbito judicial. Enquanto no Poder Judiciário, a maioria dos casos em que há a realização de perícia, o são feitos de forma bastante simplificada, às vezes até excessivamente objetiva[598], certamente em razão da ideia de celeridade imposta pelo novo diploma processual editado em 2015[599], na arbitragem, o *modus operandi* da realização da prova pericial é mais específico, detalhado e abrangente do que o realizado no âmbito do processo judicial. A começar pela escolha do perito do tribunal arbitral.

Por mais que as partes acordem que, em caso de realização de prova técnica, esta será realizada por perito de confiança do tribunal arbitral, a nomeação do profissional técnico pode passar por um processo bastante diferente do ocorrido no âmbito judicial. Nesse sentido, nada impede que o tribunal apresente uma lista, por exemplo, de seis possíveis profissionais a atuarem na qualidade de perito do tribunal e solicite que as partes apresentem vetos de até dois profissionais, em prazo simultâneo.

julgador e mantido até o encerramento do procedimento". ELIAS, Carlos Eduardo Stefen. **Imparcialidade dos árbitros**. Tese (Doutorado em Direito). Universidade de São Paulo (USP), São Paulo, 2014, p. 191-193.

[597] Como exemplo, conferir a previsão contida no art. 8.5 do Regulamento de Arbitragem da CAMARB: "Em relação ao perito, aplicar-se-á o disposto nos itens 4.10, 4.11 e 5.1 deste Regulamento, cabendo ao Tribunal Arbitral decidir sobre eventual impugnação ao perito. Sobre o assunto, é digno de nota o estudo de Cristina M. Wagner Mastrobuono. MASTROBUONO, Cristina M. Wagner. Pesquisa: regras de imparcialidade e independência na produção de provas em arbitragens. **Revista Brasileira de Arbitragem**, n. 67, jul.-set. 2020, p. 32-77.

[598] As regras relativas à realização da prova pericial estão rigorosamente ditadas nos arts. 464 a 480 do CPC/2015.

[599] Conforme consta da exposição de motivos do CPC/2015: "Levou-se em conta o princípio da razoável duração do processo. Afinal a ausência de celeridade, sob certo ângulo, é ausência de justiça. A simplificação do sistema recursal, de que trataremos separadamente, leva a um processo mais ágil". Até mesmo a própria página eletrônica do Senado Federal explica: "Esta edição contém o texto da Lei n. 13.105/2015, que instituiu o novo Código de Processo Civil. Em vigor a partir de 16 de março de 2016, ele se caracteriza pelos avanços relativos à celeridade processual, à supressão de recursos meramente protelatórios e à uniformização jurisprudencial". Disponível em: https://www2.senado.leg.br/bdsf/bitstream/handle/id/512422/001041135.pdf. Acesso em: 24 abr. 2021.

Ao final, cabe ao tribunal optar pelos nomes remanescentes. Em outros casos, pode o tribunal arbitral determinar que as próprias partes, em conjunto, apresentem os nomes, considerando determinada referência a uma lista de profissionais (como o que ocorre na *ICC Expert Rules*[600], criada em 2015). Até mesmo o tão comentado Protocolo Sachs[601] constitui método inovador de definição do perito do tribunal arbitral, em que há a intensa participação das partes na escolha e na definição desses profissionais que auxiliarão o tribunal arbitral na busca da verdade e na prestação da tutela jurisdicional.

Na arbitragem, portanto, a atividade do árbitro diante da produção de prova técnica, por meio de perito do tribunal arbitral é muito diferente do que ocorre no Poder Judiciário. E essa diferença se dá, justamente, em razão das especificidades dos litígios travados no âmbito arbitral, como os casos relacionados à área de construção, societária ou outra que reúna uma série de medidas e regras de maneira que a prova técnica seja realizada de forma eficiente e com custos razoáveis.

Dentre os pontos que merecem destaque nas relações entre o perito e o tribunal arbitral, é imperiosa a necessidade de que o perito e sua equipe possam sempre, durante as diligências, manter contato com o tribunal arbitral, informando-os do *status* dos trabalhos técnicos, dos eventuais percalços e divergências enfrentados, tudo com o intuito

[600] Segundo Cristina M. Wagner Mastrobuono: "A Corte de Arbitragem da Câmara Internacional de Comércio (ICC) criou, em 2015, a orientação denominada *ICC Expert Rules*. Trata-se de um serviço colocado à disposição do mercado, com as seguintes opções: 1) proposta de peritos e profissionais imparciais (*proposal of experts and neutrals*); 2) indicação de peritos e profissionais imparciais (*appointment of experts and neutrals*); e 3) administração de procedimentos periciais (*administration of experts proceedings*). Trata-se de um novo e interessante mecanismo ainda pouco conhecido pelos profissionais brasileiros, e cuja exposição merece um texto próprio, cabendo enfatizar nesse momento o reconhecimento, por parte de uma das mais importantes instituições arbitrais no cenário internacional, da necessidade de ser providenciado esse tipo de apoio às disputas". MASTROBUONO, Cristina M. Wagner. Pesquisa: regras de imparcialidade e independência na produção de provas em arbitragens. **Revista Brasileira de Arbitragem**, n. 67, jul.-set. 2020, p. 55.

[601] Segundo o Protocolo Sachs, cada parte apresenta uma lista de nomes de especialistas sobre a questão. O Tribunal Arbitral escolhe um de cada, formando uma dupla de peritos. SACHS, K.; SCHMIDT-AHRENDTS, N. Protocol on expert teaming: a new approach to expert evidence. *In*: **Arbitration advocacy in changing times**. ICCA Congress Series n. 15, p. 135-148, 2011, p. 147.

de preservar a higidez da prova técnica. Um primeiro exemplo se dá quando os advogados das partes tentam tumultuar a perícia, encaminhando questionamentos de cunho jurídico ou intimidando o perito durante os trabalhos técnicos. Em momentos como esse, é fundamental que o árbitro adote as medidas necessárias e convenientes para o correto desenvolvimento do procedimento, observados os princípios da ampla defesa, do contraditório e da igualdade de tratamento das partes. Recomenda-se sempre e, por meio de ordem processual, que o tribunal arbitral organize os trabalhos periciais e que se evite o contato entre o perito e os advogados das partes, preferindo-se a comunicação, apenas, entre os eventuais assistentes técnicos das partes e o perito.

Outro ponto relevante é o fato de o perito do tribunal arbitral poder se comunicar com o tribunal arbitral no curso dos trabalhos periciais, por meio de reuniões, teleconferências ou videoconferências. Com efeito, essas reuniões visam única e exclusivamente acompanhar o bom andamento da perícia e esclarecer dúvidas procedimentais, de cunho jurídico, do perito. Não representam, em absoluto, qualquer ato decisório, muito menos de pré-julgamento das questões técnicas que estão sendo objeto de apuração em determinada realização de prova técnica. Como frisado, tanto no âmbito estatal quanto na arbitragem, o perito funciona como um verdadeiro auxiliar da justiça, subsidiando o julgador com conhecimentos técnicos específicos em relação à determinada matéria.

As diligências adotadas de modo a levar a termo uma perícia, leva o perito do tribunal e sua equipe de suporte, naturalmente, a manter contato com os membros do tribunal arbitral, acerca do andamento dos trabalhos periciais, o que pode compreender, até mesmo, uma apresentação prévia aos árbitros de minuta do laudo a ser apresentado. Não há qualquer óbice legal que impeça esse tipo de comunicação, da mesma forma que não há óbice legal à comunicação dos advogados com juízes[602] e árbitros (evitando-se, nesse último caso, o contato *ex parte*, proibido em sede arbitral).

[602] BRASIL. Lei n. 8.906/1994. Estatuto da Advocacia e da Ordem dos Advogados do Brasil. "Art. 7º. São direitos do advogado: [...] VIII – dirigir-se diretamente aos magistrados nas salas e gabinetes de trabalho, independentemente de horário previamente marcado ou outra condição, observando-se a ordem de chegada".

Portanto, repita-se, não há qualquer óbice legal, tampouco de caráter ético, para que os árbitros acompanhem os trabalhos periciais e procurem sempre estar "na mesma página" do perito, compreendendo o passo a passo e as nuances da prova. Tudo isso serve para que o auxiliar da justiça (o perito), e o julgador (o árbitro), exerçam, de forma dialogada e coordenada, o seu múnus com excelência, e que a arbitragem possa ter o seu fim máximo alcançado: a entrega de uma sentença exequível.

O uso de perito do tribunal em arbitragens ainda é constante e defendido por autores de renome no meio arbitral[603]. No entanto, a prática atual demonstra que a prova técnica realizada por peritos nomeados pelas próprias partes é mais frequente e pode ter uma utilidade maior na arbitragem, o que, *inter alia*, será abordado no capítulo seguinte.

2. O exercício da função de árbitro e a elaboração da prova técnica sem o auxílio direto de um terceiro: o perito da parte

Como analisado na primeira parte deste estudo, a utilização de um perito do próprio tribunal arbitral constitui, até hoje, prática comum e até mesmo defendida por parte da doutrina, como forma de preservar a eficiência da arbitragem. No entanto, a eficiência da arbitragem pode ser igualmente preservada se o julgamento da demanda contar com o auxílio dos profissionais técnicos indicados pelas próprias partes. Se num primeiro momento os chamados assistentes técnicos podem, em conjunto com o perito, auxiliar o tribunal arbitral em sua decisão (2.1), por outro lado, as partes podem ter o direito (se instadas pelo tribunal arbitral a respeito) de indicar testemunhas técnicas para subsidiar seu

[603] Segundo Fabiane Verçosa: "Conforme se vê, porém, com base na experiência profissional, parece que a segunda modalidade de perícia (em que é nomeado um perito do tribunal) é a mais aconselhável. Ela pode até corresponder a um custo a mais, mas certamente valerá a pena. Até porque, com muita frequência, os experts apontados pelas partes defendem posições diametralmente opostas sobre a mesma questão técnica, o que dificulta imensamente o trabalho dos árbitros, que não têm condições de decidir a questão. Mais recentemente, aliás, temos feito constar em todos os Termos de Arbitragem que assinamos, uma previsão no sentido de que, 'caso seja realizada perícia técnica, necessariamente será nomeado um perito do tribunal arbitral'". Verçosa, Fabiane. A produção de provas. Curso de arbitragem. *In*: Levy, Daniel; Pereira, Guilherme Setoguti J. (coord.). **Curso de arbitragem**. São Paulo: RT, 2019, p. 247.

caso, prática comum em arbitragens internacionais e que vêm se desenvolvendo no âmbito nacional (2.2).

2.1. O árbitro e o assistente técnico das partes

Para falar sobre o exercício da função de árbitro e os assistentes técnicos das partes, é preciso situar o âmbito da prova técnica conduzida por perito do tribunal arbitral, como tratada no capítulo anterior, parte (1.2).

Isso porque, os chamados assistentes técnicos são chamados a atuar quando há perito do tribunal arbitral nomeado. Para colaborar com a realização da prova técnica, as partes podem se valer de assistentes técnicos, os quais, por força legal, são de confiança da parte que os indica e não estão sujeitos a impedimento ou suspeição[604]. Não havendo regra específica na Lei de Arbitragem sobre o assunto, ou nos regulamentos de arbitragem mais utilizados no Brasil, cabe ao Tribunal Arbitral organizar a metodologia pericial a ser aplicada e, em caso de realização de perícia, facultar às partes a indicação de assistente técnico para acompanhar os trabalhos periciais. Nesse ponto, nada impede que os árbitros se valham dos princípios estabelecidos pelo direito processual brasileiro, que regulamenta a matéria nos arts. 464 a 480 do CPC/2015, incluindo o escopo de atuação do assistente técnico.

A literatura a respeito das funções do assistente técnico em arbitragens é escassa no Brasil[605]. Entre os poucos estudos realizados destaca-se, primeiramente, o de Ivam Ricardo Peleias. Neste sentido, a doutrina especializada entende que a figura do assistente técnico se assimila ao de um consultor técnico:

[604] Brasil. Código de Processo Civil (2015). Art. 466, § 1º.

[605] Entre as poucas obras sobre o assunto, enumera-se: Maia Neto, Francisco; Figueiredo, Flavio Fernando de (coord.). Perícias em arbitragens. São Paulo: Leud, 2019; Peleias, Ivam Ricardo. O assistente técnico em perícias contábeis: a percepção de advogados à luz da teoria dos papéis. **Revista de Arbitragem e Mediação**, v. 52, p. 141-168, 2017; Gonçalves, Eduardo Damião; Bittencourt, Rafael. A perícia na arbitragem. A produção de provas técnicas no âmbito do procedimento arbitral e novas tendências. **Revista do Advogado**, São Paulo, ano 33, n. 119, p. 35-41, abr. 2013, p. 35-41; Mastrobuono, Cristina M. Wagner. Pesquisa: regras de imparcialidade e independência na produção de provas em arbitragens. **Revista Brasileira de Arbitragem**, n. 67, jul.-set. 2020, p. 32-77.

Constata-se nos processos judiciais e nas arbitragens a evolução do trabalho do assistente técnico. Este, antes, limitava-se a emitir parecer técnico após a entrega do laudo pelo perito. Com o passar do tempo e a tomada de consciência de que o resultado da perícia pode determinar o rumo dos processos, o assistente técnico passou a atuar como consultor técnico, subsidiando seu contratante com os elementos necessários à tomada de decisões e providências nas várias fases das demandas[606].

Seja na condição de assistente ou de consultor técnico, a figura ora discutida se refere aos peritos nomeados pelas próprias partes para que, numa arbitragem, auxiliem o perito do tribunal arbitral, mediante a apresentação de laudos críticos. O termo "advocacia técnica"[607] não parece adequado para conceituar o trabalho do assistente técnico, cuja função não é a de postular o direito da parte que o indica, mas tão somente de apresentar uma opinião técnica sob a ótica da tese jurídica desenvolvida. O assistente técnico não opina sobre questões jurídicas. Esses profissionais atestam o que creem, sob o ponto de vista técnico e sujeitos a normas de ordem ética, as quais não podem comprometer a sua independência intelectual[608]. Assim, sua função nada difere da do perito. O escopo do trabalho técnico é rigorosamente o mesmo[609].

[606] Neste sentido, Ivam Ricardo menciona os ensinamentos de Martinho Ornelas: "A função de consultor técnico do cliente já foi abordada. Ao apresentar a obra de Ornelas, Pinheiro Neto asseverou que o assistente técnico é o advogado técnico da parte, o perito particular, de confiança do advogado da causa. Dentro do possível, tal qual o advogado, deve defender os interesses do cliente, nos limites de sua qualificação profissional e da ética". PELEIAS, Ivam Ricardo. O assistente técnico em perícias contábeis: a percepção de advogados à luz da teoria dos papéis. Revista de Arbitragem e Mediação, v. 52, p. 141-168, 2017.

[607] Citado no estudo de Ivam Ricardo Peleias: PELEIAS, Ivam Ricardo. O assistente técnico em perícias contábeis: a percepção de advogados à luz da teoria dos papéis. **Revista de Arbitragem e Mediação**, v. 52, p. 141-168, 2017.

[608] Ao menos em matéria de perícia contábil, dispõe o art. 2.3.1 da NBC P2 (Normas Profissionais do Perito Contábil): "O perito-contador e o perito-contador assistente devem evitar e denunciar qualquer interferência que possam constrangê-los em seu trabalho, não admitindo, em nenhuma hipótese, subordinar sua apreciação a qualquer fato, pessoa, situação ou efeito que possam comprometer sua independência.

[609] O estudo de Ivam Ricardo Peleias cita, nesse sentido, clássica lição de Moacyr Amaral Santos, que reconhece a semelhança de funções ao afirmar: "os assistentes técnicos não são senão peritos indicados pelas partes, porquanto exercem funções semelhantes às dos

Com efeito, a prova técnica realizada no âmbito de uma arbitragem, com a participação de perito do tribunal arbitral e dos assistentes técnicos das partes é materializada por meio de laudo pericial, que nada mais é do que o resultado de diligências que foram acompanhadas pelos assistentes técnicos das partes, que posteriormente apresentaram seus respectivos pareceres técnicos. A depender do tipo de prova técnica que esteja sendo realizada numa arbitragem, a metodologia aqui discutida considera o princípio processual da cooperação[610] (que, ao fim e ao cabo, visa justamente a completude do material probatório[611]) de maneira que seja plenamente garantido às partes questionarem determinado crité-

peritos. A distinção entre o perito e o assistente técnico está na nomenclatura e emerge do sujeito processual que o nomeia". PELEIAS, Ivam Ricardo. O assistente técnico em perícias contábeis: a percepção de advogados à luz da teoria dos papéis. **Revista de Arbitragem e Mediação**, v. 52, p. 141-168, 2017.

[610] Conforme disposto no art. 6º do CPC/2015: "Todos os sujeitos do processo devem cooperar entre si para que se obtenha, em tempo razoável, decisão de mérito justa e efetiva". A respeito desse dispositivo, anota José Rogério Cruz e Tucci: "Na verdade, inspirando-se na moderna doutrina que já adotara entre os princípios éticos que informam a ciência processual o denominado "dever de cooperação recíproca em prol da efetividade", o legislador procura desarmar todos os participantes do processo, infundindo em cada qual um comportamento pautado pela boa-fé, para se atingir uma profícua comunidade de trabalho. E isso, desde aspectos mais corriqueiros, como a simples consulta pelo juiz aos advogados da conveniência da designação de audiência numa determinada data, até questões mais complexas, como a expressa previsão de cooperação das partes ao ensejo do saneamento do processo (CPC/2015, art. 357, § 3º). Trata-se aí de cooperação em sentido formal". CRUZ E TUCCI, José Rogério *et al* (coord.). **Código de Processo Civil anotado**. São Paulo: Associação dos Advogados de São Paulo; OAB Paraná, 2019, p. 13.

[611] Vale anotar ainda que a cooperação frisada também se dá em sentido material, enquadrando, nesse ponto, a completude do material probatório colhido nos autos. É o que dispõe o art. 378 do CPC/2015: "Ninguém se exime do dever de colaborar com o Poder Judiciário para o descobrimento da verdade". A respeito desse dispositivo, anota Vítor de Paula Ramos: "Repetindo o texto do CPC/1973, mas conferindo mais ferramentas para a busca da verdade (como será demonstrado na anotação ao art. 380), traça o legislador brasileiro claramente a relação teleológica entre prova e verdade (vide comentário ao início do capítulo) e a necessidade, para tanto, de que o material probatório seja o mais completo possível (vide comentário aos arts. 370 e ss.). Para a busca da necessária completude tendencial do material probatório, faz-se mister que nenhum sujeito do processo (salvo casos excepcionais) tenha um "direito" de esconder provas. Afinal, "ninguém" significa nenhuma pessoa, não podendo ser interpretado como "alguém", "alguma pessoa". Daí a importância do quanto é dito sobre o tema na anotação ao art. 379". CRUZ E TUCCI, José Rogério *et al* (coord.).

rio técnico adotado pelo perito, apresentando e justificando critério distinto que eventualmente entenda ser mais apropriado, à luz da colaboração esperada das partes e de seus assistentes técnicos.

Nada obstante, o fato de a parte possuir o direito e indicar assistente técnico de sua confiança e que se alinhe à tese que ela defende, não implica afirmar, automaticamente, que o julgador não possa se convencer das críticas elaboradas pelas partes por meio de seus assistentes técnicos ao laudo pericial. Com efeito, no processo decisório, os árbitros não estão subordinados às exatas conclusões do laudo pericial, podendo, em sua sentença final, considerar os pareceres técnicos (ou laudos críticos) apresentados pelos assistentes técnicos das partes. Conquanto a perícia deva ser considerada essencialmente, e como já analisado neste estudo, como braço extensivo do tribunal arbitral, isso em nada significa que suas conclusões técnicas devam ser adotadas pelo tribunal arbitral.

O julgador, com toda certeza, deve se ater em primeiro lugar ao laudo produzido pelo perito de sua confiança, mas é preciso ouvir as partes e seus assistentes técnicos para contradizer o laudo pericial elaborado pelo perito de confiança do juízo. A esse respeito, cita-se trecho de recente julgado, em que o Superior Tribunal de Justiça[612] deixou clara essa possibilidade:

> Cediço que conquanto tenha o juiz, como destinatário da prova, a competência para nomear perito quando acredite necessária a realização de prova pericial a fim de elucidar os fatos, deve ser zeloso na busca pela verdade real, indicando profissional de sua confiança e que possua conhecimento técnico ou científico suficiente para realizar o referido exame [...] Para contradizer laudo pericial elaborado por perito de confiança do juízo, a parte ré deveria trazer aos autos elementos de convicção suficientes a levantar dúvida razoável sobre o trabalho feito, o que não ocorreu no presente caso [...].

A figura do assistente técnico, equivocadamente assimilada a de um "advogado técnico", é vista com a seriedade e a importância ostentadas

Código de Processo Civil anotado. São Paulo: Associação dos Advogados de São Paulo; OAB Paraná, 2019, p. 633.

[612] BRASIL. Superior Tribunal de Justiça. Segunda Turma, REsp 1.694.645/MG, Rel. Min. Herman Benjamin, j. 28-11-2017.

por tais profissionais, como previu o próprio CPC, quando tratou das perícias complexas. Nesse caso, o legislador dispôs sobre a possibilidade da indicação de mais de um perito, assim como de a parte indicar mais de um assistente técnico no caso[613]. O objeto é apenas um: contribuir, cooperar, buscar a verdade.

O que se extrai do presente item é que o julgador, mais especificamente o árbitro, não deve estar subordinado ao trabalho apresentado pelo perito do tribunal arbitral. Os trabalhos técnicos desenvolvidos numa arbitragem devem ser todos sopesados com a devida minúcia pelos árbitros, cabendo a estes a valoração que lhes parecer correta. Mário Guimarães, nesse sentido, afirmava: "Quanto a outras provas – provas indiciais, exames periciais, etc., o seu valor depende muito das condições em que se realizem. Os peritos são testemunhas técnicas. Mas o juiz não ficará nunca adstrito à opinião deles"[614].

Rejeita-se, a partir dessa premissa, qualquer tipo de delegação dos árbitros ao perito. Este último, apesar de funcionar como auxiliar da justiça, conforme verificado, não possui poder jurisdicional. A decisão de direito, seja acolhendo em parte ou rejeitando os exames periciais e, ao revés, acolhendo teses apresentadas por algum dos assistentes técnicos das partes, pertence unicamente ao julgador[615].

[613] Nesse sentido, o art. 475 do CPC/2015: "Tratando-se de perícia complexa que abranja mais de uma área de conhecimento especializado, o juiz poderá nomear mais de um perito, e a parte, indicar mais de um assistente técnico". Referida disposição recebeu pertinentes comentários em obra coordenada por Antonio do Passo Cabral e Ronaldo Cramer: "Em diversas ocasiões, a prova pericial demanda conhecimentos específicos em mais de uma área. É como no caso de uma perícia realizada em ação que discute a logística reversa de resíduos sólidos. Tende a ser preciso, nesta hipótese, que se nomeie um engenheiro ambiental e também um engenheiro de produção, o que se apresenta absolutamente desejável. No mesmo passo, em ação que se discuta a incapacidade absoluta para o trabalho em razão de acidente de veículo, bem como a profunda depressão que acomete o autor, poderá ser necessária a nomeação de um médico do trabalho e de um psiquiatra. Para cada perito que se afigura imprescindível ao deslinde de questões técnicas, haverá a possibilidade de indicação de um assistente técnico". CABRAL, Antonio do Passo; CRAMER, Ronaldo (coord.). **Comentários ao Novo Código de Processo Civil**. Rio de Janeiro: Forense, 2015, p. 1.319-1.320.

[614] GUIMARÃES, Mário. **O juiz e a função jurisdicional**. Rio de Janeiro: Forense, 1958, p. 310.

[615] Nesse sentido, a opinião de Daniel Amorim Assumpção Neves, ao comentar o dispositivo constante do art. 473, § 2º do CPC/2015 ("É vedado ao perito ultrapassar os limites

3. O árbitro e as testemunhas técnicas das partes

Como se sabe, a flexibilidade procedimental consiste não somente numa característica da arbitragem, como se afigura como um verdadeiro fundamento desse instituto, encontrando-se positivada no art. 21 da Lei de Arbitragem[616], que estabelece, em sua primeira parte, que a arbitragem obedecerá ao procedimento estabelecido pelas partes na convenção de arbitragem.

A flexibilidade traduz-se na ideia de um procedimento firmado a partir de regras predeterminadas pelas partes, independentemente das normas processuais brasileiras fixadas no CPC, isto é, sem que se atenha às normas processuais cogentes do país que sediará a arbitragem[617]. Dessa forma, nada impede que as partes criem normas específicas para solucionar os litígios, podendo, por exemplo, optar por utilizar as regras e

de sua designação, bem como emitir opiniões pessoais que excedam o exame técnico ou científico do objeto da perícia"), cuja base principiológica aplica-se perfeitamente à arbitragem: "Note-se que o dispositivo não proíbe em absoluto a emissão de opiniões pessoais do perito, até porque na maioria das perícias é justamente isso o que se busca. O que não cabe ao perito fazer – e, infelizmente, muitos o fazem – é emitir opiniões pessoais que excedem o exame técnico ou científico a que foi chamado a realizar. E ainda pior quando o perito imagina ser o juiz da causa e passa a emitir opiniões jurídicas sobre os fatos analisados, extrapolando sua função no processo. Nunca é demais lembrar que o perito é um *expert* em determinada área de conhecimento que auxilia o juiz no esclarecimento dos fatos, ou seja, na parte jurídica não cabe a interferência do perito. Afinal, *iura novit curia*, ou seja, o juiz sabe o Direito (ou ao menos deveria sabê-lo)". NEVES, Daniel Amorim Assumpção. **Novo Código de Processo Civil** – Lei n. 13.105/2015. São Paulo: Método, 2015, p. 276.

[616] Brasil. Lei n. 9.307, de 23 de setembro de 1996. Lei de Arbitragem. "Art. 21. A arbitragem obedecerá ao procedimento estabelecido pelas partes na convenção de arbitragem, que poderá reportar-se às regras de um órgão arbitral institucional ou entidade especializada, facultando-se, ainda, às partes delegar ao próprio árbitro, ou ao tribunal arbitral, regular o procedimento".

[617] Nesse sentido, ao menos em matéria de arbitragem internacional, assinalam Schlesinger, Baade, Herzog e Wise: "In international commercial arbitration, if the agreement fails to stipulate the applicable law, the arbitrators have the leeway to choose what they regard as the most appropriate rule. It has been suggested (although the suggestion is controversial) that, in such cases, arbitrators are not necessarily bound to apply national law, but may in fact base their awards on the way they determine to be the rules of the lex mercatoria, a modern version of the old law merchant, which exists apart from systems of national law. In devising such rules, however, they naturally turn to preexisting rules and institutions for guidance [...]". Schlesinger, Rudolf B.; Baade, Hans W.; Herzog, Peter E.; Wise, Edward M. **Comparative law**: cases – text – materials. New York: Foundation Press, 1998, p. 45.

os procedimentos de uma instituição arbitral, além de outras regras que lhe pareçam adequadas, conforme o caso concreto. Convém mencionar, porém, que tal flexibilidade encontra limite nas garantias processuais constitucionais, como o direito ao contraditório e à ampla defesa, assim como a igualdade das partes, que serão mantidas em qualquer arbitragem, conforme estabelecido na Lei de Arbitragem, art. 21, § 2º[618].

Portanto, a partir de um procedimento flexível, fica maximizada a autonomia da vontade das partes e garante-se uma maior eficiência do processo quando comparado ao processo judicial, dado que o procedimento será estabelecido conforme o caso em questão e atendendo às necessidades específicas das partes e dos árbitros[619]. Como exemplo dessa flexibilidade, citamos a possibilidade de as partes convencionarem acerca da oitiva conjunta de testemunhas, encurtamento ou extensão dos prazos processuais, ou da inversão da ordem de produção das provas.

Nesse sentido, a despeito do tradicional método de realização de prova pericial por meio de perito nomeado pelo tribunal arbitral, com o auxílio de assistentes técnicos nomeados pelas próprias partes, nada impede que a prova técnica numa arbitragem seja comandada pelas próprias partes, as quais nomeiam, diretamente, seus peritos, que, no curso da arbitragem, apresentam seus respectivos pareceres técnicos.

Esse último fator é especialmente interessante, dado que a flexibilização da instrução processual em sede arbitral pode contribuir para uma solução mais adequada a diversas demandas. Isso porque a arbitragem permite a oitiva de peritos técnicos (*expert witness*[620]), possibilitando, por exemplo, a substituição da figura do perito por uma empresa de auditoria escolhida pelas partes, ou a utilização de meios probatórios e de transmissão de informações mais modernos[621].

[618] Brasil. Lei n. 9.307, de 23 de setembro de 1996. Lei de Arbitragem "Art. 21 [...] § 2º Serão, sempre, respeitados no procedimento arbitral os princípios do contraditório, da igualdade das partes, da imparcialidade do árbitro e de seu livre convencimento".

[619] Nesse sentido, ver: Hammond, Steven A. Making the case in international arbitration: a common law orientation to the marshalling and presentation of evidence. **Revista de Arbitragem e Mediação**, São Paulo: RT, v. 5, n. 16, p. 171-196, jan.-mar., 2008.

[620] Aqueles que que depõem unicamente sobre aspectos técnicos da causa, com o compromisso de dizer o que creem, sob o ponto de vista técnico.

[621] Esse é, aliás, o entendimento de Carlos Alberto Carmona: "A instrução processual, em sede arbitral, será bastante flexível, até porque o árbitro não está ligado às regras do Código

Marcos André Franco Montoro e Alexandre Palermo Simões resumem o que representa a figura do *expert witness* na arbitragem:

> Para alguns, esses técnicos contratados diretamente pelas partes devem ser denominados *expert witnesses*; outros preferem falar em peritos, ou peritos das partes. A terminologia não é relevante, o que é importante é ficar claro o sistema: em vez de existir um perito 'oficial' nomeado pelo juiz (ou pelo árbitro), são as partes que trazem os laudos técnicos, produzidos pelos técnicos por elas contratados. Nesse tipo de produção de prova técnica, o *expert witness* é bem mais do que um mero Perito-Assistente ou Assistente--Técnico da parte, ele é o encarregado de produzir a prova técnica. Mas não é o único que produz a prova técnica, que também poderá ser produzida pela *expert witness* da outra parte[622].

Na prática, dependendo do caso, os árbitros necessitam de um auxílio técnico de modo a compreender determinadas questões. Assim como no processo judicial, um profissional é chamado para elucidar questões técnicas de determinada causa. No entanto, diversamente do processo judicial em que, em regra, um perito independente é nomeado pelo juiz enquanto as partes indicam seus respectivos assistentes técnicos, na arbitragem não existe uma regra fixa para a realização da prova pericial.

de Processo Civil, regras que empobrecem a atividade do juiz togado. Assim, nada impede que o árbitro determine a oitiva de depoimento técnico – ouvindo testemunha não sobre fatos ligados à causa, mas sim sobre determinada matéria técnica, funcionamento de um mercado, usos e costumes de determinado setor – ou que faculte perguntas formuladas diretamente às partes e testemunhas (sem que haja a conhecida triangularização parte-juiz-testemunha). Melhor que isso, dependendo da capacidade do órgão arbitral (quando a arbitragem for institucional) a prova poderá ser agilizada com a transmissão de informações (ou do próprio laudo) por via eletrônica, poderão ser tomados os depoimentos com serviços de estenotipia (com degravação imediata). Como a vontade das partes impera, árbitros podem até mesmo substituir a figura do perito (com a nomeação de assistentes técnicos) por empresa de auditoria, escolhida de comum acordo pelos litigantes para determinada averiguação econômico-financeira ou até mesmo contábil [...]". CARMONA. Carlos Alberto. Carlos Alberto. O processo arbitral. **Revista de Arbitragem e Mediação**, São Paulo: RT, v. 1, n. 1, p. 21-31, jan.-abr. 2004.

[622] MONTORO, Marcos André Franco; SIMÕES, Alexandre Palermo. O perito e a *expert witness* ("testemunha técnica") na arbitragem. *In*: MAIA Neto, Francisco; FIGUEIREDO, Flavio. **Perícias em arbitragens**, 2012, p. 149.

Em uma arbitragem discutindo derivativos cambiais, por exemplo, é possível que os árbitros peçam às partes que, antes mesmo da apresentação das suas alegações escritas, providenciem uma apresentação técnica do mercado de derivativos cambiais. Um profissional do setor, poderá, mediante acordo das partes ou a pedido do tribunal arbitral, apresentá-la.

Igualmente, numa arbitragem discutindo avaliação de empresas, podem os árbitros decidir, antes mesmo de realizar uma verdadeira audiência, que uma reunião de trabalho deva ser feita entre advogados das partes e ambos os assistentes técnicos de modo a acertarem pontos de convergência e deixarem claros pontos de divergência expostos nos respectivos laudos técnicos apresentados.

Com efeito, tal alternativa se mostra interessante para uma série de demandas travadas no âmbito da arbitragem, tais como as que foram listadas no capítulo anterior do presente estudo. A especificidade do setor e a necessidade de apoio técnico apropriado para uma adequada resolução desses conflitos (seja na área de construção civil, energia elétrica, agronegócio, entre tantas outras) ditará a melhor forma de produção de prova técnica no caso.

Diante dessa figura muito peculiar e pouco usual no direito brasileiro, indaga-se como se deve dar o exercício da função de árbitro e os peritos das partes. Haveria aqui alguma situação de insegurança, sob o ponto de vista técnico, da produção da prova, dado que são as próprias partes contendentes que trazem os elementos técnicos da causa para o tribunal arbitral? A resposta é negativa.

É justamente em razão do caráter flexível da arbitragem e de sua adequação para a resolução de litígios de alta complexidade, que tal método de produção de prova se afigura como dos mais tradicionais em matéria arbitral[623].Conforme afirma Octavio Fragata Martins de Barros, "Devem as partes ter controle da arbitragem e da instrução probatória. A palavra de ordem na arbitragem é o poder sobre as provas. É o controle sobre o

[623] Segundo Fabiane Verçosa: "Uma prova atípica (*i.e.*, não prevista no CPC) vem sendo cada vez mais usada em arbitragens realizadas no Brasil ou naquelas regidas pelo direito processual brasileiro. Trata-se da testemunha técnica (ou, no termo amplamente adotado, em inglês, *expert witness*). Verçosa, Fabiane. A produção de provas. Curso de arbitragem. *In*: Levy, Daniel; Pereira, Guilherme Setoguti J. (coord.). **Curso de arbitragem**. São Paulo: RT, 2019., p. 243.

rumo do caso, que encontra origem na própria raiz da arbitragem: a vontade das partes"[624].

Com base na percuciente lição do autor, o que se espera na arbitragem é que o tribunal resolva a disputa por seus próprios esforços. Conquanto seja imprópria a afirmação de que ao nomear um perito do tribunal estar-se-ia delegando uma tarefa jurisdicional ao perito, a essência da arbitragem impõe que cada parte cumpra o seu dever de provar os fatos constitutivos de seu direito, trazendo as provas, sejam elas de fato ou técnicas, que embasem seus pleitos. E, do lado do julgador, cabe a ele sopesar os argumentos fáticos e técnicos apresentados, e se utilizar das melhores técnicas de organização procedimental, eficientes e menos custosas às partes, de modo a "reduzir a termo quais são os pontos técnicos sobre os quais concordam e em quais ainda há divergência"[625].

Esse tipo de metodologia procedimental adotada pelos árbitros evita o ainda mais custoso uso de perito do tribunal, e provoca intensidade – entre partes e tribunal arbitral – na aferição dos pontos técnicos que merecem prevalecer em determinado caso. Para isso, a audiência de instrução permanece sendo um momento de vital importância na arbitragem, pois poderão os árbitros ouvir os peritos das partes, suas apresentações e submetê-los à inquirição das partes, por meio do contra-interrogatório (*cross examination*). Certamente, a experiência dos membros do tribunal arbitral saberá detectar as eventuais inconsistências da matéria técnica sob exame. Afinal, é exatamente a técnica do *cross examination*, com participação ativa das partes e seus advogados numa

[624] Barros, Octávio Fragata Martins de. **Como julgam os árbitros**: uma leitura do processo decisório arbitral. São Paulo: Marcial Pons, 2017, p. 170.

[625] Nesse sentido, é a opinião de Eduardo Damião Gonçalves e Rafael Bittencourt Silva: "Assim, considerável quantidade de tempo é economizada na audiência, assim como nas manifestações das partes sobre os laudos e na análise do tribunal sobre essas, abrindo-se ainda a possibilidade de se proferir sentença parcial sobre pontos incontrovertidos. O estudo da Escola de Arbitragem Internacional da Faculdade de Direito da Queen Mary mostra que, apesar da ainda baixa incidência dessa prática nas arbitragens, 54% dos entrevistados afirmaram que a conferência dos assistentes técnicos pode ser bastante útil, sendo que 34% afirmaram que isso depende do caso e apenas 7% e 6% afirmaram ser inútil ou estavam incertos, respectivamente". Gonçalves, Eduardo Damião; Bittencourt, Rafael. A perícia na arbitragem. A produção de provas técnicas no âmbito do procedimento arbitral e novas tendências. Revista do Advogado, São Paulo, ano 33, n. 119, p. 35-41, abr. 2013, p. 40.

conferência de testemunhas (*witness conferencing*) que poderá levar o tribunal arbitral, destinatário da prova, a formar seu convencimento a respeito da matéria[626].

No entanto, para que o método de produção da prova técnica em discussão tenha eficácia, é imprescindível que o tribunal arbitral examine o caso em seus mínimos detalhes, esteja preparado e tenha senso de organização de modo que o resultado da conferência produza efeitos sobre a prova técnica perseguida[627].

[626] Segundo Alex Wilbraham: "Com o *witness conferencing*, os peritos (e eventuais testemunhas) comparecem juntos à audiência, em vez de o tribunal ser obrigado a ouvi-los separadamente, isolados um do outro, e em horários ou dias diversos. Assim, os árbitros mantêm maior controle sobre a realização do *cross-examination* e podem dedicar mais tempo aos argumentos ou questões que, na sua opinião, são mais importantes para solução da disputa. A produção da prova poderá ser conduzida, por exemplo, dividida por assunto ou questão relevante, em vez de por perito. Vale dizer, os árbitros poderão fazer perguntas sobre um determinado assunto ou questão relevante para um perito e, em seguida, repetir a mesma pergunta para outro perito. Da mesma forma, os advogados de uma parte poderão também questionar o perito da outra parte e depois aquele nomeado pelo seu cliente, sobre o mesmo tema. O *witness conferencing* tenta manter o rigor inquisitorial, que é o forte em um *cross-examination*, enquanto ameniza os seus elementos adversariais. O controle da produção da prova é assim mais bem dividido, reduzindo um pouco o dos advogados e aumentando o dos árbitros que, por sua vez, têm desta forma maior liberdade para conduzir o procedimento". Tal opinião parecer convergir com a de Marcos André Franco Montoro e Alexandre Palermo Simões: "Assim, defende-se que na maioria das vezes o depoimento das testemunhas técnicas (*expert witnesses*) é suficientemente esclarecedor, evitando a realizado da demorada prova pericial pelo sistema tradicional. Também se afirma que apesar do perito ser contratado pelas partes (é a chamada *hired gun*, ou arma de aluguel, criticada por quem não gosta deste sistema), o árbitro tem capacidade para verificar qual das duas exposições (dois peritos) é a mais plausível, tem mais detalhes técnicos, está coerente e sem furos. O árbitro também pode apurar que em alguns pontos um perito tem razão, e em outros pontos ou outro perito é que tem razão. Mais ainda, como cada perito normalmente prepara o seu laudo sem manter contato com o outro perito (afinal, foram contratados por adversários), então ao apresentarem, no mesmo momento, os respectivos laudos, pode ser que estejam de acordo quanto a alguns fatos, cuja apuração fica praticamente resolvida [...]". MONTORO, Marcos André Franco; SIMÕES, Alexandre Palermo. O perito e a *expert witness* ("testemunha técnica") na arbitragem. *In*: MAIA NETO, Francisco; FIGUEIREDO, Flavio. **Perícias em arbitragens**, 2012, p. 151).

[627] Essa é, inclusive a opinião de Alex Wilbraham: "O sucesso do *witness conferencing* depende, em grande parte, de uma adequada organização. Necessita que os árbitros sejam pró-ativos e que dominem as questões objeto da disputa. Igualmente, o *witness conferencing*

O único ponto que pode gerar certa estranheza aos usuários da arbitragem comercial, na seara doméstica (a brasileira) seria a suposta falta de independência e imparcialidade dos peritos das partes, que funcionariam como testemunhas técnicas. De fato, não há regra que especifique tal questão no direito brasileiro, mas tão somente em relação ao assistente técnico da parte (que não se assemelha à figura da testemunha técnica) e, nos termos do direito processual brasileiro, não precisa atender aos requisitos de imparcialidade e de independência. Dessa forma, cabe ao tribunal arbitral, na qualidade de destinatário da prova, a qual será por ele valorada a fim de formar a sua convicção, estabelecer regras que disciplinem a conduta das testemunhas técnicas a serem apontadas pelas partes, o que pode ser feito tanto no termo de arbitragem, como em eventual termo de referência que organize prova técnica a ser produzida em determinado procedimento[628].

exige uma boa preparação por parte dos advogados, que devem ter a capacidade de reagir rapidamente e fazer novas perguntas sobre as questões levantadas pelos árbitros e respostas dadas pelos peritos. Outro ponto fundamental é que a audiência seja gravada ou transcrita de forma eficiente, permitindo que as informações reveladas possam ser úteis às partes na elaboração de suas alegações finais. Finalmente, caberá ao presidente do tribunal arbitral garantir a eficiência do *witness conferencing*, mediante a organização e coordenação desse procedimento". WILBRAHAM, Alex. Perito na arbitragem internacional. **Revista Brasileira de Arbitragem**, v. III, p. 104-109, 2006, p. 104-109.

628 Alguns exemplos, nesse sentido são trazidos por Cristina M. Wagner Matrobuono: "alguns painéis têm optado por estabelecer uma regra em ordem processual, como Professora Selma Lemes, na redação a seguir produzida: (i) ESCLARECER que as partes poderão requerer que, com o intuito de recolher informações técnicas e específicas sobre determinada matéria, sejam admitidas testemunhas técnicas a serem ouvidas como contribuição para o processo de formação de convicção dos árbitros. As testemunhas técnicas deverão ser independentes das partes, não sendo admitidos nessa condição profissionais especializados que mantenham vínculo empregatício, relação de subordinação hierárquica ou qualquer relação de trabalho constante com a parte que os houver designado; [...]" [...]. Idealmente, a nossa ver, as regras sobre o tema devem ser fixadas no termo de arbitragem, ou em documento similar, como exemplificativamente, a reproduzida a seguir: Na hipótese de ser determinada a produção de prova pericial, os peritos designados pelo tribunal arbitral ou nomeados pelas partes, não assim seus assistente técnicos, deverão declarar sua imparcialidade e independência e estarão sujeitos ao dever permanente de revelação de quaisquer circunstâncias pretéritas ou supervenientes que possam comprometê-las". MASTROBUONO, Cristina M. Wagner. Pesquisa: regras de imparcialidade e independência na produção de provas em arbitragens. **Revista Brasileira de Arbitragem**, n. 67, jul.-set. 2020, p. 68.

O preparo dos profissionais que atuarão na condição de árbitros, sua especialização, conhecimento, organização, dedicação e, é claro responsabilidade e senso de justiça saberão conduzir, com a devida acuidade, a produção da prova técnica, cujo ônus, como visto, pertence às próprias partes. E, ao fim, o tribunal arbitral prestará a tutela jurisdicional, serviço o qual está incumbido.

Conclusões

O objetivo desse breve estudo foi discorrer sobre o exercício da função de árbitro e sua relação com a prova técnica produzida na arbitragem. Com o crescimento da prática arbitral no Brasil, e o aumento de seus *players*, é de suma importância destacar as diferenças na produção da prova técnica no processo judicial e na arbitragem, especificando as diferenças de como o juiz estatal e o árbitro lidam com esse tipo de prova.

Após os aspectos analisados nos dois capítulos do estudo, verificou-se, em primeiro lugar, que o exercício da função de árbitro e elaboração da prova técnica com o auxílio de um terceiro, o perito do tribunal possui suas características e peculiaridades que diferem do método judicial. Isso porque, apesar de parecer uma prova delegada do julgador ao seu perito, trata-se de premissa absolutamente equivocada. Os árbitros, quando instados pelas partes, escolhem um perito de sua confiança para a elaboração de eventual trabalho técnico, mas realizam o cotejo do laudo com as eventuais opiniões críticas dos assistentes técnicos das partes. Tudo isso, para que, de forma dialogada e coordenada entre o tribunal arbitral, o seu perito e os assistentes técnicos das partes, possa o tribunal aferir precisamente o resultado da prova técnica e entregar a tutela jurisdicional.

Em segundo lugar, verificou-se que o exercício da função de árbitro e elaboração da prova técnica sem o auxílio direto de um terceiro, isto é, apenas com o uso de peritos das próprias partes, ocorre de forma usual, representando prática comum na seara arbitral. Como visto, diante do crescimento da prática arbitral no Brasil e da compreensão das especificidades da arbitragem em relação ao processo judicial, a não utilização de perito do tribunal em eventual demanda arbitral em nada afetará o exercício jurisdicional atribuído aos árbitros. Estes, munidos de todos os elementos fáticos e técnicos apresentados pelas partes no âmbito da arbitragem, possuem plena capacidade e responsabilidade para decidir um litígio e prestar a almejada tutela jurisdicional.

Tais especificidades, típicas da arbitragem, confirmam que este método de resolução de controvérsias deve ser visto e trabalhado de forma específica, baseado em conceitos principiológicos, mas dissociado do processo estatal.

Diversamente dos juízes estatais, os árbitros não estão sujeitos a quaisquer tipos de controle. Árbitro não é árbitro de profissão, mas *está árbitro*, cumprindo uma missão confiada pelas partes que o indica e de forma temporária[629]. Quando muito, a sentença arbitral (e não o árbitro[630]) é sujeita a uma demanda anulatória junto ao Poder Judiciário. Estes pontos justificam mais uma razão para imperar a confiança na arbitragem, na escolha do árbitro e na definição da metodologia de realização da prova técnica, de maneira que, ao final, o procedimento seja bem-sucedido e bem decidido.

Referências

ARMELIN, Donaldo. Prescrição e arbitragem. Revista de Arbitragem e Mediação, n. 15, out.-dez. 2007, São Paulo: RT, 2007.

[629] Segundo o entendimento de Selma Ferreira Lemes: "Indaga-se o que é estar árbitro? Estar árbitro é mais do que investido para resolver a controvérsia. É ser uma pessoa disciplinada e sensível, ter disponibilidade de tempo para analisar convenientemente a demanda, preparar-se para as audiências, ter prontidão e iniciativa, não retardar as decisões e os despachos durante o procedimento arbitral [...] Enfim, *estar árbitro* é um ser humanista e atuar, também, como um diplomata". LEMES, Selma Ferreira. Notas sobre o árbitro e o procedimento arbitral. *In*: **Estudos de Direito**: uma homenagem ao Prof. José Carlos de Magalhães. São Paulo: Atelier Jurídico, 2018, p. 750-751.

[630] Nesse sentido, o entendimento de Cândido Rangel Dinamarco: "Com esse perfil, a ação anulatória de sentença arbitral guarda alguma semelhança com a ação rescisória de sentenças ou acórdãos judiciais, dela diferindo em alguns aspectos (supra, n. 81). São legitimados a ela, (a) no polo ativo, aquele ou aqueles que houverem sucumbido no processo arbitral, interessados na desconstituição do laudo, e (b) no passivo, o vencedor ou vencedores, interessados em sua manutenção. São esses os sujeitos cujas esferas jurídicas serão de algum modo atingidas pelo julgamento de mérito a ser proferido na ação anulatória. O árbitro ou árbitros, embora sejam eles os autores do ato a ser anulado, não têm legitimidade para figurar na ação anulatória, tanto quanto o juiz estatal não é parte legítima à rescisória". DINAMARCO, Cândido Rangel. **A arbitragem na teoria geral do processo**. São Paulo: Malheiros, 2013, p. 236.

Barbi, Celso Agrícola. Comentários ao Código de Processo Civil. Rio de Janeiro: Forense, 1998.

Barros, Octávio Fragata Martins de. Como julgam os árbitros: uma leitura do processo decisório arbitral. São Paulo: Marcial Pons, 2017.

Brasil. Lei n. 8.906, de 4 de julho de 1994. Dispõe sobre o Estatuto da Advocacia e a Ordem dos Advogados do Brasil (OAB). Disponível em: http://www.planalto.gov.br/ccivil_03/leis/l8906.htm. Acesso em: 23 abr. 2021.

Brasil. Lei n. 9.307, de 23 de setembro de 1996. Dispõe sobre a arbitragem. Disponível em http://www.planalto.gov.br/ccivil_03/leis/l9307.htm. Acesso em 23 abr. 2021.

Brasil. Lei n. 13.105, de 16 de março de 2015. Código de Processo Civil. Disponível em: http://www.planalto.gov.br/ccivil_03/_ato2015-2018/2015/lei/l13105.htm. Acesso em 23 abr. 2021.

Brasil. Superior Tribunal de Justiça. Recurso Especial n. 1.694.645/MG, rel. Min. Herman Benjamin, Segunda Turma, j. 28-11-2017.

Brasil. Superior Tribunal de Justiça. Recurso Especial n. 213799/SP, rel. Sálvio de Figueiredo Teixeira, Quarta Turma, j. 24-06-2003.

Cabral, Antonio do Passo; Cramer, Ronaldo (coord.). Comentários ao Novo Código de Processo Civil. Rio de Janeiro: Forense, 2015.

Carmona. Carlos Alberto. Das boas relações entre os juízes e os árbitros, Revista do Advogado, São Paulo, AASP, n. 51, p. 17-24, out. 1997.

Carmona. Carlos Alberto. Carlos Alberto. O processo arbitral. Revista de Arbitragem e Mediação, São Paulo: RT, v. 1, n. 1, p. 21-31, jan.-abr. 2004.

Cruz e Tucci, José Rogério *et al* (coord.). Código de Processo Civil anotado. São Paulo: Associação dos Advogados de São Paulo; OAB Paraná, 2019.

Didier Júnior, Fredie; Braga, Paula Sarno; Oliveira, Rafael Alexandria de. Curso de direito processual Civil. v. 2: teoria da prova, direito probatório, decisão, precedente, coisa julgada e tutela provisória. 11. ed. Salvador: Juspodivm, 2016.

Dinamarco, Cândido Rangel. A arbitragem na teoria geral do processo. São Paulo: Malheiros, 2013.

Elias, Carlos Eduardo Stefen. Imparcialidade dos árbitros. Tese (Doutorado em Direito). Universidade de São Paulo (USP), São Paulo, 2014.

Espanha. Ley 60/2003, de 23 de diciembre, de Arbitraje. Legislación consolidada. Disponível em: https://www.boe.es/buscar/pdf/2003/BOE-A-2003-23646-consolidado.pdf. Acesso em 20 abr. 2021.

Ferreira, Olavo A. Alves; Lucon, Paulo Henrique dos Santos (coord.). Arbitragem: 5 anos da Lei n. 13.129, de 26 de maio de 2015. São Paulo: Migalhas, 2020.

Gonçalves, Eduardo Damião; Bittencourt, Rafael. A perícia na arbitragem. A produção de provas técnicas no âmbito do procedimento arbitral e novas tendências. Revista do Advogado, São Paulo, ano 33, n. 119, p. 35-41, abr. 2013.

GUANDALINI, Bruno. Economic analysis of the arbitrator's function. International Arbitration Law Library, v. 55, Kluwer Law International, 2020.

GUERRERO, Luis Fernando. Conceito de auxiliar de justiça. *In*: CRUZ E TUCCI, José Rogério Cruz e *et al.* (coord.). Código de Processo Civil anotado. São Paulo: Associação dos Advogados de São Paulo; OAB Paraná, 2019.

GUIMARÃES, Mário. O juiz e a função jurisdicional. Rio de Janeiro: Forense, 1958.

HAMMOND, Steven A. Making the case in international arbitration: a common law orientation to the marshalling and presentation of evidence. Revista de Arbitragem e Mediação. São Paulo: RT, v. 5, n. 16, p. 171-196, jan.-mar. 2008.

LALIVE, Pierre. Du courage dans l'arbitrage internacional. Mélanges en l'honneur de François Knoepller. Collection Neuchateloise. Helbing & Lichtenhahn, Bâle, 2005, p. 157-160. Disponível em: https://cdn.arbitration-icca.org/s3fs-public/document/media_document/media012320439069540du-courage_melanges_knoepfler_2005.pdf. Acesso em: 20 abr. 2021.

LEMES, Selma Ferreira. Notas sobre o árbitro e o procedimento arbitral. *In*: Estudos de Direito: uma homenagem ao Prof. José Carlos de Magalhães. São Paulo: Atelier Jurídico, 2018.

LEMES, Selma Ferreira. **O papel do árbitro**. Disponível em: http://selmalemes.adv.br/artigos/artigo_juri11.pdf. Acesso em: 20 abr. 2021.

MAIA NETO, Francisco; FIGUEIREDO, Flavio Fernando de (coord.). **Perícias em arbitragens**. São Paulo: Leud, 2019.

MASTROBUONO, Cristina M. Wagner. Pesquisa: regras de imparcialidade e independência na produção de provas em arbitragens. **Revista Brasileira de Arbitragem**, n. 67, jul.-set. 2020.

MONTORO, Marcos André Franco; SIMÕES, Alexandre Palermo. O perito e a *expert witness* ("testemunha técnica") na arbitragem. *In*: MAIA NETO, Francisco; FIGUEIREDO, Flavio. **Perícias em arbitragens**, 2012.

NEVES, Daniel Amorim Assumpção. **Novo Código de Processo Civil** – Lei n. 13.105/2015. São Paulo: Método, 2015.

NUNES, Thiago Marinho. Breves notas sobre os bastidores da atividade do árbitro. *In*: MENDES, Lucas V. R. da C.; MUNIZ, Joaquim de Paiva. **Práticas de arbitragem**: técnicas, agentes e mercados. 2. ed. Rio de Janeiro: Curso Prático de Arbitragem, 2020.

PARENTE, Eduardo de Albuquerque. **Processo arbitral e sistema**. São Paulo: Atlas, 2010.

PECORARO, Eduardo. Arbitragem nos contratos de construção. *In*: SILVA, Leonardo Toledo da (coord.) **Direito e infraestrutura**. São Paulo: Saraiva, 2011.

PELEIAS, Ivam Ricardo. O assistente técnico em perícias contábeis: a percepção de advogados à luz da teoria dos papéis. **Revista de Arbitragem e Mediação**, v. 52, p. 141-168, 2017.

ROGERS Catherine A. **Ethics in international arbitration**. Oxford University Press, 2014.

SACHS, K.; SCHMIDT-AHRENDTS, N. Protocol on expert teaming: a new approach to expert evidence. *In*: **Arbitration advocacy in changing times**. ICCA Congress Series n. 15, p. 135-148, 2011.

SANTOS, Moacyr Amaral. **Primeiras linhas de direito processual civil**. 17. ed. São Paulo: Saraiva, 1996.

SCHLESINGER, Rudolf B.; BAADE, Hans W.; HERZOG, Peter E.; WISE, Edward M. **Comparative law**: cases – text – materials. New York: Foundation Press, 1998.

VERÇOSA, Fabiane. A produção de provas. Curso de arbitragem. *In*: LEVY, Daniel; PEREIRA, Guilherme Setoguti J. (coord.). **Curso de arbitragem**. São Paulo: RT, 2019.

WILBRAHAM, Alex. Perito na arbitragem internacional. **Revista Brasileira de Arbitragem**, v. III, p. 104-109, 2006.

PARTE 4

A FUNÇÃO DE ÁRBITRO E O PRODUTO DA ATIVIDADE JURISDICIONAL

1. A REDAÇÃO DA SENTENÇA ARBITRAL: AS BOAS PRÁTICAS PARA UMA BOA SENTENÇA

José Miguel Júdice

Introdução

A decisão arbitral é o culminar dos esforços para resolver um conflito[631]. Portanto, de uma forma simples, mas verdadeira, uma boa sentença é aquela que aplica corretamente o direito aos fatos. Mas isto não considera a realidade da arbitragem: como regra geral, há três árbitros atuando com as suas especificidades. As partes procuram uma solução que ponha fim ao conflito (e não o perpetue com uma decisão que mantenha vivas as sementes da tensão); muitas vezes, elas vêm de culturas e/ou países muito diferentes, com idiomas diversos a dominar para se obter uma boa decisão, ou seja, a eficiência necessária exigível na arbitragem é muito elevada. Um elemento essencial de eficiência, portanto, é o respeito pelos prazos determinados pelas regras da instituição arbitral ou pela lei aplicável.

Assim, além de aplicar bem a lei aos factos, é necessário, para uma boa decisão, que esta pacifique o conflito, seja clara, analise bem os pontos de vista e os argumentos trazidos, que a justificação seja rigorosa, que a parte vencida compreenda o raciocínio da solução e que o advo-

[631] Existem sentenças parciais, como nos casos de bifurcação, e decisões sobre medidas cautelares, para além das sentenças finais. O que se escreve neste artigo é aplicável, *mutatis mutandis*, a sentenças parciais, a decisões em medidas cautelares e mesmo a ordens processuais complexas em que a metodologia e a sistemática da sentença são uma inspiração adequada.

gado que representa essa parte possa explicar ao seu cliente de que se trata de uma solução admissível e honesta, e que deverá ser respeitada.

O objetivo de qualquer tribunal arbitral é produzir uma boa sentença arbitral[632]. Em 2003, a Comissão de Arbitragem da CCI, instituição de administração de arbitragens líder em âmbito mundial, decidiu criar um grupo de trabalho selecionado para preparar um guia voltado à redação de sentenças da CCI. Na ocasião, foi publicado um artigo seminal pelo grupo de trabalho[633], o qual afirma:

> *above all, the award must be concise and must be confined to the points that need to be decided in order to reach the final conclusions. Wherever possible the award ought to use simple, but precise, language and terms and ought to avoid legal or technical terminology which might be difficult to understand (or to translate). There should be consistency in the use of words, phrases and terms, and in the expression of reasoning. Repetition ought to be avoided*[634].

Em minha opinião, uma boa sentença começa com a escolha dos advogados pelas partes. Uma boa *advocacy* é muito importante para uma boa decisão. Não há boas sentenças sem bons advogados. Se os fatos forem bem descritos e houver provas que os sustentem, se os argumentos sobre eles forem bem organizados, se a interpretação do contrato e da lei aplicável for bem fundamentada, se a quantificação dos danos for rigorosa e, além disso, se ambas as partes tiverem advogados com um nível equivalente de qualidade e de experiência, o trabalho do tribunal será facilitado.

Em seguida, e ainda mais essencial, é a escolha dos árbitros, uma condição real para uma decisão eficiente e correta. Diz-se, e com razão, que as sentenças valem o que valerem os árbitros. Os coárbitros incompetentes nos assuntos jurídicos e fatuais que lhes são submetidos, que não são

[632] JÚDICE, José Miguel. Reflexiones sobre la construcción de una buena sentencia arbitral. *In*: Libro Homenaje a Bernardo Cremades e Yves Derains. Instituto Peruano de Arbitraje, t. II, 2013, p. 1.397-1.409.

[633] LLOYD, Humphrey *et al.* Drafting awards in ICC Arbitration. **Boletim da Corte Internacional de Arbitragem da ICC**. v. 16, n. 2, 2005, p. 19-40. Há uma tradução espanhola não oficial (Redacción de laudos en el marco de arbitrajes conforme al Reglamento de la CCI), do Capítulo Mexicano da CCI.

[634] LLOYD, Humphrey *et al.* Drafting awards in ICC Arbitration. **Boletim da Corte Internacional de Arbitragem da ICC**. v. 16, n. 2, 2005, p. 27.

trabalhadores, que não têm tempo disponível para se dedicarem ao processo, inexperientes, que não são independentes ou imparciais, só por improváveis circunstâncias é que poderão ajudar na produção de uma boa decisão arbitral.

E, se for possível dizê-lo, todas as condições de um bom árbitro são ainda mais exigentes e necessárias no caso do presidente, por razões tão óbvias que dispensam detalhamento.

Esta reflexão sobre a redação da sentença arbitral não requer muita análise do procedimento, mas alguns aspetos essenciais devem ser mencionados, ainda que resumidamente. São os aspectos que estão no caminho crítico das condições para uma boa decisão, em particular no que diz respeito à obtenção da informação indispensável à decisão e à criação de uma cultura colegial do tribunal ou, se tal não for possível, ficando claro para o presidente que há alguém na equipe que não possui as qualificações técnicas e intelectuais mínimas ou – pior – não pode ser tratado pelos outros árbitros com confiança, porque não é independente e imparcial.

1. A redação da sentença começa no início do procedimento

Entre esses pontos relevantes, é muito importante que o tribunal comece a sentença com a descrição da história do procedimento desde o primeiro momento, como forma de evitar ou reduzir o risco de esquecer alguns fatos (comunicações, ordens processuais, requerimentos) na decisão. É também altamente desejável que um rascunho de resumo descritivo das posições das partes seja preparado pelo presidente e comunicado aos coárbitros para comentários, antes da audiência, pois é mais provável que assim se permita ao tribunal ter uma visão holística, mas também mais detalhada do que está em causa.

Em alguns procedimentos mais complexos e/ou onde as questões jurídicas ou de *quantum* são muito importantes, especialmente em arbitragens internacionais, pode ser muito útil para o tribunal organizar uma *midstream meeting* após a petição inicial e a contestação e antes da réplica e da dúplica. Para essa reunião, o tribunal deve preparar e apresentar algumas questões cujo esclarecimento pode ser relevante (ou que não tenham ficado claras nas peças processuais anteriores) para que mais tarde, com os resultados das discussões, essas questões possam ser melhor abordadas nas peças processuais subsequentes.

Também pode ser útil, pelo menos como alternativa, que o tribunal, após a audiência, suscite algumas questões ou informe aos advogados de que, embora o tribunal respeite as opções consideradas apropriadas por cada parte para suas alegações, espera que essas questões sejam abordadas.

Todos estes métodos de trabalho se destinam principalmente a aumentar a probabilidade de que, no momento da redação da sentença, o tribunal tenha mais e melhores informações sobre o posicionamento das partes. Um efeito secundário destes métodos é motivar os coárbitros a uma preparação mais eficaz da sua parte e aumentar o sentido de colegialidade que, como se verá mais adiante, é um instrumento essencial para a elaboração de uma boa decisão.

Creio que estas reflexões são suscetíveis de demonstrar que, se for iniciada a redação da sentença desde o início do processo e se o presidente for capaz de criar uma verdadeira colegialidade, as condições para otimizar o resultado são substancialmente aumentadas[635].

2. As dinâmicas do Tribunal

A dinâmica de um tribunal é complexa, e entre as razões prováveis, considera-se normal que os coárbitros tenham predisposições contraditórias relativas ao caso, ou, pelo menos, que não seja fácil unificá-las numa visão comum. Em certa medida, esta predisposição não deve ser tratada como patológica. Quando um advogado ou uma parte escolhe um dos coárbitros, tem frequentemente o cuidado de escolher alguém que, no que diz respeito às questões jurídicas, não seja intelectualmente hostil ao ponto de vista que melhor se adequa à parte em questão e que, de fato, tenha uma predisposição favorável que não afete a sua independência, uma vez que isso seria altamente prejudicial e contraproducente, ou ainda, cuja tradição jurídica (*common law* ou *civil law*) seja a mais adequada à estratégia de cada parte[636].

[635] "La forma de conformar la voluntad del tribunal arbitral [...] está presidida por el principio de colegialidad".
ROZAS, José Carlos Fernández. El oficio del árbitro en la elaboración del laudo arbitral. *In*: **Congreso Internacional Contratación y Arbitraje Comercial Internacional**, Santiago de Chile, 2017, p. 3. No mesmo sentido: CORDEIRO, António Menezes. Tratado da arbitragem. Coimbra: Almedina, 2015, p. 398.

[636] Ver: JÚDICE, José Miguel. A constituição do Tribunal Arbitral: caraterísticas, poderes e perfis dos árbitros. *In*: **II Congresso do Centro de Arbitragem da Câmara de Comércio e Indústria Portuguesa** – Intervenções. Coimbra: Almedina, 2009, p. 103-130.

Assim, quando o Tribunal inicia os trabalhos, o presidente já sabe, ou deve pelo menos antecipar, que cada um dos coárbitros precisa ser integrado coletivamente de maneira a favorecer a constituição de uma equipe de trabalho unida. Este é um esforço que deve começar cedo e não terminar até que todos assinem a sentença.

Para ter sucesso, o presidente também não deve esquecer algumas regras essenciais para delimitar e orientar o seu comportamento. Além da necessidade óbvia de ser completamente independente e imparcial, ele precisa dominar o processo, conhecendo os fatos e suas provas, os argumentos e tudo o que é necessário para uma boa decisão, e antes disso, para que com o seu exemplo possa motivar os coárbitros e ganhar a sua confiança.

Isto facilitará o estabelecimento de uma relação pessoal de lealdade e confiança (e, se possível, de amizade) com os coárbitros. Mas é também muito importante que o presidente seja capaz de ouvir os argumentos deles, e no que diz respeito à correta aplicação da lei e das regras processuais, fazer esforços de conciliação adequados.

Para qualquer pessoa que tenha de liderar um grupo humano em ação, os aspectos psicológicos e comportamentais são essenciais[637]. É difícil ganhar a confiança dos outros e é muito fácil dissipá-la. O presidente precisa de *prudencia, habilidad y firmeza*[638] para construir ou consolidar a sua *auctoritas* sobre uma base da *potestas* que resulta do cargo que lhe foi atribuído. Se não for capaz de fazê-lo, dificilmente alcançará a legitimidade da aceitação inquestionável que aumenta a legitimidade resultante das regras legais e contratuais que demarcam a sua função[639].

Essa confiança e aceitação de alguma liderança num grupo de três árbitros precisa que a participação da equipe seja real, que o presidente permita e favoreça uma contradição interna, porque a existência de pon-

[637] Podemos falar neste caso de *tribunal psychology*. Redfern, Alan; Hunter, Martin. **International commercial arbitration**. 2. ed. UK: Sweet & Maxwell, 1991, p. 371-372.

[638] Yves Derains *apud* Rozas, José Carlos Fernández. El oficio del árbitro en la elaboración del laudo arbitral. *In*: **Congreso Internacional Contratación y Arbitraje Comercial Internacional**, Santiago de Chile, 2017, p. 9.

[639] A caracterização do que é um *prudent president*, realizada por Reymond, é um texto de leitura obrigatória. Ver: Born, Gary. International Commercial Arbitration.. 2. ed. Kluwer Law International, 2014, p. 2.302.

tos de vista diferentes enriquece os debates e prepara para uma melhor aceitação das decisões em caso de discrepância.

3. A redação da sentença: otimização antes e depois da audiência

A redação da sentença, como regra raramente não aplicada, pelo menos de acordo com a minha experiência arbitral de mais de 25 anos, é um dever do presidente, e sua preparação deve concentrar-se na fase que se segue à audiência final, onde as discussões entre os três árbitros são essenciais.

Conforme mencionei, é importante que nesta fase o presidente já tenha preparada a parte dispositiva da sentença e definidas as questões fundamentais de fato ou de direito a que o tribunal deve responder. Idealmente, o árbitro presidente terá estas questões substantivas definidas e partilhadas com os coárbitros antes do início da audiência, especialmente se durante o processo os coárbitros tiverem demonstrado lealdade ao tribunal, coesão no grupo, imparcialidade e independência.

Esta preparação tem um risco, que muitas vezes afeta os árbitros sem experiência de *advocacy* ou com uma base muito teórica. O risco é subestimar a audiência e os efeitos do exercício do contraditório. Há casos em que alguns árbitros chegam à audiência com uma convicção demasiado forte em relação aos fatos. Algo semelhante ocorre com o risco de subavaliação das alegações pós-audiência, especialmente em relação à operação de subsunção, que é quase sempre muito útil se os árbitros estiverem aptos a aceitar fazê-la com o espírito aberto. Mas estes riscos não são suficientes para se admitir que a preparação dos árbitros antes da audiência não seja essencial.

Como regra, é fixada uma data após a audiência para as partes fazerem as suas alegações escritas finais, dentro de um prazo determinado pelo tribunal na fase final da audiência, tendo em conta o tempo necessário para as transcrições das audiências das testemunhas factuais e técnicas. É boa prática do tribunal informar as partes de que as alegações não se destinam a repetir as peças processuais da fase de instrução, mas a enquadrar e interpretar o que aconteceu na audiência. As partes também devem ser informadas de que o tribunal deseja que o esclareçam sobre questões de fato (incluindo provas técnicas) e de direito que, ou são centrais para o caso, ou permanecem ainda pouco claras para o tribunal.

Evidentemente, uma boa *advocacy* é aquela capaz de antecipar as dúvidas do tribunal e o que é essencial e nuclear quando comparado ao acessório e secundário. Mas, para uma boa decisão no caso, especialmente sabendo que a justiça arbitral está mais preocupada com a verdade material do que a justiça comum, é preferível que o tribunal dê alguma orientação às partes quanto ao que é essencial ou ainda não esteja claro aos olhos dos árbitros. Nesse caso, o tribunal pode preparar uma ordem processual com algumas questões consideradas úteis para serem abordadas nas alegações finais das partes.

É comum que uma tal ordem processual seja notificada alguns dias após a audiência final, mas é evidente que não podem passar muitos dias, uma vez que o período de tempo para as alegações não é, em regra, longo, nem deve ser. É por isso que será muito difícil preparar adequadamente a ordem processual se não tiver sido criada previamente uma verdadeira coesão entre os árbitros. Além disso, nesta preparação, de alguma forma, a linha da solução do conflito será debatida e antecipada, nunca esquecendo de que as alegações são normalmente muito mais importantes do que pensam alguns árbitros.

4. A redação da sentença: o trabalho colegial

Para a preparação desta ordem processual, proponho normalmente aos coárbitros que se realize uma primeira reunião[640] imediatamente após o encerramento da audiência, o que é sempre conveniente, mesmo que o tribunal entenda que não é necessário ou que pode ser inconveniente levantar questões ou fazer sugestões dirigidas às alegações finais.

Quando a audiência termina, tudo é muito recente na memória dos árbitros e, por vezes, é possível obter algum consenso entre eles que ajudará a eficácia da preparação da sentença. Nas arbitragens internacionais não é, em regra, fácil realizar reuniões presenciais, pelo que a oportunidade de diálogo presencial não pode ser desperdiçada. Estas reuniões não são normalmente longas, são muito informais e os coárbitros devem ser avisados de que o objetivo é obter impressões mais ou menos espontâneas; é assumido que não serão finais. É evidentemente

[640] No mesmo sentido: ROZAS, José Carlos Fernández. El oficio del árbitro en la elaboración del laudo arbitral. *In*: **Congreso Internacional Contratación y Arbitraje Comercial Internacional**, Santiago de Chile, 2017, p. 6-7.

admissível que cada coárbitro possa alterar as suas primeiras impressões após a leitura das transcrições (ou a audição das gravações da audiência) e em função do trabalho de releitura do processo na sua totalidade.

Uma tal reunião, mesmo sendo apenas para obter as primeiras impressões, deve ser muito bem preparada pelo presidente, que já deve estar bem consciente das especificidades próprias dos coárbitros e das características do litígio. Se esta reunião for bem preparada, chega-se frequentemente ao ponto de todos ou pelo menos alguns aspectos importantes da disputa poderem ser objeto de consenso sobre a(s) solução(ões).

Após a reunião, o presidente deve redigir a ata do que foi discutido, incluindo as respostas dadas às questões levantadas, as novas questões surgidas e os pontos que necessitam de debate ou de investigação adicional. Esta é também uma boa ocasião para pedir aos coárbitros algumas reflexões escritas sobre questões controversas.

É altamente desejável que nesse projeto o presidente desenvolva alguma fundamentação para as suas conclusões. Este documento deve ser considerado como um *work in progress*, que, através de várias abordagens sucessivas, se torna o esqueleto da parte deliberativa da sentença. A ata deve mencionar as questões acordadas, as que não são consensuais ou as que ainda não estão maduras.

Creio que este processo assegura a otimização da relação entre a necessidade de liderança e de uma forte dinâmica do presidente com uma sincera adesão à ideia do coletivo e a cooperação de cada um dos coárbitros. Na prática, é um método de aproximações sucessivas no qual a coerência lógica do processo, por si só, ajuda a aumentar as áreas de consenso sem prejudicar o princípio fundamental de que a decisão arbitral não pode ser uma decisão de mediação ou de falsa equidade obtida através de cedências mútuas.

No seu trabalho coletivo, o esforço do tribunal deve ser o de encontrar o maior denominador comum possível, e nunca o menor denominador comum, o que significaria, em regra, uma negação de justiça. Como António Menezes Cordeiro escreveu, "raramente alguém não terá nenhuma razão ou disporá de toda a razão"[641]. Mas os esforços de consenso entre os árbitros nem sempre têm êxito. Isto não é um problema

[641] CORDEIRO, António Menezes. **Tratado da arbitragem**. Coimbra: Almedina, 2015, p. 398.

em si mesmo para o sistema de arbitragem, especialmente quando comparado com os riscos e as consequências de uma solução "negociada" para evitar dissensões, as chamadas decisões salomónicas (*splitting the baby*). Mas é verdade que na determinação do *quantum* de compensação há uma tendência geral – que não se torna correta por causa disso – para aquilo a que Alan Redfern e Martin Hunter chamam um *bargaining process*, em que são eliminadas alternativas sucessivas para *a proper sequence of votes*, o que confessam ser *an attractive euphemism*[642].

Nestas situações, se o presidente estruturou uma forma colegial de trabalho, na qual sempre deu todas as oportunidades de cooperação, comentários e propostas aos coárbitros, o seu poder de persuasão é mais evidente e mais decisivo se for claro para os coárbitros que após a fase de diálogo, a sua convicção será mantida e nunca adiada para tentar "comprar" uma decisão unânime. Esta regra, contudo, deve ser compreendida e aplicada de forma sensata e adequada, pois muitas vezes justifica-se um esforço de consenso que, sem afetar os deveres funcionais e a consciência do presidente, nem colocar em risco o núcleo ou a essência da decisão, permitirá alguma acomodação de preocupações legítimas por parte de um ou mais árbitros.

Naturalmente, existem situações patológicas, dentre as quais Fernández Rosas enumera:

> *a) un árbitro queda indebidamente excluido de las deliberaciones por los otros miembros del colegio; b) el tribunal arbitral resuelve sin haber hecho un análisis objetivo del caso, sino animado por un interés más o menos disimulado en el mismo; c) un árbitro realiza determinadas tácticas dilatorias para que no se pueda cumplir el plazo para dictar el laudo arbitral; d) un árbitro transmite información a alguna de las partes, respecto al curso de las deliberaciones, violando la confidencialidad, y propiciando que la parte que va a ser condenada ponga en marcha un rápido proceso de negociación para obtener un resultado más favorable que el previsto en el fututo laudo, o que proceda a la ocultación de su patrimonio para soslayar la ejecución de la condena contenida en el futuro laudo; e) un árbitro sabotea el arbitraje y se abstiene expresa o premeditadamente de participar en las deliberaciones del tribunal arbitral; f) un árbitro renuncia a su cargo en un estado avanzado de la instrucción de la causa, obligando en ocasiones a repetir actuaciones procesa-les, o llega a renunciar a su cargo*

[642] REDFERN, Alan; HUNTER, Martin. **International commercial arbitration**. 2. ed. UK: Sweet & Maxwell, 1991, p. 369.

> *durante la deliberación final del tribunal arbitral con posterioridad a la audiencia del arbitraje, para impedir la rendición del laudo; g) el presidente del tribunal no admite discusión alguna durante el que normalmente debiera haber sido un proceso de deliberación, limitándose a presentar a sus co-árbitros un proyecto de laudo redactado por él mismo, diciéndoles que si no están de acuerdo con ese proyecto quedan en libertad de emitir una opinión disidente*[643].

Nestas situações, a colegialidade não existe e a informalidade não é possível, como regra, e nem sequer é conveniente[644].

5. A redação da sentença: a parte dispositiva e a fundamentação

Após a primeira reunião informal, a parte dispositiva da sentença deve ser redigida. Na minha opinião – e é isto que normalmente faço como presidente – a redação da sentença é um trabalho colegial (embora com forte coordenação do presidente), que passa por várias deliberações dos árbitros sobre sucessivas minutas, que pode ser feita em reuniões presenciais ou virtuais ou até em troca de *emails*. Todo este procedimento é confidencial[645], razão pela qual as opiniões dissidentes não podem violar esta regra. A lealdade é a principal razão que justifica aos olhos das partes a existência de um tribunal com 3 membros, porque "*it helps to ensure careful consideration of all the issues and a sensible, correct, result*"[646].

Como diz Yves Derains,

> A deliberação é uma arte que requer prudência, habilidade e firmeza e o árbitro deve manter sempre os atributos de independência, imparcialidade e disponibilidade, que são essenciais para o desempenho da sua função e inerentes à bagagem ética do árbitro[647].

643 Rozas, José Carlos Fernández. El oficio del árbitro en la elaboración del laudo arbitral. *In*: **Congreso Internacional Contratación y Arbitraje Comercial Internacional**, Santiago de Chile, 2017, p. 8-9.

644 Born, Gary. **International Commercial Arbitration**.. 2. ed. Kluwer Law International, 2014, p 2.301.

645 Born, Gary. **International Commercial Arbitration**.. 2. ed. Kluwer Law International, 2014, p. 2.301.

646 Born, Gary. International Commercial Arbitration.. 2. ed. Kluwer Law International, 2014, p. 2.301.

647 La pratique du délibéré arbitral. *In*: Aksen, G. Gerald. Global reflections on international law, commerce and dispute resolution: *Liber amicorum* in Honour of Robert Briner. Paris,

Por isso, não gosto quando o presidente do tribunal simplesmente envia o projeto final da sentença para aprovação dos coárbitros. Aceito esse modelo, como é evidente, mas não creio que isso favoreça a regra da colegialidade. Penso mesmo que pode ser uma boa ideia nas arbitragens internacionais se um dos árbitros for perito na lei aplicável que seja ele a escrever a parte do projeto com questões jurídicas mais complexas. Tal cooperação na redação deve respeitar o princípio de que é da responsabilidade do presidente a "*coordination of the work and the consistency of the reasoning and the result*"[648].

Na redação da decisão arbitral, é natural e compreensível aceitar que o estilo pessoal do presidente seja dominante, e, por isso, quando sou coárbitro, raramente proponho mudanças que, na minha opinião, não são essenciais. Há também necessidade de ponderar na redação as culturas jurídicas regionais ou nacionais de cada árbitro e das partes, incluindo as das jurisdições em que é mais provável que a sentença venha a ser executada.

No que diz respeito ao modelo da parte dispositiva, não há regras unânimes. Contudo, é do conhecimento geral que a CCI é a instituição arbitral mais antiga, lidera o mercado da arbitragem internacional em número e valores, e que se caracteriza também por um rigoroso processo de controle de qualidade levado a cabo pela Secretaria e pela Corte Internacional de Arbitragem, pelo que a experiência acumulada por esta instituição é importante.

Por esta razão, há uma tendência para seguir a prática das decisões da CCI, mesmo em arbitragens que não são administradas por esta instituição. Portanto, recomendo vivamente a todos aqueles que têm de escrever ou participar na redação de sentenças arbitrais o artigo fundamental *Drafting awards in ICC Arbitration*, já mencionado, onde são abordados os problemas mais frequentes e sugeridas as formas mais apropriadas, de um ponto de vista formal, para a organização da sentença arbitral. Como

International Chamber of Commerce (ICC), 2005, p. 221-233 *apud* Rozas, José Carlos Fernández. El oficio del árbitro en la elaboración del laudo arbitral. *In*: **Congreso Internacional Contratación y Arbitraje Comercial Internacional**, Santiago de Chile, 2017, p. 6.

[648] Lloyd, Humphrey *et al.* Drafting awards in ICC Arbitration. **Boletim da Corte Internacional de Arbitragem da ICC**. v. 16, n. 2, 2005, p. 25.

se afirma nesse artigo[649], *"The [ICC] Court respects the freedom of arbitrators to write their awards in the way they think best, provided that certain basic requirements are observed"*[650].

Como afirmam os autores do artigo[651], as características essenciais de uma sentença são: *clarity, precision, brevity and ease of use.* É necessário que, nas famosas palavras do professor Wirth, num seminário da Associação Suíça de Arbitragem (ASA), que cito de notas manuscritas, a sentença *seja "the rehabilition of the law, by restoring legal certainty"*. Por esta razão, a sentença deve ser bem fundamentada, embora *"both thourough and self suficient"*; isto é, não deve ser excessiva, mas também não pode ser tão pouco detalhada que as partes ou aqueles que a devem aplicar não sejam esclarecidos quanto ao significado e justificação da decisão.

Mas existem outros aspectos essenciais, o primeiro dos quais é o de que a sentença deve ser fundamentada[652], a menos que seja uma sentença para registrar o acordo alcançado pelas partes. Algumas instituições, para alguns tipos de sentenças, admitem que não haja fundamentação. Mas isso é um risco, pelo menos para situações em que a sentença deva ser executada noutros países, onde a ausência de fundamentação possa ser considerada motivo de anulação ou de não execução[653]. Isto é verdade para todas as instituições e na prática arbitral, mas é também muito relevante para a paz futura entre as partes, que é reforçada por uma compreensão dos fundamentos da decisão, uma vez que *"la moti-*

[649] Disponível em: www.josemigueljudice-arbitration.com (versão em inglês, *arbitration texts*).

[650] Lloyd, Humphrey *et al.* Drafting awards in ICC Arbitration. **Boletim da Corte Internacional de Arbitragem da ICC**. v. 16, n. 2, 2005, p. 19.

[651] Afirmam os autores: *"this is not, however, a treatise on drafting awards. Although the suggestions given in it may be expressed as what ought or ought not to be done, they are only recommendations based on the practice and experience of others"*. Lloyd, Humphrey *et al.* Drafting awards in ICC Arbitration. **Boletim da Corte Internacional de Arbitragem da ICC**. v. 16, n. 2, 2005, p. 20.

[652] É o que determina a Lei de Arbitragem Voluntária de Angola (LAV Angola), em seu art. 27º.

[653] Foi o que aconteceu, por exemplo, com uma sentença norte-americana no Brasil, que foi anulada porque o Tribunal Superior de Justiça considerou que a fundamentação é uma regra de ordem pública.

vación se conforma así como un criterio diferenciador entre la racionalidad y la arbitrariedad"[654].

Para o efeito, é muito conveniente que seja feita uma descrição sumária cuidadosa das posições das partes, que são relevantes (e não apenas acessórias) para a decisão. Isto pode ser feito imediatamente após a parte descritiva da história processual, mas considero preferível que esta seção seja muito resumida (apenas destacando a base dos pedidos das partes e seguida da enumeração dos pedidos), que a apresentação das posições das partes seja feita para cada *thema decidendum*, seguida do *cursus* do raciocínio do tribunal e das razões da decisão.

Ao apresentar o raciocínio do tribunal, devem ser abordadas questões de fato e de direito. Creio que, devido à minha experiência de muitos anos como advogado (poderia ser diferente se a minha experiência básica fosse de um jurisconsulto), prefiro abordar as questões começando com um esforço para chegar a conclusões sobre os fatos e passando depois à redação do que é uma visão jurídica, apenas se necessário, e como regra quase sem exceções, nunca antes de chegar a conclusões sobre o que aconteceu no mundo real. Na minha opinião, o risco de começar por tentar definir a lei (e mesmo a interpretação jurídica do contrato ou tratado) é procurar nos fatos mais ou menos inconscientemente a confirmação de um pré-conceito teórico.

A exceção é, evidentemente, o caso de litígios em que quase só esteja em causa uma questão de direito; mas mesmo nesses casos, as provas produzidas têm de ser analisadas porque (a menos que a *lex causae* o impeça), a relação pré-contratual e a prática contratual podem iluminar o significado das regras contratuais e, por vezes, até pode existir prova de um sentido comum das partes quanto à interpretação das regras do direito aplicável, que não deve ser subestimado. Por vezes, é necessário esclarecer como o tribunal aplica as regras legais de interpretação (por exemplo, em relação ao conteúdo do que é formal, interpretação subjetiva ou objetiva e outros critérios legais de interpretação) ou se utiliza o sentido dominante (ou precedentes, no sistema de *common law*) dos tri-

[654] ROZAS, José Carlos Fernández. El oficio del árbitro en la elaboración del laudo arbitral. *In*: **Congreso Internacional Contratación y Arbitraje Comercial Internacional**, Santiago de Chile, 2017, p. 23.

bunais nacionais do país cuja lei é aplicável. O mesmo se aplica às regras do ônus da prova.

O raciocínio na exposição da fundamentação não precisa ser muito pormenorizado, como é exigido em algumas jurisdições nacionais[655]. Isto não significa que a redação da sentença possa ser feita sem ter em conta as regras processuais da *lex fori* e, sempre que possível, das jurisdições onde a execução da sentença possa ocorrer[656]. É também necessário não se esquecer das limitações naturais de um procedimento de partes, como a regra que proíbe decisões *extra vel ultra petitum*[657], e em geral, o conteúdo dos fundamentos para o não reconhecimento de sentenças internacionais pela Convenção de Nova Iorque de 1958, para que possa ser reconhecida e confirmada para execução[658]. No mesmo sentido, é necessário evitar outros riscos de anulação da sentença, como decidir *infra petitum*, esclarecendo assim na decisão (incluindo na decisão final

655 Em Portugal existe jurisprudência que considera necessária não só a fundamentação de qual é a decisão do tribunal, mas também a análise e a fundamentação sobre quais são os argumentos do caso alternativo da parte vencida, e a explicação dos fundamentos para se considerar que não ficaram provados. Na minha opinião, em algumas situações isso pode ser conveniente, mas não é uma base suficiente para anular a sentença. Nas sentenças arbitrais *"care ought also be taken not to have a discussion of points which interesting in themselves, are not relevant in the context of the award as a whole. The arbitral tribunal must therefore resist the temptation to express opinions on matters of fact or of law which do not need to be decided in order to arrive at the final conclusion"*. LLOYD, Humphrey *et al.* Drafting awards in ICC Arbitration. **Boletim da Corte Internacional de Arbitragem da ICC**. v. 16, n. 2, 2005, p. 28.

656 Um bom exemplo de precaução é exigir ou não às testemunhas (incluindo os representantes das partes) um juramento prévio aos depoimentos, quando exigido pela *lex fori*.

657 Uma situação muito especial é a existência de regras imperativas de ordem pública internacional (e em certas situações de ordem pública da *lex fori* ou da *lex causae*) que não é possível desenvolver neste texto. Para uma análise do assunto, ver: BARROCAS, Manuel. **Manual de arbitragem**. 2. ed. Coimbra: Almedina, 2013, p. 449-478.

658 "A maioria das sentenças proferidas por árbitros nomeados em aplicação das Regras da ICC são, entretanto, executadas voluntariamente. O tribunal arbitral contribuirá para isso ao proferir uma sentença que estabeleça de maneira clara e convincente como e por que chegou a essa decisão final. Os termos deste último devem ser claros e simples, de forma a não suscitar dúvidas quanto ao desfecho do litígio. A melhor forma de o conseguir é fazê-lo na parte operativa da decisão" (tradução minha). LLOYD, Humphrey *et al.* Drafting awards in ICC Arbitration. **Boletim da Corte Internacional de Arbitragem da ICC**. v. 16, n. 2, 2005, p. 27.

a expressa rejeição de todos os pedidos não aceites) que os pedidos – mesmo os mais absurdos ou ilegais – não são esquecidos.

6. A redação da sentença: alguns problemas, riscos e questões práticas

Em qualquer caso, uma sentença não é um momento para reforçar a autoestima dos árbitros através de uma exibição de erudição, nem é um parecer jurídico ou um trabalho acadêmico, repleto de citações e de debates sobre opiniões diversas em relação a institutos jurídicos ou à interpretação de normas jurídicas específicas. Por isso, "consideraciones dogmáticas"[659] não são necessárias ou mesmo úteis. Esta é, por vezes, a tradição em Portugal em sentenças judiciais e até arbitrais, mas, na minha opinião, o tribunal arbitral deve limitar-se a "dizer" a lei para o caso específico e não "reproduzir" o que autoridades legais dizem em termos gerais e abstratos.

Um erro muito comum é fazer uma lista de soluções alternativas e depois explicar como escolher uma delas. Claro que não há regra sem exceção e, também, para este tipo de situação, mas esse caminho está cheio de riscos e é criador de confusão, na maior parte das vezes. A sentença deve ser *straightful*, e essa é, por regra, uma das suas maiores qualidades.

Outra preocupação essencial – e sempre uma boa prática – é ouvir as partes (e mencioná-la de alguma forma na sentença) sobre todas as questões jurídicas que o tribunal irá utilizar na sua decisão. É verdade que, pelo menos na arbitragem interna, há autores que consideram a regra *iuria novit curia* aplicável à arbitragem. Mas, ainda que seja possível em termos legais usar da discrição do tribunal na fundamentação jurídica, não é uma boa prática fazê-lo; se não houvesse outras justificações, porque é incompreensível para os advogados e os seus clientes uma decisão surpresa em que não tenha sido possível apresentar os seus argumentos ..., o que também evita frequentemente erros do tribunal.

Um aspecto muito relevante da redação da sentença (e para o procedimento em geral) é o papel do secretário administrativo[660]. A questão

[659] Rozas, José Carlos Fernández. El oficio del árbitro en la elaboración del laudo arbitral. *In*: **Congreso Internacional Contratación y Arbitraje Comercial Internacional**, Santiago de Chile, 2017, p. 14.

[660] Ver, em especial: Young ICCA Guide on Arbitral Secretaries, **The ICCA Reports** n. 1, 2014.

é muito relevante em âmbito prático[661]. Não é ilegal, nem contra as boas práticas, que o secretário administrativo prepare o projeto da parte histórica do procedimento, forneça as referências para a citação de documentos e autoridades legais, prepare transcrições da audiência a fim de reforçar as conclusões em termos de provas do tribunal, e, claro, se encarregue de rever a coerência do texto em matéria de forma e para evitar erros de linguagem ou outros. Penso que também é aceitável que prepare listas de autoridades legais em relação a questões jurídicas controversas e citações mais relevantes dos autores com possível aplicação ao caso específico.

Na minha experiência prática como presidente, o secretário administrativo tem frequentemente dado esta cooperação sem quaisquer problemas. O que eu não gosto de fazer, mas não o considero ilegal, é pedir-lhe que escreva a parte da sentença em que as posições das partes são resumidas. Na minha opinião, o esforço (porque para ser bem feito é um trabalho que leva muitas horas) de resumir os argumentos das partes é essencial para a compreensão do caso de cada parte e pode permitir que os argumentos do tribunal, para fundamentar a decisão, sejam muito rigorosos e que se aplique a regra *no stone unturned*.

O consenso é que não é admissível que o secretário administrativo seja encarregado de preparar o projeto da análise do tribunal e as suas conclusões e razões. Isso seria uma espécie de *outsourcing* da sentença, em caso algum sendo permitido, embora seja frequente ouvir vozes a dizer que acontece no mundo real.

Outra situação de risco de *outsourcing* da sentença é a decisão sobre provas técnicas (incluindo provas financeiras e contabilísticas), especialmente em situações em que o tribunal escolhe e nomeia um ou mais peritos ou assistentes técnicos, criando aquilo a que alguns autores chamam uma "situação de quarto árbitro". Nunca senti a necessidade de ter um assistente técnico ou um perito para analisar a prova técnica trazida aos autos pelas partes, mas admito que isso possa acontecer. O que é necessário para alguém que quer ser árbitro é fazer algum investimento em formação financeira, trabalhar bem os relatórios de cada perito, e os seus anexos, ter uma audiência na qual cada perito (*expert witness*) é convidado a comentar o parecer correspondente e determinar as suas con-

[661] Ver, como exemplo, o famoso caso *Yukos*.

clusões se aceitar as *assumptions* do outro perito. E depois, aplicar o sistema de *hot tubbing*, quando apropriado.

Se houver um assistente técnico, suas conclusões devem ser submetidas ao contraditório, o que também pode ajudar a clarificar os aspectos técnicos. E com toda esta metodologia e as regras do ônus da prova, a redação da sentença será muito mais fácil.

Outro aspeto importante a ter presente é a vantagem de informar as partes na sentença sobre os cálculos financeiros que apoiam a conclusão do valor na sentença. Recordo uma arbitragem de proteção do investimento relativa à expropriação de uma concessão, na qual fui presidente, onde adicionei à sentença uma folha Excel com os cálculos do valor da indenização[662]. Anos mais tarde, o advogado que tinha representado o Estado disse-me que em menos de um mês a compensação tinha sido paga porque a equipe de financeiros do Ministério das Finanças tinha compreendido a racionalidade por detrás do valor e isto tinha permitido uma aceitação também em âmbito psicológico, o que também confirma a relevância estratégica de uma boa fundamentação.

Não é aceitável – mas infelizmente muito frequente – que os tribunais evitem o esforço de chegar a conclusões sobre a indenização, usando soluções *ex aequo et bono* ou obrigando as partes a iniciar um procedimento judicial para a resolução dos danos[663].

A sentença deve indicar os nomes dos árbitros que fizeram a sentença, a data e o local onde é considerada assinada, os nomes ou denominações das partes, seu domicílio ou sede, os nomes dos advogados ou outras pessoas que representaram ou assistiram as partes. "*In terms of form, the award must therefore comply with the requirements of the law of the place of arbitration (and, where that is silent, with international practice*"[664].

Em algumas situações (por exemplo, em arbitragens de proteção de investimentos), o processo arbitral pode ter mais de uma língua oficial, ou pelo menos, a sentença deve ser assinada em mais de uma lín-

[662] A regra é que a sentença não tenha anexos, mas é difícil incluir as informações de uma planilha Excel no texto da sentença.

[663] Sobre estas questões, ver: Júdice, José Miguel. Determinación y cuantificación de daños. Una perspectiva arbitral. *In*: Arias, Maria José Menéndez. **Anuário de Arbitragem 2020**. Navarra, Espanha: RT, 2020, p. 277-292.

[664] Lloyd, Humphrey *et al.* Drafting awards in ICC Arbitration. **Boletim da Corte Internacional de Arbitragem da ICC**. v. 16, n. 2, 2005, p. 24.

gua, ambas de igual valor. A experiência demonstrou-me que é um erro preparar o rascunho em diferentes línguas e depois traduzir cada uma das partes para a outra língua. Esta opção pode destruir a coerência do texto, pelo que é preferível trabalhar na sentença apenas numa língua e traduzir a versão final.

7. A redação da sentença: juros e custas

A questão dos juros necessita de muita atenção por parte do tribunal, também porque os advogados muitas vezes não fundamentam os seus pedidos e os contratos não têm uma solução para esse pedido. Nesses casos, a decisão precisa ser tomada de acordo com a *lex causae*, que em muitas jurisdições tem regras supletivas.

> *The draft award must either set out the applicable rate(s) of interest and the date from which interest will commence to be payable, or it will state the decision of the arbitral tribunal as to the amount of interest payable up to a given date, applying the relevant interest rate and periods, and the relevant interest rate(s) from the time after that date*[665].

Se as partes não tiverem esclarecido as suas posições, ou se não tiverem indicado as suas razões no contrato ou na lei aplicável, a questão da taxa de juro pode ser um tema importante para ser pedido que se trate nas alegações finais. No entanto, é frequente que o *bargaining process* seja aplicado à solução dos juros, o que muitas vezes é suficiente para evitar um voto vencido sobre a sentença.

Quanto aos custos da arbitragem, a decisão não tem realmente autonomia material em relação aos outros pedidos. A regra básica é que a decisão deve ser fundamentada e que *costs follow the event* no sentido de que os custos (incluindo honorários de advogados e peritos) devem ser pagos na proporção do sucesso das pretensões de cada parte. Mas, em regra, com pedidos subsidiários e outras reivindicações apresentadas no decurso do processo, mesmo em situações em que uma parte ganhou um pedido na sua totalidade, é aceitável dividir os custos de uma forma não proporcional ao resultado financeiro ou econômico.

[665] LLOYD, Humphrey *et al.* Drafting awards in ICC Arbitration. **Boletim da Corte Internacional de Arbitragem da ICC**. v. 16, n. 2, 2005, p. 34.

Uma situação complexa ocorre quando os honorários de advogados e de peritos não são equilibrados, por qualquer razão. Nesses casos, os tribunais consideram frequentemente apenas os custos da parte que apresentou valores mais baixos como relevantes para a decisão.

Também por estas razões, frequentemente, a distribuição dos custos "ajuda" o *bargaining process* admissível.

8. Redação da sentença: a parte dispositiva

É a parte dispositiva que trata da decisão sobre os pedidos das partes. A regra é que – também porque todas as fundamentações já foram apresentadas e não há necessidade de repeti-las – esta parte da sentença se limite a esclarecer quais pretensões foram aceitas e quais foram rejeitadas, *"en términos simples, de manera tal que permita a una jurisdicción estatal pronunciarse sobre la ejecución del laudo dándole efectos sin dificultad"*[666].

É necessário ter muita cautela para evitar que algum dos pedidos não seja decidido, mas é suficiente (a menos que a *lex fori* determine alguma regra), em relação aos pedidos que não tenham êxito, dizer que todos os outros pedidos são rejeitados.

No caso de pedidos de indenização, é necessário calcular os juros até o momento da decisão, para evitar dúvidas futuras.

Segundo alguns autores, deve existir uma "deliberação" presencial que fixa a versão final da sentença, algumas vezes – como é o caso da LAV Angola, no seu artigo 26º, n.1 – devido ao texto legal aplicável. Os autores de 'Lei da Arbitragem Voluntária Comentada – Angola' entendem talvez por isso que, ao contrário das arbitragens internacionais, nas arbitragens domésticas, a deliberação deve ser presencial[667]. Não concordo com essa necessidade, apesar da letra da lei, pois o que é relevante não é a presença, mas a efetiva deliberação. Essa visão literal poderá causar delongas e demoras, bastando pensar na hipótese de um dos árbitros não ser residente no país e necessitar de um visto de entrada, o que prejudica as partes, aumenta os custos e não se vê que interesse relevante ficaria desprotegido por uma deliberação por videoconferência.

[666] LLOYD, Humphrey *et al.* Drafting awards in ICC Arbitration. **Boletim da Corte Internacional de Arbitragem da ICC.** v. 16, n. 2, 2005, p .35.

[667] GONÇALVES, Manuel; VALE, Sofia; DIAMVUTU, Limno. **Lei da Arbitragem Voluntária Comentada** – Angola. São Paulo: Almedina, 2013, p. 107.

9. O voto de vencido

A possibilidade da existência de voto de vencido ou dissidente é por vezes considerado uma espécie de anomalia no procedimento arbitral[668]. Na tradição da *civil law*, a tendência era para não serem admitidos, embora a evolução nos últimos tempos seja no sentido da sua admissibilidade, desde que não viole os deveres de confidencialidade sobre as deliberações.

A divergência entre árbitros é normal, mas em regra, não conduz a um expresso voto de vencido. Por vezes, o árbitro discordante limita-se a solicitar que fique expresso numa curta nota de rodapé que não acompanha nalguns pedidos ou argumentos a posição maioritária.

Por vezes, é preferível utilizar essa válvula de escape em relação ao voto vencido a "negociar" a decisão para acomodar e evitar essa divergência. Em minha opinião, é razoável pedir ao dissidente que submeta a minuta do seu voto para que a sentença possa tomar em consideração o seu conteúdo.

10. O prazo para a sentença arbitral

A regra habitual em âmbito internacional é a de que os prazos, incluindo o da notificação da sentença arbitral, são fixados pela instituição que administra a arbitragem[669]. Esses prazos, em regra, são curtos, mas pode ser determinada a sua extensão ou ser ela solicitada, acabando por ser na prática mais relevante o prazo contado desde a recepção pelo tribunal das alegações. No caso da CCI, se o tribunal não respeitar o prazo cominado, seus membros poderão ver os honorários reduzidos.

Mas também pode ser relevante a *lex fori*, sobretudo para as arbitragens *ad hoc*[670]. No caso de Angola, rege o artigo 25º da LAV Angola, que dá, como é habitual, bastante latitude, embora preveja um prazo de 6

[668] Sobre este tema: JÚDICE, José Miguel. La opinión disidente entre Scylla y Carybdis. *In:* Corte Civil y Mercantil de Madrid (CIMA). **El proceso de adopción de decisiones en el arbitraje**, 2020.

[669] É o que acontece com as arbitragens CCI (art 30º do Regulamento).

[670] É, no entanto, prudente que mesmo em arbitragens institucionais os tribunais respeitem as normas sobre prazo da arbitragem que existam na *lex fori*.

meses desde a data da aceitação do último árbitro. Se o prazo não for respeitado, existe risco de caducidade da convenção arbitral[671].

Em algumas legislações[672], a sentença deve ser depositada num tribunal judicial determinado. No meu entendimento, tal obrigação não se aplica a arbitragens institucionais, caso em que existem regras próprias de preservação das sentenças, mas quando a lei o refira, é mais prudente fazer tal depósito ao menos se as partes não determinarem em sentido contrário.

11. Conclusão com a ajuda de Minerva y Sísifo

A qualidade de um processo arbitral é medida sobretudo pela qualidade da sentença. Uma sentença que aplica bem a lei aos fatos e respeita as boas práticas é o que o sistema arbitral exige e o que as partes precisam.

É verdade que, em regra, nenhuma sentença é completamente do agrado de ambas as partes, mas uma boa sentença é respeitada (ou mesmo admirada) e pode definitivamente pacificar o conflito; e é a melhor promoção da arbitragem como um sistema alternativo de resolução de conflitos.

Mas que o amável leitor não tenha ilusões: fazer boas sentenças não é algo que possa sair da teoria (ou deste texto...) da mesma maneira que Minerva saiu armada da cabeça de Júpiter. É um esforço de vida, como uma rocha de Sísifo. É preciso nunca esquecer que assim é, e evitar a arrogância. Estas são as regras que devemos ter sempre em mente.

Referências

Barrocas, Manuel. **Manual de arbitragem**. 2. ed. Coimbra: Almedina, 2013.

Born, Gary. **International Commercial Arbitration**. 2. ed. Kluwer Law International, 2014.

Cordeiro, António Menezes. **Tratado da arbitragem**. Coimbra: Almedina, 2015.

Gonçalves, Manuel; Vale, Sofia; Diamvutu, Limno. **Lei da Arbitragem Voluntária Comentada** – Angola. São Paulo: Almedina, 2013.

671 Gonçalves, Manuel; Vale, Sofia; Diamvutu, Limno. **Lei da Arbitragem Voluntária Comentada** – Angola. São Paulo: Almedina, 2013, p. 105.

672 É o caso da LAV Angola, artigo 30º.

JÚDICE, José Miguel. A constituição do Tribunal Arbitral: caraterísticas, poderes e perfis dos árbitros. *In*: **II Congresso do Centro de Arbitragem da Câmara de Comércio e Indústria Portuguesa** – Intervenções. Coimbra: Almedina, 2009.

JÚDICE, José Miguel. Reflexiones sobre la construcción de una buena sentencia arbitral. *In*: **Libro Homenaje a Bernardo Cremades e Yves Derains**. Instituto Peruano de Arbitraje, t. II, 2013.

JÚDICE, José Miguel. La opinión disidente entre Scylla y Carybdis. *In:* Corte Civil y Mercantil de Madrid (CIMA). **El proceso de adopción de decisiones en el arbitraje**, 2020.

JÚDICE, José Miguel. Determinación y cuantificación de daños. Una perspectiva arbitral. *In*: ARIAS, Maria José Menéndez. **Anuário de Arbitragem 2020**. Navarra, Espanha: RT, 2020.

LLOYD, Humphrey *et al.* Drafting awards in ICC Arbitration. **Boletim da Corte Internacional de Arbitragem da ICC**. v. 16, n. 2, 2005.

REDFERN, Alan; HUNTER, Martin. **International commercial arbitration**. 2. ed. UK: Sweet & Maxwell, 1991.

ROZAS, José Carlos Fernández. El oficio del árbitro en la elaboración del laudo arbitral. *In*: **Congreso Internacional Contratación y Arbitraje Comercial Internacional**, Santiago de Chile, 2017.

YOUNG ICCA Guide on Arbitral Secretaries, **The ICCA Reports** n. 1, 2014.

2. UM OLHAR JUDICIAL SOBRE O DISPOSITIVO DAS SENTENÇAS ARBITRAIS

Andrea Galhardo Palma

Introdução

O ato de sentenciar na Justiça Arbitral não difere da Justiça Estatal. As funções do juiz e do árbitro são semelhantes, ressalvadas as garantias constitucionais atribuídas aos juízes, a que os árbitros não fazem jus, porque estes desempenham em geral outras funções profissionais paralelas à arbitragem. A função do árbitro, e por conseguinte sua jurisdição, é limitada à convenção das partes, encerrando-se com a prolação da sentença arbitral, esgotados os prazos de esclarecimentos. Mas, o ato em si de sentenciar, na estrutura formal (e por vezes material – livre convencimento racional motivado, com base nas provas produzidas e na legislação aplicável ao caso concreto) é o mesmo.

A Lei n. 9.307/1996, denominada lei de arbitragem brasileira, em seus arts. 13, § 6º e 14, § 1º, aproxima as duas funções, as quais gozam dos mesmos princípios éticos e deontológicos[673]: imparcialidade, independência, competência, diligência e discrição, e estão sujeitos aos mesmos critérios de impedimento e suspeição dos juízes (art. 14, *caput*), ao qual se acrescenta o dever de revelação de qualquer fato que denote dúvida justificada quanto à sua imparcialidade e independência[674].

[673] Lemes, Selma Ferreira. Árbitro: o padrão de conduta ideal. *In*: Casella, Paulo B. (coord.). **Arbitragem**: Nova Lei Brasileira e a Praxe Internacional. São Paulo: LTr, 1996, p. 243-279.

[674] Andrighi, Fátima Nancy. O perfil do árbitro e a regência de sua conduta pela lei de arbitragem. **BDJur**. Brasília; STJ: 2007. Disponível em: http://revistathemis.tjce.jus.br/index.php/THEMIS/article/view/417. Acesso em: 30 out. 2021.

O fato de o procedimento na arbitragem ser flexível, observando o estabelecido pelas partes na convenção e no termo de arbitragem, não torna o ato de sentenciar diferente do que hodiernamente é estabelecido pelo sistema jurídico nacional, quando o Brasil é escolhido como sede e a Lei que governa a arbitragem. Tanto é assim, que a estrutura formal e os requisitos legais previstos no art. 26, I a IV, da Lei n. 9.307/1996 são idênticos:

> I – o relatório contendo a identificação das partes e o resumo do litígio;
>
> II – os fundamentos da decisão na qual serão analisadas as questões de fato e de direito, ou os fundamentos do julgamento por equidade;
>
> III – e o dispositivo como parte operacional e executável da sentença onde os árbitros emitirão um comando preciso (declaratório, condenatório, constitutivo e/ou cominatório) e correlato ao que foi decidido na fundamentação.

Assim, não é à toa que a violação dessa estrutura formal leva à possível nulidade, nos termos do art. 32, III, da Lei n. 9.307/1996. Essa simetria na estruturação é importante, porque traz coesão às duas jurisdições, na medida em que as sentenças arbitrais, caso não cumpridas voluntariamente, serão inevitavelmente levadas ao Poder Judiciário, para cumprimento forçado, por carecerem de coercitividade, dependendo da Justiça Estatal para executá-las. Nesse sentido, embora na arbitragem não se aplique o Código de Processo Civil, para reger o procedimento pautado pela convenção das partes, fato é que a sentença deve se ajustar na forma e estrutura do comando ao sistema processual civil brasileiro vigente, sob pena de na fase de cumprimento tornar-se inexequível. Vale lembrar que a arbitragem é apenas um processo de conhecimento.

É nesse ponto que as duas Justiças se conectam de forma intrínseca e extrínseca, não podendo o árbitro negar o sistema processual vigente, se quiser que, coercitivamente, o comando por ele proferido tenha efetividade e segurança jurídica.

Intrinsecamente, o Poder Judiciário não poderá preencher lacunas na fundamentação ou dispositivo da sentença, já que sua intervenção nas questões arbitrais é limitada, sob o ponto de vista formal, às hipóteses legais previstas nos arts. 7º, 14, 22-A, 32, 33 e §§ da Lei n. 9.307/1996, com redação dada pela Lei n. 13.129/2015: audiência do art. 7º para preenchimento da cláusula vazia ou compromisso arbitral, cautelas pré-arbitrais, ações anulatórias e cumprimentos de sentença, tudo visando fortalecer a convenção de arbitragem e a escolha da Jurisdição Privada.

Extrinsecamente, só poderá fazer o controle excepcional e formal da sentença arbitral, nos exatos limites previstos no art. 32 da Lei n. 9.307/1996.

Por conseguinte, é bem verdade que o § 4º, do art. 33, acrescentado pela Lei n. 13.129/2015, prevê a possibilidade de a parte interessada requerer em juízo a prolação da sentença arbitral complementar, se o árbitro não decidir todos os pedidos submetidos à arbitragem, mas de excepcional e rara ou nenhuma aplicação, já que não é dado ao juiz interferir na autonomia de vontade das partes que escolheram a justiça privada, e não a estatal para decidir de forma exclusiva e definitiva determinada disputa.

É nesse contexto, com um olhar judicial, que este ensaio pretende abordar algumas questões atuais relacionadas aos defeitos nos dispositivos das sentenças arbitrais, identificados nas Varas Especializadas de São Paulo, que vem causando assimetria no sistema, gerando não só obstáculos na fase de cumprimento, como inexequibilidade.

1. A ausência da coerção das sentenças arbitrais e a dependência do Judiciário na execução

A sentença arbitral produz, entre as partes e seus sucessores, os mesmos efeitos da sentença proferida pelos órgãos do Poder Judiciário (art. 31 da Lei n. 9.307/1996), possuindo eficácia de título executivo judicial (art. 515, VII, do Código de Processo Civil). Contudo, carece de coercitividade. Na hipótese de não cumprimento voluntário, caberá a uma das partes buscar seu cumprimento forçado judicialmente, e nesse caso, o comando da sentença arbitral deve justapor-se, encaixar-se na legislação processual vigente, em especial no Título II – do Código de Processo Civil, que trata dos diversos tipos de cumprimentos de sentença (artigos 513 a 538, do Código de Processo Civil) de quanto à certa à obrigação de fazer ou dar, etecetera.

É nessa hipótese, que tenho defendido a padronização da estrutura formal do comando das sentenças arbitrais, especialmente em relação à operacionalidade dos dispositivos das sentenças arbitrais domésticas, para que haja um espelhamento com as sentenças estatais, na estrutura formal para que facilite o cumprimento na forma da legislação processual em vigor.

Ao escolher o Brasil como sede da arbitragem, as partes, automaticamente, optam pelo sistema jurídico nacional vigente, sendo este o processual civil para cumprimento das sentenças, caso queiram executá-las no Brasil, e também, de forma exclusiva, para ajuizamento das anulatórias perante o Judiciário Brasileiro.

Gary B. Born ressalta a importância e algumas consequências da escolha do *arbitral seat*: a opção da legislação nacional aplicável à arbitragem (seu procedimento interno), e a automática – relação entre arbitragem e o Judiciário Nacional; a Lei nacional presumivelmente aplicável à convenção de arbitragem; o lugar onde a sentença arbitral será feita e também anulada; as influências sobre a nacionalidade e *backgrounds* dos árbitros[675].

Contudo, o controle estatal, como ensina Flávio Luiz Yarshell[676] especialmente nas anulatórias de sentenças arbitrais, tem sempre um caráter excepcional e subsidiário, sendo inviável a revisão sobre eventual *error in judicando*, não podendo se pretender que o Judiciário reveja os fundamentos de fato e de direito adotados pelo juízo arbitral. Também, assim, salvo melhor juízo, quanto ao *error in procedendo* relativo aos erros nos dispositivos das sentenças arbitrais, muitas vezes arguidos em sede de impugnação de cumprimento de sentença, nos termos do art. 33, § 1º e 3º, da Lei n. 9.307/1996, passado o prazo para ajuizamento de anulatórias.

Nesse sentido, indiscutível a importância à estruturação do comando decisório preciso, lógico e simétrico do ponto de vista formal e, também, material.

2. A estrutura lógica do comando decisório: sentenças arbitrais domésticas e internacionais

O capítulo V, da Lei de Arbitragem refere-se, de forma exclusiva às sentenças arbitrais domésticas, cuja estrutura formal é similar à estrutura das sentenças judiciais.

675 BORN, Gary B. **International Arbitration**: law and practice. United Kingdom: Wolters Kluwer, 2016, p. 112.

676 YARSHELL, Flávio Luiz. Ação anulatória. *In*: LEVY, Daniel; PEREIRA, Guilherme Setoguttí J. **Curso de arbitragem**. São Paulo: RT, 2021, p. 457.

Dessa forma, a sentença arbitral, ápice da função do árbitro, é, segundo Rafael Alves[677], o ato processual, por meio do qual o árbitro decide definitivamente o mérito ou parte do mérito da arbitragem ou, ainda, extingue definitivamente, sem o julgamento do mérito (terminativas); sendo a definitividade como característica fundamental da sentença arbitral de mérito. Podendo ainda, segundo Rafael Alves, o comando decisório definitivo ser parcial ou final. Parcial quando decidir parte do mérito da arbitragem, nos termos do art. 23, § 1º, da Lei n. 9.307/1996, com redação dada pela Lei n. 13.129/2015.

Na arbitragem internacional, também é possível a prolação de sentenças finais e parciais de mérito, estas últimas cindindo o mérito da disputa, por exemplo, certos *claims*, por exemplo, *breach of contract* (inadimplemento contratual) e *torts* (dever de indenizar).[678] Gary B. Born ainda faz uma advertência sobre o termo sentença final ou *final award*, que deveria se referir à última decisão na arbitragem, a por fim a todas as *claims* (ou pedidos formulados pelas partes), põe fim ao mandato do Tribunal Arbitral, nos termos do art.32 (1) da Uncitral Model Law.[679]

Nesse contexto, tanto nas sentenças domésticas, como nas internacionais não se descuram da necessidade de se observar requisitos formais para um comando decisório lógico e coerente, composto de um relatório, fundamentação e parte dispositiva – ou operacional das sentenças[680].

[677] ALVES, Rafael. Sentença arbitral. *In*: LEVY, Daniel; PEREIRA, Guilherme Setogutti J. **Curso de arbitragem**. São Paulo: RT, 2021, p. 266-267.

[678] BORN, Gary B. **International Arbitration**: law and practice. United Kingdom: Wolters Kluwer, 2016, p. 294. In practice partial awards are typically used for separate determinations of specified claims (with other claims reserved for further proceedings. For example, a tribunal might render an award rejecting contractual claims or upholding claims and awarding damages, while leaving for subsequent proceedings the parties' non contractual claims.

[679] BORN, Gary B. **International Arbitration**: law and practice. United Kingdom: Wolters Kluwer, 2016, p. 294-295. Uncitral Model Law, Art.32 (1): he Arbitral proceedings are terminated by the final award or by an order of the arbitral tribunal in accordance with paragraph (2) of this article.

[680] Observando-se que em alguns países, como nos EUA é possível as partes convencionarem se querem ou não uma sentença fundamentada (*unreasoned awards*), ou só a parte dispositiva ou comando operativo da sentença. O que hoje em dia já não é mais tão-comum, pre-

Cumpre esclarecer que, no Brasil, o critério para se identificar se uma sentença é nacional ou estrangeira é basicamente o geográfico (*ius soli*) para determinação da nacionalidade das sentenças arbitrais, baseando-se exclusivamente no local onde a decisão foi proferida[681]. Segundo Peter Christian Sester[682], a Convenção de Nova York não fixa critérios para a identificação da nacionalidade da sentença arbitral, ficando a cargo dos legisladores nacionais definir os parâmetros que separam a sentença doméstica da internacional, o que foi feito no parágrafo único, do art. 34, da Lei de Arbitragem.

Sobre a estrutura lógica do comando decisório das sentenças arbitrais domésticas e internacionais, Peter Christian Sester[683] observa que a redação do art. 26, I a III, da Lei de Arbitragem lembra o art. 31 (1) (2), da Uncitral Model Law[684], sendo a norma brasileira mais detalhada, com inspiração nos art. 489, I a III, do Código de Processo Civil.

Há uma certa simetria, portanto, já presente tanto no plano internacional, como no nacional quanto à forma de estruturação do comando decisório, por influência da *Uncitral Model Law* adotada por mais de 150 países, inclusive o Brasil, não sendo nenhum absurdo pensarmos numa simetria doméstica entre as sentenças estatais e a sentenças arbitrais

valecendo a opção pela fundamentação. Ver.tb art.31, (2) da Uncitral Model Law on International Commercial Arbitration 1985 with amendments as adopted in 2006.

681 BRASIL. Superior Tribunal de Justiça, 3ª Turma, REsp.1.231.554/rj, Rel. Min. Nancy Andrighi, DJ 01-06-2011.

682 SESTER, Peter Christian. **Comentários à Lei de Arbitragem e à Legislação Extravagante**. São Paulo: Quartier Latin, 2020, p. 392; GAILLARD, Emmanuel; BERMANN, George A. (ed). **Guide on the Convention of the Recognition and Enforcement of Foreign Arbitral Award**. Leiden, Boston: Brill/Nijhoff, 2017, p. 28.

683 SESTER, Peter Christian. **Comentários à Lei de Arbitragem e à Legislação Extravagante**. São Paulo: Quartier Latin, 2020, p. 316.

684 Uncitral Model Law Article 31. Form and contest of award.

(1) The award shall be in writing and shall be signed by the arbitrator or arbitrators. In the arbitral proceedings with more than one arbitrator, the signatures of the majority of all members of the arbitral tribunal shall suffice, provided that reason for any omitted signature is stated.

(2) The award shall state the reasons upon which it is based, unless the parties have agreed that no reasons are to be given or the award is an award on agreed terms under article 30.

(3) The award shall state its date and place of arbitration as determined in accordance with article 20 (1). The award shall be deemed to have been made at that place.

(4) After the award is made, a copy signed by the arbitrators in accordance with paragraph

domésticas, a fim de fortalecer segurança jurídica e viabilizar a eficiência do cumprimento judicial.

A própria legislação nacional já faz essa equiparação[685] da sentença arbitral à judicial, bastando uma singela análise do art. 31 c/c com a estrutura do art. 26, I a III, da Lei n. 9.307/1996: relatório, fundamentação e dispositivo.

O relatório, contendo o nome das partes e a narrativa cronológica do procedimento arbitral, segundo Carlos Alberto Carmona[686], cumpre a função técnica de delimitação do litígio submetido à arbitragem, mas também psicológica, de demonstração às partes e advogados que o tribunal arbitral analisou todas as informações dos autos (alegações, provas, argumentos). Assim, cumpre esclarecer que a incompletude do relatório não leva à anulação da sentença arbitral, mas sim sua ausência. Basta que se identifique as partes e os principais atos do processo[687].

Na fundamentação, segundo Carlos Alberto Carmona, o árbitro exporá as questões de fato e de direito sobre que irá recair o julgamento[688], mas também justificará, com base nas provas produzidas, sob o crivo do contraditório e devido processo legal, analisando os argumentos das partes, a escolha da procedência ou improcedência do(s) pedido(s) formulados na arbitragem, e normalmente, sistematizados no termo de arbitragem.

Para Peter Christian Sester[689], a razão pela qual a Lei de Arbitragem estabelece a fundamentação, como requisito essencial da sentença arbitral reside na Constituição Federal, ao estabelecer no art. 93, IX: "todos os julgamentos dos órgãos do Poder Judiciário serão públicos, e fundamentadas todas as decisões, sob pena de nulidade". Muito embora, a Lei de arbitragem seja anterior à Constituição Federal, o art. 31, da Lei n.

[685] SESTER, Peter Christian. **Comentários à Lei de Arbitragem e à Legislação Extravagante**. São Paulo: Quartier Latin, 2020, p. 321.

[686] CARMONA, Carlos Alberto. **Arbitragem e processo**. São Paulo: Atlas, 2009, p. 369; SESTER, Peter Christian. **Comentários à Lei de Arbitragem e à Legislação Extravagante**. São Paulo: Quartier Latin, 2020, p. 317.

[687] ALVES, Rafael Francisco. Sentença arbitral. *In*: LEVY, Daniel; PEREIRA, Guilherme Setoguti (coord.). **Curso de Arbitragem**. São Paulo: RT, 2018, p. 262-263.

[688] CARMONA, Carlos Alberto. **Arbitragem e processo**. São Paulo: Atlas, 2009, p. 369; SESTER, Peter Christian. **Comentários à Lei de Arbitragem e à Legislação Extravagante**. São Paulo: Quartier Latin, 2020, p. 317.

[689] SESTER, Peter Christian. **Comentários à Lei de Arbitragem e à Legislação Extravagante**. São Paulo: Quartier Latin, 2020, p. 321.

9.307/1996 permite a inferência de que o art. 93, IX, da CF/1988 aplica-se à arbitragem[690]. O fato de o julgador escolher uma tese vencedora e motivar a *ratio decidendi* a partir dela, não induz a nulidade. O Superior Tribunal de Justiça já decidiu que "[...] não se pode confundir motivação contrária aos interesses da parte, com ausência de fundamentação[691].

É certo que em algumas legislações estrangeiras é possível as partes convencionarem pela ausência de fundamentação nas sentenças arbitrais, como já mencionado anteriormente ao citar o art. 31 da *Uncitral Model Law*. Mas, tal hipótese não parece ser admissível no nosso sistema jurídico nacional, por conta da exigência constitucional prevista no art. 93, IX, sendo o dever de motivar e fundamentar questão de ordem pública constitucional, extensível também à arbitragem, cujas decisões são equiparáveis às dos Poder Judiciário.

O importante é que fundamentação justifique legalmente o critério escolhido, com base nas provas produzidas nos autos, e quanto mais expositiva, didática e objetiva a forma e estrutura melhor, porque a fundamentação deverá ter uma ligação direta e consequencial com o dispositivo – ou parte operativa da sentença, que transitará em julgada e constituirá o comando decisório propriamente dito a viabilizar o cumprimento forçado pelo Judiciário, caso seja necessário.

Maior atenção temos dado ao dispositivo das sentenças arbitrais (art. 26, III, da Lei de Arbitragem) parciais e finais, especialmente porque os juízes cumprirão – ou deverão cumprir exatamente o constante na parte dispositiva da sentença.

Para os juízes estatais, treinados nas escolas de magistratura a fazerem comandos coerentes logicamente com a fundamentação, objetivos, sintéticos autoexecutáveis, é mais fácil porque é o cotidiano da prática profissional deles, e porque são constantemente supervisionados pelos recursos interpostos no duplo grau de jurisdição. Já, para um árbitro, por vezes advogado, mas podendo também ser engenheiro ou de outra especialidade, é um desafio maior tentar justapor as razões de decidir e operacionalizá-las num comando sintético, operacional, autoexecutável.

[690] SESTER, Peter Christian. **Comentários à Lei de Arbitragem e à Legislação Extravagante.** São Paulo: Quartier Latin, 2020, p. 321-322.

[691] BRASIL. Superior Tribunal de Justiça. 3ª Turma, REsp n.1636.102-SP, Rel. Min. Villas Boas Cueva, j. 13-06-2017.

Normalmente, nós juízes adequamos nosso dispositivo às categorias de ações (declaratórias, condenatórias, constitutivas e cominatórias) já existentes no nosso sistema processual, de forma que o cumprimento observe o já disposto nos arts. 515 a 528, do Código de Processo Civil. Assim, os comandos deverão também determinar se serão condenatórios (montante, acréscimos legais, multa contratual, custas de arbitragem e honorários – se houver convenção), declaratórios, constitutivos e cominatórios (com os exemplos: declaração de certa situação jurídica, reconhecimento de uma obrigação ou dever de abstenção e qual o possível efeito em caso de inobservância – perdas e danos, multa, etecetera, e qual seria forma de liquidação caso o valor precise ser apurado?).

Nas sentenças parciais a preocupação aumenta, porque, em geral, os árbitros cindem fragmentos do mérito da disputa, podendo a parte executar de pronto parte do comando, o que, muitas vezes, pode trazer certa dificuldade para os juízes na fase de cumprimento, especialmente quando o dispositivo não deixa claro qual a consequência direta do caso. A nível de exemplificação, tem se reconhecido que a parte que inadimpliu o contrato tem o dever de cooperar e não criar obstáculo, mas sem uma sanção consequencial, para isso: *astreinte* ou obrigação de indenizar (por vezes explicitamente usando a expressão "condena a indenizar"), já que o árbitro reservou no próprio dispositivo, como por exemplo, o direito de analisar o pedido indenizatório para outra oportunidade. Nesse sentido, situações como essas e outras causam certa perplexidade na fase de cumprimento a que nos compete, como juízes estatais, gerir, já que fogem ao tradicional sistema processual civil vigente.

Mas, ainda sim, o Judiciário brasileiro tem sido cooperativo com a arbitragem, anulando as sentenças arbitrais apenas de forma excepcional.

3. A importância do dispositivo operacional. Defeitos mais comuns nos dispositivos: levantamento na justiça paulista

Em São Paulo, um levantamento por amostragem[692], com a participação dos juízes das Varas Especializadas, demonstrou que as alegações mais comuns nas anulatórias eram de que a sentença arbitral proferida estava:

[692] Esse levantamento foi publicado no artigo "Notas sobre a Cooperação Judiciário e Arbitragem, publicado no *blog* de Arbitragem da Fundação Getulio Vargas do Rio de Janeiro, em abril de 2020.

- **Fora dos limites da convenção de arbitragem** (art. 32, IV, Lei n. 9.307/1996), geralmente atacando a ordem procedimental;
- **Em desrespeito aos princípios do contraditório, da imparcialidade do árbitro** (art. 32, VIII, idem);
- **Falha no dispositivo** (art. 26, III, idem);
- **Emanou de quem não podia ser árbitro** (art. 32, II); impedimento ou suspeição do árbitro;
- **Cerceamento de defesa**; violação da Lei ou à regra de procedimento ou termo de arbitragem.

Contudo, nosso levantamento demonstra que: Dos 56 processos relacionados a conflitos arbitrais distribuídos à 2ª Vara de Falência, Recuperação e Conflitos Arbitrais de agosto de 2015 até novembro de 2017, 27 desses processos objetivavam provimento cautelar ou de urgência.

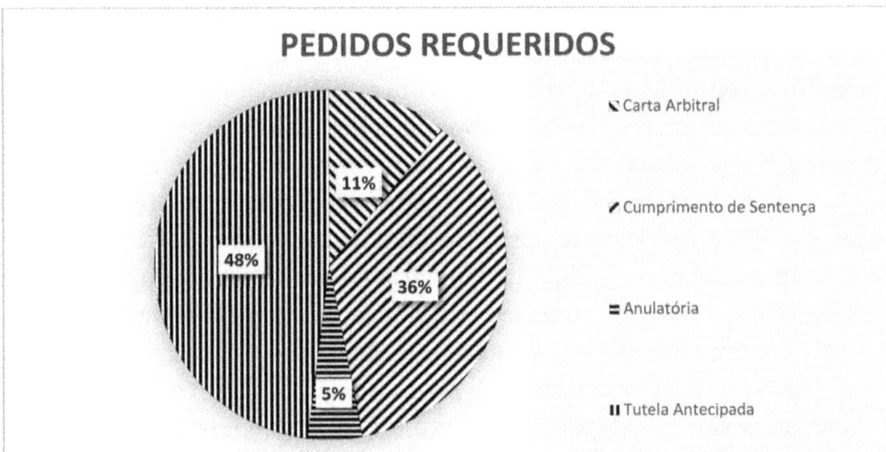

Levantamento feito pelo juízo da 2ª Vara de Falência e recuperações judiciais correspondente à 50% das ações distribuídas na Comarca da Capital no período de 29.07.2015 (Prov.719/2015 criou a competência das Varas de Falência e Recuperações judiciais para os conflitos de arbitragem) até 05.12.2017 (instalação das varas empresariais, que passaram a ter competência exclusiva para a matéria).

- **A partir de 05.12.2015:**

Segundo levantamento feito nas Varas Empresariais (1ª e 2ª), permanece a preponderância das cautelares, mas com sensível aumento das ações anulatórias e redução dos cumprimentos de sentenças e cartas arbitrais.

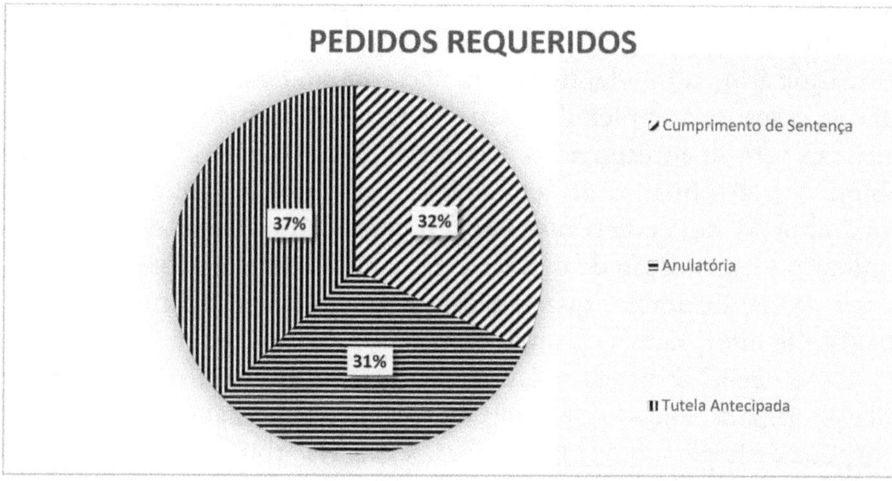

Levantamento Atual-Amostragem

- **A partir de 05.12.2018-2020:**
  Segundo levantamento feito nas Varas Empresariais (1ª e 2ª), permanece a preponderância das cautelares, mas com sensível aumento das ações anulatórias e aumento dos cumprimentos de sentenças e cartas arbitrais.

Essa realidade não muda em grau de recurso, cujo reduzido número de anulatórias tem se mantido.

No ano de 2019 houve um crescimento importante de cumprimentos de sentença arbitral, e nesse levantamento os juízes das Varas Especializadas de São Paulo identificaram, não com muita frequência, que em alguns casos de complexidade mediana os dispositivos das sentenças arbitrais tem se apresentados: Confusos, desprovidos de um comando objetivo claro quanto aos comandos declaratórios, condenatórios e cominatórios, bem como ausência dos consectários legais e sua correta limitação – ex.: fixação da correção monetária, multa ou Juros de mora, termo inicial de ambos, qual o índice a ser utilizado, havendo necessidade de se interpretar as lacunas.

A coerência lógica da fundamentação com o dispositivo é de extrema relevância para validade e eficácia da sentença seja estatal, seja a arbitral sob pena de julgamentos infra e extra petita. Na arbitral, a questão é que não poderão serão alterados no juízo estatal, tampouco o mérito da fundamentação.

Maior cuidado, temos sustentado, deve-se ter quanto ao uso de sentenças parciais que cindam a análise do mérito, nos casos em que a legislação nacional não prevê. Não é incomum que alguns Tribunais arbitrais cindam o mérito da demanda, reservando para outra oportunidade outra parte da análise, como por exemplo nas hipóteses de apuração de ato ilícito, para posterior apuração do dano; ou hipóteses em que se apurou o inadimplemento contratual sentenciando apenas uma parte para reconhecer quem inadimpliu, para posterior julgamento do dever de indenizar.

Faz sentido nos comandos condenatórios ilíquidos que se abra a oportunidade futura para liquidação ou, por exemplo, a apuração de haveres numa segunda fase procedimental. Nestes casos, os dispositivos das sentenças parciais devem deixar claro o que será e decidido posteriormente. Alguns árbitros decidem questões como violação do contrato, do dever de cooperar, e o dever de cumprimento a determinada cláusula do contrato, mas deixam o pedido indenizatório por dano moral ou material para serem analisados numa segunda fase – reservando a posteriori essa decisão, e que não encontra respaldo no nosso sistema processual, causando dificuldade muitas vezes no seu cumprimento.

Dessa forma, fica evidente que o dispositivo deve ser um comando operativo claro, preciso, direto e autoexecutável, não necessitando a rigor de interpretação, tamanha clareza que deve conter, como um recorte preciso e correlato do que foi decidido na fundamentação.

Em reunião do grupo Task Force da ICC – Brazil Branch[693], os juízes das Varas Especializadas apresentaram seus pontos de vistas para melhoria desses comandos, sem qualquer pretensão de ensinar árbitros a sentenciarem, mas de fortalecer a cooperação já existente entre as duas jurisdições, com vistas a tornar eficiente o cumprimento forçado das sentenças arbitrais já Justiça Estatal. Nesse sentido, apontamos que o dispositivo deve conter todo o comando da sentença. Deve haver cuidado no *comando do dispositivo*, devendo ele ser *operativo*, contendo ordem clara e direta e não fazendo mera remissão aos fundamentos da sentença arbitral.

a) Os itens do dispositivo devem ser *coesos*, desenrolando-se de forma *lógica* (fecha-se uma questão e julga-se a próxima), buscando-se evitar discrepâncias entre (i) uma resposta e outra nos itens; ou (ii) entre os itens e a fundamentação da sentença, sem que haja a necessidade, como tem ocorrido, de algum tipo de interpretação pelos Juízes no momento da execução;
b) Os itens dos dispositivos devem sintetizar e especificar *todos* os comandos, evitando-se a remissão e a necessidade de análise do corpo da sentença para a interpretação do dispositivo (foi enfatizado que houve casos inclusive de discrepâncias entre os itens do dispositivo);
c) Sugere-se a utilização de metodologia de aglutinação dos itens do dispositivo em declaração, constituição ou condenação (classificação tradicional da carga decisória das sentenças), para causar uma interpretação e uma execução direta e clara;
d) Diante de pedidos extensos, variados e numerosos formulados nas arbitragens, a sugestão é a de se pensar em uma organização das respostas a fim de que o dispositivo tenha uma *ordem lógica precisa*, evitando-se divergências e omissões de pontos essenciais, que dão margem à necessidade de interpretação;
e) Sugestão de determinação no *dispositivo* da forma de execução, com a previsão de prestação alternativa, se for o caso;

[693] Dados constantes em Ata da Reunião Virtual realizada em 06-10-2020 com os juízes das Varas Especializadas de São Paulo, com os membros da comissão Task Force à época.

f) As sentenças devem *evitar lacunas*, que acabam tendo que ser preenchidas pelo Poder Judiciário em uma eventual execução;
g) Os itens do dispositivo devem ser *concisos*, *operativos* e *executáveis* de forma direta;e
h) Maior cuidado com a determinação de acréscimos como os juros. Deve haver sempre a indicação dos termos inicial e final e a forma de cálculo de juros no dispositivo, o mesmo ocorrendo com multas e outras cominações.

Sugestão nossa como modelo de escrutínio, que pode servir para arbitragem doméstica brasileira a estruturação formal do guideline do IBA, "Tolkit for Award Writing, Chapter 4 (Content of the Award) especialmente quanto à parte operativa – dispositivo da sentença.

CONTENT OF AWARD:

1 – Mandatory requirements
2 – Administrative ou procedural contents
3 – Type of award (partial or final)
4 – Procedural History
5 – Basis of Jurisdiction
6 – Parties' requests for relief an identification of issues
7 – Factual Summary
8 – Summary of Claims/submissions
9 – Applicable laws and procedural rules
10 – The Arbitral Tribunal Reasoning and Findings
11 – Operative part (dispositive)
12 – Dissenting and separate opinions
13 – Reservation of issues
14 – Taxes and interests
15 – Award costs.

Tal estrutura, também, é muito similar ao *guides* da American Arbitration Association (AAA), da ICDR (*International Centre of Dispute Resolution*), CIARB (*Chatered Institute of Arbitrators*).

A importância do dispositivo das sentenças arbitrais é inconteste e o ajuste dos defeitos é salutar para dar coerência ao sistema jurídico nacional, onde a arbitragem se insere. A proposta é que as Câmaras de

Arbitragem possam criar guias de estruturação das sentenças arbitrais domésticas a exemplo das instituições acima mencionadas.

Conclusões

Diante de todo exposto, verifica-se que a sentença arbitral produz, entre as partes e seus sucessores, os mesmos efeitos da sentença proferida pelos órgãos do Poder Judiciário (art. 31, da Lei n. 9.307/1996), possuindo eficácia de título executivo judicial (art. 515, VII, do Código de Processo Civil). Contudo, carece de coercitividade na hipótese de não cumprimento voluntário, caberá a uma das partes buscar seu cumprimento forçado judicialmente, e, nesse caso, o comando da sentença arbitral deve justapor-se, encaixar-se na legislação processual vigente, em especial no Título II do Código de Processo Civil, que trata dos diversos tipos cumprimentos de sentença (artigos 513 a 538, do Código de Processo Civil) de pagar quantia certa à obrigação de fazer ou dar, etecetera.

Desse modo, é nessa hipótese que tenho defendido a padronização da estrutura formal do comando das sentenças arbitrais, especialmente em relação à operacionalidade dos dispositivos das sentenças arbitrais domésticas, para que haja um espelhamento com as sentenças estatais, na estrutura formal, para que facilite o cumprimento na forma da legislação processual em vigor, mas também dê segurança jurídica aos jurisdicionados, a fim de evitar nulidades ou impossibilidade de cumprimento futuro da sentença arbitral doméstica, sendo também um fator econômico[694] importante para a escolha desse método alternativo de solução de conflito no Brasil.

Referências

Alves, Rafael. Sentença arbitral. *In*: Levy, Daniel; Pereira, Guilherme Setogutti J. **Curso de arbitragem**. São Paulo: RT, 2021.

Alves, Rafael Francisco. Sentença arbitral. *In*: Levy, Daniel; Pereira, Guilherme Setoguti (coord.). **Curso de Arbitragem**. São Paulo: RT, 2018.

[694] Guandalini, Bruno. **Analysis of the Arbitrator's Function**. AH Alphen aan den Rjn: Wolters Kluwer, 2020.

ANDRIGHI, Fátima Nancy. O perfil do árbitro e a regência de sua conduta pela lei de arbitragem. **BDJur**. Brasília; STJ: 2007. Disponível em: http://revistathemis.tjce.jus.br/index.php/THEMIS/article/view/417. Acesso em: 30 out. 2021.

BRASIL. Constituição (1988). **Constituição da República Federativa do Brasil**. Brasília, DF: Senado Federal: Centro Gráfico, 1988.

BRASIL. **Lei n. 9.307, de 23 de outubro de 1996**. Dispõe sobre a arbitragem. Brasília, 1996.

BRASIL. **Lei n. 13.105, de 16 de março de 2015**. Institui o Código de Processo Civil. Diário Oficial da União, Brasília, DF, 17 março 2015.

BORN, Gary B. **International Arbitration**: law and practice. United Kingdom: Wolters Kluwer, 2016.

CARMONA, Carlos Alberto. **Arbitragem e processo**. São Paulo: Atlas, 2009.

GAILLARD, Emmanuel; BERMANN, George A. (ed). **Guide on the Convention of the Recognition and Enforcement of Foreign Arbitral Award**. Leiden, Boston: Brill/Nijhoff, 2017.

GUANDALINI, Bruno. **Analysis of the Arbitrator's Function**. AH Alphen aan den Rjn: Wolters Kluwer, 2020.

LEMES, Selma Ferreira. Árbitro: o padrão de conduta ideal. *In*: CASELLA, Paulo B. (coord.). **Arbitragem**: Nova Lei Brasileira e a Praxe Internacional. São Paulo: LTr, 1996.

SESTER, Peter Christian. **Comentários à Lei de Arbitragem e à Legislação Extravagante**. São Paulo: Quartier Latin, 2020.

YARSHELL, Flávio Luiz. Ação anulatória. *In*: LEVY, Daniel; PEREIRA, Guilherme Setogutti J. **Curso de arbitragem**. São Paulo: RT, 2021.

3. A APLICAÇÃO ERRÔNEA DO DIREITO MATERIAL PELO ÁRBITRO

Fabiane Verçosa

Introdução

Quais as consequências que podem advir a uma sentença arbitral em que o(s) árbitro(s) aplica(m) erroneamente o Direito que rege o mérito da controvérsia? Há alguma medida que a parte prejudicada possa tomar para impugnar tal sentença ou esvaziá-la de eficácia?[695]

O presente artigo visa a responder às tormentosas indagações acima, de inegável importância prática, com as quais diversos profissionais que militam em Arbitragem já se depararam em sua atividade profissional. Lamentavelmente, a aplicação errônea do direito material de uma disputa acontece com indesejável frequência na arbitragem.

Nossa análise será realizada do ponto de vista brasileiro, em que não há, no direito positivo, ou muito menos na jurisprudência, resposta para a pergunta *sub examine*. Assim, para levarmos a efeito esta empreitada, revela-se imprescindível realizar um exame do assunto no direito estrangeiro, a fim de se aferir como outros países vêm lidando com este problema.

Foram escolhidos 7 países em cujo direito a questão acima foi analisada: Estados Unidos da América, Reino Unido, Alemanha, Itália, Áustria, Suíça e França. Todos foram selecionados para a pesquisa por

[695] Para um exame mais profundo deste tema, vide: VERÇOSA, Fabiane. **A aplicação errônea do direito pelo árbitro**. Uma análise à luz do direito brasileiro e estrangeiro. Curitiba: CRV, 2015.

razões de relevância para o tema proposto e porque vêm se destacando, reiteradamente, no cenário da arbitragem.

Por oportuno, cumpre empreender aqui uma breve digressão sobre a questão proposta. No caso de uma aplicação errônea, pelo juiz estatal, do direito que disciplina a controvérsia submetida a um órgão judiciário, não há maiores questionamentos, já que contra a sentença judicial há sempre um recurso cabível segundo a *lex fori*, além de tantos outros recursos admissíveis contra as eventuais decisões judiciais que se seguem. Tal não ocorre com a sentença arbitral. Como se sabe, a sentença arbitral é, em regra, irrecorrível[696]. Após a prolação da decisão pelo(s) árbitro(s), normalmente não é dada aos litigantes uma segunda chance para rever ou reformar o mérito da decisão. Ademais, na maioria dos países, impera a regra de que a sentença arbitral não é atacável no mérito, mas tão somente em relação a aspectos formais ou extrínsecos, não relacionados com o fundo da disputa em si.

Além disso, a celeridade (para a qual a irrecorribilidade da sentença arbitral contribui decisivamente) tem sido apontada como uma das principais razões que motivam as partes a optarem pela arbitragem. Ora, o farto sistema de recursos na esfera judicial pode fazer com que uma disputa dure anos – ou mesmo décadas – até ser solucionada de forma definitiva. Demais disso, na arbitragem, é dada às partes a preciosa oportunidade de eleger o julgador de seu litígio. Normalmente, opta-se por especialistas na matéria e, em qualquer caso, por alguém que goza da confiança dos litigantes.

Assim, como admitir que as partes possam lançar mão de alguma medida contra a sentença arbitral que apresenta uma aplicação errônea do direito que rege o fundo da controvérsia, se (i) isto pode comprometer sobremaneira a celeridade da arbitragem; e (ii) se tal decisão foi proferida por alguém (ou por um colegiado) que as partes mesmas escolheram (ou aceitaram submeter sua disputa, conforme o caso) e na qual

696 São excepcionais os casos em que se verifica o cabimento de recurso contra a sentença arbitral. Entre tais hipóteses extraordinárias, podemos citar três entidades arbitrais que permitem, em seu regulamento, a interposição de recurso a um órgão no seio das respectivas câmaras, para remediar eventual inconformismo em face da sentença arbitral. Trata-se da Câmara de Arbitragem da *International Cotton Association* (nova denominação de *Liverpool Cotton Association*), da Câmara de Arbitragem da FOSFA, também sediada no Reino Unido, e da *Cámara Arbitral de la Bolsa de Cereales*, de Buenos Aires.

confiam? Aceitar qualquer remédio jurídico neste cenário corresponderia a um genuíno contrassenso. Até porque – alguns podem argumentar – foram as próprias partes que escolheram os árbitros.

O imbróglio não é assim tão simples quanto pode parecer, porém. Seria justo impor à parte prejudicada pela aplicação errônea do direito que ela pague o preço de erro de tal natureza cometido pelo julgador? Em condições normais, em que foi expresso e claramente escolhido pelas partes o direito aplicável ao fundo da controvérsia, e em que foram eleitos árbitros tecnicamente competentes, ilibados e confiáveis, seria correto não restar nenhuma alternativa à parte que acaba sendo prejudicada pela aplicação errônea do direito manifestamente eleito pelos litigantes para reger o fundo do litígio? Isto não significaria impor às partes de uma arbitragem um ônus desmedido, o qual sobre elas recairia simplesmente por terem optado por este método de solução de controvérsias e por terem nomeado um árbitro (ou tribunal arbitral) que elas acreditaram fosse julgar a controvérsia observando o direito por elas escolhido?

Vale dizer que, embora seja mais previsível que o árbitro *estrangeiro* aplique erroneamente um direito do qual ele não é nacional, não é difícil vislumbrar uma situação em que o árbitro empreenda uma aplicação errônea do seu próprio direito, o qual ele supostamente deveria conhecer. Tal cenário torna-se ainda mais factível, quando se tem em mente que algumas legislações, como a brasileira[697], não impõem que o árbitro seja um jurista. Ora, se o árbitro não necessita ser uma pessoa versada na ciência jurídica, pode-se facilmente imaginar que ele tenha escasso conhecimento do direito que deve reger o fundo da controvérsia, ainda que este seja o seu próprio. Assim, na prática, é factível que tanto o árbitro estrangeiro quanto o árbitro nacional efetuem uma aplicação errônea do direito que rege o mérito da arbitragem.

Diversamente da nacionalidade do árbitro, que, afinal, é indiferente para o tema ora estudado, a nacionalidade da sentença pode fazer grande diferença para o deslinde do problema ora proposto. Afinal, o eventual remédio jurídico contra a aplicação errônea do direito pelo árbitro – se houver – será distinto: (i) no caso da sentença arbitral

[697] Brasil. Lei n. 9.307/1996. "Art. 13. Pode ser árbitro qualquer pessoa capaz e que tenha a confiança das partes".

doméstica, a medida cabível, em regra, será a ação de anulação; (ii) já no que tange à sentença arbitral alienígena, a saída será invocar a aplicação errônea em sede de defesa nos autos da ação judicial de reconhecimento (ou homologação) e/ou execução do laudo estrangeiro.

No estudo de cada um dos países analisados, levar-se-á em consideração que o direito a reger o mérito da controvérsia é o direito nacional de cada um dos países. Restam excluídos da análise em cada capítulo, portanto, qualquer direito estrangeiro, a *Lex Mercatoria*, os princípios do UNDROIT ou quaisquer outros conjuntos de regras de *soft law*.

Ainda neste diapasão, vale salientar que não trataremos da hipótese em que se aplica, na arbitragem, um direito nacional diverso daquele que as partes explicitamente escolheram. Até porque, neste cenário, poder-se-ia facilmente ponderar que o árbitro não cumpriu a sua missão adequadamente, por não ter respeitado o que havia sido pactuado pelas partes na convenção de arbitragem[698], o que não geraria grandes questionamentos.

Da mesma forma, considera-se como direito aplicável ao mérito da controvérsia aquele que as partes manifestamente elegeram para reger sua disputa[699]. Não se tratará, nestas notas, de nenhuma outra forma de

[698] A atuação do árbitro que não obedece ao disposto na convenção da arbitragem é tido como comportamento punível em diversas legislações, como a francesa (artigo 1502, n. 3 do CPC) e a alemã, (artigo 1059(2)(1), *d* do ZPO), por exemplo. Sobre este assunto, recomenda-se a leitura de KASSIS, Antoine. **L'autonomie de l'arbitrage commercial international**. Le droit français em question. Paris: L'Harmattan, 2007, p. 388-389 e DELVOLVÉ, Jean-Louis; ROUCHE, Jean; POINTON, Gerald H. **French arbitration law and practice**. A Haia: Kluwer, 2003, p. 136-137.

[699] Conforme já tivemos oportunidade de nos manifestar, compartilhamos da opinião professada por João Bosco Lee, no sentido de que, no Brasil somente é dado às partes de uma arbitragem reputada como **internacional** eleger o direito aplicável ao mérito da controvérsia. Vide: VERÇOSA, Fabiane. Arbitragem interna *v.* arbitragem internacional: breves contornos da distinção e sua repercussão no ordenamento jurídico brasileiro face ao princípio da autonomia da vontade. *In*: TIBURCIO, Carmen; BARROSO, Luís Roberto (coord.). **O direito internacional contemporâneo**. Estudos em homenagem ao Prof. Jacob Dolinger. Rio de Janeiro: Renovar, p. 421-449, 2006. Para as ideias de João Bosco Lee sobre o tema: LEE, João Bosco. A Lei n. 9.307/96 e o direito aplicável ao mérito do litígio na arbitragem comercial internacional. **Revista de Direito Bancário, do Mercado de Capitais e da Arbitragem**, São Paulo, n. 11, p. 347-359, jan.-mar. 2001.

determinação do direito que rege o fundo de uma arbitragem, como a *voie directe*[700], por exemplo.

Primeira Parte: Análise à luz do direito estrangeiro

A. Estados Unidos da América

A.1. Sentenças arbitrais domésticas *v.* sentenças arbitrais estrangeiras

A *Federal Arbitration Act* (doravante, "FAA") distingue entre sentenças arbitrais domésticas e estrangeiras. O Capítulo I (*General Provisions*) traz a disciplina relativa ao questionamento das sentenças arbitrais proferidas nos Estados Unidos da América, conforme se pode inferir de trecho do § 9º da FAA[701], classificadas como domésticas.

Já o Capítulo II (*Convention on the Recognition and Enforcement of Foreign Arbitral Awards*) remete à Convenção de Nova Iorque sobre o reconhecimento e a execução de sentenças arbitrais estrangeiras. As hipóteses de impugnação ao laudo arbitral estrangeiro são reguladas, no direito norte-americano, por aquela Convenção.

[700] Em poucas palavras, entende-se como *voie directe* os árbitros designarem diretamente o direito que regerá algum aspecto da arbitragem (como o mérito, por exemplo), sem lançarem mão de regras conflituais. Tal expediente normalmente é utilizado na hipótese de as partes não terem eleito o direito aplicável ao aspecto do litígio em questão.

[701] *Section 9. Award of arbitrators; confirmation; jurisdiction; procedure. If the parties in their agreement have agreed that a judgment of the court shall be entered upon the award made pursuant to the arbitration, and shall specify the court, then at any time within one year after the award is made any party to the arbitration may apply to the court so specified for an order confirming the award, and thereupon the court must grant such an order unless the award is vacated, modified, or corrected as prescribed in sections 10 and 11 of this title. If no court is specified in the agreement of the parties,* ***then such application may be made to the United States court in and for the district within which such award was made.*** *Notice of the application shall be served upon the adverse party, and thereupon the court shall have jurisdiction of such party as though he had appeared generally in the proceeding. If the adverse party is a resident of the district within which the award was made, such service shall be made upon the adverse party or his attorney as prescribed by law for service of notice of motion in an action in the same court. If the adverse party shall be a nonresident, then the notice of the application shall be served by the marshal of any district within which the adverse party may be found in like manner as other process of the court [...]* (grifos nossos).

A.2. Sentenças arbitrais domésticas

No que tange à possibilidade de impugnação das sentenças arbitrais domésticas nos Estados Unidos, a FAA contém 3 dispositivos: §§ 9º, 10[702] e 11[703].

Segundo o § 9º, qualquer das partes de uma arbitragem pode solicitar ao órgão competente do Poder Judiciário norte-americano a confirmação da sentença arbitral, no prazo máximo de 1 ano a contar da prolação da sentença.

Ainda conforme dispõe o § 9º, o pleito de confirmação da sentença arbitral deverá ser concedido pelo tribunal (estatal), a menos que referida sentença seja anulada, modificada ou corrigida na forma dos §§ 10 e 11 do FAA (*"the court **must** grant such an order unless the award is vacated, modified, or corrected as prescribed in sections 10 and 11 of this title"*) (grifo nosso).

[702] *Section 10. Same; vacation; grounds; rehearing. (a) In any of the following cases the United States court in and for the district wherein the award was made may make an order vacating the award upon the application of any party to the arbitration (1) Where the award was procured by corruption, fraud, or undue means. (2) Where there was evident partiality or corruption in the arbitrators, or either of them. (3) Where the arbitrators were guilty of misconduct in refusing to postpone the hearing, upon sufficient cause shown, or in refusing to hear evidence pertinent and material to the controversy; or of any other misbehavior by which the rights of any party have been prejudiced. (4) Where the arbitrators exceeded their powers, or so imperfectly executed them that a mutual, final, and definite award upon the subject matter submitted was not made. (5) Where an award is vacated and the time within which the agreement required the award to be made has not expired the court may, in its discretion, direct a rehearing by the arbitrators. (b) The United States district court for the district wherein an award was made that was issued pursuant to section 590 of title 5 may make an order vacating the award upon the application of a person, other than a party to the arbitration, who is adversely affected or aggrieved by the award, if the use of arbitration or the award is clearly inconsistent with the factors set forth in section 582 of Title 5.*

[703] *Section 11. Same; modification or correction; grounds; order in either of the following cases the United States court in and for the district wherein the award was made may make an order modifying or correcting the award upon the application of any party to the arbitration (a) Where there was an evident material miscalculation of figures or an evident material mistake in the description of any person, thing, or property referred to in the award. (b) Where the arbitrators have awarded upon a matter not submitted to them, unless it is a matter not affecting the merits of the decision upon the matter submitted. (c) Where the award is imperfect in matter of form not affecting the merits of the controversy. The order may modify and correct the award, so as to effect the intent thereof and promote justice between the parties.*

O § 10 dispõe sobre as hipóteses de anulação da sentença arbitral, ao passo que o parágrafo seguinte prevê os casos de modificação e de correção do laudo arbitral.

Neste cenário, torna-se imperioso indagar se o rol dos §§ 10 e 11 da FAA é *numerus clausus*, de forma que somente seriam providos os pedidos de anulação, modificação e correção que se enquadrassem em uma das hipóteses expressamente elencadas nos dois dispositivos.

Trata-se de questão de grande importância, sobretudo, em função de uma previsão contratual que não tem sido incomum nos Estados Unidos. Na convenção de arbitragem, não raro as partes dispõem que o laudo arbitral poderá ser anulado, modificado ou corrigido pelo Poder Judiciário se o(s) árbitro(s) cometer(em) um erro de direito.

Ademais, uma outra circunstância também é digna de nota no direito norte-americano: trata-se da possibilidade de anulação, modificação ou correção do laudo arbitral se o(s) árbitro(s) incorrer(em) no *manifest disregard of the law*. É sobre a aceitação do *manifest disregard of the law* pelos tribunais norte-americanos como hipótese de anulação, modificação ou correção da sentença arbitral que nos debruçaremos a seguir.

A.2.1. *Manifest disregard of the law*

O *manifest disregard of the law* (expressão que poderia ser traduzida para a língua portuguesa como "manifesta desconsideração do direito [aplicável]") é reiteradamente classificada pela doutrina e jurisprudência dos Estados Unidos como um fundamento não legislativo (*non-statutory ground*, i.e., não previsto na legislação), mas criado pelos tribunais estatais norte-americanos, para a anulação, modificação ou correção de uma sentença arbitral[704]. Como atestou o Second Circuit no caso *Merryl Linch, Pierce, Fenner & Smith, Inc. v. Bobker*: "'manifest disregard of the law by the arbitrators is a *judicially-created ground* for vacating their arbitration award [that] was introduced by the Supreme Court in Wilko v. Swan. *It is not to be found in the federal arbitration law*"[705] (grifos nossos).

[704] Tendo em vista que o pleito mais frequente calcado no *manifest disregard of the law* é o de anulação da sentença arbitral doméstica, no presente capítulo faremos referência nominal, a partir deste trecho, apenas à anulação quando fundada no referido argumento, unicamente para fins metodológicos e de simplificação.

[705] *Merryl Linch, Pierce, Fenner & Smith, Inc. v. Bobker.* 808 F.2d 930, 933 (2d Circ. 1986).

O caso *Burchell v. Marsh*[706], julgado pela Suprema Corte na segunda metade do século XIX, é apontado pela doutrina[707] como a origem remota do *manifest disregard of the law*. Em *Burchell*, a Suprema Corte empreendeu uma distinção entre *mere errors of law* e *gross mistakes*. Semelhantemente, o *manifest disregard of the law* distingue-se umbilicalmente de *mere errors of interpretation*.

Afinal, para se caracterizar o *manifest disregard of the law*, é necessário que a manifesta desconsideração, pelo árbitro, do direito aplicável, seja deliberada; não são suficientes a simples negligência ou a ignorância acerca do direito que deveria reger aquela situação fática. Nas palavras do *Tenth Circuit* no caso *Bowen v. Amoco Pipeline Co.*[708]: "Manifest disregard of the law means 'willful inattentiveness to the governing law'". Assim, deve-se demonstrar que o árbitro tinha consciência do direito que acabou sendo propositadamente desconsiderado por ele no caso concreto. Farta é a jurisprudência norte-americana acerca da referida definição[709]. Neste diapasão, é também digno de nota o caso *DiRussa v.*

[706] *Burchell v. Marsh*, 58 US (17 How) 344 (1854). Cumpre transcrever um outro trecho interessante do caso: *"If the award is within the submission, and contains the honest decision of the arbitrators, after a full and fair hearing of the parties,* ***a court of equity will not set it aside for error, either in law or fact. A contrary course would be a substitution of the judgment of the chancellor [the judiciary] in place of the judges chosen by the parties [the arbitrators], and would make an award the commencement, not the end, of litigation****"* (grifos nossos).

[707] Citem-se, dentre todos, Michael Hwang e Amy Lai. HWANG; Michael; LAI, Amy. Do egregious errors amount to a breach of public policy? **Arbitration**: Journal of the Chartered Institute of Arbitrators, v. 71, n. 1, fev. 2005, p. 8.

[708] *Bowen v. Amoco Pipeline Co., 254 F. 3d 932 (10th Circ. 2001).*

[709] *"A manifest disregard of the law is more than a misinterpretation, misstatement or misapplication of the law [...] it involves a* ***conscious and deliberate decision to ignore the applicable law*** *[...] Neither party has pointed the Court to the arbitration transcript as shedding light on how the panel treated the statute of limitations and parol evidence issues. In any event, there is no evidence that the Panel's rulings on these issues exhibited* ***a conscious and deliberate decision to ignore applicable law, which is the appropriate standard of review [...]in order to vacate an arbitration award there must be some showing that the arbitrators knew the law and expressly disregarded it [...]*** *Unless it can be shown that a panel knowingly disregarded the law as they understood it, a court must confirm the award"* (grifos nossos). (*Pebbles v. Merrill Lynch, Pierce, Fenner & Smith, Inc.*, 431 F.3d 1320, 1326 (11th Circ. 2005).) *"Legal error or misunderstanding of the law is not sufficient;* ***the arbitrator must have known the applicable law and explicitly disregarded it****"* (grifos nossos) (*Hicks v. The Cadle Co.* (Case no. 04-2616 (USDC D. Col.). July 23, 2008.) *"It [manifest*

Dean Witter Reynolds, Inc.[710], em que o *Second Circuit* negou provimento ao pedido de anulação de uma sentença arbitral, porque não havia ficado satisfatoriamente comprovado que o direito aplicável havia sido levado ao conhecimento do árbitro. A Corte entendeu que não era possível dizer que o árbitro havia manifestamente desconsiderado o direito acerca do qual ele não tinha sido informado.

Ressalta-se que a invocação do *manifest disregard of the law* não se presta a anular uma sentença arbitral com base numa interpretação, pelo árbitro, distinta daquela que a corte estatal teria[711].

Por fim, revela-se fundamental mencionar também que o *manifest disregard of the law* é invocado tão somente visando a impugnar sentenças arbitrais **domésticas** norte-americanas. Não pode, portanto, ser manejado com vistas ao não reconhecimento, nos EUA, de uma sentença arbitral estrangeira.

A.2.2. *Manifest disregard of the law* como hipótese de anulação de uma sentença arbitral doméstica na visão dos tribunais federais norte-americanos

disregard of law] clearly means more than error or misunderstanding with respect to the law" (Merryl Linch, Pierce, Fenner & Smith, Inc. v. Bobker).

710 *DiRussa v. Dean Witter Reynolds, Inc.* 121 F. 3d 818, 821 (2d Circ. 1997).

711 É o que demonstram os arestos a seguir: *"Even assuming* ***arguendo*** *that 'manifest disregard' remains a viable doctrine, 'the reach of this doctrine is* ***severely limited.*** *In fact,* ***even a court convinced that an arbitrator incorrectly applied the law is not free to vacate the award"***. (grifos nossos) (*Robert Lewis Rosen Associates, Ltd. v. William Webb. Memorandum Opinion and Order.* 07 Civ.11403 (RJH). S.D.N.Y. 07.07.2008.) *"Vacatur is appropriate only when arbitral decisions 'simply reflect the arbitrator's own notions of industrial justice' rather than an interpretation of the contract or agreement at issue. [...]* ***so far as the arbitrator's decision concerns construction of the contract, the courts have no business overruling him because their interpretation of the contract is different from his"*** (grifos nossos) (*Supreme Oil Co. v. Abandolo* – Case n. 07-6479 (U.S.D.C.N.Y. July 31, 2008). *"The court finds the arbitrator's decision, to the extent it conflicts with Baut [Baut v. Pethick Const. Co., F. Supp. 350, 363 (D.C. Pa.), ação julgada em 1966 na Pensilvânia que concedeu ao seu autor indenização com base em violação de patentes e royalties] does not constitute a 'manifest disregard of the law'. The arbitrator declined to apply a rule from the general negligence caselaw of New York to the patent infringement context.* ***The arbitrator's failure to follow Baut, a fifty-year old Pennsylvania case, absent additional support for doing so, is not reversible error***". (grifou-se) (*Remote Solution Co. v. FGH Liquidating Corp.* Case no. 06-4 (USDC D. Del., July 31, 2008)

A.2.2.a. O caso *Wilko v. Swan*

Foi a partir do caso *Wilko v. Swan*, julgado pela Suprema Corte dos Estados Unidos em 1953[712], que alguns tribunais estatais norte-americanos passaram a admitir fundamentos não legislativos para a anulação, modificação ou correção de sentenças arbitrais perante o Poder Judiciário daquele país[713].

O trecho do julgamento em *Wilko* que levou diversas cortes a se orientarem neste sentido é o seguinte: "The interpretations of the Law by the arbitrators in contrast to manifest disregard are not subject, in the federal courts, to judicial review for error in interpretation".

No *dictum* acima transcrito, a Suprema Corte parece sugerir que os laudos arbitrais podem ser afastados pelo fundamento não legislativo do *manifest disregard of the law*. Foi com base nesta assertiva, um tanto oblíqua, ambígua, e indireta da lavra da Suprema Corte, que muitos tribunais federais norte-americanos acreditam ter encontrado os alicerces de uma gama de *non-statutory grounds* para a impugnação da sentença arbitral, todos reunidos sob a epígrafe do *manifest disregard of the law*.

A.2.2.b. A jurisprudência dos tribunais federais norte-americanos pós-*Wilko v. Swan*

Como mencionado adrede, diversos tribunais federais dos EUA têm invocado a vaga e dúbia redação empregada pela Suprema Corte no caso *Wilko v. Swan*, julgado na segunda metade do século passado, para ainda hoje utilizá-lo como sustentáculo ao alargamento do rol de hipóteses que ensejam a anulação de uma sentença arbitral doméstica.

Ademais, alguns tribunais dos EUA foram além e passaram a acatar o argumento aduzido por algumas partes no seguinte sentido: se as cortes podem reconhecer fundamentos não previstos na FAA para a anulação da sentença arbitral doméstica, então as partes também poderiam, mediante mútuo acordo, pactuar a revisão judicial de laudos arbitrais com base em fundamentos por elas estabelecidos.

712 *Wilko v. Swan*, 346 US 427 (1953).

713 Para um comentário ao referido caso, vide o nosso Verçosa, Fabiane. *Manifest disregard of the law*. Comentário ao acórdão prolatado no caso *Wilko v. Swan* pela Suprema Corte Norte-Americana. **Revista Brasileira de Arbitragem**, n. 28, p. 205-215, out.-dez. 2010.

Neste diapasão, são dignos de nota os casos *La Pine v. Kyocera* e *Hall Street v. Mattel*, ambos julgados pelo Ninth Circuit. Os dois têm em comum o acordo, firmado entre as partes, de que eventual laudo arbitral poderia ser objeto de revisão judicial caso o árbitro tivesse incorrido em erro de direito.

Entre os dois casos acima mencionados, apenas *Hall Street v. Mattel* chegou à Suprema Corte norte-americana, que o decidiu em 25 de março de 2008. Tal decisão estava sendo aguardada pela comunidade arbitral de todo o mundo, devido à sua grande relevância prática. Afinal, pela primeira vez, a Suprema Corte finalmente iria se manifestar acerca da taxatividade do rol previsto nos §§ 10 e 11 da FAA, já que em *La Pine v. Kyocera* não foi interposto recurso à Corte Suprema dos EUA. Ademais, em *Wilko v. Swan*, a Suprema Corte não enfrentou direta e especificamente esta questão.

Em vista de sua relevância, vale traduzir alguns trechos da decisão prolatada pela Suprema Corte em *Hall Street*:

> O Congresso Americano promulgou a FAA para substituir a indisposição quanto à arbitragem por uma "política nacional que a favorecesse e colocasse as convenções de arbitragem no mesmo nível de todos os outros contratos [...]
>
> A FAA também fornece mecanismos para a execução dos laudos arbitrais: um decreto judicial confirmando a sentença arbitral, uma ordem judicial anulando-a ou uma ordem judicial modificando-a ou corrigindo. *De acordo com os termos do § 9º, a corte judicial tem de confirmar uma sentença arbitral a menos que seja anulada, modificada ou corrigida tal* como previsto nos §§ 10 e 11 [...]
>
> O Nono Circuito provocou uma divisão na exclusividade destes fundamentos legislativos quando as partes usam o atalho da FAA para confirmar, anular ou modificar uma sentença arbitral, com alguns dizendo que os fundamentos são exclusivos e outros os considerando meras previsões iniciais abertas a expansão por meio de consentimento. Como já mencionado, quando este litígio começou, o Nono Circuito estava no lado inicial do debate [de que se podia expandir o rol dos §§ 10 e 11 por meio de convenção entre as partes] (caso *La Pine v. Kyocera*), lado do qual ele depois saiu, *en banc*, em favor da visão de exclusividade do rol, o qual foi seguido no presente caso. *Nós sustentamos agora que os §§ 10 e 11 elencam, respectivamente, os fundamentos taxativos da FAA para anulação e modificação da sentença arbitral [...]*

> Quando, no § 9º, a FAA diz que a corte "deve conceder" a execução da sentença arbitral, a menos que esta seja anulada, modificada ou corrigida com base nos §§ 10 e 11, *a nós não parece nem remotamente como uma previsão que diga à corte como agir apenas na hipótese de as partes nada terem disposto em contrário*. Sejam quais forem as consequências de nosso entendimento, a redação da FAA não nos dá margem para expandir os casos elencados pela referida lei[714] (grifos nossos).

No acórdão, a Suprema Corte prosseguiu sua análise fazendo referência ao caso *Wilko v. Swan* e sublinhou a vagueza da redação adotada naquele caso. Afirmou ainda que, ao empregar a expressão *manifest disregard of the law* em *Wilko*, talvez a intenção do tribunal tenha sido dizer que se tratava de um novo motivo para revisão, mas também é possível que a intenção tenha sido simplesmente referir-se a todos os motivos do § 10 coletivamente, em vez de acrescentar um novo motivo ao rol do dispositivo.

A Suprema Corte ressaltou, ainda, que alguns tribunais acreditam que o termo *manifest disregard of the law* seja uma outra forma de se referir aos §§ 10(a)3 e 10(a)4, que são as subseções que autorizam expressamente a anulação quando os árbitros foram *guilty of misconduct* ou "excederam seus poderes".

A.2.2.c. A jurisprudência dos tribunais federais norte-americanos pós-*Hall Street v. Mattel*

Após o aguardado julgamento do caso *Hall Street* pela Suprema Corte, seguiram-se diversas decisões de tribunais federais norte-americanos em que se adotou a mesma posição, sobretudo no sentido de não dilatar as possibilidades de anulação, modificação ou correção do laudo arbitral enumeradas nos §§ 10 e 11 da FAA. Por oportuno, cumpre mencionar alguns destes casos: (i) *Supreme Oil Co. v. Abandolo*; (ii) *Robert Lewis v. Rosen Associates, Ltd. v. William Webb*[715]; (iii) *Grigsby & Associates, Inc. v.*

[714] EUA. **Supreme Court of the United States**. *Hall Street Associates, L.L.C v. Mattel, Inc. Case n. 06-989. 25.03.2008*. Disponível em: http://www.supremecourtus.gov/opinions/07pdf/06-989.pdf. Acesso em: 08 jan. 2010 (tradução livre da autora).

[715] United States District Court – Southern District of New York.*Robert Lewis Rosen Associates, Ltd. v. William Webb. Memorandum Opinion and Order.* 07 Civ.11403 (RJH). July 07, 2008.

M Securities Investment, Inc.[716]; (iv) *Citigroup Global Markets Inc. v. Debra Bacon*[717]; e (v) *Ramos-Santiago v. United Parcel Service* (UPS)[718].

Entretanto, ao contrário do que se poderia esperar, mesmo depois do julgamento *Hall Street v. Mattel* pela Suprema Corte, quando parecia que o *manifest disregard of the law* havia sido definitivamente afastado como fundamento não legislativo de impugnação de um laudo arbitral doméstico nos EUA, não foi isso o que aconteceu. A discussão perante os tribunais federais norte-americanos, curiosamente, ainda não chegou ao fim[719].

É o que comprovam alguns acórdãos prolatados após o julgamento de *Hall Street v. Mattel* pela Suprema Corte: (i) *Stolt-Nielsen AS v. Animal Feeds Intern. Corp.*[720]; (ii) *Coffee Beanery, Ltd. v. WW, LLC*[721]; (iii) *Comedy Club, Inc. v. Improv West Associates*[722]; (iv) *DMA International, Inc. v. Qwest Communications International, Inc. and affiliated entities*[723]; e (v) *Certain Underwriters at Lloyd's, London v. Lagstein.*

Em um caso mais recente, da lavra da Appelate Division de Nova Iorque[724], *que consiste em uma corte estadual e não, federal*[725], *a referida corte reverteu uma*

[716] United States District Court - Southern District of Florida. Miami Division. *Grigsby & Associates, Inc. v. M Securities Investment, Inc.* Case no. 06-23-35 (USDC S.D.Fla). July 29, 2008.

[717] United States Court of Appeals for the Fifth Circuit. *Citigroup Global Markets Inc, v. Debra Bacon*. Case n. 07-20670. March 05, 2009; rev. March 18, 2009.

[718] 524 f.3d 120, 124 n. 3 (1st Circ. 2008).

[719] Para um relato mais aprofundado do tema, vide: Verçosa, Fabiane. *Manifest disregard of the law* como fundamento de anulação de sentenças arbitrais domésticas perante os Tribunais Federais norte-americanos: a saga ainda não terminou. *In*: Monteiro, Alexandre Luiz Moraes do Rêgo; Castro, Leonardo Freitas de Moraes e; Uchôa Filho, Sérgio Papini de Mendonça (coord.). **Tributação, comércio e solução de controvérsias internacionais**. São Paulo: Quartier Latin, p. 355-380, 2011.

[720] 548 F.3d 85 (2d Cir. Nov 04, 2008).

[721] N. 07-1830, 2008 WL 4899478 (6th Circ. Nov 14, 2008).

[722] N. 05-55739 and 05-56100, 2009 WL 205046 (9th Cir. Jan 29, 2009).

[723] United States Court of Appeals Tenth Circuit. *DMA International, Inc. v. Qwest Communications International, Inc. and affiliated entities*, n. 08-1392, Nov 04, 2009.

[724] *Daesang Corporation v. The Nutrasweet Company, Nutrasweet Ip Holdings, Inc. and Sweeteeners Holdings Korea Ltd.*, Appeal n. 5973, Appelate Division, September 27, 2018.

[725] A *Appelate Division* consiste em uma corte estadual intermediária, inferior à *Court of Appeals* do Estado de Nova Iorque. Confira-se a descrição que consta no website da Corte: *"The Appellate Division is New York State's intermediate level appellate court. It hears appeals from trial courts and has jurisdiction to hear certain original proceedings commenced in or transferred to*

decisão da New York Supreme Court que havia anulado a sentença arbitral com base no manifest disregard of the law. A Appelate Division não negou que tal fundamento efetivamente possa conduzir à anulação de uma sentença arbitral doméstica. Mas afirmou que, naquele caso específico, ele não conduziria à anulação do laudo, pois para tanto seria necessário demonstrar que o árbitro (i) sabia da existência do princípio jurídico aplicável, (ii) tinha consciência de que tal princípio regia a resolução da questão em litígio; e ainda assim, (iii) intencionalmente, ignorou a lei, recusando-se a aplicá-la, condições que a corte entendeu não estarem configuradas no caso.

Logo, o *manifest disregard of the law* como fundamento não legislativo para se impugnar um laudo arbitral doméstico nos EUA ainda vem sendo invocado e a celeuma acerca de sua aplicabilidade ainda está longe de terminar. Como visto, o aguardado julgamento de *Hall Street v. Mattel* pela Suprema Corte em 2008 não conseguiu estabelecer bases claras para sua incidência (ou não) às sentenças arbitrais domésticas. Nas palavras de Maurício Gomm dos Santos e Quinn Smith[726], "*the future of manifest disregard is still unresolved, and the Federal Courts are adopting a wide array of opinions*".

A.3. Sentenças arbitrais estrangeiras

Como já mencionado, o *manifest disregard of the law* só é invocado na impugnação de sentenças arbitrais domésticas, não figurando nos EUA entre as hipóteses de recusa à homologação de uma sentença arbitral estrangeira[727].

it as provided by law. In determining appeals it has power to review issues of law, fact, and discretion arising in civil and criminal cases. Appeals from the Appellate Division are taken to the Court of Appeals, the State's highest court. The greater part of all appellate review in New York State is provided by the Appellate Division". EUA. **The New York State Unified Court System**. Disponível em: https://www.nycourts.gov. Acesso em: 17 fev. 2021.

[726] Santos, Maurício Gomm; Smith, Quinn. Comments on the development of U.S. arbitration law. **Miami Arbitration Reports**, Miami, v. 1, n. 2, 10 mar. 2009, p. 3.

[727] Farta é a doutrina a validar tal constatação. "*That an award may be vacated on the ground that the arbitrator manifestly disregarded the law is traditionally a judicially created American doctrine applied in challenging* ***American domestic awards*** [...]" (grifos nossos). Hwang, Michael; Lai, Amy. Do Egregious Errors amount to a Breach of Public Policy?. **Arbitration: the Journal of the Chartered Institute of Arbitrators**, v. 71, n. 1. p. 1-24, fev. 2005, p. 5 –For the reasons given above, it must be deemed that the defence of 'manifest disregard of the law' is not one which can be made against **the enforcement of an award falling under the**

Figurando os EUA entre os Estados-membros da Convenção de Nova Iorque, as únicas hipóteses que ensejam óbice ao reconhecimento e execução das sentenças arbitrais estrangeiras estão elencadas no taxativo rol do artigo V[728].

Convention [Convenção de Nova Iorque sobre o Reconhecimento e a Execução da Sentenças Arbitrais Estrangeiras, de 10 de junho de 1958, que entrou em vigor nos EUA em 29 de dezembro de 1970]". JUNKER, Joel R. The Public Policy Defense to Recognition and Enforcement of Foreign Arbitral Awards. **California Western International Law Journal**, San Diego, n. 7, 1977, p. 237. Por sua vez, Michael Kronenburg, em livro específico acerca da jurisprudência norte-americana sobre a execução de sentenças arbitrais estrangeiras nos Estados Unidos, assevera que o *manifest disregard of the law* é um argumento destinado às arbitragens domésticas realizadas naquele país, não podendo ser invocado em relação a arbitragens internacionais nos EUA. "In Anbetracht dieser Entscheidung kann die *manifest disregard of the law*-Doktrin für die Praxis der internationalen Schiedsgerichtsbarkeit als bedeutunglos angesehen werden". KRONENBURG, Michael. **Vollstreckung ausländischer Schiedssprüche in den USA**. Die Rechtsprechung US-amerikanischer Gerichte. Frankfurt am Main: Lang, 2001, p. 268-269. "Considerando estas decisões [prolatadas por tribunais federais norte-americanos em pleitos de anulação de sentenças arbitrais domésticas em que se invocou o *manifest disregard of the law*], a doutrina do *manifest disregard of the law* pode ser considerada insignificante para a prática da arbitragem internacional" (tradução livre da autora).

[728] Artigo V: 1. O reconhecimento e a execução de uma sentença poderão ser indeferidos, a pedido da parte contra a qual ela é invocada, unicamente se esta parte fornecer, à autoridade competente onde se tenciona o reconhecimento e a execução, prova de que: a) as partes do acordo a que se refere o Artigo II estavam, em conformidade com a lei a elas aplicável, de algum modo incapacitadas, ou que tal acordo não é válido nos termos da lei à qual as partes o submeteram, ou, na ausência de indicação sobre a matéria, nos termos da lei do país onde a sentença foi proferida; ou b) a parte contra a qual a sentença é invocada não recebeu notificação apropriada acerca da designação do árbitro ou do processo de arbitragem, ou lhe foi impossível, por outras razões, apresentar seus argumentos; ou c) a sentença se refere a uma divergência que não está prevista ou que não se enquadra nos termos da cláusula de submissão à arbitragem, ou contém decisões acerca de matérias que transcendem o alcance da cláusula de submissão, contanto que, se as decisões sobre as matérias suscetíveis de arbitragem puderem ser separadas daquelas não suscetíveis, a parte da sentença que contém decisões sobre matérias suscetíveis de arbitragem possa ser reconhecida e executada; ou d) a composição da autoridade arbitral ou o procedimento arbitral não se deu em conformidade com o acordado pelas partes, ou, na ausência de tal acordo, não se deu em conformidade com a lei do país em que a arbitragem ocorreu; ou e) a sentença ainda não se tornou obrigatória para as partes ou foi anulada ou suspensa por autoridade competente do país em que, ou conforme a lei do qual, a sentença tenha sido proferida. 2. O reconhecimento e a execução de uma sentença arbitral também poderão ser recusados caso

Como se depreende do dispositivo, não há nenhuma hipótese que expressamente permita a recusa à homologação ou execução de um laudo arbitral estrangeiro em que o(s) árbitro(s) aplicou(aram) erroneamente o direito local (no caso, o norte-americano) ao julgarem o mérito da controvérsia.

O único inciso que poderia remeter a esta ideia seria o do n. 2, alínea *b*. Assim, se a autoridade judicial competente constatar que a tal aplicação errônea resulta em violação à ordem pública dos Estados Unidos da América, talvez o laudo arbitral *sub examine* pudesse ter denegado seu reconhecimento ou sua execução naquele país.

Não temos conhecimento, contudo, na jurisprudência norte-americanas, de registros de provimento a tal alegação. Assim, permitimo-nos concluir que nos EUA, a homologação ou a execução de uma sentença arbitral estrangeira não poderiam ser recusados em face do argumento de que o direito norte-americano foi erroneamente aplicado ao mérito da controvérsia.

B. Reino Unido

A legislação do Reino Unido destaca-se por ser uma daquelas a prever expressamente a possibilidade de se impugnar uma sentença arbitral doméstica com fulcro em um erro de direito. Embora se observem 3 alterações na legislação britânica que tratam da arbitragem (em 1975, 1979 e 1996), tal possibilidade sempre existiu, com algumas variações.

Atualmente, vige no Reino Unido a *Arbitration Act* editada em 17 de junho de 1996 (doravante, a "AA1996"), que se aplica no caso de a arbitragem ter sede na Inglaterra, no País de Gales ou na Irlanda do Norte[729].

A AA1996 prevê 3 ações que podem ser ajuizadas perante o Poder Judiciário do Reino Unido para se atacar uma sentença arbitral prolatada ao cabo de uma arbitragem que teve sede em um dos países acima

a autoridade competente do país em que se tenciona o reconhecimento e a execução constatar que: a) segundo a lei daquele país, o objeto da divergência não é passível de solução mediante arbitragem; ou b) o reconhecimento ou a execução da sentença seria contrário à ordem pública daquele país.

[729] *Section 2. (1) The provisions of this Part apply where the seat of the arbitration is in England and Wales or Northern Ireland.*

mencionados[730]: (i) a *substantive jurisdiction challenge*, estabelecida no artigo 67, restrita à hipótese de o(s) árbitro(s) não ter(em) jurisdição sobre a controvérsia por ele(s) decidida[731]; (ii) a *serious irregularity challenge*, cuja disciplina encontra-se no artigo 68; e (iii) a *appeal on question of law*, disposta no artigo 69. Tendo em vista que as 2 ações que mais interessam a este estudo são aquelas elencadas nos itens (ii) e (iii) acima, debruçaremo-nos somente sobre estas.

B.1. *Serious irregularity challenge*

O campo de aplicação da ação judicial enunciada no artigo 68 da AA1996[732] é o laudo arbitral que apresenta ao menos uma das "sérias irregularidades" elencadas nas alíneas (*a*) a (*i*) da Section 2 do artigo 68,

[730] Apesar de a Escócia também fazer parte do Reino Unido, o artigo 2(1) da AA1996 exclui de seu âmbito de aplicação as arbitragens com sede no referido país.

[731] A definição de *substantive jurisdiction* é fornecida pelo artigo 82 (1) da AA1996: *Section 82 – Minor definitions (1) In this Part [...] "substantive jurisdiction", in relation to an arbitral tribunal, refers to the matters specified in section30(1)(a) to (c), and references to the tribunal exceeding its substantive jurisdiction shall be construed accordingly.*

[732] *Section 68. Challenging the award: serious irregularity. (1) A party to arbitral proceedings may (upon notice to the other parties and to the tribunal) apply to the court challenging an award in the proceedings on the ground of serious irregularity affecting the tribunal, the proceedings or the award. A party may lose the right to object (see section 73) and the right to apply is subject to the restrictions in section 70(2) and (3). (2) Serious irregularity means an irregularity of one or more of the following kinds which the court considers has caused or will cause substantial injustice to the applicant – (a) failure by the tribunal to comply with section 33 (general duty of tribunal); (b) the tribunal exceeding its powers (otherwise than by exceeding its substantive jurisdiction: see section 67); (c) failure by the tribunal to conduct the proceedings in accordance with the procedure agreed by the parties; (d) failure by the tribunal to deal with all the issues that were put to it; (e) any arbitral or other institution or person vested by the parties with powers in relation to the proceedings or the award exceeding its powers; (f) uncertainty or ambiguity as to the effect of the award; (g) the award being obtained by fraud or the award or the way in which it was procured being contrary to public policy; (h) failure to comply with the requirements as to the form of the award; or (i) any irregularity in the conduct of the proceedings or in the award which is admitted by the tribunal or by any arbitral or other institution or person vested by the parties with powers in relation to the proceedings or the award. (3) If there is shown to be serious irregularity affecting the tribunal, the proceedings or the award, the court may - (a) remit the award to the tribunal, in whole or in part, for reconsideration, (b) set the award aside in whole or in part, or (c) declare the award to be of no effect, in whole or in part. The court shall not exercise its power to set aside or to declare an award to be of no effect, in whole or in part, unless it is satisfied that it would be inappropriate to remit the matters in question to the tribunal for reconsideration. (4) The leave of the court is required for any appeal from a decision of the court under this section.*

irregularidade esta que causou ou causará uma "injustiça substancial" ao autor da ação mencionada. É de se notar que a propositura da ação não pode ser afastada previamente pela vontade das partes. Como apontam Lawrence W. Newman e Grant Hanessian[733], *"under English law [...] the right to apply to the court in the event of a serious irregularity* ***cannot be contracted out****"* (grifos nossos).

Entre as hipóteses permissivas ao ajuizamento de tal ação, a que mais nos interessa nestas notas é aquela prevista na alínea (*b*) do artigo 68(2), que trata do excesso, pelo árbitro único ou tribunal arbitral, de seu poder jurisdicional. Neste caso, verifica-se que o(s) árbitro(s) ultrapassou(ram) o poder judicante que lhe havia sido conferido pelos litigantes. David St. John Sutton; Judith Gill e Matthew Geearing[734] advertem: *"[...] ground (b) should never lead to the* ***re-examination of the merits*** *of the award"* (grifos nossos).

Por derradeiro, relevante distinguir a ação prevista na alínea (*b*) daquela enunciada na alínea (*e*), ambas do artigo 68(2) da AA1996. Embora bem parecidas, elas não se confundem: enquanto o primeiro dispositivo trata do excesso de poderes praticado pelo(s) árbitro(s); a alínea (*e*) disciplina o excesso de poderes praticado pela entidade arbitral ou similar.

B.2. *Appeal on question of law*

O artigo 69 da AA1996 confere às partes a possibilidade de comparecerem perante o Poder Judiciário a fim de apresentar uma *appeal on question of law*. A definição de *question of law* está no artigo 82(1) do mesmo diploma legal[735] e, sobre ela, vale invocar a observação de David St. John Sutton; Judith Gill e Matthew Geearing [736]: *"It does not include issues of*

[733] NEWMAN, Lawrence W; HANESSIAN, Grant (ed.). **International arbitration checklists**. Nova Iorque: Juris, 2004, p. 175.

[734] SUTTON, David St. John; GILL, Judith; GEARING, Matthew. **Russell on Arbitration**. 23. ed. Londres: Sweet & Maxwell, 2007, p. 493.

[735] *Section 82 – Minor definitions (1)In this Part [...] "question of law" means: (a) for a court in England and Wales, a question of the law of England and Wales, and (b) for a court in Northern Ireland, a question of the law of Northern Ireland;*

[736] SUTTON, David St. John; GILL, Judith; GEARING, Matthew. **Russell on Arbitration**. 23. ed. Londres: Sweet & Maxwell, 2007, p. 506.

foreign law, even if the tribunal proceeds on the basis that for all practical purposes English law is the same as the foreign governing law".

Cumpre ressaltar que tal possibilidade é dispositiva, no sentido de que pode ser afastada por mútuo consentimento dos litigantes.

Para que a *appeal on question of law* seja admitida por uma corte estatal britânica, é necessário: (i) que todas as partes envolvidas concordem com sua interposição; ou que haja (ii) autorização da corte para tanto[737], a qual somente será concedida se cumulativamente presentes as 4 condições estabelecidas no artigo 69(3) da AA1996 de *a* a *d*[738].

Vale destacar que a alínea *c* do artigo 69(3) exige, alternativamente, que a decisão prolatada pelos árbitros seja "obviamente equivocada" *ou* que a questão *sub examine* seja de importância pública geral e que a decisão arbitral ao menos abra margens para dúvidas.

É de se notar que, muitas vezes, a ação judicial cabível, aquela que o autor realmente deveria propor, seria a *appeal on question of law*, pois se pleiteia a correção de um erro de direito engendrado pelo(s) árbitro(s). Mas, por uma série de fatores, seu ajuizamento pode não ser possível (por exemplo, se as partes haviam expressamente excluído a possibilidade de propositura de tal ação ou se tinham eleito uma câmara cujo regulamento exclui tal possibilidade, como o da Corte Internacional de

737 Artigo 69(2) da AA1996.

738 *(3) Leave to appeal shall be given only if the court is satisfied (a) that the determination of the question will substantially affect the rights of one or more of theparties, (b) that the question is one which the tribunal was asked to determine, (c) that, on the basis of the findings of fact in the award – (i) the decision of the tribunal on the question is obviously wrong, or (ii) the question is one of general public importance and the decision of the tribunal is at least open to serious doubt, and (d) that, despite the agreement of the parties to resolve the matter by arbitration, it is just and proper in all the circumstances for the court to determine the question.*

Arbitragem da Câmara de Comércio Internacional ("CCI")[739-740-741]. E, neste caso, o autor acaba lançando mão da ação do artigo 68(2) *b*. Entretanto, a finalidade desta última medida não é corrigir um erro de direito. Por este motivo, percebe-se um número restrito de pedidos em que se dá provimento nas ações do artigo 68(2)*b*. Citem-se os comentários de David St. John Sutton; Judith Gill e Matthew Gearing[742] sobre o assunto:

> ***It does not matter how significant the error** is; no relief will be afforded under s. 68. The issue is not whether the [arbitral] tribunal has come to the right conclusion; the sole issue is whether it committed a serious irregularity resulting in a substantial injustice* (grifos nossos).

[739] *Article 35(6) (2021 version of the ICC Arbitration Rules). Every award shall be binding on the parties. By submitting the dispute to arbitration under the Rules, the parties undertake to carry out any award without delay and shall be deemed to have waived their right to any form of recourse insofar as such waiver can validly be made.*

[740] Yves Derains e Eric A. Schwartz assim pronunciam-se sobre o assunto: *"This [Article] should have the efect of preventing appeals against the Arbitral Tribunal's findings of fact of law in jurisdictios where such appeals may still be permitted"*. Em nota de rodapé a este trecho (nota n. 687), os autores fazem expressa referência ao artigo 69 da AA1996. DERAINS, Yves; SCHWARTZ, Eric A. **A guide to the new ICC rules of arbitration**. A Haia: Kluwer, 1998, p. 297.

[741] Tal hipótese é altamente discutível. Ora, o Regulamento de Arbitragem de muitas câmaras arbitrais estabelece, como a CCI, que a decisão dos árbitros é *final and binding*. Logo, caso assim se entenda, todas as vezes em que as partes optarem pelas principais entidades arbitrais internacionais para administrarem suas arbitragens, elas estão (conscientemente ou não) abrindo mão da *appeal on a question of law* do artigo 69 da AA1996, reduzindo sobremaneira a possibilidade de ajuizamento de tal medida. A nosso ver, tendo em vista que, mediante o *exclusion agreement*, as partes estão renunciando ao direito de adotarem uma medida prevista em lei contra a sentença arbitral, acreditamos que tal acordo deveria ser expresso entre as partes, não nos parecendo suficiente a genérica disposição encontrada em vários regulamentos. Aliás, é de se notar que tal entendimento é encontradiço na jurisprudência britânica. No caso *Essex County Council v. Premier Recycling Ltd.*, julgado em 09 de março de 2006, a *Court of Appeal* entendeu que a mera referência a *final and binding* existente no regulamento da câmara arbitral não era suficiente para excluir a aplicação do artigo 69 (i.e., a *appeal on a question of law*).

[742] SUTTON, David St. John; GILL, Judith; GEARING, Matthew. **Russell on Arbitration**. 23. ed. Londres: Sweet & Maxwell, 2007, p. 485.

Por fim, vale ressaltar que tanto a medida prevista no artigo 68, quanto a do artigo 69 da AA1996 se destinam à impugnação de sentenças arbitrais domésticas do Reino Unido.

No que tange às sentenças arbitrais estrangeiras, parece-nos não haver qualquer tipo de remédio jurídico contra as sentenças alienígenas em que se constate uma aplicação errônea do direito dos países que compõem o Reino Unido ao mérito da arbitragem.

C. República Italiana

C.1. A expressa referência legal à possibilidade de anulação da sentença arbitral doméstica em caso de violação da regra de direito relativa ao mérito da controvérsia

Tal qual ocorre com o Reino Unido, a legislação italiana permite expressamente a anulação de uma sentença arbitral doméstica, caso haja violação da regra de direito relativa ao mérito da controvérsia. Tal hipótese encontra-se disposta nas terceira, quarta e quinta sentenças do artigo 829 do CPC Italiano[743]. Com efeito, de acordo com a legislação da República Italiana, é franqueado às partes pleitear a declaração judicial de nulidade do laudo arbitral com fulcro na aplicação errônea, pelo árbitro, do direito aplicável ao mérito do litígio.

É importante notar que tal possibilidade, em termos gerais, não consiste em uma novidade introduzida pelo DL 40/2006. Antes da entrada em vigor deste último diploma, atualmente em vigor, a ideia do controle judicial da observância, pelo árbitro, da cabível regra de direito já estava presente na legislação italiana. Mas, faz-se mister observar que, enquanto a Lei n. 25/1994 fazia menção à "**inobservância** da regra de direito" pelo árbitro, a disciplina hoje vigente refere-se à "**violação** da regra de direito relativa ao mérito da controvérsia".

[743] *Artigo 829 (Casi di nullità). [...] L'impugnazione per violazione delle regole di diritto relative al merito della controversia è ammessa se espressamente disposta dalle parti o dalla legge. È ammessa in ogni caso l'impugnazione delle decisioni per contrarietà all'ordine pubblico. L'impugnazione per violazione delle regole di diritto relative al merito della controversia è sempre ammessa: 1) nelle controversie previste dall'articolo 409; 2) se la violazione delle regole di diritto concerne la soluzione di questione pregiudiziale su materia che non puo' essere oggetto di convenzione di arbitrato. [...]*

Acerca de tal modalidade de impugnação por nulidade, cumpre invocar a importante digressão empreendida por Francesco P. Luiso: diante da interpretação dos fatos pelo árbitro, ou seja, de um *error in iudicando* ordinário (que o autor chama de *error in iudicando de facto*), não há nada a se fazer. É incabível o ajuizamento da impugnação por nulidade[744]. Neste ponto, portanto, o laudo arbitral difere do *apelo* – recurso que corresponde à apelação do direito brasileiro – contra a qual pode ser intentada junto à Corte de Cassazione uma impugnação por revogação (*impugnazione di revocazione*), caso o Tribunal *a quo* tenha feito uma avaliação errônea dos fatos ou das provas a ele apresentadas, nos termos do artigo 395 (4) do CPC italiano[745].

Distinta é a solução se o árbitro tiver empreendido uma errônea apreciação da *quaestio iuris* envolvida na controvérsia, ou seja, se ele tiver se equivocado ao efetuar a subsunção da norma jurídica ao caso concreto. É o que Francesco P. Luiso chama de *error in iudicando de iure.*

É precisamente desta hipótese que trata a terceira sentença do artigo 829 do CPC, ao referir-se à violação da regra de direito relativa ao mérito da controvérsia. Assim, diversamente do *error in iudicando de facto* cometido pelo árbitro – contra o qual não há nada a se fazer, no caso de um *error in iudicando de iure*, a parte interessada pode ajuizar uma impugnação por nulidade, observando-se as condições estabelecidas no dispositivo legal mencionado.

[744] *"in linea di principio, la 'ingiustizia' del lodo non è motivo di invalidità dello stesso. Questo è sempre vero per ciò che attiene all quaestio facti; la parte soccombente non ha mai la posssibilità di impugnare il lodo, lamentando che l'arbitro ha errato nell'accertamento dei fatti storici (c.d. error in iudicando de facto*). Luiso, Francesco P. **Direito processuale civile**. v. IV. I processi speciali. Milão: Giuffrè, 2007, p. 33. "Em linha de princípio, a 'injustiça' do laudo não é motivo de invalidade do mesmo. Isto é sempre verdade no que tange à questão fática: a parte sucumbente nunca tem a possibilidade de impugnar o laudo, lamentando o árbitro ter errado na verificação dos fatos históricos (tradução livre da autora).

[745] *Artigo 395. Casi di revocazione. Le sentenze pronunciate in grado di appello o in unico grado possono essere impugnate per revocazione: [...] 4) se la sentenzaè l'effetto di* ***un errore di fatto risultante dagli atti o documenti della causa****. Vi è questo errore quando la decisione è fondata sulla supposizione di un fatto la cui verità è incontrastabilmente esclusa, oppure quando è supposta l'inesistenza di un fatto la cui verità è positivamente stabilita, e tanto nell'uno quanto nell'altro caso se il fatto non costitui' un punto controverso sul quale la sentenza ebbe a pronunciare;* (grifos nossos).

Nas palavras de Francesco P. Luiso:

> *Sarebbe um errore [...] concludere che è quindi esclusa la falsa applicazione delle norme di diritto, poichè vi è violazione della norma* ***sai quando l'errore sta nella premessa maggiore, sai quando esso sta nell'applicazione della norma ai fatti storici acertati***[746](grifos nossos)

É de se frisar, ademais, que a reforma de 2006 introduziu uma significativa alteração no que tange à admissibilidade desta modalidade de impugnação por nulidade.

De fato, a legislação anterior dispunha o seguinte:

> *L'impugnazione per nullità è altresì ammessa se gli arbitri nel giudicare* ***non hanno osservato le regole di diritto****, salvo che le parti li avessero autorizzati a decidere secondo equità,* ***o avessero dichiarato il lodo non impugnabile*** (grifos nossos).

Assim, somente em 2 hipóteses era vedada a impugnação do laudo arbitral ritual com fulcro na inobservância, pelo árbitro, da regra de direito material aplicável à controvérsia: (i) se as partes o tivessem autorizado a decidir por equidade (o que é, em princípio, intuitivo, e que hoje, sob a nova disciplina legislativa, a doutrina ainda reconhece como óbice à impugnação por nulidade, mesmo diante da ausência de previ-

[746] LUISO, Francesco P. **Direito processuale civile.** v. IV. I processi speciali. Milão: Giuffrè, 2007, p. 33.23. "Seria um erro [...] concluir que é, por consequência, excluída a errada aplicação da norma de direito, uma vez que ocorre violação da norma **seja quando o erro está na premissa maior, seja quando este está na aplicação da norma aos fatos históricos verificados**" (grifos nossos) (tradução livre da autora).

são legal[747])[748]; e (ii) caso as partes tivessem previamente renunciado à faculdade de impugnar o laudo por nulidade.

O DL 40/2006 alterou radicalmente a sistemática estabelecida pela Lei n. 25/1994, ao estabelecer categoricamente quais são os casos em que a impugnação por nulidade em virtude da violação da regra de direito pelo árbitro é admitida (em vez de enumerar os casos em que tal impugnação é proibida, conforme optou o legislador de 1994), a saber:

(i) previsão expressa na lei;
(ii) ofensa à ordem pública;
(iii) nas controvérsias individuais de trabalho, enunciadas no artigo 409 do próprio CPC[749-750];

[747] Citem-se, dentre todos, Giuseppe Cassano e Massimiliano Nisati: "Per quanto riguarda l'art. 829, secondo comma, Codice procedura civile, è opportuno notare che ad essere resa inapplicabile è soltanto la prima parte del comma; **se le parti hanno previsto che il lodo sia pronunciato secondo equità, l'impugnazione per violazione delle norme di diritto è esclusa"** (grifos nossos). CASSANO, Giuseppe; NISATI, Massimiliano. **La Riforma Dell'Arbitrato. Monografia ragionata sulla riforma del processo arbitrale**. Giuffrè: Milão, 2006, p. 162.. "No que diz respeito ao art. 829, § 2º do Código de Processo Civil, é oportuno notar que é inaplicável, porém, a primeira parte do parágrafo; **se as partes previram que o laudo seja proferido segundo a equidade, a impugnação por violação da norma de direito é excluída"** (grifos nossos) (tradução livre da autora).

[748] Entretanto, a jurisprudência italiana tem hoje admitido, surpreendentemente, que cabe a impugnação por nulidade do laudo por violação da norma de direito mesmo quando o(s) árbitro(s) foram autorizados pelas partes a julgar por equidade. É o que relatam Maurizio de Tilla e Nino Ferrelli. TILLA, Maurizio de; FERRELLI, Nino. **Nuovo Arbitrato, Conciliazone e Costituzione di Camere Arbitrali. Con commento articolo per articolo del D.Lgs.** 2 febbraio 2006, n. 40. Milão: Il Sole 24 Ore, 2006p. 24, em especial a nota n. 13.

[749] *Artigo 409. Controversie individuali di lavoro Si osservano le disposizioni del presente capo nelle controversie relative a: 1) rapporti di lavoro subordinato privato, anche se non inerenti all'esercizio di una impresa; 2) rapporti di mezzadria, di colonia parziaria, di compartecipazione agraria, di affitto a oltivatore diretto, nonche' rapporti derivanti da altri contratti agrari, salva la competenza delle sezioni specializzate agrarie; 3) rapporti di agenzia, di rappresentanza commerciale ed altri rapporti di collaborazione che si concretino in una prestazione di opera continuativa e coordinata, prevalentemente personale, anche se non a carattere subordinato; 4) rapporti di lavoro dei dipendenti di enti pubblici che svolgono esclusivamente o prevalentemente attività economica; 5) rapporti di lavori dei dipendenti di enti pubblici ed altri rapporti di lavoro pubblico, sempreche' non siano devoluti dalla legge ad altro giudice.*

[750] Sobre este ponto, vale citar a última sentença do artigo 829: *"Nelle controversie previste dall'articolo 409, il lodo e' soggetto ad impugnazione anche per violazione dei contratti e accordi collettivi"*. Assim, nos dissídios trabalhistas individuais, além da impugnação por nulidade do

(iv) se a violação da regra de direito refere-se à solução de uma questão prejudicial sobre matéria que não pode ser objeto de convenção de arbitragem; e

(v) se houve expressa manifestação de vontade das partes neste sentido.

C.2. Ofensa à ordem pública

Uma outra hipótese que enseja a impugnação por nulidade consiste em o laudo arbitral contrariar a ordem pública italiana, conforme disposto na quarta sentença do artigo 829:

> *Artigo 829. Casi di nullità.*
> *[...] L'impugnazione per violazione delle regole di diritto relative al merito della controversia e' ammessa se espressamente disposta dalle parti o dalla legge.* ***E' ammessa in ogni caso l'impugnazione delle decisioni per contrarieta' all'ordine pubblico [...]***[751] (grifos nossos)

Vale ressaltar que a impugnação por nulidade neste caso é sempre admitida, restando ineficaz qualquer tipo de renúncia (prévia) das partes a tal possibilidade.

É de se notar também que o dispositivo do CPC italiano refere-se à ordem pública material, a ser detectada no que tange ao mérito do laudo arbitral e não à ordem pública processual. Afinal, algumas hipóteses de violação à ordem pública processual já estão elencadas dentre os n. 1 a 12 da primeira sentença do mesmo artigo 829[752].

Numa primeira leitura da quarta sentença do artigo 829, acima transcrita (em grifos), pode parecer que o motivo ensejador da nulidade consiste necessariamente na "violação da regra de direito aplicável ao mérito da controvérsia que contraria a ordem pública italiana". Ou, em outros termos: a ofensa à ordem pública como ensejadora da nulidade da decisão arbitral seria uma modalidade, uma espécie do gênero "viola-

laudo, ainda cabe a impugnação da violação do contrato (de trabalho) e do acordo coletivo (de trabalho).

[751] *Article 829 (Grounds for nullity). The recourse for violation of the rules of law relating to the merits of the dispute shall be admitted if so expressly provided by the parties or by the law. The recourse against decisions which are contrary to public policy shall be admitted in any case.*

[752] É o que aduz Francesco P. Luiso. LUISO, Francesco P. **Direito processuale civile**. v. IV. I processi speciali. Milão: Giuffrè, 2007, p. 33.23.

ção da regra de direito aplicável ao mérito da controvérsia". Ora, a própria localização do referido dispositivo corrobora este entendimento: ele está topograficamente situado no artigo 829, entre duas sentenças referentes à violação da regra de direito[753].

Uma análise mais acurada, contudo, demonstra que não é exatamente este o propósito da referida norma. Apesar de a técnica legislativa empregada pelo legislador italiano talvez não ter sido a melhor – pois de fato pode conduzir ao raciocínio acima – a impugnação por nulidade pode ser ajuizada na Itália em qualquer hipótese em que a decisão arbitral violar a ordem pública daquele país, independentemente de o árbitro ter aplicado erroneamente a regra de direito aplicável à controvérsia.

Conforme assevera Francesco P. Luiso, a ofensa à ordem pública não constitui propriamente um *error in iudicando*, já que se verifica o contraste com a ordem pública todas as vezes em que o resultado produzido pelo laudo afeta objetivamente os princípios fundamentais do ordenamento jurídico italiano. Assim, no entendimento de Francesco P. Luiso, quando se trata da infração à ordem pública, não interessa se o árbitro aplicou correta ou incorretamente o direito aplicável ao mérito do litígio, mas se o resultado que advém do laudo é encarado como intolerável pelo direito italiano[754]. Neste diapasão, Francesco P. Luiso oferece o seguinte exemplo: "o árbitro, talvez aplicando corretamente o direito material aplicável ao contrato, conclui que devem ser ressarcidos os danos devidos pelo inadimplemento de um contrato que foi considerado nulo porque ofende determinada regra comunitária sobre concorrência"[755].

No mesmo diapasão é a observação de Sergio Menchini:

> *Tuttavia, sarebbe sbagliato concludere che ogni volta che gli arbitri abbiano male interpretato o male applicato questo tipo di norme il lodo sai, per ciò solo, nullo per*

[753] São elas: *"L'impugnazione per violazione delle regole di diritto relative al merito della controversia è ammessa se espressamente disposta dalle parti o dalla legge" e "L'impugnazione per violazione delle regole di diritto relative al merito della controversia è sempre ammessa: (1) nelle controversie previste dall'articolo 409; (2) se la violazione delle regole di diritto concerne la soluzione di questione pregiudiziale su materia che non può essere oggetto di convenzione di arbitrato".*

[754] LUISO, Francesco P. **Direito processuale civile**. v. IV. I processi speciali. Milão: Giuffrè, 2007, p. 33.23.

[755] LUISO, Francesco P. **Direito processuale civile**. v. IV. I processi speciali. Milão: Giuffrè, 2007, p. 33.23.

contrarietà all'ordine pubblico; a tale fine, infatti, è necessario qualche cosa di più e di diverso: dalla violazione della disposizione inderogabile deve derivare una disciplina del rapporto giuridico contrastante con quanto da essa previsto. Occorre ***guardare al risultado della decisione, al contenuto di essa:*** *"la contrarietà all'ordine pubblico va valutata non in base all'abstratta applicazione della norma, quanto* ***in base al risultado concreto di tale applicazione***[756](grifos nossos).

Assim, para o banimento do laudo do ordenamento jurídico italiano com fulcro na quarta sentença do artigo 829 do CPC, importa que o resultado da decisão arbitral contrarie objetivamente a ordem pública italiana. Não se exige que tal contrariedade decorra necessariamente de uma violação à regra de direito aplicável ao mérito da controvérsia.

Por fim, quanto às sentenças arbitrais estrangeiras, não nos parece haver registro de que possa ser denegada sua homologação em virtude da aplicação errônea, pelo(s) árbitro(s), do direito italiano ao mérito da controvérsia.

D. Confederação Suíça

Inicialmente, cumpre destacar que o sistema suíço de arbitragem possui dois regramentos distintos: (i) uma disciplina para as arbitragens internas, atualmente prevista no Código de Processo Civil daquele país, que entrou em vigor em 01 de janeiro de 2011; e (ii) uma normativa específica para as arbitragens internacionais, que se encontra no Capítulo 12 da Lei Federal Suíça de Direito Internacional Privado (doravante, a "LFDIP"), o qual entrou em vigor em 01 de janeiro de 1989.

[756] MENCHINI, Sergio. Impugnazioni del lodo "rituale". **Rivista dell'arbitrato**. Roma, 2005, p. 864. "Todavia, seria errado concluir que toda vez em que os árbitros interpretaram mal ou aplicaram mal este tipo de norma [imperativa] o laudo seja, por isso, nulo por contrariedade à ordem pública; para tal fim, de fato, é necessário algo mais, uma coisa diferente: da violação da disposição inderrogável deve derivar uma disciplina da relação jurídica contrastante com o que está previsto naquela norma. É necessário **olhar para o resultado da decisão, para o conteúdo desta**: "a ofensa à ordem pública vai avaliada não com base na aplicação abstrata da norma, mas **com base no resultado concreto de tal aplicação**" (grifos nossos) (tradução livre da autora). É de se notar que a obra de Sergio Manchini foi redigida quando a Lei n. 25/1994 ainda estava em vigor. Entretanto, ela é perfeitamente cabível sob a égide da legislação atualmente vigente, introduzida pela reforma de 2006.

O Capítulo 12 da LFDIP aplica-se a todas as arbitragens cujo tribunal arbitral tenha sede no território suíço **e** que, *ao tempo da celebração da convenção de arbitragem, ao menos uma das partes não fosse domiciliada nem tivesse sua residência habitual* naquele país[757].

Quanto à arbitragem doméstica, revela-se oportuno fazer alguns esclarecimentos em função de recente alteração legislativa operada naquele país. Anteriormente, as arbitragens domésticas eram regidas pela Concordata [Intercantonal] sobre Arbitragem (doravante, a "Concordata"). Datada de 27 de março de 1969 e aprovada pelo Conselho Federal em 27 de outubro do mesmo ano, a Concordata vigeu até 01 de janeiro de 2011 em todos os 26 cantões que compõem a Confederação Suíça[758]. Ela aplicava-se às arbitragens cuja sede se localizasse em um dos Cantões-Partes, conforme estipulava o artigo 1º, n. 1 do referido diploma[759]. Com a promulgação da LFDIP, em 1989, a aplicação da Concordata passou a ser residual, de sorte que seu artigo 1º deveria ser lido com o seguinte complemento: "que estejam excluídas do âmbito de aplicação do Capítulo 12 da LFDIP", ou, ainda, "em que todas as partes da arbitragem sejam domiciliadas ou tenham residência habitual em território suíço".

Em 01 de janeiro de 2011, entrou em vigor o Código de Processo Civil Suíço. A Parte Terceira do referido diploma passou a disciplinar a arbitragem interna, restando afastada a Concordata. Por seu turno, o regramento das arbitragens internacionais restou inalterada, ainda a cargo da LFDIP.

[757] *Artigo 176, n. 1 da LFDIP: 1.1. Die Bestimmungen dieses Kapitels gelten für Schiedsgerichte mit Sitz in der Schweiz, sofern beim Abschluss der Schiedsvereinbarung wenigstens eine Partei ihren Wohnsitz oder ihren gewöhnlichen Aufenthalt nicht in der Schweiz hatte.*

[758] São estes os 26 seis cantões suíços: Berne, Genève, Zurich, Vaud, Nidwald, Neuchâtel, Bâle-Ville, Soleure, Fribourg, Tessin, Saint-Gall, Valais, Bâle-Champagne, Obwald, Grisons, Schaffhouse, Uri, Jura, Appenzell Rhodes-Extérieures, Appenzell Rhodes-Intérieures, Zoug, Glaris, Argovie, Thurgovies e Lucerne.

[759] *Article 1 Champ d'application. (1) Le présent concordat s'applique à toute procédure par-devant un tribunal arbitral dont le siège se trouve sur le territoire de l'un des cantons concordataires. (2) Est réservée l'application des règlements d'arbitrage d'institutions privées ou publiques ainsi que des compromis arbitrage et des clauses compromissoires, dans la mesure où ceux-ci ne contreviennent pas à des dispositions impératives du présent concordat. (3) Les dispositions suivantes du présent concordat sont impératives: article 2, 2e et 3e alinéas, articles 4 à 9, 12, 13, 18 à 21, 22, 2e alinéa, articles 25 à 29, 31, 1er alinéa, article 33, 1er alinéa, lettres a à f, 2e et 3e alinéas, articles 36 à 46.*

Embora o Código de Processo Civil e a LFDIP sejam diplomas autônomos, com campos de aplicação claramente distintos, é de se notar que as novas regras concernentes à arbitragem interna (Parte Terceira do Código de Processo Civil) estão atualmente muito mais próximas da disciplina aplicável à arbitragem internacional (Capítulo 12 da LFDIP) do que era a Concordata[760].

D.1. Sentenças arbitrais domésticas proferidas ao cabo de arbitragens domésticas (CPC)

Inserem-se no âmbito de aplicação do Código de Processo Civil as sentenças prolatadas pelo tribunal arbitral (ou árbitro único) cuja sede encontre-se na Suíça, conforme consta de seu artigo 353[761], e que não se insira no campo de aplicação do Capítulo 12 da LFDIP.

É importante observar que, no Código de Processo Civil, tal qual acontecia sob a égide da Concordata, a sentença arbitral não é exequível *per se*. Para sua execução, é necessária uma declaração neste sentido do tribunal judicial competente[762].

No Código de Processo Civil suíço, são 2 as medidas judiciais que podem ser intentadas contra a sentença arbitral doméstica: (i) o *recours*, que corresponde à ação de nulidade adotada no Brasil e em diversos outros países; e (ii) a *révision*.

[760] ZEHHÄUSERN, Urs; FRICK, Joachim; HAHN, Anne-Catherine. Switzerland. *In*: THEVENIN, Nancy M. (ed.). **The Baker & McKenzie International Arbitration Yearbook 2010-2011**. Nova Iorque: JurisNet, 2011, p. 399.

[761] *Article 353. Champ d'application. Les dispositions de la présente partie s'appliquent aux procédures devant les tribunaux arbitraux ayant leur siège en Suisse, sauf si les dispositions du chapitre 12 de la LDIP sont applicables. [2] Les parties peuvent, par une déclaration expresse dans la convention d'arbitrage ou dans une convention conclue ultérieurement, exclure l'application du présent titre et convenir que les dispositions du chapitre 12 de la LDIP sont applicables. La déclaration est soumise à la forme prévue à l'art. 358.*

[762] *Article 386. Notification et dépôt de la sentence. 1 Un exemplaire de la sentence est notifié à chacune des parties. 2 Chaque partie peut déposer, à ses frais, un exemplaire de la sentence auprès de l'autorité judiciaire compétente en vertu de l'art. 356, al. 1. 3 Ce tribunal certifie, à la requête d'une partie, que la sentence est exécutoire.*

Os motivos que podem ensejar a interposição de *recours* contra um laudo arbitral são taxativamente elencados no artigo 393 do Código de Processo Civil[763].

Do rol exaustivo do dispositivo, insere-se no propósito destas notas a alínea *e*: são passíveis de nulidade as sentenças em que se verifica *uma violação evidente do direito ou da equidade*, sendo tais sentenças consideradas arbitrárias.

Assim, na disciplina aplicável às arbitragens internas na Suíça, existe a expressa possibilidade de se anular um laudo arbitral se os árbitros evidentemente violaram o direito aplicável ao mérito da controvérsia ou a equidade.

Faz-se mister destacar que tal possiblidade não constitui uma inovação introduzida pelo Código de Processo Civil, porquanto a Concordata já previa esta hipótese em seu artigo 36, alínea *f*[764].

É muito interessante notar que o dispositivo mencionado não faz menção ao direito Suíço especificamente. Assim, a princípio, na Suíça cabe a anulação da sentença proferida ao cabo de uma arbitragem interna, com fulcro na flagrante aplicação errônea do direito que incide

[763] *Article 393. Motifs de recours. Les motifs suivant sont recevables: a. l'arbitre unique a été irrégulièrement désigné ou le tribunal arbitral irrégulièrement composé; b. le tribunal arbitral s'est déclaré à tort compétent ou incompétent; c. le tribunal arbitral a statué au-delà des demandes dont il était saisi ou a omis de se prononcer sur un des chefs de la demande; d. l'égalité des parties ou leur droit d'être entendues en procédure contradictoire n'a pas été respecté; e. la sentence est arbitraire dans son résultat parce qu'elle repose sur des constatations manifestement contraires aux faits résultant du dossier ou parce qu'elle constitue une violation manifeste du droit ou de l'équité; f. les dépenses et les honoraires des arbitres fixés par le tribunal arbitral sont manifestement excessifs.*

[764] *Article 36. Motifs. La sentence arbitrale peut être attaquée en nullité devant l'autorité judiciaire prévue à l'article 3: a) lorsque le tribunal arbitral n'était pas régulièrement constitué; b) lorsque le tribunal arbitral s'est déclaré à tort compétent ou incompétent; c) lorsqu'il a statué sur des points qui ne lui étaient pas soumis ou lorsqu'il a omis de se prononcer sur un des chefs de la demande, l'article 32 étant réservé;*

d) lorsqu'une règle impérative de procédure, au sens de l'article 25, a été violée; e) lorsque le tribunal arbitral a alloué à une partie plus ou autre chose que ce qu'elle demandait, sans y être autorisé par une disposition légale; f) ***lorsque la sentence est arbitraire parce qu'elle repose sur des constatations manifestement contraires aux faits résultant du dossier ou parce qu'elle constitue une violation évidente du droit ou de l'équité****; g) lorsque le tribunal arbitral a statué après l'expiration du délai qui a pu lui être imparti pour remplir as mission; h) lorsque les conditions de l'article 33 n'ont pas été respectées ou lorsque le dispositif de la sentence est inintelligible ou contradictoire; i) lorsque les honoraires des arbitres fixés par le tribunal arbitral sont manifestement excessifs* (grifos nossos).

sobre o mérito da disputa – não sendo necessário que o direito em causa seja o suíço.

Logo, no direito suíço atualmente em vigor em matéria de arbitragem interna, continua sendo possível afastar uma sentença arbitral com esteio no argumento de que o direito aplicável ao mérito da arbitragem foi flagrantemente desrespeitado ou desconsiderado pelo tribunal arbitral, mesmo após a vigência do Código de Processo Civil.

Também é importante notar que, no Código de Processo Civil, tal qual outrora na Concordata, não existe uma hipótese que possibilite a anulação da sentença arbitral doméstica com base na ofensa à ordem pública.

D.2. Sentenças arbitrais domésticas proferidas ao cabo de arbitragens internacionais (Capítulo 12 da LFDIP)

Conforme preceitua o artigo 190, n. 1 da LFDIP, a sentença arbitral doméstica é considerada final ou definitiva a partir de sua notificação às partes[765]. Ela é sujeita, contudo, à ação de anulação, que somente pode ser ajuizada nas restritas hipóteses exaustivamente apontadas pelo artigo 190, n. 2 da LFDIP[766].

Ao contrário do ocorrido com as sentenças arbitrais domésticas no sistema anterior da Concordata e no atual sistema do CPC, não existe na LFDIP nenhum dispositivo que autorize explícita e categoricamente a anulação da sentença arbitral estrangeira em virtude da aplicação errônea, pelo árbitro, do direito que rege o mérito da controvérsia.

Entretanto, a incompatibilidade com a ordem pública consiste em um fator que pode desencadear a anulação do laudo arbitral doméstico (alínea *e* do artigo 190, n. 2 da LFDIP), inclusive à luz da interpretação

[765] *Art. 190. IX. Endgültigkeit, Anfechtung. (1) Grundsatz. (1) Mit der Eröffnung ist der Entscheid. endgültig.*

[766] *Artikel 190. IX. Endgültigkeit, Anfechtung. 1. Grundsatz [...] 2 Der Entscheid kann nur angefochten werden: a. wenn der Einzelschiedsrichter vorschriftswidrig ernannt oder das Schiedsgericht vorschriftswidrig zusammengesetzt wurde; b. wenn sich das Schiedsgericht zu Unrecht für zuständig oder unzuständig erklärt hat; c. wenn das Schiedsgericht über Streitpunkte entschieden hat, die ihm nicht unterbreitet wurden oder wenn es Rechtsbegehren unbeurteilt gelassen hat; d. wenn der Grundsatz der Gleichbehandlung der Parteien oder der Grundsatz des rechtlichen Gehörs verletzt wurde; e. wenn der Entscheid mit dem Ordre public unvereinbar ist.*

que vem sendo empreendida pela doutrina e jurisprudência do artigo 17 da LFDIP[767].

A doutrina e a jurisprudência suíças invocam o artigo acima transcrito para concluir que, em qualquer situação (e não apenas quando a ordem pública funciona como uma "cláusula de reserva" contra a aplicação de um direito estrangeiro), o que importa é o resultado que a prática de determinado ato conduzirá. Assim, para se constatar se a aplicação errônea, pelo(s) árbitro(s), do direito que rege o mérito da arbitragem, viola a ordem pública (para os fins do artigo 190, n. 2, alínea *e* da LFDIP), é necessário que o resultado de tal aplicação viole a ordem pública.

É precisamente neste sentido o entendimento de Cesare Jermini[768]. Segundo o doutrinador suíço, no que tange à aplicação errônea do direito que rege o fundo da controvérsia, em alguns casos, o resultado de tal aplicação pode contrariar a ordem pública suíça, o que configuraria uma violação desta para os fins do artigo 190, n. 2, e da LFDIP. Assim, Cesare Jermini admite que o raciocínio oriundo do artigo 17 da LFDIP seja adotado para tal propósito e que tal cotejo seja feito caso a caso.

Logo, no que tange à ação de anulação de sentenças arbitrais domésticas na Suíça – seja sob a égide do Código de Processo Civil ou da LFDIP, é curioso constatar o que segue: num mesmo país, a depender se a arbitragem é classificada como interna (Código de Processo Civil) ou internacional (LFDIP) – para o que o fator determinante é haver ao menos uma parte que não seja domiciliada ou residente na Suíça no momento da pactuação da convenção de arbitragem – há destinos radi-

[767] *Artikel 17. Vorbehaltsklausel. Die Anwendung von Bestimmungen eines ausländischen Rechts, ist ausgeschlossen, wenn sie* ***zu einem Ergebnis führen würde****, das mit dem schweizerischen Ordre public unvereinbar ist* (grifos nossos).

[768] *Um den Schutz vor materiellrechtlichen Rechtsanwendungsfehlern wie beim LFDIP auf ein absolutes Minimum reduzieren zu können, ist es nämlich nötig,* ***alle fundamentale verfahrensrechtliche Prinzipien*** *zu garantieren, auch derjenigen, welche nicht in Art. 190 Abs. 2 lit. a-d LFDIP ausdrücklich gennant werden.* (grifos no original). JERMINI, Cesare. **Die Anfechtung der Schiedssprüche im internationalen Privatrecht.** Nach dem schweizerischen Bundesgersetz über das Internationale Privatrecht, mit rechtsvergleichenden Ausblicken. Zurique: Schultess, 1997, p. 259. "A fim de poder reduzir ao mínimo absoluto a proteção contra erros de aplicação do direito material na LFDIP, é importante garantir todos os princípios fundamentais de direito processual, também aqueles que não são expressamente elencados no artigo 290, n. 2, letras a-d" (grifos no original) (tradução livre da autora).

calmente distintos para a sentença arbitral doméstica em que se constata uma aplicação errônea do direito suíço pelo(s) árbitro(s). De fato, se a arbitragem for interna, há previsão legal expressa no Código de Processo Civil autorizando a anulação da sentença. Por outro lado, sendo caracterizada a arbitragem como internacional, talvez haja uma incerta e estreita saída, ainda objeto de controvérsias doutrinárias, que somente poderá ser empregada num caso extremo: o resultado de tal aplicação errônea conduzir a uma ofensa à ordem pública, com base no artigo 190, n. 2, alínea *e*, da LFDIP, conforme vislumbrado por Cesare Jermini.

D.3. Sentenças arbitrais estrangeiras

Quanto à homologação, na Suíça, de sentença arbitral estrangeira, a aplicação errônea do direito aplicável ao mérito não conduziria, a princípio, à denegação de tal homologação.

E. República da Áustria

E.1. Sentenças arbitrais domésticas

Na Áustria, é classificada como doméstica a sentença arbitral prolatada ao cabo de uma arbitragem sediada em território austríaco.

Os motivos que podem levar à anulação de uma sentença arbitral na Áustria foram profundamente alterados na Reforma de 2006 e correspondem, em linhas gerais, às hipóteses previstas no artigo V da Convenção de Nova Iorque e no artigo 34 da Lei Modelo da UNCITRAL. Eles são taxativamente elencados no § 611(2) do öZPO[769].

[769] *§ 611(2) Ein Schiedsspruch ist aufzuheben, wenn. 1. eine gfiltige Schiedsvereinbarung nicht vorhanden ist, oder wenn das Schiedsgericht seine Zustandigkeit verneint hat, eine gfiltige Schiedsvereinbarung aber doch vorhanden ist, oder wenn eine Partei nach dem Recht, das fur sie personlich magebend ist, zum Abschluss einer gfiltigen Schiedsvereinbarung nicht fahig war; 2. eine Partei von der Bestellung eines Schiedsrichters oder vom Schiedsverfahren nicht gehorig in Kenntnis gesetzt wurde oder sie aus einem anderen Grand ihre Angriffs- oder Verteidigungsmittel nicht geltend machen konnte; 3. der Schiedsspruch eine Streitigkeit betrifft, fur welche die Schiedsvereinbarung nicht gilt, oder er Entscheidungen enthalt, welche die Grenzen der Schiedsvereinbarung oder das Rechtsschutzbegehren der Parteien fiberschreiten; betrifft der Mangel nur einen trennbaren Teil des Schiedsspruchs, so ist dieser Teil aufzuheben; 4. die Bildung oder Zusammensetzung des Schiedsgerichts einer Bestimmung dieses Abschnitts oder einer zulassigen Vereinbarung der Parteien widerspricht; 5. das Schiedsverfahren in einer Weise durchgefuhrt wurde, die Grundwertungen der osterreichischen Rechtsordnung (ordre public) widerspricht; 6. die Voraussetzungen vorhanden sind, unter denen nach § 530*

Não há, nos dispositivos acima mencionados (e, portanto, em nenhum outro do direito positivo austríaco), um preceito que expressamente conduza à anulação da sentença arbitral por conta da aplicação errônea, pelo(s) árbitro(s), do direito austríaco.

A doutrina e a jurisprudência austríaca, porém, invocam a hipótese prevista no § 611(2), n. 8, qual seja a *ofensa aos valores fundamentais do ordenamento jurídico austríaco*, aplicada em conjunto com o § 6 da *Internationales Privatrechtgesetz* ("Lei de Direito Internacional Privado", doravante "IPRG") austríaca[770] como apta a ensejar a anulação da sentença arbitral doméstica, caso tenha havido aplicação errônea do direito material. Para tal conclusão, é necessário que o resultado advindo da sentença arbitral fira a ordem pública substantiva da Áustria. Na lição de Nikolaus Pitkowtiz:

> *Damit sollte wohl klargestellt werden, dass sowohl die Begründung als auch der Tenor bei Beurteilung der ordre public-Widrigkeit eine Rolle spielen können, je nachdem, aus welcher von beiden letzlich jene* ***Auswirkungen*** *abzuleiten sind, die dazu führen, dass der Schiedsspruch mit den Grundwertungen der österreichischen Rechtsordnung in Widerspruch steht. [...] Das staatliche Gericht hat vielmehr selbständig zu prüfen, ob das* ***Ergebnis*** *des Schiedsspruchs einen Verstoß gegen die Grundwertungen der österreichischen Rechtsordnung darstellt*[771] (grifos nossos)

Abs. 1 Z 1 bis 5 ein gerichtliches Urteil mittels Wiederaufhahmsklage angefochten werden kann; 7. der Gegenstand des Streits nach inlandischem Recht nicht schiedsfahig ist; 8. der Schiedsspruch Grundwertungen der osterreichischen Rechtsordnung (ordre public) widerspricht.

770 *Vorbehaltsklausel (ordre public) § 6. Eine Bestimmung des fremden Rechtes ist nicht anzuwenden, wenn ihre Anwendung zu einem* ***Ergebnis*** *führen würde, das mit den Grundwertungen der österreichischen Rechtsordnung unvereinbar ist. An ihrer Stelle ist erforderlichenfalls die entsprechende Bestimmung des österreichischen Rechtes anzuwenden* (grifos nossos).

771 Pitkowtiz, Nikolaus. **Die Aufhebung von Schiedssprüchen**. Viena: Manz, 2008, p. 102. "Assim, deve ter ficado claro que tanto a fundamentação quanto a parte dispositiva [da sentença arbitral] podem desempenhar um papel na avaliação da contrariedade à ordem pública, dependendo de, de qual dos dois, por fim, pode ser deduzida aquela **consequência** que faz com que a sentença arbitral esteja em oposição aos valores básicos do ordenamento jurídico austríaco. [...] O tribunal estatal tem, antes, que verificar autonomamente se o **resultado** da sentença arbitral apresenta uma violação aos valores básicos do ordenamento jurídico austríaco (grifos nossos) (tradução livre da autora).

Nesta mesma toada, o *Oberster Gerichtshof* (doravante, o "OGH") – a última instância entre as Cortes ordinárias austríacas, que corresponderia ao Superior Tribunal de Justiça brasileiro – julgou em 08 de junho de 2000 o caso n. 2Ob158/00z. O OGH invocou o § 6 da IPRG e afirmou: "*Ein Verstoß gegen die Grundwertungen des österreichischen Rechts liegt dann vor, wenn die Entscheidung im Ergebnis zu einer unerträglichen Verletzung tragender Grundwertungen der österreichischen Rechtsordnung führen würde*[772]".

Por oportuno, permitimo-nos trazer à baila outros 4 importantes casos que nos informam sobre o posicionamento que vem sendo adotado pelo OGH, acerca da ação anulatória:

(i) Caso n. 3Ob566/95, julgado em 31 de agosto de 1995;
(ii) Caso n. 1Ob582/91, julgado em 18 de setembro de 1991; e
(iii) Caso n. 3Ob30/83, julgado em 11 de maio de 1983.

Assim, tomando-se por base a doutrina e a legislação austríacas, bem como a jurisprudência do OGH, concluímos que, a princípio, estaria vedada a anulação de uma sentença arbitral doméstica por conta da aplicação errônea do direito austríaco pelo(s) árbitro(s), já que não cabe ao tribunal estatal examinar as constatações fáticas e jurídicas empreendidas pelo árbitro único ou tribunal arbitral. Entretanto, se no caso concreto, apurar-se que o resultado de tal aplicação errônea efetivamente corresponde, numa hipótese extrema, a uma violação da ordem pública austríaca, poderíamos inferir que tal sentença arbitral seria passível de anulação, com esteio no § 611(2), n. 8.

E.2. Sentenças arbitrais estrangeiras

No que tange à sentença arbitral estrangeira, por sua vez, numa primeira análise, tampouco seria possível denegar um pedido de declaração de exequibilidade de tal sentença se o árbitro tiver aplicado erroneamente o direito austríaco. Porém, se o resultado da declaração de exequibilidade desta sentença arbitral estrangeira ofender, numa hipótese extrema, a ordem pública interna ou a moral austríacas, podemos depreender que o referido pedido de declaração de exequibilidade pode-

[772] "Uma violação aos valores fundamentais do direito austríaco existe, então, quando a decisão *em seu resultado* conduziria a uma ofensa insuportável aos valores fundamentais do ordenamento jurídico austríaco" (tradução livre da autora).

ria ser denegado, com base no § 81(3) da *Exekutionsordnung* ("Lei de Execução")[773].

F. República Federativa da Alemanha

Na Alemanha, não teria êxito um pedido de anulação de sentença arbitral doméstica alicerçado na aplicação errônea, pelo tribunal arbitral, do direito que rege o mérito da disputa. Tampouco a invocação à ofensa à ordem pública alegadamente ocasionada por tal aplicação errônea teria o condão de afastar uma sentença arbitral doméstica. A vedação de *révision au fond* é levada "a ferro e fogo" pelos alemães. Citem-se, dentre todos, os seguintes doutrinadores:

> *Eine Überprüfung der tatsächlichen Festellungen und der rechtlichen Würdigung findet im Verfahren über die Ablehnung des Schiedssprucs nicht statt. Die Verletzung des materiellen Rechts stellt keine Verletzung des Ordre Public dar. Zum Verbot der 'révision au fond' gehört auch die Frage, ob das Schiedsgericht den Sachverhalt richtig festgestellt oder Beweismittel falsch gewürdigt oder gar nicht berücksichtigt hat.*[774]
>
> *The notion of public policy has to be interpreted narrowly to avoid any abuse as a gateway to challenge an award on its merits.* ***The courts do not review whether the arbitral tribunal applied the law or at least its mandatory provisions correctly but merely whether the content of the award is such that its enforcement would be contrary to public policy.*** *That may be the case if the award is either contrary to those mandatory rules which protect the bases of the German public and economic order, or contrary to fundamental principles of law or otherwise infringes public order or good morals [...] Only gross violations of the principle of proportionality leading to an arbitrary decision fall within the narrow public policy ground.*

[773] *§ 81. Die Vollstreckbarerklärung ist ungeachtet des Vorhandenseins der in §§ 79 und 80 angeführten Bedingungen zu versagen: [...] (3) wenn durch die Vollstreckbarerklärung ein Rechtsverhältnis zur Anerkennung oder ein Anspruch zur Verwirklichung gelangen soll, dem durch das inländische Gesetz im Inland* ***aus Rücksichten der öffentlichen Ordnung oder der Sittlichkeit*** *die Gültigkeit oder Klagbarkeit versagt ist* (grifos nossos).

[774] LIONNET, Klaus; LIONNET, Annette. **Handbuch der internationalen und nationalen Schiedsgerichtsbarkeit**. Stuttgart: Boorberg, 2005, p. 413. "Um exame das constatações de fato e da apreciação jurídica não ocorre no processo de recusa da sentença arbitral. **A ofensa do direito material não se apresenta como ofensa à ordem pública**. À proibição de revisão do mérito também pertence a questão, se o tribunal arbitral constatou corretamente o mérito ou se apreciou erroneamente as provas ou se não as tomou absolutamente em consideração") (tradução livre da autora)..

> *Thus, even awards which are* ***obviously wrong***[775] *may only violate public policy if the infringement of the law has* ***reached a level which would seriously affect the principle of legal certainty and the confidence in arbitration***[776] (grifos nossos)

No mesmo sentido é a jurisprudência alemã, conforme demonstram o caso n. 10 Sch 4/01, julgado pela *Oberlandsgericht* (doravante, "OLG") de Karlsruhe e do n. 1 Sch 8/02, decidido pelo OLG de Stuttgart.

Também no que tange às sentenças arbitrais estrangeiras, não cabe qualquer tipo de controle judicial neste sentido. Logo, não é possível afastar o reconhecimento de uma sentença arbitral estrangeira em virtude da aplicação errônea do direito alemão pelo(s) árbitro(s).

G. República Francesa

Tal qual ocorre em relação ao direito alemão, na França não é possível manejar qualquer remédio jurídico contra a sentença arbitral em que se verifica a aplicação errônea do direito material. Não há, no Código de Processo Civil francês ou em qualquer outro diploma daquele país, dispositivo que albergue a impugnação de uma sentença arbitral doméstica ou estrangeira com base na aplicação errônea, pelo árbitro, do direito que rege o mérito da arbitragem.

Também como ocorre na Alemanha, a invocação à ordem pública tampouco seria um expediente exitoso. A doutrina francesa é enfática ao afirmar que a aplicação errônea do direito francês não corresponde a uma ofensa à ordem pública (interna) francesa. É neste sentido que se pronunciam Ernst Mezger[777] e Sophie Crépin. Vale transcrever as palavras da autora francesa sobre o antigo artigo 1484 n. 6 do Código de Processo Civil (que equivale ao 1492 n. 5 do Código de Processo Civil atual):

[775] Neste ponto, a legislação alemã difere da do Reino Unido, conforme exposto, por força do artigo 69(3), alínea *c*, (i) da AA1996.

[776] Böckstiegel, Karl-Heinz; Kröll, Stefan Michael; Nacimiento, Patricia (ed.). **Arbitration in Germany. The Model Law in Practice**. Austin: Wolters Kluwer Law & Business, 2007,, p. 468.

[777] Mezger, Ernst H. Anerkennung und Vollstreckung von Schiedssprüchen, die im Ausland oder in internationalen Sachen ergangen sindo. *In*: Böckstiegel, Karl-Heinz (coord.). **Schiedsgericthsbarkeit in Frankreich**. Colônia: Carl Heymann, 1983, p. 58-59.

> *Le juge est en conséquence extrêmement prudent car il ne peut, et ne veut, se laisser entraîner à une révision de la sentence. Ne relévent en fait de l'article 1484-6° que les violations de l'ordre public qui sont le fait de l'arbitre et touchent au fond du litige. [...] L'intervention de l'ordre public en matière interne est liée, soit à la matière, soit à l'objet de la contestation, et non au seul caractère impératif des règles dont relèvent les faits et acts litigieux". [...] Elle [la Cour d'Appel] se contente d'exercer un contrôle de la légalité des sentences arbitrales. Jamais elle ne vérifie le bien-fondé ou le mal-fondé de celles-ci; jamais elle ne statue au fond*[778] (grifos nossos).

A jurisprudência francesa[779] também já se manifestou neste mesmo sentido, ao entender que a anulação de uma sentença arbitral doméstica não pode ser concedida, mesmo se o árbitro tiver sido "errôneo no Direito, inconsistente e injusto". Para a *Cour de Cassation*, este argumento não é causa de anulação, ainda que se alegue que isto fere a ordem pública.

Salienta-se que o entendimento é o mesmo, caso se trate de uma sentença doméstica, uma sentença arbitral estrangeira ou uma sentença arbitral proferida na França ao cabo de uma arbitragem internacional. Como acontece na Alemanha, a vedação ao *révision au fond* é o mote.

Em vista do exposto, não é possível pleitear, perante o Poder Judiciário francês, a anulação ou a denegação do reconhecimento e/ou execução, conforme o caso, de uma sentença arbitral (seja ela doméstica, estrangeira ou prolatada na França ao fim de uma arbitragem internacional) com base no argumento da aplicação errônea, pelo árbitro, do direito aplicável ao mérito da arbitragem

[778] Crépin, Sophie. **Les Sentences Arbitrales devant le Juge Français**. Pratique de l'exécution et du controle judiciaires depuis les reformes de 1980-1981. Paris: L.G.D.J., 1995, n. 444, p.273, n. 446, p. 274 e n. 475, p. 288. "O juiz é, por consequência, extremamente prudente, pois ele não pode nem quer deixar-se levar a uma revisão da sentença. **De fato, não caem no artigo 1484-6º as violações de ordem pública que são o fato do árbitro e tocam o fundo do litígio** [...] A intervenção da ordem pública em matéria interna é ligada, seja à matéria, seja ao objeto da contestação, **e não tão somente ao caráter imperativo** das regras em que os fatos e os atos litigiosos se inserem. [...] Ela [a Cour d'Appel] contenta-se em exercer um controle da legalidade das sentenças arbitrais. Ela jamais verfica se aquelas são bem ou mais fundamentadas; ela jamais regula o mérito" (grifos nossos) (tradução livre da autora).

[779] *Cour de Cassation, Civ. I 23.02.1994, Revue d'Arbitrage de 1994*, p. 683.

Segunda Parte: A aplicação errônea, pelo árbitro, do direito brasileiro aplicável ao mérito do litígio

Em uma sentença arbitral proferida no Brasil, é possível vislumbrar perfeitamente que o(s) árbitro(s) – sendo estes estrangeiro(s) ou não – pode(m) vir a aplicar erroneamente o direito brasileiro ao julgar(em) o mérito do litígio. O mesmo pode acontecer se a sentença tiver sido prolatada fora do território nacional, sendo, assim, classificada como estrangeira, à luz do parágrafo único do artigo 34 da Lei n. 9.307/1996[780]. Daí decorre a inevitável indagação: há na legislação pátria uma hipótese expressa de anulação da sentença arbitral em virtude da aplicação errônea do direito brasileiro ao mérito do litígio? E quanto à homologação da sentença arbitral estrangeira, nosso direito positivo permite expressamente sua denegação, em caso de aplicação errônea do direito brasileiro?

Basta uma leitura da Lei n. 9.307/1996 (em especial, de seus artigos 32 e 37 a 39[781]), para se constatar que não existe tal dicção legal, como

[780] Brasil. Lei n. 9.307/1996. "Art. 34. [...] Parágrafo único. Considera-se sentença arbitral estrangeira a que tenha sido proferida fora do território nacional".

[781] Brasil. Lei n. 9.307/1996. "Art. 32. É nula a sentença arbitral se: I – for nulo o compromisso; I – for nula a convenção de arbitragem; II – emanou de quem não podia ser árbitro; III – não contiver os requisitos do art. 26 desta Lei; IV – for proferida fora dos limites da convenção de arbitragem; V – não decidir todo o litígio submetido à arbitragem; VI – comprovado que foi proferida por prevaricação, concussão ou corrupção passiva;
VII – proferida fora do prazo, respeitado o disposto no art. 12, inciso III, desta Lei; e VIII – forem desrespeitados os princípios de que trata o art. 21, § 2º, desta Lei". "Art. 37. A homologação de sentença arbitral estrangeira será requerida pela parte interessada, devendo a petição inicial conter as indicações da lei processual, conforme o art. 282 do Código de Processo Civil, e ser instruída, necessariamente, com: I – o original da sentença arbitral ou uma cópia devidamente certificada, autenticada pelo consulado brasileiro e acompanhada de tradução oficial; II – o original da convenção de arbitragem ou cópia devidamente certificada, acompanhada de tradução oficial". "Art. 38. Somente poderá ser negada a homologação para o reconhecimento ou execução de sentença arbitral estrangeira, quando o réu demonstrar que: I – as partes na convenção de arbitragem eram incapazes; II – a convenção de arbitragem não era válida segundo a lei à qual as partes a submeteram, ou, na falta de indicação, em virtude da lei do país onde a sentença arbitral foi proferida; III – não foi notificado da designação do árbitro ou do procedimento de arbitragem, ou tenha sido violado o princípio do contraditório, impossibilitando a ampla defesa; IV – a sentença arbitral foi proferida fora dos limites da convenção de arbitragem, e não foi possível separar a parte excedente daquela submetida à arbitragem; V – a instituição da arbitragem não está de acordo com o compromisso arbitral ou cláusula compromissória; VI – a sentença arbi-

se encontra nas legislações do Reino Unido, da Itália e da Suíça, mencionadas adrede. Aliás, no que tange ao artigo 32, tampouco há expressa referência à ordem pública como motivo a ensejar a anulação do laudo arbitral doméstico (o que vem sendo defendido pela doutrina como hipótese implícita e não escrita no rol do artigo 32[782]).

Conforme tivemos oportunidade de nos manifestar[783], a ordem pública consiste em uma válvula de escape, mas que não pode nem deve ser empregada exageradamente, sob pena de se vulgarizar e de perder sua força. Entretanto, há momentos em que se podem cometer equívocos, em nome da insofismável proteção à segurança jurídica que o "caráter final" de que se reveste, a princípio, a sentença arbitral. Tudo em nome do chamado "risco da arbitragem" que as partes assumiram correr, quando da pactuação da convenção da arbitragem[784].

tral não se tenha, ainda, tornado obrigatória para as partes, tenha sido anulada, ou, ainda, tenha sido suspensa por órgão judicial do país onde a sentença arbitral for prolatada". "Art. 39. A homologação para o reconhecimento ou a execução da sentença arbitral estrangeira também será denegada se o Superior Tribunal de Justiça constatar que: I – segundo a lei brasileira, o objeto do litígio não é suscetível de ser resolvido por arbitragem; II – a decisão ofende a ordem pública nacional. Parágrafo único. Não será considerada ofensa à ordem pública nacional a efetivação da citação da parte residente ou domiciliada no Brasil, nos moldes da convenção de arbitragem ou da lei processual do país onde se realizou a arbitragem, admitindo-se, inclusive, a citação postal com prova inequívoca de recebimento, desde que assegure à parte brasileira tempo hábil para o exercício do direito de defesa".

782 Citem-se, por exemplo, Ricardo Ramalho Almeida, João Bosco Lee, Clávio Valença Filho, Beat Walter Rechtsteiner e Leonardo de Faria Beraldo.

783 VERÇOSA, Fabiane. Homologação de sentença arbitral estrangeira. Comentário ao acórdão prolatado na SEC n. 802 pela Corte Especial do STJ, Rel. Min. José Delgado. **Revista Brasileira de Arbitragem**, Porto Alegre, n. 9, p. 203-227, jan.-mar. 2006.

784 Nas palavras de Pierre Lalive: *"They have decided to resort to internacional arbitration (rather than to a judicial decision) of a potential dispute; and this for a variety of rather well-known reasons (including the possibility of choosing the arbitrators and the procedure, including also, presumably, confidentialiy, and perhaps mainly in order to sabe time, to be able to 'turn the page' over their differences and quarrels so that they can resume their normal commercial relations. In other words, in the exercise of their autonomy of the will, they have deliberately assumed the so-called **arbitration risk**. Should they, then, be allowed to go back on their common consent and repudiate their choice when an award has been rendered, because one party (or, on more exceptional occasions, both parties) is so dissatisfied that resort to State justice and setting aside proceedings appear to be the desirable solution?"* (grifos no original). LALIVE, Pierre. Absolute Finality of Arbitral Awards? **Revista de Arbitragem e Mediação**, São Paulo, a.5, v. 19, p. 67-80, out.-dez. 2008, p. 71.)

Parece-nos que é próprio da evolução da arbitragem reconhecer novas situações, reputadas como absolutamente excepcionais, em que o caráter final da arbitragem e a segurança jurídica daí decorrentes sejam realocados a segundo plano, a fim de não se permitir que prevaleçam decisões arbitrais que fulminem o que existe de mais caro no Direito de uma nação.

Especialmente quando se tem em vista que, ao menos no Brasil, o número de casos submetidos ao juízo arbitral vem (felizmente) crescendo de modo notável – o que por consequência também faz recrudescer, lamentavelmente, o número de sentenças arbitrais em que se verifica a aplicação errônea do direito brasileiro ao mérito da arbitragem.

Pierre Lalive, compartilhando conosco sua vasta experiência como árbitro e professor de arbitragem na Suíça, relata:

> *When we look at contemporary practice and have a chance of reading recent awards (and Court decisions), one cannot help wondering whether that restrictive attitude, that great favour or trust granted to international arbitrators in "ordinary international commercial arbitration" has perhaps, on occasions, not been carried too far in some national systems. [...] One may well doubt that the judicial practice of States will or should always accept to "close its eyes" and to recognize and enforce some (manifestly) erroneous, ill-conceived and badly motivated Awards (...). As far as I can see, the number of such poorly reasoned and possibly erroneous awards (but not, let us hope, their propotion of the whole!) appears to have increased – perhaps inevitably with the expansion of international arbitration, and the increasing, and desirable, participation of countries and individuals having a limited experience and knowledge of international practice and "traditional" arbitral ethics*[785] (grifos nossos).

Imbuído deste mesmo espírito, Marco Deluiggi enfatiza:

> A extensão dos poderes do juiz estatal no controle de adequação da sentença arbitral estrangeira à ordem pública material é, pois, objeto de uma grande incerteza doutrinária e jurisprudencial em direito comparado. Adotar-se a concepção minimalista do controle é, contudo, colocar em risco a eficácia da exceção de ordem pública. [...] Para concluir, como observa o ilustre Professor Goldman, o árbitro tem, é claro, "o direito de errar, e não é porque ele errou que se deve anular a sentença, mas um erro de direito

[785] *Idem, ibidem*, p. 80.

> que cause uma contrariedade à ordem pública deve, sim, ser sancionado[786]. (grifos nossos)

Ricardo de Ramalho Almeida, por sua vez, complementa:

> Entretanto, apesar desses ponderáveis argumentos, é difícil aceitar que seja válida no Brasil e possa ter seus efeitos reconhecidos – inclusive igualando-se, para todos os fins, até mesmo execução forçada, a uma sentença judicial transitada em julgado –, eventual decisão arbitral que, aplicando direito brasileiro ou estrangeiro, resulte em uma incompatibilidade flagrante com algum aspecto fundamental do ordenamento jurídico brasileiro, ou desconsidere totalmente eventual regramento imperativo determinado por lei ou pela Constituição e que seja aplicável à espécie controvertida, de modo a tornar-se a sentença incompatível com um padrão mínimo de juridicidade, de acordo com as concepções nacionais prevalecentes[787]. (grifos nossos)

As opiniões doutrinárias acima robustecem nossa percepção de que, em algumas situações patentemente excepcionais, a ordem pública deve ser invocada para se anular ou negar reconhecimento a uma sentença em que é verificada a aplicação errônea do direito brasileiro ao mérito da controvérsia.

Parece-se que o Brasil, que tanto já evoluiu na seara da arbitragem em apenas 25 anos de vigência de sua Lei de Arbitragem, deveria juntar-se a tantos outros países – muito mais experimentados em matéria de arbitragem, aliás – que oferecem uma saída ao litigante que vivencia este tormentoso problema. Como se depreende da análise de direito estrangeiro efetuada nestas notas, países com muito maior tradição e há muito sedimentados em arbitragem possuem, cada qual à sua maneira, um remédio jurídico para a hipótese da aplicação errônea, pelo árbitro, de seu direito nacional do mérito da arbitragem, ao menos na seara dos

[786] DELUIGGI, Marco. O controle de conformidade da sentença arbitral estrangeira à ordem pública material: a contribuição da experiência francesa e internacional para a prática brasileira. **Revista Brasileira de Arbitragem**, São Paulo, ano 4, n. 20, out.-nov.-dez. 2008, p. 31-36.

[787] ALMEIDA, Ricardo Ramalho. **Arbitragem comercial internacional e ordem pública**. Rio de Janeiro: Renovar, 2005, p. 268.

laudos domésticos. É o caso de Estados Unidos da América, do Reino Unido, da Itália, da Suíça e da Áustria.

Embora seja verdade que o emprego desmedido da ordem pública pode colocar em risco a credibilidade da arbitragem, deve-se ter em mente também que privilegiar, a todo custo, o caráter final da sentença arbitral e o viés quase sacrossanto da absoluta impossibilidade de sua revisão de mérito pelo juiz estatal também pode originar consequências desastrosas ao instituto da arbitragem.

Seria trágico e lamentável que a posição ora defendida fosse mal interpretada e – o que é ainda pior – fosse invocada para se chancelarem abusos no manejo do argumento da violação à ordem pública no contexto da arbitragem. Conforme expusemos, deve-se rechaçar, a todo custo, o alargamento exagerado e descabido dos contornos da ordem pública, já que ele pode fatalmente levar ao seu indesejado esvaziamento, vulgarização e, enfim, enfraquecimento. Contudo, o que se propugna é a utilização racional da ordem pública com o fito de se combater, em casos extremos e absolutamente excepcionais, a aplicação errônea do direito pátrio ao mérito da arbitragem.

Destarte, sustentamos que a aplicação errônea, pelo árbitro, do direito brasileiro ao fundo do litígio poderia conduzir, no Brasil, à anulação ou ao não reconhecimento da sentença arbitral (se doméstica no primeiro caso ou se estrangeira, no segundo), desde que o *efetivo resultado* de tal aplicação errônea contrarie a ordem pública brasileira. Desta forma, somente se se verificar que o *resultado concreto* de tal aplicação errônea vier a ofender, flagrantemente, a ordem pública brasileira, vislumbramos possível a anulação da sentença arbitral doméstica ou a denegação ao reconhecimento do laudo arbitral estrangeiro, conforme o caso. O crivo do *resultado objetivo* oriundo da aplicação errônea do direito brasileiro ao mérito da arbitragem como ofensivo à ordem pública é consentâneo com o que vem sendo praticado em alguns Estados estrangeiros, como Itália e Áustria (países em que tal critério foi cotejado doutrinária e jurisprudencialmente) e na Suíça (conforme dispõe o artigo 17 da IPRG).

Tal constatação, por óbvio, deve ser feita casuisticamente e com extremo zelo, a fim de que tal medida não se torne uma descabida e inoportuna ferramenta para partes meramente descontentes com o laudo arbitral.

Não se pode negar que se está diante de verdadeiro desafio, ora confiado a nossos tribunais estatais: o de empregar, na exata medida, o critério do *efetivo resultado* da aplicação errônea do direito brasileiro ao mérito da arbitragem que contrarie de tal sorte a ordem pública brasileira, a ponto de ensejar a anulação da sentença arbitral doméstica ou a negativa de homologação do laudo arbitral alienígena.

Seguimos indagando, como Marco Deluiggi, quando se referiu ao controle judicial da conformidade da sentença arbitral estrangeira à ordem pública material:

> será que os juízes brasileiros responsáveis por esse controle terão a capacidade e a engenhosidade de saber dosá-lo, buscando a efetividade das sentenças arbitrais internacionais? Em outras palavras, será que os juízes vão compreender que esses poderes extensos têm por fito assegurar o desenvolvimento e a consolidação do instituto da arbitragem internacional no Brasil, e que a recusa de homologação deve ser considerada sempre a exceção à regra?[788]

Se nossos magistrados lograrão empreender tal exame da forma correta, como deles se espera, apenas o decurso do tempo revelará.

Conclusões

Para finalizar estas notas, sublinhamos que, dos sete países estudados para o propósito deste trabalho, em apenas 2 deles não há qualquer remédio jurídico a ser manejado contra uma sentença arbitral em que se aplicou erroneamente o direito que rege o mérito da controvérsia. Nos demais 5 Estados estrangeiros, seja legislação, a doutrina e/ou a jurisprudência reconhecem a possibilidade de, nas circunstâncias delineadas em cada país, afastar uma sentença arbitral em que se verifique a aplicação errônea do direito material.

No Brasil, tal hipótese não é prevista na legislação e, até onde é de nosso conhecimento, ainda não foi examinada por nossos tribunais. Pelas razões expostas, a nosso ver é possível vislumbrar, em situações extremas a serem aferidas no caso a caso, a anulação da sentença arbi-

[788] DELUIGGI, Marco. O controle de conformidade da sentença arbitral estrangeira à ordem pública material: a contribuição da experiência francesa e internacional para a prática brasileira. **Revista Brasileira de Arbitragem**, São Paulo, ano 4, n. 20, out.-nov.-dez. 2008, p. 37.

tral doméstica ou a denegação do reconhecimento da sentença arbitral estrangeira, caso se verifique que o **resultado concreto** da aplicação errônea do direito brasileiro ao mérito da disputa ofende, flagrantemente, a ordem pública brasileira.

Referências

ALMEIDA, Ricardo Ramalho. **Arbitragem comercial internacional e ordem pública.** Rio de Janeiro: Renovar, 2005.

BAUT *v.* Pethick Const. Co., F. Supp. 350, 363 (D.C. Pa.).

BÖCKSTIEGEL, Karl-Heinz; KRÖLL, Stefan Michael; NACIMIENTO, Patricia (ed.). **Arbitration in Germany. The Model Law in Practice.** Austin: Wolters Kluwer Law & Business, 2007.

BOWEN *v.* Amoco Pipeline Co., 254 F. 3d 932 (10th Circ. 2001).

BURCHELL *v.* Marsh, 58 US (17 How) 344 (1854).

CASSANO, Giuseppe; NISATI, Massimiliano. **La Riforma Dell'Arbitrato. Monografia ragionata sulla riforma del processo arbitrale.** Giuffrè: Milão, 2006.

COUR DE CASSATION, Civ. I 23.02.1994, **Revue d'Arbitrage**, 1994.

CRÉPIN, Sophie. **Les Sentences Arbitrales devant le Juge Français.** Pratique de l'exécution et du controle judiciaires depuis les reformes de 1980-1981. Paris: L.G.D.J., 1995, n. 444, p.273; n. 446, p. 274; n. 475, p. 288.

DAESANG CORPORATION *v.* The Nutrasweet Company, Nutrasweet Ip Holdings, Inc. and Sweeteeners Holdings Korea Ltd., Appeal n. 5973, Appelate Division, September 27, 2018.

DELUIGGI, Marco. O controle de conformidade da sentença arbitral estrangeira à ordem pública material: a contribuição da experiência francesa e internacional para a prática brasileira. **Revista Brasileira de Arbitragem**, São Paulo, ano 4, n. 20, out.-nov.-dez. 2008.

DELVOLVÉ, Jean-Louis; ROUCHE, Jean; POINTON, Gerald H. **French arbitration law and practice.** A Haia: Kluwer, 2003.

DELUIGGI, Marco. O controle de conformidade da sentença arbitral estrangeira à ordem pública material: a contribuição da experiência francesa e internacional para a prática brasileira. **Revista Brasileira de Arbitragem**, São Paulo, ano 4, n. 20, out.-nov.-dez. 2008.

DERAINS, Yves; SCHWARTZ, Eric A. **A guide to the new ICC rules of arbitration.** A Haia: Kluwer, 1998.

DI RUSSSA *v.* Dean Witter Reynolds, Inc. 121 F. 3d 818, 821 (2d Circ. 1997).

ESSEX COUNTY COUNCIL *v.* Premier Recycling Ltd., j. 09-03-2006.

ESTADOS UNIDOS DA AMÉRICA. **Supreme Court of the United States**. Hall Street Associates, L.L.C v. Mattel, Inc. Case n. 06-989. 25.03.2008. Disponível em: http://www.supremecourtus.gov/opinions/07pdf/06-989.pdf. Acesso em: 08 jan. 2010.

ESTADOS UNIDOS DA AMÉRICA. **The New York State Unified Court System**. Disponível em: https://www.nycourts.gov. Acesso em: 17 fev. 2021.

UNITED STATES DISTRICT COURT – Southern District of New York. Robert Lewis Rosen Associates, Ltd. *v.* William Webb. Memorandum Opinion and Order. 07 Civ.11403 (RJH). July 07, 2008.

ESTADOS UNIDOS DA AMÉRICA. United States District Court. Southern District of New York. SUPREME Oil Co. *v.* Abandolo – Case n. 07-6479 (U.S.D.C.N.Y. July 31, 2008).

ESTADOS UNIDOS DA AMÉRICA. United States District Court. Southern District Of Florida. Miami Division. Grigsby & Associates, Inc. *v.* M Securities Investment, Inc. Case n. 06-23-35 (USDC S.D.Fla), July 29, 2008.

ESTADOS UNIDOS DA AMÉRICA. United States Court of Appeals Tenth Circuit. DMA International, Inc. *v.* Qwest Communications International, Inc. and affiliated entities, n. 08-1392, Nov 04, 2009.

ESTADOS UNIDOS DA AMÉRICA. United States Court off Appleals for the Fifth Circuit. Citigroup Global Markets Inc, *v.* Debra Bacon. Case n. 07-20670. March 05, 2009; rev. March 18, 2009.

HWANG, Michael; LAI, Amy. Do egregious errors amount to a breach of public policy? **Arbitration**: Journal of the Chartered Institute of Arbitrators, v. 71, n. 1, fev. 2005,

JERMINI, Cesare. **Die Anfechtung der Schiedssprüche im internationalen Privatrecht**. Nach dem schweizerischen Bundesgersetz über das Internationale Privatrecht, mit rechtsvergleichenden Ausblicken. Zurique: Schultess, 1997.

JUNKER, Joel R. The Public Policy Defense to Recognition and Enforcement of Foreign Arbitral Awards. **California Western International Law Journal**, San Diego, n. 7, 1977,

KASSIS, Antoine. **L'autonomie de l'arbitrage commercial international**. Le droit français em question. Paris: L'Harmattan, 2007,

KRONENBURG, Michael. **Vollstreckung ausländischer Schiedssprüche in den USA**. Die Rechtsprechung US-amerikanischer Gerichte. Frankfurt am Main: Lang, 2001.

LALIVE, Pierre. Absolute Finality of Arbitral Awards? **Revista de Arbitragem e Mediação,** São Paulo, a.5, v. 19, p. 67-80, out.-dez. 2008.

LEE, João Bosco. A Lei n. 9.307/96 e o direito aplicável ao mérito do litígio na arbitragem comercial internacional. **Revista de Direito Bancário, do Mercado de Capitais e da Arbitragem**, São Paulo, n. 11, p. 347-359, jan.-mar. 2001.

LIONNET, Klaus; LIONNET, Annette. **Handbuch der internationalen und nationalen Schiedsgerichtsbarkeit**. Stuttgart: Boorberg, 2005.

LUISO, Francesco P. **Direito processuale civile**. v. IV. I processi speciali. Milão: Giuffrè, 2007.

MENCHINI, Sergio. Impugnazioni del lodo "rituale". **Rivista dell'arbitrato**. Roma, 2005.

MERRYL LINCH, Pierce, Fenner & Smith, Inc. *v*. Bobker. 808 F.2d 930, 933 (2d Circ. 1986).

MEZGER, Ernst H. Anerkennung und Vollstreckung von Schiedssprüchen, die im Ausland oder in internationalen Sachen ergangen sindo. *In*: BÖCKSTIEGEL, Karl-Heinz (coord.). **Schiedsgericthsbarkeit in Frankreich**. Colônia: Carl Heymann, 1983.

N. 548 F.3d 85 (2d Cir. Nov 04, 2008).

N. 07-1830, 2008 WL 4899478 (6th Circ. Nov 14, 2008).

N. 05-55739 and 05-56100, 2009 WL 205046 (9th Cir. Jan 29, 2009).

NEWMAN, Lawrence W; HANESSIAN, Grant (ed.). **International arbitration checklists**. Nova Iorque: Juris, 2004.

PEBBLES *v*. Merrill Lynch, Pierce, Fenner & Smith, Inc., 431 F.3d 1320, 1326 (11th Circ. 2005.

PITKOWTIZ, Nikolaus. **Die Aufhebung von Schiedssprüchen**. Viena: Manz, 2008.

REMOTE Solution Co. *v*. FGH Liquidating Corp. Case n. 06-4 (USDC D. Del., July 31, 2008).

ROBERT LEWIS ROSEN ASSOCIATES, Ltd. *v*. William Webb. Memorandum Opinion and Order. 07 Civ.11403 (RJH). S.D.N.Y. 07.07. 2008.

SANTOS, Maurício Gomm; SMITH, Quinn. Comments on the development of U.S. arbitration law. **Miami Arbitration Reports**, Miami, v. 1, n. 2, 10 mar. 2009.

SUTTON, David St. John; GILL, Judith; GEARING, Matthew. **Russell on Arbitration**. 23. ed. Londres: Sweet & Maxwell, 2007.

SUTTON, David St. John; GILL, Judith; GEARING, Matthew. **Russell on Arbitration**. 23. ed. Londres: Sweet & Maxwell, 2007,

TILLA, Maurizio de; FERRELLI, Nino. **Nuovo Arbitrato, Conciliazone e Costituzione di Camere Arbitrali. Con commento articolo per articolo del D.Lgs. 2 febbraio 2006, n. 40.** Milão: Il Sole 24 Ore, 2006.

VERÇOSA, Fabiane. **A aplicação errônea do direito pelo árbitro**. Uma análise à luz do direito brasileiro e estrangeiro. Curitiba: CRV, 2015.

VERÇOSA, Fabiane. Arbitragem interna *v*. arbitragem internacional: breves contornos da distinção e sua repercussão no ordenamento jurídico brasileiro face ao princípio da autonomia da vontade. *In*: TIBURCIO, Carmen; BARROSO, Luís Roberto (coord.). **O direito internacional contemporâneo**. Estudos em homenagem ao Prof. Jacob Dolinger. Rio de Janeiro: Renovar, 2006.

VERÇOSA, Fabiane. *Manifest disregard of the law* como fundamento de anulação de sentenças arbitrais domésticas perante os Tribunais Federais norte-americanos: a saga ainda não terminou. *In*: MONTEIRO, Alexandre Luiz Moraes do Rêgo; CASTRO, Leonardo Freitas de Moraes e; UCHÔA FILHO, Sérgio Papini de Mendonça (coord.). **Tributação, comércio e solução de controvérsias internacionais**. São Paulo: Quartier Latin, 2011.

VERÇOSA, Fabiane. Homologação de sentença arbitral estrangeira. Comentário ao acórdão prolatado na SEC n. 802 pela Corte Especial do STJ, Rel. Min. José Delgado. **Revista Brasileira de Arbitragem**, Porto Alegre, n. 9, jan.-mar. 2006.

WILKO *v*. Swan, 346 US 427 (1953).

WILKO *v*. Swan pela Suprema Corte Norte-Americana. **Revista Brasileira de Arbitragem**, n. 28, p. 205-215, out.-dez. 2010.

ZEHHÄUSERN, Urs; FRICK, Joachim; HAHN, Anne-Catherine. Switzerland. *In*: THEVENIN, Nancy M. (ed.). **The Baker & McKenzie International Arbitration Yearbook 2010-2011**. Nova Iorque: JurisNet, 2011.

4. O APRIMORAMENTO DA FUNÇÃO DE ÁRBITRO NO BRASIL: AS ESTRATÉGIAS DE *DEBIASING*

Bruno Guandalini

Introdução

A função de árbitro tem o objetivo principal de exercer jurisdição[789], a qual compreende a função intelectual de decidir ou de julgar. O exercício dessa jurisdição depende do dever de motivação da decisão para que haja segurança jurídica e legitimidade, o que parte de uma espécie de racionalização do poder no Estado de Direito[790]. Em outras palavras, o poder do Estado sobre eventual determinação da realocação da propriedade, em disposição do patrimônio do indivíduo, deve respeitar o contraditório, em decorrência do devido processo legal, direito fundamental constitucional[791]. É condição para atender o princípio a motivação da decisão. É uma forma de demonstração do respeito ao contraditório por alguém imparcial, sob o império da lei – ou mesmo do justo quando as partes resolvem prever equidade.

O mesmo se aplica à arbitragem. É por isso que a Lei Brasileira de Arbitragem[792] exige como condição de validade da sentença arbitral

[789] Clay, T., L'arbitre. Dalloz, 2001.

[790] Ramina De Lucca, R. **O dever de motivação das decisões judiciais**: Estado de Direito, segurança jurídica e teoria dos precedentes. Salvador: Juspodivm, 2019.

[791] Brasil. Constituição Federal (1988). "Art. 5º, LIV – ninguém será privado da liberdade ou de seus bens sem o devido processo legal".

[792] Brasil. Lei n. 9.307/1996.

sua motivação[793] e o absoluto respeito ao princípio do contraditório e à imparcialidade[794].

Para que se tenha motivação da decisão, o julgador deve ser dotado de racionalidade – deve ser capaz de realizar a subsunção dos fatos à norma, ou mesmo em um método indutivo buscar o justo quando autorizado pela equidade. A racionalidade deve ser usada para a tomada de decisões procedimentais quando o julgador tem as rédeas já que estas decisões devem necessariamente ter um resultado de respeitar princípios básicos do processo[795]. A racionalidade, portanto, é pressuposto processual da atividade jurisdicional, seja do juiz, seja do árbitro.

A racionalidade pressupõe inteligência ou cognição, ainda não encontrada em outro ser artificial[796] e discutida em outros seres vivos. E essa racionalidade necessária para a atividade jurisdicional conhecida apenas existe no "homem sábio" ou no *homo sapiens*, pois apenas estes deteriam as virtudes necessárias para o julgamento jurisdicional, nas quais inclui-se, principalmente, a virtude da independência[797].

Dessa mesma natureza e condição humana decorrem diversas características que afetam o emprego da racionalidade tão necessária ao exercício da jurisdição, como a mera falta de racionalidade. Os mesmos seres humanos dotados de cognição e de virtudes, como a independência, incorrem em erro, falha, falta ou limitação de racionalidade. Isso porque o problema está justamente no cérebro humano.

H. A. Simon foi o primeiro a denunciar e cunhar o termo da racionalidade limitada[798] arguindo que o ser humano não poderia ser tão racional no seu processo de tomada de decisão porque não conhece sempre as diferentes alternativas. Então, o conceito da limitação da racionalidade foi desenvolvido e ganhou corpo notadamente com o prêmio Nobel Daniel Kahneman. O sucesso de seu trabalho se deu com a

[793] Brasil. Lei n. 9.307/1996, Arts. 26 e 32, III.

[794] Brasil. Lei n. 9.307/1996, Arts. 21, § 2º e 32, VIII.

[795] Brasil. Lei n. 9.307/1996, Art. 21, § 2º.

[796] Racine, Jean-Baptiste. Arbitrage et Intelligence Artificielle (1), 4, **Revue de l'Arbitrage**, p. 1.025-1.067, 2019.

[797] Macintyre, A. **Dependent rational animals**: why human beings needthe virtues. Chicago: Open Court Publishing Company, 1999, p. 120.

[798] Simon, H. A. A behavioral model of rational choice. **Quartely Journal of Economics**, v. 69, n. 1, 1955.

estrutura e a explicação das duas formas de pensar do cérebro humano: o Sistema 1 e o Sistema 2[799]. O autor explica que o primeiro opera rápida e automaticamente, sem esforço ou senso de controle voluntário. O segundo tem base na atenção mental, a qual inclui computações complexas frequentemente associadas com concentração e escolha. Enquanto o Sistema 1 é mais atrelado às emoções, inadequadas ao processo decisório jurisdicional, o Sistema 2 se adequa ao modelo dedutivo da razão, que considera as diferentes alternativas possíveis – e principalmente trazidas pelas partes[800].

Até mesmo o Sistema 2 – o modelo não intuitivo – apresenta importantes limitações. António R. Damásio explica que a decisão racional não intuitiva deve considerar todas as opções[801] e que as pessoas fazem isso criando cenários imaginários, hipotéticos, visuais e narrativas verbais. Segundo o autor, esse processo consome tempo e pode levar a erros porque as pessoas esquecem os cenários e os detalhes no meio do processo decisório.

Já o Sistema 1 – o intuitivo – traz diversos riscos ao julgamento simplesmente porque invoca a experiência[802] mais do que a lógica. Isso é particularmente um problema numa atividade na qual se alega que os mais experientes têm maior tendência a proferir decisões baseadas preferencialmente na intuição[803]. A intuição, em princípio, é negativa, porque traz o viés de confirmação, quando o julgador conduz de forma ineficiente o processo com o propósito de confirmar sua intuição inicial. Esse viés também se revela numa tentativa errônea do árbitro de insistir num acordo ineficiente entre as partes para ver confirmada a posi-

[799] Kahneman, D. **Thinking, fast and slow 20**. New York: Farrar, Straus and Giroux, 2015.

[800] Kahneman, D. **Thinking, fast and slow 20**. New York: Farrar, Straus and Giroux, 2015, p. 21.

[801] Damasio, A. R. **O erro de Descartes**. São Paulo: Companhia das Letras, 2012.

[802] Kahneman, D. **Maps of bounded rationality**: a perspective on intuitive judgement and choice. Nobel Prize Lecture p. 449- 453, 8 dez. 2002. Disponível em: https://www.nobelprize.org/uploads/2018/06/kahnemann-lecture.pdf. Acesso em: 05 set. 2021.

[803] Cole, T; Ortolani, P; Wright, R. Arbitration in its psychological context: a contextual behavioral account of arbitral decision-making. **Oxford Handbook of International Arbitration 2018**. Disponível em: https://ssrn.com/abstract=3151107. Acesso em: 05 set. 2021.

ção inicial. Independentemente da forma de pensar, os árbitros ainda têm inúmeras limitações da racionalidade conhecidas como vieses cognitivos e heurísticas, as quais proporcionam erros na tomada de decisão, sem contar a tacitamente conhecida e recentemente descrita margem de erro de toda decisão humana, que se chamou de *noise*[804].

A corrente do Realismo Jurídico Americano já demonstrou que a norma jurídica é indeterminada a tal ponto que os resultados de sua aplicação somente poderiam ser considerados por meio da compreensão das pressões sociais e preferências políticas[805], o que poderia afetar ambas as formas de pensar. A decisão jurídica, portanto, jamais seria neutra, pois sempre afetada por condições e influências externas e internas e por limitações de racionalidade e atalhos, estas decorrentes do próprio cérebro humano. Não se foge ao dever de imparcialidade que deve sempre ser visto pela não preferência por qualquer das partes, dentro do conceito de equidistância.

A existência, a prova e o impacto dessas características que afetam a decisão humana na função do árbitro já vêm sendo objeto de estudo pela doutrina da arbitragem mundo afora[806]. No Brasil, ainda é incipiente

[804] KAHNEMAN, D.; SIBONY, O; SUNSTEIN, C. R. **Noise**: a flaw in human judgement. Little, Brown Spark, New York, 2021.

[805] ROGERS, Catherine. The devil's arbitrator. Bocconi legal studies research paper n. 3780126, 5 fev. 2021. Disponível em: https://ssrn.com/abstract=3780126, p. 40 *apud* BYBEE, Keith J. **All judges are political except when they are not**: a response. Law and social inquiry, 2013.

[806] Alguns trabalhos que discutiram limitações de racionalidade e falhas nas decisões dos árbitros: DIAMOND, Shari. Psychological aspects of dispute resolution: issues for international arbitration. International Commercial Arbitration, p. 327-242, 2003; GIOVANNINI, Teresa. The psychological aspects of dispute resolution. *In*: A. J. Van Den Berg (ed.). International commercial arbitration: important contemporary questions. Kluwer Law International, 2003; DRAHOZAL, Christopher R. A behavioral analysis of private judging: law and contemporary problems. Law and Contemporary Problems, p. 105-132, 2004. Disponível em: https://scholarship.law.duke.edu/lcp/vol67/iss1/5. Acesso em: 05 set. 2021; KAPELIUK, Daphna. The repeat appointment factor: exploring decision patterns of elite investment arbitrators, 96, 1. Cornell Law Review, 2010. Disponível em: https://ssrn.com/abstract=1556257. Acesso em: 05 set. 2021; HARTEN, Gus Van. Arbitrator behaviour in asymmetrical adjudication: an empirical study of investment treaty arbitration, 50, 1 Osgoode Hall Law Journal 220, 2012; WEBER, Ana Carolina; PASCUZZO, Carmine A.; PASTORE, Guilherme de Siqueira; MARQUES, Ricardo Dalmaso. Challenging the "splitting the baby" myth in international arbitration, n. 31, 6. Journal of International Arbitration,

quanto ao estudo do árbitro, ainda que algum estudo com foco na atividade jurisdicional do juiz tenha avançado[807].

As hipóteses ao menos aventadas são inúmeras e diversas. Para além da intuição e do viés de confirmação, existem aversão aos extremos, ancoragem, aversão às perdas, viés retrospectivo, pensamento de grupo, emoções, altruísmo, influências sociais, viés de reciprocidade e até mesmo o narcisismo e o ciúme[808-809].

p. 719-734, 2014; REED, Lucy. The 2013 Hong Kong international arbitration centre kaplan lecture: arbitral decision-making: art, science or sport?; SUSSMAN, Edna. Arbitrator decision-making: unconscious psychological influences and what you can do about them, n. 24. American Review of International Arbitration, p. 487-514, 2013; HELM, Rebbeca K.; WISTRICH, Andrew J.; RACHLINSK, Jeffrey J. Are arbitrators human? Journal of Empirical Legal Studies, p. 666-692, 2016. Disponível em: https://ssrn.com /abstract=2871698. Acesso em: 05 set. 2021; COLLINS, David. Loss aversion bias or fear of missing out: a behavioral economics analysis of compensation in investor – state dispute settlement, n. 8. Journal of International Dispute Settlement, p. 460- 482, 2017. Disponível em: http://dx.doi.org/10.2139/ssrn.2769292. Acesso em: 05 set. 2021; PUIG, Sergio; STREHNEV, Anton. Affiliation bias in arbitration: an experimental approach, 46, Journal of Legal Studies, p. 371-398, 2017. Disponível em: https://papers.ssrn.com/sol3/papers.cfm?abstract_id =2830241. Acesso em: 05 set. 2021; FRANCK, Susan D.; AAKEN, Anne Van; FREDA, James; GUTHRIE, Chris; RACHLINKSI, Jeffrey J. Inside the Arbitrator's Mind, 66 Cornell Legal Studies Research Paper, p.16-46, 2017. Disponível em: https://ssrn.com/abstract=2884150. Acesso em: 05 set. 2021; COLE, Tony. The roles of psychology in international arbitration, Kluwer 2017; COLE, T; ORTOLANI, P; WRIGHT, R. Arbitration in its psychological context: a contextual behavioral account of arbitral decision-making. Oxford Handbook of International Arbitration 2018. Disponível em: https://ssrn.com/abstract=3151107. Acesso em: 05 set. 2021; FRANCK, Susan D. Arbitration costs, myths and realities in investment treaty arbitration. Oxford: Oxford University Press, 2019.

807 COSTA, E. J. da F. Levando a imparcialidade a sério: proposta de um modelo interseccional entre direito processual, economia e psicologia. Salvador: Juspodivm, 2018; NUNES, Dierli; LUD, Natanael; PEDRON, Flávio Quinaud. Desconfiando da imparcialidade dos sujeitos processuais: um estudo sobre os vieses cognitivos, a mitigação de seus efeitos e o *debiasing*. 2. ed. Salvador: Juspodivm, 2020.

808 Por exemplo, Emmanuel Gaillard já reconheceu que a psicologia é importante para o estudo da arbitragem, principalmente pela existência do narcisismo e do ciúme, fazendo críticas sutis ao comportamento de determinados árbitros. GAILLARD, Emmanuel. Sociologie de l'arbitrage international, 142, 4 JDI p. 1.089-1.113, 2015.

809 Diversas limitações de racionalidade já foram objeto de nosso estudo prévio. GUANDALINI, Bruno. Economic analysis of the arbitrator's function, Wolters Kluwer, 2020 (capítulo 7).

Essas limitações de racionalidade impedem a boa motivação e implicam em prejuízo à imparcialidade. Ainda que não seja afetada pela imparcialidade objetiva, quando não haveria de se falar em um árbitro imparcial objetivamente, a imparcialidade subjetiva pode ser afetada pela racionalidade limitada simplesmente porque o árbitro pode deixar de concluir pela correta aplicação da Lei por conta de limitação da racionalidade. Ou seja, o árbitro acaba por ter uma decisão em desvio do direito, da Lei, para favorecer uma das partes – não porque ele quis de fato, mas porque errou, foi enganado por alguma armadilha cognitiva ou influenciado pelo meio, até mesmo por questões biológicas, de forma inconsciente.

Recentemente, a Suprema Corte do Reino Unido, no célebre caso *Halliburton*, pelo voto de Lord Hodge, reconheceu que o árbitro, como um juiz, está sempre sujeito a uma parcialidade aparente e a uma parcialidade real, mas inconsciente[810]. A decisão reconhece que a arguição de aparência de parcialidade inconsciente é difícil de demonstrar. E, de fato, é o que justifica o esforço de encontrar mecanismos para prevenção e correção das apontadas falhas decisórias.

Ainda que diversos desses elementos que possam afetar a decisão do árbitro não tenham sido objeto de pesquisas científicas estruturadas e que pudessem efetivamente comprovar a existência e a influência nas decisões arbitrais, não significa que inexistam limitações. As limitações de racionalidade e as tendências inconscientes são difíceis de serem comprovadas. Sua complexidade aumenta especialmente quando a decisão é tomada em um ambiente privado, discreto, confidencial, altamente competitivo e envolvendo atores qualificados, capacitados, experientes, e carregados de incentivos muito particulares[811].

[810] VOTO caso Lord Hodge. Halliburton Company (Appellant) *vs.* Chubb Bermuda Insurance Ltd [2020] UKSC 48. "*70. An arbitrator, like a judge, must always be alive to the possibility of apparent bias and of actual but unconscious bias. The possibility of unconscious bias on the part of a decision-maker is known, but its occurrence in a particular case is not. The allegation, which is advanced in this case, of apparent unconscious bias is difficult to establish and to refute. One way in which an arbitrator can avoid the appearance of bias is by disclosing matters which could arguably be said to give rise to a real possibility of bias*".

[811] Não se quer dizer conflitos de interesses com qualquer das partes, mas motivações especiais que podem não ser a esperada pelas partes. GUANDALINI, Bruno. **Economic analysis of the arbitrator's function**, Wolters Kluwer, 2020 (capítulos 5 e 6).

Por isso, uma vez que já se buscou identificar e teorizar os problemas mundanos relacionados às limitações, às falhas e às influências na decisão do árbitro, seria natural buscar mecanismos que pudessem preveni-los e afastá-los. Por isso, há um recente movimento doutrinário que vem tentando estabelecer métodos e estratégias para melhorar a decisão dos árbitros por meio da prevenção e da correção das problemas mencionados[812].

O objetivo deste texto não é discutir o reconhecido problema em se considerar as influências nas decisões dos árbitros, se são aceitáveis e quem fará essa determinação[813]. Também não é enfrentar o problema da falta de independência pela qual um árbitro pode ser ou tornar-se naturalmente favorável a uma das partes. De certa forma, essas respostas já foram dadas pelo direito com o controle do comportamento dos árbitros por regulamentos de arbitragem e seus códigos de ética e leis nacionais, como o art. 14 da Lei de Arbitragem[814].

Mas a resposta existente é insuficiente. As pesquisas indicadas mostram justamente que em diversas situações as possíveis influências, tendências ou falhas levantadas não têm regulação pelo direito positivo ou pela ordem pública processual de jurisdições diferentes.

É por isso que o interesse deste texto não é sugerir qualquer alteração normativa, mas avançar possíveis estratégias para prevenir e corrigir os erros da decisão dos árbitros que possam ser apontados dentro de uma perspectiva do mercado da arbitragem no Brasil. Ainda que a maior

[812] Sussman, Edna. Arbitrator decision-making: unconscious psychological influences and what you can do about them, n. 24. **American Review of International Arbitration**, p. 487-514, 2013; Elm, Jan-Philip. Behavioral insights into international arbitration: an analysis of how to debias arbitrators, 27, 1. **American Review of International Arbitration** 3, 2017. Disponível em: https://ssrn.com/ abstract=2973266. Acesso em: 05 set. 2021; Franck, Susan D. **Arbitration costs, myths and realities in investment treaty arbitration**. Oxford: Oxford University Press, 2019; Guandalini, Bruno. **Economic analysis of the arbitrator's function**, Wolters Kluwer, 2020 (capítulo 8); Rogers, Catherine. The devil's arbitrator. **Bocconi legal studies research paper n. 3780126**, 5 fev. 2021. Disponível em: https://ssrn.com/abstract=3780126. Acesso em: 05 set. 2021.

[813] Rogers, Catherine. The devil's arbitrator. **Bocconi legal studies research paper n. 3780126**, 5 fev. 2021. Disponível em: https://ssrn.com/abstract=3780126. Acesso em: 05 set. 2021.

[814] Lei n. 9.307/1996.

parte das técnicas de *debiasing* foquem num viés específico[815], ver-se-ão estratégias genéricas primordialmente amplas e que podem ser implementadas sobre os árbitros (I) e sobre os demais atores da arbitragem (II).

1. Estratégias a serem adotadas sobre o árbitro

Diversas ações podem ser adotadas sobre o árbitro, voltadas especificamente para regular o exercício da sua função e seu comportamento, como forma de corrigir e prevenir limitações em sua racionalidade.

1.1. O aumento dos incentivos do árbitro

A primeira, classificada como uma estratégia motivacional, decorre da possibilidade de trabalhar os incentivos do árbitro. Enquanto um agente econômico racional, maximizador da sua racionalidade (premissa não abandonada), o árbitro responde a incentivos. Por isso, quanto maiores, mais o árbitro terá uma tendência a responder a ele[816]. A ideia é que, ao aumentar a remuneração, seria incentivado a melhor exercer a função. Dessa forma, os árbitros poderiam melhorar seu desempenho e utilizar de forma mais cuidadosa e criteriosa o Sistema 2 de pensamento.

O árbitro tem diversas motivações para exercer a função. Dentre os maiores está o interesse financeiro, que também motiva a reputação, a honra, o prestígio, a satisfação ideológica e até o poder[817]. A mudança na motivação do árbitro – ou aumento de sua remuneração – pode gerar incentivo suficiente para que o árbitro passe a adotar mais o sistema 2 e menos o pensamento intuitivo, o que significaria dedicar mais tempo, com mais reflexão e incorrer em diminuição das indesejadas limitações das racionalidades ou mesmo decisões "arbitrárias, caprichosas ou preguiçosas"[818]. No mesmo sentido, Richard Allen Posner já reconheceu

[815] KAHNEMAN, D.; SIBONY, O; SUNSTEIN, C. R. **Noise**: a flaw in human judgement. Little, Brown Spark, New York, 2021, p. 205.

[816] LARRICK, Richard P. **Blackwell handbook of judgment and decision making**, p. 316-338. *In*: KOEHLER, Derek J.; HARVEY (eds.). Blackwell Pub, 2011, p. 379.

[817] GUANDALINI, Bruno. **Economic analysis of the arbitrator's function**, Wolters Kluwer, 2020 (capítulo 5, Parágrafo 5.02).

[818] BORN, Gary B. International Commercial Arbitration, Kluwer 2014 *apud* ELM, Jan-Philip. Behavioral insights into international arbitration: an analysis of how to de-bias arbitra-

que as forças de mercado podem funcionar como mecanismos para corrigir vieses cognitivos e heurísticos[819].

Na mesma linha, o árbitro depende de reputação para atrair mais nomeações e aumentar sua remuneração, por isso, um aumento da divulgação sobre seu efetivo desempenho pode gerar mais incentivos para utilizar o Sistema 2. Isso se daria com a publicação da sentença do árbitro ou a revelação sobre a perspectiva das partes sobre a atuação do profissional. A iniciativa *Arbitrator Intelligence*[820] é um bom exemplo.

Entretanto, ainda que esta estratégia possa ser útil para o *debiasing* no Brasil, encontraria diversos desafios e limitações de pelo menos duas ordens. A primeira delas, o aumento de remuneração do árbitro dificilmente conseguiria ser feito, para a grande parte das arbitragens comerciais. A remuneração dos árbitros no Brasil já é um fator que muitas vezes impede a utilização do instituto para os litígios que não envolvem grandes somas, seja em razão da cultura da justiça subsidiada pelo Estado, seja pela mera impecuniosidade das partes. A segunda, a revelação de informações sobre o desempenho dos árbitros é afetado também pela confidencialidade majoritariamente presente nos procedimentos domésticos e pela própria característica do mercado de árbitros no Brasil, de certa forma ainda fechado e com importante assimetria de informação.

1.2. Treinamento e educação

O treinamento e a educação dos árbitros sobre economia comportamental e psicologia cognitiva é uma estratégia importante, embora alguns entendam ser "absolutamente inútil"[821].

tors, 27, 1. **American Review of International Arbitration**, 2017. Disponível em: https://ssrn.com/abstract=2973266. Acesso em: 05 set. 2021.

[819] POSNER, Richard Allen. An economic approach to the law of evidence. **Stanford Law Review** n. 1477, 1999.

[820] ARBITRATOR INTELLIGENCE. Disponível em https://arbitratorintelligence.com/. Acesso em: 05 set. 2021.

[821] ARKES, Hal Richard. Impediments to accurate clinical judgment and possible ways to minimize their impact. Journal of Consulting and Clinical Psychology, p. 323-330, 1981 *apud* LILIENFIELD, Scott O.; AMMIRATI, Rachel; LANDFIELD, Kristin. Giving debiasing away. Can psychological research on correcting cognitive errors promote human welfare? **Perspectives on Psychological Science**, p. 390-398, 2009.

A ideia é que, ao conhecer os vieses cognitivos e heurísticas, os árbitros prestariam mais atenção nessas limitações e poderiam impedir caírem nas suas nefastas consequências. Diz-se que a primeira providência para não enveredar em desvios cognitivos consiste em conhecê-los[822], ou em ser capaz de percebê-los e de reconhecê-los. É por isso que o treinamento e a educação são mencionados por Rebbeca K. Helm, Andrew J. Wistrich e Jeffrey J. Rachlinski como um dos melhores mecanismos para prevenir limitações de racionalidade perante os árbitros[823].

Cabe a reflexão sobre o *porquê*, *onde* e *como* os árbitros deveriam ser educados e treinados no Brasil. Para explicar o *porquê*, lembra-se de que os árbitros, como qualquer ser-humano, geralmente não estão cientes da existência da limitação da racionalidade; é por isso que ela acontece. A limitação existe porque não se sabe que ela existe. Por isso é chamada também de "viés inconsciente". Para somar, os árbitros geralmente são pessoas experientes na função e por isso têm confiança no seu trabalho. Ocorre que essa confiança – ou o seu excesso – pode ser justamente a armadilha que gera a maior utilização do pensamento intuitivo em substituição do sistema racional e pausado.

Cabe esclarecer *onde* estes profissionais deveriam ser treinados. Os árbitros devem ser treinados primordialmente por quem está mais bem situado para tal. As instituições de arbitragem são em princípio as mais adequadas porque elas criam oportunidade para promover o treinamento de forma a responder ao contexto social no qual os árbitros operam, além de deterem mais legitimidade e relacionamento com os profissionais. Argui-se que o papel central das instituições de arbitragem (Câmaras de Arbitragem como o CAM-CCBC, CCMA-CIESP/FIESP, CAMARB e ARBITAC, por exemplo, e organizações como o Comitê Brasileiro de Arbitragem - CBAr) numa comunidade arbitral poderia garantir a realização desse curso, o qual seria visto como uma aderência

[822] COSTA, E. J. da F. Levando a imparcialidade a sério: proposta de um modelo interseccional entre direito processual, economia e psicologia. Salvador: Juspodivm, 2018, p. 123 *apud* FREITAS, Juarez. A hermenêutica jurídica e a ciência do cérebro: como lidar com os automatismos mentais. **Revista da AJURIS**, v. 40, 2013.

[823] HELM, Rebbeca K.; WISTRICH, Andrew J.; RACHLINSK, Jeffrey J. Are arbitrators human? **Journal of Empirical Legal Studies**, p. 666-692, 2016. Disponível em: https://ssrn.com / abstract=2871698. Acesso em: 05 set. 2021.

às normas de boas práticas ao invés de sinalizar qualquer deficiência dos profissionais participantes[824].

Outra questão é entender *como* esse treinamento deveria acontecer. Inicialmente, deve abordar microeconomia, economia comportamental, neurociência e psicologia cognitiva, sobre no mínimo questões básicas que permitam o entendimento pelo árbitro, ainda que superficialmente, da forma como a racionalidade humana pode ser limitada. O mais importante é o treinamento na matéria objeto deste texto, nas estratégicas específicas de *debiasing* pelos árbitros.

Na empreitada de explicar o *como*, D. Kahneman, O. Sibony e C. R. Sustein ensinam que pesquisadores e educadores têm obtido algum sucesso ao utilizarem métodos não tradicionais para ensinar as pessoas a reconhecer a incidência de uma limitação de racionalidade[825]. O mesmo poderia ser feito com árbitros, por meio de exercícios e jogos específicos, ou em casos simulados para auxiliarem a identificar a incidência das limitações da racionalidade.

De outra forma, considera-se a possibilidade de os próprios advogados educarem os árbitros da potencial existência dos vieses e como eles podem atuar. Em qualquer fase, durante o exercício do contraditório, o advogado pode identificar situações nas quais podem aparecer as limitações e alertar ou "educar" o árbitro sobre estes pontos.

Finalmente, há no mínimo dois desafios importantes ao se implementar essa estratégia no Brasil. O primeiro deles é convencer profissionais mais experientes e renomados, com agenda escassa, a se sentarem na condição de aluno e ouvirem provavelmente de gente menos experiente na função que eles vêm tomando decisões com perigosas limitações de racionalidade, ainda que não se trate de erro em si, mas de melhora na função decisória preventivamente. O segundo é conseguir mensurar a relação entre o custo que esse treinamento poderia trazer, sob todos os aspectos, comparado à efetiva melhora nas decisões que poderiam ser observadas como resultado do treinamento.

[824] Cole, T; Ortolani, P; Wright, R, Arbitration in its psychological context: a contextual behavioral account of arbitral decision-making. **Oxford Handbook of International Arbitration 2018**. Disponível em: https://ssrn.com/abstract=3151107. Acesso em: 05 set. 2021.

[825] Kahneman, D.; Sibony, O.; Sunstein, C. R. **Noise**: a flaw in human judgement. Little, Brown Spark, New York, 2021, p. 204.

1.3. Aumento da obrigação de motivação da sentença arbitral

> *A redação da sentença arbitral pode ser uma ferramenta efetiva para se prevenir e corrigir as limitações de racionalidade do árbitro. O dever de motivação da sentença está presente em praticamente todas as leis modernas de arbitragem. A Lei Brasileira de Arbitragem também impõe esse dever, inclusive, estabelecendo como motivo de nulidade da sentença (art. 32, III) se não contiver os requisitos do art. 26, que inclui a necessidade de a sentença trazer sua fundamentação (art. 26, II).*

Pensa-se na obrigação de estabelecer uma racionalidade jurídica mais intensa no processo de subsunção dos fatos à norma. O que está em análise é a possibilidade de se utilizar o dever de motivação da sentença como ferramenta de *debiasing*. Ocorre que o dever de motivação é por definição amplo e impreciso. E é justamente a amplitude e a definição desse dever que se considera como ferramenta.

Ao contrário da Lei Brasileira, a Lei Modelo da UNCITRAL (Art. 31(2)) autoriza as partes a dispensarem a fundamentação da sentença. Mas nem a Lei Brasileira nem a Lei Modelo impedem que o dever de fundamentação seja ampliado e estendido. E parte-se dessa mesma autonomia da vontade para que seja utilizada num dever de fundamentação mais extenso, complexo, detalhado e estruturado.

A ideia é que, ao cumprir exatamente com esse dever, mais detalhado e extenso, os árbitros empenhem-se mais na utilização do Sistema 2 e utilizem melhor as decisões rápidas e intuitivas. Especificamente, o detalhamento pode ser em exigir que o árbitro estabeleça perspectivas contrastantes sobre determinado problema e motive em uma profundidade que as parte se sintam confortáveis, por exemplo, o dever de enfrentar todos os argumentos de cada uma das partes. Outra técnica seria justamente permitir a publicação da sentença, o que poderia ter o efeito de forçar os árbitros a fundamentarem melhor[826].

[826] Em pesquisa empírica, verificamos evidência de que 55% dos árbitros entrevistados confessaram que profeririam sentença com fundamentação mais profunda se soubessem que ela seria publicada. GUANDALINI, Bruno. **Economic analysis of the arbitrator's function**, Wolters Kluwer, 2020, p. 234.

A dificuldade de implantação desta medida é evidente. De um lado, deve partir das partes estabelecer esse dever de fundamentação especial, o que implica conhecimento amplo e cooperação das partes. Muito mais fácil do ponto de vista da redução de custos de transação seriam os regulamentos de arbitragem adotarem as disposições neste sentido. Mas estes também encontrariam dificuldades de diversas naturezas: mudança de paradigma, potencial rejeição dos próprios árbitros, aumento do risco e custo da função de árbitro, além da potencial publicidade da sentença, apenas para citar algumas.

De outro lado, há um aumento de risco para a sentença. O aumento de exigências de motivação estabelecidas pelas partes implica também o aumento de condições para a validade da sentença. Consequentemente, aumenta-se a probabilidade de anular a sentença nos termos do art. 32, IV da Lei Brasileira de Arbitragem. Cabem às partes, portanto, confrontar a potencial diminuição de erro da decisão com o aumento de probabilidade de sua nulidade da sentença.

1.4. Aumento do dever de revelação

Uma forma de reduzir os problemas da parcialidade inconsciente é por meio do dever de revelação. A ferramenta já existe na Lei[827] para assegurar a regularidade da constituição do Tribunal Arbitral. Ainda que não seja claro no direito qual a consequência direta à falha do dever de revelação, a ausência do exercício desse dever pode implicar em decisões tendenciosas pelo simples fato de que o árbitro nem mesmo poderia considerar de forma consciente esse elemento potencialmente causador da vinculação tendenciosa.

Ora, o fato é que "o sujeito inconsciente não é capaz de dizer toda a verdade"[828], não de forma intencional, mas simplesmente porque não consegue identificar o fato que deveria ser revelado ou simplesmente que aquele fato deveria (ou não) ser revelado.

Para evitar que árbitros deixem de revelar por falta inconsciente, sugere-se aumentar o padrão do dever de revelação de pelo menos duas formas. Uma delas, o árbitro é instado a listar, em uma investigação proativa, toda relação ou fato, de qualquer natureza ou intensidade, que

[827] Brasil. Lei n. 9.307/1996 (Lei de Arbitragem). Art. 14, § 1º.

[828] Dantas, R. D. **A imparcialidade no divã**. São Paulo: RT, 2021, p. 227.

possa ter tido com qualquer das partes envolvidas no procedimento. Feito isso, deve considerar os fatos identificados e levá-los às partes para que estas considerem se este fato denota dúvidas sobre sua imparcialidade e independência. Dessa forma, o juízo de valoração do fato – se denota ou não dúvida justificada – é transferido às partes e afasta a probabilidade de falta inconsciente pelo árbitro.

Sem valorar a implicação para uma eventual ineficiência do procedimento, essa releitura do dever de revelação de forma mais intensa e extensiva poderia evitar e prevenir uma ausência de revelação por falta inconsciente.

1.5. A primazia das decisões em grupo e a colegialidade

Decisões colegiadas são reconhecidas como capazes de corrigir erros que atingiriam decisões individuais[829]. Mas as decisões colegiadas são por natureza um mecanismo de *debiasing* poderoso. A razão é simples: a deliberação dos árbitros pode funcionar como forma do árbitro verificar a existência de limitações de racionalidade de outro[830]. Em outras palavras, a deliberação funciona para o argumento como um sistema 2, especialmente para um processo de dupla checagem.

A decisão colegiada também pode funcionar como uma forma de *debiasing* para tendências culturais, uma vez que é possível constituir tribunal arbitral com 3 pessoas provenientes de culturas diferentes de maneira que cada membro iria limitar as tendências do outro[831].

Entretanto, a decisão colegiada na arbitragem pode não ter os efeitos esperados já que os árbitros têm uma tendência a querer manter uma boa relação com os demais[832]. Há uma alegada tendência, portanto, de haver uma decisão de consenso justamente porque o partici-

[829] Zamir, Eyal; Teichman, Doron. The Oxford Handbook of Behavioral Economics and the Law n. 689. Oxford: Oxford University Press, 2014.

[830] Franck, Susan D.; Aaken, Anne Van; Freda, James; Guthrie, Chris; Rachlinksi, Jeffrey J. Inside the arbitrator's mind, 66. Cornell Legal Studies Research Paper, p.16-46, 2017. Disponível em: https://ssrn.com/abstract=2884150. Acesso em: 05 set. 2021, p. 50.

[831] Waites, Richard C.; Lawrence, E. **Psychological dynamics in international arbitration advocacy** 69, p. 114. Doak Bishopd; Edward G. Kehoe (eds.). Belo Horizonte: Lumen Juris, 2010.

[832] Guandalini, Bruno. Economic analysis of the arbitrator's function, Wolters Kluwer, 2020.

pante minoritário, que seria vencido, não teria incentivo em tese a buscar derrubar o consenso. E é justamente o consenso que poderia levar a efeito manada ou à própria utilização da intuição. Ao final, o poder que a deliberação teria de prevenir e corrigir as limitações de racionalidade, na dinâmica do tribunal arbitral, pode não acontecer por forças do mercado.

Para isso, Catherine Rogers sugeriu recentemente a utilização do "árbitro do diabo" para corrigir o problema de grupo[833]. Utilizando a base de Irvin Janes[834], um árbitro seria alocado na função de fazer o advogado do diabo. Esse árbitro teria a função, segundo as ideias de Irving L. Janis, de desafiar o consenso a que chegasse o grupo. A função seria rodada pelos árbitros durante o procedimento e diversos pontos da deliberação do Tribunal Arbitral. A proposta visa, portanto, corrigir os efeitos negativos da deliberação em grupo como efeito manada, decisões intuitivas ou comportamento estratégico entre os árbitros.

Entretanto, as dificuldades de aplicação dessa proposta no Brasil são importantes e encontrariam resistência dos árbitros e das partes.

Do ponto de vista dos árbitros, é necessária uma mudança de paradigma, no qual árbitros podem não ter nem incentivos nem experiência para exercerem o papel de "árbitro do diabo". Normalmente, os árbitros são pessoas com formação jurídica ou técnica consolidada e, com base no que fora trazido no caso, querem sustentar a fundamentação ou o argumento que entendem correto e adequado para solucionar o caso. Não pretendem, portanto, criar e sustentar posições contrárias ou nas quais não acreditam. Evidentemente, os árbitros com intensa prática como advogados teriam mais facilidade de fazê-lo. Disso decorrem duas consequências de mercado. A primeira delas é o fato de que as partes não teriam incentivos de nomear árbitros que são advogados justamente pela maior facilidade destes de desenvolver argumentos contrários. Num primeiro momento, pode fazer sentido, pois este profissional teria mais capacidade para adotar a técnica sugerida. Entretanto, a desigualdade entre os membros na capacidade de atuar como "advogado do

[833] Referência se faz ao artigo da professora Catherine Rogers, ainda em esboço: ROGERS, Catherine. The devil's arbitrator. **Bocconi legal studies research paper n. 3780126**, 5 fev. 2021. Acesso em: https://ssrn.com/abstract=3780126. Disponível em: 05 set. 2021.

[834] JANIS, Irving L. Victims of groupthing, 1972.

diabo" pode causar um desequilíbrio importante na deliberação do Tribunal Arbitral e ineficiência no mercado de árbitros. A segunda consequência é a de que, normalmente, as partes nomeiam árbitros porque esperam que estes defendam seu ponto de vista – não o da parte em princípio, mas o entendimento sobre a matéria que o árbitro possa já ter definido. Certamente, o árbitro não desejará desenvolver argumentação contrária, ainda que retórica, se não for uma tese na qual não acredita, principalmente por frustrar – não somente a parte em especial – mas o mercado consumidor dos serviços de árbitro, que espera que este mantenha suas convicções sobre a matéria.

Do ponto de vista das partes, há uma desconfiança em acreditar que alguém no Tribunal Arbitral estará consistentemente arguindo contra sua tese. Ora, o papel de arguir o contrário do consenso pode recair justamente sobre argumentação contrária ao pleito da parte. Em princípio, toda parte que apresenta pleitos em um procedimento desenvolverá argumentos e construirá base fática e jurídica para que o pleito seja provido. A esta parte dificilmente agradará o fato de saber que alguém no Tribunal Arbitral atuará de forma a derrubar sua construção, a qual a parte espera que seja consenso. Para o sistema proposto ser aceito, seria necessária uma mudança de paradigma importante entre os árbitros, mas também entre as partes.

Resta ver outras estratégias aplicadas a diferentes atores da arbitragem.

2. Estratégias de *debiasing* a serem adotadas sobre outros atores da arbitragem

Com o mesmo objetivo, há pelo menos cinco estratégias que podem ser adotadas envolvendo outros atores da arbitragem visando prevenir e reduzir a limitação da racionalidade dos árbitros.

2.1. O acordo das partes para limitar pleitos extremos como âncoras

A autonomia das partes é ampla e sofre pouca restrição no procedimento arbitral. Com exceção do respeito aos princípios basilares do processo estabelecidos no art. 21, § 2º, da Lei de Arbitragem, as partes têm ampla autonomia para consentirem quanto à arbitragem, seu escopo e procedimento. Em outras palavras, podem acordar em estabelecer limites entre si no exercício dos seus pleitos (dentro do escopo da arbitragem) e renunciar seus direitos ao impor limites na forma de apresentação. Por isso, as convenções de arbitragem são um importante veículo para a implementação do *debiasing* pelas partes[835].

O *debiasing* estabelecido pelas partes na convenção de arbitragem consiste em uma técnica de isolamento para limitar as escolhas do julgador[836]. Daniel Pi, Francesco Parisi e Barbara Luppi explicam a ideia trazendo exemplo do diretor de uma companhia que também é funcionário, o que leva a um otimismo exacerbado por parte dele, o que pode prejudicar a companhia. A técnica de isolamento aqui consiste em limitar alguns poderes deste diretor e transferi-lo para diretores independentes[837].

Essa técnica de isolamento é muito eficiente, principalmente para prevenir vieses cognitivos decorrentes da dependência do contexto como aversão aos extremos e ancoragem. Pesquisadores já sugeriram há algum tempo que controlar as escolhas disponíveis é uma importante forma de isolamento[838].

A proposta efetivamente resultaria em estabelecer limitações dos montantes pleiteados pelas partes. Mas não consiste em uma limitação simples, pois o direito da parte poderia ficar prejudicado. A proposta é encontrar regras que estabeleçam incentivos suficientes para as partes não apresentarem pleitos com valores desconexos do seu real direito justamente para que estes valores não tenham o efeito sobre o árbitro de uma âncora ou de estabelecer um extremo artificial.

Para isso, Chris Guthrie sugere que a adoção de regra aloque os custos da arbitragem de acordo com o valor estipulado e indicado pelas

[835] Elm, Jan-Philip. Behavioral insights into international arbitration: an analysis of how to debias arbitrators, 27, 1. American Review of International Arbitration 3, 2017. Disponível em: https://ssrn.com/ abstract=2973266. Acesso em: 05 set. 2021.

[836] Ver Daniel Pi, Francesco Parisi e Barbara Luppi. *In*: Zamir, Eyal; Teichman, Doron. **The Oxford Handbook of Behavioral Economics and the Law** n. 689. Oxford: Oxford University Press, 2014.

[837] Ver Daniel Pi, Francesco Parisi, and Barbara Luppi. *In*: Zamir, Eyal; Teichman, Doron. **The Oxford Handbook of Behavioral Economics and the Law** n. 689. Oxford: Oxford University Press, 2014, p. 151.

[838] Sustein, Cass R. Behavioral law and economics n. 75. Cambridge: Cambridge University Press, 2000.

partes no início do procedimento[839]. A ideia é justamente estabelecer incentivos negativos para que as partes não apresentem valores desconexos. Entretanto, a proposta de Chris Guthrie na prática já existe, ainda que sua existência tenha outro propósito. A maioria dos regulamentos de arbitragem das principais instituições do Brasil já têm a previsão de alocação de custos e de despesas do procedimento proporcional ao sucesso. Mas os regulamentos exigem primordialmente que as partes indiquem o valor de seus pleitos para estipular as custas. A regra de alocação final da responsabilidade pelos custos e despesas do procedimento não tem a intenção precípua de evitar a busca pelas partes dos vieses cognitivos dos árbitros.

Há, no mínimo, duas interpretações possíveis. É possível argumentar que o mero valor das custas já é um incentivo suficiente. Regras que determinam que as partes vão pagar individualmente as custas e os honorários com base no valor dos seus respectivos pleitos, como se procedimento autônomo fosse, já traria incentivos para afastar a fixação de valores de pleitos completamente desconexos com a realidade, ainda que não consiga efetivamente evitá-los. Ainda, a depender do tamanho do pleito, as custas do procedimento representam um valor percentual baixo o suficiente para não conseguir impedir que as partes se utilizem da ancoragem como mecanismo para buscar uma modificação na decisão do árbitro.

A resposta para estes dois eventuais lados deve vir da seguinte avaliação pela parte: (i) os custos da arbitragem majorados com o aumento valor de pleito (irreal) são compensados com (ii) a probabilidade de o árbitro ser impactado ou enganado pelo efeito dos vieses da ancoragem ou aversão aos extremos que a majoração do valor do pleito poderia impactar.

Nessa toada, somente a criação de incentivos negativos suficientemente fortes para que as partes busquem menor risco e custo quando da atribuição dos seus valores de pleitos será capaz de resultar o efeito de *debiasing* buscado. Uma possibilidade, ainda que muito controvertida em

[839] Guthrie, Chris; Rachlinksi, Jeffrey J.; Wistrich, Andrew J. Inside the judicial mind. **Cornell Law Faculty Publications Paper** n. 814, p. 777-830, 2001.

âmbito internacional – ou mesmo nacional – seria prever honorários de sucumbência como forma de criação intensa desses incentivos[840].

É por isso que uma alternativa eficiente poderia ser a adoção de arbitragem de oferta final[841]. A racionalidade da (Arbitragem de Oferta Final (AOF) pressupõe que cada parte irá propor uma oferta e o árbitro escolherá a que for mais próxima à realidade. Caso a parte queira utilizar extremos, provavelmente não terá sua oferta escolhida.

A busca e a implantação dessas medidas com mais intensidade no Brasil dependem, por um lado, de melhor avaliação das partes em momento *ex ante*, principalmente em negociação da cláusula compromissória. Como alternativa, as instituições de arbitragem teriam um papel fundamental no trabalho e na adaptação de seus regulamentos de arbitragem para disponibilizar regras que tragam a criação dos incentivos esperados sobre as partes para cessar a utilização de extremos de forma a buscar vieses cognitivos de aversão e ancoragem nos árbitros.

2.2. Uso da oralidade

Outro caminho bastante relevante tende a maior adoção pelas partes da oralidade durante o procedimento.

Ainda que em análise do ambiente judicial, Dierle Nunes, Natanael Lud e Flávio Quinaud Pedron reconhecem: "o princípio da oralidade possui um papel crucial nas perspectivas de desenviesamento cognitivo"[842].

Para explicar a influência e o impacto do desenviesamento, cogita-se não o motivo de a oralidade impactar menor erro, mas, ao oposto, o porquê as manifestações escritas têm pouca efetividade:

> Face ao crescimento da utilização de padrões decisórios como resposta à explosão de litigiosidade – já referida –, é perceptível a redução dos níveis

[840] Elias, Carlos Eduardo Stefen. Honorários advocatícios de sucumbência na arbitragem regida pela lei brasileira. *In*: Moreira, Ana Luiza B. M.; Berger, Renata (coord.). **Arbitragem e outros temas de direito privado**: estudos jurídicos em homenagem a José Emilio Nunes Pinto. São Paulo: Quartier Latin, 2021, p.111-144.

[841] Guandalini, Bruno. Arbitragem de oferta final no Brasil. **Revista Brasileira de Arbitragem** n. 48, 2015.

[842] Nunes, Dierle; Lud, Natanael; Pedron, Flávio Quinaud. **Desconfiando da imparcialidade dos sujeitos processuais**: um estudo sobre os vieses cognitivos, a mitigação de seus efeitos e o *debiasing*. 2. ed. Salvador: Juspodivm, 2020, p. 258.

de discursividade e, consequentemente, a diminuição da possibilidade de influência dos argumentos das partes na formação dos pronunciamentos decisórios, caso sejam apresentados tão somente de forma escrita[843].

E continuam:

> Nesse pormenor, delineia-se grande possibilidade de ganhos discursivos decorrente do reconhecimento, por parte da advocacia, da importância de que os procuradores se valham da oralidade como técnica de *debiasing*[844].

A razão por traz da utilização da oralidade não é a simplificação em si e por si do processo, mas justamente

> [...] um incremento nos níveis de deliberação entre os julgadores, auxiliados pela atuação ativa das partes no sentido de ser realizada verdadeira individualização de casos, oportunizando-se um diálogo genuíno, permitindo, inclusive, que haja influência com relação à decisão[845].

A proposta lastreia-se em garantir a entrega ao decisor do maior número de informações e detalhes, para uma perfeita individualização do caso, de forma que a tomada de decisão possa ser feita com o maior número de informações possível.

É certo que as sugestões dos autores têm como pano de fundo o sistema judicial brasileiro, o qual comporta algumas diferenças importantes para o procedimento arbitral, ao menos as que importam para essa sugestão de *debiasing*.

A primeira consideração é sobre a eventual ineficácia de fato das manifestações escritas. A crítica dos autores ao Poder Judiciário brasileiro decorre da explosão de litigiosidade e consequente redução dos

843 NUNES, Dierle; LUD, Natanael; PEDRON, Flávio Quinaud. **Desconfiando da imparcialidade dos sujeitos processuais**: um estudo sobre os vieses cognitivos, a mitigação de seus efeitos e o *debiasing*. 2. ed. Salvador: Juspodivm, 2020, p. 258.

844 NUNES, Dierle; LUD, Natanael; PEDRON, Flávio Quinaud. **Desconfiando da imparcialidade dos sujeitos processuais**: um estudo sobre os vieses cognitivos, a mitigação de seus efeitos e o *debiasing*. 2. ed. Salvador: Juspodivm, 2020, p. 258.

845 NUNES, Dierle; LUD, Natanael; PEDRON, Flávio Quinaud. **Desconfiando da imparcialidade dos sujeitos processuais**: um estudo sobre os vieses cognitivos, a mitigação de seus efeitos e o *debiasing*. 2. ed. Salvador: Juspodivm, 2020, p. 259.

níveis de discursividade, as quais não se vê, ao menos em tese, na arbitragem. Os árbitros geralmente são remunerados por hora trabalhada ou especificamente para o caso, em montantes que justificam uma leitura atenta das manifestações das partes. As sentenças arbitrais não partem de modelos de casos precedentes com soluções semelhantes. A quantidade de casos submetida a um julgador é consideravelmente menor do que a submetida a um juiz. Consequentemente, a mesma crítica não pode ser aplicada à arbitragem.

A segunda consideração é sobre a dificuldade de se efetivar o princípio da oralidade na arbitragem, tal qual é previsto no sistema judiciário brasileiro. Ao passo que na justiça estatal o acesso irrestrito e unilateral pelos advogados aos magistrados é garantido por lei[846], na arbitragem, a comunicação árbitro-parte é em tese restrita durante o procedimento aos atos formais e vedada de forma unilateral. O que pode consolar o leitor e manter a validade do *debiasing* é que na arbitragem há mais tempo para a apresentação oral do caso. Ao passo que no processo judicial a comunicação oral é utilizada rapidamente na fase de conciliação, rápida instrução e sustentação oral – esta ocorre quando o caso já está decidido –, na arbitragem, a apresentação do caso de forma oral, em detalhes, no início da audiência de instrução é frequente, o que justifica o uso deste método de prevenção e correção.

Portanto, cabe aos advogados e às partes o desenho do procedimento de forma a valorizar o diálogo e o embate oral para que todas as especificidades dos casos sejam efetivamente levadas ao conhecimento dos árbitros e essa riqueza de detalhes possa despertar maior reflexão e debate.

2.3. Obrigação de revelação pelas partes

A releitura do dever de revelação deve também estender obrigações às partes de cooperação quando a esse dever. Além do dever de revelação do árbitro, sugere-se às partes acordarem uma obrigação de revelação entre elas mesmas. Embora isso não garanta a imparcialidade ou a independência do árbitro, poderá levar o árbitro atentar-se e a controlar ainda mais seu comportamento. Ao passo que um fato não revelado, ainda que de pouca relevância, pode levar à tendência maior de os árbitros serem influenciados inconscientemente sobre o fato conflitu-

846 Brasil. Lei n. 8.906/1994, Art. 7º, VIII.

oso. Quando revelado, permite a outros envolvidos, como a contraparte (parte contrária àquela com quem o árbitro tem o fato possivelmente a ser revelado) tomarem medidas de prevenção e de correção, a exemplo do procedimento formal de recusa do árbitro visando sua remoção.

2.4. Informação e treinamento às partes e advogados

Como se viu, treinamento e educação sobre as limitações de racionalidade é um primeiro passo para que os árbitros possam tomar medidas para evitá-las e corrigi-las. Mas também é essencial o treinamento para os advogados e partes por dois motivos.

Primeiramente, porque partes e advogados poderão utilizar *nugdes* justamente como método de prevenção e correção da limitação dos árbitros. *Nudges*, sistematicamente explicados por Cass R. Sustein e Richard H. Thaler[847], são métodos para mudar o comportamento ou a escolha das pessoas. A técnica não proíbe as opções ou muda significativamente os incentivos econômicos das escolhas; ela apenas utiliza outras limitações de racionalidade para alterar o comportamento na direção correta, seja para prevenir ou corrigir uma limitação anterior esperada, com mais previsibilidade. O uso de *nudges* é sugerido não como ferramenta para convencer o árbitro a abandonar o sistema 1 em favor do sistema 2, mas direcionar a decisão no sistema 1[848]. Assim, Katherine L. Milkman, Dolly Chugh e Max H. Bazerman explicam: "*rather than trying to change a decision maker's thinking from System 1 to System 2, this strategy tries to change the environment so that System 1 thinking will lead to good results*"[849]. Mas para utilizar-se *nudges*, é necessário conhecê-los.

Segundo, somente advogados e partes informadas e conhecedoras da economia comportamental podem mensurar a importância e o impacto

[847] Thaler, Richard H.; Sunstein, Cass R. **Nudge, improving decisions about health, wealth and happiness**, 2009.

[848] Milkman, Katherine L.; Chugh, Dolly; Bazerman, Max. How can decision making be improved? **Working Paper 3**, 2008. Disponível em: https://www.hbs.edu/faculty/Publication%20Files/08-1 02_1670bc7e-dc3c-49c8-bc5f-1eba2e78e335.pdf. Acesso em: 05 set. 2021.

[849] Milkman, Katherine L.; Chugh, Dolly; Bazerman, Max. How can decision making be improved? **Working Paper 3**, 2008. Disponível em: https://www.hbs.edu/faculty/Publication%20Files/08-1 02_1670bc7e-dc3c-49c8-bc5f-1eba2e78e335.pdf. Acesso em: 05 set. 2021.

das limitações de racionalidade na tomada de decisão dos árbitros. Retornando ao princípio, árbitros treinados e que conhecem a matéria têm menor chance de ter um desvio irracional na tomada de decisão e, em decorrência disso, incorrerem em erro.

Portanto, a própria nomeação de árbitros treinados e educados com base nas limitações e formas de *debiasing* é uma técnica empregada pelas partes e pelos advogados para aumentar a qualidade das decisões – ou diminuir o custo de seus erros. A nomeação de árbitros que conhecem as limitações e sua influência no processo decisório, assim como os mecanismos de prevenção e de correção, é uma forma evidente de reduzir os efeitos de erros que eventuais limitações de racionalidade trazem para a tomada de decisão do árbitro. Cabem às partes e aos advogados conhecerem os árbitros que possuem tais qualidades.

Conclusões

Estas são apenas algumas das estratégias que podem ser adotadas pelos árbitros para que se veja alguma redução ou correção de limitação de racionalidade. Em que pesem as dificuldades e os inúmeros desafios para sua implementação no Brasil, as estratégias vêm sendo propostas em âmbito internacional por pesquisadores sérios e lastreadas em experiências sólidas, ainda que em ambientes diferentes do mundo da arbitragem.

Diversas estratégias e ações mencionadas de *debiasing* ou para prevenção e redução das limitações de racionalidade dos árbitros não foram confirmadas em pesquisa empírica com a devida falsificação científica. Isso não significa que não tenham importância para o exercício da função de árbitro no Brasil. Ao contrário, as análises e as descrições científicas em outras situações para explicar o comportamento humano em geral devem ser consideradas para a função de árbitro no Brasil. E disso se extraem duas consequências: a primeira, as estratégias de prevenção e de redução da limitação de racionalidade devem ser levadas a sério pela comunidade arbitral brasileira; a segunda, a academia no Brasil dedicada ao estudo da arbitragem deve unir forças com a interdisciplinaridade, especialmente com a neurociência, a psicologia cognitiva e a economia comportamental. Essas estratégias e ações são essenciais para o aprimoramento da função de árbitro no Brasil.

Na prática, o melhor incentivo para que os árbitros procurem aperfeiçoamento vem do mercado. Quanto mais treinamento e qualificação dos candidatos a árbitros nas limitações de racionalidade e em *debiasing*, mais haverá oferta de profissionais capazes de evitar e de prevenir os erros. Por isso, há enorme espaço no mercado – não somente brasileiro – para treinamento e certificação de profissionais, que certamente servirão para uma sinalização importante às partes e advogados.

Referências

ARBITRATOR INTELLIGENCE. Disponível em https://arbitratorintelligence.com/. Acesso em: 05 set. 2021.

ARKES, Hal Richard. Impediments to accurate clinical judgment and possible ways to minimize their impact. Journal of Consulting and Clinical Psychology, p. 323-330, 1981 *apud* LILIENFIELD, Scott O.; AMMIRATI, Rachel; LANDFIELD, Kristin. Giving debiasing away. Can psychological research on correcting cognitive errors promote human welfare? **Perspectives on Psychological Science**, p. 390-398, 2009.

BORN, Gary B. International Commercial Arbitration, Kluwer 2014 *apud* ELM, Jan-Philip. Behavioral insights into international arbitration: an analysis of how to de-bias arbitrators, 27, 1 **American Review of International Arbitration**, 2017. Disponível em: https://ssrn.com/abstract=2973266. Acesso em: 05 set. 2021.

CLAY, T., L'arbitre. Dalloz, 2001.

COLE, Tony. **The roles of psychology in international arbitration**, Kluwer 2017.

COLE, T; ORTOLANI, P; WRIGHT, R. Arbitration in its psychological context: a contextual behavioral account of arbitral decision-making. **Oxford Handbook of International Arbitration 2018**. Disponível em: https://ssrn.com/abstract=3151107. Acesso em: 05 set. 2021.

COLLINS, David. Loss aversion bias or fear of missing out: a behavioral economics analysis of compensation in investor – state dispute settlement, n. 8. **Journal of International Dispute Settlement**, p. 460-482, 2017. Disponível em: http://dx.doi.org/10.2139/ssrn.2769292. Acesso em: 05 set. 2021.

COSTA, E. J. da F. Levando a imparcialidade a sério: proposta de um modelo interseccional entre direito processual, economia e psicologia. Salvador: Juspodivm, 2018, p. 123 *apud* FREITAS, Juarez. A hermenêutica jurídica e a ciência do cérebro: como lidar com os automatismos mentais. Revista da AJURIS, v. 40, 2013.

COSTA, E. J. da F. **Levando a imparcialidade a sério**: proposta de um modelo interseccional entre direito processual, economia e psicologia. Salvador: Juspodivm, 2018.

DAMASIO, A. R. **O erro de Descartes**. São Paulo: Companhia das Letras, 2012.

DANTAS, R. D. **A imparcialidade no divã**. São Paulo: RT, 2021.

DIAMOND, Shari. **Psychological aspects of dispute resolution**: issues for international arbitration. International Commercial Arbitration, p. 327-242, 2003.

DRAHOZAL, Christopher R. A behavioral analysis of private judging: law and contemporary problems. **Law and Contemporary Problems**, p. 105-132, 2004. Disponível em: https://scholarship.law.duke.edu/lcp/vol67/iss1/5. Acesso em: 05 set. 2021.

ELIAS, Carlos Eduardo Stefen. Honorários advocatícios de sucumbência na arbitragem regida pela lei brasileira. *In*: MOREIRA, Ana Luiza B. M.; BERGER, Renata (coord.). **Arbitragem e outros temas de direito privado**: estudos jurídicos em homenagem a José Emilio Nunes Pinto. São Paulo: Quartier Latin, 2021.

ELM, Jan-Philip. Behavioral insights into international arbitration: an analysis of how to debias arbitrators, 27, 1. **American Review of International Arbitration** 3, 2017. Disponível em: https://ssrn.com/ abstract=2973266. Acesso em: 05 set. 2021.

FRANCK, Susan D.; AAKEN, Anne Van; FREDA, James; GUTHRIE, Chris; RACHLINKSI, Jeffrey J. Inside the arbitrator's mind 66. **Cornell Legal Studies Research Paper**, p.16-46, 2017. Disponível em: https://ssrn.com/abstract=2884150. Acesso em: 05 set. 2021.

FRANCK, Susan D. **Arbitration costs, myths and realities in investment treaty arbitration**. Oxford: Oxford University Press, 2019.

GAILLARD, Emmanuel. **Sociologie de l'arbitrage international**, 142, 4 JDI, p. 1.089-1.113, 2015.

GIOVANNINI, Teresa. The psychological aspects of dispute resolution. *In*: A. J. Van Den Berg (ed.). **International commercial arbitration**: important contemporary questions. Kluwer Law International, 2003.

GUANDALINI, Bruno. **Economic analysis of the arbitrator's function**. Wolters Kluwer, 2020.

GUANDALINI, Bruno. Arbitragem de oferta final no Brasil. **Revista Brasileira de Arbitragem** n. 48, 2015.

GUTHRIE, Chris; RACHLINKSI, Jeffrey J.; WISTRICH, Andrew J. Inside the judicial mind. **Cornell Law Faculty Publications Paper** n. 814, p. 777-830, 2001.

HARTEN, Gus Van. Arbitrator behaviour in asymmetrical adjudication: an empirical study of investment treaty arbitration, 50, 1. **Osgoode Hall Law Journal** 220, 2012.

HELM, Rebbeca K.; WISTRICH, Andrew J.; RACHLINKSI, Jeffrey J. Are arbitrators human? **Journal of Empirical Legal Studies**, p. 666-692, 2016. Disponível em: https://ssrn.com /abstract=2871698. Acesso em: 05 set. 2021.

JANIS, Irving L. **Victims of groupthing**, 1972.

KAHNEMAN, D. **Thinking, fast and slow 20**. New York: Farrar, Straus and Giroux, 2015.

KAHNEMAN, D.; SIBONY, O; SUNSTEIN, C. R. **Noise**: a flaw in human judgement. Little, Brown Spark, New York, 2021.

KAHNEMAN, D. **Maps of bounded rationality**: a perspective on intuitive judgement and choice, Nobel Prize Lecture p. 449- 453, 8 dez. 2002. Disponível em: https://www.nobelprize.org/uploads/2018/06/kahnemann-lecture.pdf. Acesso em: 05 set. 2021.

KAPELIUK, Daphna. The repeat appointment factor: exploring decision patterns of elite investment arbitrators, 96, 1. **Cornell Law Review**, 2010. Disponível em: https://ssrn.com/abstract=1556257. Acesso em: 05 set. 2021.

LARRICK, Richard P. **Blackwell handbook of judgment and decision making**, p. 316-338. *In*: Derek J. Koehler; Nigel Harvey (eds.). Blackwell Pub, p. 379, 2011.

MACINTYRE, A. **Dependent rational animals**: why human beings needthe virtues. Chicago: Open Court Publishing Company, 1999.

MILKMAN, Katherine L.; CHUGH, Dolly; BAZERMAN, Max. How can decision making be improved? **Working Paper 3**, 2008. Disponível em: https://www.hbs.edu/faculty/Publication%20Files/08-1 02_1670bc7e-dc3c-49c8-bc5f-1eba2e78e335.pdf. Acesso em: 05 set. 2021.

NUNES, Dierle; LUD, Natanael.; PEDRON, Flávio Quinaud. **Desconfiando da imparcialidade dos sujeitos processuais**: um estudo sobre os vieses cognitivos, a mitigação de seus efeitos e o *debiasing*. 2. ed. Salvador: Juspodivm, 2020.

POSNER, Richard Allen. An economic approach to the law of evidence. **Stanford Law Review** n. 1477, 1999.

PUIG, Sergio; STREHNEV, Anton. Affiliation bias in arbitration: an experimental approach, 46, **Journal of Legal Studies**, p. 371-398, 2017. Disponível em: https://papers.ssrn.com/sol3/papers.cfm?abstract_id =2830241. Acesso em: 05 set. 2021.

RAMINA DE LUCCA, R. O dever de motivação das decisões judiciais: Estado de Direito, segurança jurídica e teoria dos precedentes. Salvador: Juspodivm, 2019.

RACINE, Jean-Baptiste. Arbitrage et Intelligence Artificielle (1), 4, **Revue de l'Arbitrage**, p. 1.025-1.067, 2019.

REED, Lucy. The 2013 Hong Kong international arbitration centre kaplan lecture: arbitral decision-making: art, science or sport? **Journal of International Arbitration**, v. 30, p. 85-99, Issue 2, 2013.

ROGERS, Catherine. The devil's arbitrator. **Bocconi legal studies research paper n. 3780126**, 5 fev. 2021. Disponível em: https://ssrn.com/abstract=3780126. Acesso em: 05 set. 2021.

SIMON, H. A. A behavioral model of rational choice. **Quartely Journal of Economics**, v. 69, n. 1, 1955.

SUSSMAN, Edna. Arbitrator decision-making: unconscious psychological influences and what you can do about them, n. 24. **American Review of International Arbitration**, p. 487-514, 2013.

SUSTEIN, Cass R. **Behavioral Law and Economics** n. 75. Cambridge: University Press, 2000.

THALER, Richard H.; SUNSTEIN, Cass R. **Nudge, improving decisions about health, wealth and happiness**, Yale University Press, 2009.

VOTO caso Lord Hodge. Halliburton Company (Appellant) *vs*. Chubb Bermuda Insurance Ltd [2020] UKSC 48.

WAITES, Richard C.; LAWRENCE, E. **Psychological dynamics in international arbitration advocacy** 69, p. 114. Doak Bishopd; Edward G. Kehoe (eds.). Belo Horizonte: Lumen Juris, 2010.

WEBER, Ana Carolina; PASCUZZO, Carmine A.; PASTORE, Guilherme de Siqueira; MARQUES, Ricardo Dalmaso. Challenging the "splitting the baby" myth in international arbitration, n. 31, 6. **Journal of International Arbitration**, p. 719-734, 2014.

ZAMIR, Eyal; TEICHMAN, Doron. **The Oxford Handbook of Behavioral Economics and the Law** n. 689. Oxford: Oxford University Press, 2014.

5. A INTENSIDADE DO CONTROLE DA CONFORMIDADE DA SENTENÇA ARBITRAL À ORDEM PÚBLICA DE FUNDO

Gustavo Scheffer da Silveira

Introdução

A função ou missão primária dos árbitros é a de emitir uma decisão sobre um determinado litígio que separa as partes. Em razão da fonte convencional da arbitragem[850], essa missão está fundamentalmente limitada pela vontade das partes. Assim, no exercício de sua função jurisdicional, os árbitros devem se ater aos limites gerais estabelecidos pela convenção de arbitragem[851], e aos limites específicos do litígio[852], tal como ele foi submetido aos árbitros[853]. Agindo dentro desses limites, os árbitros asseguram o respeito da missão a eles atribuída.

[850] A fonte da arbitragem é a vontade das partes de submeterem seus litígios à jurisdição arbitral, nos termos dos arts. 1º e 3º da Lei n. 9.307/1996.

[851] Brasil. Lei n. 9.307/1996. Art. 32, IV.

[852] O art. 32, III, da Lei n. 9.307/1996, determina que a sentença arbitral é passível de anulação caso os requisitos determinados em seu art. 26 não sejam observados. O art. 26, por sua vez, determina os requisitos que a sentença arbitral deve conter: "III – o dispositivo, em que os árbitros resolverão **as questões que lhes forem submetidas** e estabelecerão o prazo para o cumprimento da decisão, se for o caso" (grifos nossos).

[853] Conforme decidiu a Corte de Cassação francesa, "a missão dos árbitros, definida pela convenção de arbitragem, é delimitada principalmente pelo objeto do litígio tal como determinado pelas pretensões das partes", Cass. civ., 6 março de 1996, Soc. Farhat Trading Company c/ Soc. Daewoo, **Rev. Arb.** 1997, p. 69, nota J.-J. Arnaldez. Nesse sentido: Giraud, P. Le devoir de l'arbitre de se conformer à sa mission. **Bruyland** n. 56, 2017, p. 72.

Em princípio, em razão da própria natureza da arbitragem – mecanismo de resolução de litígios privado de fonte convencional – questões exteriores ao litígio, como a proteção de interesses gerais considerados importantes por um determinado Estado, não entram na missão primária dos árbitros. O árbitro não possui foro territorial[854], ou seja, não é investido de poder jurisdicional por um Estado, mas pela vontade das partes[855], as quais consentiram em submeter o litígio à jurisdição arbitral[856]. Portanto, o árbitro não pronuncia o direito em nome de um ordenamento jurídico específico. Ele é uma "autoridade jurisdicional estrangeira em relação ao juiz nacional do foro"[857].

Entre outras, uma primeira consequência dessa ausência de foro territorial, explica Pierre Mayer, é que o árbitro não é "servidor da lei" e

> não sendo representante do Estado, cumprindo uma função jurisdicional de maneira episódica, e não estando de maneira alguma associado à elaboração do direito [desse Estado], ele só vê nesse direito um conjunto de regras de julgamento destinadas a guiá-lo em sua decisão; sua exterioridade com relação a essas regras tornam mais fácil que ele incline sua aplicação no sentido de que sua percepção do que é justo e moral lhe dite[858].

Outra consequência, particularmente importante para o presente estudo, é que a ordem pública dos ordenamentos jurídicos[859], incluindo do país da sede da arbitragem, é exterior à missão do árbitro. Nesse sen-

[854] É por essa razão, por exemplo, que o árbitro não está vinculado pelas regras de conflito de lei aplicadas pelos juízes estatais da sede da arbitragem. GALÍNDEZ, V. Nota ao Agravo de Instrumento 1111650-0, TACiv-SP, 24 set. 2002. **Revista de Direito Bancário, do Mercado de Capitais e da Arbitragem**, Ano 6, n. 22, 2003, p. 403; VALENÇA FILHO, C. Aspectos de direito internacional privado na arbitragem. **Revista de Direito Bancário, do Mercado de Capitais e da Arbitragem**, Ano 3, n. 7, 2000, p. 379.

[855] SILVEIRA G., Scheffer da. A sentença sobre a competência arbitral: natureza e regime de controle de anulação. **Rev. Bras. Arb.** 2019, p. 7, espec. p. 22.

[856] GAILLARD, E. Aspects philosophiques de l'arbitrage international. **RCDIA** 2008, t. 309, p. 49, ed. ADI-Poche 2008, espec. n. 23-31-66.

[857] VALENÇA FILHO, C. **A arbitragem em juízo**. Tese (Doutorado em Direito). Universidade de São Paulo (USP), São Paulo, 2015, p. 223.

[858] MAYER, P. La règle morale dans l'arbitrage international. *In*: **Études offertes à P. Bellet, Litec.,** 1991, p. 379, espec. p. 398, n. 29.

[859] Para uma análise detalhada ordem pública e seu conteúdo, ver : JEAUNEAU, A. **L'ordre public en droit national et en droit de l'Union européenne**. Paris: LGDJ, 2018.

tido, Pierre Mayer explica que "ninguém transformou o árbitro em guardião da ordem pública. Foram as partes que lhe confiaram uma tarefa [a de julgar], não o Estado"[860]. No mesmo sentido, e insista-se nesse ponto em razão de sua importância, Yves Derains observa que os árbitros não estão vinculados pela ordem pública de um ordenamento jurídico específico "da qual eles não são guardiões"[861].

De fato, sendo um corpo estranho em relação aos ordenamentos jurídicos nacionais, a função primária do árbitro não poderia ser assegurar o respeito à ordem pública dos diferentes Estados que potencialmente possam ter alguma relação com o litígio e a sentença arbitral. Essa função pertence necessariamente aos juízes estatais, esses sim, investidos de poder jurisdicional pelos seus respectivos Estados e guardiões da ordem pública dentro de seus ordenamentos jurídicos. Cabe, portanto, aos juízes estatais, antes de permitirem que uma sentença (nacional ou estrangeira) produza efeito em seu território nacional, verificar a conformidade dessa sentença à ordem pública do foro, o que inclui não só a ordem pública processual (contraditório, ampla defesa, etc.), mas também a ordem pública de fundo, que é o tema específico aqui tratado.

Afirma-se que existe quase uma unanimidade na doutrina[862], nas legislações nacionais e nos tratados internacionais sobre arbitragem comercial, quanto à necessidade de controle da conformidade da sen-

[860] MAYER, P. L'arbitre et la loi. *In*: **Le droit privé à la fin du XXe siècle**: Études offertes à Pierre Catala, Litec, 2001, p. 225, espec. p. 233-240. V; MAYER, P. L'étendue du contrôle, par le juge étatique, de la conformité des sentences arbitrales aux lois de police. *In*: **Mélanges en l'honneur de Hélène Gaudemet-Tallon**. Dalloz, 2008, p. 459, espec. 466, n. 12.

[861] "Para o árbitro, não existe hierarquia natural entre o contrato e um direito qualquer. Muito pelo contrário, um direito só se aplica se as partes o escolheram e nos limites dessa vontade. Se as partes expressamente afastaram certas regras de direito, os árbitros não deveriam, em nome de uma ordem pública da qual eles não são guardiões, impor a aplicação. Pela introdução de cláusulas apropriadas em seu contrato, é possível que as partes tenham querido rejeitar as disposições de ordem pública de um direito ao qual elas se referiam para os demais temas", DERAINS, Y. L'ordre public et le droit applicable au fond du litige dans l'arbitrage internatinoal. **Rev. Arb.** 1986, p. 375, espec. p. 392, n. 31.

[862] Analisando se seria oportuno manter esse controle e concluindo pela manutenção do controle da conformidade à ordem pública, ver: HANOTIAU, B. **Faut-il abandonner le contrôle de la sentence arbitrale au regard de l'ordre public?**, Petites affiches, 11 October 2010, n. 202, p. 7. Em sentido contrário: MOURRE, A. Le libre arbitre, ou L'aveuglement de

tença arbitral à ordem pública, tanto em sede de homologação como de anulação.

Em sede de reconhecimento, as Convenções de Nova York[863], Genebra de 1961[864] e do Panamá[865], bem como a Resolução n. 9/2005 do Superior Tribunal de Justiça[866], preveem a possibilidade de que os juízes estatais controlem a conformidade da sentença arbitral às suas respectivas ordens públicas no momento do reconhecimento de sentenças arbitrais internacionais ou estrangeiras.

Em sede de controle de anulação, o controle do respeito à ordem pública é quase unanimemente previsto. Veja-se, por exemplo, o art. 34(2)(b)(ii) da Lei Modelo da UNCITRAL, que prevê a possibilidade para o juiz de anular uma sentença caso "the award is in conflict with the public policy of this State". Essa possibilidade também está prevista nos arts. 69(2)(g) do English Arbitration Act; 1059, para. 2, n. 2 (b) do ZPO alemão; 190 da LDIP suíça, 1.520-5º do CPC francês[867], assim como os arts. 108 e 63 das leis de arbitragens colombiana e peruana, respectivamente.

O direito brasileiro parece isolado no que se refere a uma previsão expressa. O art. 32 da Lei n. 9.307/1996 não prevê a contrariedade à ordem pública como uma das hipóteses permitindo a anulação de sentença arbitral proferida no Brasil. Dito isso, não parece ser possível defender razoavelmente que o juiz de anulação não possa efetuar esse controle. Na prática, é simplesmente inadmissível que uma sentença arbitral proferida no Brasil e que efetivamente viole os valores mais fundamentais do ordenamento jurídico brasileiro produza efeitos sem

Zaleucus: variations sur l'arbitrage, l'ordre public et le droit communautaire. *In*: **Mélanges en l'honneur de François Knoepfler**, p. 283.

[863] Art. V.2.b. Ratificada por 167 países. O Brasil ratificou a Convenção de Nova Iorque em 7 de junho de 2002, a qual entrou em vigor em 23 de julho de 2002, com a promulgação do Decreto Executivo n. 4.311/2002.

[864] Art.1.

[865] Art.V.2.b. O Brasil ratificou a Convenção do Panamá em 31 de agosto de 1995, a qual entrou em vigor em 27 de dezembro de 1995, com a promulgação do Decreto Executivo n. 1.902/1996.

[866] Art. 6. O fato do controle em sede de homologação ser chamado de "delibação" em nada altera o fato de que a conformidade à ordem pública deve ser controlada e, como será explicado, que esse controle deve ser efetivo.

[867] Em matéria internacional. Para arbitragens ditas *internas*, o dispositivo legal é o art. 1492-5º do CPC.

que ela possa ser anulada pelo juiz estatal[868]. Sendo o tribunal arbitral (mesmo com sede no Brasil) um ente exterior ao ordenamento jurídico brasileiro, é lógico e essencial assegurar o controle da conformidade de sua sentença à ordem pública. Não existe razão lógica ou teórica para controlar a conformidade à ordem pública em sede de homologação e não autorizar esse controle em sede de anulação[869].

Assim, mesmo não sendo uma das hipóteses expressamente previstas no art. 32 da Lei n. 9.307/1996, a contrariedade da sentença à ordem pública deve ser considerada uma hipótese de anulação da sentença. Esse entendimento encontra suporte na interpretação do art. 32 da Lei n. 9.307/1996, conjuntamente com o art. 2º, § 1, o qual dispõe "poderão as partes escolher, livremente, as regras de direito que serão aplicadas na arbitragem, desde que não haja violação aos bons costumes e à ordem pública", bem como, conforme o caso, do art. 17 da Lei de Introdução às Normas do Direito Brasileiro, segundo o qual "as leis, atos e sentenças de outro país, bem como quaisquer declarações de vontade, não terão eficácia no Brasil, *quando ofenderem* a soberania nacional, *a ordem pública* e os bons costumes" (grifos nossos)[870].

Controlar a conformidade da sentença arbitral (estrangeira ou nacional) à ordem pública não tem nada de anormal e é plenamente justificável. Conforme indica Charles Jarrosson, o controle constitui *a posteriori* o contrapeso da confiança *a priori* feita à arbitragem[871]. Principalmente, considerando, conforme será explicado, a ampliação das matérias consideradas arbitráveis.

[868] Imagine-se, por exemplo, uma sentença proferida dentro do território nacional, em perfeito respeito às condições formais e processuais exigidas pela Lei n. 9.307/1996. Entretanto, imagine-se que os efeitos dessa sentença causam um grave entrave concorrencial dentro do território nacional (*e.g.*, sentença arbitral que ordena a execução de um contrato de natureza claramente anti-concorrencial que afetará pelos próximos anos o preço de um produto no mercado relevante).

[869] "Em maior ou menor grau, todas as hipóteses do art. 32 tem alguma relação com a ordem pública", portanto, "a violação à ordem pública é justamente o princípio mais geral que justifica o controle jurisdicional que se exerce sobre a sentença arbitral". APRIGLIANO R. **Ordem pública e processo**, Atlas 2011, espec. p. 50.

[870] Nesse sentido, KOLBACH, M. **Ação anulatória da sentença arbitral: aspectos e limites**. Gazeta Jurídica 2013, espec. p. 198.

[871] JARROSSON, Ch. L'intensité du contrôle de l'ordre public. *In*: **L'ordre public et l'arbitrage**. LexisNexis 2014, p. 161.

A questão é saber como deve ser feito esse controle de conformidade à ordem pública de fundo[872]. Mais precisamente, trata-se de determinar qual deve ser a intensidade do controle da conformidade à ordem pública. Em outras palavras, o ponto é até onde pode ou deve ir o juiz estatal no controle da ausência de violação à ordem pública da sentença arbitral[873].

No estudo dessa questão, é preciso analisar quais foram as diferentes soluções adotadas, apoiando-se na abundante jurisprudência estrangeria sobre o tema[874] (I), para, em seguida, buscar aquela que oferece o melhor equilíbrio entre os interesses em jogo (II). Na prática, a resposta é de extrema importância, pois ela está diretamente ligada, por um lado, à eficácia da arbitragem e, pelo outro, à sua legitimidade como modo de resolução de litígios.

1. As diferentes soluções adotadas

No que se refere ao controle da missão do árbitro, e mais precisamente, o controle da conformidade da sentença arbitral à ordem pública, a jurisprudência estrangeira (principalmente a francesa) oscilou entre duas soluções. O controle superficial (1.1) e o controle aprofundado (1.2).

1.1. O controle superficial da conformidade da sentença à ordem pública

Tradicionalmente, a possibilidade de submeter questões ligadas a matérias de ordem pública à apreciação pelo árbitro, juiz privado, estava completamente excluída. Sendo temas que não podiam ser livremente

[872] Uma vez determinada a intensidade do controle, o juiz estatal deverá, igualmente, determinar o conteúdo da noção de ordem pública e seus efeitos em função das características específicas de cada litígio. Por exemplo, deverá determinar se aplica ordem pública interna ou internacional, efeitos plenos ou atenuados, entre outras variações.

[873] Para os países que fazem a distinção, a questão do método (da intensidade) do controle da conformidade da sentença à ordem pública deve ser tratada da mesma maneira para a arbitragem interna e internacional, com a diferença de que a arbitragem interna e internacional terá suas respectivas delimitações do conteúdo da ordem pública. Nesse sentido: Racine, J.-B. **Droit de l'arbitrage**, PUF 2017, p. 599, n. 962.

[874] Uma análise equivalente fundada unicamente na jurisprudência nacional não seria possível, em razão da inexistência de uma jurisprudência desenvolvida e detalhada sobre o tema.

acordados pelas partes[875], eram considerados inarbitráveis[876]. Assim, a questão da conformidade da sentença arbitral à ordem pública não se apresentava como hoje em dia, pois ela estava "oculta" ou "neutralizada" pela incompetência dos árbitros para julgar matérias envolvendo regras de ordem pública[877]. Essa posição jurisprudencial evoluiu no sentido de ampliar a arbitrabilidade também para questões ligadas a matérias de ordem pública. Entretanto, se em um primeiro momento as sentenças arbitrais resultantes desses procedimentos estariam sujeitas a um controle aprofundado, em um segundo momento, esse controle passou a ser mais superficial (1.1.1.), sendo objeto de críticas por uma parte da doutrina (1.1.2).

1.1.2. A ampliação das matérias arbitráveis

Evolução importante ocorreu com a célebre decisão *Mitsubishi*, da Corte Suprema dos Estados Unidos de 1985, que admitiu a arbitrabilidade de matérias relativas ao direito da concorrência afirmando: "*the Act itself provides no basis for disfavoring agreements to arbitrate statutory claims by skewing the otherwise hospitable inquiry into arbitrability*", bem como "*antitrust claims are arbitrable pursuant to the Arbitration Act*".

[875] Ver, por exemplo, o *Code Civil* francês, que em seu art. 2.060 prevê: "não se pode contratar [...] sobre todas as matérias que se referem à ordem pública". Entretanto, no que se refere à arbitrabilidade de litígios implicando questões de ordem pública, esse artigo foi completamente esvaziado pela jurisprudência.

[876] Arbitrabilidade é uma noção diretamente ligada à licitude da convenção de arbitragem e determina quais litígios podem ser validamente submetidos à arbitragem. Na sua vertente objetiva, diz respeito às matérias que podem ser submetidas ao árbitro. No direito brasileiro, são "litígios relativos a direitos patrimoniais disponíveis", nos termos do art. 1º da Lei n. 9.307/1996. Em sua vertente subjetiva, diz respeito a saber quais partes (*e.g.* Estados ou entidades públicas) podem se submeter à jurisdição arbitral. Modernamente, importantes autores questionam a existência da noção de arbitrabilidade subjetiva, afirmando que se trata, na verdade, de um tema de capacidade a se comprometer. A noção de arbitrabilidade não deve ser confundida com a noção de campo de aplicação da convenção material da cláusula de arbitragem. Essa é uma questão de determinação da competência *ratione materiae* do tribunal arbitral, enquanto aquela é uma questão de saber se a lei permite que um determinado litígio, em razão de sua natureza, pode ser submetido à arbitragem.

[877] SERAGLINI, Ch. Le contrôle par le juge de l'absence de contrariété de la sentence à l'ordre public international: le passé, le présent, le futur. **Rev. Arb.** 2020, p. 347, espec. n. 1.

Essa decisão foi seguida pela decisão *Labinal*, da Corte de Apelação de Paris, que afirmou:

> Em matéria internacional, o árbitro aprecia a sua própria competência quanto à arbitrabilidade do litígio em relação à ordem pública internacional *e dispõe do poder de aplicar os princípios e regras que se referem ao litígio bem como sancionar o eventual desrespeito*, sujeito ao controle de anulação (grifos nossos)[878].

A decisão foi posteriormente ampliada à arbitragem interna.

Importante notar que tanto a decisão *Mitsubishi* como a *Labinal* deixaram registrado que essa nova liberdade viria acompanhada de um controle. A Suprema Corte americana especificou em uma nota de rodapé que se os árbitros, em respeito à cláusula de direito aplicável que elegia o direito suíço, deixassem de aplicar a legislação *anti-trust* americana "*we would have little hesistation in condenming the agreement as against public policy*".

Assim, se por um lado houve uma grande aplicação da competência dos árbitros para aplicar os princípios e regras oriundas da ordem pública, bem como sancionar as suas violações, pelo outro, essa ampliação estava condicionada a um controle *a posteriori* da sentença arbitral. É a chamada *second look doctrine*, para assegurar a defesa da ordem pública. Christophe Seraglini explica que se tratava "de uma bela marca de confiança com relação à instituição arbitral"[879].

Sobre a evolução da relação entre liberdade e controle, explica Pierre Mayer:

> uma vez aberta a porta do liberalismo, era natural que pressões fossem exercidas para que ela se abrisse ainda mais. A arbitrabilidade tendo sido outorgada sob a condição que os tribunais arbitrais exercessem um controle da sentença sob o ângulo da ordem pública, um novo combate foi travado em vista da limitação desse controle, seja quanto ao seu objeto: em que situa-

[878] Corte de Apelação de Paris, *Labinal*, 19 de maio de 1993, **Rev. Arb.** 1993, p. 645, nota Ch. Jarrosson; JDI 1993, p. 957, nota L. Idot. Dois anos depois, a decisão Labinal foi confirmada pela decisão *Matra Hachette*; Corte de Apelação de Paris, *Matra Hachette*, 20 de setembro de 1995, **Rev. Arb.** 1996, p. 87, note D. Cohen.

[879] Seraglini, Ch. Le contrôle par le juge de l'absence de contrariété de la sentence à l'ordre public international: le passé, le présent, le futur. **Rev. Arb.** 2020, p. 347, espec. p. 348, n. 2.

ções deve-se considerar que a ordem pública é ameaçada?, seja quanto aos meios: quais elementos de prova e quais argumentos a parte está autorizada a apresentar aos olhos do tribunal que decidirá a anulatória?[880].

Em outras palavras, a questão era saber até onde deveria ir a confiança estatal de que os árbitros defenderiam a ordem pública em suas sentenças.

Pouco após a decisão *Labinal*, admitindo a arbitrabilidade de litígios envolvendo questões de ordem pública, a Corte de apelação de Paris proferiu uma decisão afirmando que o controle da sentença deveria "ser feito em direito e fatos sobre todos os elementos permitindo notadamente justificar a aplicação ou não da regra de ordem pública internacional e em caso afirmativo apreciar, em vista dessa regra, a licitude do contrato"[881]. Essa decisão foi seguida pela decisão no caso *Thomson CSF*, em sentido similar[882].

Esse controle aprofundado foi empregado por uma dezena de anos, até que, em 2004, a decisão *Thalès*[883] alterou a posição do direito francês. A própria Corte de Apelação de Paris anunciou que, se ela deveria controlar a ilicitude denunciada, "a violação da ordem pública internacional para os fins do art. 1502-5º do novo Código de Processo Civil deve ser flagrante, efetiva e concreta". A Corte acrescentou:

> o juiz de anulação não poderia, sob pena de colocar em causa o caráter final da determinação dos árbitros sobre o mérito do processo, a violação alegada de uma lei de polícia não autorizando ataque algum à regra processual de

[880] Mayer, P. L'étendue du contrôle, par le juge étatique, de la conformité des sentences arbitrales aux lois de police. *In*: **Mélanges en l'honneur de Hélène Gaudemet-Tallon**, Dalloz 2008, p. 459, espec. 462, n. 7.

[881] Corte de Apelação de Paris, 30 de setembro de 1993, *European Gas Turbines c. Westman International*, **Rev. Arb.** 1994, p. 359, nota D. Bureau; **Rev. crit.** DIP 1994, p. 349, nota V. Heuzé. A mesma fórmula foi empregada na decisão *Thomson c. Sociedade Brunner et Frontier*, da Corte de Apelação de Paris, 10 de setembro de 1998, **Rev. Arb.** 2001, p. 583, 1º caso, obs. J.-B. Racine.

[882] Corte de Apelação de Paris, 10 de setembro de 1998, *Thomson CSF.* **Rev. Arb.** 2001, p. 583, 1ª decisão, obs. J.-B. Racine.

[883] Corte de Apelação de Paris, 18 de novembro de 2004, *Thalès Air Défense c. GIE Euromissile*, **Rev. Arb.** 2005, p. 751; JDI 2005, p. 357, nota A. Mourre; **Rev. crit.** DIP 2006, p. 104, nota S. Bollée.

proibição de revisão de mérito, efetuar na ausência de uma fraude ou, como é dito, de violação manifesta, um exame da aplicação das regras de concorrência ao contrato litigioso.

Em 2006, na decisão *Cytec,* a Corte de Apelação de Paris reafirmou que a violação à ordem pública deveria ser "flagrante, efetiva e concreta" (grifos nossos)[884]. Essa decisão foi confirmada pela Corte de Cassação em 2008, que decidiu:

> tratando-se da violação da ordem pública internacional, somente o reconhecimento ou a execução da sentença é examinado pelo juiz de anulação no que se refere à compatibilidade da solução com essa ordem pública, cujo controle se limita ao caráter flagrante, efetivo e concreto da violação alegada[885].

Ainda, a Corte de Cassação aprovou o comportamento da Corte de Apelação que agiu "nos limites de seus poderes, isto é, sem revisão de fundo da sentença".

Outras jurisdições possuem decisões similares à francesa, no sentido de controle minimalista. Na Itália, a jurisprudência se limita a verificar que o árbitro considerou a regra internacionalmente imperativa, mas sem operar qualquer tipo de revisão do raciocínio do árbitro[886]. Na Suécia[887], Inglaterra[888] e Estados Unidos[889] existem decisões que seguem igualmente essa linha. Nos Estados Unidos, muito embora exista um importante número de decisões em sentido contrário, há também decisões no sentido de que no controle da aplicação do direito concorrencial

[884] Corte de Apelação de Paris, 23 de março de 2006, *SNF c. Cytec Industries.* **Rev. Arb.** 2007, p. 100, obs. S. Bollée.

[885] Cass. civ. 1ª câmara, *SNF c. Cytec Industries, D.* 2008, p. 2.560, obs. S. Bollée; **RTD com.** 2008, p. 518, obs. É. Loquin; **Rev. Arb.** 2008, p. 473, nota I. Fadlallah; JDI 2008, p. 1.107, nota A. Mourre.

[886] Corte de Apelação de Florença, 21 de março de 2006, *Nuovo Pignone c. Schlumberger*; e Corte de Apelação de Milão, 21 de julho de 2006, *Terra Armata c. Tensacciai.* **Riv. Dell'arbitrato**, 2005.

[887] Corte de Apelação de Svea, 4 de maio de 2005, *Latvian Republic C. JSC Latvijas Gaze*, n. T 6730-03.

[888] *Westacre Investments c. Jugoimport* [1999] EWCA Civ., p. 14.

[889] *Baxter International Inc. c. Abbott Laboratories*, 315, F 3d 829 (7th Cir. 2003).

americano pelo árbitro, deve-se verificar apenas se os árbitros "*took cognizance of the antitrust claims and actually decided them*", posto que qualquer outra atitude teria como resultado "*throwing the results [of the award] in the waste basket*".[890]

Luca Radicati sustenta que uma sentença arbitral poderia ser anulada se "aparece em um exame *prima facie* [...] que o raciocínio dos árbitros [...] é manifestamente e gravemente errado e, o que é mais importante, dá lugar a resultados palpavelmente inadmissíveis em vista das concepções fundamentais do foro"[891].

1.1.2. Inconvenientes do controle superficial

Essa posição de controle superficial da sentença arbitral, aprovada por uma parte da doutrina[892], foi objeto de numerosas e duras críticas da outra parte. A primeira delas é de que esse controle superficial conduziria a "um controle ilusório, limitado às evidências, da conformidade da sentença à ordem pública internacional"[893]. Nesse sentido, Éric Loquin sustentou que o controle minimalista resultaria, paradoxalmente, em um controle "da aparência de conformidade da sentença arbitral à ordem pública"[894]. A essa crítica geral foram acrescidas outras, tanto de cunho jurídico como político.

De um ponto de vista jurídico, de maneira resumida, foi ressaltado que a arbitrabilidade de litígios envolvendo matérias de ordem pública só foi admitida com base na premissa de que haveria um controle pos-

[890] *Baxter International Inc. c. Abbott Laboratories*, 315, F 3d 829 (7th Cir. 2003).

[891] Radicati di Brozolo, L. de. L'illicité qui crève les yeux: critère de contrôle des sentences au regard de l'ordre public international, **Rev. Arb.** 2005, p. 547.

[892] Derains, Y. Chronique de jurisprudence française – Observations. **Rev. Arb.** 2001, p. 810, espec. p. 819; Fadlallah, I., nota Cass. civ., 4 de junho de 2008, **Rev. Arb.** 2008, p. 473; Radicati di Brozolo, L. de. L'illicité qui crève les yeux: critère de contrôle des sentences au regard de l'ordre public international. **Rev. Arb.** 2005, p. 537; Mourre, A., nota sobre Cass. civ., 4 de junho de 2008, JDI 2008, p. 1107.

[893] Seraglini, Ch. Le contrôle par le juge de l'absence de contrariété de la sentence à l'ordre public international: le passé, le présent, le futur, **Rev. Arb.** 2020, p. 347, espec. p. 353, n. 11.

[894] Loquin, É. Nota sobre Cass. civ., 3 de junho de 1998, **Rev. Arb.** 1999, p. 71, espec. p. 76. Sobre o ilusório controle da arbitrabilidade do litígio, ver: Loquin, É. Les illusions perdues du contrôle de l'arbitrabilité du litige international. **Mélanges Normand**, Litec 2003, p. 339, espec. p. 340.

terior da sentença arbitral. Tanto a Suprema Corte dos Estados Unidos como a Corte de Apelação de Paris deixaram essa ressalva expressa em suas respectivas decisões *Mitsubishi* e *Labinal*. Esse controle limitado aos casos nos quais a violação à ordem pública é "flagrante" ou "salta aos olhos" se assimilaria a não controlar a sentença.

De um ponto de vista político, as críticas eram no sentido de que quando os legisladores nacionais e a jurisprudência elevam certas regras ao nível de ordem pública (interna ou internacional), eles esperam que essas regras sejam respeitadas. O problema do controle minimalista seria que, ao saberem que sua decisão não será efetivamente controlada, árbitros poderão deixar de aplicá-las, reduzindo, assim, sua imperatividade. Esse enfraquecimento da imperatividade das regras de ordem pública traria consigo o risco real de uma reação estatal no sentido do retorno à inarbitrabilidade desses litígios[895].

Esse aspecto político, ou de imagem da arbitragem, é ainda mais importante atualmente visto que o instituto está sofrendo diversas críticas sob a alegação de que a arbitragem representaria um risco à defesa do interesse público[896]. Esse ponto é particularmente importante no Brasil, com o recente incremento no número de arbitragens envolvendo entidades públicas. O exemplo francês é particularmente revelador sobre esse risco. Na França, a jurisprudência *Thalès/Citec* parece ter contribuído em grande parte para o estabelecimento pelo Tribunal de Conflitos, de dois regimes diferenciados de controle de sentenças arbitrais internacionais, a saber, um para os contratos comerciais e outro para os contratos administrativos internacionais[897].

[895] Mayer, P. L'étendue du contrôle, par le juge étatique, de la conformité des sentences arbitrales aux lois de police. *In*: **Mélanges en l'honneur de Hélène Gaudemet-Tallon**, Dalloz 2008, p. 459, espec. 468, n. 13; Vareille-Sommières, Pascal de. Lois de police et politiques législatives. **Rev. crit.** *DIP* 2011, p. 297, espec. n. 73 e 84.

[896] Nesse sentido, Seraglini, Ch. Le contrôle par le juge de l'absence de contrariété de la sentence à l'ordre public international: le passé, le présent, le futur. **Rev. Arb.** 2020, p. 347, espec. p. 353, n. 12.

[897] Sobre a jurisprudência do Tribunal de Conflitos ver *Inserm c/ Fondation Letten*, 15 de maio de 2010, *JCP G.* 2010, I, p. 644, n. 5, obs. J. Ortscheidt; *RTD Com.* 2010, p. 525, obs. Loquin, É. **Rev. Arb.** 2010, p. 275, concl. M. Guymar, e artigo M. Audit; 11 de abril de 2016, *Fosmax*. **Rev. Arb.** 2016, p. 250, nota J. Billemont; 24 de abril de 2017, *Syndicat mixte des aéroports de Charente c/ Soc. Ryanair*. **Rev. Arb.** 2017, p. 883, nota Y. Gaudemet; *D.* 2017, p. 2054,

1.2. Controle aprofundado da conformidade da sentença à ordem pública

Seja porque as críticas ao controle superficial tenham surtido efeito, seja porque tenha havido uma mudança de concepção da Corte de Apelação de Paris, o fato é que o controle aprofundado parece ter ressurgido na jurisprudência francesa[898] (1.2.1) fazendo com que o controle de todas as hipóteses de anulação seja feito com a mesma intensidade para todas as hipóteses de anulação (1.2.2).

1.2.1. O ressurgimento de uma jurisprudência de controle aprofundado

Parece ser com base nesse entendimento que "novos ventos"[899] sopraram sobre a jurisprudência da Corte de Apelação de Paris[900] a qual tende a se afastar da exigência de uma violação "flagrante", voltando a se referir unicamente a uma violação "efetiva e concreta"[901] ou, por vezes, substituindo-a por uma violação "manifesta"[903].

obs. S. Bollée. V. igualmente, Gaillard, E. **Le Tribunal des conflits torpilles le droit français de l'arbitrage**, JCP G. 2010, n. 21, 24 de maio de 2010, 585, p. 1.096.

[898] A Corte de Cassação francesa ainda não teve a oportunidade de se pronunciar sobre o retorno pela Corte de Apelação de Paris a essa jurisprudência de controle aprofundado.

[899] Audit, Mathias. **Nota sobre Corte de Apelação de Paris**. 16 de janeiro de 2018, D. 2018, p. 1.635.

[900] Por enquanto, o movimento de retorno ao controle aprofundado parece se restringir à Corte de Apelação de Paris, exigindo cautela quanto ao estado da jurisprudência francesa.

[901] Corte de Apelação de Paris, 17 de janeiro de 2012, Planor Afrique SA c/ société Emirates. Télécommunications corporation **Rev. Arb.** 2012, p. 569, nota M.-L. Niboyet; Corte de Apelação de Paris, 26 fevereiro de 2013, *M. J. Sprecher et autres v. M. K. A. Bughsan et autres*, **Rev. Arb.** 2014, p. 82, nota P. Duprey e C. Fouchard; Corte de Apelação de Paris, 4 de março de 2014, *Société Gulf Leaders for Management and Services Holding Company c/ S.A Crédit Foncier de France.* **Rev. Arb.** 2014, p. 955, nota L.-Ch. Delanoy; Corte de Apelação de Paris, 9 de setembro de 2014; *Société Spezia Consultants Metals Limited v. Société Générale des Carrières et des Mine.* **Rev. Arb.** 2014, p. 810; Corte de Apelação de Paris, 14 de outubro de 2014, *République du Congo v. S.A. Commissions Import Export (Commisimpex)*, **Rev. Arb.** 2014, p. 1.030; Corte de Apelação de Paris, 4 de novembro de 2014, *SAS Man Diesel & Turbo France v. Société Al Maimana General Trading Company Ltd.*, **Rev. Arb.** 2015, p. 543, nota A. de Fontmichel; *RTD com.* 2015, p. 67, obs. E. Loquin; Corte de Apelação de Paris, 25 novembro 2014, *Société Electroputere VFU Pascani v. Société Blue Engineering SRL*, **Rev. Arb.** 2015, p. 555, nota C. Fouchard; Corte de Apelação de Paris, 7 de abril de 2015, *Société Congolaise Wireless Networks Sprl v. Société Vodacom international Limited.* **Rev. Arb.** 2015, p. 807, 3ª decisão, nota

O movimento de retorno ao controle aprofundado começou e se desenvolveu em matéria de corrupção e lavagem de dinheiro, primeiro com a decisão *Gulf Leaders*[903], seguida pelas decisões *Belokon*[904], *Indrago*[905], *MK Group*[906] e *Alstom Transport*[907].

De maneira muito clara, a Corte de Apelação de Paris decidiu no caso *Gulf Leaders*:

> quando é alegado que uma sentença dá efeito a um contrato obtido por corrupção, cabe ao juiz de anulação [ou de homologação], que decidirá o recurso fundado no artigo 1.520-5 do Código de Processo Civil, buscar em direito e em fato todos os elementos permitindo se pronunciar sobre a alegada ilegalidade do contrato e apreciar se a homologação ou a execução da sentença viola de maneira efetiva e concreta a ordem pública internacional[908].

Nessa mesma linha, a decisão *Belokon* acrescentou: "essa busca, feita em defesa da ordem pública internacional, não é limitada aos elementos

D. Cohen; Corte de Apelação de Paris, 14 de abril de 2015, *République Hellénique v. Société Bombardier Inc.*, **Rev. Arb.** 2015, p. 645.

902 Christophe Seraglini explica que o adjetivo "manifesta" não é empregado como sinônimo de flagrante. Violação manifesta se referiria mais às características, à natureza da violação à ordem pública exigida para que a sentença venha a ser anulada. SERAGLINI, Christophe. Le contrôle par le juge de l'absence de contrariété de la sentence à l'ordre public international: le passé, le présent, le futur. **Rev. Arb.** 2020, p. 347, espec. p. 361, n. 24.

903 Corte de Apelação de Paris, 4 de março de 2018, *Gulf Leader.* **Rev. Arb.** 2014, p. 955, nota L.-Ch. Delanoy; *D.* 2014, p. 1967, obs. S. Bollée. Decisão sobre corrupção.

904 Corte de Apelação de Paris, 21 de fevereiro de 2017, *República de Quirguistão c/ Sr. Belokon.* **Rev. Arb.** 2017, p. 915, nota M. Audit e S. Bollée. Decisão sobre lavagem de dinheiro.

905 Corte de Apelação de Paris, 27 de setembro de 2017, *AS Ancienne Maison Marcel Baucho c/ Indrago.* **Rev. Arb.** 2017, p. 942; *JDI* 2017, comm. 20, p. 1.361 (4° caso), nota E. Gaillard; *D.* 2017, p. 2.054, obs. S. Bollée.

906 Corte de Apelação de Paris, 16 de janeiro de 2018, *MK Group c/ Onix.* **Rev. Arb.** 2018, p. 401, nota S. Lemaire; *JDI comm.* 2018, v. 13, p. 8988, nota E. Gaillard; *D.* 2018, p. 968, obs. S. Clavel. Decisão sobre a soberania dos Estados e seus recursos naturais.

907 Corte de Apelação de Paris, 10 de abril de 2018, *Alstom Transport c/ Alexander Brothers.* **Rev. Arb.** 2018, p. 574, nota E. Gaillard. **Rev. Bras. Arb.** 2019, p. 65, nota Th. Granier. Decisão sobre corrupção.

908 Corte de Apelação de Paris, 4 de março de 2018, *Gulf Leader.* **Rev. Arb.** 2014, p. 955, nota L.-Ch. Delanoy; *D.* 2014, p. 1967, obs. S. Bollée.

de prova produzidos diante dos árbitros, nem vinculada pelas constatações, apreciações e qualificações operadas pelos árbitros"[909].

Mais recentemente, no caso Alstom c/ Alexander Brothers, a Corte de Apelação de Paris retomou as decisões citadas e decidiu:

> cabe à corte, chamada a decidir com o fundamento das disposições dos artigos 1.525 e 1.520-5 do Código de Processo Civil sobre a apelação contra a ordem de *exequatur* de uma sentença proferida no estrangeiro, de buscar, em direito e fato, todos os elementos permitindo apreciar se o reconhecimento ou a execução da sentença viola de maneira manifesta, efetiva e concreta a concepção francesa de ordem pública internacional; ela não está vinculada, nesse exame, nem pelas apreciações aportadas pelo tribunal arbitral, nem pela lei aplicável ao mérito escolhida pelas partes[910].

Essa posição de controle aprofundado não é exclusiva das Cortes francesas. Por exemplo, a Corte de Apelação de Singapura também defendeu um controle aprofundado:

> *the court cannot abrogate its judicial power to the Tribunal to decide what the public policy of Singapore is and, in turn, whether or not the Concluding Agreement is illegal (illegality and public policy being [...] mirror concepts in this regard), however eminent the Tribunal's members may be. Accordingly, [...] the court is entitled to decide for itself whether the [parties' underlying contract] is illegal and to set aside the Interim Award if it is tainted with illegality, just as in Soleimany, the English [Court of Appeal] refused to enforce the Beth Din's award as it was tainted with illegality*[911].

Decisões similares também podem ser encontradas nos tribunais da Bélgica[912], da Espanha[913] e dos Estados Unidos.

[909] Corte de Apelação de Paris, 21 de fevereiro de 2017, *República de Quirguistão c/ Sr. Belokon*. **Rev. Arb.** 2017, p. 915, nota M. Audit e S. Bollée.

[910] Corte de Apelação de Paris, 10 de abril de 2018, *Alstom Transport c/ Alexander Brothers*. **Rev. Arb.** 2018, p. 574, nota E. Gaillard. **Rev. Bras. Arb**. 2019, p. 65, nota Th. Granier.

[911] Corte de Apelação de Singapura. AJU v. AJT, [2011] SGCA 41, para. 57.

[912] Tribunal de Primeira instância de Bruxelas, *8 de março de 2007*. **Rev. Arb.** 2007, p. 318, note A. Mourre e L.de Radicati di Brozolo.

[913] Tribunal Superior de Justiça de Madrid, Caso 13/2015, 28 de janeiro de 2015, **Spain Arb. Rev**. 25/2016, p. 132, note S. Martínez Lage.

1.2.2. Retorno ao controle uniforme de todas as hipóteses de anulação e recusa de homologação (*Plateau des Pyramides*)

Na jurisprudência francesa, esse movimento de retorno ao controle aprofundado da conformidade da sentença arbitral à ordem pública de fundo parece marcar igualmente um retorno à filosofia original no que se refere ao papel do juiz no controle da sentença.

Em um primeiro momento, a jurisprudência francesa considerou que todas as hipóteses de anulação da sentença arbitral deveriam ser controladas da mesma maneira e que esse controle deveria ser aprofundado. Nos termos da célebre decisão do caso *Plateau des Pyramides*, onde a Corte de Cassação enunciou:

> se a missão da Corte de Apelação, com relação aos artigos 1.502 e 1.504[914] do novo Código de Processo Civil, é limitada ao exame dos vícios enumerados nesses textos, **nenhuma limitação existe quanto aos poderes dessa jurisdição para verificar em fato e direito todos os elementos referentes aos vícios em questão** (grifos nossos)[915].

Essa concepção do controle de anulação, igualmente aplicável ao controle de reconhecimento, continuou constante para o controle de algumas hipóteses, como o controle da regularidade da constituição do tribunal arbitral e da competência arbitral (como visto na decisão *Abela*[916]).

Conforme descrito, foi com as decisões *Thalès* e *Cytec* que, com um certo paradoxo, a hipótese de conformidade à ordem pública passou a

[914] Atualmente, as hipóteses de abertura de um recurso de anulação (igualmente aplicáveis para a recusa de homologação, conforme art. 1.525, parágrafo 4) estão previstas no art. 1.520 do CPC francês: (i) o tribunal se declarou correta ou incorretamente incompetente; (ii) o tribunal foi irregularmente constituído; (iii) o tribunal decidiu sem se conformar à missão que lhe foi confiada; (iv) o princípio do contraditório não foi respeitado; ou (v) o reconhecimento ou execução da sentença é contrário à ordem pública internacional.

[915] Corte de Cassação, 1ª Câmara, 6 de janeiro de 1987, Egito c/ SPP, **Rev. Arb.** 1987, p. 469, nota Ph. Leboulanger; JDI 1987, p. 638, nota B. Goldman.

[916] Corte de Cassação, 1ª Câmara, 6 de outubro de 2010, Abela. **Rev. Arb.** 2010, p. 813, nota F.-X. Train, "o juiz de anulação controla a decisão do tribunal arbitral sobre sua competência, tendo ele se declarado competente ou incompetente, buscando todos os elementos de direito ou fato que permitam verificar o alcance da convenção de arbitragem".

ser controlada de maneira diferente e mais superficial. Na decisão *Cytec* de 2006,

> se é correto que a título do artigo 1.502 [atualmente 1.520] do NCPC a corte de apelação exerce seu poder de controle sobre as hipóteses enumeradas por esse artigo buscando em direito e fato, e sem nenhum limite, todos os elementos referentes aos casos de abertura do recurso de anulação, *no que se refere à violação de ordem pública internacional, a corte, que não é juiz do processo, mas da sentença, dessa vez só exerce sobre ela um controle extrínseco, pois somente seu reconhecimento ou sua execução são examinados quanto à compatibilidade com a ordem pública internacional* no momento de sua apresentação ao juiz (grifos nossos)[917].

A jurisprudência mais recente parece marcar um retorno à metodologia *Pyramides*, como pode ser evidenciado pela decisão da Corte de Apelação de Paris no caso Alstom c/ Alexander Brothers:

> cabe à Corte, chamada a decidir com o fundamento das disposições dos artigos 1.525 e 1.520-5 do Código de Processo Civil sobre a apelação contra a ordem de *exequatur* de uma sentença proferida no estrangeiro, de buscar, em direito e fato, todos os elementos permitindo apreciar se o reconhecimento ou a execução da sentença viola de maneira manifesta, efetiva e concreta a concepção francesa de ordem pública internacional; ela não está vinculada, nesse exame, nem pelas apreciações aportadas pelo tribunal arbitral, nem pela lei aplicável ao mérito escolhida pelas partes[918].

2. A busca por um melhor ponto de equilíbrio entre todos os interesses em jogo

A lógica da existência de um controle (de anulação ou homologação) é que o controle seja efetivamente realizado. Isto é, uma sentença arbitral só deve poder produzir efeitos em um território se ela respeitar as condições exigidas para ser homologada ou para não ser anulada. Conforme analisado acima, esse controle parece ser mais bem servido pelo controle aprofundado. Esse, de fato, parece ser a modalidade que melhor equili-

[917] **Corte de Apelação de Paris, 23 de março de 2006, *Société SNF SAS v. Société Cytec Industries BV*,** Rev. Arb. 2007, p. 100, obs. S. Bollée.

[918] Corte de Apelação de Paris, 10 de abril de 2018, *Alstom Transport c/ Alexander Brothers*. **Rev. Arb.** 2018, p. 574, nota E. Gaillard. **Rev. Bras. Arb.** 2019, p. 65, nota Th. Granier.

bra os diferentes interesses em jogo, notadamente porque as duas principais críticas a esse controle, violação ao princípio da não revisão (2.1) e risco excessivo de anulações ou recusas de homologação (2.2), parecem infundados.

2.1. Inexistência de violação ao princípio da não revisão de fundo

As críticas contrárias ao controle efetivo da não violação da sentença arbitral à ordem pública de fundo parecem ignorar uma antiga e bem estabelecida distinção em direito internacional privado: entre a revisão-reforma e a revisão-controle (2.1.1); somente a primeira viola o princípio da não revisão (2.1.2).

2.1.1. Revisão-reforma *versus* revisão-controle

O principal argumento avançado contra o controle aprofundado é o de que ele consagraria uma revisão do mérito da sentença. Entretanto, essa crítica é infundada, pois ela tem origem na má compreensão desse princípio. O problema não é a impossibilidade de revisar o mérito, mas os contornos genéricos e imprecisões dados ao "princípio da não revisão". Nesse sentido, esclarece Charles Jarrosson:

> a utilização muito frequentemente abusiva desse vocábulo e a imprecisão de seu significado, devido à conotação pejorativa que ele traz consigo, é a fonte de uma parte das dificuldades que são encontradas hoje em dia, posto que ele obscurece a situação e impede que a questão seja vista tal como ela está posta[919].

O princípio da não revisão de mérito tem origem no direito internacional privado, e uma rápida análise desse princípio em matéria de reconhecimento de sentenças judiciais estrangeiras permite compreender bem o verdadeiro sentido da não revisão de mérito. Durante muitos anos, para saber se um julgamento estrangeiro deveria ou não receber o *exequatur*, o juiz do foro analisava a solução do mérito do litígio, para

[919] JARROSSON, Ch. L'intensité du contrôle de l'ordre public. *In*: **L'ordre public et l'arbitrage**. EUA: LexisNexis, 2014, p. 161, espec. p. 165. O autor ainda denuncia: "na realidade, nós deveríamos praticamente não mais utilizar a expressão da revisão de mérito, pois ela serve de espantalho levantado a todo propósito e não aporta uma resposta adequada às soluções apresentadas", espec. p. 165.

verificar se estava correta e se ele teria chegado à mesma conclusão. Em caso positivo, o julgamento estrangeiro receberia o *exequatur*, do contrário, não. Assim, existia uma verdadeira revisão de mérito, no sentido de rejulgar o litígio, que levava a um novo resultado ao à recusa de *exequatur*. Atualmente, esse tipo de "revisão-reforma" foi abandonado. O juiz do *exequatur* já não verifica se o julgamento estrangeiro foi bem julgado ou se ele chegaria à mesma conclusão. Este é o verdadeiro sentido do princípio da não revisão de mérito, o qual é plenamente aplicável em matéria de arbitragem. O juiz estatal, no momento de controlar a sentença arbitral, seja em homologação ou anulação, não deve e não pode verificar se o litígio foi bem julgado e se ele teria chegado à mesma conclusão.

Entretanto, existe hoje uma grande confusão entre o princípio acima descrito, e a atividade do juiz no momento de controle de homologação ou de anulação da sentença arbitral. No momento em que um juiz está controlando a sentença, ele deverá revê-la, não para averiguar se é correta, mas para verificar se a sentença preenche os requisitos necessários à homologação ou à anulação. Assim, no exercício dessa "revisão-controle", não há que se falar em princípio da não revisão de mérito[920], conforme explica L Delanoy:

> o reexame das questões de fato e das questões de direito em vista do exercício do controle não significa revisão [no sentido revisão-reforma], nem mesmo de mérito, pois esse reexame não tem por objeto verificar se o litígio primário foi bem ou mal julgado, mas sim a satisfação das condições de regularidade internacional da decisão estrangeira[921].

O fato é que mesmo no quadro de um controle minimalista, uma sentença arbitral pode vir a ser anulada, e essa anulação terá um impacto

[920] Por isso, Christophe Seraglini e Jérôme Ortscheidt afirmam: "o princípio da proibição de revisão de mérito da sentença arbitral não tem propósito no quadro das hipóteses de anulação". Seraglini, Ch.; Ortscheidt, J.. **Droit de l'arbitrage interne et international**. Paris: LGDJ 2013, p. 893, n. 982.

[921] Delanoy, L.-Ch. Le contrôle de l'ordre public au fond par le juge de l'annulation: trois constats, trois propositions. **Rev. Arb.** 2007, p. 177, espec. n. 34.

sobre o mérito da decisão, resultando na revisão do mérito[922]. Nos termos do art. 33 da própria Lei Brasileira de Arbitragem, "[a] sentença que julgar procedente o pedido declarará a nulidade da sentença arbitral, nos casos do art. 32, e determinará, se for o caso, que o árbitro ou o tribunal profira nova sentença arbitral". Ou seja, se o problema fosse a não revisão *per se* nenhum tipo de controle seria possível, pois mesmo que minimalista, controle implica uma revisão.

A convivência entre o princípio da não revisão e a "revisão-controle" não é algo de novo nem particular ao direito da arbitragem. O mesmo problema é enfrentado há bastante tempo pela doutrina de direito internacional privado em matéria de reconhecimento de decisões estrangeiras. Marie-Laure Niboyet e Géraud de Geouffre de la Pradelle explicam:

> o juiz do *exequatur* não possui o direito de rejulgar os fatos e o direito do caso já julgado no estrangeiro. Ele substitui suas próprias apreciações àquelas do juiz estrangeiro mas ele deve poder examinar os elementos de fato necessários ao exercício de seu controle de regularidade. É admitir, segundo a expressão de alguns autores, que o juiz do *exequatur* procede a "uma revisão para fins de controle" da conformidade da decisão à ordem pública[923].

2.1.2. O exercício da revisão-controle

De fato, no estrito exercício de verificação que uma decisão estrangeira (estatal ou arbitral) preenche as condições impostas pela lei para sua homologação ou anulação, o juiz deve revisar todas as questões de fato e de direito necessárias para formar seu convencimento. Isso deve se aplicar de forma uniforme, para todos os critérios de homologação e anulação, o que, evidentemente, deve incluir o critério de conformidade da sentença arbitral à ordem pública de fundo[924].

[922] Nesse sentido: Jarrosson, Ch. L'intensité du contrôle de l'ordre public. *In*: **L'ordre public et l'arbitrage**, LexisNexis 2014, p. 161, espec. p. 165.

[923] Niboyet M.-L; La Pradelle, G. G. de. **Droit international privé**. Paris: LGDJ, 2015, p. 517, n. 777.

[924] Nesse sentido: Racine, J.-B. **L'arbitrage commercial international et l'ordre public**. Paris: LGDJ, 1999, n. 977; Jarrosson, Ch. L'intensité du contrôle de l'ordre public. *In*: **L'ordre public et l'arbitrage.** EUA: LexisNexis, 2014, p. 161, espec. p. 173.

Na jurisprudência brasileira, é possível encontrar exemplos desse controle efetivo (aprofundado) em casos relativos ao controle, por exemplo, do respeito à ordem pública processual ou da competência arbitral. Importante observar, por exemplo, as decisões do juiz de primeira instância[925] e do Tribunal de Justiça do Estado de São Paulo ("TJ-SP")[926], no caso Paranapanema. Para verificar se o princípio da igualdade das partes, mais precisamente a igualdade das partes na constituição do tribunal arbitral, havia sido respeitada, tanto o juiz de primeira instância quanto o TJ-SP operaram uma análise detalhada das questões de fato (situação de cada parte) e das questões de direito (regras aplicáveis à constituição do tribunal arbitral). Nesse caso, o que houve foi uma verdadeira revisão do procedimento, para verificar se a sentença arbitral respeitava a condição imposta pelo art. 32, VIII, da Lei n. 9.307/1996. O mesmo controle aprofundado de fato e direito é feito quando se trata de controlar a competência arbitral. A análise das decisões de controle sobre a competência arbitral revela que, embora existam exceções, as Cortes não hesitam em revisar as questões de fato e de direito para verificar a existência e a validade da cláusula arbitral. Um exemplo é a decisão do Superior Tribunal de Justiça, na continuação do caso Paranapanema. Apesar da solução adotada pela Corte no caso merecer duras críticas[927], o julgado deixa claro o nível aprofundado de análise das questões fáticas e jurídicas no controle da competência arbitral.

Esse entendimento é o único capaz de assegurar um controle efetivo da sentença arbitral. Considerar que, no quadro restrito de uma ação anulatória ou de homologação, o juiz estatal não pode reanalisar questões de fato e de direito necessárias para verificar se as condições de

[925] Brasil. 18ª Vara Cível, 22 de julho de 2013. **Paranapanema c/ Santander e BTG**, Processo n. 0002163-90.2013.8.26.0100.

[926] Brasil. Tribunal de Justiça de São Paulo. 11ª Câmara de Direito Privado, 3 de julho de 2014, **Paranapanema c/ Santander e BTG**, Apelação n. 0002163-90.2013.8.26.0100.

[927] A decisão viola os princípios do *pacta sunt servanda* e da autonomia da vontade das partes, pois força as partes a arbitrarem litígios para os quais elas expressamente haviam atribuído competência ao juiz estatal. Nesse sentido, ver: Silveira G., Scheffer da. **Bull.** ASA 2020, p. 853; Hanotiau, B. **Complex arbitrations**: multi-party, multi-contract, multi-issue – a comparative study. Kluwer Law International. 2. ed. v. 14, p. 281.

homologação ou de anulação estão presentes, resulta, na prática, reduzi-lo a um controle aparente[928].

Veja-se, por exemplo, o Recurso de Apelação n. 1061350-41.2015.8.26.0100, julgado pelo TJ-SP. Nesse recurso, as apelantes alegavam que a sentença arbitral era nula, entre outras razões, pois não haviam assinado o termo de confidencialidade contendo a cláusula de arbitragem, nem participado das tratativas ou das negociações para a sua conclusão, de maneira que não estariam vinculadas pela cláusula de arbitragem. As apelantes alegavam ainda a inexistência de grupo econômico de fato entre as apelantes e a signatária do documento, fato utilizado pelos árbitros para justificar a inclusão das apelantes no procedimento arbitral. O TJ-SP decidiu:

> a extensão da cláusula compromissória às [apelantes], bem como a existência ou não de grupo econômico é matéria de mérito da sentença arbitral [...]. Ora, o exame de mérito do conteúdo da sentença arbitral, em que pesem os argumentos invocados pelas Autoras, não está compreendido no restrito campo de incidência da ação declaratória de nulidade de sentença arbitral, e portanto, não há de ser reexaminado pelo Poder Judiciário[929].

Não é difícil perceber que o entendimento expressado nessa decisão sobre o princípio da não revisão de mérito é equivocado.

Conforme o direito brasileiro da arbitragem, somente partes que efetivamente consentiram com a arbitragem podem ser obrigadas a arbitrar seus litígios. A existência de consentimento é um elemento tão relevante, que é justamente essa fonte consensual o fundamento para a constitucionalidade da arbitragem. Ademais, a própria Lei n. 9.307/1996 indica em seu art. 32, IV, que "é nula a sentença arbitral se: [...] for pro-

[928] No sentido de um controle comedido, porém aprofundado, M. Kolbach defende: "a ação anulatória da sentença arbitral não se propõe a simples juízo de cognição sumária. Trata-se do único meio legalmente previsto para a impugnação da sentença arbitral, devendo ser julgado através de cognição exauriente e exaustiva. Conforme observado, a análise das provas e a qualificação da relação jurídica dada pelo árbitro pode ser determinante para se verificar a violação aos princípios fundamentais do processo ou à ordem pública [de fundo]". Kolbach, M. **Ação anulatória da sentença arbitral**: aspectos e limites. Gazeta Jurídica 2013, espec. p. 199.

[929] Brasil. **Tribunal de Justiça de São Paulo**. 28ª Câmara de Direito Privado, Apelação 1061350-41.2015.8.26.0100, 28 de agosto de 2018, espec., p. 23.

ferida fora dos limites da convenção de arbitragem", o que naturalmente inclui seus limites subjetivos, isto é, quem é ou não parte da convenção de arbitragem. Assim, o TJ-SP deveria ter analisado todos os elementos de fato e de direito necessários para verificar que a sentença não havia sido proferida fora dos limites subjetivos da convenção de arbitragem. Efetuar essa "revisão-controle" é dever do juiz no quadro de uma ação anulatória ou, *mutatis mutandis*, homologatória. O que fez o TJ-SP no caso em tela, entretanto, foi confiar cegamente nas constatações feitas pelos árbitros e, como resultado, não controlar nada. Esse, evidentemente, não é o objetivo do controle de anulação, previsto no art. 32 da Lei n. 9.307/1996.

Portanto, nessa revisão-controle, o juiz não re-julga o litígio. Ele se limita a confrontar a sentença contra as condições impostas pelo seu direito nacional (condições de homologação ou anulação) para verificar a eficácia da sentença arbitral no território brasileiro.

Em matéria de reconhecimento de decisões estrangeiras, os internacionalistas explicam que esse controle aprofundado é ainda mais justificável depois que o juiz do *exequatur* abandonou o controle da lei aplicada pelo juiz estrangeiro[930]. De maneira similar, em matéria de arbitragem, o controle aprofundado, além de ser o único capaz de realmente controlar o respeito à ordem pública, é ainda mais justificável em razão da grande ampliação das matérias suscetíveis de serem submetidas à arbitragem.

2.2. Risco de aumento de ações anulatórias ou recusas de homologação

Preliminarmente, é importante notar que tanto o sistema de homologação de sentenças estrangeiras como o de controle de anulação são permeados por um princípio de favor à arbitragem[931]. Esse *favor arbitratus* pode ser evidenciado no número muito limitado de condições impostas para homologar ou anular sentenças, como também pela experiência, ao provar que poucas sentenças arbitrais são anuladas ou têm sua homologação recusada.

[930] Niboyet M.-L.; La Pradelle, G. G. de. **Droit international privé**. Paris: LGDJ, 2015, p. 517, n. 777.

[931] Um princípio similar de favor ao reconhecimento existe em direito internacional privado, no que se refere ao reconhecimento de decisões estrangeiras. Niboyet M.-L.; La Pradelle, Géraud de Geouffre de. **Droit international privé**. Paris: LGDJ, 2015, p. 511, n. 768.

Justificadamente, é possível ter o receio de que o controle efetivo (aprofundado) da conformidade das sentenças arbitrais à ordem pública de fundo levaria ao aumento excessivo de ações anulatórias ou recusas de homologação[932]. Entretanto, esse risco não deve ser superestimado, pois ele é limitado, por um lado, pelo método de controle da conformidade da sentença à ordem pública de fundo (2.2.1) e, pelo outro, pela exigência de prova (2.2.2).

2.2.1. A limitação do risco pelo método de controle da conformidade à ordem pública de fundo

É do direito internacional privado que vêm as lições de como deve ser operado esse controle. A primeira delas diz respeito ao conteúdo concreto da sentença que deve controlar a conformidade à ordem pública – a apreciação é feita *in concreto*[933].

Isso significa que pouco importa o conteúdo abstrato da lei aplicada[934], ou se o árbitro aplicou corretamente ou não uma norma de ordem pública. O importante é se o resultado concreto da execução da sentença arbitral é efetivamente contrário à ordem pública de fundo.

Assim, por exemplo, se um contrato contrário à ordem pública é anulado pelo árbitro, mas não em função dessa violação, a sentença não deve ser anulada, pois o resultado concreto da sentença não é contrário à ordem pública.

Igualmente, não deverá ser anulada a sentença pelo simples fato de o árbitro ter aplicado uma regra de ordem pública a um caso ao qual essa regra não se aplicava. Isso nada mais é do que um erro de julgamento[935]. De maneira geral, um simples erro de direito ou na aplicação de uma regra de ordem pública, assim como o desrespeito de uma regra de

[932] Essa teria sido justamente a razão que levou o legislador brasileiro a não prever a contrariedade da sentença à ordem pública como uma hipótese de anulação. ALMEIRA, R. A. **Arbitragem comercial e ordem pública**. Rio de Janeiro: Renovar, 2005, p. 265-266.

[933] NIBO NIBOYET M.-L.; LA PRADELLE, G. G. de. **Droit international privé**. Paris: LGDJ, 2015, p. 517, n. 777.

[934] NIBOYET M.-L.; LA PRADELLE, G. G. de. **Droit international privé**. Paris: LGDJ, 2015, p. 517, n. 777.

[935] Nesse sentido: JARROSSON, Ch. L'intensité du contrôle de l'ordre public. *In*: **L'ordre public et l'arbitrage**. EUA: LexisNexis, 2014, p. 161, espec. p. 173.

ordem pública na descrição do raciocínio do árbitro[936], não tornam *ipso facto* a sentença contrária à ordem pública. O que se exige é que *a solução* dada ao litígio pela sentença arbitral seja contrária à ordem pública, o que por si só restringe as possibilidades de anulação ou recusa de homologação.

Além disso, para que a violação à ordem pública resulte na anulação ou recusa de homologação, é necessário que essa violação seja clara e significativa[937] no que se refere ao objetivo perseguido pela regra[938]. Em caso de dúvida sobre a existência de violação, a prioridade é pela validade da sentença.

Por fim, a ordem pública é submetida ao princípio da atualidade, ou seja, a conformidade da sentença se verifica com relação à ordem pública tal qual ela é concebida na data do controle de anulação ou homologação[939]. Assim, a violação de uma regra de ordem pública existente no momento da execução do contrato ou da prolação da sentença, mas que já não existe mais no momento do controle, não afetará a validade da sentença.

Somado ao fato de como é feito esse controle, o conteúdo da ordem pública também limita a possibilidade de anulação ou a recusa de homologação. Primeiramente, porque apenas um número limitado de regras do direito brasileiro deve ser considerado regras de ordem pública, ou seja, entendidas como regras imperativas que não podem ser derrogadas pelas partes.

[936] Corte de Apelação de Versailles, 9 de janeiro de 2012. **Rev. Arb.** 2013, p. 281. V. Bernard Chantebout explica: "Deve ser distinguido o erro de direito na aplicação de uma regra imperativa, e a violação da ordem pública. Não é a má aplicação da regra que é sancionada, mas o problema concretamente causado à ordem pública". CHANTEBOUT, B. **Le príncipe de non révision au fond des sentences arbitrales.** Tese Paris II, 2007.

[937] Somente uma violação clara e significativa, isto é, grave, é capaz de caracterizar uma violação efetiva e concreta à regra de ordem pública.

[938] Christophe Seraglini explica: "quando uma distorção aparece entre duas situações, o juiz deve ver se ela é significativa em vista dos objetivos perseguidos pela disposição imperativa. Somente uma ofensa concreta, séria, não só à lei de polícia, mas sobretudo aos objetivos por ela perseguidos, deve ser sancionada". SERAGLINI, Ch. Nota sobre Corte de Apelação de Paris, 14 de junho de 2001, *AS Compagnie commerciale André c/ AS Tradigrain*, **Rev. Arb.** 2001, p. 773, n. 35.

[939] Corte de Apelação de Versailles, *Soc. Grands Moulins de Strasbourg c/ Cle Continentale France*, 2 de outubro de 1989, **Rev. Arb.** 1990, p. 115, nota. L. Idot.

Em seguida, porque esse número já reduzido de regras diminui ainda mais nos casos das arbitragens internacionais, às quais se aplica o conceito de ordem pública internacional, noção constituída por apenas uma parcela das regras de ordem pública interna. Nesse ponto, importante esclarecer que não é porque o Brasil adotou uma lei monista, que não diferencia arbitragem interna da internacional, que essa distinção deixa de ser relevante. No momento de exercer o controle da conformidade da sentença arbitral à ordem pública de fundo, seja em sede de homologação de sentença estrangeira ou de anulação, a distinção retoma toda a sua importância, pois o juiz deve adaptar o conteúdo da ordem pública à natureza da sentença. Não faz sentido submeter uma sentença internacional ao rigor da ordem pública interna, por definição destinada a reger as relações puramente internas. Esse raciocínio colocaria as partes brasileiras em uma relação de desvantagem no comércio internacional.

2.2.2. A limitação do risco pelas exigências relacionadas às provas

O risco de que as partes perdedoras abusem do sistema tentando injustificadamente anular ou obter a recusa de homologação é igualmente limitado pelos poderes de apreciação atribuídos aos juízes estatais, dentre os quais, o juiz brasileiro. São eles que verificam quais regras são verdadeiramente de ordem pública e que possuem o poder de apreciá-las de maneira mais ou menos estrita em razão do tipo de regra (ordem pública interna ou internacional, princípio fundamental de ordem pública ou simples lei de polícia)[940] e em função dos pontos de contato que o litígio entretém com a ordem jurídica do foro, com as teorias do efeito atenuado da ordem pública[941] ou da ordem pública de proximidade[942].

Ademais, juízes estatais guardam um grande poder de apreciação das provas apresentadas para tentar justificar a oposição à sentença e com isso, estão em boa posição para frear os ataques injustificados da parte contrariada. As regras aplicáveis à prova exigem que a parte que se opu-

[940] Nesse sentido: Jarrosson, Ch. L'intensité du contrôle de l'ordre public. *In*: **L'ordre public et l'arbitrage**. EUA: LexisNexis, 2014, p. 161, espec. p. 175.

[941] Niboyet, M.-L.; La Pradelle, G. G. de. **Droit international privé**. Paris: LGDJ, 2015, p. 275, n. 380.

[942] Niboyet, M.-L.; La Pradelle, G. G. de. **Droit international privé**. Paris: LGDJ, 2015, p. 276, n. 381.

ser à eficácia da sentença prove a efetiva e concreta violação à ordem pública, notadamente quando essa violação não tiver sido debatida diante dos árbitros[943]. Caso contrário, o *exequatur* deve ser acordado e a anulação rejeitada[944].

A parte que quer objetar a eficácia de uma sentença arbitral por suposta violação à ordem pública de fundo deve apresentar provas convincentes dessa violação. Sobretudo, porque se a violação for efetiva e concreta, ela poderá ser demonstrada com bastante clareza[945].

Conclusões

A eficiência da arbitragem exige que as Cortes estatais respeitem as decisões arbitrais, notadamente o princípio da não revisão de mérito da sentença. Entretanto, a sua legitimidade aos olhos dos ordenamentos jurídicos nacionais exige que certos elementos da sentença, como a verificação de sua conformidade à ordem pública de fundo, sejam controlados antes de a sentença produzir efeitos em seu território nacional.

Entre as duas modalidades de controle, superficial e aprofundado, o segundo é o que melhor encontra o equilíbrio entre os interesses em jogo. Uma análise detalhada do controle superficial demonstra que ele não cumpre a função de assegurar que a sentença arbitral não ofenda a ordem pública do foro. Na prática, é mais um simulacro de controle ou controle da aparência da conformidade, o que, evidentemente, é insuficiente. O controle aprofundado, por sua vez, assegura um controle efetivo da inexistência de ofensa à ordem pública de fundo, pois permite que o juiz estatal examine todos os elementos de fato e de direito eventualmente necessários.

943 Sobre a prova de violação à ordem pública em matéria de corrupção, ver: GAILLARD, E. La corruption saisi par les arbitres du commerce international. **Rev. Arb.** 2017, p. 805.

944 No caso da Corte de Apelação de Paris, por exemplo, não é qualquer elemento de prova que será considerado suficiente para se demonstrar a violação à ordem pública. Em matéria de corrupção e lavagem de dinheiro, ela exige que o conjunto de elementos probatórios submetidos à Corte demonstrem a existência de "indícios graves, precisos e concordantes" do ato de corrupção, Corte de Apelação de Paris, 21 de fevereiro de 2017, *República de Quirguistão c/ Sr. Belokon*, **Rev. Arb.** 2017, p. 915, nota M. Audit e S. Bollée.

945 JARROSSON, Ch. L'intensité du contrôle de l'ordre public. *In*: **L'ordre public et l'arbitrage**. EUA: LexisNexis, 2014, p. 161, espec. p. 175.

Ademais, esse controle efetivo não viola o princípio da não revisão. O controle não é realizado no sentido de verificar se o juiz está de acordo com a solução e o raciocínio adotados pelo árbitro para, em seguida, decidir se a sentença deve ou não ser homologada ou anulada. Isso caracterizaria a inadmissível revisão-reforma. O controle é realizado no quadro limitado dos critérios estabelecidos por cada ordenamento jurídico, exclusivamente para certificar que cada sentença, nacional ou estrangeira, respeite os elementos mínimos e necessários para sua homologação ou execução. Trata-se da revisão-controle, há muito conhecida pelo direito internacional privado em matéria de reconhecimento de decisões judiciais estrangeiras, perfeitamente transponível ao direito da arbitragem.

Finalmente, se por um lado, os Estados demonstram sua confiança, admitindo a arbitrabilidade de matérias relativas à ordem pública, pelo outro, eles asseguram o direito de controlar que as sentenças arbitrais não violem seus valores mais fundamentais. Assim, ao assegurar o respeito à ordem pública, o controle efetivo apresenta igualmente a vantagem de evitar que, no longo prazo, o Estado reveja sua posição quanto à arbitrabilidade dessas matérias.

Referências

ALMEIRA, R. A. **Arbitragem comercial e ordem pública**. Rio de Janeiro: Renovar, 2005.

APRIGLIANO, R. **Ordem pública e processo**, Atlas 2011, espec. p. 50.

AUDIT, Mathias. **Nota sobre Corte de Apelação de Paris**. 16 de janeiro de 2018, D. 2018.

BRASIL. Lei n. 9.307/1996. Art. 32, IV.

BRASIL. 18ª Vara Cível, 22 de julho de 2013. **Paranapanema c/ Santander e BTG**, Processo n. 0002163-90.2013.8.26.0100.

BRASIL. Tribunal de Justiça de São Paulo. 11ª Câmara de Direito Privado, 3 de julho de 2014, **Paranapena c/ Santander e BTG**, Apelação n. 0002163-90.2013.8.26.0100.

BRASIL. **Tribunal de Justiça de São Paulo**. 28ª Câmara de direito privado, Apelação 1061350-41.2015.8.26.0100, 28 de agosto de 2018, espec., p. 23.

CHANTEBOUT, B. **Le príncipe de non révision au fond des sentences arbitrales**. Tese Paris II, 2007.

DELANOY, L.-Ch. Le contrôle de l'ordre public au fond par le juge de l'annulation: trois constats, trois propositions. **Rev. Arb.** 2007, p. 177, espec. n. 34.

DERAINS, Y. L'ordre public et le droit applicable au fond du litige dans l'arbitrage international. **Rev. Arb.** 1986, p. 375, espec. p. 392, n. 31.

DERAINS, Y. Chronique de jurisprudence française – Observations. **Rev. Arb.** 2001, p. 810.

FADLALLAH, I., nota Cass. civ., 4 de junho de 2008, **Rev. Arb.** 2008, p. 473.

FOSMAX, **Rev. Arb.** 2016, p. 250, nota J. Billemont; 24 de abril de 2017.

GAILLARD, E. **Le Tribunal des conflits torpilles le droit français de l'arbitrage**, JCP G. 2010, n. 21, 24 de maio de 2010, n. 585.

GAILLARD, E. Aspects philosophiques de l'arbitrage international. **RCDIA** 2008, t. 309, p. 49, ed. ADI-Poche 2008, espec. n. 23-31-66.

GAILLARD, E. La corruption saisi par les arbitres du commerce international. **Rev. Arb.** 2017.

GALÍNDEZ, V. Nota ao Agravo de Instrumento 1111650-0, TACiv-SP, 24 set. 2002. **Revista de Direito Bancário, do Mercado de Capitais e da Arbitragem**, Ano 6, n. 22, 2003.

GIRAUD, P. Le devoir de l'arbitre de se conformer à sa mission. **Bruyland** n. 56, 2017.

HANOTIAU, B. **Faut-il abandonner le contrôle de la sentence arbitrale au regard de l'ordre public?**, Petites affiches, 11 de outubro de 2010, n. 202.

JARROSSON, Ch. L'intensité du contrôle de l'ordre public. *In*: **L'ordre public et l'arbitrage**. EUA: LexisNexis, 2014, p. 161, espec. p. 165.

JEAUNEAU, A. **L'ordre public en droit national et en droit de l'Union européenne**. Paris: LGDJ, 2018.

KOLBACH, M. **Ação anulatória da sentença arbitral**: aspectos e limites. Gazeta Jurídica 2013.

HANOTIAU, B. **Complex arbitrations**: multi-party, multi-contract, multi-issue – a comparative study. Kluwer Law International. 2. ed. v. 14, 2020.

LOQUIN, É. Nota sobre Cass. civ., 3 de junho de 1998, **Rev. Arb.** 1999, p. 71, espec. p. 76.

LOQUIN, É. Les illusions perdues du contrôle de l'arbitrabilité du litige international. **Mélanges Normand**, Litec 2003, p. 339, espec. p. 340.

LOQUIN, É. **Rev. Arb.** 2010, p. 275, concl. M. Guymar, e artigo M. Audit; 11 de abril de 2016.

MAYER, P. L'étendue du contrôle, par le juge étatique, de la conformité des sentences arbitrales aux lois de police. *In*: **Mélanges en l'honneur de Hélène Gaudemet-Tallon**. Dalloz, 2008, p. 459, espec. 466, n. 12.

MAYER, P. La règle morale dans l'arbitrage international. *In*: **Études offertes à P. Bellet, Litec.,** 1991, p. 379, espec. p. 398, n. 29.

MAYER, P. L'arbitre et la loi. *In*: **Le droit privé à la fin du XXe siècle**: Études offertes à Pierre Catala, Litec, 2001, p. 225, espec. p. 233-240.

MOURRE A. Le libre arbitre, ou L'aveuglement de Zaleucus: variations sur l'arbitrage, l'ordre public et le droit communautaire. *In*: **Mélanges en l'honneur de François Knoepfler.**

MOURRE, A., nota sobre Cass. civ., 4 de junho de 2008, JDI 2008.

NIBOYET, M.-L; LA PRADELLE, G. G. de. **Droit international privé**. Paris: LGDJ, 2015, p. 517, n. 777.

RACINE, J.-B. **L'arbitrage commercial international et l'ordre public**. Paris: LGDJ, 1999, n. 977.

RACINE, J.-B. **Droit de l'arbitrage**, PUF 2017, p. 599, n. 962.

RADICATI DI BROZOLO, L. de. L'illicité qui crève les yeux: critère de contrôle des sentences au regard de l'ordre public international, **Rev. Arb.** 2005, pp. 529-560.

SERAGLINI, Ch. Le contrôle par le juge de l'absence de contrariété de la sentence à l'ordre public international: le passé, le présent, le futur. **Rev. Arb.** 2020, p. 347.

SERAGLINI, Ch.; ORTSCHEIDT, J. **Droit de l'arbitrage interne et international**. Paris: LGDJ 2013, p. 893, n. 982.

SERAGLINI, Ch. Nota sobre Corte de Apelação de Paris, 14 de junho de 2001, *AS Compagnie commerciale André c/ AS Tradigrain*, **Rev. Arb.** 2001, p. 773, n. 35.

SILVEIRA G., Scheffer da. A sentença sobre a competência arbitral: natureza e regime de controle de anulação. **Rev. Bras. Arb**. 2019, p. 7, espec. p. 22.

VALENÇA FILHO, C. Aspectos de direito internacional privado na arbitragem. **Revista de Direito Bancário, do Mercado de Capitais e da Arbitragem**, Ano 3, n. 7, 2000.

VALENÇA FILHO, C. **A arbitragem em juízo**. Tese (Doutorado em Direito). Universidade de São Paulo (USP), São Paulo, 2015.

VAREILLE-SOMMIÈRES, Pascal de. Lois de police et politiques législatives. **Rev. crit**. *DIP* 2011, p. 297, espec. n. 73 e 84.

Cortes estrangeiras

Cass. Civ., 6 março de 1996, Soc. Farhat Trading Company c/ Soc. Daewoo, **Rev. Arb.** 1997, p. 69, nota J.-J. Arnaldez.

Cass. Civ. 1ª Câmara, *SNF c. Cytec Industries, D.* 2008, p. 2.560, obs. S. Bollée; **RTD com**. 2008.

Corte de Cassação, 1ª Câmara, 6 de outubro de 2010, Abela. **Rev. Arb.** 2010, p. 813, nota F.-X. Train

Corte de Apelação de Versailles, 9 de janeiro de 2012. **Rev. Arb.** 2013.

Corte de Apelação de Versailles, *Soc. Grands Moulins de Strasbourg c/ Cle Continentale France*, 2 de outubro de 1989, **Rev. Arb.** 1990, p. 115, nota. L. Idot.

Corte de Apelação de Paris, 21 de fevereiro de 2017, *República de Quirguistão c/ Sr. Belokon*, **Rev. Arb.** 2017, p. 915, nota M. Audit e S. Bollée.

Corte de Apelação de Paris, *Labinal*, 19 de maio 1993, **Rev. Arb.** 1993, p. 645, nota Ch. Jarrosson; JDI 1993, p. 957, nota L. Idot.

Corte de Apelação de Paris, *Matra Hachette*, 20 de setembro de 1995, **Rev. Arb.** 1996, p. 87, note D. Cohen.

Corte de Apelação de Paris, 30 de setembro de 1993, *European Gas Turbines c. Westman International*, **Rev. Arb.** 1994, p. 359, nota D. Bureau; **Rev. crit.** DIP 1994, p. 349, nota V. Heuzé.

Corte de Apelação de Paris, 10 de setembro de 1998, *Thomson CSF.* **Rev. Arb.** 2001, p. 583, 1ª decisão, obs. J.-B. Racine.

Corte de Apelação de Paris, 18 de novembro de 2004, *Thalès Air Défense c. GIE Euromissile*, **Rev. Arb.** 2005, p. 751; JDI 2005, p. 357, nota A. Mourre; **Rev. crit.** DIP 2006, p. 104, nota S. Bollée.

Corte de Apelação de Paris, 23 de março de 2006, *SNF c. Cytec Industries.* **Rev. Arb.** 2007, p. 100, obs. S. Bollée.

Corte de Apelação de Florença, 21 de março de 2006, *Nuovo Pignone c. Schlumburger.*

Corte de Apelação de Milão, 21 de julho de 2006, *Terra Armata c. Tensacciai.* **Riv. Dell'arbitrato**, 2005.

Corte de Apelação de Svea, 4 de maio de 2005, *Latvian Republic C. JSC Latvijas Gaze*, n. T 6730-03.

Corte de Apelação de Paris, 17 de janeiro de 2012, Planor Afrique SA c/ société Emirates.

Corte de Apelação de Paris, 26 fevereiro de 2013, *M. J. Sprecher et autres v. M. K. A. Bughsan et autres*, **Rev. Arb.** 2014, p. 82, nota P. Duprey e C. Fouchard.

Corte de Apelação de Paris, 4 de março de 2014, *Société Gulf Leaders for Management and Services Holding Company c/ S.A Crédit Foncier de France.* **Rev. Arb.** 2014, p. 955, nota L.-Ch. Delanoy.

Corte de Apelação de Paris, 9 de setembro de 2014; *Société Spezia Consultants Metals Limited v. Société Générale des Carrières et des Mine.* **Rev. Arb.** 2014.

Corte de Apelação de Paris, 14 de outubro de 2014, *République du Congo v. S.A. Commissions Import Export (Commisimpex)*, **Rev. Arb.** 2014.

Corte de Apelação de Paris, 4 de novembro de 2014, *SAS Man Diesel & Turbo France v. Société Al Maimana General Trading Company Ltd.*, **Rev. Arb.** 2015, p. 543, nota A. de Fontmichel; *RTD com.* 2015.

Corte de Apelação de Paris, 25 novembro 2014, *Société Electroputere VFU Pascani v. Société Blue Engineering SRL*, **Rev. Arb.** 2015, p. 555, nota C. Fouchard.

Corte de Apelação de Paris, 7 de abril de 2015, *Société Congolaise Wireless Networks Sprl v. Société Vodacom international Limited.* **Rev. Arb.** 2015, p. 807, 3ª decisão, nota D. Cohen.

Corte de Apelação de Paris, 14 de abril de 2015, *République Hellénique v. Société Bombardier Inc.*, **Rev. Arb.** 2015, p. 645.

Corte de Apelação de Paris, 4 de março de 2018, *Gulf Leader.* **Rev. Arb.** 2014, p. 955, nota L.-Ch. Delanoy; *D.* 2014, p. 1967.

Corte de Apelação de Paris, 21 de fevereiro de 2017, *República de Quirguistão c/ Sr. Belokon.* **Rev. Arb.** 2017, p. 915, nota M. Audit e S. Bollée.

Corte de Apelação de Paris, 27 de setembro de 2017, *AS Ancienne Maison Marcel Baucho c/ Indrago.* **Rev. Arb.** 2017, p. 942; *JDI* 2017, comm. 20, p. 1.361 (4° caso), nota E. Gaillard; *D.* 2017.

Corte de Apelação de Paris, 16 de janeiro de 2018, *MK Group c/ Onix.* **Rev. Arb.** 2018, p. 401, nota S. Lemaire; *JDI comm.* 2018, v. 13, p. 8988, nota E. Gaillard; *D.* 2018.

Corte de Apelação de Paris, 10 de abril de 2018, *Alstom Transport c/ Alexander Brothers.* **Rev. Arb.** 2018, p. 574, nota E. Gaillard. **Rev. Bras. Arb**. 2019, p. 65, nota Th. Granier.

Corte de Apelação de Paris, 4 de março de 2018, Gulf Leader, **Rev. Arb.** 2014, p. 955, nota L.-Ch. Delanoy; *D.* 2014.

Corte de Apelação de Paris, 21 de fevereiro de 2017, República de Quirguistão c/ Sr. Belokon. **Rev. Arb.** 2017, p. 915, nota M. Audit e S. Bollée.

Corte de Apelação de Paris, 10 de abril de 2018, *Alstom Transport c/ Alexander Brothers.* **Rev. Arb.** 2018, p. 574, nota E. Gaillard. **Rev. Bras. Arb**. 2019, p. 65, nota Th. Granier.

Corte de Apelação do Reino Unido, **Westacre Investments c. Jugoimport** [1999] EWCA Civ.

Corte de Apelação de Singapura. AJU v. AJT, [2011] SGCA 41, pará. 57.

Corte de Apelação de Paris, 23 de março de 2006, Société SNF SAS v. Société Cytec Industries BV, Rev. Arb. 2007, p. 100, obs. S. Bollée.

Corte de Apelação de Paris, 10 de abril de 2018, *Alstom Transport c/ Alexander Brothers.* **Rev. Arb.** 2018, p. 574, nota E. Gaillard. **Rev. Bras. Arb**. 2019, p. 65, nota Th. Granier.

Corte de Cassação, 1ª Câmara, 6 de janeiro de 1987, **Egito c/ SPP, Rev. Arb.** 1987, p. 469, nota Ph. Leboulanger; JDI 1987, p. 638, nota B. Goldman.

Corte de Apelação dos Estados Unidos, 7º Circuito, Baxter International Inc. c. Abbott Laboratories, 315, F 3d 829 (7th Cir. 2003).

Tribunal de Conflitos da França, 15 de maio de 2010, Inserm c/ Fondation Letten, JCP G. 2010, I, p. 644, n. 5, obs. J. Ortscheidt; RTD Com. 2010.

Tribunal de Conflitos da França, 24 de abril de 2017, Syndicat mixte des aéroports de Charente c/ Soc. Ryanair. **Rev. Arb.** 2017, p. 883, nota Y. Gaudemet.

Tribunal de Primeira instância de Bruxelas, 8 de março de 2007, *Rev.***Arb.** 2007, p. 318, note A. Mourre e Luca de Radicati di Brozolo.

Tribunal Superior de Justiça de Madrid, Caso 13/2015, 28 de janeiro de 2015, **Spain Arb. Rev**. 25/2016, p. 132, note S. Martínez Lage.

6. A FUNÇÃO DO ÁRBITRO DE CONTROLE EXTERNO DA ADMINISTRAÇÃO PÚBLICA

Priscila Cunha do Nascimento
Tiago Beckert Isfer

Introdução

A arbitragem envolvendo a administração pública é tema cada vez mais recorrente no Brasil e tende a se consolidar como método escolhido para a resolução de litígios envolvendo contratos importantes à gestão pública[946]. Por isso, é de grande relevância compreender que o árbitro constitui mais uma instância de controle externo da administração pública ao desempenhar a função de julgador que lhe foi outorgada pelas partes.

Essa circunstância pode gerar algum desconforto aos demais órgãos de controle externo, uma vez que estes não costumam partilhar suas funções de controle da gestão pública com indivíduos particulares, sem qualquer vínculo com os poderes estatais. Entretanto, por mais incômodo que seja, ou por mais estranho que pareça ao *status quo*, o debate jurídico ora proposto surge em razão da própria evolução do direito, não podendo os operadores do direito permanecerem alheios a uma questão subjacente em todos os procedimentos arbitrais envolvendo a administração pública.

[946] Prova disso é a previsão expressa da arbitragem no art. 150 na redação final do Projeto de Lei n. 4.253/2020 ("Nova Lei de Licitações e Contratos Administrativos"), que aguarda encaminhamento para sanção presidencial após ter sido aprovado.

Por isso, o presente artigo, em sua primeira parte, visa aprofundar os debates do poder de controle do árbitro, relacionando-o à natureza jurisdicional da sua atividade, observando-se tanto os limites de competência quanto o atributo de definitividade das suas decisões. A segunda parte do artigo é dedicada à análise dos deveres especiais do árbitro enquanto autoridade controladora da administração pública e da interface da sua atuação com aquela desempenhada pelos demais órgãos com competência para exercer o controle da administração pública.

1. Limites do poder de controle do árbitro segundo a sua competência jurisdicional

Desde a formulação da teoria da separação dos poderes e do conhecido sistema de "freios e contrapesos" por Montesquieu, o Poder Judiciário tem por uma de suas principais funções controlar os atos do Poder Executivo.

Ao longo dos séculos seguintes, os limites do controle externo da administração pública de natureza jurisdicional sobre os atos administrativos têm sido revisitados. Como exemplo, menciona-se os arts. 20 e seguintes da Lei de Introdução às Normas do Direito Brasileiro – LINDB, introduzidos pela Lei n. 13.655/2018, de onde se extrai que podem exercer o controle dos atos administrativos as autoridades competentes das esferas administrativa, controladora e judicial.

A expressão "esferas administrativa, controladora e judicial" utilizada na LINDB omite a "esfera arbitral", olvidando-se notavelmente da figura do árbitro. Esse fato poderia conduzir à conclusão equivocada de que o árbitro não exerce o controle da administração pública, o que não deve ocorrer porque expressão da lei deve ser lida como uma fórmula equivalente a "toda autoridade com poder de controle", incluído o autocontrole da atuação administrativa e o controle exercido pelo árbitro em sua função jurisdicional.

Com efeito, a Lei de Arbitragem estatui que o árbitro é o juiz de fato e de direito, perfilhando que a atividade desempenhada pelo árbitro é idêntica à do juiz estatal, conhecendo o fato e aplicando o direito[947]. Nessa trilha, a decisão arbitral não se sujeita a recurso ou homologação

[947] Carmona, Carlos Alberto. **Arbitragem e processo** – um comentário à Lei n. 9.307/96. 2. ed. São Paulo: Atlas, 2004, p. 269.

pelo Poder Judiciário (art. 18 da Lei n. 9.307/1996) e produz, entre as partes e seus sucessores, os mesmos efeitos da sentença proferida pelos órgãos do Poder Judiciário, constituindo título executivo judicial (art. 31 da Lei n. 9.307/1996, e art. 515, VII, do Código de Processo Civil)[948]. Quis, portanto, o legislador ordinário assegurar às decisões dos árbitros as mesmas características das decisões judiciais.

A sentença arbitral possui aptidão para fazer coisa julgada material, goza da imutabilidade e definitividade inerentes à jurisdição e não há controle de mérito pelo Poder Judiciário, restringindo-se a possibilidade de anulação da sentença arbitral às hipóteses do art. 32 da Lei n. 9.307/1996.

A coisa julgada material das decisões arbitrais é alcançada após o encerramento dos prazos inerentes às medidas internas cabíveis no procedimento arbitral, a exemplo do pedido de esclarecimentos – verdadeiro "embargos de declaração arbitrais" – previstos no art. 30 da Lei n. 9.307/1996. A partir deste momento, descartadas as causas para eventual nulidade da sentença arbitral, o seu conteúdo decisório goza de imutabilidade, garantindo segurança jurídica e pacificação social.

Assim, a natureza jurisdicional da arbitragem[949], decorrente da equivalência das funções exercidas pelos árbitros àquelas exercidas pelos juízes estatais[950] e da aptidão das decisões arbitrais formarem coisa julgada

[948] No SE 5.206 – AgR, j. 12-12-2001, rel. Min. Sepúlveda Pertence, DJ de 30-4-2004, o Supremo Tribunal Federal reconheceu essa completa assimilação da decisão arbitral à decisão judicial. A esse respeito: LEMES, Selma M. Ferreira. **A equivalência da sentença arbitral à decisão judicial**. Disponível em: https://www.conjur.com.br/2002-dez-23/equivalencia_sentenca_arbitral_decisao_judicial. Acesso em: 15 out. 2020.

[949] Nesse sentido: ARRUDA ALVIM, José Manoel de. Sobre a natureza jurisdicional da arbitragem. *In*: CAHALI, Francisco José; RODOVALHO, Thiago; FREIRE, Alexandre (coord.). **Arbitragem**. São Paulo: Saraiva, 2016, p. 142-143. Sobre o tema a edição n. 122 da Jurisprudência em Teses do Superior Tribunal de Justiça, assim dispõe: "9) A atividade desenvolvida no âmbito da arbitragem possui natureza jurisdicional, o que torna possível a existência de conflito de competência entre os juízos estatal e arbitral, cabendo ao Superior Tribunal de Justiça o seu julgamento".

[950] CARMONA, Carlos Alberto. Em torno do árbitro. **Revista de Arbitragem e Mediação**, v. 28, p. 47-63. São Paulo: RT, jan.-mar. 2011, p. 697-698: "Em síntese: em termos ideais de *previsibilidade*, o resultado da atividade de investigação de um juiz bem preparado e de um árbitro deveria ser rigorosamente igual: ambos devem aplicar a lei atendendo aos fins sociais a que se dirige; ambos devem aplicar a lei tendo em conta as exigências do bem

material, conduz ao inequívoco entendimento de que os árbitros exercem verdadeiro controle externo da administração pública na medida em que verificam a legitimidade, a conformidade e a adequação da atuação estatal ao ordenamento jurídico brasileiro em caráter definitivo.

Uma vez constatado que o árbitro efetivamente tem o papel de controle externo da administração pública por exercer a função jurisdicional à semelhança do juiz estatal, faz-se imprescindível verificar os limites dessa atuação.

Considerando que o poder de controle do árbitro sobre a administração pública decorre do exercício da função jurisdicional que lhe é outorgada pelas partes, qualquer limite à sua competência jurisdicional decorrente da lei ou da vontade das partes também limita, forçosamente, o seu poder de controle sobre a administração pública.

Importante ressaltar que o poder de controle decorrente da escolha da arbitragem pelas partes como forma de resolução de litígios não existe em abstrato, pois nenhum potencial árbitro deterá jurisdição enquanto não instituída a arbitragem nos termos do art. 19 da Lei n. 9.307/1996. Aliás, ao contrário, enquanto não houver arbitragem instituída, a competência para tutelas cautelares e de urgência será do juiz estatal (art. 22-A da Lei n. 9.307/1996), desde que as partes ou a câmara de arbitragem escolhida não tenham adotado a figura do árbitro de emergência.

Tradicionalmente, a competência jurisdicional do árbitro é aferida segundo as balizas da arbitrabilidade do litígio e da autonomia da vontade das partes (art. 1º da Lei n. 9.307/1996). Assim, de um lado, tem-se os limites estabelecidos pela lei à autonomia da vontade e, de outro lado, os limites materiais decorrentes da manifestação da vontade das partes.

Logo, sucintamente, pode-se concluir que, uma vez constituída a arbitragem, o árbitro tem competência jurisdicional (e poder de controle) para as matérias suscitadas pelas partes que estiverem abrangidas no escopo da convenção de arbitragem (autonomia da vontade), desde que os envolvidos sejam capazes e que o litígio trate de direito patrimonial disponível.

comum; ambos estão obrigados a aplicar a lei, não podendo afastá-la para dar ao caso concreto uma solução que lhes pareça mais justa".

Muito embora haja muitos escritos sobre a arbitrabilidade e sobre a autonomia da vontade, a arbitragem envolvendo a administração pública assume contornos especiais que merecem ser aprofundados.

1.1. A manifestação da vontade estatal

Não é tarefa fácil definir com exatidão a vontade do Estado e os meios através dos quais ela se manifesta. A doutrina especializada questiona até mesmo se a vontade é elemento do ato administrativo[951]. Apesar de haver controvérsias quanto à conceituação e à adoção da expressão 'interesse público', por sua imprecisa generalidade, é inegável que a administração pública tem por objetivo realizá-lo. Ainda que o significado de objetivo ou de interesse não sejam perfeitos sinônimos de vontade, essas são as expressões mais próximas para representar o desejo fictício que toda pessoa jurídica tem de cumprir sua função social.

Deste modo, se a adoção da arbitragem impedir a administração pública de realizar, em tese, a sua função social de alcançar com êxito o interesse público, a convenção de arbitragem será nula e o gestor terá praticado uma ilegalidade. Mas isso não ocorre porque a proteção ao interesse público não é violada pela adoção da esfera arbitral. Por certo, cabe ao árbitro resolver conflitos patrimoniais decorrentes de uma relação jurídica firmada pela administração pública dentro de um escopo normativo (contratual e legal) que estabeleceu previamente as balizas indispensáveis ao alcance do interesse público.

Nas relações contratuais, por exemplo, a administração pública, no uso dos seus poderes-deveres, fixa os termos do edital de licitação e do contrato especificando as obrigações das partes por meio das quais pretende atingir o interesse público almejado. O árbitro tem como papel aplicar o contrato e a lei, julgando as consequências patrimoniais disponíveis decorrentes de fatos afetos à relação jurídica submetida à sua jurisdição.

Logo, a arbitragem não impede a administração pública de exercer com plenitude a sua função social e de fazer uso de suas prerrogativas – exorbitantes (atos de império) ou não – para alcançar seus objetivos, seja no início, meio ou fim da relação jurídica com o terceiro, mas apenas

[951] BANDEIRA DE MELLO, Celso Antônio. **Curso de direito administrativo**. 32. ed. São Paulo: Malheiros, 2015, p. 383-401.

assegura maior celeridade, dedicação, especialização e neutralidade no julgamento das consequências econômico-financeiras dos conflitos submetidos à arbitragem que se encontram limitadas aos parâmetros contratuais originalmente estabelecidos pela administração pública no edital e no contrato.

Assim, é possível afirmar que a função social da administração pública não será prejudicada pela submissão de conflitos patrimoniais disponíveis à arbitragem[952]. A bem da verdade, hoje a arbitragem envolvendo a administração pública é uma realidade e sua adoção pode ser compreendida como política pública[953]. No Brasil, diversas leis e decretos têm permitido ou favorecido o uso da arbitragem com a administração pública[954], além do Superior Tribunal de Justiça ter se mostrado *favor arbitratis* em seus julgados[955]. Na França, em 2009, o então vice-presidente do Conselho de Estado proferiu um relevante discurso para afirmar que a utilização da arbitragem pela administração pública é uma necessidade[956]. Empiricamente, a União já teve importantes sentenças arbitrais em seu favor[957].

[952] A dificuldade é traçar os limites do que é direito patrimonial disponível quando a arbitragem envolve a administração pública, o que será analisado logo na seção que trata sobre arbitrabilidade do litígio.

[953] Rost, Maria Augusta. **Arbitragem como política pública**. São Paulo: Lumen Juris, 2018.

[954] Além da Lei n. 13.129/2015 (que alterou a Lei n. 9.307/1996), pode-se elencar: art. 93, XV, da Lei n. 9.472/1997; art. 43, inc. X, da Lei n. 9.478/1997; art. 35, XVI, e art. 39, XI, da Lei n. 10.233/2001; Art. 11, III, da Lei n. 11.079/2004; art. 4°, §§ 5° e 6°, da Lei n. 10.848/2004; art. 20 da Lei n. 11.196/2005 (que incluiu o art. 23-A da Lei n. 8.987/1995; art. 21, XI, da Lei n. 11.909/2009; Lei n. 19.477/2011 do Estado de Minas Gerais; art. 37 e art. 62, § 1°, da Lei n. 12.815/2013; art. 1° da Lei n. 13.190/2015 (que incluiu o art. 44-A da Lei n. 12.462/2001); art. 15, III, e art. 31 da Lei n. 13.448/2017; art. 1° da Lei n. 13.867/2019 (que incluiu o art. 10-B do Decreto-lei n. 3.365/1941); Decreto n. 46.245/18 do Estado do Rio de Janeiro; Decreto n. 64.356/2019 do Estado de São Paulo.

[955] Tiburcio, Carmen. Arbitragem envolvendo a administração pública. **Revista da Faculdade de Direito da UERJ**, n. 18, 2010, p. 8.

[956] CONSEIL DÉTAT. **L'arbitrage et les personnes morales de droit public**. Par Jean-Marc Sauvé, Vice-président du Conseil d'Etat. Disponível em: https://www.conseil-etat.fr/actualites/discours-et-interventions/l-arbitrage-et-les-personnes-morales-de-droit-public. Acesso em: 05 nov. 2020.

[957] As sentenças arbitrais envolvendo a União podem ser consultadas em: GOV.BR. **Advocacia Geral da União**. Disponível em: https://www.gov.br/agu/pt-br/composicao/consulto-

Se a submissão da administração pública à arbitragem pode ser mecanismo de consecução de interesses públicos ao imprimir maior eficiência na resolução dos conflitos patrimoniais disponíveis decorrentes da implementação de políticas públicas, o conjunto dos princípios que norteiam a atuação da administração pública faz com que seja necessária a motivação pelo gestor da escolha da política pública de adotar ou não esse modo otimizado de resolução de conflitos[958].

Eventuais questionamentos fundados no princípio da legalidade relacionados à arbitrabilidade subjetiva estão absolutamente superados. Alguns setores da economia já admitiam expressamente a sua adoção na legislação setorial. Em 2005, foi incluído o art. 23-A pela Lei n. 11.196/2005 na Lei de Concessões (Lei n. 8.987/1995) e, em 2015, a Lei de Arbitragem foi alterada pela Lei n. 13.129/2015, ambos admitindo expressamente a arbitragem envolvendo a administração pública[959]. Observe-se, também, que o § 2º, do art. 55, da Lei n. 8.666/1993, não menciona foro judicial da sede, inexistindo, destarte, qualquer vedação expressa à adoção da arbitragem nesta lei. Pouco importa que a Lei n. 8.666/1993 seja anterior à Lei n. 9.307/1996, pois qualquer interpretação decorrente desse fato carece de fundamento pela simples razão de

ria-geral-da-uniao-1/nucleo-especializado-em-arbitragem/casos-de-arbitragem. Acesso em: 06 nov. 2020.

958 Para os autores, os mecanismos de resolução de conflitos comumente conhecidos como meios extrajudiciais, alternativos ou adequados devem ser qualificados como métodos *otimizados*, pois cada método (arbitragem, mediação, conciliação, *dispute boards* e – inclusive – demandas judiciais) tem suas vantagens e desvantagens, sendo que cada conflito tem características únicas e, portanto, terá um mecanismo que se amoldará melhor para resolvê-lo do modo mais otimizado possível. Notoriamente, atualmente a arbitragem não está otimizada para conflitos de pequena monta, principalmente envolvendo consumidores. Veja-se que os incentivos à conciliação que o CNJ promove se mostram surpreendentemente eficazes. Em 2019, a semana nacional da conciliação teve êxito em 46,12% das audiências realizadas, quase alcançado a cifra de dois bilhões de reais em acordos. CNJ. Conselho Nacional de Justiça. **Semana Nacional da Conciliação.** 30/11 a 4/12/2020. Disponível em: https://www.cnj.jus.br/programas-e-acoes/conciliacao-e-mediacao/semana-nacional-de-conciliacao/resultados-semana-conciliacao/. Acesso em: 05 nov. 2020.

959 Sobre a análise do posicionamento do TCU a respeito desse tema: Parada, André Luis Nascimento. Análise crítica das decisões do Tribunal de Contas da União acerca da utilização da arbitragem em contratos administrativos: evolução interpretativa. **Revista de Direito Administrativo**, Rio de Janeiro, v. 273, set.-dez., 2016, p. 165-198.

que o instituto da arbitragem surgiu muito antes de 1993 e já havia sido validado pelo Poder Judiciário brasileiro no famoso caso Lage[960].

Decerto, ao constatar-se que a adoção da arbitragem gera benefícios palpáveis à consecução da própria função social do Estado, imprimindo maior eficiência na resolução dos conflitos patrimoniais disponíveis decorrentes de políticas públicas que visam, por exemplo, assegurar a prestação adequada dos serviços públicos essenciais, o princípio da eficiência deve prevalecer sobre uma aplicação duvidosa do princípio da legalidade. Diz-se duvidosa porque a invocação desse princípio limita a discricionariedade administrativa no campo contratual das relações do Estado de maneira desproporcional e contrária ao espírito da lei.

Assim, ainda que não houvesse expressa permissão legal, não havendo vedação, a possibilidade de celebrar convenção de arbitragem decorre da autonomia da vontade e da liberdade de contratar do Estado, ainda que essas prerrogativas não sejam exercidas pela administração pública com igual plenitude encontrada no setor privado em razão dos limites da discricionariedade impostas pelo direito administrativo.

Ultrapassada a questão da possibilidade jurídica de a administração pública manifestar sua vontade de adotar a arbitragem como forma de resolução de conflitos, resta investigar o momento dessa manifestação da vontade e o agente público competente para a prática desse ato.

Em relação ao momento da manifestação da vontade, a problemática decorre do fato de que, quando se está diante de um contrato administrativo, com o objetivo de assegurar a isonomia entre os licitantes, a vinculação das partes ao edital de licitação e ao contrato é regra sacramentada. As alterações contratuais posteriores são excepcionais e não devem ter o condão de alterar a natureza do vínculo contratual inicialmente estabelecido sob pena de configurar burla à licitação. Desta característica surge o debate sobre a impossibilidade de a administração pública alterar o método de resolução de conflito depois de firmado o contrato com cláusula de eleição de foro judicial.

O argumento não é de todo equivocado, pois se a escolha da arbitragem reduz os custos de transação, ocorrerá a modificação dos pressupostos econômico-financeiros existentes na fase concorrencial do certame. Entretanto, há duas considerações que refutam essa tese.

960 Brasil. Supremo Tribunal Federal. AI 52.181/GB.

A primeira é a de que a adoção da arbitragem sempre pôde se dar no momento do surgimento de um conflito entre as partes (compromisso arbitral). A existência de uma cláusula compromissória não é condição *sine qua non* para a adoção desse método de resolução de conflitos. Havendo essa possibilidade jurídica desde a fase concorrencial da licitação, o princípio da isonomia não poderia ter sido infringido porque os licitantes sempre estiveram submetidos ao mesmo conjunto de riscos e oportunidades.

Em segundo lugar, a celebração de termo aditivo para incluir cláusula compromissória, assim como a assinatura de compromisso arbitral[961] decorre da expressa manifestação de vontade de ambas as partes – público e privado – em submeter os litígios decorrentes do contrato à arbitragem. Do ponto de vista exclusivamente da administração pública, essa opção é fruto de normas abstratas e políticas públicas que se aplicam de modo absolutamente impessoal.

Não importa quem é o contratado, mas tão somente se o objeto do contrato se enquadra nas hipóteses em que o Estado deseja submeter seus litígios à arbitragem. Normalmente são adotados em contratos de longa duração, cujos conflitos envolvem alta complexidade técnica, valores expressivos e risco, por morosidade na resolução do litígio, de impactar a continuidade de serviços públicos essenciais e inibir o planejamento (assim como novos investimentos) em políticas públicas consideradas prioritárias[962].

A legalidade de celebração de aditivo contratual alterando o método de resolução de conflitos, foi reconhecida em agosto de 2020 na I Jornada de Direito Administrativo, organizada pelo Conselho da Justiça Federal[963], momento em que foram aprovadas as seguintes proposições:

961 BRASIL. Decreto n. 10.025/2019, Art. 6º, § 2º.

962 O art. 6º, § 1º, do Decreto n. 10.025/2019, que trata das hipóteses que fundamentam a adoção da arbitragem, corretamente, não inclui em seus critérios para conferir preferência à arbitragem o vulto das cifras envolvidas nem a duração dos contratos, porém é evidente que, salvo raras exceções, discussões envolvendo pequenos valores não geram impactos suficientemente relevantes e contratos de curta duração não geram conflitos de alta complexidade técnica nem impactos de difícil superação por medidas emergenciais de curta duração.

963 O art. 152 na redação final do Projeto de Lei n. 4.253/2020 ("Nova Lei de Licitações e Contratos Administrativos") também prevê que "os contratos poderão ser aditados para permitir a adoção dos meios alternativos de resolução de controvérsias".

A ausência de previsão editalícia não afasta a possibilidade de celebração de compromisso arbitral em conflitos oriundos de contratos administrativos.

Em contratos administrativos decorrentes de licitações regidas pela Lei n. 8.666/1993, é facultado à Administração Pública propor aditivo para alterar a cláusula de resolução de conflitos entre as partes, incluindo métodos alternativos ao Poder Judiciário como Mediação, Arbitragem e Dispute Board.

Agora, para tratar de quem é o agente competente para engajar a administração pública na arbitragem há uma complexidade maior. A regra geral é bastante simples e consta no § 2º, do art. 1º, da Lei n. 9.307/1996, segundo o qual "a autoridade ou o órgão competente da administração pública direta para a celebração de convenção de arbitragem é a mesma para a realização de acordos ou transações".

No âmbito da União, o Advogado-Geral da União interpretou que o disposto na Lei n. 9.469/1997 não se aplica à celebração de convenção de arbitragem[964], de maneira que é prerrogativa da autoridade administrativa que possui competência para firmar o contrato administrativo celebrar a convenção arbitral. Considerando que as minutas de edital e contrato são submetidas previamente à análise jurídica (art. 38, parágrafo único, da Lei n. 8.666/1993), se ali consta a cláusula compromissória e essa previsão foi considerada lícita em parecer jurídico, seria completamente desnecessário e contraproducente exigir uma segunda aprovação. Não por outra razão, o art. 17 do Decreto n. 10.025/2019 estabelece: "observado o disposto no § 2º do art. 1º da Lei n. 9.307/1996, não se aplica a autorização do Advogado-Geral da União de que trata a Lei n. 9.469/1997, nas hipóteses de celebração de convenção arbitral". Essa mesma lógica aplica-se a termos aditivos ou compromissos arbitrais.

De modo geral, são raras as dúvidas surgidas da manifestação de vontade da administração pública em participar de uma arbitragem quando decorrente da celebração de uma cláusula compromissória. A complexi-

964 O entendimento foi exarado no âmbito do processo administrativo n. 00688.000132/ /2016-25 por meio do Parecer n. 060/2016/Decor-CGU/AGU, de 08/09/2016, aprovado pela Advogada-Geral da União em maio de 2018.

dade aparece quando se confunde a figura do Estado enquanto, de um lado, parte contratual e, de outro lado, entidade legiferante.

Se a administração pública edita um decreto manifestando preferência ou prevendo a possibilidade teórica de levar determinada categoria de conflitos à arbitragem, essa manifestação de vontade pode ser considerada uma oferta permanente de arbitragem ao particular que desejar aceitá-la, ou será apenas uma previsão a ser ratificada caso a caso? E se o Legislativo promulga uma lei, sem qualquer iniciativa do Executivo, permitindo ou preferindo a arbitragem, isso pode obrigar a administração pública a aceitar qualquer arbitragem que se enquadre no escopo, mesmo sem ter firmado cláusula compromissória?

Essas questões já foram objeto de intenso debate na arbitragem comercial internacional e na arbitragem de investimentos estrangeiros. No *affaire des Pyramides*, em uma decisão proferida em 14 de abril do 1988, o tribunal arbitral entendeu que tinha competência em razão da existência de uma lei interna egípcia que configurou anuência específica à escolha da arbitragem[965]. O art. 8º da Lei n. 43, de 1974, do Egito, assim dispunha:

> Investment disputes in respect of the implementation of the provisions of this Law shall be settled in a manner to be agreed upon with the investor, or within the framework of the agreements in force between the Arab Republic of Egypt and the investor's home country, or within the framework of the Convention for the Settlement of Investment Disputes between the State and the nationals of other countries to which Egypt has adhered by virtue of Law No. 90 of 1971, where such Convention applies.

O tribunal arbitral chegou à conclusão de que essa norma, por si só, configurava consentimento a participar da arbitragem, sem a necessidade de qualquer confirmação específica posterior para ratificar o seu sentido em cada caso concreto.

Ora, mesmo sem o Brasil ter aderido à Convenção de Washington de 1964 ou ratificado tratados bilaterais de investimentos que contivessem previsão de arbitragem entre Estado e investidores estrangei-

[965] Lankarani El-Zein, Leila. Quelques remarques sur la sentence SPP c. La République Arabe D'Égypte, **Revue Belge de Droit International**, 1994/2, Éditions Bruylant, Bruxelles, p. 533-558.

ros, esse debate ganhou relevância em razão das diversas leis e decretos que foram surgindo. César Pereira[966] defende que a medida provisória n. 752/2016 (convertida na Lei n. 13.448/2017) configura uma oferta unilateral e irrevogável de arbitragem. Flávio Henrique Unes Pereira e Felipe Faiwichow Estefam adotam a mesma interpretação para as arbitragens envolvendo desapropriações por utilidade pública[967].

Mesmo que o Legislativo não detenha legitimidade para praticar atos de gestão e/ou manifestar a vontade da administração pública, o fato é que as suas leis vinculam esta última. Assim, caso a lei obrigue a administração pública a adotar a arbitragem, não há outra alternativa senão cumprir o comando legal (princípio da legalidade). Se não cumprir a lei, o particular terá como compelir a administração pública a cumprir suas obrigações, podendo utilizar as disposições dos arts. 6º e 7º da Lei n. 9.307/1996 para tal finalidade.

Sem embargo, esse tema deve ser visto com muito cuidado, pois dependerá da interpretação dos exatos termos utilizados nessas normas. Analisando as leis citadas, vislumbra-se bem a diferença entre a possibilidade e a obrigatoriedade. O art. 31 da Lei n. 13.448/2017, ao afirmar que controvérsias podem ser submetidas à arbitragem, não gera uma oferta permanente e irrevogável, mas faz com que o gestor público deva motivar a sua decisão sobre a adoção ou não da arbitragem, excetuada a hipótese vinculante de que trata o art. 15, inc. III. Por outro lado, a expressão "feita a opção pela mediação ou arbitragem" prevista no art. 10-B, do Decreto-lei n. 3.365/1941, pressupõe necessariamente a existência de uma opção para o particular, ou seja, a administração pública tem a obrigação de lhe oferecer a solução por mediação ou arbitragem, ficando ela, então, com a obrigatoriedade de se submeter a esses métodos de resolução de conflitos caso o particular assim deseje. Vê-se, portanto, que o exato texto da norma é determinante para compreender se

[966] Pereira, César. Oferta unilateral e vinculante de arbitragem pela União em PPI. **Revista Consultor Jurídico**, 6 mar. 2017. Disponível em: https://www.conjur.com.br/2017-mar-06/cesar-pereira-oferta-unilateral-arbitragem-uniao-ppi. Acesso em: 05 nov. 2020.

[967] Pereira, Flávio Henrique Unes; Estefam, Felipe Faiwichow. **Desapropriação**: o direito à arbitragem e à mediação na Lei n. 13.867/2019. Estadão. Disponível em: https://politica.estadao.com.br/blogs/fausto-macedo/desapropriacao-o-direito-a-arbitragem-e-a-mediacao-na-lei-no-13-867-2019/. Acesso em: 05 nov. 2020.

a previsão normativa específica em favor da arbitragem é facultativa ou obrigatória para a administração pública.

Em suma, a jurisdição ao árbitro depende da validade da manifestação da vontade da administração pública em se submeter à arbitragem seus litígios, a qual já tem permissão legal expressa, devendo ser exercida para favorecer a consecução das políticas públicas visadas nos casos em que a arbitragem se mostre um método otimizado de resolução de conflitos. A autonomia da vontade também deve ser manifestada pelo agente público competente, todavia, é possível haver normas legais ou infralegais que, a depender dos termos empregados, facultem ou obriguem a administração pública a se submeter à arbitragem.

Visto o requisito da autonomia da vontade para a jurisdição do árbitro em casos envolvendo a administração pública, passa-se a analisar a validade da escolha da arbitragem sob o aspecto da arbitrabilidade objetiva.

1.2. A arbitrabilidade objetiva como limite à atuação do árbitro

O segundo elemento limitador da competência jurisdicional do árbitro é a arbitrabilidade objetiva que, segundo o art. 1º da Lei n. 9.307/1996, condiciona as partes a submeterem à arbitragem somente conflitos decorrentes de "direitos patrimoniais disponíveis"[968]. Ao limitar a autonomia da vontade das partes a litígios que tratem de "direito patrimonial" e de "direito disponível", o controle externo exercido pelos árbitros se submete à mesma limitação, não havendo jurisdição sobre direitos não patrimoniais ou indisponíveis.

Sobre a natureza patrimonial do direito, é importante frisar que todo direito que, se violado, possa ser remediado mediante compensação pecuniária deve ser considerado um direito patrimonial. Como exemplo, citam-se danos morais decorrentes de descumprimentos contratuais, obrigações de fazer ou de não fazer que possam ser convertidas em

[968] Em determinados setores regulados, o legislador preocupou-se em conferir conteúdo normativo ao termo "direito patrimonial disponível", prestando maior segurança jurídica. Exemplo disso está no rol exemplificativo do § 4º, do art. 31, da Lei n. 13.448/2017, que considera serem controvérsias sobre direitos patrimoniais disponíveis: (i) questões relacionadas à recomposição do equilíbrio econômico-financeiro dos contratos; (ii) o cálculo de indenizações decorrentes de extinção ou de transferência do contrato de concessão; e (iii) o inadimplemento de obrigações contratuais por qualquer das partes.

perdas e danos ou acarretar a incidência de multas pecuniárias ou dever de confidencialidade que possua repercussão patrimonial[969].

Compreendida a noção de patrimonialidade, a discussão converte-se para a disponibilidade do direito. Ao envolver administração pública, assoma o princípio da indisponibilidade do interesse público que, ao menos à primeira vista, retira a possibilidade do gestor público de dispor dos bens públicos.

Essa posição deve ser vista com cautela, pois a indisponibilidade do patrimônio público não é absoluta, uma vez que é permitido ao Estado, sob certas condições, realizar negócios jurídicos e assumir responsabilidades patrimoniais. A doutrina administrativista adota, ao menos, três linhas teóricas sobre a indisponibilidade: a) interesse público primário e secundário[970], b) atos de império e atos de gestão, e c) obrigações heterônomas e negociáveis.

Na primeira linha de raciocínio, seria indisponível o direito (ou ato) exercido (ou praticado) para a realização de políticas públicas a fim de satisfazer o interesse da comunidade como um todo; e seria disponível o direito (ou ato) da administração pública enquanto pessoa jurídica que possui interesses próprios, como buscar o incremento de seu patrimônio e evitar responsabilidades patrimoniais com as quais não tiver concordado ou que forem controvertidas. Apesar de ser tentador utilizar esses conceitos bastante conhecidos, eles não servem para integrar o universo do direito administrativo com o da arbitragem. Por vezes, os interesses secundários são indisponíveis e os interesses primários são melhor alcançados quando a administração pública desce de seu pedestal de soberano para construir sua política pública em conjunto com *stakeholders*.

Avançando para a segunda linha argumentativa, os atos do gestor público são inarbitráveis quando configuram manifestações do exercício do poder de império monopolizados pelo ente soberano (atos de império); e os atos corriqueiros de gestão da máquina pública (atos de

[969] Aragão, Alexandre Santos de. A arbitragem no direito administrativo, **Revista da AGU**, v. 16, n. 03, Brasília, EAGU, jul.-set., 2017, p. 43.

[970] Digno mencionar que o Decreto n. 46.245/2018, do Estado do Rio de Janeiro adotou essa conceituação ao considerar que "Entende-se por conflitos relativos a direitos patrimoniais disponíveis as controvérsias que possuam natureza pecuniária e que não versem sobre interesses públicos primários" (cf. art. 1º, parágrafo único).

gestão) são plenamente arbitráveis, pois nesses casos a administração pública está despida de suas prerrogativas soberanas[971].

Essa dicotomia é corolário da teoria da imunidade (relativa) de jurisdição do Estado, existente no direito internacional, que impede que um Estado soberano seja julgado por outro Estado soberano, quando se tratar de litígios envolvendo ato de cunho soberano ou público[972]. Assim, ainda mais justificadamente, um tribunal privado, arbitral, não pode transgredir a imunidade de jurisdição do Estado soberano, de modo que conflitos envolvendo atos de império são inarbitráveis, admitindo-se que o Estado formule sua defesa com fundamento na imunidade de jurisdição. O direito internacional vem à tona por força da teoria da ordem jurídica arbitral,[973] que desvincula a arbitragem do ordenamento jurídico em que está inserida, tornando-a a-nacional ou deslocalizada. Observe-se que, como não compõem o sistema judiciário local,

[971] Um exemplo concreto que favorece a adoção desse critério de distinção é o Conflito de Competência 151.130/SP do Superior Tribunal de Justiça, que julgou a possibilidade de a União responder uma arbitragem na qualidade de acionista controladora da Petrobrás em decorrência dos casos de corrupção desvendados na operação Lava Jato. Na cláusula compromissória prevista no estatuto social da Petrobrás estava previsto que são indisponíveis e inarbitráveis as deliberações da União, por meio do exercício de voto em assembleias gerais, que visem à orientação dos negócios da empresa estatal (art. 58, parágrafo único do estatuto). No voto-vencedor, apesar de reconhecer a possibilidade geral de a administração pública se submeter à arbitragem, ficou estabelecido que não há autorização legal para a União aderir na condição de acionista controladora e que a cláusula compromissória no estatuto social vincula a empresa estatal, mas não a União face aos demais acionistas. O segundo ponto do voto-vencedor é que o litígio decorrente dos atos de corrupção não estaria dentro do escopo da cláusula compromissória porque transcenderia o objeto societário. Sem entrar no mérito da decisão do Superior Tribunal de Justiça, é possível afirmar que a União deve receber a proteção da imunidade de jurisdição, nos termos da teoria do direito internacional, se assim alegar, porque a formulação das políticas públicas do setor petrolífero brasileiro é ato de império e os ilícitos foram praticados no exercício dessa função de Estado (o que torna ainda mais grave a natureza dos crimes praticados).

[972] MARTINS, Pedro A. Batista. **O Poder Judiciário e a arbitragem**. Quatro anos da Lei n. 9.307/1996 (Parte III). Disponível em: http://batistamartins.com/en/o-poder-judiciario-e-arbitragem-quatro-anos-da-lei-n-9-30796-parte-iii/. Acesso em: 15 nov. 2020.

[973] Essa teoria tem muitos adeptos e efeitos práticos mesmo não sendo pacífica. Um dos efeitos práticos da a-nacionalidade ou deslocalização das arbitragens é a possibilidade de se reconhecer uma sentença arbitral em determinados países, notadamente na França, mesmo quando tiver sido anulada no país de origem.

os tribunais arbitrais serão sempre estrangeiros ou internacionais para o foro local[974]. Assim, é plausível que a administração pública invoque sua prerrogativa de imunidade de jurisdição quando estiverem em julgamento atos de império.

A adoção dessa segunda linha de raciocínio é um degrau na direção certa, mas não alcança todas as hipóteses de arbitrabilidade objetiva para a administração pública. Para esse fim, a distinção das obrigações heterônomas das obrigações negociáveis ajuda a esclarecer o conteúdo jurídico do conceito de direito patrimonial disponível.

Na terceira linha de raciocínio, são inarbitráveis os atos imperativos e vinculados, decorrentes do puro comando legal, cabendo à administração pública praticá-los independentemente de qualquer manifestação de vontade do particular, e até mesmo contra a vontade dos envolvidos (obrigações heterônomas). A arbitrabilidade, por sua vez, está inserida na necessidade de a administração pública negociar o modo de exercer a sua função pública (obrigações negociáveis)[975]. Como exemplo, citam-se eventuais discussões envolvendo contrato comutativo celebrado entre a administração pública e terceiro para executar as obras necessárias à construção de uma rodovia que, apesar de envolver obra pública de interesse da coletividade seriam, em princípio, arbitráveis.

Em que pese pareça ser convidativa essa perspectiva, o fato de ter natureza contratual não afasta a imperatividade e a autoexecutoriedade da prerrogativa detida pela administração pública em determinadas situações. Ademais, algumas prerrogativas decorrem do próprio poder de império do Estado e podem ser exercidas mesmo sem previsão legal. É o caso da possibilidade de rescisão de um contrato administrativo por razões de interesse público (art. 78, XII, da Lei n. 8.666/1993), em que não se vislumbra a possibilidade de o árbitro obrigar a administração

[974] A deslocalização do tribunal arbitral não impede que haja um regime de cooperação entre juiz estatal (ou juiz de apoio) e tribunais arbitrais, estejam estes últimos localizados no território brasileiro ou não.

[975] Interessante registrar que Alexandre Santos de Aragão defende que até mesmo as prerrogativas unilaterais (rescisão, modificação, fiscalização e aplicação de sanções) da administração pública seriam arbitráveis quando previstas em contrato porque a prerrogativa não seria integralmente heterônoma pelo fato de que depende do fato de um particular se submeter voluntariamente à relação contratual. ARAGÃO, Alexandre Santos de. A arbitragem no direito administrativo, **Revista da AGU**, v. 16, n. 03, Brasília, EAGU, jul.-set., 2017.

pública a aceitar a retomada da execução deste contrato. Ou os casos relacionados às desapropriações por utilidade pública decorrentes de prerrogativa da administração pública sem qualquer cunho contratual. O interessado pode ou não aceitar o valor da oferta, mas isso não faz com que a desapropriação em si seja uma negociação porque a desapropriação terá continuidade mesmo com a rejeição do preço ofertado[976].

De qualquer modo, denota-se dessa terceira linha de raciocínio que, por vezes, a negociação com particulares é primordial para colocar em prática importantes políticas públicas, estreitamente ligadas à função social do Estado. Assim, chega-se à conclusão básica do direito administrativo de que contratos administrativos têm característica híbrida, comportando elementos de indisponibilidade (ou heteronomia, ou prerrogativas, ou ainda regime jurídico administrativo) e de disponibilidade (ou negociabilidade, ou autonomia da vontade, ou aplicação subsidiária da teoria geral dos contratos e das disposições de direito privado).

Diante dessa complexidade, ao se considerar a disponibilidade como tudo aquilo que pode ser negociado, alcança-se a conclusão de que todo interesse público em tese é indisponível, mas sempre que for concretizado, ou seja, sempre que a administração pública estabelecer os parâmetros para a sua concretização, os respectivos efeitos patrimoniais serão negociáveis, portanto, arbitráveis.

Explica-se melhor. A definição da política pública, por exemplo, é um múnus tipicamente estatal. Todavia, alcançada a fase de implementação e de execução da política pública, esse interesse público pode ser concretizado através da celebração de contrato comutativo, por meio do qual fixam-se todas as obrigações e demais premissas para o comportamento das partes. Eventuais descumprimentos contratuais ou mudanças dos parâmetros da comutatividade estabelecida, em regra, produzem consequências contratuais e patrimoniais às partes passíveis de serem dirimidas por arbitragem. Por certo, atos de império não poderão ser apreciados ou desfeitos pelo árbitro, porém, a este último será possível restabelecer a comutatividade inicialmente prevista mediante compensações financeiras.

[976] O fato de que a desapropriação siga pela via judicial (ou arbitral) não afeta a prerrogativa do Estado uma vez que as matérias de defesa são bastante restritas.

Além das hipóteses contratuais, não se ignora a figura dos efeitos patrimoniais decorrentes de atos típicos de império em relações extracontratuais. Como exemplo, menciona-se a desapropriação por utilidade pública, pois, ainda que a desapropriação seja um ato de império, não há impedimento para que o valor da indenização seja objeto de arbitragem, conforme previsto na Lei n. 13.867/2019.

Menciona-se ainda a possibilidade da cobrança de créditos tributários por meio da arbitragem. No Brasil ainda não há legislação permitindo expressamente a arbitragem tributária[977]. Não obstante, a Lei n. 13.988/2020 possibilita a transação resolutiva de litígio entre o fisco e o sujeito passivo na cobrança de créditos da fazenda pública federal. Ora, se depois de constituída a dívida tributária é possível negociá-la, é inquestionável que o direito de cobrança tributária se tornou disponível. Assim, eventual impedimento de resolução de litígios tributários por meio de arbitragem centra-se mais na vontade do Estado do que na natureza desses créditos. A ausência de norma expressa autorizadora representa, no fundo, a opção político-administrativa de não querer submeter-se à arbitragem em conflitos tributários.

Por fim, também é possível arbitrar as consequências patrimoniais de atos ilícitos decorrentes de atos de gestão, com o objetivo de aferir a responsabilidade civil do Estado ou ainda a responsabilidade civil do particular em indenizar o Estado. Por exemplo, a indenização devida em decorrência de um acidente rodoviário entre veículo oficial do governo e particulares constitui uma responsabilidade extracontratual decorrente de mero ato de gestão da administração pública, disponível e arbitrável.

Resumidamente, uma vez que não incida a imunidade de jurisdição e que a administração pública tenha expressamente manifestado seu interesse em adotar a arbitragem, o árbitro tem competência jurisdicional para controlar os atos da administração pública nas seguintes hipóteses: (i) para exigir o cumprimento do conjunto de condições e obrigações patrimoniais prefixadas em relações contratuais; (ii) para apreciar

[977] A respeito do uso da arbitragem tributária, cita-se a experiência de Portugal que editou o Decreto-Lei n. 10/2011, de 20 de janeiro, n. 14 SÉRIE I, que regula o regime jurídico da arbitragem em matéria tributária, no uso da autorização legislativa concedida pelo art. 124º da Lei n. 3-B/2010, de 28 de abril.

os efeitos patrimoniais eventualmente decorrentes da prática de atos de império; (iii) para julgar litígios envolvendo a cobrança de créditos da administração pública depois de constituídos, tributários e não tributários; e (iv) para resolver responsabilidades extracontratuais do Estado ou do particular decorrentes de atos de gestão da administração pública.

2. A atuação do árbitro enquanto autoridade controladora da administração pública

Ao exercer função jurisdicional, a lei cuidou de não apenas conferir aos árbitros as prerrogativas do juiz estatal, à exceção dos atos coercitivos[978], mas também estabeleceu os deveres de atuar com imparcialidade, independência, competência, diligência e discrição (art. 13, § 6º, da Lei n. 9.307/1996). Agregue-se, ainda, os deveres de revelação (art. 14, § 1º, da Lei n. 9.307/1996) e de respeitar os princípios do contraditório, da igualdade das partes e de seu livre convencimento (art. 21, § 2º, da Lei n. 9.307/1996).

Quando a administração pública é parte da arbitragem, para além desses deveres gerais aplicáveis a toda arbitragem, algumas especificidades próprias do regime jurídico administrativo vêm à tona, pois as decisões arbitrais, ainda que tratem de direitos patrimoniais disponíveis, podem confrontar decisões dos demais entes controladores ou ter consequências que afetem políticas públicas. Assim, cabe discorrer sobre a interface entre o árbitro, o Poder Judiciário e os tribunais de contas (2.1), além de debater sobre alguns deveres especiais do árbitro ao julgar litígios envolvendo a administração pública, notadamente aqueles relacionados à Lei de Introdução às Normas do Direito Brasileiro – LINDB (2.2.) e à deferência à discricionariedade administrativa (2.3.).

[978] O uso da força ou adoção de medidas coercitivas são inerentes ao poder de império estatal, tendo o art. 22-C da Lei n. 9.307/1996 estabelecido a prerrogativa dos árbitros expedirem carta arbitral para o órgão judicial praticar ou determinar o cumprimento do ato. CARREIRA ALVIM, José Eduardo. **Direito arbitral**. 3. ed. Rio de Janeiro: Forense, 2007. p. 332. Sobre o tema: "7) O árbitro não possui poder coercitivo direto, sendo-lhe vedada a prática de atos executivos, cabendo ao Poder Judiciário a execução forçada do direito reconhecido na sentença arbitral". BRASIL. **Superior Tribunal de Justiça**. Jurisprudência em Teses. 122. ed.

2.2. Interface entre a atividade do árbitro e os demais órgãos de controle da administração pública

O desempenho da função de controle da administração pública pelos árbitros, como visto, é uma atividade de natureza jurisdicional que substitui a jurisdição estatal exercida pelo Poder Judiciário sobrepondo-se, portanto, às decisões dos tribunais de contas. Essa constatação, somada ao fato de se tratar de indivíduo que não integra os quadros funcionais do Estado, gera a necessidade de se tecer algumas considerações a respeito da interface entre esses atores.

A relação entre os árbitros e o Poder Judiciário não sofre nenhum temperamento quer se trate de arbitragens entre privados quer se trate de arbitragens envolvendo a administração pública. Em ambos os casos, a celebração da convenção de arbitragem retira do juiz togado a competência para julgar o mérito do litígio, assim como o resultado proferido na sentença arbitral não poderá ser controlado pelo Poder Judiciário, exceto na forma e nas hipóteses previstas na Lei n. 9.307/1996, que em seu art. 33 estabelece que cabe ao juiz estatal apreciar eventual ação declaratória de nulidade de sentença arbitral, se for suscitada pelas partes uma das causas previstas no seu art. 32.

A legislação brasileira cuidou de pormenorizar a relação entre o juízo arbitral e o juízo estatal, mitigando os conflitos que porventura pudessem existir entre esses dois controladores. Nessa quadra, é em relação aos tribunais de contas que a sobreposição dessas atuações de controle da administração pública suscita maiores questionamentos.

Inicialmente, esses órgãos devem ter igual deferência para os juízes togados e para os árbitros investidos na função jurisdicional, ou seja, não deve ser feita qualquer distinção entre uma sentença judicial e uma sentença arbitral. Assim, se o Poder Judiciário não pode revolver o mérito da sentença arbitral, ainda menos a administração pública e os órgãos de controle não jurisdicionais.

Outro apontamento refere-se à suposta impossibilidade de os órgãos de controle fiscalizarem os fatos *sub judice* enquanto tramita a arbitragem. Isso se dá porque os fatos podem ter correlação com a apuração de responsabilidades em outras esferas. No entanto, ainda que se trate de um método privado de resolução, por estar o árbitro no desempenho da função jurisdicional, aplica-se ao caso a independência entre as instâncias administrativa e jurisdicional, razão pela qual, em regra, não há impedimento para que os tribunais de contas permaneçam a exercer o controle e a fiscalização da administração pública, podendo eventualmente decidir e aplicar sanções administrativas concomitantemente à arbitragem. Inclusive, a manutenção das prerrogativas de controle e de fiscalização da administração pública enquanto pendente demanda judicial sobre um mesmo fato já foi pacificada no Supremo Tribunal Federal, conforme se depreende do mandado de segurança n. 35908/RJ.

É possível que o conteúdo da decisão tomada na instância administrativa do tribunal de contas que se materializou em um ato administrativo do órgão controlado seja objeto da arbitragem, ou ainda, que o objeto da arbitragem coincida total ou parcialmente com atos administrativos em apuração perante o tribunal de contas. Nestes casos, eventual decisão arbitral prevalece em face da decisão do tribunal de contas. Isso porque as decisões destes não possuem natureza jurisdicional, conforme jurisprudência assente do Superior Tribunal de Justiça (REsp 472.399/AL e do REsp 1.032.732/CE), e, por consequência, não vinculam os árbitros.

Ou seja, o processo arbitral não impede o trâmite de processos administrativos, no entanto, a existência de decisão arbitral pode ter como consequência a não produção ou a suspensão de efeitos de uma decisão do órgão de controle estatal. Por exemplo, se o tribunal de contas encontrou alguma irregularidade na decisão administrativa e tiver determinado a redução de tarifa de pedágio no contrato de concessão da rodovia e existir uma decisão arbitral, ainda que liminar, impedindo a administração pública de reduzir a tarifa de pedágio desta rodovia pelos mesmos eventos que fundamentaram a decisão administrativa, prevalece a decisão arbitral face a sua natureza jurisdicional.

Em que pese a independência das funções desempenhadas pelos tribunais de contas e pelos árbitros, não se olvida que nos processos administrativos podem ser extraídos elementos novos de prova ou novos argumentos a serem apresentados pelas partes, alguns cognoscíveis de ofício e a qualquer momento. Esses elementos deverão ser analisados minuciosamente sempre que apresentados à apreciação do tribunal arbitral, mas deverá ser respeitado o princípio da independência e do livre convencimento.

Outra interface importante diz respeito à responsabilização do árbitro no exercício de suas atividades jurisdicionais.

Não é novidade que os árbitros foram incluídos no conceito de funcionário público para os efeitos da legislação penal, tornando-os sujeitos de tipos penais típicos dos funcionários públicos, conferindo à sua atuação maior confiabilidade às partes (art. 17 da Lei n. 9.307/1996).

Assim, havendo suspeita de prevaricação, concussão ou corrupção passiva, é plenamente possível que o árbitro seja investigado para a averiguação de sua conduta. Uma vez constatado o desvio ético, além de ser causa de nulidade da sentença arbitral (art. 32, VI, da Lei n. 9.307/1996), poderá ser motivo de condenação criminal.

Por outro lado, os árbitros não são considerados funcionários públicos para fins de responsabilidade administrativa. Sua atuação não é passível de fiscalização ou de sanção administrativa, tampouco as suas decisões podem ser alvo de tomada de contas especial para a apuração de prejuízo ao erário. O inconformismo com a sentença arbitral proferida não é motivo de anulação da sentença e tampouco gera ao árbitro qualquer responsabilidade, civil, administrativa ou criminal, ainda que na visão do órgão de controle pareça ser evidente o erro na aplicação do direito.

Como dito, o árbitro tem o dever de atuar com imparcialidade, independência, competência, diligência e discrição (art. 13, § 6º, da Lei n. 9.307/ /1996), o dever de revelação (art. 14, § 1º, da Lei n. 9.307/1996) e de respeitar os princípios do contraditório, da igualdade das partes e de seu livre convencimento (art. 21, § 2º, da Lei n. 9.307/1996).

Pouco importa o conteúdo das suas decisões, se o árbitro respeitou as suas obrigações, não poderá ser responsabilizado sob qualquer hipótese porque não terá praticado nenhum ato ilícito. Ao contrário, terá cumprido justamente a missão que as partes lhe outorgaram.

Outrossim, em razão de sua brevidade, este artigo limitou-se às interfaces consideradas mais relevantes, havendo outras que poderiam ter sido abordadas.

2.2. O dever especial de motivação da LINDB nas sentenças arbitrais

As sentenças arbitrais, à semelhança das sentenças judiciais, possuem como elementos essenciais: o relatório, os fundamentos e o dispositivo (art. 26 da Lei n. 9.307/1996 e art. 489 da Lei n. 13.105/2015). De específico, o art. 26 da Lei n. 9.307/1996 elenca a necessidade de os árbitros consignarem se arbitragem é por equidade – espécie que não se aplica às arbitragens envolvendo a administração pública (art. 2º, § 3º da Lei n. 9.307/1996) – e a data e lugar em que foi proferida a sentença.

O dever do julgador de fundamentar suas decisões possui *status* constitucional (art. 93, IX, da Constituição Federal) e a sua ausência é causa de nulidade. O dispositivo constitucional estabelece não apenas um dever para o julgador, mas um direito dos jurisdicionados à fundamentação adequada como condição inerente ao Estado Democrático de Direito, na medida em que assegura o controle da atividade jurisdicional.

Segundo as lições de José Joaquim Gomes Canotilho:

> A fundamentação das decisões – o que, repita-se, inclui a motivação –, mais do que uma exigência própria do Estado Democrático de Direito, é um direito fundamental do cidadão. Fundamentação significa não apenas explicitar o fundamento legal/constitucional da decisão. Todas as decisões devem estar justificadas e tal justificação deve ser feita a partir da invocação de razões e oferecimento de argumentos de caráter jurídico. O limite mais importante das decisões judiciais reside precisamente na necessidade de motivação/justificação do que foi dito. Trata-se de uma verdadeira "blindagem" contra julgamentos arbitrários[979].

Nessa trilha, a fundamentação e o dever de motivação das decisões administrativa, controladora e judicial assumiu novo patamar com a Lei n. 13.655/2018 que introduziu normas gerais de direito público no Decreto-lei n. 4.657/1942 (Lei de Introdução às Normas do Direito Brasileiro – LINDB) com o objetivo de "elevar os níveis de segurança jurídica e eficiência na criação e aplicação do direito público, melhorando, consequentemente, a qualidade da atividade decisória pública no Brasil"[980].

Em linhas gerais, o novo regime introduziu o dever de concretude e de proporcionalidade nas decisões (art. 20 da LINDB), a necessidade de se indicar as consequências da decretação de invalidade e regularizar atos e negócios jurídicos de modo proporcional (art. 21 da LINDB), ado-

[979] Canotilho, José Joaquim Gomes *et al.* **Comentários à Constituição do Brasil**. São Paulo: Saraiva; Coimbra: Almedina, 2013, p. 1.324.

[980] Trecho extraído do documento intitulado **Resposta aos comentários tecidos pela Consultoria Jurídica do TCU ao PL n. 7.448/2017**. Disponível em: https://www.conjur.com.br/dl/parecer-juristas-rebatem-criticas.pdf. Acesso em: 9 nov. 2020.

tar o pragmatismo (obstáculos e dificuldades reais do gestor) na interpretação das normas sobre gestão pública (art. 22 da LINDB), estabelecer regime de transição quando houver alteração da interpretação ou orientação nova sobre norma de conteúdo indeterminado (art. 23 da LINDB) e a irretroatividade da nova orientação geral para anular deliberações administrativas (art. 24 da LINDB).

Floriano de Azevedo Marques Neto e Rafael Véras Freitas entendem que se trata de um verdadeiro devido processo legal decisório:

> A prescrição é um tanto mais sofisticada. Estabelece um devido processo legal decisório, mais interessado nos fatos, por intermédio do qual os decisores terão de explicitar se: (i) dispõem de capacidade institucional para tanto, ou se, excepcionalmente, estão exercendo uma função que lhe é atípica, mas por uma necessidade pragmática, porém controlável; (ii) a decisão que será proferida é a mais adequada, considerando as possíveis alternativas e o seu viés intrusivo; e (iii) se as consequências de suas decisões são predicadoras de medidas compensadoras, ou de um regime transição[981].

A LINDB não faz expressa menção aos árbitros ou às decisões arbitrais, o que não afasta a sua imposição às arbitragens envolvendo a administração pública em duas perspectivas.

Na primeira vertente, os árbitros devem adotar a LINDB como parâmetro para exercer o controle da atividade administrativa. Cabe ao árbitro aferir se o administrador ou regulador na tomada de decisão não observou ou extrapolou os limites traçados na LINDB. Nestes casos, a inobservância dessas exigências pelo administrador ou regulador poderá importar na invalidação do ato administrativo pelo árbitro.

Na segunda vertente, é dever dos árbitros adotarem as diretrizes da LINDB ao proferirem as suas decisões. O dever de observância da LINDB pelos árbitros se impõe, quer por se equiparar a função de árbitro à de juiz estatal, quer em razão das sentenças arbitrais produzirem os mesmos efeitos da sentença judicial, quer por exercerem os árbitros o controle externo da administração pública. Assim, independentemente

[981] MARQUES NETO, Floriano de Azevedo; FREITAS, Rafael Véras. **A nova LINDB e o consequencialismo jurídico como mínimo essencial**. Disponível em: https://www.conjur.com.br/2018-mai-18/opiniao-lindb-quadrantes-consequencialismo-juridico_Acesso em: 10 out. 2020.

de se vislumbrar a figura do árbitro como autoridade controladora ou equivalente a judicial, o fato é que, principalmente quando envolver a administração pública, deve o árbitro motivar suas decisões sobre o viés realista e pragmático inaugurado pela LINDB[982], inclusive como forma de viabilizar o controle judicial nos casos de nulidade de sua decisão.

Segundo Floriano de Azevedo Marques Neto e Rafael Véras Freitas, a LINDB estabelece parâmetros a partir das quais as decisões poderão ser controladas e, caso tal inobservância seja verificada em decisões judiciais, "tratar-se-á de decisão considerada sem fundamentação, nos termos do art. 489, parágrafo 1º, do CPC 2015, o que pode ensejar a sua nulidade (nos termos do art. 1.013, parágrafo 3º, I, do CPC 2015)"[983].

A mesma consequência deve incidir sobre as decisões arbitrais. Embora a Lei n. 9.307/1996 não traga a sofisticação decisória contida no art. 489, § 1º, do Código de Processo Civil, a LINDB é capaz de conferir maior concretude ao dever de motivar e fundamentar as decisões arbitrais, inserto no art. 26, II, da Lei n. 9.307/1996, de modo que a sua inobservância atrai a possibilidade de ser declarada a nulidade da sentença arbitral (art. 32, III, da Lei n. 9.307/1996).

2.3. O dever de deferência à escolha discricionária da Administração Pública

Como visto, a única limitação imposta pela Lei n. 9.307/1996 à escolha da administração pública em utilizar a arbitragem para dirimir conflitos é tratar-se de direitos patrimoniais disponíveis. Entretanto, fato é que, no Brasil, a adoção da arbitragem pelos entes da administração pública com personalidade jurídica de direito público encontra-se preponderantemente em contratos de concessão comum de serviço público regidos

[982] Para Evandro Pereira Caldas, a aplicação do art. 20 da LINDB pelos árbitros impõe que a análise consequencialista de suas decisões leve em consideração as limitações institucionais da arbitragem e os efeitos sistêmicos indesejados que a não deferência à decisão do regulador pode produzir. CALDAS, Evandro Pereira. **Controle da administração pública pela via arbitral**. Dissertação (Mestrado em Direito). Escola de Direito do Rio de Janeiro da Fundação Getulio Vargas (FGV), 2020, p. 101.

[983] MARQUES NETO, Floriano de Azevedo; FREITAS, Rafael Véras. **A nova LINDB e o consequencialismo jurídico como mínimo essencial**. Disponível em: https://www.conjur.com.br/2018-mai-18/opiniao-lindb-quadrantes-consequencialismo-juridico. Acesso em: 10 out. 2020.

pela Lei n. 8.987/1995. Nesse contexto, ao lado das tradicionais discussões sobre indisponibilidade, exsurge a atuação do estado regulador e as suas repercussões na atuação do árbitro.

É notório que a Administração Pública está em constante evolução a acompanhar as transformações do Estado e da sociedade. O Estado Regulador, surgido na Europa na década de 1970, e no Brasil na década de 1990, decorrente da falência do Estado Prestacional ou de Bem-estar social (*Welfare State*), adotou como estratégia de sobrevivência a mudança na forma de conduzir a atuação estatal, fomentando a delegação de serviços públicos e de atividade de monopólio estatal à iniciativa privada.

A esfera de atuação estatal na economia foi reestruturada, passando o Estado, por meio da criação de agências reguladoras, a atuar preponderantemente como agente normativo e regulador da atividade econômica e dos serviços públicos delegados. A maioria das leis de criação dessas agências reguladoras expressamente admitiu a adoção de mecanismos privados para a resolução de disputas decorrentes dos contratos de delegação de serviço público, antes de ser promovida a alteração da Lei n. 9.307/1996 para admitir expressamente arbitragens envolvendo a administração pública[984].

Nessa quadra, os conflitos envolvendo a administração pública submetidos à arbitragem costumam envolver questões atinentes ao mérito do ato administrativo ou decisões especializadas tomadas pelas agên-

[984] Em decorrência do Programa Nacional de Desestatização (PND) instituído na década de 1990 pela Lei n. 8.031, de 1990, alguns setores previam a possibilidade de inserção em seus contratos de meios de solução extrajudicial das controvérsias, a exemplo do setor de comunicações (art. 93, XV da Lei n. 9.472/1997). Em seguida, foram inseridos dispositivos prevendo a arbitragem nos setores de óleo e gás (art. 43, X da Lei n. 9.478/1997), setor de transportes aquaviários e terrestres (art. 35, XVI da Lei n. 10.233/2001) e no setor de energia elétrica (art. 4º, § 5º da Lei n. 10.848/2004). Posteriormente, a adoção da arbitragem restou prevista no art. 11, III da Lei n. 11.079/2004, que trata parcerias público-privadas e no ano de 2005 foi acrescido pela Lei federal n. 11.165/2005 o art.23-A à Lei n. 8.987/1995 (lei geral das concessões). Em 2013, a arbitragem foi expressamente permitida para o setor portuário (art. 62, § 1º da Lei n. 12.815/2013), em 2017 a Lei n. 13.448/2017 disciplinou a arbitragem para os setores rodoviário, ferroviário e aeroportuário (art. 15, III e art. 31). E, recentemente, a Lei n. 14.026/2020 – novo marco legal do saneamento – incluiu a possibilidade de adoção das arbitragens nos contratos que envolvem a prestação dos serviços públicos de saneamento básico (vide art. 10-A, §1º da Lei n. 11.445/2007).

cias reguladoras. "Tendo isso em vista, poderão surgir questionamentos sobre a compatibilização dessa eficiente forma de resolução de conflitos e as escolhas políticas, regulatórias e de gestão do interesse público de titularidade estatal"[985] na medida em que, embora a sentença arbitral vincule apenas as partes envolvidas, não se pode negar que a decisão arbitral direta ou indiretamente afeta não apenas a pessoa jurídica de direito público, mas os administrados e os usuários do serviço público.

O mérito administrativo corresponde ao campo de liberdade legado pelo legislador ao administrador público que o permite escolher dentre as várias soluções possíveis aquela mais conveniente e oportuna à administração. A prerrogativa de realizar escolhas é inerente ao desempenho da função administrativa. É da essência do poder discricionário outorgado à administração pública e emana do seu poder de império.

O controle jurisdicional do ato administrativo discricionário vem evoluindo ao longo dos anos de maneira a estreitar a insindicabilidade do mérito administrativo. Hoje, está superada a noção de que o controle pelo Poder Judiciário se limita a apreciar a conformação da atuação administrativa com a legalidade, assumindo viés mais abrangente para admitir o controle de juridicidade destes atos, mediante a aferição de sua conformação aos princípios consagrados na Constituição Federal de 1988[986]. No entanto, esta atuação não pode desbordar na substituição da vontade da Administração Pública pela vontade do Poder Judiciário em respeito ao princípio da separação dos poderes e a harmonia e independência das funções estatais[987].

[985] Caldas, Evandro Pereira. **Controle da Administração Pública pela via arbitral.** Dissertação (Mestrado em Direito). Escola de Direito do Rio de Janeiro da Fundação Getulio Vargas (FGV), 2020, 123f., p. 11.

[986] Defendendo o alargamento do controle jurisdicional Ricardo Perligeiro *apud* Medauar, Odete. **O direito administrativo em evolução.** 3. ed. Brasília-DE: Gazeta Jurídica, 2017, p. 248: "O controle jurisdicional das atuações administrativas deve alcançar, não apenas os aspectos de forma e de conteúdo do ato administrativo, mas também as suas faculdades discricionárias quando ultrapassarem os limites autorizados por lei, desviarem-se de sua finalidade ou ofenderem direitos fundamentais ou princípios, como os da igualdade, segurança jurídica, confiança legitima, proporcionalidade e razoabilidade".

[987] Embora o controle externo exercido pelas Cortes de Contas não tenha natureza jurisdicional, encontra-se igualmente limitado pelo princípio da separação dos poderes, sendo comum afirma-se que deve prevalecer um controle de segunda ordem "sendo seu objeto a

Quando submetidos à apreciação dos árbitros, o controle externo do mérito administrativo encontra-se limitado às mesmas balizas do controle de legalidade e juridicidade inerente ao juízo estatal[988], embora pautado em fundamento distinto: a inarbitrabilidade desta matéria.

A discricionariedade administrativa, quando exercida em consonância com a legalidade e os demais princípios constitucionais, decorre do legítimo exercício de um poder estatal se configurando como não patrimonial[989] e indisponível[990], e, portanto, inarbitrável. Assim, é legítimo "'tomar conhecimento' do mérito administrativo, até mesmo para usá-lo como fundamento fático de sua decisão. O que não podem é alterar o mérito administrativo, pois essa função não é de competência jurisdicional, mas administrativa"[991].

No entanto, a discricionariedade do regulador assume contornos mais complexos. As decisões do regulador se encontram entrelaçadas com a razão de existir desses órgãos especializados, fomentando questionamentos a respeito da aplicação de alguma deferência ou autocontenção do controlador a essas decisões.

Eduardo Jordão e Renato Toledo Cabral Junior realizaram estudo sobre a existência de um "discurso de deferência" na fundamentação das decisões judiciais do Tribunal de Justiça do Rio de Janeiro (TJRJ)

atuação das agências reguladoras como agentes estabilizadores e mediadores do jogo regulatório, e não o jogo regulatório em si". (Acórdão n. 1.703/2004- TCU Plenário).

988 Nesse caso, há um paralelismo entre o judicial e o arbitral, na medida em que apenas as questões passíveis de controle judicial podem ser analisadas pelos árbitros". Marolla, Eugenia Cristina Cleto. **A administração e os contratos da administração pública**. Rio de Janeiro: Lumen Juris, 2016, p. 145.

989 Caldas, Evandro Pereira. **Controle da administração pública pela via arbitral**. Dissertação (Mestrado em Direito). Escola de Direito do Rio de Janeiro da Fundação Getulio Vargas (FGV), 2020, p. 112, que defende que a inarbitrabilidade decorreria da sua natureza não patrimonial, "por ser expressão de uma função, não é economicamente valorável e, dessa forma, não pode ser submetido à apreciação pelos árbitros.".

990 Considera-se indisponível por não ser possível transacionar, alienar ou renunciar o poder discricionário decorrente do exercício da função administrativa.

991 Megna, Bruno Lopes. **Arbitragem e administração pública**: o processo devido e adequado ao regime jurídico administrativo. Dissertação (Mestrado – Programa de Pós-Graduação em Direito Processual). Faculdade de Direito, Universidade de São Paulo, 2017; Marolla, Eugenia Cristina Cleto. **A arbitragem e os contratos da administração pública**. Rio de Janeiro: Lumen Juris, 2016.

em face da AGENERSA[992], em que se identificou os seguintes fundamentos para deferência às decisões da agência reguladora: a) resguardo do princípio da separação dos poderes e ou impossibilidade de controle do mérito administrativo; e b) respeito às capacidades institucionais das agências reguladoras para lidar com temas técnicos e complexos. A esse respeito destaca-se:

> Como a matéria regulatória é tecnicamente complexa, a deferência judicial às decisões das agências reguladoras transmitiria a ideia de respeito judicial a uma instituição comparativamente mais bem adaptada para enfrentá-la (tanto em função da natureza da sua atuação diuturna, como em função do seu maior aparelhamento institucional). Além disso, veicularia a intenção de não prejudicar a coerência e a dinâmica da política regulatória da autoridade administrativa [...]
>
> Sob um certo ângulo, a aplicação de um controle judicial deferente sobre decisões das agências reguladoras veicula a compreensão de que matérias tecnicamente complexas devem ser definidas prioritariamente pelas autoridades administrativas especializadas – aos tribunais caberia apenas uma revisão relativamente superficial[993].

A deferência às decisões dos reguladores pelo Poder Judiciário é evidenciada também em julgados do Supremo Tribunal Federal ora fundamentadas na separação dos poderes, ora fundamentadas na teoria das capacidades institucionais[994].

[992] Os autores classificaram as decisões com base na adoção dos seguintes parâmetros: (i) discurso de deferência específico, cuja argumentação pautada no, (ii) discurso de deferência genérica, cuja argumentação está e (iii) ausência de discurso de deferência.

[993] JORDÃO, Eduardo; CABRAL JUNIOR, Renato Toledo. A teoria da deferência e a prática judicial: um estudo empírico sobre o controle do TJ à Agenersa. **Revista Estudos Institucionais.** v. 4, n. 2, p. 537-573, dez. 2018. Disponível em: https://www.estudosinstitucionais.com/REI/article/view/307/266. Acesso em: 09 nov. 2020.

[994] A esse respeito, extrai-se trechos do voto do Ministro Relator Luis Roberto Barroso na ADI 5501 MC: "As razões que impõem essa deferência são simples. A Anvisa recebeu da ordem jurídica a atribuição de realizar o controle sanitário dos medicamentos, porque detém as melhores condições institucionais para tomar tais decisões. Tais capacidades referem-se aos maiores níveis de informação, de expertise, de conhecimento técnico e aptidão operacional em relação ao procedimento de registro sanitário, marcado por grande complexidade. Por isso, também à luz da análise comparativa das capacidades institucionais

No âmbito das arbitragens, em razão da inaplicabilidade do fundamento relacionado à separação dos poderes, a discussão se resume a perquirir se cabe aos árbitros adotar postura deferente às decisões das agências reguladoras com fundamento na teoria das capacidades institucionais semelhante a que vem sendo adotada pelos juízes togados ou se, em razão de ser a tecnicidade uma característica das arbitragens, haveria margem para os árbitros exercerem um controle maior em face da administração pública.

A resposta mais adequada parece ser aquela que equipara a abrangência do controle exercido pelo árbitro ao do juiz estatal.

Primeiro porque se aos árbitros for conferida prerrogativa para se imiscuir com mais intensidade nas decisões das agências regulatórias do que a garantida ao juiz, parece carecer de interesse público a escolha da administração pública de adotar a arbitragem para resolver seus conflitos.

Segundo porque, conforme aponta Eduardo Jordão[995], é irrelevante comparar a expertise dos controladores (árbitro e juiz estatal), sendo cabível a análise comparativa entre controlado (administração pública) e controlador. De outra banda, ainda que o árbitro possua conhecimento relevante sobre determinada matéria, carecerá das características institucionais da entidade controlada: "É o caso (i) da vivência no setor regulado, (ii) da visão do todo que advém da atuação generalizada no setor,

dos diferentes Poderes, não seria legítimo transferir do Poder Executivo para o Legislativo a decisão sobre a autorização de uso de substância que não passou pelo crivo da autarquia responsável [...] Tal situação caracteriza, ainda, nítida invasão de função privativa do Poder Executivo, em violação ao princípio da separação de poderes (CF/1988, arts. 2º e 60, § 4º, III)". BRASIL. Supremo Tribunal Federal. ADI 5501 MC, Rel. Marco Aurélio, Tribunal Pleno, j. 19-05-2016, Processo Eletrônico DJe-168, Divulg 31-07-2017, Public 01-08-2017. E trechos da ementa do RE 1083955 AgR: 2. O dever de deferência do Judiciário às decisões técnicas adotadas por entidades reguladoras repousa na (i) falta de expertise e capacidade institucional de tribunais para decidir sobre intervenções regulatórias, que envolvem questões policêntricas e prognósticos especializados e (ii) possibilidade de a revisão judicial ensejar efeitos sistêmicos nocivos à coerência e dinâmica regulatória administrativa" BRASIL. RE 1083955, AgR, Rel. Luiz Fux, Primeira Turma, j. 28-05-2019, Processo Eletrônico DJe-122, Divulg 06-06-2019, Public 07-06-2019.

[995] JORDÃO, Eduardo. **Revolução secreta também no controle público?** Limites do impacto da arbitragem sobre o controle de decisões de agências reguladoras. JOTA. 07 jan. 2020. Disponível em: https://www.jota.info/opiniao-e-analise/colunas/publicistas/revolucao-secreta-tambem-no-controle-publico-07012020. Acesso em: 30 nov. 2020.

e, principalmente, (iii) da equipe de apoio especializada e multidisciplinar de que a entidade administrativa dispõe"[996].

Terceiro, há que se considerar que as escolhas do regulador estão no campo da indeterminação jurídica, em que é possível conviver mais de uma resposta correta, conduzindo à adoção de solução razoável e coerente para problemas que repercutem de forma multilateral, pautadas no dever de tratar de forma isonômica e imparcial os administrados, os regulados e os usuários.

A repercussão multilateral das decisões dos árbitros é provavelmente o maior desafio do árbitro ao decidir litígios envolvendo a administração pública. Utilizando mais uma vez das arbitragens envolvendo contratos de concessão rodoviária remunerados por tarifa, uma decisão arbitral desfavorável à administração pública, em regra, não traz quaisquer impactos aos cofres públicos, por outro lado, impacta diretamente o usuário da rodovia que deverá suportar uma tarifa mais elevada. Ainda que no Poder Judiciário a consequência fosse a mesma, não se pode olvidar a existência do duplo grau de jurisdição ou, ainda, a formação de precedentes vinculantes que conduziriam a um entendimento uniforme a respeito de litígios semelhantes, garantindo-se tratamento isonômico aos usuários da rodovia. Como na arbitragem não há recurso e a aplicação de precedentes arbitrais ainda é questionada, cabe ao árbitro adotar postura que conflua para a deferência das decisões do regulador.

Assim, quer sob a ótica da teoria tradicional da discricionariedade do ato administrativo, quer sob a roupagem que adquire quando se trata de opções do regulador, ainda que o objeto da arbitragem não se encontre adstrito à noção de poder discricionário estatal (inarbitrável), mas, ao contrário, esteja sobre o escrutínio dos árbitros as decorrências patrimoniais da decisão discricionária do administrador ou do regulador, matéria que, em princípio, se insere no conceito de direito patrimonial disponível, parece razoável a deferência ou a autocontenção dos árbitros à decisão do regulador.

[996] JORDÃO, Eduardo. **Revolução secreta também no controle público?** Limites do impacto da arbitragem sobre o controle de decisões de agências reguladoras. JOTA. 07 jan. 2020. Disponível em: https://www.jota.info/opiniao-e-analise/colunas/publicistas/revolucao-secreta-tambem-no-controle-publico-07012020. Acesso em: 30 nov. 2020.

Conclusões

Neste artigo, observou-se que o árbitro efetivamente tem poderes para controlar os atos da administração pública à medida que lhe é outorgada a função jurisdicional para resolver litígios envolvendo a administração pública. Seu poder decisório é equiparado ao do juiz togado, pois o árbitro é juiz de fato e de direito, proferindo sentença irrecorrível e vinculante, com força de coisa julgada.

Entretanto, sua função de controle possui as mesmas restrições que os contornos da sua própria competência jurisdicional, que está adstrita aos limites impostos pela vontade das partes (autonomia da vontade) e pela lei (arbitrabilidade do litígio).

Notou-se que a manifestação de vontade pela administração pública cria obstáculos específicos em razão da natureza e da complexidade do aparato estatal. Nesse sentido, é possível que a administração pública manifeste a vontade de se submeter à arbitragem, havendo lei autorizadora de cunho geral, mesmo que a rigor sua existência fosse desnecessária. Não obstante, o gestor público deve escolher a arbitragem quando este for o método otimizado de resolução de conflitos e puder imprimir maior eficiência à sua política pública ao propiciar celeridade e qualidade na resolução dos conflitos patrimoniais disponíveis decorrentes de sua implementação.

A escolha pela arbitragem pode ocorrer no momento da publicação do edital de licitação, ou posteriormente, tanto por meio de aditamento contratual quanto por meio de compromisso arbitral. A competência para a escolha da arbitragem recai sobre a autoridade que possui competência para firmar acordos e compromissos. Na esfera federal, essa competência recai à autoridade competente para firmar o contrato administrativo, e não ao Advogado-Geral da União por ser inaplicável, aqui, a Lei n. 9.469/1997, segundo entendimento firmado pela própria AGU.

Outrossim, viu-se também que normas abstratas produzidas pela administração pública ou pelo Poder Legislativo no intuito de promover a utilização da arbitragem podem ser interpretadas como uma mera possibilidade ou como uma obrigatoriedade à administração pública, segundo os termos exatos de sua redação. Demonstrou-se que o art. 31 da Lei n. 13.448/2017 cria apenas a possibilidade para a administração pública ao utilizar a expressão podem, por outro lado o art. 15, III, da Lei n. 13.448/2017, e o art. 10-B do Decreto-Lei n. 3.365/1941 criam situações de obrigatoriedade.

Prosseguindo em relação à arbitrabilidade objetiva enquanto limite jurisdicional do árbitro, destacou-se que os litígios deverão ser atinentes a "direito patrimonial disponível". Para definir esse conceito, viu-se que direito patrimonial é todo aquele que pode ser remediado por compensação pecuniária. Evoluindo para a noção de direito disponível, foram analisadas as três linhas já propostas pela doutrina, encontrando-se falhas conceituais nas três. Ao final da análise desse ponto, foi proposto que, não incidindo a imunidade de jurisdição e tendo a administração pública expressamente manifestado seu interesse em adotar a arbitragem, o árbitro tem competência jurisdicional para controlar os atos da administração pública nas seguintes hipóteses: (i) para exigir o cumprimento do conjunto de condições e obrigações patrimoniais prefixadas em relações contratuais; (ii) para apreciar os efeitos patrimoniais eventualmente decorrentes da prática de atos de império; (iii) para julgar litígios envolvendo a cobrança de créditos da administração pública depois de constituídos, tributários e não tributários; e (iv) para resolver responsabilidades extracontratuais do Estado ou do particular decorrentes de atos de gestão da administração pública.

Em seguida, passou-se a analisar a atuação do árbitro na qualidade de controle externo, pois além dos deveres inerentes à função jurisdicional, outras considerações são necessárias ao julgar litígio envolvendo a administração pública.

Assim, foi apreciada a interface da atividade do árbitro com os demais órgãos de controle. A relação com o Poder Judiciário está mais clara até mesmo em razão das previsões legais, mas a questão se mostra mais delicada com os tribunais de contas. Estes podem fiscalizar e julgar administrativamente em paralelo com os tribunais arbitrais em razão da independência entre as instâncias administrativa e jurisdicional, porém, a decisão arbitral irá prevalecer sobre as decisões administrativas quando conflitarem. Ainda nesse ponto, o árbitro poderá ser investigado em caso de suspeita de crime de prevaricação, concussão ou corrupção passiva, como se funcionário público fosse. Por outro lado, os árbitros não estão sujeitos à fiscalização ou responsabilização civil ou administrativa pelas decisões que tomarem, pois sua função é jurisdicional e o seu dever é de julgar conforme seu livre convencimento. Respeitando todos os deveres do árbitro, a divergência de opinião ou de convicção não constitui ato ilícito.

Adentrando nos deveres do árbitro, a Lei de Introdução às Normas do Direito Brasileiro, em seu art. 20 e seguintes, traz dever especial de motivação quando o litígio envolver a administração pública. Essa obrigação se constitui em um devido processo legal decisório, que deve ser observado pelo árbitro em duas vertentes. A primeira é verificar se as decisões submetidas ao seu controle respeitaram essas normas, para verificar a sua legalidade. A segunda é respeitar essas mesmas normas ao julgar o litígio, pois a inobservância importará na nulidade da sentença arbitral por ausência de fundamentação.

Por fim, também foi estudado o dever de deferência do árbitro em relação à escolha discricionária da administração pública. A despeito do crescente controle exercido pelos tribunais estatais sobre o mérito administrativo, nota-se ainda a deferência às escolhas da administração pública com base na separação dos poderes, na impossibilidade de controle do mérito administrativo e, por fim, no respeito às capacidades institucionais das agências reguladoras para lidar com temas técnicos e complexos.

Da mesma maneira que o juiz togado, o árbitro deve ter deferência às escolhas da administração pública sempre que houver indeterminação jurídica, onde é possível coexistir mais de uma resposta correta, ou se a complexidade de delimitação e de compreensão do problema e das soluções possíveis exigir compreensão técnica impossível de ser transmitida com precisão, abrangência e celeridade suficiente ao órgão judicante, pois nenhum único indivíduo ou tribunal arbitral é capaz de ter, cumulativamente, (i) a vivência necessária no setor regulado; (ii) a visão global adquirida coletivamente por aqueles entes que atuam e atendem às demandas generalizadas; e, enfim, (iii) capacidade de tomar decisões técnicas extremamente complexas com a mesma qualidade que aquelas tomadas por equipes especializadas e multidisciplinares, detentoras de *know-how* adquirido durante muitos anos de trabalho e de estudos.

Referências

Aragão, Alexandre Santos de. A arbitragem no direito administrativo, **Revista da AGU**, v. 16, n. 03, Brasília, EAGU, jul.-set., 2017.

Arruda Alvim, José Manoel de. Sobre a natureza jurisdicional da arbitragem. *In:* Cahali, Francisco José; Rodovalho, Thiago; Freire, Alexandre (coord.). **Arbitragem**. São Paulo: Saraiva, 2016.

CALDAS, Evandro Pereira. **Controle da administração pública pela via arbitral**. Dissertação (Mestrado em Direito). Escola de Direito do Rio de Janeiro da Fundação Getulio Vargas, Rio de Janeiro, 2020.

CANOTILHO, José Joaquim Gomes *et al.* **Comentários à Constituição do Brasil**. São Paulo: Saraiva; Coimbra: Almedina, 2013.

CARMONA, Carlos Alberto. **Arbitragem e processo – um comentário à Lei n. 9.307/96**. 2. ed. São Paulo: Atlas S.A., 2004.

CARMONA, Carlos Alberto. Em torno do árbitro. **Revista de Arbitragem e Mediação**, v. 28, p. 47-63. São Paulo: RT, jan.-mar. 2011.

CARREIRA ALVIM, José Eduardo. **Direito arbitral**. 3. ed. Rio de Janeiro: Forense, 2007.

JORDÃO, Eduardo. **Revolução secreta também no controle público?** Limites do impacto da arbitragem sobre o controle de decisões de agências reguladoras. JOTA. 07 jan. 2020. Disponível em: https://www.jota.info/opiniao-e-analise/colunas/publicistas/revolucao-secreta-tambem-no-controle-publico-07012020. Acesso em: 30 nov. 2020.

JORDÃO, Eduardo; CABRAL JUNIOR, Renato Toledo. A teoria da deferência e a prática judicial: um estudo empírico sobre o controle do TJ RJ à AGENERSA. **Rei – Revista de Estudos Institucionais**, [S.l.], v. 4, n. 2, p. 537-573, dez. 2018. Disponível em: https://www.estudosinstitucionais.com/REI/article/view/307/266. Acesso em: 09 nov. 2020.

LANKARANI EL-ZEIN, Leila. Quelques remarques sur la sentence SPP c. La République Arabe D'Égypte. **Revue Belge de Droit International** 2, Bruxelles: Éditions Bruylant, 1994.

LEMES, Selma M. Ferreira. **A equivalência da sentença arbitral à decisão judicial**. Disponível em: https://www.conjur.com.br/2002-dez-23/equivalencia_sentenca_arbitral_decisao_judicial. Acesso em: 15 out. 2020.

MARQUES NETO, Floriano de Azevedo; FREITAS, Rafael Véras. **A nova LINDB e o consequencialismo jurídico como mínimo essencial**. Disponível em: https://www.conjur.com.br/2018-mai-18/opiniao-lindb-quadrantes-consequencialismo-juridico.Acesso em: 10 out. 2020.

MAROLLA, Eugenia Cristina Cleto. **A arbitragem e os contratos da administração pública**. Rio de Janeiro: Lumen Juris, 2016.

MARTINS, Pedro A. Batista. **O Poder Judiciário e a arbitragem**. Quatro anos da lei n. 9.307/96 (Parte III). Disponível em: http://batistamartins.com/en/o-poder--judiciario-e-arbitragem-quatro-anos-da-lei-n-9-30796-parte-iii/. Acesso em: 15 nov. 2020.

MEDAUAR, Odete. **O direito administrativo em evolução**. 3. ed. Brasília-DE: Gazeta Jurídica, 2017.

MEGNA, Bruno Lopes. **Arbitragem e administração pública**: o processo devido e adequado ao regime jurídico administrativo. Dissertação (Mestrado em Direito), Universidade de São Paulo (USP), São Paulo, 2017.

MELLO, Celso Antônio Bandeira de. **Curso de direito administrativo**. 32. ed. São Paulo: Malheiros, 2015.

PARADA, André Luis Nascimento. Análise crítica das decisões do Tribunal de Contas da União acerca da utilização da arbitragem em contratos administrativos: evolução interpretativa. **Revista de Direito Administrativo**, Rio de Janeiro, v. 273, set.-dez., 2016.

PEREIRA, César. Oferta unilateral e vinculante de arbitragem pela União em PPI. **Revista Consultor Jurídico**, 6 mar. 2017. Disponível em: https://www.conjur.com.br/2017-mar-06/cesar-pereira-oferta-unilateral-arbitragem-uniao-ppi. Acesso em: 05 nov. 2020.

PEREIRA, Flávio Henrique Unes; ESTEFAM, Felipe Faiwichow. **Desapropriação**: o direito à arbitragem e à mediação na Lei n. 13.867/2019. Estadão. Disponível em: https://politica.estadao.com.br/blogs/fausto-macedo/desapropriacao-o-direito-a-arbitragem-e-a-mediacao-na-lei-no-13-867-2019/. Acesso em: 05 nov. 2020.

ROST, Maria Augusta. **Arbitragem como política pública**. São Paulo: Lumen Juris, 2018.

TIBURCIO, Carmen. Arbitragem envolvendo a administração pública. **Revista da Faculdade de Direito da UERJ**, n. 18, 2010.

PARTE 5

A FUNÇÃO DE ÁRBITRO: COMPORTAMENTO, MERCADO E INTERDISCIPLINARIDADE

1. O PROFISSIONALISMO DO ÁRBITRO

Ana Gerdau de Borja Mercereau
Yves Derains

Introdução

Essas reflexões são inspiradas em um artigo[997] de Yves Derains, publicado em 2019 na *Revue de l'arbitrage*, a partir do qual trechos foram adaptados e amplificados ao leitor brasileiro.

O papel do árbitro[998] equivale ao do juiz[999]. Como bem dizia Bernard Hanotiau, o árbitro é um "órgão" da justiça.[1000] Por sua vez, a decisão do árbitro é um ato jurisdicional. Nesse sentido, o árbitro é um agente da justiça internacional, muito embora não conte com um foro e tampouco com uma *lex fori*[1001].

Em virtude disso, espera-se que um árbitro conte com algumas das qualidades de um juiz. A *Cour de cassation* francesa confirmou isso no

[997] DERAINS, Yves. **Le professionnalisme des arbitres internationaux**. Revue de l'Arbitrage, 2019, p. 659 *et seq.*

[998] A utilização da expressão "árbitro" é utilizada de forma neutra e ampla abarcando "árbitro" e "árbitra".

[999] ANCEL, Jean-Pierre. L'arbitre juge. **Revue de l'arbitrage**, 2012, p. 717.

[1000] HANOTIAU, Bernard. L'arbitre, garant des valeurs de l'arbitrage. *In*: ***Liber Amicorum* in honour of Robert Briner**. Paris: ICC Publishing, 2005, p. 370. *"L'arbitre est un organe de la justice. Il remplit un rôle analogue à celui du juge. Sa décision est un acte juridictionnel. Il est un bras de la justice internationale même s'il n'a pas de for ni de lex fori".*

[1001] HANOTIAU, Bernard. L'arbitre, garant des valeurs de l'arbitrage. *In*: ***Liber Amicorum* in honour of Robert Briner**. Paris: ICC Publishing, 2005, p. 370.

caso *Putrabali*, em 2007, ao entender que uma sentença arbitral internacional é uma decisão de justiça internacional[1002]. Em 1972, a mesma *Cour de cassation* já afirmava que os poderes jurisdicionais do árbitro exigem que este seja imparcial e independente[1003].

Todavia, para que possa exercer seus poderes jurisdicionais, não basta ser imparcial e independente. É crucial que o árbitro, além de imparcial e independente, seja profissional. O § 6º do art. 13 da Lei de Arbitragem[1004] brasileira, por exemplo, dispõe claramente que o árbitro não deverá apenas proceder com imparcialidade e independência, mas também com "competência, diligência e discrição".

Segundo o art. 1464(3)[1005] do Código Civil francês, os árbitros devem atuar de forma célere e com lealdade em relação às partes na condução do procedimento arbitral. O mesmo Código estipula que o árbitro irá definir o procedimento em arbitragens domésticas (art. 1464(1)[1006]) e decidir sobre o procedimento em arbitragens internacionais (art. 1509[1007])[1008]. Similarmente, o art. 21, § 1º,[1009] da Lei de Arbitragem

[1002] Cour de cassation (1ère Civ.) (29 de junho de 2007) (2007) Revue de l'arbitrage 515 (Nota de Emmanuel Gaillard) ("*[la sentence internationale] est une décision de justice internationale.*").

[1003] Court de cassation (2ème Civ.) (13 de abril de 1972) (1975) Revue de l'arbitrage 235 (Nota de Eric Loquin) *("L'indépendance d'esprit est indispensable à l'exercice du pouvoir juridictionnel, quelque qu'en soit la source, qu'elle est l'une des qualités essentielles des arbitres.")*

[1004] Brasil. Lei n. 9.307/1996 (Lei de Arbitragem).

[1005] Code de Procédure Civile, Art. 1464(3): "*Les parties et les arbitres agissent avec célérité et loyauté dans la conduite de la procédure.*"

[1006] Code de Procédure Civile, Art. 1464(1): "*A moins que les parties n'en soient convenues autrement, le tribunal arbitral détermine la procédure arbitrale sans être tenu de suivre les règles établies pour les tribunaux étatiques.*"

[1007] Code de Procédure Civile, Art. 1509: "*Dans le silence de la convention d'arbitrage, le tribunal arbitral règle la procédure autant qu'il est besoin, soit directement, soit par référence à un règlement d'arbitrage ou à des règles de procédure.*"

[1008] No direito francês, o Código de Processo Civil distingue entre as arbitragens internacionais e domésticas segundo seu art. 1504 *("Est international l'arbitrage qui met en cause des intérêts du commerce international")*, o qual adota o critério econômico ao estabelecer que é internacional a arbitragem que coloca em jogo os interesses do comércio internacional.

[1009] Brasil. Lei n. 9.307/1996. "Art. 21, § 1º: "A arbitragem obedecerá ao procedimento estabelecido pelas partes na convenção de arbitragem, que poderá reportar-se às regras de um órgão arbitral institucional ou entidade especializada, facultando-se, ainda, às partes delegar ao próprio árbitro, ou ao tribunal arbitral, regular o procedimento. § 1º Não

brasileira, determina que caberá ao árbitro disciplinar o procedimento, na hipótese de ausência de disposição a respeito pelas partes.

Árbitros profissionais não temem decidir ou administrar o procedimento com maestria. O processo decisório deve conciliar eficiência, clareza e fundamentação didática, justiça, além da habilidade de não surpreender as partes. Ademais, em arbitragem internacional, o profissionalismo dos árbitros inclui a respectiva neutralidade cultural e a necessária abertura de espírito para poder lidar com diferentes sistemas jurídicos e navegar com desenvoltura diferentes direitos processuais e materiais. Não menos importante é o comprometimento dos árbitros de estarem disponíveis ao longo do procedimento.

Este capítulo examina o profissionalismo dos árbitros incluindo sua habilidade para tomar decisões, manter a confiança das partes e sua neutralidade cultural, administrar os procedimentos de forma eficiente, e de permanecer disponível durante o procedimento.

1. Profissionalismo

Ao exercer poderes decisórios, o árbitro deve ter a capacidade para tomar decisões (1.1). Não obstante, como um ator privado, o árbitro não conta com *ius imperium* ou poderes coercitivos como os juízes. Destarte, para conduzir de forma eficiente o procedimento, o árbitro deve contar com a capacidade de angariar a confiança das partes e dos coárbitros (1.2). Resolver disputas internacionais exige habilidade jurídica não limitada a um sistema jurídico específico, inclusive no que tange ao direito processual e material. Poder navegar com desenvoltura por diversos sistemas jurídicos, é certamente prova da necessária neutralidade cultural dos árbitros que atuam em arbitragens internacionais (1.3). Uma arbitragem pode ser extremamente complexa, conter milhares de documentos, dezenas de depoimentos escritos e relatórios técnicos. Para poder lidar com tal complexidade, o árbitro precisa ser um excelente administrador (1.4). Por fim, o árbitro precisa ter disponibilidade para atuar no caso (1.5).

havendo estipulação acerca do procedimento, caberá ao árbitro ou ao tribunal arbitral discipliná-lo [...]".

1.1. Capacidade para tomar decisões

O árbitro internacional, ao atuar como presidente ou árbitro único, deve apresentar uma capacidade para decidir como se fosse um juiz estatal, mas mais frequentemente que este. Espera-se de um árbitro não só que possa proferir uma ou mais sentenças arbitrais dentro de um prazo razoável, mas também, decidir múltiplos incidentes processuais durante a arbitragem que podem surgir a qualquer momento: durante a preparação da ata de missão e do calendário processual; quando aprecie um pedido de extensão de prazo, a produção ou admissibilidade de prova, ou ainda a confidencialidade.

As partes têm a expectativa de receber não só boas decisões, mas, também, decisões tempestivas. Nada poderia ser pior do que um árbitro que hesite ou que contorne a questão a ser decidida sem enfrentá-la.

Em algumas arbitragens, mais frequentemente do que se possa imaginar, um tribunal arbitral poderá receber diversas cartas por dia de cada parte, alegando pontos processuais controversos a serem decididos de forma célere. Muito embora, em certos casos, as partes levantem esses pontos sem apontar ou submeter um pedido a ser decidido, uma possível técnica a ser adotada pelo tribunal arbitral seria lembrar às partes de que precisam formular um pedido, formulando as razões para tanto, e submetê-lo ao tribunal arbitral para eventual decisão.

A fim de evitar múltiplos incidentes processuais, uma técnica adicional é estabelecer regras bem claras mediante ordens processuais, considerando que sempre é mais saudável proferir ordens processuais acordadas com as partes do que impostas às mesmas. Na medida do possível, estabelecer regras claras no início do procedimento é bastante útil não só para o tribunal arbitral, mas também para as partes, que poderão antever a resolução de eventuais incidentes conforme regras pré-estabelecidas.

Por exemplo, uma ordem processual n.1 poderia incluir regras sobre a introdução de argumentos que não respondam às alegações escritas anteriores, a apresentação de documentos novos ou tabelas e diagramas a serem utilizados em audiência. Em uma ordem processual específica, na hipótese de uma perícia ser necessária, o tribunal arbitral poderia também, depois de consultadas as partes, estabelecer pontos e questões a serem tratadas pelos peritos, além de fixar que os peritos das partes se comprometam a adotar premissas e metodologias consistentes entre si.

Ao longo do procedimento arbitral, o árbitro presidente ou o árbitro único precisa decidir múltiplos incidentes processuais, como objeções a perguntas feitas a uma testemunha ou *expert* durante sua oitiva em audiência. Se um árbitro não toma uma decisão imediatamente, a audiência fica paralisada. Consultar aos coárbitros a cada objeção levantada, no caso de um tribunal de três árbitros, não seria eficiente e poderia tornar a audiência truncada. Da mesma forma, suspender a audiência a cada objeção para viabilizar uma sessão de deliberações pelo tribunal arbitral impossibilitaria finalizar a audiência conforme previsto no calendário processual, cujas datas previstas não podem ser simplesmente estendidas. Quando se acorda com antecedência com as partes sobre uma audiência de uma semana, normalmente não é possível estendê-la de última hora, em virtude dos compromissos dos participantes, os quais provêm de diversos países. O árbitro precisa ter ciência de que, no início do procedimento, e, acima de tudo, durante a audiência, as partes estarão testando a capacidade do árbitro de decidir rapidamente para avaliar eventual interesse em levantar objeções processuais com o intuito de atrasar o procedimento arbitral.

1.2. Capacidade para manter a confiança das partes

A autoridade do árbitro é relativa. Um árbitro é um indivíduo, e suas decisões não podem ser impostas às partes sem auxílio judicial, muito embora tal auxílio seja raro e, em sua maior parte, inoportuno. Este auxílio é raro, pois concerne normalmente à execução da sentença arbitral, que nem sempre é necessária na hipótese de cumprimento voluntário. Ainda que a definição do conceito de sentença arbitral seja muito ampla, qual seja, "um ato dos árbitros que decide, de maneira definitiva, parcial ou totalmente, uma disputa a eles submetida, no que tange ao mérito, à competência ou a questão processual com o condão de pôr fim ao procedimento"[1010], todos os outros atos no que tange à administração do procedimento ficam excluídos deste conceito.

[1010] Cour de cassation (1ère Civ.) (12 de outubro de 2011) 2012 Revue de l'arbitrage 86 (Nota de F.X. Train) (*"[la sentence arbitrale est] un acte des arbitres qui tranche de manière définitive, en tout ou partie, le litige qui leur est soumis, que ce soit sur le fond, sur la compétence ou sur un moyen de procédure qui les conduit à mettre fin à l'instance"*).

O papel do juiz em arbitragem é bastante limitado, porquanto é raro que intervenha muito além da hipótese em que seja necessária a produção forçada de provas. Este é ao menos o caso da França,[1011] e de outros países que tenham adotado leis de arbitragens inspiradas no art. 27 da Lei Modelo da UNCITRAL[1012]. A Lei de Arbitragem brasileira, inspirada na Lei Modelo, dispõe, em seu art. 22, § 2º, por exemplo, que na hipótese de "desatendimento, sem justa causa, da convocação para prestar depoimento pessoal" de testemunha, "poderá o árbitro ou o presidente do tribunal arbitral requerer à autoridade judiciária que conduza a testemunha renitente, comprovando a existência da convenção de arbitragem".

Estender muito além disso o papel do juiz não seria apropriado pois resultaria em atrasos no procedimento arbitral, além de ameaçar sua autonomia. No que concerne aos poderes coercitivos do árbitro, o direito francês não autoriza muito mais do que fixar penas pecuniárias em virtude de atrasos (*astreintes*[1013]), muito embora vários outros sistemas jurídicos não as autorizem.

A autoridade do árbitro funda-se no "temor reverencial" das partes, preocupadas (na maioria dos casos, injustificadamente) em lhes causar dissabor ou incomodar de alguma forma e assim afetar a imparcialidade do árbitro, levando a graves consequências para a parte que causar algum incômodo. Este "temor reverencial" estaria também relacionado às chamadas inferências negativas (*adverse inferences*), uma vez que os arts. 9(6) e 9(7) das Regras da IBA para a Produção de Provas em Arbitragem Internacional de 2020 (Regras da IBA) apenas autorizam inferências negativas na hipótese de a parte se recusar, injustificadamente, a produzir uma prova contrária a seus interesses. Todavia, apenas advogados menos experientes sentiriam este "temor reverencial". Advogados com mais experiência sabem que as decisões dos árbitros precisam

[1011] Code de Procédure Civile, art. 1469.

[1012] Lei Modelo da UNCITRAL sobre Arbitragem Comercial Internacional, 1985, com emendas de 2006, art. 27: "*The arbitral tribunal or a party with the approval of the arbitral tribunal may request from a competent court of this State assistance in taking evidence. The court may execute the request within its competence and according to its rules on taking evidence.*"

[1013] Code de Procédure Civile, art. 1467 (al. 3): "*Si une partie détient un élément de preuve, le tribunal arbitral peut lui enjoindre de le produire selon les modalités qu'il détermine et au besoin à peine d'astreinte.*"

ser bem fundamentadas com base nos fatos e na lei, e que a autoestima dos árbitros conta com um papel bastante reduzido no procedimento arbitral.

A autoridade do árbitro repousa no seu poder de persuasão, o qual não existiria a não ser que o árbitro tenha a capacidade para manter a confiança das partes durante o procedimento. Isso presume um dever de lealdade vinculante em relação às partes e aos árbitros, conforme estabelece, por exemplo, o art. 1464(3)[1014] do Código de Processo Civil francês. O próprio *caput* do art. 13 da Lei de Arbitragem brasileira é muito elucidativo no sentido de que possa ser árbitro "qualquer pessoa capaz e que tenha a confiança das partes".

Decidir de forma célere não deve ser confundido com decidir rápido demais ou decidir "na correria". Um árbitro presidente ou árbitro único não deve perder a oportunidade de explicar às partes as razões para sua decisão e buscar convencer as partes de que tais razões são bem fundamentadas. Para ter sucesso, o árbitro deve lançar mão de diplomacia, pedagogia, e, na medida do possível, não surpreender as partes. Contar com a confiança delas significa que as partes se sentem ouvidas e compreendidas. Talvez seja essa a soma das condições para o cumprimento voluntário da sentença arbitral pela parte que não obteve sucesso na arbitragem. Marc Henry coloca muito bem que diálogo e deliberação correspondem ao âmago do procedimento arbitral[1015].

Não surpreender as partes é dever de lealdade do árbitro. Ser imparcial não é garantia de lealdade. Agir com lealdade significa agir conforme o esperado pelas partes, segundo regras pré-estabelecidas. Um árbitro que surpreende uma parte em audiência ao alterar a ordem das matérias a serem tratadas nas alegações orais dos advogados ou a oitiva das testemunhas não age com lealdade. Tampouco atua com lealdade se fizer perguntas aos advogados no início da audiência, muito embora esta estivesse prevista para começar com a oitiva das testemunhas.

À exceção do árbitro único, que delibera consigo mesmo, o árbitro presidente e os coárbitros também devem buscar obter a confiança dos

[1014] Code de Procédure Civile, art. 1464 (al. 3): *"Les parties et les arbitres agissent avec célérité et loyauté dans la conduite de la procédure."*

[1015] Henry, M. **La place de l'arbitre**. Mélanges en l'honneur du Professeur Pierre Mayer. LGDJ, 2015, p. 289 : *"Le dialogue comme la délibération sont au cœur du procès arbitral."*

outros membros do tribunal arbitral. Isto é evidente no que tange ao presidente, porque a administração da justiça não seria suficientemente célere se, antes de decidir cada incidente processual, o presidente devesse embarcar em uma longa discussão com os outros membros do tribunal arbitral. O árbitro presidente normalmente trabalha em uma minuta de decisão com a ciência de que, provavelmente, esta será aprovada por seus colegas, sem necessidade, exceto em raras circunstâncias, de entrarem em uma longa discussão a respeito.

Isso pressupõe uma relação de confiança entre os membros do tribunal arbitral, muitas vezes facilitada em virtude de relações profissionais anteriores. Se tal não é o caso, os árbitros devem fazer um esforço para identificar e compreender entre si a respectiva forma de raciocínio, e respeitá-la. Sem isso, um processo célere de decisão se torna quase impossível. A relação de confiança é obviamente impossível sem que cada árbitro seja imparcial e independente em relação às partes. Se um coárbitro se comporta como se fosse um assistente da parte que o designou, tal relação de confiança não poderá existir[1016]. Neste caso, seus colegas árbitros, neste cenário um tanto patológico, deverão ser prudentes e ter pulso firme[1017].

Ademais, no intuito de manter a confiança das partes e dos outros colegas árbitros, um árbitro precisa ter completa ciência sobre o procedimento, os fatos do caso e as questões jurídicas relevantes. É essencial almejar que as partes e os colegas coárbitros sintam que as decisões sejam fruto de uma análise objetiva dos fatos, e que não sejam simplesmente impostas, arbitrárias ou parciais.

Ademais, para manter a confiança das partes, o árbitro não pode se preocupar em agradar as partes, sob pena de afetar seu livre convencimento. Se o árbitro presidente ou árbitro único, após ter proferido uma decisão desfavorável a uma das partes (por exemplo, indeferindo uma questão posta a uma testemunha), busca desesperadamente tomar uma decisão mal fundamentada favorecendo esta mesma parte a fim de

[1016] Bredin, J.-D. Retour au délibéré arbitral. *In*: **Liber Amicorum Claude Reymond**. Paris: Litec, 2004, p. 43-50.

[1017] Sobre as técnicas recomendadas no caso de deliberações patológicas: Derains, Yves. La pratique du délibéré arbitral. *In*: ***Liber Amicorum* in honour of Robert Briner**. Paris: ICC Publishing, 2005, p. 212.

consolá-la, este mesmo árbitro perderá, irremediavelmente, a confiança delas. A parte favorecida por esta decisão mal fundamentada não ficará agradecida pela mesma, mas chocada com sua injustiça. Se, durante a audiência, este tipo de decisão "prêmio de consolação" é tomada repetidamente, o árbitro que almeja agradar a todas as partes acabará por desagradar a todas elas e perder a confiança. Certamente, há que se ter coragem para correr o risco de desagradar as partes, mas coragem, sem a qual o processo decisório se torna impossível, constitui uma das qualidades inerentes ao árbitro[1018].

1.3. Neutralidade cultural

Hoje em dia, a maioria dos árbitros são advogados e as partes são representadas por um exército de advogados. Não apenas as partes, mas também os membros do tribunal arbitral provêm de diferentes países e sistemas jurídicos. Por isso, um advogado talvez possa ser excelente em âmbito nacional, e, a despeito disso, não se tornar um árbitro internacional.

Como bem afirmou Pierre Mayer, depois de enfatizar a necessidade de os árbitros contarem com liberdade na condução do procedimento arbitral, o árbitro que almeja estabelecer um procedimento aceitável para partes advindas de diferentes países deveria libertar-se de seu próprio sistema jurídico e se familiarizar com diferentes direitos processuais nacionais[1019]. Efetivamente, a maioria dos direitos nacionais reconhece os poderes do árbitro quanto à condução do procedimento. No entanto, o árbitro deve contar com a capacidade intelectual de poder exercê-los pois, do contrário, ele poderia acabar buscando, inconscientemente e sem perceber, soluções fundadas em seu próprio direito nacional.

Para chegar nesse patamar, o árbitro precisa libertar-se a si mesmo e contar com conhecimento de direito comparado para distinguir, ao longo do procedimento arbitral, as peculiaridades do direito nacional

[1018] LALIVE, Pierre. Du courage dans l'arbitrage international. *In*: **Mélanges en l'honneur de François Knoepfler**. Bâle: Helbing & Lichtenham, 2005, p. 157.

[1019] MAYER, Pierre. Le pouvoir des arbitres de régler la procédure: une analyse comparative des systèmes de civil law et de common law. **Revue de l'arbitrage** 177, 1995 : *"s'il veut la rendre acceptable à des parties issues de systèmes juridiques différents, il doit pouvoir s'affranchir des particularités de chaque procédure nationale"*

das técnicas utilizadas universalmente em arbitragem internacional. Ao discutir com os colegas coárbitros advindos de outros sistemas jurídicos, o árbitro também exercita suas habilidades em direito comparado, que acabam sendo desenvolvidas intuitivamente. Nesse sentido, ao incentivar a neutralidade ao nomear árbitros cuja nacionalidade seja diferente das nacionalidades das partes, a Corte da CCI têm encorajado, desde a adoção de seu Regulamento de Arbitragem de 1927, por exemplo, que estes mesmos árbitros aprendam e se familiarizar com direitos diferentes do seu direito nacional[1020].

Tal capacidade intelectual de se libertar de seu próprio sistema jurídico não se aplica apenas a aspectos processuais do procedimento. Quanto ao mérito, um árbitro deve estar ciente de que soluções fundadas em seu próprio direito nacional não poderiam equivaler ao "direito natural". Do contrário, um árbitro teria a mesma atitude do Lord Asquith of Bishopstone na famosa sentença proferida na disputa entre *Petroleum Development* (*Trucial Coast*) e o Xeique de Abu Dhabi em 1951[1021].

Sem neutralidade cultural, o árbitro corre o risco de conduzir o procedimento com uma visão tão estreita como se tivesse "antolhos". Sem dúvida, a neutralidade cultural lhe permite distinguir se as expectativas das partes e de seus colegas árbitros, vindos de países diferentes, são legítimas ou não. Tal qualidade é crucial toda vez que não se atinge consenso imediatamente.

1020 Sobre o tema: GAILLARD, Emmanuel Gaillard. Comparative Law in International Arbitration. *In*: **Ius Comparatum**. International Academy of Comparative Law, 2020, v. 1, p. 7; Regulamento de Arbitragem da CCI (1927), art. 11(1): *"The Court of Arbitration shall select the arbitrators or arbitrator for each case from amongst technical or legal experts to be nominated by National Committees of the International Chamber at the request of the Court. As a general rule the Court, unless for good reason shown, shall apply to National Committees of countries other than those of the parties to the dispute;"* Regulamento de Arbitragem da CCI (1° de janeiro de 2021), art. 13(5): "Em caso de nomeação de árbitro único ou presidente do tribunal arbitral pela Corte, tal árbitro único ou presidente do tribunal arbitral deverá ser de nacionalidade diferente das partes. Todavia, em circunstâncias adequadas e desde que nenhuma das partes apresente objeção dentro do prazo fixado pela Secretaria, o árbitro único ou o presidente do tribunal arbitral poderá ser de país do qual uma das partes seja nacional.".

1021 International Comparative Law Quarterly 248, 1952. Nesta sentença, o árbitro considerou que certas regras de direito inglês faziam parte de uma chamada *modern law of nature.*

Não se espera de um árbitro internacional profundo conhecimento do direito aplicável ao mérito da arbitragem, uma vez que as partes devem submeter, perante o tribunal, possíveis soluções segundo o direito aplicável ao caso. Mas se espera do árbitro que conheça o direito processual do país da nacionalidade das partes para poder lidar com suas expectativas.

Um bom conhecimento sobre as principais características dos direitos processuais nacionais é suficiente desde que associado à necessária humildade para jamais esquecer que tal conhecimento será sempre superficial. A neutralidade cultural de um árbitro poderia ficar em perigo se o seu próprio direito nacional e o direito nacional do país da nacionalidade das partes pertencer à mesma família jurídica. Neste tipo de situação, o árbitro deverá fazer um grande esforço para lembrar de que, em uma mesma família jurídica, haverá sempre diferenças significativas em relação ao direito processual e material. Árbitros franceses, por exemplo, estão acostumados com audiências sem testemunhas e supõem que essa seria uma forma de distinguir entre as famílias do direito continental (ou *civil law*) e do *common law*. Todavia, outros sistemas jurídicos de *civil law*, como o brasileiro, o espanhol, o italiano e o português incentivam o recurso a testemunhas em matéria civil e comercial. É, na verdade, a diferente forma de inquerir as testemunhas que distingue claramente os sistemas jurídicos de direito continental e de *common law*.

Um árbitro culturalmente neutro também buscará entender as tradições jurídicas das partes no que tange à produção de documentos. Amiúde árbitros de *civil law* lançam mão do princípio segundo o qual cabe à parte fundamentar seu caso apenas com documentos em sua posse, com o objetivo de denegar pedidos de produção de documentos, ao passo que árbitros de *common law* tendem a adotar uma postura menos restritiva.

Uma técnica que poderia ajudar na fase de produção de provas é exigir que as partes identifiquem precisamente em suas alegações escritas o argumento que elas almejem fundamentar a partir das provas requeridas, demonstrando se são relevantes para o caso e essenciais para o seu resultado.

Neutralidade cultural pode eventualmente ter implicações sobre o entendimento do mérito do caso. É bem verdade que um árbitro francês poderia entender que a noção de *common law* de *frustration* seria abarcada pelo conceito de *force majeure* segundo o direito francês. Todavia, esses não são conceitos similares. Um árbitro com neutralidade cultural faria o máximo de esforço para fazer uma imersão no direito aplicável para, então, aplicá-lo sem traçar paralelos com seu próprio direito nacional, apesar da tentação de fazê-lo.

Christophe Seraglini afirmou que o árbitro estaria sujeito a ser influenciado constantemente por sua própria cultura jurídica. Segundo ele, um árbitro não pode ser dissociado de suas origens e história[1022]. Tal influência não é apenas inevitável, mas desejável, pois sem um ponto de referência, ele jamais poderia distinguir entre diferentes sistemas jurídicos. Salienta o mesmo autor, ainda, que o árbitro deve estar aberto[1023]. Neutralidade cultural não é um alvo fixo, mas uma vontade permanente de atingi-la, em constante movimento.

1.4. Capacidade para ser um bom administrador

O profissionalismo do árbitro é passível de verificação não apenas mediante sua neutralidade cultural, mas também através da capacidade para bem administrar uma arbitragem. Não contar com esta capacidade pode gerar sérias críticas das partes, haja vista eventuais atrasos e maiores custas. Um árbitro não deve ser apenas capaz de adotar regras processuais que ofereçam às partes uma oportunidade para apresentarem seu caso e serem ouvidas, mas também de adotar soluções para eventuais impasses no procedimento e de adotar um calendário processual adaptado ao caso. Muito embora a tentação de padronizar os procedimentos seja grande, arbitragem e padronização não combinam.

A arbitragem "detesta" o *prêt-à-porter*, estando mais adaptada ao procedimento sob medida. Um procedimento sob medida requer, no entanto, a adoção de técnicas de administração de caso precisas e eficientes. Certamente, a padronização ou a adoção de *standards* está associada à crescente profissionalização e "judicialização" da arbitragem[1024].

[1022] Seraglini, Christophe. L'influence de la culture juridique sur la décision de l'arbitre. *In*: **Mélanges en l'honneur du Professeur Pierre Mayer**. Paris: LGDG, 2015, p. 831: "*l'arbitre n'est pas un être désincarné, déraciné, flottant, sans origine ni attache*".

[1023] Seraglini, Christophe. L'influence de la culture juridique sur la décision de l'arbitre. *In*: **Mélanges en l'honneur du Professeur Pierre Mayer**. Paris: LGDG, 2015, p. 831.

[1024] Sobre a profissionalização e "judicialização" (ou "processualização") da arbitragem: Dezalay, Y.; Garth, B. G. **Dealing in virtue**. Chicago: University of Chicago Press, 1996,

Daí a grande virtude da arbitragem sob medida, adaptada às expectativas das partes e benéfica à legitimidade da justiça arbitral.

Procedimentos arbitrais têm se tornado cada vez mais volumosos. É muito comum que alegações escritas ultrapassem 200 páginas, acompanhadas de milhares de documentos, além dos depoimentos escritos das testemunhas e relatórios periciais altamente complexos, também acompanhados de inúmeros anexos. Pedidos de produção de documentos são comumente extensos e precisam ser decididos rapidamente. Acima de tudo, muitas vezes, a parte contrária exerce pressão ao levantar inúmeros incidentes processuais, dentre eles, pedidos de exclusão de um documento dos autos, de indeferimento de algum argumento, de extensão de prazo e outros pedidos urgentes. Um árbitro, ao decidir esses incidentes processuais, deve possibilitar às partes apresentarem suas posições, lembrando de consultar seus colegas árbitros.

Não bastasse isso, tele e videoconferências devem conciliar diferentes fusos horários. Sem um rigoroso emprego de técnicas de administração do procedimento, um árbitro tem grandes chances de cometer equívocos e perder, por conseguinte, a confiança das partes e dos seus coárbitros, além de colocar em risco a integridade do procedimento arbitral.

O Apêndice IV do Regulamento de Arbitragem da CCI e a publicação da CCI designada *Controlling Time and Costs in Arbitration*[1025] dispõem sobre diretrizes para a adoção de boas técnicas de administração do procedimento, à luz do objetivo de reduzir a duração e os custos do procedimento. Figuram como exemplos dessas técnicas, tal como dispostas

p. 305. Ver também discussão no Brasil e a necessidade de "arbitralização" da arbitragem: Nunes Pinto. **Arbitralização da Arbitragem**. 2003.Disponível em: https://ambitojuridico.com.br/edicoes/revista-15/a-arbitralizacao-da-arbitragem. Acesso em: 16 ago. 2019: "[...] Faz-se necessário que se moldem as atitudes das partes e, sobretudo, dos árbitros. Quanto a estes, é vital que decidam efetivamente e que exerçam os poderes que lhes foram conferidos por lei. Outra coisa que não se pode aceitar é que, na insegurança natural que ronda o estágio de infância da arbitragem no Brasil, além de processualizada esta se torne judicializada. Portanto, quanto maior for a insegurança em decidir, mais tenderão os árbitros a remeter as partes ao Judiciário, e mais estará a arbitragem judicializada. O antídoto à processualização e judicialização da arbitragem é a sua arbitralização. Arbitralizar a arbitragem é dar, na prática, vida ao marco legal que regula o instituto. É aplicar a lei ao caso concreto, mas da forma em que foi esta concebida. [...]"; Prado, M. G. Ferraz de Almeida. **A economia da arbitragem**. Rio de Janeiro: Lumen Juris, 2018, p. 347 *et seq*.

[1025] ICC Commission Report – Controlling Time and Costs in Arbitration, 2018.

no Apêndice IV, bifurcar o procedimento, identificar questões a serem resolvidas mediante acordo das partes ou dos respectivos peritos, identificar questões a serem decididas com base em documentos, dispor sobre regras a respeito da fase de produção de documentos, limitar a extensão de alegações escritas e orais, utilizar a tecnologia, organizar uma conferência antes da audiência e incentivar as partes a chegarem a um acordo para a resolução da disputa. O art. 14(6) do Regulamento de Arbitragem da LCIA também incentiva técnicas similares de administração do procedimento, desde que o tribunal confira às partes uma oportunidade razoável (*a reasonable opportunity*) de apresentarem sua posição.[1026]

Dentre as técnicas mencionadas, estão: a) limitar a extensão de alegações quanto ao número de páginas e conteúdo; b) limitar a oitiva de testemunhas e eventuais depoimentos escritos; c) empregar ferramentas tecnológicas inclusive em audiência; d) decidir em que fase da arbitragem certas questões serão resolvidas; e) dispensar uma audiência; e f) abreviar eventuais prazos, etc.

A principal qualidade de um excelente administrador é ter ciência de que precisa ser bem assistido. Juízes normalmente contam com assessores os quais fazem a gestão de aspectos administrativos do procedimento. Em alguns países, os assessores ou *law clerks* (como se fala nos Estados Unidos) contam inclusive com um papel importante na preparação das minutas de sentenças[1027]. Claramente, os árbitros não podem ser comparados a juízes, eis que os primeiros são muitas vezes escolhidos *intuitu personae*[1028].

Não obstante, para manter sua eficiência, um árbitro deveria utilizar um secretário ou assistente, especialmente em casos maiores e complexos. Algumas instituições arbitrais cumprem este papel, a exemplo do *International Centre for Settlement of Investment Disputes* (ICSID), que faz

[1026] Regulamento de Arbitragem da LCIA (1° de outubro de 2020), Art. 14.5. *"Without prejudice to the generality of the Arbitral Tribunal's discretion, after giving the parties a reasonable opportunity to state their views, the Arbitral Tribunal may, subject to the LCIA Rules, make any procedural order it considers appropriate with regard to the fair, efficient and expeditious conduct of the arbitration".*

[1027] POUDRET, Jean-François; BESSON, Sébastien. **Comparative Law of International Arbitration.** London: Sweet & Maxwell, 2007, p. 513.

[1028] KLEIMAN, Elie. Arbitre, intuitu personae. *In:* **Liber Amicorum en l'honneur de Serge Lazareff.** Paris: Pedone, 2011, p. 361.

a gestão de praticamente toda a relação entres as partes e os árbitros, os quais, na maioria das vezes, não se comunicam diretamente com as partes. A Corte Permanente de Arbitragem (CPA) na Haia também atua de forma similar.

Atualmente é muito comum designar um secretário administrativo do tribunal arbitral ou árbitro único, tal como consta da Nota da CCI às Partes e aos Tribunais Arbitrais sobre a Condução da Arbitragem conforme o Regulamento de Arbitragem da CCI:

> Em arbitragens CCI, os secretários administrativos podem prestar um serviço útil às partes e aos tribunais arbitrais. Embora designado principalmente para prestar assistência aos tribunais arbitrais com três integrantes, um secretário administrativo também poderá prestar assistência ao árbitro único. Os secretários administrativos podem ser nomeados a qualquer momento, no curso da arbitragem[1029].

A mesma Nota dispõe sobre exemplos de tarefas usualmente conferidas aos secretários administrativos:

- enviar documentos e comunicados em lugar e vez do tribunal arbitral;
- organizar e administrar o arquivo do tribunal arbitral, e localizar documentos;
- organizar audiências e reuniões e comunicar-se com as partes a esse respeito;
- preparar correspondência para as partes e enviá-las em lugar e vez do tribunal arbitral;
- elaborar minutas de ordens procedimentais a serem analisadas pelo tribunal arbitral, bem como partes do relatório de uma sentença arbitral, tal como o resumo da arbitragem, a cronologia dos fatos e um resumo das posições das partes, desde que tais ordens procedimentais e partes da sentença sejam subsequentemente examinadas pelo próprio tribunal arbitral;
- comparecer a audiências, reuniões e deliberações; tomar notas, lavrar atas ou fazer registro de tempo;

[1029] Nota da CCI às Partes e aos Tribunais Arbitrais sobre a Condução da Arbitragem conforme o Regulamento de Arbitragem da CCI (1° de janeiro de 2021), para. 217.

- realizar pesquisas jurídicas ou similares; e
- fazer a revisão e a verificação de citações, datas e referências cruzadas em ordens procedimentais e sentenças arbitrais, bem como corrigir erros de digitação, de gramática ou de cálculo[1030].

A fim de evitar que o secretário administrativo se transforme em um quarto árbitro,[1031] melhor informado que os outros, a Nota da CCI estipula:

> O tribunal arbitral não delegará jamais a um secretário administrativo, sob nenhuma circunstância, funções que envolvam a tomada de decisões, nem se apoiará no secretário administrativo para o cumprimento em seu lugar e vez de qualquer dos deveres essenciais de um árbitro. Da mesma forma, as tarefas confiadas a um secretário administrativo, como a elaboração de notas explicativas ou memorandos por escrito, não isentará o tribunal arbitral de seu dever de examinar pessoalmente os autos e/ou redigir diretamente a minuta de qualquer decisão do tribunal arbitral[1032].

Para muitos, o secretário administrativo não poderia redigir a sentença[1033]. Mas isso, em verdade, é um debate sem sentido, uma vez que não se define o que se quer dizer com "redação" da sentença. Um árbitro não é um "escriba" e, portanto, a "redação" da sentença não constitui uma função essencial. Ao árbitro cabe decidir com base nos fatos e no direito. Para que possa alcançar isso, o árbitro precisa ter conhecimento direto dos autos. Com base nesse conhecimento, ele poderá então decidir. As partes ajudam o árbitro a decidir ao apresentarem seu caso durante longuíssimas audiências animadas pelas oitivas de testemunhas e peritos, assinalando aos árbitros as principais provas orais e escritas. Outrossim, na hipótese de um tribunal arbitral de três membros,

[1030] Nota da CCI às Partes e aos Tribunais Arbitrais sobre a Condução da Arbitragem conforme o Regulamento de Arbitragem da CCI (1° de janeiro de 2021), para. 224.

[1031] PARTASIDES, Constantine. The fourth arbitrator? The role of secretaries to tribunals in international arbitration. **Arbitration International** n. 147, 2002.

[1032] Nota da CCI às Partes e aos Tribunais Arbitrais sobre a Condução da Arbitragem conforme o Regulamento de Arbitragem da CCI (1° de janeiro de 2021), para. 223.

[1033] KLEIMAN, Elie. Arbitre, intuitu personae. *In:* **Liber Amicorum en l'honneur de Serge Lazareff**. Paris: Pedone, 2011, p. 374.

as decisões são tomadas pelos três, após as deliberações. Sem dúvida, a "redação" da sentença dependerá claramente dos métodos empregados pelo árbitro presidente.

Seria impreciso concluir que, ao designar um secretário administrativo, o árbitro presidente ou árbitro único não mais exerceria seus poderes de administrar o procedimento. A função de administrar e conduzir o procedimento constitui uma das qualidades essenciais do árbitro, inerentes à função de árbitro.

E, claro, a administração eficiente do procedimento também é uma qualidade do árbitro. As partes certamente consideram a reputação do árbitro na condução eficiente do procedimento no momento de sua designação. A condução do procedimento não pode e não deve ser realizada pelo secretário administrativo. Pelo contrário, o árbitro administra o procedimento e o secretário simplesmente executa os respectivos atos de administração, tais como determinados pelo árbitro e na sequência de instruções expressas deste último.

1.5. Disponibilidade

Por fim, espera-se que o árbitro esteja disponível, isto é, que tenha tempo para os casos em que ele aceite atuar. Algumas instituições arbitrais[1034] requerem que os árbitros assinem uma declaração de disponibilidade, da mesma forma que exigem uma declaração de independência e imparcialidade.

[1034] Regulamento de Arbitragem da CCI (1° janeiro de 2021), art. 11(2): "Antes da sua nomeação ou confirmação, a pessoa proposta como árbitro deverá assinar declaração de aceitação, disponibilidade, imparcialidade e independência *[...];*" Regulamento de Arbitragem da LCIA (1° de outubro de 2020), Article 5.4: *"Before appointment by the LCIA Court, each arbitrator candidate shall [...] sign a written declaration stating: [...] (ii) whether the candidate is ready, willing and able to devote sufficient time, diligence and industry to ensure the expeditious and efficient conduct of the arbitration. The candidate shall promptly furnish such agreement and declaration to the Registrar."* Vide também, por exemplo: Regulamento de Arbitragem do CAM/CCBC (2012, com emendas de 28 de abril de 2016), art. 4.6: "[...] Nesta oportunidade, os árbitros indicados serão solicitados a preencher Questionário de Conflitos de Interesse e Disponibilidade do CAM-CCBC, abreviadamente denominado Questionário, no prazo de 10 (dez) dias;" Regulamento de Arbitragem da CAMARB (12 de agosto de 2019), art. 4.9: "Uma vez indicado o árbitro, a Secretaria Geral da CAMARB solicitará a este que, no prazo de 10 (dez) dias, manifeste sua disponibilidade, não impedimento, independência e imparcialidade".

Quando um árbitro se encontra muito ocupado, isso pode ter consequências negativas para o procedimento, no que tange aos prazos e ao calendário processual, tornando quase impossível fixar datas para reuniões, conferências e audiências e, ao mesmo tempo, viabilizar às partes que possam submeter seus argumentos dentro de um prazo razoável. Isso significa que as partes têm o direito de ter um árbitro disponível para tratar do caso[1035].

A necessidade de celeridade, conforme exigida pelo art. 1464(3) do Código de Processo Civil francês, não abarca a necessária qualidade de que estejam disponíveis. Quem sabe o dever de diligência dos árbitros, conforme dispõe o art. 13, § 6º, da Lei de Arbitragem[1036], pudesse ser interpretado como abarcando sua disponibilidade, muito embora isso não seja uma exigência expressa da lei brasileira.

Disponibilidade significa realmente consagrar tempo e atenção ao caso, sem tomar decisões precipitadas. Cada arbitragem é diferente da outra, é *sui generis* porquanto a respectiva combinação de fatos e de direito será sempre única. Adicione-se a isso a personalidade das partes, dos seus advogados, e dos árbitros, um conjunto decisivo para a resolução da disputa. O árbitro presidente e o árbitro único devem estar disponíveis para ouvir as partes e administrar o procedimento caso a caso.

Esse processo toma tempo e a noção da arbitragem sob medida exclui decisões na correria, muitas vezes também precipitadas e não criativas. Decidir rápido demais impossibilita decisões bem refletidas uma vez que ter tempo para essa tarefa, ao final, é mais eficiente do que decidir de forma "agitada" e precipitada, por todas as consequências que isso possa trazer.

Como bem ponderou o filósofo Byung-Chul Han, pura agitação não cria nada de novo, apenas reproduz o que já existe[1037]. Por um lado, espera-se que um árbitro decida de forma célere mas, por outro, que trabalhe bem, o que significa que jaz nessa situação uma tensão constante entre essas duas qualidades. Para atingir esse objetivo, o árbitro precisa

[1035] Kleiman, Elie. The SNF *v.* International Chamber of Commerce Case and the obligation to conduct arbitration proceedings with expected dispatch.1 **Stockholm International Arbitration Review** 13, 2009.

[1036] Lei n. 9.307/1996, que dispõe sobre a arbitragem (Lei de Arbitragem).

[1037] Han, Byung-Chul. **La société de la fatigue**. Paris: Circé, 2010, p. 61: "*L'agitation pure ne produit rien de neuf. Elle reproduit et accélère ce qui existe déjà*".

ter tempo para se concentrar sobre o caso desde o princípio e, de toda forma, muito antes da audiência. Caso contrário, como poderia proferir decisões sob medida, adequadas às características de cada disputa? Como poderia decidir com plena ciência da disputa sobre pedidos de produção de documentos, os quais presumem que o árbitro possa avaliar se são relevantes para o caso e essenciais para a resolução da disputa? Esses são apenas exemplos, dentre muitos, da importância de o árbitro dedicar todo o tempo e atenção necessários para cada caso.

Conclusões

Imparcialidade e independência não são apenas a garantia de justiça, mas também a essência da atividade jurisdicional do árbitro. No entanto, para exercer sua missão, é crucial o profissionalismo do árbitro, ou seja, sua capacidade de tomar decisões, de obter e manter a confiança das partes e a dos seus colegas árbitros.

A neutralidade cultural é um aspecto do profissionalismo do árbitro, que não poderia ser alcançada a não ser às custas de muita vontade e movimento constante para se libertar e se desvencilhar do seu próprio sistema jurídico, o que é crucial em arbitragens internacionais. A neutralidade cultural requer abertura de espírito e um grande esforço intelectual, uma vez que é impossível se desvencilhar completamente de seu próprio *background* jurídico.

Ademais, o verdadeiro profissionalismo significa conciliar todas essas qualidades e mais, combinar a elas a capacidade de atuar como um jurista de alto nível e como um dinâmico administrador de casos, dedicando-se permanentemente a conhecer os fatos e o direito como se fossem a palma de sua mão.

Referências

ANCEL, Jean-Pierre. L'arbitre juge. **Revue de l'arbitrage**, 2012.

BRASIL. **Lei n. 9.307, de 23 de setembro de 1996**. Dispõe sobre a arbitragem. Disponível em: http://www.planalto.gov.br/ccivil_03/leis/l9307.htm. Acesso em: 01 jun. 2021.

BREDIN, J.-D. Retour au délibéré arbitral. In: **Liber Amicorum Claude Reymond**. Paris: Litec, 2004, p. 43-50, 2004.

Cour de Cassation (1ère Civ.) (29 de junho de 2007) (2007) **Revue de l'arbitrage** 515 (Nota de Emmanuel Gaillard) ("[la sentence internationale] est une décision de justice internationale.").
Cour de Cassation (2ème Civ.) (13 de abril de 1972) (1975) **Revue de l'arbitrage** 235 (Nota de Eric Loquin).
Cour de Cassation (1ère Civ.) (12 de outubro de 2011) 2012 **Revue de l'arbitrage** 86 (Nota de F.X. Train).
Derains, Yves. **Le professionnalisme des arbitres internationaux**. Revue de l'Arbitrage, 2019.
Derains, Yves. La pratique du délibéré arbitral. In: ***Liber Amicorum* in honour of Robert Briner**. Paris: ICC Publishing, 2005.
Dezalay, Y.; Garth, B. G. **Dealing in virtue**. Chicago: University of Chicago Press, 1996.
Gaillard, Emmanuel. Comparative Law in International Arbitration. In: **Ius Comparatum**. International Academy of Comparative Law, v. 1. 2020.
Han, Byung-Chul. **La société de la fatigue**. Paris: Circé, 2010.
Hanotiau, Bernard. L'arbitre, garant des valeurs de l'arbitrage. In: ***Liber Amicorum* in honour of Robert Briner**. Paris: ICC Publishing, 2005.
Henry, M. **La place de l'arbitre**. Mélanges en l'honneur du Professeur Pierre Mayer. Paris: LGDJ, 2015.
ICC Commission Report – **Controlling Time and Costs in Arbitration**, 2018.
International Comparative Law Quarterly n. 248, 1952.
Kleiman, Elie. Arbitre, intuitu personae. In: **Liber Amicorum en l'honneur de Serge Lazareff**. Paris: Pedone, 2011.
Kleiman, Elie. The SNF v. International Chamber of Commerce Case and the obligation to conduct arbitration proceedings with expected dispatch.1 **Stockholm International Arbitration Review** 13, 2009.
Lalive, Pierre. Du courage dans l'arbitrage international. In: **Mélanges en l'honneur de François Knoepfler**. Bâle: Helbing & Lichtenham, 2005.
Lei Modelo da UNCITRAL. Sobre Arbitragem Comercial Internacional, 1985, com emendas de 2006. Disponível em: https://s.conjur.com.br/dl/lei-modelo-arbitragem-elaborada.pdf. Acesso em: 17 set. 2021.
Mayer, Pierre. Le pouvoir des arbitres de régler la procédure: une analyse comparative des systèmes de civil law et de common law. **Revue de l'arbitrage** 177, 1995.
Nunes Pinto. **Arbitralização da Arbitragem**. 2003.Disponível em: https://ambitojuridico.com.br/edicoes/revista-15/a-arbitralizacao-da-arbitragem. Acesso em: 16 ago. 2019.
Partasides, Constantine. The fourth arbitrator? The role of secretaries to tribunals in international arbitration. **Arbitration International** n. 147, 2002.

POUDRET, Jean-François; BESSON, Sébastien. **Comparative Law of International Arbitration**. London: Sweet & Maxwell, 2007.

PRADO, M. G. Ferraz de Almeida. **A economia da arbitragem**. Rio de Janeiro: Lumen Juris, 2018.

RÉPUBLIQUE FRANÇAISE. **Code de procédure civile**. Disponível em: https://www.legifrance.gouv.fr/. Acesso em: 01 jun. 2021.

SERAGLINI, Christophe. L'influence de la culture juridique sur la décision de l'arbitre. In: **Mélanges en l'honneur du Professeur Pierre Mayer**. Paris: LGDJ, 2015.

2. A IMUNIDADE DO ÁRBITRO: REFLEXÕES EM TORNO DE UMA TENDÊNCIA[1038]

Giovana Benetti
Judith Martins-Costa

Introdução

"Campos econômicos"[1039] de dimensão mundial formam e conformam o estágio atual da economia capitalista, na qual as empresas e, consequentemente, a atividade econômica, ultrapassam os limites territoriais dos Estados nacionais. Esse fenômeno repercute também na forma de resolução dos conflitos oriundos dessas relações e em sua disciplina jurídica,

1038 As autoras agradecem a Bruno Guandalini e Carlos Elias pelo honroso convite para participar da presente obra. Também agradecem a Pietro Webber, Giordano Loureiro e Giovana Etcheverry por sua colaboração com a pesquisa doutrinária e jurisprudencial, bem como o auxílio de Vitória Werle com a revisão do texto. E são gratas a José Emilio Nunes Pinto pela colaborativa leitura.

1039 A noção de "campo" (*champ*) é central na obra do sociólogo Pierre Bourdieu. Sinteticamente, o campo é um microcosmo social relativamente autônomo no interior do macrocosmo social. Cada campo (político, religioso, universitário, jurídico, econômico, etc.) é regido por regras que lhe são próprias e se caracteriza pela busca de fins específicos. Os campos não são, todavia, homogêneos. São "espaços de conflito" e de concorrência. A ideia de "campos econômicos" é aqui evocada para lembrar que as categorias da ortodoxia econômica (a oferta, a demanda, o mercado, as trocas no sentido econômico), embora sejam frequentemente tratadas por economistas e juristas como um dado natural, são "artefatos históricos", construções sociais para a configuração do qual as configurações jurídicas são essenciais, ocorrendo entre Direito e Economia uma recíproca interação (Ver, em especial: Bourdieu, Pierre: Champ Économique. *In*: **Actes de la Recherche em Sciences Sociales**, 1997, p. 48-66).

suscitando o incremento da arbitragem como via frequentemente eleita para a solução de controvérsias empresariais[1040]: além da flexibilidade do procedimento, da especialização dos árbitros e de tantos outros aspectos positivos, está o fato de os árbitros, atores que frequentemente atuam em cenário globalizado, estarem, em linha de princípio, aptos – pelo cosmopolitismo no qual imersos – a bem compreender o peso da ambiência transnacional nos problemas jurídicos que devem solucionar em cada procedimento posto à sua apreciação[1041].

Como método de resolução de disputas, a arbitragem internacional é considerada, verdadeiramente, um "sistema transnacional", no qual partes oriundas de diferentes países e imersas em diversos ambientes econômicos, jurídicos e culturais podem interagir em um ambiente marcado pela necessidade de buscar uma certa (e ainda que relativa) *base comum*, conforme indica Gabrielle Kaufmann-Kohler[1042], apontando o *desideratum* revelado há décadas sob denominações diversas[1043]. Esse esforço de harmonização contribui para o surgimento de uma espécie de procedimento arbitral *standard*, o qual "tem o inestimável mérito de combinar diferentes

[1040] Veja-se a pesquisa **Arbitragem no Brasil**, realizada pelo Comitê Brasileiro de Arbitragem (CBAr) em parceria com a IPSOS. Disponível em: http://www.cbar.org.br/PDF/Pesquisa_CBAr-Ipsos-final.pdf. Acesso em: 03 fev. 2021.

[1041] Segundo Bruno Oppetit, a "lógica do mercado" joga em favor do desenvolvimento de um setor informal de resolução de conflitos, expandindo-se essa tendência no modelo liberal de Estado, o qual não pretende monopolizar o julgamento dos conflitos entre particulares. O "princípio da subsidiariedade" é então redescoberto em favor da generalização dos mecanismos da economia de mercado e da passagem do *status* ao contrato, aceitando a autonomia dos indivíduos na procura de modos de regulamentação jurídica concernentes à regulação dos seus interesses. OPPETIT, Bruno, **Théorie de l'arbitrage**. Paris: PUF, 1998, p. 21). Versou também essa questão: REALE, Miguel. Crise da justiça e arbitragem. **Revista de Arbitragem e Mediação**. v. 5, 2005, p. 11-13.

[1042] KAUFMANN-KOHLER, Gabrielle. Globalization of Arbitral Procedure. **Vanderbilt Journal of Transnational Law**, v. 36, p. 1.313-1.333, 2003, p. 1.323. Tradução livre. No original: "*They have no choice but to find some common ground*".

[1043] À arbitragem internacional não é funcional a fragmentação dos espaços jurídicos. Ao longo das décadas, a doutrina tem falado, assim, em *lex mercatoria* e em "princípios do comércio internacional", bem como em "usos do comércio internacional", "direito comum da arbitragem" e em "ordem jurídica arbitral". Acompanhe-se essa evolução, em seus grandes traços, em GAILLARD, Emmanuel. **Aspects philosophiques du droit de l'arbitrage international**. Académie en Droit International de la Haye. Haia: Martinus Nijhoff Pubishers, 2008, especialmente p. 66-100.

culturas em seus aspectos processuais"[1044] e acaba, muito frequentemente, por incubar os modos de ser e de decidir também das arbitragens nacionais. Conquanto ninguém duvide não ser o escopo da arbitragem internacional unificar culturas jurídicas, esta poderá, todavia, viabilizar, por meio de *aculturações jurídicas*[1045], feitas às vezes imperceptivelmente e propiciadas pela própria ambiência arbitral, uma aproximação procedimental e mesmo certa modelação de regras de fundo[1046].

Quanto às regras procedimentais, basta pensar nas diferenças atinentes à apresentação de documentos em sistemas de *common law* e de *civil law*, especialmente no tocante ao procedimento de *discovery*. Apesar de habitual em litígios desenvolvidos sob as regras de sistemas de *common law*, a prática de *discovery* é inusual para advogados com formação em países de *civil law*. Como forma de aproximar essas tradições, a *International Bar Association* (IBA) desenvolveu regras sobre a produção de provas incorporando elementos de ambos os sistemas[1047].

Preocupação semelhante há de ser adotada em relação ao tema deste ensaio, atinente a regras de fundo, ou substância que, em diferentes sistemas, conformam a *imunidade dos árbitros*, é dizer: a proteção conferida aos árbitros quanto a atos ou a omissões conectados ao exercício de sua função jurisdicional, de forma a afastar a imputação de responsabilidade civil.

[1044] KAUFMANN-KOHLER, Gabrielle. Globalization of Arbitral Procedure. **Vanderbilt Journal of Transnational Law**, v. 36, p. 1.313-1.333, 2003, p. 1.323. Tradução livre. No original: "*The freedom thus granted has allowed arbitration practice to develop a set of rules which progressively rise to the level of a standard arbitration procedure. Such standard procedure has the invaluable merit of merging different procedural cultures*".

[1045] O conceito é explorado por OPPETIT, Bruno. **Théorie de l'Arbitrage**. Paris: PUF, 1998, p.113-114. Vide, adiante, item II.

[1046] Como exemplo, recorde-se a interpretação do art. 809 do Código Civil português, cuja leitura rígida conduzia à nulidade radical de toda cláusula limitativa de responsabilidade. Tratando-se de regra disfuncional aos usos do comércio internacional, a partir dos anos 1990 o Supremo Tribunal de Justiça português inclinou-se progressivamente a uma interpretação mais liberal, em exemplo do caráter dinâmico do método das regras transnacionais, como relata Emmanuel Gaillard: GAILLARD, Emmanuel. **Aspects philosophiques du droit de l'arbitrage international**. Académie en Droit International de la Haye. Haia: Martinus Nijhoff Pubishers, 2008, p. 82; 161, nota 290.

[1047] O exemplo a respeito da prática de *discovery* e a referência às Regras da IBA estão em: KAUFMANN-KOHLER, Gabrielle. Globalization of Arbitral Procedure. **Vanderbilt Journal of Transnational Law**, v. 36, p. 1.313-1.333, 2003, p. 1.325-1327.

Para compreender as discussões envolvendo a imunidade dos árbitros com vistas a identificar o padrão que, no nosso modo de ver, se afigura o mais adequado, exploraremos, de início, a noção e a finalidade do instituto da imunidade[1048], passando, em seguida, para a abordagem dos seus diferentes graus (Parte I). Posteriormente, analisaremos o tema em sua perspectiva prática, recorrendo a decisões proferidas por tribunais de sistemas de *common law* e de *civil law* (Parte II), o que evidenciará a aproximação entre as soluções mencionadas.

1. Os contornos da proteção conferida ao árbitro

A imunidade é definida por Fouchard, Gaillard e Goldman como "o princípio segundo o qual os árbitros não podem ser responsabilizados pelo modo com que executam suas funções jurisdicionais". Esta noção, dizem os autores, é empregada primordialmente em países de *common law*, utilizada em sistemas de *civil law* em que a proteção conferida a juízes no exercício de suas funções pode ser ampliada, analogicamente, para abarcar os árbitros[1049]-[1050].

Para bem compreender os diferentes contornos da imunidade conferida aos árbitros, o exame deve principiar pela noção e pela finalidade da figura (i), passando-se à abordagem dos distintos graus de proteção encontrados na atualidade (ii).

1.1. Noção e finalidade da imunidade

Já se viu que a imunidade, para o que concerne ao presente estudo, consiste na salvaguarda concedida aos árbitros, especificamente, em relação

[1048] É variado o âmbito da proteção dada aos árbitros, podendo repercutir sobre demandas indenizatórias ou criminais, por exemplo. A análise aqui desenvolvida é restrita à imunidade relativa a atos ou a omissões que poderiam suscitar a responsabilidade civil dos árbitros.

[1049] GAILLARD, Emmanuel; SAVAGE, John (ed.). **Fouchard Gaillard Goldman on International Commercial Arbitration**. Haia: Kluwer Law International, 1999, p. 589. Tradução livre. No original: *"The word 'immunity' in this context is used primarily by the courts and authors in common law countries to refer to the principle that arbitrators cannot be held liable for the manner in which they perform their judicial functions. It can also be used in a civil law context where the immunity from prosecution traditionally enjoyed by judges may or may not be extended to arbitrators"*.

[1050] A respeito da temática da responsabilidade civil dos árbitros, permitimo-nos remeter a MARTINS-COSTA, Judith; BENETTI, Giovana; XAVIER, Rafael; WEBBER, Pietro. **Deveres e responsabilidade dos árbitros**: entre o *status* e o contrato de *investidura* (no prelo).

a atos ou a omissões relacionados ao exercício de sua missão, afastando-se a possibilidade de virem a ser civilmente responsabilizados, desde que sejam observados certos limites[1051]. Essa proteção – que muito mais consiste em proteção ao *instituto da arbitragem* do que ao árbitro, singularmente considerado – vem prevista, normalmente, em leis nacionais, regulamentos de câmaras arbitrais ou em acordos firmados entre as partes e os árbitros[1052], variando a sua abrangência a depender da redação adotada[1053].

Grosso modo, há posicionamentos que pendem à defesa da *imunidade absoluta*, abrangendo todo e qualquer ato ou omissão do árbitro; outros sustentam uma imunidade *qualificada*, restringindo o âmbito de proteção sobre determinados comportamentos ou circunstâncias; e, no polo oposto, há quem sustente a prevalência da *ampla responsabilização* dos árbitros[1054]. Tão profundas distinções entre os posicionamentos comumente adotados reforçam a importância de se estabelecer regras relativamente harmonizadas sobre a matéria[1055].

É certo que as regras de ética da IBA para árbitros internacionais endereçaram o tema em 1987 ao prever, em princípio, dever ser conferida imunidade qualificada aos árbitros internacionais: *prima facie*,

[1051] Os limites à imunidade serão desenvolvidos no tópico "ii" da Parte I. Sobre o tema, consulte-se: BORN, Gary B. **International Commercial Arbitration**. 2. ed. Haia: Kluwer Law International, 2014, p. 2.027-2.028.

[1052] BORN, Gary B. **International Commercial Arbitration**. 2. ed. Haia: Kluwer Law International, 2014, p. 2027-2028.

[1053] Há quem distinga entre a noção de imunidade (*immunity*) e a de responsabilidade (*liability*) no sentido de que a primeira é conferida por autoridades públicas por meio de convenções internacionais ou leis nacionais, e a segunda é conectada a disposições contratuais, sendo derivadas de regulamentos arbitrais ou contratos (neste sentido: GIOVANNINI, Teresa. Immunity of arbitrators. **Arbitration**: the international journal of arbitration, mediation and dispute management. Haia: Kluwer Law International, v. 83, 2017, p. 436-446. Para fins deste artigo, empregaremos o sentido amplo de imunidade, abarcando as duas noções.

[1054] Conforme Dario Alessi *"[...] no valid ground exists for immunity of arbitrator, no persuasive reason exists to exclude the contractual nature of the arbitrator's functions"*. ALESSI, Dario. Enforcing arbitrator's obligations: rethinking international commercial arbitrator's liability. **Journal of International Arbitration,** v.31, issue 6, 2014, p. 739.

[1055] REDFERN, Alan; HUNTER, Martin; BLACKABY, Nigel; PARTASIDES, Constantine. **Redfern and hunter on international arbitration**. Oxford: Oxford University Press, 2015, p. 326.

há imunidade, ressalvando-se hipóteses extremas, como o descumprimento doloso de deveres[1056]. Mais recentemente, as regras de arbitragem da UNCITRAL de 2010 previram a renúncia, pelas partes, de qualquer pedido (*any claim*) relacionado aos árbitros, desde que sejam respeitadas as leis aplicáveis e não tenha sido cometida uma infração dolosa[1057].

Essas diretrizes – bem como o conjunto dos direitos examinados – sinalizam uma relevante *tendência* que se vem progressivamente afirmando no sentido da imunidade qualificada do árbitro. Assim, conquanto em perspectiva comparativista o escopo dessa proteção não seja pacífico, tendo a questão recebido desigual tratamento em leis nacionais, em casos julgados por tribunais nacionais e em textos doutrinários[1058], observa-se, se considerada a direção da linha do tempo, uma relativa aproximação entre as soluções oferecidas.

A título de exemplo, a Lei inglesa de Arbitragem refere, no art. 29(1), não ser o árbitro responsável por atos ou omissões vinculados ao exercício de sua função, exceto se procedeu com má-fé[1059]. É igualmente digno de nota o Ato Uniforme de Arbitragem, promulgado em 1955 nos Estados Unidos. Isso porque a seção 14, da sua versão revisada em 2000,

[1056] **Rules of Ethics for International Arbitrators**. Disponível em: https://www.trans-lex.org/701100/_/iba-rules-of-ethics-for-international-arbitrators-1987. Acesso em: 01 fev. 2020: *"The International Bar Association takes the position that (whatever may be the case in domestic arbitration) international arbitrators should in principle be granted immunity from suit under national laws, except in extreme cases of wilful or reckless disregard of their legal obligations"*.

[1057] UNCITRAL Arbitration Rules 2010. Disponível em: https://www.uncitral.org/pdf/english/texts/arbitration/arb-rules-revised/arb-rules-revised-2010-e.pdf. Acesso em: 01 fev. 2021: *"Article 16. Exclusion of liability. Save for intentional wrongdoing, the parties waive, to the fullest extent permitted under the applicable law, any claim against the arbitrators, the appointing authority and any person appointed by the arbitral tribunal based on any act or omission in connection with the arbitration"*.

[1058] A preocupação com a falta de uniformização foi externalizada, *e.g.*, por Redfern, Alan; Hunter, Martin; Blackaby, Nigel; Partasides, Constantine. **Redfern and Hunter on International Arbitration**. Oxford: Oxford University Press, 2015, p. 325: *"One substantial concern is the lack of uniformity in approach. The source of the arbitrator's duties and the public policy of the state in which the arbitrator is acting need to be examined on a case-by-case basis. It would be helpful if some overriding principles could be established at an international level to provide comfort to arbitrators in the exercise of their functions, irrespective of the seat of arbitration"*.

[1059] English Arbitration Act (1996), art. 29(1): *"29. Immunity of arbitrator. (1) An arbitrator is not liable for anything done or omitted in the discharge or purported discharge of his functions as arbitrator unless the act or omission is shown to have been in bad faith. [...]"*.

prevê diversas regras a respeito, cumprindo destacar o item (a), segundo o qual o árbitro, ao agir nesta condição, é imune quanto a pleitos cobertos pela responsabilidade civil na mesma medida em que o seria um juiz estatal[1060]. Refira-se, ainda exemplificativamente, a Lei da Arbitragem Voluntária de Portugal, a qual estabelece no art. 9(4) não poderem ser os árbitros responsabilizados por danos decorrentes das decisões por eles proferidas, salvo nos casos em que os magistrados judiciais também o possam ser. Nas regras de direito norte-americano e português há identidade entre o tratamento conferido ao árbitro e ao juiz estatal quanto à responsabilidade por sua atividade. As regras inglesas focam no árbitro, mas adotam similar critério.

A proteção também pode estar contida em regulamentos de câmaras arbitrais. A *London Court of International Arbitration* (LCIA) foi uma das pioneiras, ao regrar, desde 1981, a "limitação de responsabilidade" dos árbitros e dos membros da Corte. Em sua versão mais recente, o regulamento prevê não deverem os árbitros ser responsabilizados, nem outros profissionais ali elencados, por atos ou omissões ligados à arbitragem, exceto se restar demonstrado que a infração foi cometida de modo consciente e deliberado ou se algum trecho do enunciado for vetado à luz da

[1060] Revised Uniform Arbitration Act (2000), Section 14(a): *"Immunity of the Arbitrator; Competency to Testify; Attorney's Fees and Costs. (a) An arbitrator or an arbitration organization acting in that capacity is immune from civil liability to the same extent as a judge of a court of this State acting in a judicial capacity"*. Conforme Marco Aurélio Buzzi, "O instituto jurídico da arbitragem nos Estados Unidos da América é fundamentalmente regulado pela Uniform Arbitration Act – UAA (Ato Uniforme de Arbitragem) [...], servindo como orientação e principal norte à legislação federal conhecida oficialmente como U.S. Arbitration Act – USAA ou, notoriamente, Federal Arbitration Act FAA [...]". Buzzi, Marco Aurélio Gastaldi. A Arbitragem na União Europeia, nos Estados Unidos da América e no Mercosul. *In*: **Instituto de Pesquisas e Estudos Jurídicos Avançados** (IPEJA), 2015, p. 13. Disponível em: http://ipeja.com.br/content/uploads/2015/05/A-Arbitragem-na-Uni%C3%83%C2%A3o-Europ%C3%83%C2%A9ia-nos-Estados-Unidos-da-Am%C3%83%C2%A9rica-e-no-Mercosul-Marco-Aur%C3%83%C2%A9lio-Gastaldi-Buzzi-.pdf. Acesso em: 03 fev. 2021.

lei aplicável[1061]. O exemplo dado pela LCIA se expandiu a regulamentos de outras instituições, sejam internacionais[1062], sejam brasileiras[1063].

[1061] LCIA Arbitration Rules (2014), art. 31.1: *"None of the LCIA (including its officers, members and employees), the LCIA Court (including its President, Vice-Presidents, Honourary Vice-Presidents and members), the Registrar (including any deputy Registrar), any arbitrator, any Emergency Arbitrator and any expert to the Arbitral Tribunal shall be liable to any party howsoever for any act or omission in connection with any arbitration, save: (i) where the act or omission is shown by that party to constitute conscious and deliberate wrongdoing committed by the body or person alleged to be liable to that party; or (ii) to the extent that any part of this provision is shown to be prohibited by any applicable law".*

[1062] O Regulamento da Corte de Arbitragem Internacional da Câmara de Comércio Internacional (CCI) contém dispositivo atinente à "limitação de responsabilidade" dos árbitros e de seus funcionários. Em sua versão mais recente, prevê-se, no art. 41, não serem responsáveis os árbitros, a Corte e seus membros, a CCI e os seus funcionários, dentre outros, por quaisquer atos ou omissões relacionadas a um processo arbitral, salvo na medida em que tal "limitação" seja proibida pela lei aplicável. ICC Rules of Arbitration (2021), art. 41: *"The arbitrators, any person appointed by the arbitral tribunal, the emergency arbitrator, the Court and its members, ICC and its employees, and the ICC National Committees and Groups and their employees and representatives shall not be liable to any person for any act or omission in connection with the arbitration, except to the extent such limitation of liability is prohibited by applicable law".* A amplitude da "limitação de responsabilidade" atualmente prevista nesse art. 41 ("[...] não serão responsáveis [...]") parece equivaler à exoneração de responsabilidade. Cabe referir já ter havido discussão judicial a respeito do teor do Regulamento da CCI: em 2009, no caso *SNF v. Chambre de Commerce Internationale*, a Corte de Apelação de Paris decidiu que "a renúncia à responsabilidade prevista no Regulamento era contrária ao dever da ICC como uma instituição arbitral e deveria ser considerada como não escrita". REDFERN, Alan; HUNTER, Martin; BLACKABY, Nigel; PARTASIDES, Constantine. **Redfern and Hunter on international arbitration**. Oxford: Oxford University Press, 2015, p. 326.

[1063] Dentre as Câmaras brasileiras, veja-se: Regulamento do CAM-CCBC de 2016, art. 10.7: "Nenhum dos árbitros, o CAM-CCBC ou as pessoas vinculadas à Câmara, são responsáveis perante qualquer pessoa por quaisquer atos, fatos ou omissões relacionados com a arbitragem"; Regulamento da AMCHAM. Art. 18.2, "Os membros do Centro de Arbitragem e Mediação AMCHAM não serão responsáveis perante qualquer pessoa por quaisquer atos ou omissões relacionados a um procedimento arbitral, salvo as disposições imperativas da lei aplicável"; Regulamento do CBMA, Art. 1.3 (a), "Os árbitros, o Centro e os seus funcionários não serão responsáveis perante qualquer pessoa por quaisquer atos ou omissões relacionados a uma arbitragem"; Regulamento da CAMFIEP, Art. 37.7: "Os Árbitros, a CAMFIEP, seus membros e representantes não serão responsáveis perante qualquer pessoa por quaisquer atos ou omissões relacionadas à Arbitragem, exceto se tal limitação de responsabilidade for vedada pela Lei aplicável ao litígio".

O fato de a LCIA ter sido uma pioneira na temática da imunidade não é obra do acaso, mas o resultado de uma fundada tradição. Segundo Alan Redfern, nos primórdios da arbitragem, "a prática na Inglaterra consistia em os árbitros, antes de aceitarem a indicação, solicitarem a assunção de um compromisso no sentido de que seriam imunes em relação a qualquer ação judicial, recebendo a concordância das partes com estes termos"[1064]. E havia uma razão para tanto: à época os árbitros desenvolviam os seus serviços gratuitamente, como uma espécie de medida amigável, de modo que não desejavam ser processados por uma parte descontente com a decisão[1065]. Em consequência, as Cortes Inglesas rapidamente reconheceram o compromisso assumido pelas partes, assim como a importância da missão levada a cabo pelos árbitros[1066], fixando a proteção dos árbitros contra processos instaurados pela parte descontente.

Mais tarde, decisões passaram a reconhecer a imunidade sem a existência de um compromisso prévio das partes; mas outras decisões questionaram a imunidade, na medida em que os árbitros passaram a ser remunerados em contrapartida à sua atuação; houve, ainda, a tentativa de elaborar uma codificação contendo as normas atinentes à arbitragem (*Bramwell Code*), a qual foi deixada de lado em favor da aprovação da Lei de Arbitragem de 1889[1067]; mais recentemente, foi promulgada a Lei de Arbitragem de 1996, disciplinando o tema no já referido art. 29(1).

1064 REDFERN, Alan. The immunity of arbitrators. *In*: **The Status of the Arbitrator**. ICC Arbitration Bulletin, Special Supplement, 1995, p. 2. Tradução livre. No original: *"Indeed, in the earlier days of arbitration, it was the practice in England for arbitrators to require and to be given an undertaking that they would be immune from legal proceedings, before accepting appointment [...]"*. Disponível em: https://library.iccwbo.org/dr-supplements.htm. Acesso em: 03 fev. 2021.

1065 REDFERN, Alan. The immunity of arbitrators. *In*: **The status of the arbitrator**. ICC Arbitration Bulletin, Special Supplement, 1995, p. 2. Disponível em: https://library.iccwbo.org/dr-supplements.htm. Acesso em: 03 fev. 2021.

1066 REDFERN, Alan. The immunity of arbitrators. *In*: **The Status of the Arbitrator**. ICC Arbitration Bulletin, Special Supplement, 1995, p. 2. Disponível em: https://library.iccwbo.org/dr-supplements.htm. Acesso em: 03 fev. 2021.

1067 Para o histórico a respeito do tema da imunidade dos árbitros na Inglaterra: REDFERN, Alan. The immunity of arbitrators. *In*: **Special Supplement 1995**. The status of the arbitrator. ICC Arbitration Bulletin. Disponível em: https://library.iccwbo.org/dr-supplements.htm. Acesso em: 03 fev. 2021.

Esta brevíssima referência, ainda que atinente a um sistema jurídico específico, fornece subsídios para se entender qual é a *finalidade* da imunidade conferida aos árbitros. A atividade de decidir uma controvérsia demanda, primordialmente, a possibilidade de o árbitro se concentrar no mérito do caso, sem a ameaça de ser processado pelo simples fato de uma das partes ficar inconformada ao tomar conhecimento da deliberação. Essa constatação traz à memória, de certo modo, a preocupação manifestada pelos árbitros ingleses nos primórdios da arbitragem, ao buscarem a assunção de um "compromisso de imunidade" com o intuito de afastarem o risco de ações judiciais virem a ser propostas em seu desfavor. Pode-se dizer, inclusive, que "a falta de tranquilidade para resolver uma disputa pode afetar a imparcialidade de um árbitro internacional", como bem percebido por Eduardo Silva Romero[1068]. Por isso, ao árbitro deve ser garantida certa proteção a fim de que possa se concentrar na missão para a qual foi indicado.

Não se pode negar que os limites da proteção concedida aos árbitros podem ser mais ou menos elásticos a depender de uma série de fatores, como oportunamente sublinharemos. Porém, a importante mensagem a reter, em nossa visão, é: os árbitros apenas podem ser responsabilizados em situações excepcionais[1069], quando agirem dolosamente, pois precisam gozar da tranquilidade necessária para resolver a disputa que lhe

[1068] ROMERO, Eduardo Silva. Immunity and Liability of Arbitrators: What is the proper balance? *In*: HANOTIAU, Bernard; MOURRE, Alexis (ed.). **Dossier of the ICC Institute of World Business Law**: players interaction in International Arbitration. ICC: Paris, 2012. Disponível em: https://library.iccwbo.org/Content/dr/ARTICLES/ART_CH8.htm?AUTH&AUTH. Acesso em: 03 fev. 2021. No original: "Lack of calm then traying to resolve a dispute may affect an international arbitrator's impartiality".

[1069] Conclusão semelhante é alcançada por Eduardo Romero ao tratar dos árbitros internacionais: *"In our view, we should therefore Only address the topic of liability of international arbitrators in order to send a strong message of caution to losing parties that, put simply, international arbitrators should only be liable in very exceptional, extraordinary circumstances"*. ROMERO, Eduardo Silva. Immunity and Liability of Arbitrators: What is the proper balance? *In*: HANOTIAU, Bernard; MOURRE, Alexis (ed.). **Dossier of the ICC Institute of World Business Law**: players interaction in international arbitration. ICC: Paris, 2012, p. 2. Disponível em: https://library.iccwbo.org/Content/dr/ARTICLES/ART_CH8.htm?AUTH&AUTH. Acesso em: 03 fev. 2021.

foi confiada[1070] sem restarem *a priori* constrangidos ou emocionalmente perturbados pela possibilidade de virem a ser futilmente responsabilizados por uma parte renitente em seu descontentamento ou – pior – estrategicamente orientada a macular uma decisão que não favoreça os seus interesses.

1.2. Diferentes graus de imunidade

Dois problemas entrecruzam-se quando se versa a extensão da imunidade concedida aos árbitros. O primeiro diz respeito à fonte do poder dos árbitros e o segundo atine à necessidade de identificar quais comportamentos ou quais circunstâncias estão cobertos pela proteção. À primeira vista, essas questões podem parecer distantes, mas, como se verá, a depender do fundamento escolhido para justificar o poder emanado dos árbitros, poder-se-á sustentar um maior ou menor grau de imunidade. Inicie-se com o exame dos três fundamentos indicados pela doutrina.

O primeiro deles é o fundamento contratual, cuja base radica no do contrato que liga as partes e os árbitros[1071]. Primeiramente, a doutrina qualificava-o como espécie de contrato de mandato, ou de agência, ou, ainda, como locação de serviços. Posteriormente, refinou-se a qualificação, em atenção às especificidades que envolvem esse vínculo, bem como ao conteúdo das prestações, alcançando a ideia de contrato de investidura[1072]. O árbitro é investido, *ex contractu*, do poder de apreciar e de decidir o litígio.

[1070] Para uma análise detida sobre a responsabilidade civil dos árbitros, endereçando os pressupostos da responsabilidade civil e o seu regime: Martins-Costa, Judith; Benetti, Giovana; Xavier, Rafael; Webber, Pietro. **Deveres e responsabilidade dos árbitros**: entre o *status* e o contrato de investidura (no prelo).

[1071] Trata-se da *contractual school* (Redfern, Alan; Hunter, Martin; Blackaby, Nigel; Partasides, Constantine. **Redfern and Hunter on International Arbitration**. Oxford: Oxford University Press, 2015, p. 323-324). Vide: Baptista, Luiz Olavo. Primeiras anotações sobre o árbitro e os contratos. Entre o poder e o dever. **Cadernos IEC**, v.1, 2010, p. 50.

[1072] Assim se referiu em Martins-Costa, Judith. **A boa-fé no direito privado**: critérios para a sua aplicação. 2. ed. São Paulo: Saraiva, 2018, § 37, 7-9, p. 360-363.

Como já se teve a oportunidade de examinar[1073], no contrato de investidura, o dever primário de prestação (obrigação principal) consiste no desempenho, pelo árbitro, do dever de decidir, com independência e imparcialidade, o conflito que opõe as partes. Há, ainda, deveres secundários (por exemplo, o de organizar e bem gerir o procedimento) e anexos (ou "instrumentais") igualmente emanados desse contrato (como o dever de revelação de circunstâncias que possam macular sua independência e imparcialidade). Finalmente, exsurgem deveres de proteção contra danos, como o dever de guardar a confidencialidade, se assim estabelecido.

Aos deveres correspondem direitos. Logo, a questão principal consiste em saber se e como a imunidade poderia ser considerada sob o prisma dos direitos concedidos aos árbitros pela relação contratual.

Fouchard, Gaillard e Goldman elencam duas categorias para distinguir o direito dos árbitros: a pecuniária e a moral. Para além de receber os honorários fixados e de terem as despesas reembolsadas, os árbitros têm o direito de concluir a sua missão sem estarem sujeitos aos "caprichos"[1074] de uma das partes[1075].

Se adotado exclusivamente o fundamento contratual para justificar o poder conferido aos árbitros, há quem afirme não ser sustentável lhes assegurar a proteção da imunidade, pois "não existe imunidade para o inadimplemento contratual, exceto se assim for pactuado entre as partes"[1076]. Logo, haveria de ser estabelecida, convencionalmente, e de modo expresso, a imunidade quanto a demandas indenizatórias – seja

[1073] Assim se referiu em MARTINS-COSTA, Judith. **A boa-fé no direito privado**: critérios para a sua aplicação. 2. ed. São Paulo: Saraiva, 2018, § 37, 8-9, p. 361-363; ainda em: MARTINS-COSTA, Judith; BENETTI, Giovana; XAVIER, Rafael; WEBBER, Pietro. **Deveres e responsabilidade dos árbitros**: entre o *status* e o contrato de investidura (no prelo).

[1074] A expressão equivalente em inglês *whims* é de GAILLARD, Emmanuel; SAVAGE, John (ed.). **Fouchard, Gaillard, Goldman on International Commercial Arbitration**. The Hague: Kluwer Law International, 1999, p. 627.

[1075] Aqui não se está tratando, evidentemente, de hipóteses excepcionais em que o árbitro resta impedido ou impossibilitado de concluir a sua missão.

[1076] ALESSI, Dario. Enforcing arbitrator's obligations: rethinking international commercial arbitrator's liability. **Journal of International Arbitration,** v. 31, issue 6, 2014, p. 744. Tradução livre. No original: *"[...] contract theories can hardly represent a valid foundation for the idea of immunity of arbitrators as there is no immunity for breach of contract, unless it is contractually agreed upon by the parties".*

por meio de instrumento específico firmado entre as partes e os árbitros, seja por meio da escolha de regulamento que contenha regra neste sentido –, observados sempre os limites impostos pela lei aplicável[1077], pois, como se sabe, o poder de limitar ou de excluir o dever de indenizar os danos não é absoluto.

Porém, ainda quando se perceba o caráter contratual da relação entre o árbitro e as partes, parece inegável que a missão desempenhada pelos árbitros não se confunde com toda e qualquer prestação de serviços, *lato sensu* considerada. Essa é a razão pela qual ponderável corrente doutrinária afirme residir no *status* – é dizer, a posição ou estado determinante do papel jurídico-social desempenhado pelos árbitros – o fundamento que justifica o seu poder-dever de dirimir litígios, pronunciando uma decisão vinculante.

Ao árbitro, por exercer função jurisdicional (ou, para alguns, quase-jurisdicional), é conferido tratamento jurídico similar ao do juiz estatal[1078], pois também similar é o *status* por ambos ocupado. Como julgador, o árbitro está investido de poder jurisdicional, tendo prerrogativas[1079], dentre as quais está a imunidade relativamente a demandas indenizatórias, dentre outras. A imunidade é apontada, inclusive, como o "efeito natural da posição jurisdicional ou quase-jurisdicional" ocupada pelos árbitros[1080].

Todavia, embora seja mais forte o argumento da imunidade quando baseado na função jurisdicional do árbitro – comparativamente à natu-

[1077] Conforme Julian Lew, Loukas Mistellis e Stefan Kröll, *"arbitrators can not be held liable if the parties have accorded them immunity or such immunity is expressed in the national arbitration law or arbitration rules"*. Lew, Julian; Mistellis, Loukas; Kröll, Stefan. **Comparative International Commercial Arbitration**. Haia: Kluwer Law International, 2003, p. 290.

[1078] Trata-se da *status school* Redfern, Alan; Hunter, Martin; Blackaby, Nigel; Partasides, Constantine. **Redfern and hunter on international arbitration**. Oxford: Oxford University Press, 2015, p. 323-324. Na doutrina brasileira: Lemes, Selma Maria Ferreira Lemes. **Árbitro**: princípios da independência e da imparcialidade. São Paulo: LTr, 2001, p. 48.

[1079] Gaillard, Emmanuel; Savage, John (ed.). **Fouchard, Gaillard ,Goldman on International Commercial Arbitration.** Haia: Kluwer Law International, 1999, p. 627.

[1080] Alessi, Dario. Enforcing arbitrator's obligations: rethinking international commercial arbitrator's liability. **Journal of International Arbitration,** v. 31, issue 6, 2014, p. 744. Tradução livre. No original: *"[...] immunity of arbitrators represents the natural effect of the judicial or quasi-judicial position enjoyed by them [...]"*.

reza contratual do vínculo – ainda assim distinções existem entre a função jurisdicional desempenhada por um juiz estatal e aquela exercida por um árbitro. Como observado agudamente por Bruno Oppetit, as mesmas noções não têm, necessariamente, o mesmo conteúdo[1081]. Há distinções de origem, de âmbitos e de extensão de poderes e de fonte da legitimidade, pelo menos. Além disso, o caráter contratual da relação que une os árbitros às partes não pode ser simplesmente abstraído.

Daí ter surgido o terceiro fundamento para justificar o poder dos árbitros. Trata-se do fundamento híbrido (ou, mais comumente, teoria híbrida), o qual enfoca tanto o aspecto contratual da relação entre as partes e os árbitros quanto a função jurisdicional por eles exercida, tentando ultrapassar, pela combinação sintética, a "irritante dualidade" referida por Bruno Oppetit[1082] pois, embora tendo origem contratual, sua função jurisdicional não é mais contestada. Trata-se de uma justiça privada, mas nem por isso "menos" justiça, procedendo da vontade das partes que confiam a um terceiro o poder de julgar, com o que é o árbitro investido de *jurisdictio*[1083].

Esse fundamento híbrido ou composto contempla os dois vértices da questão[1084]. Embora os árbitros tenham o dever de decidir o conflito, a escolha da arbitragem como o método de resolução de controvérsias e, com frequência, a própria indicação do árbitro está pautada pela autonomia privada. O "problema maior" [1085] da arbitragem atine justamente nesse ponto. Diversamente do juiz estatal que, dispõe de uma independência estatutária, o árbitro move-se no espaço delineado pela autonomia privada, minudenciando-se esse espaço – concomitantemente de

[1081] OPPETIT, Bruno. **Théorie de l'arbitrage**. Paris: PUF, 1998, p. 32. *"Dualité de légitimités mais communauté d'éthique et de fin, diversité de voies et de moyens, mais unité fonctionnelle, parallélisme mais aussi convergences, telles nous apparaissent aujourd'hui dans toute leur vérité justice étatique et justice arbitrale"* (p. 34).

[1082] OPPETIT, Bruno. **Théorie de l'arbitrage**. Paris: PUF, 1998, p. 16.

[1083] OPPETIT, Bruno. **Théorie de l'arbitrage**. Paris: PUF, 1998, p. 28.

[1084] TSAKATOURA, Anastasia. Arbitration: The Immunity of Arbitrators. **Lex E-scripta Online Legal Journal**, 20 June 2002. Disponível em: http://www.inter-lawyer.com/lex-e-scripta/articles/arbitrators-immunity.htm. Acesso em: 03 fev. 2021. *"The commentators who support it [the mixed or hybrid theory] believe that the reality lies somewhere in the middle of the contractual and jurisdictional theory, namely, that neither the arbitrator performs a legal function nor that the award is a contract".*

[1085] OPPETIT, Bruno. **Théorie de l'arbitrage**. Paris: PUF, 1998, p. 32.

independência e de responsabilidade – seja no contrato de investidura, seja nos regulamentos dos Centros de Arbitragem. Sobressai, assim, a importância do contrato de investidura e dos efeitos por ele projetados.

O árbitro é, portanto, concomitantemente juiz e contratante, estando encarregado de uma prestação *sui generis* em razão da combinação entre a origem contratual do vínculo e o poder jurisdicional que recebe para decidir o litígio – um poder que reveste sua decisão com a autoridade de coisa julgada, mas é desprovido de *imperium*, sem força executória *per se*. Tais peculiaridades foram traduzidas na expressão *receptum arbitrii*[1086], isto é, o ato pelo qual o árbitro "recebe" a arbitragem, ou seja, aceita a missão que lhe foi confiada, assumindo a obrigação de julgar.

A nosso ver, o fundamento híbrido é o mais acertado. A dicotomia não há de ser resolvida por meio da separação, mas sim pela polaridade dialética: os dois polos, o do *status* e o do contrato combinam-se e se dinamizam reciprocamente num equilíbrio nem sempre perfeito. Neste contexto, a imunidade conferida aos árbitros justifica-se pelo investimento do *status* de julgador. Portanto, da díade "*status* e contrato" releva, neste ponto, o *status*, garantindo-se a imunidade de que o árbitro deve dispor para o exercício de sua missão[1087].

A pergunta de relevo passa a ser, então: qual é o grau da imunidade concedida aos árbitros? O problema que carece de enfrentamento é saber se tem lugar a imunidade absoluta ou se a proteção é limitada, exigindo a caracterização de certos elementos ou a presença de certas circunstâncias.

Por imunidade absoluta, entende-se a proteção total conferida aos árbitros, os quais não serão processados sob qualquer circunstância. Isto é: mesmo se agirem com má-fé e se atuarem com dolo ou negligência

[1086] A expressão, oriunda do Direito Romano, foi utilizada por René David, como relata Lemes, Selma Maria Ferreira. **Árbitro**: Princípios da Independência e da Imparcialidade. São Paulo: LTr., 2001, p. 47-51.

[1087] Conforme conclusões alcançadas em Martins-Costa, Judith; Benetti, Giovana; Xavier, Rafael; Webber, Pietro. **Deveres e responsabilidade dos árbitros**: entre o *status* e o contrato de investidura (no prelo). Adverte-se que não se trata de conclusão unânime na doutrina, havendo posicionamentos no sentido de não se dever conferir imunidade aos árbitros. Como exemplo: ALessi, Dario. Enforcing Arbitrator's Obligations: Rethinking International Commercial Arbitrator's Liability. **Journal of International Arbitration**, v. 31, issue 6, 2014, p. 782-784.

grave, estarão isentos. Diz-se que a imunidade absoluta está conectada tanto às funções do árbitro quanto à sua conduta pessoal[1088]. Exemplos de aplicação desse tipo de imunidade são o art. 21 da Convenção do ICSID[1089-1090] e o art. 22(1) da Lei irlandesa de Arbitragem[1091].

A imunidade absoluta é alvo de bem fundadas críticas pela doutrina[1092], pois poderia levar a situações extremas e perigosas em que, mesmo cometendo uma infração de modo intencional, o árbitro estaria

1088 GIOVANNINI, Teresa. Immunity of Arbitrators. *In*: **Arbitration**: The International Journal of Arbitration, Mediation and Dispute Management. Haia: Kluwer Law International, v. 83, issue 4, 2017, p. 436-438.

1089 Convention on the Settlement of Investment Disputes between States and Nationals of Other States (2006), art. 21: *"The Chairman, the members of the Administrative Council, persons acting as conciliators or arbitrators or members of a Committee appointed pursuant to paragraph (3) of Article 52, and the officers and employees of the Secretariat (a) shall enjoy immunity from legal process with respect to acts performed by them in the exercise of their functions, except when the Centre waives this immunity; (b) not being local nationals, shall enjoy the same immunities from immigration restrictions, alien registration requirements and national service obligations, the same facilities as regards exchange restrictions and the same treatment in respect of travelling facilities as are accorded by Contracting States to the representatives, officials and employees of comparable rank of other Contracting States".*

1090 Como observado por Gary Born, *"[...] the ICSID Convention provides arbitrators (as well as witnesses, experts and counsel) with a very broad grant of absolute immunity from national court jurisdiction or civil liability"*. BORN, Gary B. **International Commercial Arbitration**. 2. ed. Haia: Kluwer Law International, 2014, p. 2.028.

1091 Irish Arbitration Act (2010), art. 22(1): "*22. (1) An arbitrator shall not be liable in any proceedings for anything done or omitted in the discharge or purported discharge of his or her functions*".

1092 Conforme Eduardo Romero, *"[...] there seems to be a general consensus that there is no absolute immunity in favour of arbitrators and that arbitrators should be liable to the parties for fraud ('fraude') and intentional wrongdoing (dol)"*. ROMERO, Eduardo Silva. Immunity and Liability of Arbitrators: What is the proper balance? *In*: HANOTIAU, Bernard; MOURRE, Alexis (ed.). **Dossier of the ICC Institue of World Business Law**: players interaction in International Arbitration. ICC: Paris, 2012. Disponível em: https://library.iccwbo.org/Content/dr/ARTICLES/ART_CH8.htm?AUTH&AUTH. Acesso em: 03 fev. 2021. Na doutrina brasileira, Carlos Alberto Carmona sustenta ser "impensável imaginar-se um regime de irresponsabilidade do árbitro", isto é, de total e absoluta imunidade. CARMONA, Carlos Alberto. **Arbitragem e Processo**. Um comentário à Lei n. 9.307/96. 3. ed. São Paulo: Atlas, 2009, p. 264. Igualmente afastando a imunidade absoluta: GUANDALINI, Bruno. **Economic Analysis of the Arbitrator's Function**. Haia: Kluwer Law International, 2020, p. 247, que judiciosamente observa: *"[...] even though immunity is necessary for a better jurisdictional mission, "nobody can by general provision of law be exempt of any personal liability whatever the nature or the seriousness of their misconduct." Indeed, "while there is no denying thatimmunity of arbitrators contributesto*

protegido. Tamanha isenção afrontaria máximas jurídicas seculares, tais quais as enfeixadas nos adágios *turpitudinem suam allegans non auditur* e *equity must come with clean hands.* Ademais, poderia ensejar efeitos nefastos, porque não seriam criados incentivos para os árbitros atuarem de modo responsável e assumirem as consequências derivadas de seus atos. Basta pensar que, se assim fosse, "os árbitros estariam completamente protegidos mesmo se escolhessem abusar de sua discricionariedade"[1093], o que afrontaria a direção ético-jurídica que, nos diferentes sistemas, conforma o fundo cultural comum no qual repousa a própria ideia de justiça.

Afigura-se, por isto, mais acertada a modulação da imunidade conferida aos árbitros. É o que se denomina de imunidade qualificada[1094]: a proteção concedida encontra limite em atos ou omissões envolvendo fraude ou dolo[1095] e, para alguns, na culpa grave[1096]. A extensão da imu-

the effectiveness of arbitration, immunity should not be absolute, asit would destabilize the fundamental principle of equality before the law and disregard the contractual nature of arbitration."

1093 Franck, Susan D. The liability of international arbitrators: a comparative analysis and proposal for qualified immunity. **New York Law School Journal of International & Comparative Law**, v. 20, 2000, p. 54. Tradução Livre. No original: *"[...] with absolute immunity, arbitrators are completely protected if they choose to abuse their discretion".*

1094 Susan Franck propôs o seguinte enunciado para utilização em leis internacionais de arbitragem: *"Proposed Statute: Qualified Immunity for International Arbitrators. Generally. International Arbitrators shall be imune from civil liability to parties to the arbitration agreement for anything done or omitted to be done in their capacity as arbitrators, except as qualified in section (2). Exceptions. (a) An arbitrator shall be liable if she/he unjustifiably fails to render an arbitral award. (b) An arbitrator shall be liable for bad-faith conduct done in his/her capacity as an arbitrator. Bad-faith conduct may involve an intentional act that is based upon, but not limited to, fraud or corruption".* Franck, Susan D. The liability of international arbitrators: a comparative analysis and proposal for qualified immunity. **New York Law School Journal of International & Comparative Law**, v. 20, 2000, p. 58-59.

1095 Born, Gary B. **International Commercial Arbitration**. 2. ed. Haia: Kluwer Law International, 2014, p. 2.030-2.031. Conforme, Julian Lew, Loukas Mistellis e Stefan Kröll, *"An arbitrator will be liable for any damages resulting from fraud, intentional misconduct or bad faith [...]".* Lew, Julian; Mistellis, Loukas; Kröll, Stefan. **Comparative International Commercial Arbitration**. Haia: Kluwer Law International, p. 294.

1096 Brown, Jenny. The expansion of arbitral immunity: is absolute immunity a foregone conclusion? **Journal of Dispute Resolution**, v. 2009, issue 1, 2009, p. 236-237: *"Qualified immunity would hold arbitrators accountable when arbitrators make decisional acts that are within their jurisdiction. It would also hold arbitrators liable for their actions done in bad faith, such as*

nidade qualificada parece adequada, pois permite, de um lado, conceder a proteção necessária para que os árbitros possam ter tranquilidade e manter a imparcialidade para decidir o caso sem o risco de se envolverem em processos fúteis[1097], e de outro, confere às partes a possibilidade de, em situações verdadeiramente excepcionais, alegarem a responsabilidade civil do árbitro, se restarem preenchidos os pressupostos para tanto.

O ponto de maior debate acadêmico é, como identificado por Eduardo Silva Romero, saber se a imunidade alcança ou não os comportamentos ou as omissões em que se verifica culpa grave do árbitro[1098]. Para além das diferenças culturais[1099] e das peculiaridades constantes das leis nacionais[1100], o que, por si só, já torna difícil a questão, o nível de complexidade envolvido é ainda maior, pois a resposta demanda um exame atento das circunstâncias. A culpa é noção eminentemente relacional, situada, a suscitar juízo de concreção. O exame das circunstâncias é inafastável para identificar se o ato foi praticado com mera culpa (negligência) ou com culpa grave, assimilável ao dolo para certos efeitos.

Embora haja quem sustente ser correta a atribuição de responsabilidade diante de culpa grave, entendemos que, no direito positivo bra-

instances of fraud or gross negligence. It is only common sense that if a person acts in bad faith, he or she should be held liable for his or her actions."

1097 Brown, Jenny. The Expansion of Arbitral Immunity: is absolute immunity a foregone conclusion? **Journal of Dispute Resolution**, v. 2009, issue 1, 2009, p. 236.

1098 Romero, Eduardo Silva. Immunity and Liability of Arbitrators: what is the proper balance? *In*: **Dossier of the ICC Institute of World Business Law**: player's interaction in international arbitration, 2012. Em nosso estudo, dada a impossibilidade de se alcançar resposta universal e apriorística em um momento em que não se tem convenção internacional, lei modelo ou mesmo diretrizes dedicadas à temática da imunidade dos árbitros, restringir-se-á o objeto da análise ao direito brasileiro.

1099 Aqui valemo-nos novamente das ideias de Eduardo Romero, quem recorda que em sistemas de *Civil Law*, a culpa grave é, por vezes, equiparada ao dolo (culpa lata *dolo aequiparatur*). Romero, Eduardo Silva. Immunity and Liability of Arbitrators: What is the proper balance? *In*: Hanotiau, Bernard; Mourre, Alexis (ed.). **Dossier of the ICC Institute of World Business Law**: players interaction in International Arbitration. ICC: Paris, 2012. Disponível em: https://library.iccwbo.org/Content/dr/ARTICLES/ART_CH8.htm?AUTH&AUTH. Acesso em: 03 fev. 2021.

1100 Vide, por exemplo, o art. 21.1 da *Ley de Arbitraje Espanhola* prevê a responsabilidade por perdas e danos que sejam causados com *mala-fe, temeridad o dolo.*

sileiro, o *status* do árbitro demanda adotar o mesmo fator de imputação aplicável aos magistrados. A razão está no fato de que a Lei da Arbitragem assim o determina[1101]. O art. 13, § 6º e o art. 14[1102] da Lei de Arbitragem enquadram os deveres atribuídos aos árbitros, este último reenviando ao Código de Processo Civil ("CPC"). No art. 143 da Lei Processual[1103] está a regra pela qual se determina que o juiz responderá civil e regressivamente por perdas e *danos quando no exercício de suas funções, proceder com dolo ou fraude* (inc. I).

Consequentemente, os árbitros não podem ser responsabilizados pela forma como executam suas funções, salvo quando agirem com dolo ou fraude, podendo, excepcionalmente, ser responsabilizados quando instados a decidir sobre determinado aspecto e notificados, silenciarem[1104], verificando-se, nesta última hipótese, responsabilidade independentemente de dolo. Estão, portanto, imunes quanto aos atos praticados com culpa (negligência).

Como se pode perceber, a díade "*status* e contrato" entrecruza-se com o problema dos graus de imunidade conferido aos árbitros, con-

[1101] Conclusão semelhante foi alcançada por Luiz Périssé em se tratando da responsabilidade civil do árbitro por *error in judicando*: Duarte Junior, Luiz Périssé; Guimarães, Virginia. Limites da responsabilidade civil do árbitro por erro *in judicando*. **Revista do Advogado**, São Paulo, v. 119, 2013, p. 117.

[1102] Brasil. Lei n. 9.307/1996. Art. 14: "Estão impedidos de funcionar como árbitros as pessoas que tenham, com as partes ou com o litígio que lhes for submetido, algumas das relações que caracterizam os casos de impedimento ou suspeição de juízes, aplicando-se-lhes, no que couber, os mesmos deveres e responsabilidades, conforme previsto no Código de Processo Civil".

[1103] Brasil. Código de Processo Civil (2015) "Art. 143. O juiz responderá, civil e regressivamente, por perdas e danos quando: I – no exercício de suas funções, proceder com dolo ou fraude; II – recusar, omitir ou retardar, sem justo motivo, providência que deva ordenar de ofício ou a requerimento da parte. Parágrafo único. As hipóteses previstas no inciso II somente serão verificadas depois que a parte requerer ao juiz que determine a providência e o requerimento não for apreciado no prazo de 10 (dez) dias".

[1104] Segundo, ainda, o art. 143 do CPC, o juiz responderá civil e regressivamente por perdas e danos também "recusar, omitir ou retardar, sem justo motivo, providência que deva ordenar de ofício ou a requerimento da parte" (inc. II), regra que já se encontrava no art. 1.083 do Código de Processo Civil de 1973, em dispositivo revogado pela Lei da Arbitragem (art. 44). Em qualquer hipótese, naturalmente, só lhe será imputado o dever de indenizar (Código Civil, art. 927) se praticar ato ilícito (Código Civil, arts. 186 e 187), do qual, por nexo causal direto e imediato, resultar dano à parte (Código Civil, art. 403).

forme anunciado no primeiro parágrafo desta seção. A imunidade confere um caráter especial ao fator de imputação[1105] em se tratando de responsabilidade civil do árbitro, pois, ao sobressair a função jurisdicional, o *status* prepondera em relação ao contrato e contribui para delimitar os contornos da proteção conferida aos árbitros.

As noções de ordem teórica acima expendidas contribuem para se colocar um foco de luz sobre as nuances e os problemas envolvidos na discussão sobre a imunidade dos árbitros. Como muitas podem ser as situações problemáticas – e assim costumam ser os casos da vida –, selecionamos, como exemplos, alguns casos práticos dentre os diversos já enfrentados tanto em sistemas de *common law* quanto nos de *civil law*.

2. A imunidade do árbitro testada na prática

É trivial a distinção entre os sistemas *common law* e *civil law* quanto à temática da imunidade dos árbitros, indicando-se a tendência de os primeiros conferirem maior amplitude a essa proteção, sob a justificativa de concederem, igualmente, imunidade mais extensa aos juízes[1106]. Todavia, se nos voltarmos ao clássico estudo de Mauro Cappelletti sobre a responsabilidade dos juízes, veremos que a distância entre os dois sistemas não é tão grande quanto se pode pensar[1107].

Mais atento à prática que revela o direito tal qual cotidianamente enfrentado nos tribunais do que às categorizações dogmáticas, Mauro

[1105] Também ditos "nexos de imputação", ou, ainda, "fatores de atribuição". Na sempre lembrada distinção de Serpa Lopes, atinem a um problema de *imputatio iuris*, ao contrário do nexo causal, respeitante a uma questão de *imputatio facti*. Em nosso sistema, os principais fatores de imputação são a culpa, reitora da responsabilidade subjetiva, o risco, critério geral da responsabilidade objetiva, e a segurança, para alguns tipos de responsabilidade profissional. SERPA LOPES, Miguel Maria de. **Curso de direito civil**. v. V. 2. ed. Rio de Janeiro: Freitas Bastos, 1962, p. 252. Pelo fator de imputação se dirá se uma determinada conduta foi negligente ou arriscada, caso se esteja perante um caso de responsabilidade subjetiva ou objetiva, respectivamente.

[1106] VIVOUR-RHODES, Adedoyin. Immunity of arbitrators. *In*: O'RALLEY, Michael (ed.). **Arbitration**: The International Journal of Arbitration, Mediation and Dispute Management. CIArb, v. 83, issue 4, Sweet & Maxwell, 2017, p. 457; BACKABY, Nigel; PARTASIDES, Constantine; *et al.* **Redfern and Hunter on International Arbitration**. 6. ed. Kluwer Law International: Oxford University Press, 2015, p. 323-324.

[1107] CAPPELLETTI, Mauro. **Juízes irresponsáveis?** Traduzido por Carlos Alberto Alvaro de Oliveira. Porto Alegre: Sergio Antonio Fabris, 1989.

Cappelletti conclui que "o resultado prático nos países de *common law* [...] é muito semelhante ao encontrado nos mais tradicionais sistemas de *civil law*". Do ponto de vista teórico, nos países de *civil law*, afirma, "os juízes são civilmente responsáveis por seus comportamentos lesivos às partes, mas as limitações substanciais e procedimentais de tal responsabilidade produzem resultado prático de irresponsabilidade quase completa". Já nos países de *common law*, a teoria aponta à imunidade judicial, a qual, em verdade, consiste na "regra sujeita a exceções", verificando-se uma tendência no sentido de "'limitar a imunidade judiciária com maior facilidade' do que em épocas anteriores"[1108].

Se levarmos em conta essas ideias e as cotejarmos com as constatações de Gary Born em passagem que oferece uma visão panorâmica sobre a imunidade dos árbitros[1109], podemos dizer que, muitas vezes, "as aparências enganam". Porém, se estivermos atentos aos enganos advindos do anacronismo conceitual e das diferenças estruturais, bem poderemos concluir com acerto que, ao menos no tema da imunidade, os resultados práticos alcançados em ambos os sistemas acabam sendo próximos: de um lado, parece haver consenso no sentido de que não é adequada a imunidade absoluta para os árbitros, e, de outro, a imunidade qualificada costuma encontrar limite na hipótese de ações (ou de omissões) dolosas[1110].

Essa constatação não ignora as diferenças culturais e as peculiaridades derivadas das distintas leis nacionais que podem levar a soluções

[1108] CAPPELLETTI, Mauro. **Juízes Irresponsáveis?** Traduzido por Carlos Alberto Alvaro de Oliveira. Porto Alegre: Sergio Antonio Fabris, 1989, p. 67-69.

[1109] BORN, Gary B. **International Commercial Arbitration**. 2. ed. Haia: Kluwer Law International, 2014, p. 2013: *"Virtually all legal systems recognize the principle that an arbitrator may theoretically be subject to civil liability for breaches of his or her contractual or other obligations towards the parties (subject to applicable immunities). English courts have recognized the possibility of an arbitrator's civil liability, as does the English Arbitration Act, subject to immunities, discussed below. France, Switzerland, Germany, and other civil law jurisdictions are similar (again, subject in virtually all cases to specified immunities). Some U.S. courts have also held that arbitrators are subject to civil liability (although most U.S. courts recognize broad arbitrator immunity)"*.

[1110] ROMERO, Eduardo Silva. Immunity and liability of arbitrators: what is the proper balance? *In*: HANOTIAU, Bernard; MOURRE, Alexis (ed.). **Dossier of the ICC Institue of World Business Law**: players interaction in International Arbitration. ICC: Paris, 2012. Disponível em: https://library.iccwbo.org/Content/dr/ARTICLES/ART_CH8.htm?AUTH&AUTH. Acesso em: 03 fev. 2021.

díspares quando em análise um caso concreto. Nenhum reducionismo é correto na atividade de comparação jurídica. O intuito aqui é apenas ilustrar, de um ponto de vista mais global, as aproximações alcançadas na matéria a fim de que se possa cogitar de uma futura harmonização no tratamento do tema, seja procedida por convenções (ou leis-modelo) internacionais, seja por meio de diretrizes voltadas à comunidade arbitral.

O desiderato se apresenta factível também em vista do fenômeno, tão conhecido pelos comparatistas, e constatável, em especial na arbitragem comercial internacional, *da aculturação jurídica*, entendendo-se por aculturação os microtransplantes, as "acomodações" que se seguem ao enxerto de um instituto ou de uma regra isolada. Como ainda observou Bruno Oppetit, a aculturação jurídica se manifesta num meio-ambiente psicosociológico que constitui um *clima de comunicação* próprio à sociedade aberta, na qual os fatores de mudança provêm de forças privadas e não unicamente do Estado, operando "de maneira difusa, pela criação de uma atmosfera de influência propícia ao desenvolvimento de um cosmopolitismo jurídico, pelos canais da doutrina mais do que pela via do direito vulgar[1111]". Na arbitragem internacional, por uma espécie de osmose, "as ideias, as práticas, a jurisprudência, antes mesmo que as legislações nacionais e as convenções internacionais, convergem, progressivamente, em direção [...] ao consenso sobre princípios, seguidamente muito próximos, de organização e de funcionamento[1112]", aproximando os diferentes sistemas.

É o que se verifica em tema de imunidade, percebendo-se, a par de diferenças de detalhe, relativo consenso quanto à conveniência da adoção de uma imunidade qualificada. Ainda que se possa discutir quais seriam todas as possíveis exceções à imunidade dos árbitros, encontrando-se diferentes respostas, pensamos que, pelo mínimo, a "representação simbólica e antecipada dos resultados a serem alcançados por meio de uma sequência ordenada de medidas ou prescrições"[1113] configura *modelo jurídico* que acena à imunidade qualificada e limitada por

[1111] OPPETIT, Bruno. **Théorie de l'arbitrage**. Paris: PUF, 1998, p. 113-114.

[1112] OPPETIT, Bruno. **Théorie de l'arbitrage**. Paris: PUF, 1998, p. 114.

[1113] MARTINS-COSTA, Judith. Culturalismo e experiência no novo Código Civil. **Revista da Faculdade de Direito da Universidade Federal do Rio Grande do Sul**. v. 2, 2004, p. 435-455; REALE, Miguel. **Fontes e modelos do direito**. Para um novo paradigma hermenêutico. São Paulo: Saraiva, 2002, p. 40.

infrações dolosas aos deveres dos árbitros. Resta verificar se, ao ser "testada na prática", a imunidade subsiste.

Para os propósitos deste ensaio, selecionamos quatro decisões[1114] com o objetivo de ilustrar a imunidade "sob pressão" – isto é, como a imunidade é aplicada em conflitos concretos –, além de demonstrar existirem subsídios para proceder à modelagem da experiência jurídica, em linha com o que entendemos já estar consolidado na prática arbitral.

2.1. Uma visão de *common law*

A primeira decisão objeto de nossa análise foi proferida pela *Illinois Appellate Court*, nos Estados Unidos. Trata-se do caso *Grane v. Grane*, versando sobre conflito societário travado entre os membros da família Grane[1115].

O pano de fundo foi o seguinte: os membros da família Grane titulavam participações societárias em diferentes empresas e, em determinado momento, assinaram um acordo, por meio do qual conferiram a Thomas J. Boodell Jr. o "poder para resolver qualquer conflito existente entre as partes, inclusive disputas relacionadas às participações societárias, em conformidade com o que o seu entendimento determinar, após consultar o Sr. Hubert Grane"[1116], o patriarca. Sobrevindo disputa acerca da divisão dos negócios da família, Wayne P. Grane, filho do Sr. Hubert Grane, ingressou com demanda visando obter declaração acerca

[1114] As decisões estrangeiras foram selecionadas a partir dos casos citados no capítulo 13 da obra: Born, Gary B. **International Commercial Arbitration**. 2. ed. Haia: Kluwer Law International, 2014. Já a pesquisa jurisprudencial brasileira observou os seguintes parâmetros: em 21-01-2021, foram utilizados os filtros "imunidade" e "árbitro"; "responsabilidade" e "árbitro"; "imunidade" e "arbitragem"; "imunidade" e "arbitral"; "imunidade do árbitro"; "imunidade" e "julgador" e "arbitragem"; "imunidade" e "árbitro" e "arbitragem" nas opções de busca dos seguintes Tribunais: STJ, TJRS, TJSC, TJPR, TJSP, TJRJ, TJDFT.

[1115] Grane *V.* Grane, 493 N.E.2d 1112 (Ill. App. Ct. 1986). Disponível em: https://www.courtlistener.com/opinion/2149427/grane-v-grane/. Acesso em: 26 jan. 2020.

[1116] *"The individual parties signed an agreement on December 10, 1980, which appointed Thomas J. Boodell, Jr., with the "sole authority to resolve any conflicts existing between the Parties and to compromise any disputes concerning equity interests as he, in his sole judgment, after consultation with Mr. Hubert Grane, Sr., shall determine".* Grane *V.* Grane, 493 N.E.2d 1112 (Ill. App. Ct. 1986). Disponível em: https://www.courtlistener.com/opinion/2149427/grane-v-grane/. Acesso em: 26 jan. 2020.

dos direitos, interesses e responsabilidades relacionados aos negócios da família.

O autor aditou o seu pedido e buscou, igualmente, a anulação da convenção arbitral, objetivando a inclusão de Thomas J. Boodell Jr. no polo passivo. Segundo Wayne, Thomas J. Boodell Jr. induzira-o, fraudulentamente, a assinar a convenção arbitral. Em resposta, Thomas J. Boodell recordou, dentre outros argumentos, que a sua posição de árbitro lhe concederia imunidade. Diante deste cenário, os julgadores circunscreveram o problema a saber se, na hipótese de a convenção arbitral vir a ser declarada inválida, o árbitro está ou não protegido pela imunidade relativamente a atos praticados, fraudulentamente, com vistas à celebração da convenção arbitral.

Muito embora não tenha havido pronunciamento no mérito sobre a validade, ou não, da convenção arbitral, reconheceu-se que a imunidade conferida aos árbitros e o poder de julgar a controvérsia derivavam de convenção arbitral válida[1117], estando cobertos por esta proteção os atos praticados na condição de julgador[1118]. Sublinharam os julgadores não ser ilimitada a imunidade dos árbitros, pois, assim como um juiz, a proteção é assegurada apenas quando a atuação se dá nos limites de sua jurisdição[1119]. Referiu-se, ainda, a "comparação funcional" entre juiz e árbitro como um critério para identificar se o ato praticado está albergado pela imunidade, devendo-se questionar, no caso concreto, se induzir uma parte a participar de uma arbitragem é um ato "funcionalmente

[1117] Wilcox Co. *V.* Bouramas, **392 N.E.2d 198 (Ill. App. Ct. 1979)**. Disponível em: https://www.courtlistener.com/opinion/2160715/wilcox-co-v-bouramas/. Acesso em: 03 fev. 2020. *"It is well settled that an arbitrator's authority is determined by the arbitration agreement or submission which serves not only to define but to circumscribe the authority of the arbitrator".*

[1118] Tamari *V.* Conrad 552 F.2d 778 (7th Cir. 1977). Disponível em: https://www.courtlistener.com/opinion/344439/abdallah-w-tamari-v-william-p-conrad-jr-and-bache-halsey-stuart-inc/? Acesso em: 01 fev. 2021. *"We hold that the district court correctly dismissed the action because arbitrators are immune from suit with respect to questions involving their authority to resolve a dispute".*

[1119] Tal entendimento foi registrado no caso *Bradley v. Fisher*, muito embora se tenha alcançado, ao final, conclusão diferente. Bradley V. Fisher (1872), 80 U.S. 335, 351-52, 20 L. Ed. 646. Disponível em: https://www.courtlistener.com/opinion/88468/bradley-v-fisher/? Acesso em: 01 fev. 2021: *"The principle, therefore, which exempts judges of courts of superior or general authority from liability in a civil action for acts done by them in the exercise of their judicial functions, obtains in all countries where there is any well-ordered system of jurisprudence".*

comparável" ao ato de um juiz[1120]. E a resposta foi: juízes não induzem as partes a litigar ou a promover arbitragem. Logo, se o profissional assim agir, não estará imune em relação aos danos que vier a causar.

O caso *Grane v. Grane* suscita reflexões importantes sobre o tratamento conferido ao tema da imunidade nos Estados Unidos. Historicamente, as Cortes norte-americanas decidiam estarem abrangidas pela imunidade situações em que o árbitro agia com negligência e má-fé[1121]. Mais recentemente, porém, algumas decisões têm apontado a um escopo mais restrito com o reconhecimento, por exemplo, de a imunidade estar circunscrita ao desempenho de "funções específicas e limitadas"[1122], bem como do afastamento da imunidade quando o árbitro não prolatou a sentença tempestivamente[1123] ou quando agiu intencionalmente[1124]. É o que espelha o caso da família Grane, exemplificativo da

[1120] Case n. 81-1377, 701 F.2d 1181 (6th Cir. 1983). Disponível em: https://www.courtlistener.com/opinion/415387/no-81-1377/. Acesso em: 01 fev. 2021: *"In the instant case the court, utilizing the "functional comparison" analysis, would be required to ask if inducing a party to participate in dispute resolution is 'functionally comparable' to an act of a judge. Judges do not induce parties to litigate or arbitrate". [...] As such, his [i.e., arbitrator] purpose is 'functionally comparable' to a judge and, consequently, he is clothed with an immunity that is analogous to judicial immunity".*

[1121] BORN, Gary B. **International Commercial Arbitration**. 2. Ed. Haia: Kluwer Law International, 2014, p. 2032. Recordam Julian Lew, Loukas Mistellis e Stefan Kröll que, *"In the US immunity was even extended to an arbitrator who fraudulently conspired with the attorneys of one party to induce the other arbitrators to join him in rendering an unjust award"*. LEW, Julian; MISTELLIS, Loukas; KRÖLL, Stefan. Comparative International commercial Arbitration. Haia: Kluwer Law International, p. 294.

[1122] CRAVIOLINI V. SCHOLER & FULLER ASSOCIATED ARCHITECTS 357 P.2d 611 (Ariz. 1960). Disponível em: https://www.courtlistener.com/opinion/1144679/craviolini-v-scholer-fuller-associated-architects/. Acesso em: 01 fev. 2021: *"The immunity in question here is one bestowed by public policy on those people who, by office or by contract, are called upon to act as judges. It is in every real sense a judicial immunity. It attaches to every act done in the judicial capacity, but to no other. Thus the architect has no immunity as an architect; immunity attaches only when he is performing those particular and limited functions which require the architect to act in the capacity of a judge".*

[1123] BORN, Gary B. **International Commercial Arbitration**. 2. ed. Haia: Kluwer Law International, 2014, p. 2032.

[1124] LUNDGREN V. FREEMAN 292 F.2d 489 (9th Cir. 1961). Disponível em: https://www.courtlistener.com/opinion/258061/james-lundgren-dba-pacific-construction-company-v-claude-freeman-sydney/. Acesso em: 01 fev. 2021: *"If he acts fraudulently, or with wilful and malicious intent to injure the contractor, he should be liable".*

preocupação de se preservar a imunidade dos árbitros, mas sem excessos, de modo a afastar, quando se está diante de situações excepcionais como o agir doloso ou fraudulento, a imunidade dos árbitros pelos danos causados em virtude desses atos.

A segunda decisão oriunda de Cortes de *common law* foi proferida pela *House of Lords*. Embora o julgado seja anterior à Lei Inglesa de Arbitragem de 1996, as discussões travadas no *leading case Arenson v Casson Beckman Rutley & Co.* são dignas de nota[1125], pois tangenciam o problema de saber qual é o fundamento para a imunidade dos árbitros e, ainda, se a proteção abarca ou não atos meramente negligentes.

Archy Arenson figurava como controlador e presidente da companhia A. Arenson Ltd. Juntamente com sua esposa, doou ao sobrinho Ivor Arenson, ao lhe transferir pequena parte das ações na companhia, que passou a titular, concomitantemente, a condição de sócio e de empregado[1126] . Archy e Ivor celebraram dois contratos, por meio dos quais estabeleceram que, na hipótese de Ivor ter a sua relação de emprego com a companhia encerrada, venderia as suas ações a Archy conforme o valor justo (*fair value*) de avaliação[1127]. Determinou-se, ainda, dever o valor justo ser apurado por auditores da companhia, que atuariam como *experts*, e não como árbitros (*arbitrators*).

Sobrevindo o encerramento da relação de emprego, uma sociedade formada por contadores foi chamada para proceder à avaliação das ações e, uma vez fixado o valor, Archy realizou o respectivo pagamento a Ivor. Alguns meses se passaram até Ivor alegar ter descoberto que os conta-

1125 Arenson V. Casson Beckman Rutley & Co. Disponível em: https://www.trans-lex.org/311310/mark_970032/arenson-v-casson-beckman-rutley-co-[1977]-ac-405-et-seq/. Acesso em: 01 fev. 2020.

1126 Assim está num dos trechos do acordo assinado por ambos: *"In the event of my employment with the company terminating for whatsoever reason, I will offer to sell my shares to Mr. Arenson and it id agreed that he will purchase them from me at the fair value. Should Mr. Arenson be dead then Mrs. Arenson shall have the option to purchase the shares from me atthe fair value"*.

1127 Arenson V. Casson Beckman Rutley & Co: *"In the event of my employment with the company terminating for whatsoever reason, I will offer to sell my shares to Mr. Arenson and it is agreed that he will purchase them from me at the fair value.... 6. 'Fair value' shall mean in relation to the shares in A. Arenson Ltd., the value thereof as determined by the auditors for the time being of the company whose valuation acting as experts and not as arbitrators shall be final and binding on all parties"*. Disponível em: https://www.trans-lex.org/311310/mark_970032/arenson-v-casson-beckman-rutley-co-[1977]-ac-405-et-seq/. Acesso em: 01 fev. 2020.

dores subavaliaram as ações, buscando, em juízo, receber a significativa diferença entre o que fora pago por seu tio e o valor no seu entender correto ou, então, a condenação dos contadores em perdas e danos por terem sido negligentes ao realizar a avaliação.

Os contadores figuraram como réus na ação e invocaram a imunidade para afastar os argumentos que levariam à sua responsabilização. Inicialmente, julgou-se favoravelmente à tese dos contadores e a Corte de Apelação manteve a decisão para considerá-los imunes relativamente a qualquer ato praticado com negligência. Contudo, concedeu-se ao apelante a oportunidade de emendar o seu pedido, apresentando fundamento novo e razoável para justificar a responsabilidade dos contadores. Houve outros desdobramentos no caso até alcançar a *House of Lords*.

O julgamento – marcado por profundas considerações a respeito da imunidade dos juízes e dos árbitros – contou com a participação de Lord Simon de Glaisdale, Lord Wheatley, Lord Salmon e Lord Fraser de Tullybelton. Muito resumidamente, Lord Simon de Glaisdale considerou que, para um avaliador receber a imunidade equivalente à de um árbitro, deve existir, ao tempo em que lhe for apresentada a questão, uma disputa entre as partes submetida à sua decisão[1128], salientando a necessidade de, no caso concreto, os contadores demonstrarem ter desempenhado função jurisdicional. De modo semelhante entendeu Lord Wheatley, para quem a teoria da imunidade prevê proteção "para certas pessoas em razão da posição por elas ocupada, abrangendo as consequências derivadas de atos praticados com negligência", não cabendo a sua invocação pelos contadores até mesmo pelo teor dos contratos, prevendo a sua atuação como *experts*, e não como árbitros[1129].

[1128] ARENSON V. CASSON BECKMAN RUTLEY & CO: *"There may well be other indicia that a valuer is acting in a judicial role, such as the reception of rival contentions or of evidence, or the giving of a reasoned judgment. But in my view the essential prerequisite for him to claim immunity as an arbitrator is that, by the time the matter is submitted to him for decision. there should be a formulated dispute between at least two parties which his decision is required to resolve. It is not enough that parties who may be affected by the decision have opposed interests - still less that the decision is on a matter which is not agreed between them"*. Disponível em: https://www.trans-lex.org/311310/mark_970032/arenson-v-casson-beckman-rutley-co-[1977]-ac-405-et-seq/. Acesso em: 01 fev. 2020.

[1129] ARENSON V. CASSON BECKMAN RUTLEY & CO: *"Looking to the terms of the letters which constituted their appointment, and particularly to the specific provision that they were to act as experts in the valuation and not as arbitrators, and to what they were being called upon to do, it seems to me*

Diversamente, para Lord Kilbrandon, os árbitros não gozam da mesma imunidade concedida aos juízes, chegando a questionar "Afirma-se que os árbitros são imunes quanto a ações em seu desfavor, exceto se houver fraude, mas porquê?"[1130]. Finalmente, para Lord Salmon e Lord Fraser de Tullybelton[1131], ainda que uma pessoa seja indicada formalmente como árbitro, é possível que a ela não seja conferida imunidade em todos os casos. Neste sentido, Lord Salmon frisou: para receber imunidade diante de atos praticados com negligência, é preciso demonstrar ter a atuação se dado no exercício de funções com caráter jurisdicional[1132], o que, no caso, não era compatível com o trabalho desempenhado pelos contadores.

Já Lord Fraser de Tullybelton assentou: a ordem pública serve de fundamento para a imunidade dos juízes em relação a atos praticados com negligência na execução de sua função, servindo, igualmente, de justifi-

that the respondents could not extract from these documents or from the appellant's pleadings as a whole the foundation of a case of immunity, unless they could satisfy your Lordships that in all cases a valuer acting as an expert is entitled to the immunity irrespective of the terms, conditions and purposes of his appointment. This extreme proposition was not advanced by the respondents' counsel, although they stoutly maintained that the circumstances in the present case provided that immunity. With this latter point I disagree". Disponível em: https://www.trans-lex.org/311310/mark_970032/arenson-v-casson-beckman-rutley-co-[1977]-ac-405-et-seq/. Acesso em: 01 fev. 2020.

1130 Arenson V. Casson Beckman Rutley & Co: *"Per Lord Kilbrandon. Arbitrators at common law or under the Arbitration Acts have no such immunity as is suggested"; "Since I can find no satisfactory distinction between the liability for negligence of persons in the position of the respondents and that of arbitrators, had I not been of opinion that arbitrators at common law or under the Acts have no immunity, I would have been unable to agree that the appeal should be allowed".* Disponível em: https://www.trans-lex.org/311310/mark_970032/arenson-v-casson-beckman-rutley-co-[1977]-ac-405-et-seq/. Acesso em: 01 fev. 2020.

1131 Arenson V. Casson Beckman Rutley & Co: *"Per Lord Salmon and Lord Fraser of Tullybelton. It may be that a person, even if formally appointed as an arbitrator, ought not in all cases to be accorded immunity [...]".* Disponível em: https://www.trans-lex.org/311310/mark_970032/arenson-v-casson-beckman-rutley-co-[1977]-ac-405-et-seq/. Acesso em: 01 fev. 2020.

1132 Arenson V. Casson Beckman Rutley & Co:*"I think that your Lordships' House decided that this immunity is not afforded to any so called arbitrator or quasi-arbitrator who claims it unless he can show that the functions in the performance of which he was negligent were, in reality, judicial in character".* Disponível em: https://www.trans-lex.org/311310/mark_970032/arenson-v-casson-beckman-rutley-co-[1977]-ac-405-et-seq/. Acesso em: 01 fev. 2020.

cativa para estender esta proteção aos árbitros[1133]. No tocante aos contadores, porém, não viu justificativa para considerá-los, no caso, abrangidos pela exceção à regra geral (não incidente aos árbitros) segundo a qual há responsabilidade por atos praticados com negligência.

Ao final, admitiu-se o recurso, considerando que a imunidade dos juízes e dos árbitros seria uma exceção à regra geral da responsabilidade decorrente de atos negligentes, não havendo fundamento de ordem pública a sustentar a necessidade de ampliar tal proteção a *experts* "mútuos" (isto é, os que atuam para ambas as partes) em um procedimento de avaliação[1134].

Percebe-se, a partir do *leading case Arenson v. Casson Beckman Rutley & Co*, que mesmo no sistema de *common law* questionava-se, ainda em 1975, a amplitude da proteção conferida aos árbitros. A argumentação divergente de Lord Kilbrandon foi reveladora desse sentido. De todo modo, é interessante atentar para o posicionamento favorável da maioria dos julgadores em reconhecer alguma imunidade aos árbitros em vista

[1133] Arenson V. Casson Beckman Rutley & Co: *"It has long been established in both England and Scotland that judges are immune from actions for negligence in the performance of their duty. The reason no doubt is that public policy requires that they should not be liable to harassment for actions by disappointed litigants; '... otherwise no man but a beggar, or a fool, would be a judge' (Stair, Institutions of the Law of Scotland, IV. 1.5.). Immunity against actions for negligence is enjoyed by arbitrators for much the same reason; in Lingood v. Croucher (1742) 2 Atk. 395 Lord Hardwicke L.C. quoted, at p. 396, a dictum by Lord King L.C. that if arbitrators were liable to be sued that ' [...] would effectually discourage persons of worth from accepting of being arbitrators [...]' But the immunity of judges and arbitrators forms an exception to the general rule that a person who professes special skill or knowledge is liable for negligence if he fails to show such knowledge and skill and to take such care and precautions as are reasonably expected of a normally skilled and competent member of the profession or trade in question"*. Disponível em: https://www.trans-lex.org/311310/mark_970032/arenson-v-casson-beckman-rutley-co-[1977]-ac-405-et-seq/. Acesso em: 01 fev. 2020.

[1134] Arenson V. Casson Beckman Rutley & Co: *"Lord Simon of Glaisdale, Lord Wheatley, Lord Kilbrandon, Lord Salmon and Lord Fraser of Tullybelton 1975 July 14, 15, 16, 17; Nov. 11. [On Appeal from Arenson v. Arenson]. Held, allowing the appeal, (per Lord Simon of Glaisdale, Lord Wheatley, Lord Salmon and Lord Fraser of Tullybelton) that the immunity of judges and arbitrators was exceptional to the general rule of liability for negligence; that there was no reason of public policy making it necessary to treat a 'mutual' valuer as an exception to that rule, and that accordingly, the plaintiff's statement of claim disclosed a cause of action against the second defendants [...]"*. Disponível em: https://www.trans-lex.org/311310/mark_970032/arenson-v-casson-beckman-rutley-co-[1977]-ac-405-et-seq/. Acesso em: 01 fev. 2020.

da aproximação entre as funções por eles desempenhadas e as dos juízes, o que reforça as considerações tecidas anteriormente no sentido de as Cortes Inglesas, nos primórdios da arbitragem, terem rapidamente reconhecido a singularidade da missão levada a cabo pelos árbitros e sua aproximação com a função do juiz estatal.

Também é importante recordar ter sido o caso julgado antes da Lei Inglesa de Arbitragem de 1996, a qual contribuiu para esclarecer o tema. A seção 29 – considerada imperativa[1135] – estabelece que o árbitro, ao agir nesta condição, é imune quanto a pleitos cobertos pela responsabilidade civil *na mesma medida em que o seria um juiz estatal*, exceto se for demonstrado ter o ato ou a omissão sido praticado com má-fé[1136]. Logo, os árbitros, no sistema inglês atual, não são responsabilizados por atos desempenhados no exercício de sua função – aí estando incluídos, evidentemente, os praticados com negligência –, sendo a exceção à regra a atuação com má-fé[1137].

Tanto o caso *Grane v. Grane* quanto o *Arenson v. Casson Beckman Rutley & Co* ilustram a preocupação em se identificar limites à imunidade dos árbitros, sem, contudo, implicar uma ameaça à sua proteção quando se está diante de atos praticados – sem dolo ou má-fé – no desempenho da missão. Resta-nos agora examinar as duas decisões conectadas ao sistemas de *civil law*.

2.2. Uma visão de *civil law*

A primeira decisão a ser aqui examinada é oriunda do Tribunal de Justiça de Santa Catarina.

A sentença arbitral havia determinado a indisponibilidade integral dos bens da parte requerida, sem ressalvar a metade ideal pertencente

[1135] Born, Gary B. **International Commercial Arbitration**. 2. ed. Haia: Kluwer Law International, 2014: *"[...] The provisions of §29 are mandatory and cannot be altered by contract [...]"*.

[1136] English Arbitration Act (1996), art. 29(1): *"29. Immunity of arbitrator. (1) An arbitrator is not liable for anything done or omitted in the discharge or purported discharge of his functions as arbitrator unless the act or omission is shown to have been in bad faith. [...]"*.

[1137] Redfern, Alan; Hunter, Martin; Blackaby, Nigel; Partasides, Constantine. **Redfern and Hunter on International Arbitration**. Oxford: Oxford University Press, 2015, p. 323-324: *"Arbitrators acting in England cannot be held liable for the performance of their arbitral functions, unless bad faith can be proved"*.

à coproprietária do imóvel, que não participara do procedimento arbitral. Tratava-se de julgado maculado por erro de direito. A coproprietária recorreu ao Poder Judiciário, buscando a anulação da decisão, bem como a responsabilização dos árbitros.

Destacou-se a possibilidade de se aplicar, por analogia, a regra relativa aos juízes, prevista no art. 143 do Código de Processo Civil, à qual remete o art. 18 da Lei de Arbitragem, registrando-se ser "inconcebível a responsabilização dos julgadores", exceto quando comprovada fraude ou má-fé.

Também decidiu-se ser "indispensável certa imunização" da função do árbitro, "sob pena de se desestimular o uso [da arbitragem] pela condenação generalizada de seus componentes"[1138]. Como conclusão, remeteu-se o caso ao juiz para que instruísse novamente o feito.

Percebe-se, a partir da fundamentação do Tribunal de Justiça de Santa Catarina, a importância do fator de imputação subjetivo para configurar ou afastar a responsabilidade do árbitro. Como referido na Parte I deste ensaio, o mesmo fator de imputação aplicável à avaliação da responsabilidade civil de magistrados (dolo ou fraude) há de ser aplicado aos árbitros, segundo o direito positivo brasileiro. Daí se afirmar que os árbitros detêm imunidade diante de atos executados em conformidade com as suas funções, ressalvando-se as situações em que agirem com dolo ou, excepcionalmente, quando silenciarem, mesmo instados a decidir sobre determinado aspecto e, igualmente, forem notificados[1139].

A última decisão a ser referida foi prolatada pela Corte de Cassação francesa em 17 de janeiro de 2010[1140]. O caso, basicamente, envolve procedimento arbitral instaurado entre, de um lado, o Conselho Nacional de Carregadores ("CNC"), órgão angolano responsável pela regulação do tráfego marítimo, e, de outro, o Senhor "X" e a sociedade Centro de Coordenação Externa ("CNCA-CEC").

[1138] BRASIL. **Tribunal de Justiça de Santa Catarina**. Ap. Cív. 2014.071605-8. 6ª Câmara Cível. Rel. Des. Ronei Danielli, j. 03-03-2015.

[1139] Conforme sublinhado, esta última hipótese é excepcional, pois haverá responsabilidade independentemente de dolo.

[1140] Cour de Cassation, Chambre civile 1, 17 novembre 2010, 09-12.352, **Publié au bulletin**. Disponível em: https://www.legifrance.gouv.fr/juri/id/JURITEXT000023113982. Acesso em: 03 fev. 2020.

CNCA-CEC e o Senhor "X" ingressaram com ação de responsabilização dos árbitros, a qual foi rejeitada pela Corte de Apelação. Recorreram, então, os insurgentes, à Corte de Cassação, alegando não ter a Corte de Apelação observado corretamente que: durante a execução do contrato de investidura (*contrat d'arbitre*), o árbitro deve proferir a sentença em prazo razoável, no caso tendo sido fixadas novas datas para a prolação da sentença, a resultar em atraso não razoável; os árbitros faltaram com diligência ao aceitar diversos pedidos de CNC de concessão de prazo para apresentar suas manifestações; por fim, sustentaram que a complexidade do caso (com diversas peças, documentos, consultas a professores) não justificaria o atraso irrazoável no procedimento, diante do esforço de síntese das partes e dos elevados valores fixados para os honorários dos árbitros.

A análise feita pela Corte de Cassação enfocou elementos fáticos importantes para se concluir pela ausência de responsabilidade dos árbitros: observou-se, inicialmente, ter o tribunal arbitral proferido sentença preliminar, cujo pedido de anulação foi rejeitado; o presidente do tribunal renunciou; foi necessário fixar um novo calendário para o procedimento após a audiência; houve a realização de uma nova audiência; foram apresentados novos documentos, o que revela a existência de diversos incidentes, além do antagonismo entre as partes, tudo a contribuir para a complexidade do caso. Em vista destes fatores e, considerando que os árbitros estão vinculados a observar obrigações de meios[1141], decidiu-se pela ausência de responsabilidade do tribunal arbitral.

O caso relatado é apontado por Gary Born como uma das decisões francesas recentes que sinalizam a um cenário diverso da direção à qual apontavam decisões anteriores. Os julgados mais antigos acenavam à ausência de imunidade dos árbitros ou à sua proteção, mas em um grau reduzido[1142]. A novidade está no fato de que, no caso mencionado,

[1141] Para a distinção entre as obrigações de meio e de resultado a cargo dos árbitros, remete-se para MARTINS-COSTA, Judith; BENETTI, Giovana; XAVIER, Rafael; WEBBER, Pietro. **Deveres e responsabilidade dos árbitros**: entre o status e o contrato de investidura (no prelo).

[1142] BORN, Gary B. **International Commercial Arbitration**. 2. ed. Haia: Kluwer Law International, 2014, p. 2034-2035. Vide também: GAILLARD, Emmanuel; SAVAGE, John (ed.). **Fouchard, Gaillard, Goldman on International Commercial Arbitration**. Haia: Kluwer Law International, 1999, p. 590-592 (os autores relatam decisão proferida pela

embora os árbitros resultassem isentos de responsabilidade, afirmando-se a sua imunidade, a análise amparou-se nas circunstâncias concretas, e não em paradigmas abstratos *a priori* fixados. Adotou-se, pois, um *standard* subjetivo-objetivo, e não meramente objetivo.

Conclusões

Como referiu Basil Markesinis[1143], notável comparatista, a urbanização crescente, as viagens, o comércio entre os Estados, a industrialização em moldes globais atenuam as diferenças locais de comportamento e de pensamento e aproximam as afinidades. Estas não se dão no plano dogmático ou conceitual, antes ocorrendo pela via das similaridades entre os problemas jurídicos que se apresentam, nas semelhanças entre as situações litigiosas submetidas a uma decisão juridicamente vinculante. Problemas iguais, no mundo transnacionalizado, tendem a receber soluções similares, conquanto por meio de conceitos e de institutos diversos. Em uma perspectiva comparatista, soluções idênticas são, frequentes vezes, alcançadas por vias diferentes.

É o que se verifica, exemplarmente, com o problema da imunidade do árbitro e o de sua extensão. Nem todos os direitos evoluem no mesmo ritmo, mas, ainda assim, é possível, numa perspectiva dinâmica, deduzir as tendências que se desenham na "sociedade internacional". Sem embarcar – num extremo – na falsa exigência de unanimidade nem duvidar – de outro – do valor das possibilidades trazidas pelo processo comunicativo entre atores de diferentes culturas jurídicas que devem decidir problemas muito parecidos, será fundada a aposta numa futura harmonização das regras relativas à imunidade do árbitro sob o *standard* da imunidade qualificada, seguindo aquela linha **virtuosa e média** situada entre os extremos da imunidade ampla e da ampla responsabilização do árbitro pelo regime comum.

Corte de Cassação em 1960, sinalizando que a responsabilidade dos árbitros, no exercício de suas funções, apenas poderia ser analisada sob o prisma do regime contratual ou extracontratual ordinário e, na sequência, afirmam que tal posicionamento carecia de refinamento à luz de decisões mais recentes, embora fossem relacionadas à arbitragem doméstica).

[1143] MARKESINIS, Basil. Unité ou divergence: à la recherche des ressemblances dans le droit européen contemporain. **Revue Internationale de Droit Comparé**. v. 53, out.dez. 2001, p. 807-830.

Referências

Alessi, Dario. Enforcing arbitrator's obligations: rethinking international commercial arbitrator's liability. **Journal of International Arbitration,** v. 31, issue 6, 2014.

Arenson v. Casson Beckman Rutley & CO. Disponível em: https://www.trans-lex.org/311310/mark_970032/arenson-v-casson-beckman-rutley-co-[1977]-ac-405-et-seq/. Acesso em: 01 fev. 2020.

Baptista, Luiz Olavo. Primeiras anotações sobre o árbitro e os contratos. Entre o poder e o dever. **Cadernos IEC**, v. 1, 2010.

Born, Gary B. **International Commercial Arbitration**. 2. ed. Haia: Kluwer Law International, 2014.

Bourdieu, Pierre: Champ Économique. *In*: **Actes de la Recherche em Sciences Sociales**, 1997.

Bradley v. Fisher (1872), 80 U.S. 335, 351-52, 20 L. Ed. 646. Disponível em: https://www.courtlistener.com/opinion/88468/bradley-v-fisher/? Acesso em: 01 fev. 2021.

Brown, Jenny. The expansion of arbitral immunity: is absolute immunity a foregone conclusion? **Journal of Dispute Resolution**, v. 2009, p. 225-238, 2009.

Buzzi, Marco Aurélio Gastaldi. A Arbitragem na União Europeia, nos Estados Unidos da América e no Mercosul. *In*: **IPEJA** – Instituto de Pesquisas e Estudos Jurídicos Avançados, 2015, p. 13. Disponível em: http://ipeja.com.br/content/uploads/2015/05/A-Arbitragem-na-Uni%C3%83%C2%A3o-Europ%C3%83%C2%A9ia-nos-Estados-Unidos-da-Am%C3%83%C2%A9rica-e-no-Mercosul-Marco-Aur%C3%83%C2%A9lio-Gastaldi-Buzzi-.pdf. Acesso em: 03 fev. 2021.

Cappelletti, Mauro. **Juízes irresponsáveis?** Traduzido por Carlos Alberto Alvaro de Oliveira. Porto Alegre: Sergio Antonio Fabris, 1989.

Carmona, Carlos Alberto. **Arbitragem e processo**. Um comentário à Lei n. 9.307/96. 3. ed. São Paulo: Atlas, 2009.

Comitê Brasileiro de Arbitragem (CBAr). Arbitragem no Brasil. Disponível em: http://www.cbar.org.br/PDF/Pesquisa_CBAr-Ipsos-final.pdf. Acesso em: 03 fev. 2021.

Craviolini v. Scholer & Fuller Associated Architects 357 P.2d 611 (Ariz. 1960). Disponível em: https://www.courtlistener.com/opinion/1144679/craviolini-v-scholer-fuller-associated-architects/. Acesso em: 01 fev. 2021.

CASE **n. 81-1377, 701 F.2d 1181** (6th Cir. 1983). Disponível em: https://www.courtlistener.com/opinion/415387/no-81-1377/. Acesso em: 01 fev. 2021.

Cour de Cassation. **Chambre civile 1, 17 novembre 2010, 09-12.352**, Publié au bulletin. Disponível em: https://www.legifrance.gouv.fr/juri/id/JURITEXT000023113982. Acesso em: 03 fev. 2020.

DUARTE JUNIOR, Luiz Périssé; GUIMARÃES, Virginia. Limites da responsabilidade civil do árbitro por erro *in judicando*. **Revista do Advogado**, São Paulo, v. 119, 2013.

FRANCK, Susan D. The liability of international arbitrators: a comparative analysis and proposal for qualified immunity. **New York Law School Journal of International & Comparative Law**, v. 20, 2000.

GAILLARD, Emmanuel. **Aspects philosophiques du droit de l'arbitrage international**. Académie en Droit International de la Haye. Haia: Martinus Nijhoff Pubishers, 2008.

GAILLARD, Emmanuel; SAVAGE, John (ed.). **Fouchard Gaillard Goldman on International Commercial Arbitration**. Haia: Kluwer Law International, 1999.

GIOVANNINI, Teresa. Immunity of arbitrators. **Arbitration**: the international journal of arbitration, mediation and dispute management. Haia: Kluwer Law International, v. 83, p. 436-446, 2017.

GRANE *v.* GRANE, 493 N.E.2d 1112 (Ill. App. Ct. 1986). Disponível em: https://www.courtlistener.com/opinion/2149427/grane-v-grane/. Acesso em: 26 jan. 2020.

GUANDALINI, Bruno. **Economic analysis of the arbitrator's function**. Haia: Kluwer Law International, 2020.

KAUFMANN-KOHLER, Gabrielle. Globalization of Arbitral Procedure. **Vanderbilt Journal of Transnational Law**, v. 36, p. 1.313-1.333, 2003.

LEW, Julian; MISTELLIS, Loukas; KRÖLL, Stefan. **Comparative International Commercial Arbitration**. Haia: Kluwer Law International, 2003.

LEMES, Selma Maria Ferreira Lemes. **Árbitro**: princípios da independência e da imparcialidade. São Paulo: LTr, 2001.

LUNDGREN v. FREEMAN 292 F.2d 489 (9th Cir. 1961). Disponível em: https://www.courtlistener.com/opinion/258061/james-lundgren-dba-pacific-construction--company-v-claude-freeman-sydney/. Acesso em: 01 fev. 2021.

MARTINS-COSTA, Judith; BENETTI, Giovana; XAVIER, Rafael; WEBBER, Pietro. **Deveres e responsabilidade dos árbitros**: entre o *status* e o contrato de *investidura* (no prelo).

MARTINS-COSTA, Judith. **A boa-fé no direito privado**: critérios para a sua aplicação. 2. ed. São Paulo: Saraiva, 2018.

MARTINS-COSTA, Judith. Culturalismo e experiência no novo Código Civil. **Revista da Faculdade de Direito da Universidade Federal do Rio Grande do Sul**. v. 2, 2004.

MARKESINIS, Basil. Unité ou divergence: à la recherche des ressemblances dans le droit européen contemporain. **Revue Internationale de Droit Comparé**. v. 53, p. 807-830, out.- dez. 2001.

OPPETIT, Bruno. **Théorie de l'arbitrage**. Paris: PUF, 1998.

Redfern, Alan; Redfern, Alan. The immunity of arbitrators. *In*: **ICC Arbitration Bulletin, Special Supplement 1995**. The status of the arbitrator. Disponível em: https://library.iccwbo.org/dr-supplements.htm. Acesso em: 03 fev. 2021.

Reale, Miguel. Crise da justiça e arbitragem. **Revista de Arbitragem e Mediação**. v. 5, p. 319-321, 2005.

Redfern, Alan; Hunter, Martin; Blackaby, Nigel; Partasides, Constantine. **Redfern and hunter on international arbitration**. Oxford: Oxford University Press, 2015.

Romero, Eduardo Silva. Immunity and liability of arbitrators: what is the proper balance? *In*: Hanotiau, Bernard; Mourre, Alexis (eds.). **Dossier of the ICC Institue of World Business Law**: players' interaction in international arbitration. ICC: Paris, 2012. Disponível em: https://library.iccwbo.org/Content/dr/ARTICLES/ART_CH8.htm?AUTH&AUTH. Acesso em: 03 fev. 2021.

Serpa Lopes, Miguel Maria de. **Curso de direito civil**. v. V. 2. ed. Rio de Janeiro: Freitas Bastos, 1962.

Tamari *v.* Conrad 552 F.2d 778 (7th Cir. 1977). Disponível em: https://www.courtlistener.com/opinion/344439/abdallah-w-tamari-v-william-p-conrad-jr--and-bache-halsey-stuart-inc/?. Acesso em: 01 fev. 2021.

Tsakatoura, Anastasia. Arbitration: the immunity of arbitrators. **Lex E-scripta Online Legal**, 20 June 2002. Disponível em: http://www.inter-lawyer.com/lex-e-scripta/articles/arbitrators-immunity.htm. Acesso em: 03 fev. 2021.

Vivour-Rhodes, Adedoyin. Immunity of arbitrators. *In*: O'Ralley, Michael (ed.). **Arbitration**: The International Journal of Arbitration, Mediation and Dispute Management. CIArb, v. 83, p. 448-458, Sweet & Maxwell, 2017.

Wilcox Co. v. Bouramas, **392 N.E.2d 198 (Ill. App. Ct. 1979)**. Disponível em: https://www.courtlistener.com/opinion/2160715/wilcox-co-v-bouramas/. Acesso em: 03 fev. 2020.

3. O CONTROLE NÃO JURÍDICO DA FUNÇÃO DE ÁRBITRO: MERCADO, REPUTAÇÃO E CULTURA

João Ilhão Moreira

Introdução

Apesar da pouca atenção dada à função dos árbitros na análise jurídica e não jurídica, o papel do árbitro é indiscutivelmente relevante. De facto, os árbitros desempenham desde logo uma importante função contratual: ou seja, ao aceitar uma designação, um árbitro compromete-se a decidir uma disputa de acordo com as regras determinadas pelas partes do processo. No cumprimento deste dever contratual, o árbitro compromete-se ainda a aderir a alguns pressupostos decorrentes, explicita ou implicitamente, das leis aplicáveis, designadamente: i) a garantir direitos de justiça processuais básicos; ii) a decidir de forma imparcial e independente; e iii) a contribuir para que o processo decorra de forma célere e eficaz[1144]. De modo mais geral, os árbitros podem ser chamados também a desempenhar uma relevante função pública, no sentido de que por vezes tem de funcionar como garantes de determinados valores ou objetivos essenciais de carácter transnacional[1145].

Apesar de atualmente haver acordo na doutrina relativamente à ideia de que os árbitros se encontram adstritos a diversas obrigações fun-

[1144] Para uma análise mais detalhada destas obrigações, ver: GOMEZ, Katia Fach. **Key duties of international investment arbitrators**: a transnational study of legal and ethical dilemmas. Springer Berlin Heidelberg, 2018).

[1145] Por exemplo: ROGERS, Catherine A. The Vocation of the International Arbitrator. 20 **Am. U. Int'l L. Rev.** p. 957-1.016, 2004.

cionais, menos atenção tem sido dedicada à questão de saber quais os mecanismos que garantem o cumprimento destas obrigações. Do ponto de vista jurídico, existem alguns mecanismos de controlo. Durante o processo arbitral, as partes podem recusar um árbitro, caso considerem que este não é independente ou imparcial, cabendo ao tribunal arbitral e, eventualmente, ao tribunal judicial, excluírem o árbitro caso este manifeste falta de independência ou imparcialidade[1146]. Igualmente, podem as partes, caso se verifique a violação de princípios processuais básicos, requerer a anulação da sentença arbitral e a recusa do seu reconhecimento[1147].

É importante ter em conta, porém, que, em si mesmo, estes mecanismos não estão desenhados como uma sanção direta para o árbitro. Ainda que os árbitros naturalmente pretendam evitar serem afastados de um processo ou verem uma das sentenças arbitrais por si proferidas anuladas ou recusadas, as consequências efetivas na sua esfera são limitadas. Do mesmo modo, a responsabilidade civil dos árbitros encontra-se, em muitas jurisdições, por boas razões, diretamente por lei ou por decisões jurisprudenciais, restringida[1148]. De facto, ainda que a violação por um árbitro das obrigações supra-referida possa resultar numa obrigação de indemnizar as partes, o número de decisões a condenar árbitros é tendencialmente baixo[1149]. Por fim, não existem para os árbitros sanções dis-

[1146] Veja-se a UNCITRAL *Model Law*, Artigo 13(2) e, como exemplo das regras de arbitragem institucional, as *ICC Arbitration Rules*, Artigo 14.

[1147] Veja-se, neste campo, a UNCITRAL *Model Law*, Artigo 34.

[1148] Entre muitas outras análises relativas à responsabilidade dos árbitros, ver: Report from The Club des Juristes. **Report**: The Arbitrators' Liability, June 2017. Também: Franck, Susan D. The liability of international arbitrators: a comparative analysis and proposal for qualified immunity, 2000. 20 **New York Law School Journal of International and Comparative Law 1.**

[1149] Ainda, assim, alguns casos de condenação de árbitros em responsabilidade civil têm sido reportados. O mais frequentemente citado, *Raoul Duval v. V.*, é comumente indicado como exemplo de a possibilidade efetiva de árbitros serem condenados numa obrigação de indemnização cível. Para uma análise do caso, ver: Hwang, Michael; Chung, Katie Chung; Cheng, Fong. Claims against arbitrators for breach of ethical duties. *In*: Rovine, Arthur W. (ed.). **Contemporary issues in international arbitration and mediation**: the fordham papers, 2007, p. 238.

ciplinares semelhantes às que se podem encontrar em profissões autorreguladas[1150].

Apesar da inexistência destes mecanismos de controlo, a perceção genérica é de que, de um modo geral, os árbitros cumprem as obrigações éticas a que estão adstritos. A questão que se coloca é, então, a de saber quais os mecanismos que contribuem para que os árbitros cumpram a sua função. Para além dos mecanismos legais discutidos, que, como brevemente analisado, têm uma relevância limitada neste contexto, um conjunto de mecanismos não jurídicos têm de ser considerados. De facto, as especificidades do mercado de arbitragem tendem a produzir incentivos que levam os árbitros a cumprir as suas funções. Do mesmo modo, as particularidades da forma como este mercado opera fortalece uma cultura arbitral que tende a levar a uma internalização dos valores arbitrais. Estas ideias serão exploradas mais adiante.

1. As especificidades do mercado de arbitragem

Para compreender o modo como o mercado de arbitragem incentiva os árbitros a cumprir as suas obrigações, é necessário ter em consideração três características fundamentais deste mercado. Em primeiro lugar, este é um mercado em que, ao contrário da maioria dos mercados, o sucesso de um árbitro não depende somente das escolhas e das preferências dos "consumidores", ou seja, as partes em disputa. De facto, muitas das escolhas são realizadas por instituições arbitrais, os restantes membros de um painel arbitral ou, mesmo por vezes, por um tribunal judicial[1151]. Mesmo quando as seleções são feitas por uma parte, os advogados que a acompanham, frequentemente influenciam essa decisão, indicando nomes e fatores a ter em conta na seleção.

Ora, aqueles que desejam operar neste mercado devem, então, considerar não apenas como vão ser percecionados por potenciais partes, mas também pela restante comunidade arbitral. Em particular, a perce-

[1150] O mais próximo destas sanções são as previstas pela CIArb. Elas têm sido, porém, raramente utilizadas. Apenas dois casos de condenação foram reportados pela CIArb até final de 2020.

[1151] Análise dos dados disponibilizados pelas instituições arbitrais permite observar que sensivelmente 50% das seleções são realizadas pelas partes e as restantes 50% são realizadas por instituições arbitrais, coárbitros e tribunais judiciais. Veja-se, por exemplo: ICC. **2014 ICC Dispute Resolution Statistics**, 2015.

ção que as instituições arbitrais têm de um árbitro pode influenciar de forma decisiva o sucesso da carreira deste. De facto, a escolha do árbitro é uma importante escolha para todos os operadores neste mercado, envolvendo um conjunto amplo de considerações. Designadamente, a escolha pelas partes, instituições arbitrais e co-árbitros tem em consideração diversos fatores, como a capacidade técnica, a disponibilidade e a experiência do potencial árbitro[1152]. Um árbitro, portanto, que pretenda uma carreira continuada neste campo, tem de criar elos com o resto da comunidade e projetar as referidas qualidades.

Em segundo lugar, este é um mercado em que a concorrência opera sobretudo através de um sistema de reputação e menos através de concorrência por via do preço[1153]. Como decorre das considerações avançadas, a escolha dos árbitros, tanto em arbitragens institucionais como em arbitragens *ad-hoc*, é sobretudo dependente da imagem que cada árbitro projeto no mercado. Como se verá em mais detalhe, as partes quando selecionam, tendem a selecionar um árbitro com uma reputação elevada, visto tal aumentar a possibilidade de este conseguir exercer influência sobre o restante do painel[1154]. Do mesmo modo, instituições arbitrais e co-árbitros tipicamente beneficiam quando selecionam árbitros de alta qualidade, tendendo também, por isso, a selecionar árbitros com elevada reputação.

Por fim, é necessário ter em consideração que o mercado de arbitragem é, tendencialmente, fechado[1155]. Visto ser um mercado em que a reputação desempenha um papel relevante, há uma tendencial dificuldade por aqueles com menos experiência em serem nomeados. Entrar no círculo daqueles que com frequência são nomeados envolve um investimento elevado, expressado através de uma participação efetiva no mercado de arbitragem em posições ancilares, criação de relações com a restante comunidade arbitral e demonstrações de conhecimentos técni-

[1152] Por exemplo, LEAUA, C. Factors taken into consideration by the parties when appointing an arbitrator 33 Procedia, Social and Behavioral Sciences, p. 925-926, 2012.

[1153] Algum nível de concorrência de preços, porém, existe. Isto é verdade, sobretudo no caso de arbitragens *ad-hoc* em que árbitros que aumentem as suas exigências em termos de remuneração poderão ser rejeitados pelas partes.

[1154] Bentolila, Dolores. Arbitrators as Lawmakers. Wolters Kluwer, 2017, p. 151.

[1155] Sobre as barreiras à entrada no mercado de arbitragem: Rogers, Catherine A. Rogers. The vocation of the international arbitrator 20 Am. U. Int'l L. Rev. n. 957, 2004.

cos na área. Assim, tipicamente, apenas após períodos elevados de participação neste mercado, um potencial árbitro entra nas considerações das partes.

Ora, como se verá, estas três considerações (a importância da comunidade na seleção de árbitros, a importância da imagem neste meio e o caráter tendencialmente fechado do mercado) permite que dois elementos não jurídicos, a reputação dentro da comunidade arbitral e a cultura arbitral, contribuam como elementos de controlo efetivo da ação dos árbitros, e de forma decisiva para que estes cumpram a sua função. Estes dois elementos serão analisados em maior detalhe nos pontos seguintes.

2. A reputação como mecanismo de controlo do comportamento dos árbitros

Como decorre das considerações supra sobre o mercado de arbitragem, a reputação é um elemento central neste campo. Para compreender o modo como a reputação atua, na prática, como um mecanismo de controlo do comportamento, é necessário, porém, analisar de que modo a reputação influencia a probabilidade de um árbitro ser escolhido para um procedimento. Como se indicou, a reputação que um árbitro procura construir não coincide exatamente com a reputação desenvolvida por outros profissionais. De facto, na maioria das profissões, um profissional procura desenvolver a imagem de prestar melhor serviços e praticar preços inferiores à concorrência. Em arbitragem, porém, a reputação vai para além da criação de uma imagem de qualidade. Para os árbitros, tipicamente, torna-se igualmente essencial criar uma imagem de comportamento ético, ou seja, de cumprimento de obrigações para além daquelas estritamente definidas contratualmente[1156].

Uma análise mais fina das considerações tomadas na escolha de um árbitro permite compreender melhor esta ideia. Pense-se nos dois cenários mais comuns: um painel com um árbitro único e um painel com

[1156] Neste contexto, os árbitros foram famosamente designados de "mercadores da virtude". Dezalay, Yves; Garth, Bryant G. Dealing in virtue: international commercial arbitration and the construction of a transnational legal order. University of Chicago Press, 1996.

três árbitros[1157]. No caso de um painel com apenas um árbitro, não basta que o árbitro tenha qualidades jurídicas e técnicas elevadas e, menos ainda, basta que o árbitro se disponha a realizar o procedimento a um custo baixo. Para que ambas as partes acordem num árbitro, este tem de ser visto por ambas como dispondo de elevados padrões éticos, visto que qualquer uma das partes recusará um árbitro que anteveja como podendo favorecer a contraparte. Do mesmo modo, quando a seleção for realizada por terceiro, este tipicamente terá em consideração a reputação ética do árbitro por si escolhido. Isto é especialmente relevante quanto às seleções realizadas por instituições arbitrais, visto que a reputação destas depende de que os procedimentos por si organizados cumpram expectativas de comportamento ético exigidas a um painel arbitral.

No contexto de um painel de três árbitros, a conclusão é semelhante. A escolha de um árbitro realizada por uma parte, num contexto de um painel coletivo, é influenciada por considerações estratégicas, com as partes a tentarem selecionar o árbitro que mais aumente as hipóteses da parte ser bem-sucedida no processo. Neste contexto, poderia pensar-se que as partes tenderiam, então, a escolher o árbitro que de forma mais vocal represente os interesses da parte no painel. Porém, conforme frequentemente referido em análises doutrinais, tal estratégia raras vezes se apresenta como a mais eficaz, visto que um árbitro abertamente parcial será tendencialmente ignorado pelo restante painel[1158]. O consenso parece ser que tipicamente o máximo que uma parte pode almejar é a escolha de um árbitro que, através da sua abertura à posição da parte, possa garantir que os argumentos da parte são considerados pela totalidade do painel arbitral.

Com isto dito, fica claro o modo como a reputação no mercado oferece incentivos para que os árbitros cumpram as suas obrigações contratuais e éticas perante as partes e, de forma genérica, decorrentes do interesse público. O valor de um árbitro no mercado depende de uma imagem de 'virtude' não só perante as partes, mas, de forma provavel-

[1157] Note-se que o segundo destes cenários, ou seja, um painel com três árbitros é uma solução ligeiramente mais comum.

[1158] Por exemplo: Hunter, Martin. Ethics of the international arbitrator. 53 Arbitration n. 219, 1987, p. 223.

mente ainda mais marcada, perante a comunidade arbitral no seu todo. Potenciais árbitros que sejam vistos como não confiáveis tenderão a ser afastados pela comunidade. Como a comunidade arbitral beneficia do crescimento da arbitragem no seu todo, pode-se argumentar que esta tem um interesse em garantir o cumprimento de deveres éticos pelos membros da comunidade[1159].

Com isto dito, convém também afirmar que esta visão é porventura excessivamente otimista sobre o modo como o mercado de arbitragem cria incentivos para o cumprimento de obrigações éticas. De facto, ela é construída em cima de pressupostos que nem sempre se verificam. Desde logo, parte do princípio que os árbitros pretendem atuar no mercado a longo prazo. Ora, ainda que haja uma tendência, pelas razões expressadas, para escolher árbitros experientes, isto não é necessariamente sempre o caso. Em determinados processos, as partes podem escolher árbitros que podem não ter interesse em continuar a atuar neste mercado. Igualmente, o mercado de arbitragem não é perfeito. É possível imaginar situações em que membros menos escrupulosos abusem do sistema em benefício próprio[1160].

O sistema de reputação que domina a arbitragem não é então, por si só, suficiente para garantir que em todas as situações os procedimentos de arbitragem cumprirão com as expectativas das partes e do público em geral[1161]. Para compreender o nível generalizado de aceitação e cum-

[1159] Uma metáfora por vezes utilizada neste contexto, é a de que, em arbitragem, a subida da maré faz subir todos os barcos, ou seja, que a comunidade arbitral se beneficia em conjunto do bom funcionamento dos procedimentos arbitrais.

[1160] Um número de ações poderiam ser enquadradas neste tipo de situações, designadamente, troca de nomeações, abuso de posições em instituições arbitrais. Convém, porém, notar que estes comportamentos parecem raros. O sucesso da arbitragem no seu todo, a percepção genericamente positiva que os utilizadores do sistema têm da arbitragem e as opiniões generalizadas daqueles que atuam neste mercado parece indicar que tais comportamentos não são um problema frequente.

[1161] A reputação é, ainda assim, parte essencial do sistema arbitral que ajuda a explicar o funcionamento da arbitragem sem a regulação encontrada em outros mercados de serviços. Um problema relevante, por vezes discutido, prende-se em saber se o crescimento da arbitragem têm afetado a possibilidade de a reputação funcionar como um sistema de transmissão de qualidade dos membros da comunidade. De facto, com o aumento de número de operadores nesta área, o conhecimento pessoal entre todos os membros tende a desaparecer. Ainda assim, novos métodos de comunicar a reputação dos membros mitigam este

primento voluntário das normas éticas pelos árbitros, mesmo nos casos em que cumprir as normas éticas implica um custo monetário direto,[1162] por vezes, significativo, é necessário ponderar outras características da comunidade arbitral.

3. A cultura arbitral como mecanismo de controlo do comportamento dos árbitros

Para além da reputação, um outro mecanismo, geralmente menos analisado na literatura, deve ser considerado quando se procura perceber as razões pelas quais os árbitros cumprem as suas funções: a existência de uma cultura arbitral. De facto, as decisões de cumprir com obrigações éticas não são dependentes apenas de cálculos dos benefícios e custos de seguir uma norma[1163]. Muitas vezes, o cumprimento de normas está ligado a outros elementos psicológicos que ultrapassam estes cálculos. A internalização de normas, ou seja, a aceitação por um indivíduo de um conjunto de normas e valores é um elemento essencial que leva ao seu cumprimento. Por sua vez, o nível de internalização depende de múltiplos fatores, como o nível de integração no grupo, a educação e as experiências próprias do indivíduo dentro do grupo.

Ora, algumas especificidades do mercado arbitral e da comunidade de arbitragem podem contribuir para explicar a tendencial observação de que, por norma, os árbitros têm respondido às suas obrigações éticas. As barreiras à entrada no mercado de arbitragem em particular, ainda que, por vezes, justamente criticadas[1164], têm efeitos a serem considerados. O facto de para entrar no mercado de arbitragem se exigir que, na prática, aqueles interessados em atuar nesta área passem um tempo

risco. Em particular, publicações *online* como a GAR, *blogs* como a *KluwerArbitration*, e iniciativas como *Arbitrator Intelligence* permitem continuar a comunicar a reputação dos membros deste mercado ainda que de forma mais 'impessoal'.

[1162] O caso mais claro é um árbitro ter de recusar uma designação devido a um conflito de interesses.

[1163] Neste ponto, ver: HODGES, Christopher. Law and corporate behaviour: integrating theories of regulation, enforcement, compliance and ethics. Hart Publishing, 2015.

[1164] Por exemplo: ROGERS, Catherine A. The vocation of the international arbitrator. 20 Am. U. Int'l L. Rev. n. 957, 2004.

considerável a desenvolver atividade relacionada com arbitragem[1165] e a construir pontes com a restante comunidade arbitral também tem um efeito de ajudar a garantir que estes cumpram a sua função.

Em primeiro lugar, a longa participação na comunidade e no mercado favorece a que estes conheçam as normas éticas subjacentes ao processo arbitral. Tipicamente, a maioria daqueles que atuam como árbitros tiveram experiências prévias com arbitragem como advogados ou peritos[1166]. Do mesmo modo, aqueles escolhidos para árbitros participam frequentemente dos espaços de encontro da comunidade, mais caracteristicamente de conferências académicas[1167]. Crescentemente se verifica também uma tendência para os participantes no mercado realizarem cursos e outras formas de educação, formal e informal, no campo de arbitragem. Por fim, a participação em associações da comunidade arbitral é comum, com muitos daqueles que trabalham em arbitragem a participar em múltiplas associações.

Tudo em conjunto, tal leva a que aqueles que assumam a função de árbitro tipicamente estejam comprometidos com os ideais da comunidade, sendo, por vezes, verdadeiros crentes relativamente aos objetivos mais idealistas da arbitragem: designadamente, a construção de um sistema eficiente e justo de disputas. Ora, como é compreensível quando aqueles que operam num determinado espaço se sentem identificados com os valores dominantes desse espaço, aumenta a probabilidade de estes estarem dispostos a tomar ações que não coincidem com a maximização dos seus interesses económicos. De facto, mesmo que se aceite como premissa que as pessoas tendem a maximizar os seus interesses, certamente os objetivos que os agentes procuram maximizar vão além

[1165] William W. Park: "For young people coming up in the ranks, they start out as lawyers and much later transition with a first appointment as arbitrator". A conversation with professor William W. (Rusty) Park – as interviewed by professor Catherine A. Rogers: Institute for Transnational Arbitration Houston, Texas, 13 January 2017' (2018) 34 Arbitration International n. 495, p. 510. Igualmente: GUANDALINI, Bruno. Economic Analysis of the Arbitrator's Function. Wolters Kluwer Law & Business, 2020, p. 169.

[1166] GERBAY, Rémy. How does a new arbitrator get their first appointment? A Q&A Session with Remy Gerbay (Interview Given to Lexis PSL Arbitration). Social Science Research Network, 2014. SSRN Scholarly Paper ID 2519505.

[1167] Descrevendo em detalhe os comportamentos da comunidade: GAILLARD, Emmanuel. Sociology of International Arbitration n. 31. Arbitration International 1, 2015.

dos económicos. Ao lado destes, a maximização de objetivos ideológicos, morais e de posição social desempenham um papel igualmente importante[1168].

Outros aspetos da comunidade e da cultura arbitral são igualmente importantes nesta matéria. Investigações do campo da criminologia dão conta de que certas comunidades têm uma maior apetência para comportamentos desviantes. De facto, no contexto de crimes de colarinho branco, determinados ambientes, designadamente aqueles em que a concorrência é mais agressiva, tendem a exacerbar os incentivos a comportamentos desviantes e à tomada de decisões mais arriscadas. Apesar deste ser um tema pouco explorado no contexto das discussões académicas relativas à arbitragem, o facto da comunidade de árbitros ser constituída esmagadoramente por membros em fases mais tardias da sua carreira e marcada por um nível baixo de intra-competição, porventura favorece a um ambiente em que os membros tendem a respeitar as normas da comunidade.

Conclusão:
O que se sabe e o que falta saber sobre os incentivos subjacentes ao controle da função do árbitro.

A arbitragem evoluiu no mundo lusófono de um campo estudado por um pequeno número de entusiastas para uma área de grande interesse doutrinal e prático. Apesar deste crescente interesse, análises interdisciplinares sobre arbitragem são ainda escassas. Tanto na nossa literatura como na literatura internacional não tem existido uma análise suficientemente detalhada dos incentivos subjacentes ao cumprimento das obrigações por parte dos árbitros. Por um lado, é possível argumentar que o sucesso da arbitragem torna tais análises desnecessárias. Contudo, a crescente importância da arbitragem tem trazido também algumas críticas a este campo. Ainda que parte dessas críticas decorram parcialmente de um desconhecimento sobre o funcionamento interno da comunidade arbitral, é importante haver um maior debate sobre as situações em

[1168] Análise semelhante relevante a juízes estaduais: Posner, Richard A. What do judges and justices maximize? (the same thing everybody else does). v. 3. Supreme Court Economic Review 1, 1993.

que o sistema produz suficientes incentivos para os agentes dentro dele seguirem os comportamentos adequados.

Esta discussão é particularmente importante relativamente aos árbitros. De facto, os árbitros são o garante essencial do funcionamento ético dos procedimentos arbitrais. Devido, porém, ao acesso a esta função ser largamente destruturada e não existirem, em grande medida, mecanismos disciplinares *ex post* que punam violações de normas éticas, torna-se imperativo analisar os mecanismos que *ex ante* conduzem os árbitros a cumprir estas normas. Neste ponto, a comunidade arbitral, porventura devido ao sucesso da arbitragem, parece aceitar de forma relativamente acrítica que a necessidade de manter reputação neste mercado é a chave que tem levado os árbitros a cumprir genericamente com as suas funções éticas.

Ora, esta análise é por um lado incompleta e, por outro lado, contrária a muita da literatura que tem refletido sobre o cumprimento de normas éticas. Por um lado, esta análise tem sido incompleta porque não tem levado em consideração que nem todos os árbitros estão numa posição semelhante. Um dos aspetos menos considerados na literatura é o árbitro que é nomeado para um processo arbitral sem ter, porém, intenção de atuar neste mercado a longo prazo. Ainda que os incentivos que se aplicam a esta situação sejam marcadamente distintos das situações em que o árbitro pretende atuar neste mercado de forma permanente, estas situações não têm merecido tratamento distinto na doutrina ou na jurisprudência, nem tem havido um esforço para compreender a posição destes árbitros relativamente às suas obrigações éticas.

Do mesmo modo, a doutrina dedicada à arbitragem não tem refletido de forma completa sobre todos os fatores que influenciam o cumprimento de normas éticas. De facto, o cumprimento de normas éticas não é apenas, ou sequer primeiramente, o resultado de cálculos de benefícios e custos para o agente. Outros elementos, como a apetência para o risco, a cultura do grupo e o nível de internalização das normas, são tão ou mais importantes que a questão de saber se o cumprimento das normas maximiza a utilidade do agente. Aplicado à arbitragem, isto significa que maior atenção deve ser prestada à evolução da composição da comunidade arbitral e dos valores internalizados pelos seus membros. São estes, afinal, o garante efetivo da função do árbitro.

Referências

BENTOLILA, Dolores. Arbitrators as Lawmakers. Wolters Kluwer, 2017.

DEZALAY, Yves; GARTH, Bryant G. Dealing in virtue: international commercial arbitration and the construction of a transnational legal order. University of Chicago Press, 1996.

FRANCK, Susan D. The liability of international arbitrators: a comparative analysis and proposal for qualified immunity, 2000. 20 **New York Law School Journal of International and Comparative Law 1**.

GAILLARD, Emmanuel. Sociology of International Arbitration n. 31. Arbitration International 1, 2015.

GERBAY, Rémy. How does a new arbitrator get their first appointment? A Q&A Session with Remy Gerbay (Interview Given to Lexis PSL Arbitration). Social Science Research Network, 2014. SSRN Scholarly Paper ID 2519505.

GOMEZ, Katia Fach. **Key duties of international investment arbitrators**: a transnational study of legal and ethical dilemmas. Springer Berlin Heidelberg, 2018.

GUANDALINI, Bruno. Economic Analysis of the Arbitrator's Function. Wolters Kluwer Law & Business, 2020

HODGES, Christopher. Law and corporate behaviour: integrating theories of regulation, enforcement, compliance and ethics. Hart Publishing, 2015.

HUNTER, Martin. Ethics of the international arbitrator. 53 Arbitration n. 219, 1987.

HWANG, Michael; CHUNG, Katie Chung; CHENG, Fong. Claims against arbitrators for breach of ethical duties. *In*: ROVINE, Arthur W. (ed.). **Contemporary issues in international arbitration and mediation**: the fordham papers, 2007.

ICC. **2014 ICC Dispute Resolution Statistics**, 2015.

LEAUA, C. Factors taken into consideration by the parties when appointing an arbitrator 33 Procedia, Social and Behavioral Sciences, p. 925-926, 2012.

PARK, William W. "For young people coming up in the ranks, they start out as lawyers and much later transition with a first appointment as arbitrator". A conversation with professor William W. (Rusty) Park – as interviewed by professor Catherine A. Rogers: Institute for Transnational Arbitration Houston, Texas, 13 January 2017' (2018) 34 Arbitration International n. 495.

POSNER, Richard A. What do judges and justices maximize? (the same thing everybody else does). v. 3. **Supreme Court Economic Review** 1, 1993.

REPORT from The Club des Juristes. **Report**: The Arbitrators' Liability, June 2017.

ROGERS, Catherine A. The vocation of the international arbitrator. **20 Am. U. Int'l L. Rev**. p. 957-1.016, 2004.

ROGERS, Catherine A. Rogers. The vocation of the international arbitrator 20 Am. U. Int'l L. Rev. n. 957, 2004.

ROGERS, Catherine A. The vocation of the international arbitrator. 20 Am. U. Int'l L. Rev. n. 957, 2004.

UNCITRAL MODEL LAW. United Nations Commission On International Trade Law. UNCITRAL Model Law on International Commercial Arbitration (1985), with amendments as adopted in 2006. Disponível em: https://uncitral.un.org/en/texts/arbitration/modellaw/commercial_arbitration. Acesso em: 17 set. 2021.

4. ÁRBITRO À LUZ DA TEORIA DA AGÊNCIA

Peter Ch. Sester

Introdução

"Arbitragem vale o que vale o árbitro" é o título da contribuição de Francisco Mussnich para a obra em homenagem à José Emilio Nunes Pinto. Na verdade, faltou o início do título, que se refere à escolha dos árbitros; portanto, ao tema desse artigo.

A escolha do árbitro cabe, em primeiro lugar às partes e aos coárbitros. Raramente, a tarefa da escolha passa a ser da câmara de arbitragem indicada pelas partes. Segundo Gary B. Born[1169], a liberdade e a responsabilidade de escolher um tribunal arbitral, para cada caso, é uma das particularidades mais relevantes da arbitragem. As partes e seus patronos devem exercer essa liberdade de forma sábia, pois se trata de decisão extremamente importante no procedimento arbitral[1170].

O presente artigo foca na situação padrão da escolha dos árbitros, sem o envolvimento direto da câmara. Os incentivos e os objetivos que impactam na escolha dos coárbitros são bem diferentes daqueles que influenciam a nomeação do árbitro presidente. O termo incentivo indica nossa abordagem, porque descobrir incentivos e desenvolver mecanismos para canalizar, regulamentar, modificar e aproveitar, sistematica-

[1169] BORN, Gary B. **International Arbitration**: law and practice. 2ª ed. AH Alphen aan den Rijn: Wolters Kluwer, 2016, p. 133-134.

[1170] SESTER, Peter Christian. **Comentários à Lei de Arbitragem e à Legislação Extravagante**. São Paulo: Quartier Latin, 2020, p. 209.

mente, desses (ou esses?) incentivos são os principais objetivos da chamada teoria da agência.

Quando Bruno Guandalini[1171] e Carlos Elias[1172] me procuraram para escrever um artigo a ser publicado nessa maravilhosa obra coletiva, eles tiveram uma ideia bem precisa sobre o assunto que eu deveria abordar e esclareceram suas expectativas. Sabiam da minha formação adicional como economista, portanto, pediram uma análise econômica da função ou do papel do árbitro, convite o qual aceitei imediatamente.

Pois bem, quando comecei a escrever, percebi rapidamente que o assunto era bem mais complexo e difícil em relação ao que imaginara inicialmente. Os problemas surgiram com a escolha de uma teoria econômica que pudesse, eventualmente, ser capaz de agregar valor para o mundo jurídico, mais precisamente para a comunidade da arbitragem. A economia, como ciência, é um universo de teorias, muitas delas cada vez mais formais, o que quer dizer que são baseadas em modelos matemáticos ou estocásticos. São modelos pouco compreensíveis para juristas, além de não terem um fator de conexão forte com normas e teorias jurídicas. As teorias econômicas mais conhecidas no âmbito jurídico são provavelmente a teoria dos custos da transação, a teoria da agência e a *constitutional and behavioural economics*.

1. Escolha de uma teoria econômica adequada

1.1. Constitutional Law & Economics

Constitutional Law & Economics[1173] é uma teoria baseada num consenso ficto constitucional que eu, como simples civilista e comercialista que

[1171] Que escreveu um belíssimo livro com o título **Economic Analysis of the Arbitrator's Function**, AH Alphen aan den Rijn: Wolters Kluwer, 2020.

[1172] Autor de um brilhante artigo sobre o árbitro: LEVY, Daniel; PEREIRA, Guilherme J. Setoguti. **Curso de arbitragem**. 2. ed. São Paulo: RT, 2021, p. 129-172 com base na sua tese de doutorado, ELIAS, Carlos Eduardo Stefan, **Imparcialidade dos Árbitros**, Coimbra: Almedina, 2021.

[1173] BUCHANAN, James M. Liberty. **Market and state** – political economy in the 1980s. New York: New York University Press, 1986; BUCHANAN James M. Constitutional economics. *In*: EATWELL, John (coord.). **The New Palgrave** – A Dictionary of Economics. v. I, 1987, Londres: Palgrave Mcmillan, p. 585-588.

sou, sempre achei essa "ficção" meio duvidosa[1174]. A presunção de um consenso ficto sempre corre o risco de abrir a 'caixa de pandora' e possibilitar um dirigismo que limite a liberdade individual e, consequentemente, a do mercado.

Do ponto de vista da microeconomia, o mercado nada mais é do que o conjunto de todos os contratos sobre um dado produto ou serviço (*e.g.*, todos os contratos dos brasileiros com empresas de telecomunicação ativa no país são o mercado de telecomunicação). *Constitucional Law & Economics* nunca conseguiu ter grande influência na prática dos agentes econômicos (*e.g.*, as partes de contratos, os donos e integrantes das empresas). O ponto forte dessa teoria é a explicação sistemática da escolha de políticas públicas (*public choice*). Também me parece que o pico dessa teoria já passou com a morte do seu fundador e principal protagonista, *James M. Buchanan*.

1.2. *Behavioural Law & Economics*

Behavioural Law & Economics[1175] é a teoria mais recente, que começou a conquistar relevância a partir do início do século XXI. Essa constatação prevalece, ao menos, para a mais importante subdisciplina dessa teoria, *Behavioural Finance*. Essa teoria chegou provavelmente ao seu pico nos primeiros anos, depois da última grande crise financeira mundial que estourou com o colapso do banco de investimento Lehman Brothers em 2008. A essência dessa teoria é a oposição à hipótese da eficiência do mercado financeiro, que certamente era a teoria predominante até 2008[1176] e, provavelmente, ainda é na prática dos investidores institucionais.

[1174] Elaborei esta crítica na minha tese em macroeconomia, apresentada na Universidade Humboldt Berlim, sobre desenvolvimento do mercado de capitais brasileiro: SESTER, Peter Christian. **Reformas institucionais em mercados de capitais emergentes**: o mercado brasileiro de ações (*Institutionelle Reformen in heranreifenden Kapitalmärkten: Der brasilianische Aktienmarkt*). Berlim: de Gruyter, 2009, p. 51-60.

[1175] THALER, Richard H. **Summary of misbehaving**: the making of behavioral economics. New York: W. W. Norton & Company, 2016.

[1176] JENSEN, Michael C. Some anomalous evidence regarding market efficiency. **Journal of Finance**, v. 6, 1978, p. 95-96. *"In the literature of finance, accounting, and the economy of uncertainty, the Efficient Market Hypothesis is accepted as a fact of life, and a scholar who purports to model behavior in a manner which violates it faces a difficult task of justification"*; LANGEVOORT, Donald

Eugene F. Fama desenvolveu, nos anos 1970, a sua teoria dos mercados de capitais, com base nas hipóteses de que esses mercados chegam automaticamente perto do ótimo da eficiência.[1177] Esta restrição 'perto' é muito importante e, infelizmente, muitas vezes ignorada ou mal-entendida. Nunca ninguém, pelo menos da escola de Chicago, da qual Eugene F. Fama é um dos mais famosos representantes, defendeu a tese de que o mercado é absolutamente eficiente[1178]. Para quem entende o básico

C. Taming the animal spirit of the stock markets: a behavioral approach to securities regulations. **Northwestern University Law Review**, v. 97, 2002, p. 135-187: *"Unless we are prepared to isolate the noise trader [...] securities regulation is left to serve as the market's therapist, seeking to de-bias investors from dangerous propensities. In contrast to some authors who have suggested this role, I doubt that the government can accomplish this well, or that the intended audiences has much inclination to learn."*; GILSON, Ronald J.; KRAAKMAN, Reinier. Symposium: revisiting the mechanism of market efficiency: the mechanism of market efficiency twenty years later: the hindsight bias. **Journal of Comparative Law**, v. 28, 2003, p. 715-736: *"Indeed, we would go one step further, to caution against the use of behavioral finance to advance policy agendas that it cannot possibly support"*; SESTER, Peter Christian. **Reformais institucionais em mercados de capitais emergentes**: o mercado brasileiro de ações (*Institutionelle Reformen in heranreifenden Kapitalmärkten: Der brasilianische Aktienmarkt*). Berlim: de Gruyter, 2009, p. 95-98.

1177 FAMA, Eugene F. The behavior of stock-market-prices. **Journal of Business**, v. 38, 1965, p. 34-105; FAMA Eugene F. Efficient capital markets: a review of theory and empirical. **Journal of Finance**, v. 25, 1970, p. 383-417; from a legal perspective GILSON, Ronald J.; KRAAKMAN, Reinier. The Mechanism of Market Efficiency. **Virginia Law Review**, v. 70, 1984, p. 554-557: *"We need a concept of relative efficiency that distinguishes among and ranks the different market dynamics according to how closely they approximate the ideal of ensuring that prices always fully reflect all available information"*; SESTER, Peter Christian. **Reformas institucionais em mercados de capitais emergentes**: o mercado brasileiro de ações (*Institutionelle Reformen in heranreifenden Kapitalmärkten: Der brasilianische Aktienmarkt*). Berlim: de Gruyter, 2009, p. 92-95.

1178 FAMA, Eugene F. Efficient capital market: II. **Journal of Finance**, v. 46, 1991, p. 1.575-1.576: *"I take the market efficiency hypothesis to be the simple statement that security prices fully reflect all available information. A precondition for this strong version of the hypothesis is that information and trading costs, the costs of getting prices to reflect information, are always zero. A weaker and economically more sensible version of the efficiency hypothesis says that prices reflect information to the point where the marginal benefits of acting on information (the profits to be made) do not exceed the marginal costs. Since* ***there are surely positive information and trading costs****, the extreme version of the market efficiency hypothesis is surely false. Its advantage, however, is that it is a clean benchmark that allows me to sideslip the messy problem of deciding what are reasonable information and trading costs. I can focus instead on the more interesting task of laying out the evidence on the adjustment of prices to various kinds of information.* ***Each reader is then free to judge the scenarios where market efficiency is a good approximation*** *(that is, deviation from the extreme version of*

dos modelos matemáticos usados na economia, é evidente que tal tese absoluta seria um grande equívoco. *It is all about optimization* e não sobre verdades ou valores *absolutos*.

Segundo Eugene F. Fama, o mercado de capitais, especialmente de ações (*public stock market*) se aproxima, sem intervenção do Estado, ao ideal da eficiência, sem atingi-lo completamente. Eficiência nesse sentido significa que os preços de oferta e de venda da mesma classe de ações, emitidas pela mesma companhia, são aproximadamente iguais. Em outras palavras, os compradores e vendedores da mesma classe chegam a qualquer momento da cotação, aproximadamente na mesma avaliação da ação, e consequentemente da empresa. Eugene F. Fama nunca disse que isto acontece sempre, nem negou que há momentos de distorção do mercado, mas apenas concluiu que o mercado de valores mobiliários voltará rapidamente ao equilíbrio e, portanto, aproximar-se-á novamente do ideal da eficiência.

Essa teoria tem duas implicações importantíssimas. A primeira, é a de que a cotação das ações segue o chamado *random walk* (caminho de coincidência), o que significa que não há como prever o desenvolvimento da cotação. Consequentemente, não faz sentido investir nas ações de uma empresa específica, a não são ser que o investidor queira se tornar controlador ou "anker investor". Portanto, Eugene F. Fama desenvolveu os *index funds* (fundos do índice do mercado), porque com base na teoria dele é impossível atingir com carteiras administradas melhores resultados. Fama se refere a fundos, que são um exato espelho da composição do mercado. A segunda, é o foco no desenvolvimento dos *asset price models* (modelos para a apuração de ativos), uma abordagem que ainda domina os processos de investimentos.

Behavioural Law & Economics questiona a tese de que o mercado se aproxima automaticamente ao ótimo da eficiência, alegando que os agentes do mercado são, às vezes, irracionais e seguem padrões de comportamento (*behavioural patterns*) que não podem ser explicados por meio do raciocínio econômico. Mas, eventualmente, por uma análise comportamental, sociológica ou psicológica. A base dessa abordagem são estudos empíricos e experimentais. Entre os padrões de comporta-

the efficiency hypothesis are within information and trading costs) and those where some other model is a better simplifying view of the world".

mento identificados são *herd behaviour* (investidores seguem uma tendência da massa sem tomar decisões próprias) ou *present bias* (investidores procuram um retorno rápido – miopia – ao invés de um retorno máximo).

Grande parte dos estudos e da literatura dessa escola de pensamento são de natureza descritiva. Todavia, existe também um braço do *Behavioural Law & Economics* que procura desenvolver uma teoria normativa chamada *nudge theory* (teoria do impulso ou estímulo)[1179]. A ideia dessa teoria é influenciar o comportamento das pessoas na direção de uma certa política pública (*e.g.*, proteção do meio ambiente, vacinação contra COVID-19), por meio de um impulso ou estímulo (empurrãozinho) ao invés de legislação, regulamentação, supervisão e execução. Tal impulso poderia ser monetário (*e.g.*, benefícios tributários ou créditos com juros subvencionados para a compra de carro elétrico) ou idealístico (*e.g.*, permissão de viajar livremente com certificado de vacinação de COVID-19).

Na minha visão, que outros podem julgar equivocada, *Behavioural Law & Economics* conseguiu muito bem descrever e analisar anormalidades comportamentais dos agentes do mercado. Todavia, sem ser capaz de apresentar uma teoria consistente que poderia substituir a hipótese da eficiência do mercado. Pelo contrário, com uma certa distância da crise financeira de 2008/2009 tornou-se claro que a raiz do problema era uma apuração equivocada dos imóveis financiados por bancos, que se potencializou por meio de securitizações dos créditos hipotecários (*mortgage backed securities*)[1180]. O comportamento dos agentes do mercado não era irracional, mas influenciado por incentivos mal colocados. Pois bem, na minha opinião, *Behavioural Law & Economics* não é uma teoria consistente, capaz de agregar valor à nossa questão da escolha do árbitro. Pronto para receber socos por essa afirmação.

Na língua alemã, existe uma metáfora maravilhosa para expressar o que *Behavioural Law & Economics* é na minha visão. A palavra é *Sammelsurium* de fenômenos e ideias. Infelizmente, não dá para traduzir a expressão com uma palavra só; já a pronúncia não é fácil para quem não

[1179] Thaler, Richard H; Susntein, Cass R. Nudge: improving decisions about health, wealth, and happiness. New York: Penguin Books, 2009.

[1180] Recomendo fortemente assistir ao *Hollywood movie, the big short,* que explica de forma excelente e divertida o que deu errado.

aprendeu alemão desde cedo. *Sammeln* significa colecionar. *Sur* é dialeto do norte da Alemanha. A palavra correta é *sauer* que significa ácido[1181]. Por último, a sílaba *um* vem do latim onde é o típico fim de um substantivo neutro de 2ª declinação. O significado da palavra composta é o seguinte: uma coleção de diversas coisas ou ideias, sem vínculo sistemático ou lógica comum. Por exemplo, um antiquário sem qualquer foco seria também um *Sammelsurium*.

1.3. Teoria dos custos de transações e da agência

A teoria dos custos de transações[1182] e da agência[1183] são gêmeas. O nome de seu pai é Ronald Coase, que escreveu em 1937 o famoso artigo *The nature of the firm*[1184]. Junto com o artigo sobre *social costs*, publicado em 1960[1185], a análise a natureza da empresa eram as razões pelas quais ele recebeu o prêmio Nobel. Na época de Ronald Coase, a economia estava dominada pelos chamados neoclássicos. Na economia neoclássica, os custos de transação são de propósito ignorados, porque eles são considerados irrelevantes para a análise e definição de políticas econômicas. Em consequência, os neoclássicos não estudaram instituições jurídicas (*e.g.*, necessidade de escritura pública para uma certa transação) ou sociais (*e.g.*, a diferença entre eleição de uma "chapa" ou de uma pessoa só que indica os seus vices) que têm um impacto nas escolhas ou decisões dos agentes do mercado.

Ronald Coase colocou o estudo das instituições, e os custos por eles causados ou reduzidos, no centro da sua teoria. Portanto, ele é considerado o fundador da chamada Nova Teoria das Instituições (*New Institu-*

[1181] Um *Sammelsur* é uma refeição feito com vários restos de outras refeições e vinagre (por isto ácido!). Não vale a pena experimentar, disse eu, alemão criado na fronteira franco-alemã.

[1182] WILLLIAMSON Oliver E. **The economic institutions of capitalism** – firms, markets, relational contracting. New York: Free Press, 1987.

[1183] JENSEN Michael C.; MECKLING, William H. Theory of the firm: managerial behavior, agency costs and ownership structure. **Journal of Financial Economics**, v. 3, 1976, p. 305; para a diferença entre a teoria dos custos de transação e a teoria da agência: WILLIAMSON, Oliver E. Corporate finance and corporate governance. **Journal of Finance**, v. 53, 1988, p. 567.

[1184] COASE, Ronald H. The nature of the firm. **Economica**, v. 4, 1937, p. 386-405.

[1185] COASE, Ronald H. The problem of social costs. **Journal of Law and Economics**, v. 3, 1960, p. 1-44.

tional Economics[1186]). Para entendê-la, é muito importante saber, e sempre lembrar, de que Ronald Coase não usa os termos organização e instituição como sinônimos. Instituições são o conjunto de normas socioeconômicas e legais que servem como base de atividades econômicas ou direcionam tais atividades, desde que essas normas e regras sejam praticadas reiteradamente numa sociedade[1187]. Por exemplo, todas as regras formais e informais, em conjunto com as normas constitucionais, infraconstitucionais e de autorregulação, que se aplicam às empresas de economia mistas, formam a instituição economia mista. Observemos que o fenômeno da economia mista é uma instituição no sentido da Nova Teoria das Instituições, enquanto Petrobrás, Banco do Brasil e Eletrobrás são organizações.

Do ponto de vista do mundo jurídico, a teoria de Ronald Coase é muito mais interessante que a economia neoclássica, porque o nosso universo é composto por instituições. Na verdade, somos especialistas do estudo das instituições. Por sua vez, no mundo neoclássico, juristas são completamente irrelevantes.

Para provocar mais um pouquinho: os neoclássicos consideram juristas uma 'mala', os chamados eternos portadores de preocupações (*ewige Bedenkenträger* em alemão), que ainda causam custos desnecessários, porque honorários advocatícios e taxas de tabeliões nada mais são que custos explícitos (*out of the pocket costs*) de transações. A mesma visão da nossa profissão têm os engenheiros e os especialistas de informática. Para quem desenvolve *software* ou aplicativos, as leis de proteção de dados (e.g., LGPD) são monstros burocráticos, que só atrapalham o progresso da tecnologia e a criatividade.

Pois bem, acho que vocês já perceberam que usarei a teoria de custos de transações e, especialmente, a teoria da agência para abordar o tema. Falta explicar essas teorias e adaptar as a questão da escolha do árbitro.

1186 MÉNARD, Claude; SHIRLEY, Mary M (coord.). **Handbook of new institutional economics.** Berlim/NewYork: Springer, 2008.

1187 COASE, Ronald H. **The firm, the market and the law**. Chicago: Chicago University Press, 1988, p. 30; para o termo instituição no direito societário: ROE, Marc J. The institutions of corporate governance. *In*: MÉNARD, Claude; SHIRLEY, Mary M. (coord.). **Handbook of new institutional economics springer**, 2008, p. 371-399; NORTH, Douglas. **Structure and change in economic history**. New York/London: W. W. Norton & Co., 1981, p. 201-202.

Segundo Ronald Coase, a natureza da empresa (*the firm*) é o seguinte:

although production could be carried out in a completely decentralized way by means of contracts between individuals, the fact that it costs something to enter into these transactions means that firms will emerge to organize what would otherwise be market transactions whenever their costs were less than the costs of carrying out the transactions through the market[1188].

If transactions are carried out through the market, there are the costs of discovering what the relevant prices are; there are the costs of negotiating and completing a separate contract for each market transaction; and there are costs besides[1189].

Esta análise teórica corresponde à prática da administração de empresas, onde se discute e se experimenta há décadas (com avanços e retrocessos), se o lucro poderia ser aumentado com *in-* ou *outsourcing* de certas funções (*e.g.*, departamento jurídico grande ou um departamento enxuto em combinação com advogados externos). Ronald Coase distingue precisamente entre a organização do processo de produção, por meio de um conjunto de contratos recíprocos (o domínio da teoria dos custos de transação), ou por meio do estabelecimento de uma hierarquia, *the firm*. A última abordagem é caracterizada por uma estrutura de governança e delegação do poder de decisão[1190]:

At this stage, it is important to note the character of the contract into which a (production) factor enters that is employed within the firm. The contract is one whe-

[1188] Versão original: Coase Ronald H. **The nature of the firm**. Economica, v. 4, p. 386-405; reprinted in Coase, Ronald Harry. **The firm, the market and the law**. Chicago: University of Chicago Press, 1990, p. 7;
Sester, Peter Christian. Project financing: contracts and regulation (tese de livre docência em Direito Civil e Comercial, *Projektfinanzierung als Gestaltungs - und Regulierungsaufgabe*). Köln: Dr. Otto Schmidt Verlag, 2004, p. 105-106; Portocarrero, Helio. **O teorema de Coase**. Interpretações, alguns desdobramentos e aplicações. *In*: Castro, Rodrigo Rocha Monteiro; Azevedo, Luis André; Freitas Henriques (coord.). **Direito societário, mercado de capitais, arbitragem e outras temas** – homenagem a Nelson Eizirik. v. III. São Paulo: Quartier Latin, 2020, p. 635-648.

[1189] Coase, Ronald Harry. **The firm, the market and the law**. Chicago: University of Chicago Press, 1990, p. 7-63.

[1190] Sester, Peter Christian. Project financing: contracts and regulation (tese de livre docência em Direito Civil e Comercial, *Projektfinanzierung als Gestaltungs - und Regulierungsaufgabe*). Köln: Dr. Otto Schmidt Verlag, 2004, p. 105-106.

reby the factor, for a certain remuneration (which may be fixed or fluctuating) agrees to obey the directions of an entrepreneur within certain limits. The essence of the contract is that it should only state the limits to the powers of the entrepreneur. Within these limits, he can therefore direct the other factors of production[1191].

Ressalte-se que Ronald Coase era economista e, portanto, usa o termo contrato num sentido bem amplo, sem se preocupar com a sistemática do Código Civil brasileiro ou qualquer outro Código ou *case law*. Para um economista, a relação entre comprador e vendedor de um bem móvel e a relação entre a emissora de debêntures e os investidores, os debenturistas, são igualmente contratos. Não faz o menor sentido discutir sobre isto. Quem quer trabalhar de forma interdisciplinar deve aceitar a abordagem e a terminologia de cada disciplina. Do contrário, melhor só ficar no direito. Relevante não é a terminologia, mas sim, a precisa descrição de Ronald Coase sobre quais são as escolhas do empreendedor que organiza um processo de produção.

Nota-se que Ronald Coase atribui aos contratos, que integram um fator de produção numa empresa, uma natureza diferente. Eles criam uma relação de agência entre os contratantes, *o principle* (principal) *e o agent* (agente). Aparentemente, qualquer jurista associa isto imediatamente com o mandato, a procuração e a representação em geral que são também os elementos básicos da governança corporativa. A grande diferença entre contratos recíprocos (ou de intercâmbio) e uma relação de agência é a delegação de poder de decisão. As decisões ficam a critério do agente (*e.g.* o mandatário ou o diretor de empresa), evidentemente dentro de certos limites. Um dos grandes problemas desses contratos são os possíveis conflitos de interesses entre o agente e o principal (o exemplo mais clássico é o artigo 117 CC-2002, *dealing with oneself*, que se repete em diferentes facetas no direito das sociedades).

A teoria da agência entende que uma relação principal-agente é dada se os seguintes requisitos são preenchidos[1192]: (i) delegação do poder de fazer decisão; (ii) poder do agente de decidir a critério dele (dentro de

[1191] COASE, Ronald Harry. **The firm, the market and the law**. Chicago: University of Chicago Press, 1990, p. 39; 63.cit (nº 20).

[1192] SCOTT, Robert E. Agency costs and corporate control. *In*: NEWMANN, Peter (coord.). **New Palgrave Dictionary of Law and Economics**. v.1. London: Macmillan, 2002, p. 26; SESTER, Peter Christian. Project financing: contracts and regulation (tese de livre docência

limites); (iii) responsabilidade do principal pelos resultados (financeiros) das decisões, atos e omissões do agente; e (iv) assimetria das informações. Essa assimetria é uma consequência do fato de que o agente fica muito mais próximo da gestão do dia a dia, do que o principal. Caso o agente tome decisões que não reflitam as preferências do principal, seja por causa da má-fé (o famoso *moral hazard*), ou por falta de informação, surgem os chamados custos da agência, uma subcategoria dos custos de transação.

A teoria da agência está sendo usada, principalmente, para estudar a relação entre *managers* (gestores) e os donos da empresa que não são ativos pessoalmente na gestão da empresa (*e.g.*, o típico acionista), e para estudar a relação entre credores financeiros (*e.g.*, bancos) e devedores (*e.g.* empresas), com foco em financiamentos de longo prazo (e.g., *Project Financing*[1193] e *Structured Leasing*[1194] para o financiamento de aviões ou de embarcações). A teoria da agência sempre estudou dois desafios: o processo da escolha do agente (*screening*) e a sua supervisão e orientação (*monitoring*).

Finalmente, chegamos à questão principal: A teoria da agência serve para melhorar o processo da escolha do árbitro? Isto depende, em primeiro lugar, da qualificação do árbitro como agente. Vamos supor que isto seja possível. Nessa hipótese, não há dúvida de que o tema *monitoring* é irrelevante. Na verdade, proibido por lei! Uma vez escolhido o árbitro, as partes e os patronos deveriam se afastar dele ou dela, sob pena de provocar um pedido de impugnação do árbitro ou de anulação da sentença por parcialidade ou suspeição.

Pois bem, isto não significa que não possamos aproveitar os conhecimentos e a metodologia da teoria da agência sobre o *screening*. Antes de entrarmos no assunto, precisamos verificar os quatros critérios da relação entre o principal e o agente.

em Direito Civil e Comercial, *Projektfinanzierung als Gestaltungs - und Regulierungsaufgabe*). Köln: Dr. Otto Schmidt Verlag, 2004, p. 127-140.

1193 Sester, Peter Christian; Alvarez, Gloria M.; Riofrio Piché, Mélanie; Sperandio, Felipe V. (coord.). **Take-or-pay contracts in project finance**: focus on gas-supply contracts in Brazil. International Arbitration in Latin America: energy and natural resources disputes. AH Alphen aan den Rijn: Wolters Kluwer, 2021, p. 311; 315-317.

1194 Sester, Peter Christian. Cross-border leasing. **Journal of Banking Law and Banking**, v. 15, 2003, p. 94-106.

A delegação de poder de decisão é evidente. A parte que indica com boa-fé processual (isto é sem intenção de táctica de guerrilha) um coárbitro quer dar andamento ao processo arbitral, que tem por fim a decisão do litígio. O árbitro deveria avaliar os fatos e aplicar o direito, de acordo com o seu livre convencimento motivado. Portanto, ele ou ela poderá, dentro dos limites da lei e do devido processo legal, aplicar o direito "a critério"; o que tem nada a ver com julgamento por equidade. A ciência jurídica está longe de ser uma ciência exata, portanto, sempre (ou quase sempre) haverá espaço para intepretações ou ponderações divergentes. O terceiro critério (quem suportará o resultado da decisão), também é evidentemente satisfeito. Quem tem que viver com as consequências da decisão do árbitro são as partes, especialmente a parte que o indicou; seja porque ela venceu ou seja porque foi vencida. Finalmente, é necessário discutir a assimetria de informações (quarto critério). As partes podem analisar o comportamento do árbitro, apenas com base no passado (*e.g.* atuação no passado como árbitro, parecerista ou advogado; posicionamentos em palestras, discussões ou artigos). Todavia, eles nunca saberão como o árbitro pensa agora e como julgará no futuro.

Existe um grande equívoco na advocacia sobre a vida acadêmica. O fato de um professor de direito defender no passado uma dada tese num artigo ou num livro, não garante que ele aplicará essa tese numa arbitragem. Primeiro porque, evidentemente, isto depende muito dos fatos de cada caso. Talvez, menos claro, é o segundo aspecto. Um acadêmico escreve para um público, que muitas vezes não tem nada a ver com o mundo dos advogados, sejam eles de operações ou de contencioso. Quem quer chamar a atenção dos colegas (acadêmicos) ou publicar numa grande revista acadêmica (internacional), o que é necessário para conquistar a primeira, segunda ou terceira cátedra (em dados países o 'valor' do professor titular depende da quantidade de concursos aprovados em primeiro lugar), deve desenvolver uma tese inovadora e, às vezes, provocante. Com o mesmo vinho em novos barris, o acadêmico terá pouco sucesso no seu mundo.

A questão da praticabilidade, o que interessa na arbitragem, dessas teses elaboradas em artigos acadêmicos, é muitas vezes secundária, em comparação aos objetivos acadêmicos. Portanto, não faz muito sentido extrapolar o conteúdo de um artigo acadêmico para prever a forma do futuro voto do árbitro. Vale esclarecer que isto se aplica às obras verdadeiramente acadêmicas, e não aos artigos ou livros escritos em obras coletivas or revistas para outro público, especialmente para os operadores do direito, no dia em dia. Em resumo: um (jovem) professor que escreve um artigo acadêmico não quer, nesse momento, botar a 'mão na massa'; ele quer crescer no mundo acadêmico. Assim como um advogado quer 'vender o seu peixe' para uma dada clientela. Consequentemente, existe uma enorme assimetria de informação no processo da escolha dos coárbitros. Não dá para saber como o árbitro aplicará o direito no caso concreto; a não ser que alguém tenha uma bola de cristal. Vale lembrar, que nem o próprio deveria saber isto até o fim da deliberação, sob pena de ser preconcebido (biased).

Portanto, podemos concluir que a relação entre a parte que escolhe um coárbitro preenche todos os requisitos de uma relação principal-agente, no sentido da teoria da agência.

Já, a escolha do árbitro presidente é diferente. Em primeiro lugar, porque é sempre o resultado de um compromisso entre os coárbitros. Esse compromisso depende muito da dinâmica das primeiras conversas entre os coárbitros. No Brasil, aplica-se muito o mecanismo da lista dos possíveis árbitros presidentes (em regra cinco ou seis nomes), apresentada pelos coárbitros às partes, as quais podem, cada uma, retirar da lista um candidato à presidência. O resultado desse processo é pouco previsível, porque só depois da lista reduzida poderão os possíveis presidentes fazer uma checagem de conflitos profunda, que muitas vezes eliminará mais nomes da lista.

De qualquer forma, falta claramente um dos requisitos da relação principal-agente. Os coárbitros não são sujeitos às decisões do árbitro presidente, a não ser que o árbitro presidente extrapole o seu papel. As decisões do tribunal arbitral, independentemente da roupagem ordem processual ou sentença, são decisões coletivas e um presidente arbitral autoritário arrisca uma derrota nas deliberações. Na prática, nunca sofri tal comportamento autoritário e, certamente não o toleraria. Em resumo, a teoria da agência não pode ser aplicada à escolha do árbitro presidente, seja pelos coárbitros ou, excepcionalmente, pelas câmaras de arbitragem, porque eles tampouco são sujeitos às consequências da decisão do árbitro presidente ou do árbitro único.

Antes de analisar a escolha do coárbitro, à luz da teoria da agência, na sua dimensão *screening*, gostaria de apontar possíveis critérios para a escolha do árbitro presidente. Existe a hipótese de que os coárbitros indiquem colegas como árbitro presidente, que podem, eventualmente, dar no futuro algum retorno (*e.g.*, uma indicação numa outra arbitragem), ou simplesmente para agradar alguma pessoa, supostamente influente. Sinceramente, duvido que essa hipótese se aplique na prática. Porque seria altamente especulativo e, se noticiado pelos colegas, também seria ruim para a reputação da pessoa que a aplica.

A definição do árbitro-presidente lembra muitas vezes o *random walk* de Eugene F. Fama. Na minha visão, os critérios aplicados são subjetivos. Vou me arriscar e listar alguns deles: (i) o candidato para presidência deveria ser, do ponto de vista dos coárbitros, em primeiro lugar competente e inteligente; (ii) trabalhador (*responsive*); (iii) bem-organizado, ter personalidade firme, sem ter um jeito de confronto ou autoritário (condução eficiente das audiências, sem passar por cima dos patronos, partes e coárbitros); (iv) e, *last but not least*, ter uma personalidade agradável na visão dos coárbitros. Isto pelo simples fato de que ninguém quer passar dias e dias numa sala de audiência, ao lado de alguém que causa um certo desconforto, por consequência natural de dissonância de personalidades ou falta de sintonia.

Com relação à escolha dos árbitros pelas instituições, a situação é totalmente diferente. Se os coárbitros não conseguem indicar o árbitro presidente, ou as partes não chegam a um acordo sobre o árbitro único, o clima entre eles já é muito tenso; seja porque as partes já impugnaram formalmente ou informalmente vários candidatos à presidência, seja porque existe uma certa desconfiança entre os coárbitros. Nessas situações, a câmara de arbitragem precisa selecionar, com a máxima cautela, um árbitro que não dará causa a qualquer pedido de anulação da futura sentença arbitral. O papel das câmaras de arbitragem é de preservar a higidez do processo arbitral concreto (preservar a validade da futura sentença arbitral), a reputação da arbitragem como instituição alternativa de solução de disputas e, claro, a própria reputação da câmara.

1.3.1. *Screening* dos coárbitros

Screening tem como objetivo, do ponto de vista do principal, lidar com a assimetria de informações pré-contratual e os (futuros) incentivos do agente. Traduzido para a nossa situação, isto quer dizer que a escolha do árbitro tem como objetivo imediato, do ponto de vista da parte e seu patrono, lidar com a assimetria de informação (não dá para "ler" o cérebro do árbitro) e prever os (futuros) incentivos do árbitro no julgamento da causa. Todavia, é natural que a parte procure aumentar a probabilidade de vencer e, finalmente, ganhar a arbitragem.

Depois desse *intermezzo*, voltemos ao assunto central. O ponto de partida do principal, que começa o processo do *screening*, deveria ser colocar-se na situação do agente, a fim de conseguir analisar os seus incentivos. Novamente, traduzindo para o nosso problema, significa que as partes e seus patronos precisam se colocar na posição dos candidatos a serem eventualmente indicados como coárbitro.

Apesar do fato de a sentença do árbitro se equiparar à sentença do juiz estatal, no processo do *screening*[1195] (*e.g.*, usado para promoção de associados para o *status* de sócios em escritórios ingleses[1196]), as partes deveriam entender que o árbitro não é um funcionário público com renda garantida, mas um empreendedor tal como os patronos[1197]. Isto significa que não faz sentido pensar que o árbitro é menos esperto que a parte ou os patronos. Portanto, quem segue a estratégia, cada vez mais frequente, de indicar no início da arbitragem o valor da causa artificialmente, muito abaixo do valor real, corre o risco de dar um 'chute no próprio pé'. Essa estratégia provoca o que a teoria da agência chama *market of lemons* (mercado dos limões sicilianos ou *adverse selection*[1198]), pode provocar *shirking* ou até criar incentivos perversos. Voltando para a citação que iniciou esse artigo, à luz da afirmação de que "a arbitragem vale o que o árbitro vale", é mais que óbvio que quem quer andar de Mercedes não pode oferecer o preço de um Fiat Punto.

[1195] Para o *screening* em *general* e *screening* dos bancos em financiamento complexos, ler: SESTER, Peter Christian. Project financing: contracts and regulation (tese de livre docência em Direito Civil e Comercial, *Projektfinanzierung als Gestaltungs - und Regulierungsaufgabe*). Köln: Dr. Otto Schmidt Verlag, 2004, pp. 127-141, 194-195 e 200-201.

[1196] STEPHEN, Frank H.; GILLANDERS, Derek D. Ex post monitoring versus ex ante screening in the New Institutional Economics. **Journal of Institutional and Theoretical Economics**, v. 149, 1993, p. 725-728.

[1197] A melhor análise da diferença entre o juiz estatal e o árbitro, que já li, é do Tribunal de Justiça do Estado de São Paulo, Apelação Cível 1056400-47.2019.8.26.0100, 25 ago. 2020, Rel. Fortes Barbosa.

[1198] AKERLOF, George. The market for 'lemmons': quality uncertainty and the market mechanism. **Quarterly Journal of Economics**, v. 84, 1970, p. 488-500.

No mercado estadunidense dos carros usados, os carros podres são chamados *lemons*. Esse mercado é caraterizado por uma assimetria de informação muito grande. O comprador não tem informação nenhuma sobre a história do carro, não sabe se o carro já teve um acidente, se o carro estava estacionado na rua ou na garagem, e se o antigo dono era muito conservador no uso do veículo ou se era um segundo Ayrton Senna. O comprador depende totalmente das informações que o vendedor lhe dá, sem muita possibilidade de verificá-las. No mundo inteiro, vendedores de carros usados têm uma péssima reputação. Na justiça alemã existe praticamente uma presunção de má-fé contra eles. Todavia, os compradores sabem que o carro usado é uma 'caixa preta' e que os vendedores têm uma fama ruim. Portanto, por falta de confiança, eles não oferecerão um preço bom para o carro usado. Um comprador racional sempre retirará uma margem de segurança para compensar o risco de comprar um *lemon*. No entanto, o vendedor antecipará esse comportamento, e não quer vender os bons carros para quem não quer pagar o valor certo. Pelo contrário, ele oferecerá os carros mais podres que estiverem à venda.

Shirking é um fenômeno muito discutido no *screening* dos *managers*[1199]. Às vezes, *shirking* é classificado como uma espécie de *moral hazard*, embora eu prefira separar os dois fenômenos. Para o principal existe o risco de que os candidatos sinalizarão, no processo de escolha, uma altíssima motivação e um *track record* impressionante; e realmente são extraordinariamente qualificados, mas apesar de tudo não farão, uma vez escolhido, os melhores esforços e a famosa "extra mile" (indispensável para chegar no topo de qualquer carreira). Ao invés de trabalhar dia e noite, preferem começar o dia no campo de golfe, porque o novo tra-

[1199] O principal artigo sobre *shirking* foi escrito por: ALCHIAN, Armen A; DEMSETZ, Harold. Production, information and economic theory. **The American Economic Review**, v. 62, 1972, p. 777-783; sobre *shirking* de *project managers* em projetos de *software*: MAHANEY, Robert C.; LEDERER, Albert L. Information system project management: an agency theory interpretation. **The Journal of Systems and Software**, v. 68, 2003, p. 1, 5-7; sobre *shirking* em financiamentos de projetos SESTER, Peter Christian. Project financing: contracts and regulation (tese de livre docência em Direito Civil e Comercial, *Projektfinanzierung als Gestaltungs - und Regulierungsaufgabe*). Köln: Dr. Otto Schmidt Verlag, 2004, p. 151; sobre *shirking* dos *managers*: BAIMAN, Stanley. Agency research in management accounting: a survey. **Journal of Accounting Literature**, v.1, 1982, p. 154-213.

balho não vale muito à pena para eles e o risco de reputação não é tão grande, porque eles têm outras oportunidades para mostrar as suas verdadeiras qualidades ao mercado.

O termo *incentivo perverso* refere-se às situações em que o principal, sem se dar conta disso, cria incentivos contra os seus próprios interesses. Se, por exemplo, no caso do pedido de arbitragem com valor irrealisticamente baixo, haverá sentença parcial, existe um incentivo para julgar de forma que dará continuação ao procedimento arbitral. Na teoria, os árbitros podem adaptar o valor da causa em qualquer momento, mas na prática, isto é feito muitas vezes somente pouco antes da sentença final. Portanto, existe um incentivo dos árbitros para chegar a esse momento; o que é apenas um dos problemas da sentença parcial.

Pois bem, quais são as questões que, do ponto de vista da teoria da agência ajudam a descobrir possíveis incentivos do futuro julgador? Incentivos refletem, em termos econômicos, a estrutura de preferências de um indivíduo. Numa linguagem mais prática, isto quer dizer analisar a seguinte pergunta: o que um candidato à indicação ainda quer atingir na sua vida profissional (*e.g.*, captar muito mais arbitragens, pareceres ou migrar para a advocacia, fazer um doutorado, pular para o mercado internacional da arbitragem, conseguir algum cargo numa organização profissional ou numa faculdade)?

Uma vez descobertos os possíveis objetivos e, consequentemente os incentivos que poderiam influenciar, conscientemente ou inconscientemente, na futura conduta do candidato, o processo de *screening* poderá avançar para a segunda etapa. Nesse passo, deveria ser analisado se a contraparte ou os seus patronos, ou talvez o outro coárbitro, poderiam, eventualmente, sempre na visão do candidato, ajudar ou atrapalhar na conquista dos seus objetivos. Porque, se este for o caso, há o risco de o candidato à indicação não arriscar 'bater na frente' com o coárbitro, o árbitro-presidente ou uma das partes, se for necessário. Claro, tudo depende muito da personalidade dos candidatos (conciliador, oportunista ou sem medo ou até com *animus* para conflitos) e de questões culturais (relevância de hierarquias, de gratidão ou de firmeza).

Por exemplo, a cultura suíça aposta muito na conciliação, porque dentro de um país pequeno (oito milhões de habitantes) e com um mercado de trabalho e de serviços ainda fatiado em três partes (o italiano, o francês e o alemão), simplesmente não dá para brigar muito internamente, nem externamente (por isso a famosa neutralidade dos suíços). Já as culturas alemã e americana são bem diferentes. A Alemanha tem 82 milhões habitantes, e quem, se 'queimou' por causa de uma briga em Frankfurt não terá problema nenhum em fazer uma boa carreira em Hamburgo, Munique ou na própria Frankfurt, porque certamente ele encontrará alguém que adorará o fato de que ele se arriscou e brigou. Ser considerado cordial ou elegante não tem tanta relevância mesmo em Alemanha. É bom, mas o que realmente vale muito é ser considerado firme, ter 'casca dura', aguentar 'socos' e dor (por isso falam dos alemães como duros e disciplinados). Existe a famosa frase alemã *viel Feind, viel Ehr* (muitos inimigos, muita honra)[1200]. A cultura brasileira, que amo tanto, certamente já é mais ponderada e cordial.

Para finalizar, do ponto de vista da teoria da agência, a escolha de árbitros conta com uma certa senioridade e autonomia social faz sentido, o que não tem qualquer relação com discriminação em relação aos árbitros jovens. Trata-se de uma escolha economicamente racional visto que a prioridade é indicar um árbitro com a máxima independência econômica e social, ou seja, com uma vida e carreira resolvidas, sem dever mais nada para ninguém.

Para ser bem claro, vida resolvida não significa necessariamente ser rico, e ter apartamentos ou carros em todos os cantos do mundo. Vida resolvida depende da estrutura de preferências de cada pessoa. Existem pessoas que não se importam com casas ou carros, talvez obras de artes ou relógios que são difíceis de comprar ou até coisas imateriais. Por exemplo, para alguém que gosta de escrever e publicar é muito importante ter a possiblidade de publicar o que ele quiser em grandes revistas ou com ilustres editoras acadêmicas. Enquanto novo e desconhecido, um acadêmico depende da boa vontade de muitas pessoas para publicar. Sabemos que muitas revistas, com a chamada *blind review*, aplicam uma abordagem "*semi-blind*", o que quer dizer que apenas o autor não conhece os nomes dos avaliadores, enquanto eles conhecem o nome do autor, ou, mais hipócrita ainda, acontecem vazamentos do nome do

[1200] O autor dessa frase é o cavalheiro VON FRUNDSBERG, Georg (1473-1528) e, na sua época, o principal general das forças armadas do antigo Santo Império de Nações Germânicas (em alemão, *Heiliges Römisches Reich Deutscher Nationen*).

autor.[1201] Além disso, o resultado da avaliação depende muitas vezes da escolha do avaliador. Quem escolhe os avaliadores são os editores-chefes que decidem, dentro de certos limites, a critério. E seguem, naturalmente, as suas próprias preferências. Dessa forma, já temos duas novas relações de principal-agente (autor *versus* editor-chefe e editor-chefe *versus* dono da revista). Um árbitro-autor, com uma vida resolvida, não se preocupa mais com isto porque ele/ela, na pior das hipóteses, simplesmente publicará em outra revista ainda melhor ou em outro idioma. O mundo oferece muitas opções para quem tem paciência e qualidade para publicar em revistas ou com editoras que tem peso na arbitragem (internacional).

Conclusões

A indicação do coárbitro deve ser o resultado de uma cuidadosa ponderação entre (i) o interesse mútuo de instituir um tribunal imparcial e independente, e (ii) o interesse particular de nomear um coárbitro que, na visão da parte que o indica, está disposto a analisar o caso, sem opiniões doutrinárias rígidas ou tendências de interpretação e ponderação, desde logo desfavoráveis a ela.

A confiança é o ponto de partida para a indicação do coárbitro e, em regra, também o critério decisivo para se rejeitar ou aceitar o nomeado pela contraparte. No sentido que lhe dá o artigo 13 da Lei de Arbitragem, significa confiança no profissionalismo e firmeza do indivíduo escolhido como árbitro, não devendo ser confundida com julgamentos morais sobre aspectos sociais ou humanos. Esse tipo de critério pouco tem a ver com a tarefa do árbitro e pode rapidamente suscitar dúvidas na outra parte quanto à imparcialidade e à independência do indicado.

[1201] Lembro uma vez que encaminhei um artigo para uma revista onde traduzi o nome do mais alto tribunal da Alemanha em matérias cíveis e penais, Bundesgerichtshof, da seguinte forma: Superior Tribunal Federal da Alemanha. Resposta de uma "grande especialista" da língua alemã: "esse tribunal não existe". Além disso, reclamou que só comparei quatro jurisdições das quais eu domino o idioma. Isto é a regra de ouro do direito comparado: nunca escreva sobre um direito sem dominar o idioma. Achei os dois comentários tão ridículos, que não tive a menor paciência de mudar algo. Acabei encaminhando o artigo para a revista concorrência, fundada por uma grande jurista brasileiro, que realmente domina alemão.

A teoria da agência é uma excelente ferramenta para sistematizar os possíveis candidatos à indicação, porque ela ajuda na descoberta e na análise dos incentivos que poderão, consciente ou inconscientemente, influenciar no julgamento do futuro árbitro. Por fim, vale lembrar que esse artigo não tem nada a ver com a questão do impedimento do árbitro. Aquit se tratou unicamente de uma análise da escolha do árbitro à luz da teoria de agência. Um árbitro mal escolhido não está necessariamente impedido.

Referências

AKERLOF, George. The market for 'lemmons': quality uncertainty and the market mechanism. **Quarterly Journal of Economics**, v. 84, 1970.

ALCHIAN, Armen A; DEMSETZ, Harold. Production, information and economic theory. **The American Economic Review**, v. 62, 1972.

BAIMAN, Stanley. Agency research in management accounting: a survey. **Journal of Accounting Literature**, v.1, 1982.

BORN, Gary B. **International Arbitration**: law and practice. 2ª ed. AH Alphen aan den Rijn: Wolters Kluwer, 2016.

BUCHANAN, James M. Liberty. **Market and State** – Political Economy in the 1980s. New York: New York University Press, 1986.

BUCHANAN James M. Constitutional economics. *In*: EATWELL, John (coord.). **The New Palgrave** – A Dictionary of Economics. v. I, Londres: Palgrave Mcmillan, 1987.

COASE, Ronald H. The nature of the firm. **Economica**, v. 4, 1937.

COASE, Ronald H. The problem of social costs. **Journal of Law and Economics**, v. 3, 1960.

COASE, Ronald H. **The firm, the market and the law**. Chicago: Chicago University Press, 1988, para o termo instituição no direito societário: ROE, Marc J. The institutions of corporate governance. *In*: MÉNARD, Claude; SHIRLEY, Mary M. (coord.). **Handbook of new institutional economics springer**, 2008.

COASE, Ronald Harry. **The firm, the market and the law**. Chicago: University of Chicago Press, 1990.

FAMA, Eugene F. The behavior of stock-market-prices. **Journal of Business**, v. 38, 1965.

FAMA Eugene F. Efficient capital market: a review of theory and empirical. **Journal of Finance**, v. 25, 1970.

FAMA, Eugene F. Efficient capital market: II. **Journal of Finance**, v. 46, 1991.

Gilson, Ronald J.; Kraakman, Reinier. Symposium: revisiting the mechanism of market efficiency: the mechanism of market efficiency twenty years later: the hindsight bias. **Journal of Comparative Law**, v. 28, 2003.

Gilson, Ronald J.; Kraakman, Reinier. The mechanism of market efficiency. **Virginia Law Review**, v. 70, 1984.

Jensen Michael C.; Meckling, William H. Theory of the firm: managerial behavior, agency costs and ownership structure. **Journal of Financial Economics**, v. 3, 1976.

Jensen, Michael C. Some anomalous evidence regarding market efficiency. **Journal of Finance**, v. 6, 1978.

Langevoort, Donald C. Taming the animal spirit of the stock markets: a behavioral approach to securities regulations. **Northwestern University Law Review**, v. 97, 2002.

Levy, Daniel; Pereira, Guilherme J. Setoguti. **Curso de arbitragem**. 2. ed. São Paulo: RT, 2021.

Mahaney, Robert C.; Lederer, Albert L. Information system project management: an agency theory interpretation. **The Journal of Systems and Software**, v. 68, 2003.

Ménard, Claude; Shirley, Mary M. (coord.). **Handbook of new institutional economics**. Berlim/NewYork: Springer, 2008.

North, Douglas. **Structure and change in economic history**. New York/London: W. W. Norton & Co., 1981.

Portocarrero, Helio. O teorema de coase. Interpretações, alguns desdobramentos e aplicações. *In*: Castro, Rodrigo Rocha Monteiro; Azevedo, Luis André; Freitas Henriques (coord.). **Direito societário, mercado de capitais, arbitragem e outras temas** – homenagem a Nelson Eizirik. v. III. São Paulo: Quartier Latin, 2020.

Scott, Robert E. Agency costs and corporate control. *In*: Newmann, Peter (coord.). **New Palgrave Dictionary of Law and Economics**. v. 1º London: Macmillan, 2002.

Sester, Peter Christian; Alvarez, Gloria M.; Riofrio Piché, Mélanie; Sperandio, Felipe V. (coord.). **Take-or-pay contracts in project finance**: focus on gas--supply contracts in Brazil. International Arbitration in Latin America: energy and natural resources disputes. AH Alphen aan den Rijn: Wolters Kluwer, 2021.

Sester, Peter Christian. Cross-border leasing. **Journal of Banking Law and Banking**, v. 15, 2003.

Sester, Peter Christian. **Reformas institucionais em mercados de capitais emergentes**: o mercado brasileiro de ações (*Institutionelle Reformen in heranreifenden Kapitalmärkten: Der brasilianische Aktienmarkt*). Berlim: Gruyter, 2009.

SESTER, Peter Christian. Project financing: contracts and regulation (tese de livre docência em Direito Civil e Comercial, *Projektfinanzierung als Gestaltungs – und Regulierungsaufgabe*). Köln: Dr. Otto Schmidt Verlag, 2004.

SESTER, Peter Christian. **Comentários à Lei de Arbitragem e à Legislação Extravagante**. São Paulo: Quartier Latin, 2020.

SESTER, Peter Christian. **Reformas institucionais em mercados de capitais emergentes**: o mercado brasileiro de ações (*Institutionelle Reformen in heranreifenden Kapitalmärkten: Der brasilianische Aktienmarkt*). Berlim: Gruyter, 2009.

STEPHEN, Frank H.; GILLANDERS, Derek D. Ex post monitoring versus ex ante screening in the New Institutional Economics. **Journal of Institutional and theoretical Economics**, v. 149, 1993.

THALER, Richard H; SUSNTEIN, Cass R. Nudge: improving decisions about health, wealth, and happiness. New York: Penguin Books, 2009.

THALER, Richard H. **Summary of misbehaving**: the making of behavioral economics. New York: W. W. Norton & Company, 2016.

WILLLIAMSON Oliver E. **The economic institutions of capitalism** – firms, markets, relational contracting. New York: Free Press, 1987.

WILLLIAMSON, Oliver E. Corporate finance and corporate governance. **Journal of Finance**, v. 53, 1988.

5. A RESPONSABILIDADE PENAL DO ÁRBITRO

Daniel Laufer
Maria Francisca Accioly

Introdução

Para aquele que milita com o processo penal, o instituto de arbitragem, que se revela numa forma alternativa de resolução dos conflitos, pode até soar de maneira confusa. Ainda que existam formas consensuais de solução dos conflitos criminais, incluindo-se aí a novel figura do acordo de não persecução penal previsto no art. 28-A do Código de Processo Penal (CPP), toda a solução consensual passa obrigatoriamente pelo crivo do Poder Judiciário e é por ele gerida e manejada. Como todos sabem, nos casos penais, não é dado às partes escolherem o responsável pelo julgamento.

De todo modo, o fato de a arbitragem ser um "meio alternativo de pacificação social (e de solução de conflitos), colocada ao lado da estrutura jurisdicional do Estado, através da qual se atribui a alguém – por iniciativa e manifestação de vontade dos interessados – o poder de decidir certo litígio a respeito de interesses disponíveis, de forma cogente[1202]", não significa dizer que pode ficar à margem da tutela penal.

Pelo contrário. O filtro legitimador da intervenção do direito penal é a proteção de bens jurídicos, com o que facilmente se vislumbra ser a

[1202] Arenhart, Sergio Cruz. Breves observações sobre o procedimento arbitral. **Revista Jus Navigandi**, Teresina, ano 10, n. 770, 12 ago. 2005. Disponível em: https://jus.com.br/artigos/7161. Acesso em: 27 abr. 2021, p. 1-2.

estrutura da arbitragem, seus atores e em especial os seus objetivos, dignos de tutela penal. Nem sempre, todavia, as outras áreas do direito conseguirão oferecer a proteção suficiente.

Outrossim, a raridade[1203] dos casos penais envolvendo a responsabilidade criminal do árbitro, dentro e fora do Brasil, não desvirtua a necessidade de proteção penal nem tampouco a gravidade dos casos concretos que porventura venham a ocorrer.

Não por outro motivo que no Código Penal (CP) vigoram tipos penais tendentes a proteger a arbitragem, seja por meio de figuras genéricas e de alcance mais amplo (*v.g.* o estelionato e as falsidades[1204], inserido aí o uso de documento falso), seja por meio de tipos penais mais concretos como o falso testemunho ou a falsa perícia (art. 342, CP)[1205] e a coação no curso do processo (art. 344, CP)[1206].

[1203] *"As a result, cases where arbitrators are subject to criminal proceedings are exceptional. Cases that actually lead to prosecution are even more rare. It should be seen as a reflection of the natural virtue of arbitrators, who are chosen by the parties because of their moral, integral and ethical personal qualities. This can also be explained by the dissuasive effect of criminal liability"*. The Arbitrator's Liability. **Report from the Club des Juristes**. Ad hoc committee. Paris, June 2017, p. 39.

[1204] Bruno Guandalini traz como exemplo a situação de um árbitro que falseia informações em seu currículo profissional para se favorecer em eventual escolha pelas partes e utiliza tal exemplo para reforçar a importância do uso do direito penal: *"The first is forgery and use of forged documents that could happen if the arbitrator presents a false declaration while drafting their curriculum vitae or the statement of independence, even though commentators are hostile to this idea and consider that it should not be applied to arbitrator's that unintentionally failed to express the truth. Thus, it is an important constraint during the formation of the arbitrator's contract because it forces the candidate not to intentionally distort the truth about her background and impartiality with the express aim of securing the arbitrator's contract"*. Guandalini, Bruno. **Economic analysis of the arbitrators function**. Holanda: Wolters Kluwer, 2020, p. 262.

[1205] Brasil. Código Penal (1940) "Art. 342. Fazer afirmação falsa, ou negar ou calar a verdade como testemunha, perito, contador, tradutor ou intérprete em processo judicial, ou administrativo, inquérito policial, ou em juízo arbitral: Pena – reclusão, de 2 (dois) a 4 (quatro) anos, e multa. § 1º As penas aumentam-se de um sexto a um terço, se o crime é praticado mediante suborno ou se cometido com o fim de obter prova destinada a produzir efeito em processo penal, ou em processo civil em que for parte entidade da administração pública direta ou indireta. § 2º O fato deixa de ser punível se, antes da sentença no processo em que ocorreu o ilícito, o agente se retrata ou declara a verdade".

[1206] Brasil. Código Penal (1940) "Art. 344. Usar de violência ou grave ameaça, com o fim de favorecer interesse próprio ou alheio, contra autoridade, parte, ou qualquer outra pessoa que funciona ou é chamada a intervir em processo judicial, policial ou administrativo, ou

Houve notória preocupação do legislador com a responsabilidade criminal do árbitro, muito embora não se tenha feito a melhor escolha do ponto de vista normativo. Assim é porque a Lei n. 9.307/1996 (LA) simplesmente aduziu no art. 17 que "os árbitros, quando no exercício de suas funções ou em razão delas, ficam equiparados aos funcionários públicos, para os efeitos da legislação penal".

Conforme será adiante demonstrado, a solução – seguramente imbuída das melhores intenções e objetivos – deixou a desejar e gera, para dizer o mínimo, grande celeuma interpretativa para a compreensão e consequente aplicação da norma. Outrossim, este texto se limita a analisar os estritos termos do art. 17 da LA, não desconhecendo outras responsabilidades tampouco as possíveis e interessantes incursões sobre lavagem de dinheiro e a arbitragem, ou mesmo sobre o dever de revelação do árbitro e as responsabilidades criminais eventualmente decorrentes[1207].

1. A figura do árbitro e sua responsabilidade criminal – o art. 17 da Lei n. 9.307/1996

Uma das figuras centrais da arbitragem, sem dúvida, é o árbitro, pessoa ou pessoas que terão o dever de solver a demanda a ele confiada. E é justamente a princípio da confiança que vem bem exposto no art. 13 da LA ao dispor que "pode ser árbitro qualquer pessoa capaz e que tenha a confiança das partes".

Para a configuração típico-penal sobressaem já à partida dois vetores por demais relevantes: a livre escolha do(s) árbitro(s) pelas partes e a confiança[1208] a ser depositada no(s) julgador(es). Diz-se que sobressaem em razão de que qualquer crime que porventura venha a ser imputado à

em juízo arbitral: Pena – reclusão, de um a quatro anos, e multa, além da pena correspondente à violência".

1207 MARQUES, Ricardo Dalmaso. **O dever de revelação do árbitro**. São Paulo: Almedina Brasil, 2018; LEW, Julian D. M. The arbitrator and confidentiality. *In*: DERAINS, Yves; LÉVY, Laurent (ed.). Is arbitration only as good as the arbitrator? status, powers and role of the arbitrator. **Dossiers of the ICC Institute of World Business Law**, v. 8. Kluwer Law International, 2011, p. 119-122.

1208 É certo que a expertise do julgador também será avaliada para estabelecer esta relação de confiança. Neste sentido: FICHTNER, José Antonio; MANNHEIMER, Sergio Nelson; MONTEIRO, André Luis. **Teoria geral da arbitragem**. Rio de Janeiro: Forense, 2019, p. 52-54.

persona do julgador sobremaneira trará para uma ou ambas as partes o dissabor e a certeza de terem feito uma má escolha nutrida por uma confiança que o árbitro não fazia jus ou, a partir de determinado momento, deixou de fazer.

O fato é que para compor a proteção penal ao instituto da arbitragem, os parlamentares lançaram mão de péssima técnica legislativa e que pode ser aqui conceituada como "técnica de remissão". Ora, ao invés de se criarem tipos próprios à figura do árbitro, respeitando a sua natureza jurídica, funções e características próprias, remeteu-se simplesmente para a legislação penal, mais precisamente ao personagem funcionário público para o direito penal.

Sendo assim, o art. 17 da LA ao estatuir: "os árbitros, quando no exercício de suas funções ou em razão delas, ficam equiparados aos funcionários públicos, para os efeitos da legislação penal" gera, no mínimo, dois problemas.

O primeiro é o desrespeito ao princípio da legalidade. O direito penal possui como caro e inarredável vetor o princípio da legalidade aqui compreendido como lei prévia, certa, escrita e estrita[1209]. E a chamada "técnica de remissão", por óbvio, descumpre claramente este mandamento de ser observado o princípio da legalidade. Ao intérprete é imposto o ônus de mergulhar na legislação penal para descobrir quais os tipos penais aplicáveis à figura do árbitro, o que resulta em incerteza, apreensão e falta de clareza. A lei, portanto, deixa de ser clara e certa para se tornar obscura e dúbia.

O segundo é a remissão à própria definição de funcionário público[1210] para o direito penal, objeto ela própria de inúmeras controvérsias nor-

[1209] TOLEDO, Francisco de Assis. **Princípios básicos de direito penal**. 5. ed. São Paulo: Saraiva, 1994. p. 21-30; MARTINELLI, João Paulo; BEM, Leonardo Schmitt de. **Direito penal**. 5. ed. São Paulo: D'Plácido, 2020, p. 257-263.

[1210] BRASIL. Código Penal (1940). "Art. 327. Considera-se funcionário público, para os efeitos penais, quem, embora transitoriamente ou sem remuneração, exerce cargo, emprego ou função pública. § 1º. Equipara-se a funcionário público quem exerce cargo, emprego ou função em entidade paraestatal, e quem trabalha para empresa prestadora de serviço contratada ou conveniada para a execução de atividade típica da Administração Pública. § 2º. A pena será aumentada da terça parte quando os autores dos crimes previstos neste Capítulo forem ocupantes de cargos em comissão ou de função de direção ou assessoramento

mativas, doutrinárias e jurisprudenciais[1211]. Dessarte, se a "técnica de remissão" já é indevida, buscou-se a solução da incriminação da figura do árbitro em sede já por si conturbada e bastante discutível que é a conceituação de funcionário público para o direito penal.

Afora a comparação de que, por solver disputas entre as partes, o árbitro funciona como um juiz pertencente à estrutura do Poder Judiciário, o art. 18 da LA ao dispor: "o árbitro é juiz de fato e de direito, e a sentença que proferir não fica sujeita a recurso ou a homologação pelo Poder Judiciário" também não pode obnubilar o destinatário da norma no sentido de que o árbitro possui a mesma natureza jurídica daquele juiz concursado e pertencente aos quadros da administração pública.

O árbitro não possui uma Lei orgânica que regule e proteja a sua função na mesma proporção que os magistrados de carreira, o árbitro não está sujeito a uma corregedoria (e a costumeira benevolência deste órgão para com seus pares) do Poder Judiciário ou mesmo ao Conselho Nacional de Justiça (CNJ), o árbitro não precisa ter formação jurídica e, quiçá o mais relevante, o árbitro é escolhido pelas partes, ao tempo que o juiz de carreira é sorteado, por regras próprias já conhecidas de todos.

Deixadas as breves críticas de lado, a realidade é que o CP reserva ao termo funcionário público uma dupla estruturação punitiva.

De um lado, há uma estrutura diferenciada para incriminar funcionários públicos por aquilo que se reconhece como delitos próprios, ou seja, somente podem ser cometidos por pessoas que se enquadrem na definição de funcionário público. De outro, o CP e a legislação extravagante trazem circunstâncias agravantes ou causas de aumento de pena quando em determinado delito comum ocorra a participação ou a intervenção de um funcionário público prevalecendo-se do cargo.

de órgão da administração direta, sociedade de economia mista, empresa pública ou fundação instituída pelo poder público".

1211 Scalcon, Raquel Lima; Campana, Felipe Longobardi. **O médico que atua no SUS é sempre o funcionário público para efeitos penais**. Disponível em: https://www.jota.info/opiniao-e-analise/colunas/penal-em-foco/o-medico-que-atua-no-sus-e-sempre-o-funcionario-publico-para-efeitos-penais-22042020. Acesso em: 09 maio 2021; Quandt, Gustavo de Oliveira. Algumas considerações sobre os crimes de corrupção ativa e passiva. A propósito do julgamento do "mensalão" (APN 470/MG do STF). *In*: **Revista Brasileira de Ciências Criminais**, São Paulo, n. 106, jan. 2014.

No tocante à estruturação diferenciada de crimes próprios do funcionário público, ao árbitro são reservados os tipos penais de peculato (art. 312, CP), peculato mediante erro de outrem (art. 313, CP), inserção em dados falsos em sistema de informações (art. 313-A), modificação ou alteração não autorizada de sistema de informações (art. 313-B, CP), extravio, sonegação ou inutilização de livro ou documento (art. 314, CP), emprego irregular de verbas ou rendas públicas (art. 315, CP), concussão (art. 316, CP), corrupção passiva (art. 317, CP), facilitação de contrabando ou descaminho (art. 318, CP), prevaricação (art. 319, CP), condescendência criminosa (art. 320, CP), advocacia administrativa (art. 321, CP), violência arbitrária (art. 322, CP), abandono de função (art. 323, CP), exercício funcional ilegalmente antecipado ou prolongado (art. 324, CP), violação de sigilo funcional (art. 325, CP) e violação do sigilo de proposta de concorrência (art. 326, CP).

Já em relação ao aumento de pena por intervenção da figura do árbitro sobressaem, *v.g.*, o incremento de sexta parte da pena para a falsificação de documento público (art. 297, §1º, CP[1212]) e para a falsidade ideológica (art. 299, parágrafo único, CP[1213]).

Alguns dos delitos próprios acima descritos deixar-se-ão de ser analisados em razão da impropriedade de seu cometimento pelo árbitro, ou seja, a equiparação legal com o funcionário público ainda assim não outorga a viabilidade de ser praticado, por exemplo, o peculato mediante erro de outrem ou ainda o emprego irregular de verbas ou rendas públicas.

[1212] Brasil. Código Penal (1940). "Art. 297. Falsificar, no todo ou em parte, documento público, ou alterar documento público verdadeiro: Pena – reclusão, de dois a seis anos, e multa. § 1º – Se o agente é funcionário público, e comete o crime prevalecendo-se do cargo, aumenta-se a pena de sexta parte".

[1213] Brasil. Código Penal (1940) "Art. 299. Omitir, em documento público ou particular, declaração que dele devia constar, ou nele inserir ou fazer inserir declaração falsa ou diversa da que devia ser escrita, com o fim de prejudicar direito, criar obrigação ou alterar a verdade sobre fato juridicamente relevante: Pena – reclusão, de um a cinco anos, e multa, se o documento é público, e reclusão de um a três anos, e multa, de quinhentos mil réis a cinco contos de réis, se o documento é particular. Parágrafo único – Se o agente é funcionário público, e comete o crime prevalecendo-se do cargo, ou se a falsificação ou alteração é de assentamento de registro civil, aumenta-se a pena de sexta parte".

2.1. Peculato

Uma das pedras angulares da criminalização dos malfeitos contra a administração pública reside no delito de peculato. Com um *nomen juris* um tanto quanto desconhecido da maior parte da população, ao se traduzir como apropriação, desvio ou ainda a subtração de dinheiro, valor ou qualquer outro bem móvel, público ou particular, apresenta notória aceitação. Ora, a incidência da norma penal nesta espécie de ocorrência é mais do que justificada, quiçá inegável.

Há uma diferença conceitual entre as espécies de peculato. O peculato-apropriação e o peculato-desvio, contidos no *caput* do art. 312, CP, exigem para a sua incriminação que o árbitro detenha a posse do dinheiro, valor ou bem. Já o peculato-furto, descrito no § 1º, do art. 312, CP, requer apenas que a subtração decorra da facilidade que lhe proporciona a qualidade de árbitro. O apenamento se dá, porém, da mesma forma, e as penas gravitam entre 2 anos de pena mínima e 12 anos de pena máxima, sendo a pena de multa cumulada à privativa de liberdade.

Fica desde já registrada certa dificuldade para que a apropriação, o desvio ou a subtração ocorram em um procedimento arbitral, isso por sua própria natureza e desenvolvimento[1214]. De todo modo, a breve análise sobre o tipo penal de peculato é feita a título de registro e nota, deixando-se evidenciado que há figura típica a dar resposta a eventual caso concreto.

2.2. Concussão, corrupção passiva e prevaricação

Já a tríade concussão (art. 316, CP[1215]), corrupção passiva (art. 317, CP[1216]) e prevaricação (art. 319, CP[1218]) requer maior atenção e análise conjunta.

[1214] Ao contrário do que ocorre nas serventias judiciais, não se espera que objetos e valores estejam custodiados ao livre dispor, posse ou acesso dos árbitros.

[1215] Brasil. Código Penal (1940). "Art. 316 – Exigir, para si ou para outrem, direta ou indiretamente, ainda que fora da função ou antes de assumi-la, mas em razão dela, vantagem indevida: Pena – reclusão, de 2 (dois) a 12 (doze) anos, e multa".

[1216] Brasil. Código Penal (1940). "Art. 317 – Solicitar ou receber, para si ou para outrem, direta ou indiretamente, ainda que fora da função ou antes de assumi-la, mas em razão dela, vantagem indevida, ou aceitar promessa de tal vantagem: Pena – reclusão, de 2 (dois) a 12 (doze) anos, e multa. § 1º – A pena é aumentada de um terço, se, em consequência da vantagem ou promessa, o funcionário retarda ou deixa de praticar qualquer ato de ofício ou o pratica infringindo dever funcional. § 2º – Se o funcionário pratica, deixa de praticar ou retarda ato de ofício, com infração de dever funcional, cedendo a pedido ou influência de outrem: Pena – detenção, de três meses a um ano, ou multa".

Há relativa proximidade entre as tipologias mencionadas e quiçá, por este mesmo motivo, a LA determina que uma das causas de *nulidade da sentença arbitral* se dá em caso de comprovação de que o *decisum* foi proferido a partir de prevaricação, concussão ou corrupção passiva (conforme preceitua o art. 32, VI, da LA).

O que se pretende tutelar, em maior ou menor grau, é a *imparcialidade do árbitro*, ainda que na concussão esteja presente o elemento *exigir* e com ele o incutir determinado meio ou receio no particular.

Em termos bem diretos, por concussão se compreende um tipo penal próprio e que incrimina a conduta do árbitro que em razão da função ou mesmo antes de assumi-la, mas desde que em razão dela, exija para si ou para outrem determinada vantagem indevida. Trata-se, como bem asseverado pela doutrina pátria[1218], de uma espécie de extorsão praticada pelo funcionário público (na fórmula matriz) que se vale da sua função para incutir receio ou medo no particular e, com isso, exigir a vantagem indevida.

A corrupção passiva, por sua vez, revela o suborno[1219], a venda da função a partir da solicitação, o recebimento ou aceite de promessa de determinada vantagem indevida. Daí porque se incrimina a outra "ponta" da relação delitiva comumente conhecida por corrupção ativa e cujos atos proibidos são o de oferecer ou prometer a vantagem indevida.

A prevaricação, por fim, envolve a prática de atrasar, deixar de praticar ou de praticar determinado "ato de ofício" com o fim de satisfazer um sentimento ou interesse pessoal do árbitro, tudo isso sem envolver o pedido, recebimento ou a obtenção de qualquer vantagem indevida.

1217 Brasil. Código Penal (1940). "Art. 319 – Retardar ou deixar de praticar, indevidamente, ato de ofício, ou praticá-lo contra disposição expressa de lei, para satisfazer interesse ou sentimento pessoal: Pena – detenção, de três meses a um ano, e multa".

1218 Nucci, Guilherme de Souza. **Código penal comentado**. 15. ed. Rio de Janeiro: Forense, 2015, p. 1.333.

1219 Digno de nota é o que se passou no Peru, fato desvelado a partir das investigações levadas a efeito naquele país a partir das investigações da Operação Lava Jato. Em 2019, 14 árbitros foram presos preventivamente sob a acusação de terem favorecido a empreiteira Odebrecht em sentenças proferidas em procedimentos arbitrais. Disponível em: https://www.connectas.org/caso-lava-jato-arbitrajes-a-la-odebrecht/, https://www.efe.com/efe/brasil/mundo/arbitros-que-teriam-favorecido-odebrecht-no-peru-ser-o-presos-preventivamente/50000243-4103553 e https://lexlatin.com/reportajes/prision-preventiva-14-abogados-peruanos-arbitrajes-odebrecht. Acesso em: 26 abr. 2021.

Trata-se de um tipo funcional próprio, quer-se dizer, que não encontra paralelo dentre aquelas condutas que punem o particular. Determinado colaborador na iniciativa privada que deixe de praticar um ato inerente à sua função será responsabilizado, no máximo, na esteira da legislação trabalhista, mas pela lei atual não está submetido a nenhuma responsabilização de natureza criminal.

Como bem alertado por Nogueira, o papel principal do árbitro é "o de dizer o direito (...) sobre o litígio entre as partes submetido à sua apreciação. Se for verdade o brocardo que diz que "arbitragem é realizada para o fim de obter a sentença", o mandato primordial do árbitro é exatamente o proferir a sentença arbitral".[1220]

Nada obstante, o que sobressai, portanto, dos delitos de concussão, corrupção passiva e prevaricação é que as suas justificativas para incriminação estão ancoradas na defesa da *imparcialidade do árbitro*. Se o dever principal é exarar a sentença e decidir a celeuma, isso deve ser realizado "com imparcialidade, independência, competência, diligência e discrição" (art. 13, § 6º, LA).

Com muita propriedade expôs Ricardo Dalmaso Marques:

> No Brasil, um país primariamente de tradição de *civil law*, a alteridade do julgador com relação às partes é também requisito do legítimo exercício da jurisdição em um Estado Democrático de Direito e encontra supedâneo na igualdade de tratamento das partes do processo e, em última análise, no devido processo legal. Em ambas as esferas, judicial e arbitral, não se pode, em qualquer medida, abrir mão desse elemento, pois, se assim o fizer, tratar-se-á de processo nulo por falta do pressuposto processual da imparcialidade[1221].

Exsurge, desta forma, um claro dever do árbitro com a imparcialidade que, de tão evidente, eventualmente sequer precisaria constar no texto da Lei de regência. Não há justiça sem um julgador imparcial

[1220] NOGUEIRA, Daniel F. Jacob. O árbitro. *In*: MOTTA JÚNIOR, Aldemar e outros. **Manual de arbitragem para advogados**. et al. 3. ed. Brasília: Comissão Especial de Mediação, Conciliação e Arbitragem, Colégio de Presidentes das Comissões de Mediação e Arbitragem das Seccionais da Ordem dos Advogados do Brasil e Entidades Nacionais, 2015, p. 82.

[1221] MARQUES, Ricardo Dalmaso. **O dever de revelação do árbitro**. São Paulo: Almedina Brasil, 2018, p. 110.

e probo e é esta imparcialidade que se pretende tutelar por meio das incriminações mencionadas. É justamente esta parcialidade motivada a atender anseios pessoais ou terceiros que justifica o Estado lançar mão do direito penal.

A doutrina, em especial a espanhola[1222] e a portuguesa[1223], cuidaram de destacar o princípio da imparcialidade como o mote a dar vazão aos tipos penais de corrupção ativa e passiva em suas configurações original, ou seja, tendo o funcionário público como corruptor ou corrompido.

Trazendo esta realidade para o estudo da incidência da norma penal sobre a pessoa do árbitro, tem-se que o princípio da imparcialidade, como bem jurídico, há de ser analisado no sentido de que o julgador arbitral não sofra interferência no desenvolvimento de seus trabalhos, sejam interferências pessoais ou de terceiros, tudo de modo a ser mantida a neutralidade e a objetividade dos atos e da decisão a ser proferida. No mesmo sentido, mas a partir de outras palavras, deve-se considerar que a imparcialidade do árbitro "significa sua abertura à influência dos argumentos apresentados por ambas as partes e que esse é o bem jurí-

[1222] Inma Valeije Alvarez assim discorre sobre o princípio da imparcialidade: *"Desde este punto de vista, la tutela de la imparcialidad en el ejercicio de la función pública se nos presenta como un bien jurídico medial para alcanzar la tutela de un derecho fundamental, como es la igualdad de todos los ciudadanos en la obtención de prestaciones públicas o, lo que es lo mismo, la tutela de la correspondiente obligación por parte de la Administración de actuar atendiendo a la satisfacción general de los intereses de todos los ciudadanos"*. Valeije Álvarez, Inma. **El tratamiento penal de la corrupción del funcionario**: el delito de cohecho. Madrid: Edersa, 1995, p. 29.

[1223] Antonio Manuel de Almeida Costa assim se refere à imparcialidade: "Partindo do exposto, e não obstante o carácter instrumental que reveste, também a própria Administração, atenta à relevância dos objetivos que serve, pode, em si mesmo, assumir a natureza de bem jurídico-criminal. Neste sentido aponta a sua imprescindibilidade para a realização ou satisfação de finalidades fundamentais, indispensáveis em qualquer sociedade organizada. [...] Posto isto, ao transaccionar com o cargo, o empregado público corrupto coloca os poderes funcionais ao serviço dos seus interesses privados, o que equivale a dizer que, abusando da posição que ocupa, se "sub-roga" ou" "substitui" ao Estado, invadindo a respectiva esfera de actividade. A corrupção (própria e imprópria) traduz-se, por isso, sempre numa manipulação do aparelho do Estado pelo funcionário que, assim, viola a "autonomia funcional" da Administração, ou seja, em sentido material, infringe a chamada "legalidade administrativa". Sintetizando, o bem jurídico da corrupção consiste na "autonomia intencional" da Administração, na "legalidade administrativa" entendida nos termos descritos". Costa, Antonio Manuel de Almeida. **Sobre o crime de corrupção**. Coimbra: Coimbra, 1987, p. 93-94.

dico a ser protegido"[1224], abertura esta que não deve ser subjugada de forma alguma.

E a comparação há de ser feita com a figura do servidor público juiz[1225]. O trecho de Ricardo Rodrigues da Costa Correia Lamas, ainda que voltado à corrupção no setor público, pode ser utilizado como filtro interpretativo e justificador de o árbitro se sujeitar, em alguns casos, ao direito penal:

> a incriminação da corrupção visa garantir que o Estado – através de seus funcionários – actue de forma objetiva e imparcial e de que a sua "vontade" ou o sentido das suas decisões não é ditada, controlada ou influenciada por interesses que não sejam os da colectividade[1226].

A coletividade citada pelo autor para o setor público pode ser compreendida e substituída, na arbitragem, como "partes". O que importa na arbitragem são os interesses das partes em ter uma decisão justa, equânime e imparcial. Parafraseando Fábio Medina Osório, as partes merecem que as atividades do árbitro não se deem "pela perseguição de interesses pessoais, motivações egoístas ou ambições pessoais que se sobreponham"[1227] aos interesses a ele confiados.

[1224] ELIAS, Carlos Eduardo Stefen. Notas práticas sobre a imparcialidade dos árbitros: existência de relação entre o árbitro (ou pessoas ligadas a ele) com a parte (ou pessoas ligadas a ela). *In*: CARMONA, Carlos Alberto; LEMES, Selma Ferreira; MARTINS, Pedro Batista (coord.) **20 anos da Lei de Arbitragem**: homenagem a Petrônio R. Muniz. São Paulo: Atlas, 2017, p. 201; MAGALHÃES, José Carlos de. Os deveres do árbitro. *In*: CARMONA, Carlos Alberto; LEMES, Selma Ferreira; MARTINS, Pedro Batista. **20 anos da Lei de Arbitragem**: homenagem a Petrônio R. Muniz. São Paulo: Atlas, 2017, p. 227-228.

[1225] Na linha de comparação com o juiz, Nereu José Giacomolli: "A imparcialidade se constitui em um componente essencial da atividade jurisdicional, tanto como valor ou qualidade estruturante da função jurisdicional (melhor comportamento), bem como um verdadeiro princípio, entendido como padrão a ser observado, como conduta devida, um "princípio-garantia" [...] GIACOMOLLI, Nereu José. **O devido processo penal**. 2. ed. São Paulo: Atlas, 2015, p. 248.

[1226] LAMAS, Ricardo Rodrigues da Costa Correia. O recebimento indevido de vantagem. Análise substantiva e perspectiva processual. *In*: **Revista do Ministério Público**, Lisboa, v. 126, ano 32, jun. 2011, p. 71.

[1227] OSÓRIO, Fábio Medina. **Teoria da improbidade administrativa**. 3. ed. São Paulo: RT, 2013, p. 132. Em idêntico sentido: FRANÇA, Phillip Gil. **Ato administrativo e interesse público**: gestão pública, controle judicial e consequencialismo administrativo. São Paulo:

Outro ponto comum para a tríade concussão-corrupção-prevaricação reside no termo *vantagem indevida*. Ainda que não esteja disposto como elemento do crime de prevaricação, a vantagem indevida serve para diferenciar este tipo dos demais e, em especial, para demonstrar a incoerência e a insuficiência da resposta penal por meio da prevaricação.

O termo "vantagem indevida" quando analisado para os funcionários públicos em geral pode ser conceituado como qualquer vantagem contrária ao direito[1228] ou, em outras palavras, qualquer vantagem que o funcionário público não mereça a partir do desenvolvimento de suas funções, podendo ser possível que tal vantagem beneficie terceiro e não propriamente o funcionário público. Da mesma forma, não há necessidade de que a vantagem seja de índole patrimonial, podendo ser, segundo Antonio Pagliaro e Paulo José da Costa Júnior, representada por uma coisa (dinheiro, títulos, joias), mas pode também consistir num bem imaterial (uma fórmula química ou matemática, uma promoção, uma condecoração) [...]"[1229].

A mesma interpretação há de ser lançada para os tipos penais quando se estiver diante da ocorrência de crimes por parte de eventual árbitro. De acordo com a LA, os árbitros serão remunerados a partir de honorá-

RT, 2013, p. 83-84; MELLO, Celso Antônio Bandeira de. **Curso de direito administrativo**. 31. ed. São Paulo: Malheiros, 2014, p. 117; DI PIETRO, Maria Sylvia Zanella. **Direito administrativo**. 27. ed. São Paulo: Atlas, 2014, p. 68-69.

1228 PRADO, Luiz Regis; CARVALHO, Érika Mendes de; CARVALHO, Gisele Mendes de. **Curso de direito penal brasileiro** – parte geral e especial. 14. ed. São Paulo: RT, 2015, p. 1.349; NUCCI, Guilherme de Souza. **Código Penal comentado**. 14. ed. Rio de Janeiro: Forense, 2014, p. 1289; BITENCOURT, Cezar Roberto. **Tratado de Direito Penal**. v. 1. São Paulo: Saraiva, 2007, p. 114; STOCO, Rui; STOCO, Tatiana de Oliveira. Dos crimes praticados por funcionário público contra a administração em geral. *In*: FRANCO, Alberto Silva; STOCO, Rui (coord.). **Código Penal e sua interpretação jurisprudencial**. 8. ed. São Paulo: RT, 2007, p. 1.469.

1229 PAGLIARO, Antonio; COSTA JÚNIOR, Paulo José da. **Dos crimes contra a administração pública**. 3. ed. São Paulo: Perfil, 2006, p. 85-86; FRAGOSO, Heleno Claudio. **Lições de direito penal** – parte especial. v. II. Arts. 213 a 359. Rio de Janeiro: Forense, 1988, p. 439; WUNDERLICH, Alexandre. Dos crimes contra a administração pública. *In*: **Direito penal**. Jurisprudência em debate, crimes contra a Administração Pública e crimes contra a Administração da Justiça. v. 4. Rio de Janeiro: LMJ Mundo Jurídico, 2013, p. 54; WUNDERLICH, Alexandre. **Código Penal comentado**. 14. ed. Rio de Janeiro: Forense, 2014, p. 1.289; BITENCOURT, Cezar Roberto. **Tratado de direito penal**. v. 1. São Paulo: Saraiva, 2007, p. 114.

rios[1230], tão somente isso. Todo e qualquer outro valor, bem ou dinheiro que venha o árbitro a perceber poderá ser compreendido como vantagem indevida – e a depender do contexto – servir de elemento à incriminação, especialmente se falando de concussão e corrupção passiva.

Ainda que possa parecer bastante genérica esta afirmação, o fato é que qualquer outra definição, perante a lei brasileira, de vantagem indevida poderá incorrer em equívocos. Basta, portanto, o conceito de que qualquer valor, dinheiro ou bem diverso daquilo percebido a título de honorários se enquadra na categoria de vantagem indevida. O contexto, ou seja, os demais elementos comprobatórios do fato concreto é que poderão demonstrar se está a se falar da prática de crime de concussão ou corrupção passiva ou, então, de conduta atípica para o direito penal.

Discussão interessante, mas que foge ao escopo deste trabalho, é de eventual insignificância penal quando se trate de presentes de final de ano (bebidas alcoólicas, por exemplo) ou brindes (calendários, *pen drives*, agendas), enfim, objetos que talvez não tenha a idoneidade de retirar a imparcialidade do árbitro tampouco sejam outorgados com esta finalidade.

Obviamente que os critérios de *compliance*[1231] amplamente divulgados e empregados no âmbito empresarial militam em favor de que esses brindes não sejam mais entregues e, se assim o forem, sejam imediatamente devolvidos. A relação entre julgador e partes – inclusive no âmbito público – ficará mais transparente e sem qualquer pecha de irregularidade, favoritismo ou parcialidade. Todavia, a discussão é se esses brindes configurariam ou não a vantagem indevida, independentemente do contexto em que foram entregues.

[1230] Exemplo disponível em: https://www.camaradearbitragemsp.com.br/pt/arbitragem/tabela-custas.html. Acesso em: 09 maio 2021.

[1231] Por exemplo, vejam-se as regras para o não recebimento de valores por parte das autoridades públicas. Carlos Alberto Carmona se refere aos códigos de ética como interessantes ferramentas provenientes de "[...] associações de classe, entidades e centros arbitrais [que] tentam sistematizar regras que possam servir de orientação para quem deve testar os diversos graus de ligação entre árbitros, partes e advogados das partes antes de aceitar o encargo de árbitro e durante todo o arco do procedimento arbitral". CARMONA, Carlos Alberto. **Arbitragem e processo**: um comentário à Lei n. 9.307/96. 3. ed. São Paulo: Atlas, 2009, p. 241.

Como asseverado, longe de ser esta a preocupação do presente texto, o art. 372º do Código Penal português – ainda que se refira ao funcionário público e não propriamente ao árbitro – cuidou de estipular no item 3 daquela estrutura típica que "excluem-se dos números anteriores as condutas socialmente adequadas e conformes aos usos e costumes". Ainda que a lei brasileira não disponha nada neste sentido, fica ao menos o registro de que em ordenamento jurídico próximo houve o cuidado de se deixar uma válvula de não incriminação a ser debatida a partir do contraditório.

A incriminação do árbitro perante a Lei penal brasileira esbarra em mais um conceito bastante discutido nos denominados crimes funcionais. Trata-se da conceituação de ato de ofício, elemento previsto nos tipos penais de corrupção passiva[1232] e de prevaricação. Sem adentrar em debates infindáveis e despropositados, o ato de ofício deve ser compreendido como o ato de atribuição ou ainda de competência do funcionário público ou, como sugere Guilherme de Souza, "ato de ofício é exatamente a atribuição inerente à função pública, à esfera de realização do funcionário, algo que somente ele pode empreender – e não pessoa fora dos quadros administrativos"[1233].

Ainda que tal ato não seja de competência ou atribuição do funcionário público há quem defenda[1234], com razão, que na acepção ato de ofício também se inserem aqueles atos que possam (ou venham a) ser realizados em razão das facilidades que a função pública lhe outorgue.

[1232] Embora não previsto no artigo 317 do Código Penal, a jurisprudência pátria – em sua maioria – acaba por transpor o elemento ato de ofício previsto no artigo 333 do Código Penal (corrupção ativa) para o tipo penal de corrupção passiva. As Ações Penais Originárias n. 307 (Fernando Collor) e 470 (Mensalão) dão o exato contexto para esta transposição, com especial destaque para a Ação Penal 307. A respeito: QUANDT, Gustavo de Oliveira. Algumas considerações sobre os crimes de corrupção ativa e passiva. A propósito do julgamento do "mensalão" (APN 470/MG do STF). *In*: **Revista Brasileira de Ciências Criminais**, São Paulo, n. 106, jan. 2014; SALVADOR NETTO, Alamiro Velludo. Reflexões pontuais sobre a interpretação do crime de corrupção no Brasil à luz da APN 470/MG. São Paulo, **Revista dos Tribunais**, v. 933, jul. 2013.

[1233] NUCCI, Guilherme de Souza. **Corrupção e anticorrupção**. Forense: Rio de Janeiro, 2015, p. 19.

[1234] VALEIJE ÁLVAREZ, Inma. **El tratamiento penal de la corrupción del funcionario**: el delito de cohecho. Madrid: Edersa, 1995, p. 201.

Transpondo esta realidade para o árbitro, quais os atos que caberiam dentro do seu ofício?

Em sendo a missão principal do árbitro decidir determinada demanda, diversos são os atos de ofício a ele cabíveis. Assim como ocorre com os funcionários públicos, soa absolutamente incoerente (e impossível) a determinação de um rol taxativo dos atos cabíveis ao árbitro. Como exemplo, tem-se como atos de ofício: (i) a escolha do procedimento arbitral em caso de ausência de estipulação na cláusula arbitral (art. 21, § 1º, LA); (ii) a tentativa da conciliação (art. 21, § 4º, LA); (iii) tomar o depoimento das partes, ouvir testemunhas e determinar a realização de perícias e outras provas (art. 22, LA); (iv) em caso de substituição, ao novo árbitro caberá a decisão de repetir ou não as provas já produzidas (art. 22, §5º, LA); (v) proferir a sentença no prazo estipulado entre as partes (art. 23, LA); (vi) revelar e comunicar atos ilícitos os quais tome conhecimento[1235]; (vii) determinar o adiantamento de verbas para despesas e diligências que reputar necessárias (art. 13, § 7º, LA), entre outros.

Importante anotar que o ato de ofício, ao menos para a corrupção passiva, não necessariamente carrega em si a pecha de ilicitude. Em outras palavras, a compra e venda da função do árbitro trará consigo a ilicitude penal ainda que o ato de ofício seja lícito. O árbitro que venha a solicitar vantagem indevida ou ainda que aceite a promessa de tal vantagem de determinado particular, mesmo que para a prática de um ato lícito inserido em suas atribuições, cometerá ainda assim o ato de corrupção.

[1235] "A confidencialidade e o sigilo impostos à maioria dos procedimentos arbitrais servem (ou podem servir) como desculpa para a tolerância para com determinadas práticas ilícitas precedentes ao processo e que nele vêm à tona. Contudo, a cortina de silêncio não tem as características do confessionário. Árbitros não são sacerdotes e, ainda que sua atuação tenha origem contratual, sua responsabilidade é jurisdicional. Se a corrupção pré-arbitral enseja dúvida e indecisão, o mesmo não pode ocorrer com aquela que interfere diretamente no processo e na própria decisão, seja interna ou externa. Se pode haver dúvida quanto às medidas a serem tomadas pelos árbitros no primeiro caso, no segundo, não pode haver hesitação". HUCK, Hermes Marcelo. As táticas de guerrilha na arbitragem. *In*: CARMONA, Carlos Alberto; LEMES, Selma Ferreira; MARTINS, Pedro Batista (coord.) **20 Anos da Lei de Arbitragem**: homenagem a Petrônio R. Muniz. São Paulo: Atlas, 2017, p. 313.

Para a lei brasileira não há distinção entre a corrupção passiva própria e a imprópria[1236], mas tão somente uma graduação diferenciada nas penas impostas. O árbitro que receba vantagem indevida e pratique um ato de ofício contrário ao seu dever ou mesmo retarde-o ou deixe de praticá-lo estará sujeito à causa de aumento de 1/3 da pena a incidir sobre as sanções de 2 a 12 anos de reclusão. Já aquele que pratique um ato lícito – sem infringência dos deveres funcionais de árbitro – ou mesmo que tão somente solicite a vantagem ilícita não resta sujeito ao acréscimo de pena.

Não há como deixar de criticar as normas penais referentes à denominada corrupção privilegiada (art. 317, § 2º, CP) e à prevaricação. Por corrupção privilegiada se compreende a conduta do árbitro que "pratica, deixa de praticar ou retarda ato de ofício, com infração de dever funcional, cedendo a pedido ou influência de outrem". Já a prevaricação compreende o "retardar ou deixar de praticar, indevidamente, ato de ofício, ou praticá-lo contra disposição expressa de lei, para satisfazer interesse ou sentimento pessoal". Figuras em si muito próximas, recebem o apenamento de singelos 3 meses a 1 ano de detenção, e multa.

Longe de esperar da quantidade de pena cominada a solução para o enfrentamento da questão penal, seja em sua prevenção ou na reprovação do delito, o fato é que a pena é muito aquém do que os tipos penais revelam quando praticados.

Note-se que a imparcialidade se vê prejudicada na mesma intensidade do que ocorre na corrupção passiva, porém, com uma resposta penal bastante díspar e desproporcional. O recebimento ou aceitação de "propina", em termos bem diretos, não deveria ser capaz de diferenciar os tipos penais de maneira tão grosseira, justamente porque a colocação em perigo da imparcialidade é igual ou, a depender do ato praticado ou retardado, ainda maior do que aquilo ocorrido em casos em que haja eventual transação, via de regra financeira, espúria.

O intervalo referente aos tipos penais contidos nos arts. 320 a 324, CP causa menos espécie ao se falar de arbitragem. Na verdade, com exceção do art. 321, CP, os demais sequer se aplicam à realidade do árbitro, de modo que as funções exercidas por ele não se coadunam com a

[1236] BUSATO, Paulo. **Direito penal** – parte especial n. 2, v. 3. São Paulo: Atlas, 2016. p. 510-511.

tipificação penal. Corre-se o vício do vaticínio, assim, de se alegar a diminuta probabilidade da ocorrência concreta dos tipos penais compreendidos nas disposições dos arts. 321 a 324, CP.

2.3. Violação de sigilo profissional

Por fim, há situação diversa em torno do art. 325, CP, intitulado violação de segredo funcional e de seguinte redação:

> Art. 325 – Revelar fato de que tem ciência em razão do cargo e que deva permanecer em segredo, ou facilitar-lhe a revelação:
>
> Pena – detenção, de seis meses a dois anos, ou multa, se o fato não constitui crime mais grave.
>
> § 1º Nas mesmas penas deste artigo incorre quem:
>
> I – permite ou facilita, mediante atribuição, fornecimento e empréstimo de senha ou qualquer outra forma, o acesso de pessoas não autorizadas a sistemas de informações ou banco de dados da Administração Pública;
>
> II – se utiliza, indevidamente, do acesso restrito.
>
> § 2º Se da ação ou omissão resulta dano à Administração Pública ou a outrem:
>
> Pena – reclusão, de 2 (dois) a 6 (seis) anos, e multa.

É vasta a gama de sensíveis informações (fatos) que chegam ao conhecimento do árbitro. Dados comerciais, estratégias de negócios, pretensas falhas em determinado produto, segredos de fábrica e de negócio e uma série de outras informações sensíveis que recheiam, em regra, o procedimento arbitral.

A diferença, contudo, está em que no processo arbitral, ao contrário do judicial, há possibilidade de as partes convencionarem, na cláusula arbitral, a existência de confidencialidade[1237] da arbitragem – aqui considerada como a "característica sigiloso atribuída a determinada informação, que, pelas suas peculiaridades, não poderá ser divulgada, em

[1237] Fichtner, José Antonio; Mannheimer, Sergio Nelson; Monteiro, André Luis. **Teoria geral da arbitragem.** Rio de Janeiro: Forense, 2019, p. 601. Em sentido um tanto quanto crítico à confidencialidade: Araújo Neto, Pedro Irineu de Moura. A confidencialidade do procedimento arbitral e o princípio da publicidade. **Revista de Informação Legislativa.** Ano 53, n. 212, out.-dez 2016, p. 139-154. Disponível em: https://www12.senado.leg.br/ril/edicoes/53/212/ril_v53_n212_p139.pdf. Acesso em: 30 abr. 2021.

razão de disposição legal ou contratual"[1238]. Objetiva-se, com isso, evitar o Poder Judiciário e a regra da publicidade dos atos judiciais[1239] além de reduzir os custos[1240] da publicização das demandas entre as partes. Não se desconhece, contudo, a regra de publicidade a incidir nas arbitragens envolvendo a administração pública, por força do disposto no art. 1º, § 3º, da LA[1241].

Note-se não se tratar de um imperativo legal, mas sim de que o direito brasileiro

> adota a posição de que a confidencialidade não é qualidade intrínseca à arbitragem, mas deve decorrer de previsão convencional específica entre as partes. A confidencialidade precisa, em outros termos, ter sido estipulada na arbitragem. Ou precisa decorrer, claro, de previsão legal setorial específica, inexistente, ao que se sabe, no Direito brasileiro[1242].

É o que se extrai do art. 22, parágrafo único, da LA ao estipular: "no cumprimento da carta arbitral será observado o segredo de justiça, desde que comprovada a confidencialidade estipulada na arbitragem", como também no art. 189, IV, do Código de Processo Civil[1243].

[1238] Basilio, Ana Tereza; LINS, Thiago. A relativização da confidencialidade nas arbitragens; companhias abertas. *In*: **Revista de Arbitragem e Mediação**. v. 49, abr.-jun. 2016.

[1239] Brasil. Constituição Federal (1988), art. 5º, LX; Brasil. Código de Processo Civil (2015), Artigo 189.

[1240] Timm, Luciano Benetti; Guandalini, Bruno; Richter, Marcelo de Souza. Reflexões sobre uma análise econômica da ideia de arbitragem no Brasil. *In*: Carmona, Carlos Alberto; Lemes, Selma Ferreira; Martins, Pedro Batista Martins (coord.). **20 anos da Lei de Arbitragem**: homenagem a Petrônio R. Muniz. São Paulo: Atlas, 2017, p. 93-94.

[1241] Oliveira, Gustavo Justino de; Figueiroa, Caio Cesar. **Arbitragem com o poder público**: da confidencialidade à publicidade e transparência do procedimento arbitral, à luz da Lei Federal n. 13.129/15. Disponível em: https://www.migalhas.com.br/depeso/231512/arbitragem-com-o-poder-publico--da-confidencialidade-a-publicidade-e--transparencia-do-procedimento-arbitral--a-luz-da-lei-federal-13-129-15. Acesso em: 30 abr. 2021.

[1242] Fichtner, José Antonio; Mannheimer, Sergio Nelson; Monteiro, André Luis. **Teoria geral da arbitragem**. Rio de Janeiro: Forense, 2019, p. 603.

[1243] Brasil. Código de Processo Civil (2015). "Art. 189. Os atos processuais são públicos, todavia tramitam em segredo de justiça os processos: [...] IV – que versem sobre arbitragem, inclusive sobre cumprimento de carta arbitral, desde que a confidencialidade estipulada na arbitragem seja comprovada perante o juízo".

Portanto, além do dever de discrição inerente à arbitragem e cujo descumprimento poderá acarretar diversas responsabilidades que não a criminal, uma vez estipulada a confidencialidade no processo arbitral, é imposto ao árbitro o dever de sigilo e a mantença desta confidencialidade, daí sim sob o risco de responder criminalmente.

Algumas particularidades deste delito merecem atenção. A primeira delas é de que a razão de incriminação – o revelar fato que deveria permanecer sob segredo – ao contrário da figura matriz (endereçada ao servidor público), responde o árbitro pela simples situação de revelar fato de processo em que as partes resolveram por bem manter em caráter de confidencialidade.

Trata-se do descumprimento de uma estipulação contratual, independentemente da relevância concreta do fato revelado. A discussão em torno da figura matriz, por sua vez, é diversa, eis que a incriminação versa sobre a divulgação de dados sensíveis e que devam permanecer em segredo em razão de que "a divulgação possa ser prejudicial à coletividade"[1244] e, ademais, "o dever de preservação do sigilo deve derivar de interesse público, ou seja, a preservação do segredo há de ser no interesse da coletividade"[1245].

Não há incongruência nesta diferenciação, eis que se as partes convencionaram a confidencialidade assim ocorreu por um ou mais motivos plausíveis e merece ser assim respeitada. Conforme aponta Paulo Busato, "na sociedade da comunicação, o bem jurídico mais importante que existe é precisamente a informação. No mundo de hoje é o saber mais, o saber antes ou o simples saber o que destaca"[1246].

A segunda é relacionada às condutas proibidas, de modo que responderá criminalmente o árbitro que diretamente revelar o fato a ser mantido em segredo como também se meramente facilitar a revelação do fato por terceiro. Obrigatoriamente esses fatos devem dizer respeito ao procedimento arbitral e ter chegado ao conhecimento do árbitro a partir da função por ele desenvolvida. Note-se, portanto, que para a hipótese de o fato estar contido em determinado processo arbitral gravado com confidencialidade, mas que já seja de conhecimento público ou mesmo

1244 BUSATO, Paulo. **Direito penal** – parte especial 2. v. 3. São Paulo: Atlas, 2016, p. 572.

1245 BUSATO, Paulo. **Direito penal** – parte especial 2. v. 3. São Paulo: Atlas, 2016, p. 573.

1246 BUSATO, Paulo. **Direito penal** – parte especial 2. v. 3. São Paulo: Atlas, 2016, p. 571.

tenha sido incorporado ao conhecimento do árbitro não a partir desta função, a conduta será atípica.

A gravidade do delito não encontra amparo na pena cominada. Da mesma forma em que assinalado para o delito de prevaricação, não se advogada aqui a estipulação de penas altíssimas, mas tão somente mais consentâneas com o desvalor da conduta e do resultado. Ao menos para o art. 325 do Código Penal, o legislador previu uma causa de aumento de pena quando se verifica a ocorrência de dano à Administração ou a outrem (aqui podendo-se imaginar a parte envolvida no juízo arbitral e prejudicada pela divulgação do(s) fato(s)).

O delito de violação de sigilo funcional detém ainda a característica de subsidiário expresso[1247], pois o legislador expressamente declarou que incidirá a pena de seis meses a dois anos, ou multa, se o fato não constitui elemento de crime mais grave. Trata-se, portanto, de uma disposição que busca evitar a dupla punição por um mesmo fato, criando-se regra, como dito, expressa, para solucionar eventual hipótese de concurso aparente de normas. Por exemplo: o árbitro A, para revelar os fatos cobertos pela confidencialidade, solicita e recebe vantagem indevida consistente em US$ 100.000,00, assim praticando claro ato de ofício mediante contraprestação indevida. Dúvida não há de que o árbitro A estará incurso no art. 317 do Código Penal e, diante da subsidiariedade expressa do art. 325 do Código Penal, a única sanção a ser aplicada será a da corrupção passiva, pois os elementos do art. 325 estão inseridas na tipologia mais grave.

Conclusões

Sendo assim, em síntese:

a) a arbitragem, assim considerada uma forma de resolução de conflitos, merece a atenção do direito penal nas hipóteses de ofensas

[1247] "A incidência da norma penal subsidiária está vinculada à não aplicabilidade de outra norma a ela preferível. A norma penal primária, porém, pode ou não estar individualmente determinada pelo legislador, conforme menciona Frosali [...] Na segunda classe (subsidiariedade geral), o legislador insere no texto da norma cláusula do tipo se o fato não constitui crime mais grave". Martinelli, João Paulo; Bem, Leonardo Schmitt de. **Direito penal**. 5. ed. São Paulo: D'Plácido, 2020, p. 477.

a bens jurídicos que não possam ser tutelados por outras searas, ou seja, há de se respeitar o caráter subsidiário do direito penal;

b) a intervenção do direito penal se dá por normas genéricas, em regra constantes no Código Penal e por meio do art. 17 da LA que determina que os árbitros ficam equiparados aos servidores públicos quando no exercício de suas funções ou em razão delas, sendo este o objeto do presente estudo;

c) em que pese não ser o objeto deste artigo, há relevantes incursões sobre lavagem de dinheiro e a arbitragem ou sobre o dever de revelação do árbitro e as responsabilidades criminais eventualmente decorrentes;

d) a equiparação trazida pelo art. 17 da LA traz consigo todas as críticas já endereçadas à categoria funcionário público para o direito penal;

e) a equiparação trazida pelo art. 17 da LA joga específica luz sobre os arts. 312, 316, 317, 319 e 325 do Código Penal, com destaque às figuras da concussão, da corrupção passiva e da prevaricação, eis que uma vez confirmada uma destas ocorrências ter-se-á a nulidade da sentença conforme prevê o art. 32, VI, da LA;

f) o bem jurídico imparcialidade do árbitro é o que está a justificar a intervenção do aparato criminal quando da ocorrência de concussão, corrupção passiva e prevaricação;

g) considerada a natureza e a qualidade das informações contidas na arbitragem, quanto mais se estipulado na causa arbitral o seu caráter confidencial, há justificativa para a incidência do art. 325 do CP, desde que a revelação incida sobre segredo que chegou ao conhecimento do árbitro por meio de sua função e respeitado o caráter subsidiário expresso inerente a este tipo penal.

Referências

ARAÚJO NETO, Pedro Irineu de Moura. A confidencialidade do procedimento arbitral e o princípio da publicidade. **Revista de Informação Legislativa**. Ano 53, n. 212, out.-dez. 2016, p. 139-154. Disponível em: https://www12.senado.leg.br/ril/edicoes/53/212/ril_v53_n212_p139.pdf. Acesso em: 30 dez. 2021.

ARENHART, Sergio Cruz. Breves observações sobre o procedimento arbitral. **Revista Jus Navigandi**, Teresina, ano 10, n. 770, 12 ago. 2005. Disponível em: https://jus.com.br/artigos/7161. Acesso em: 27 abr. 2021.

BASILIO, Ana Tereza; LINS, Thiago. A relativização da confidencialidade nas arbitragens; companhias abertas. *In*: **Revista de Arbitragem e Mediação**. v. 49, abr.-jun. 2016.

BUSATO, Paulo. **Direito penal** – parte especial 2. v. 3. São Paulo: Atlas, 2016.

BITENCOURT, Cezar Roberto. **Tratado de direito penal**. v. 1. São Paulo: Saraiva, 2007.

CARMONA, Carlos Alberto. **Arbitragem e processo**: um comentário à Lei 9.307/96. 3. ed. São Paulo: Atlas, 2009.

COSTA, Antonio Manuel de Almeida. **Sobre o crime de corrupção**. Coimbra: Coimbra, 1987.

DI PIETRO, Maria Sylvia Zanella. **Direito administrativo**. 27. ed. São Paulo: Atlas, 2014.

ELIAS, Carlos Eduardo Stefen. Notas práticas sobre a imparcialidade dos árbitros: existência de relação entre o árbitro (ou pessoas ligadas a ele) com a parte (ou pessoas ligadas a ela). *In*: CARMONA, Carlos Alberto; LEMES, Selma Ferreira; MARTINS, Pedro Batista (coord.) **20 anos da Lei de Arbitragem**: homenagem a Petrônio R. Muniz. São Paulo: Atlas, 2017.

FICHTNER, José Antonio; MANNHEIMER, Sergio Nelson; MONTEIRO, André Luis. **Teoria geral da arbitragem**. Rio de Janeiro: Forense, 2019.

FRAGOSO, Heleno Claudio. **Lições de direito penal** – parte especial. v. II. Arts. 213 a 359. Rio de Janeiro: Forense, 1988.

FRANÇA, Phillip Gil. **Ato administrativo e interesse público**: gestão pública, controle judicial e consequencialismo administrativo. São Paulo: RT, 2013.

GIACOMOLLI, Nereu José. **O devido processo penal**. 2. ed. São Paulo: Atlas, 2015.

GUANDALINI, Bruno. **Economic analysis of the arbitrators function**. Holanda: Wolters Kluwer, 2020.

HUCK, Hermes Marcelo. As táticas de guerrilha na arbitragem. *In*: CARMONA, Carlos Alberto; LEMES, Selma Ferreira; MARTINS, Pedro Batista (coord.) **20 Anos da Lei de Arbitragem**: homenagem a Petrônio R. Muniz. São Paulo: Atlas, 2017.

NOGUEIRA, Daniel F. Jacob. O árbitro. *In*: MOTTA JÚNIOR, Aldemar e outros. **Manual de arbitragem para advogados**. et al. 3.ed. Brasília: Comissão Especial de Mediação, Conciliação e Arbitragem, Colégio de Presidentes das Comissões de Mediação e Arbitragem das Seccionais da Ordem dos Advogados do Brasil e Entidades Nacionais, 2015.

LAMAS, Ricardo Rodrigues da Costa Correia. O recebimento indevido de vantagem. Análise substantiva e perspectiva processual. *In*: **Revista do Ministério Público**, Lisboa, v. 126, ano 32, jun. 2011.

LEW, Julian D. M. The arbitrator and confidentiality. *In*: DERAINS, Yves; LÉVY, Laurent (ed.). Is arbitration only as good as the arbitrator? status, powers and role of the arbitrator. **Dossiers of the ICC Institute of World Business Law**, v. 8. Kluwer Law International, 2011.

MAGALHÃES, José Carlos de. Os deveres do árbitro. *In*: CARMONA, Carlos Alberto; LEMES, Selma Ferreira; MARTINS, Pedro Batista. **20 anos da Lei de Arbitragem**: homenagem a Petrônio R. Muniz. São Paulo: Atlas, 2017.

MARQUES, Ricardo Dalmaso. **O dever de revelação do árbitro**. São Paulo: Almedina Brasil, 2018.

MARTINELLI, João Paulo; BEM, Leonardo Schmitt de. **Direito penal**. 5. ed. São Paulo: D'Plácido, 2020.

MELLO, Celso Antônio Bandeira de. **Curso de direito administrativo**. 31. ed. São Paulo: Malheiros, 2014,

NUCCI, Guilherme de Souza. **Código penal comentado**. 14. ed. Rio de Janeiro: Forense, 2014.

NUCCI, Guilherme de Souza. **Código penal comentado**. 15. ed. Rio de Janeiro: Forense, 2015.

OLIVEIRA, Gustavo Justino de; FIGUEIROA, Caio Cesar. **Arbitragem com o poder público**: da confidencialidade à publicidade e transparência do procedimento arbitral, à luz da Lei Federal n. 13.129/15. Disponível em: https://www.migalhas.com.br/depeso/231512/arbitragem-com-o-poder-publico--da-confidencialidade-a-publicidade-e-transparencia-do-procedimento-arbitral--a-luz-da--lei-federal-13-129-15. Acesso em: 30 abr. 2021.

OSÓRIO, Fábio Medina. **Teoria da improbidade administrativa**. 3. ed. São Paulo: RT, 2013.

PAGLIARO, Antonio; COSTA JÚNIOR, Paulo José da. **Dos crimes contra a administração pública**. 3. ed. São Paulo: Perfil, 2006.

PRADO, Luiz Regis; CARVALHO, Érika Mendes de; CARVALHO, Gisele Mendes de. **Curso de direito penal brasileiro** – parte geral e especial. 14. ed. São Paulo: RT, 2015.

QUANDT, Gustavo de Oliveira. Algumas considerações sobre os crimes de corrupção ativa e passiva. A propósito do julgamento do "mensalão" (APN 470/MG do STF). *In*: **Revista Brasileira de Ciências Criminais**, São Paulo, n. 106, jan. 2014.

SALVADOR NETTO, Alamiro Velludo. Reflexões pontuais sobre a interpretação do crime de corrupção no Brasil à luz da APN 470/MG. São Paulo, **Revista dos Tribunais**, v. 933, jul. 2013.

SCALCON, Raquel Lima; CAMPANA, Felipe Longobardi. **O médico que atua no SUS é sempre o funcionário público para efeitos penais**. Disponível em: https://www.jota.info/opiniao-e-analise/colunas/penal-em-foco/o-medico-que-atua-

-no-sus-e-sempre-o-funcionario-publico-para-efeitos-penais-22042020. Acesso em: 09 maio 2021.

STOCO, Rui; STOCO, Tatiana de Oliveira. Dos crimes praticados por funcionário público contra a administração em geral. *In*: FRANCO, Alberto Silva; STOCO, Rui (coord.). **Código Penal e sua interpretação jurisprudencial**. 8. ed. São Paulo: RT, 2007.

THE ARBITRATOR'S LIABILITY. **Report from the Club des Juristes**. Ad hoc committee. Paris, June 2017.

TIMM, Luciano Benetti; GUANDALINI, Bruno; RICHTER, Marcelo de Souza. Reflexões sobre uma análise econômica da ideia de arbitragem no Brasil. *In*: CARMONA, Carlos Alberto; LEMES, Selma Ferreira; MARTINS, Pedro Batista Martins (coord.). **20 anos da Lei de Arbitragem**: homenagem a Petrônio R. Muniz. São Paulo: Atlas, 2017.

TOLEDO, Francisco de Assis. **Princípios básicos de direito penal**. 5. ed. São Paulo: Saraiva, 1994.

VALEIJE ÁLVAREZ, Inma. **El tratamiento penal de la corrupción del funcionario**: el delito de cohecho. Madrid: Edersa, 1995.

WUNDERLICH, Alexandre. Dos crimes contra a administração pública. *In*: **Direito penal**. Jurisprudência em debate, crimes contra a administração pública e crimes contra a administração da justiça. v. 4. Rio de Janeiro: LMJ Mundo Jurídico, 2013.

WUNDERLICH, Alexandre. **Código Penal comentado**. 14. ed. Rio de Janeiro: Forense, 2014.

6. TRIBUTAÇÃO DOS ÁRBITROS-ADVOGADOS NO BRASIL: EPÍLOGO DA SAGA ARRECADATÓRIA[1248]

Egon Bockmann Moreira
Elisa Schmidlin Cruz

Introdução

A tributação dos honorários de árbitros que têm por atividade técnica primordial a advocacia vem recebendo desmedida atenção do Fisco há quase uma década. Nas esferas tributárias competentes, os rendimentos auferidos pela investidura na função de árbitro têm sido objeto de reiteradas autuações que pretenderam dissociar, para fins fiscais, o exercício da advocacia daquele desempenhado quando se contrata um profissional advogado para atuar como árbitro.

Polêmica e sensível, a questão ganhou grande repercussão na comunidade arbitral brasileira: ensejou debates acadêmicos acalorados, foi submetida ao Poder Judiciário, enfrentada pelo Conselho Administrativo de Recursos Fiscais (CARF) e, em tempos recentes, tornou-se objeto de provimento do Conselho Federal da OAB.

[1248] Versão revisada, consolidada e ampliada, em junho de 2021, dos seguintes ensaios: Cruz, Elisa Schmidlin; Moreira, Egon Bockmann. Consultor Jurídico – **Conjur**. Arbitragem e o Provimento 196/202 da OAB: o fim de uma saga? Disponível em: https://www.conjur.com.br/2020-mai-14/moreira-cruz-arbitragem-provimento-1962020-oab. Acesso em: 07 set. 2021; Cruz, Elisa Schmidlin; Moreira, Egon Bockmann. Arbitragem e a saga tributária: *spoiler* da quinta temporada. Consultor Jurídico – **Conjur**. Disponível em: https://www.conjur.com.br/2021-abr-17/cruz-moreira-arbitragem-saga-tributaria. Acesso em: 29 jun. 2021.

Com caráter declaratório-interpretativo, o Provimento 196/2020 (i) estatui como advocatícias as funções desempenhadas por conciliadores, mediadores e árbitros, sempre que exercidas por advogados; (ii) esclarece que a atuação de advogado em qualquer das funções ali referidas não é estranha à advocacia e, portanto, não desnatura a prática da sociedade profissional da qual seja sócio; e (iii) estabelece que a remuneração percebida por conciliadores, mediadores e árbitros – quando advogados – ostenta natureza de honorários advocatícios, podendo ser recebida tanto pela pessoa física prestadora do serviço, quanto pela sociedade na qual esta figure como sócia.

Ao promover este enquadramento, a OAB disciplina que os conhecimentos técnicos e científicos exigidos para o bom desempenho das funções nominadas no Provimento integram o *know-how* e são próprios (ainda que não exclusivos) da advocacia. Tal ato constitui regulamento que disciplina o exercício da profissão. Os inscritos na OAB devem pautar sua conduta profissional com lastro nesse provimento, que lhes é vinculante: ao atuar nessas atividades, o fazem na condição de advogado.

Bem vistas as coisas, seu conteúdo é resposta à verdadeira *cruzada tributária* travada contra renomados advogados brasileiros, todos eles também árbitros, no intuito de incrementar a tributação dos honorários decorrentes desta função.

Mas o tão aguardado desfecho parece emergir de outro campo de batalha: no EAREsp 31.084/MS, a Primeira Seção do Superior Tribunal de Justiça decidiu caso semelhante, de outra categoria profissional, fixando precedente judicial com ampla eficácia normativa que sepulta quaisquer discussões a respeito do enquadramento tributário dos rendimentos auferidos como contraprestação ao exercício da função de árbitro por advogados e suas repercussões fiscais no regime jurídico-tributário das sociedades de advocacia.

Este artigo pretende analisar esses ímpetos de avidez fiscal, que muitas vezes parece desconhecer as peculiaridades da profissão de advogado – e a razão pela qual profissionais inscritos na OAB são nomeados para funcionar em tribunais arbitrais.

1. Fisco *v*. árbitros – advogados: breve síntese

Como nas melhores séries por *streaming*, a compreensão desta saga exige breve retrospecto fático que alude às personagens mais importantes da trama (quem pular o resumo não entenderá como se chegou ao episódio final).

Na *primeira temporada*, em 2012, a Receita Federal Brasileira (RFB) pretendeu acessar dados de procedimentos arbitrais por intermédio das Câmaras de Arbitragem. Notificando a abertura de processos de fiscalização, a RFB – ignorando o dever de confidencialidade oponível às Câmaras – solicitava a prestação de informações de terceiros, como nome das partes e dos árbitros, valores envolvidos nos procedimentos por si administrados, notas fiscais emitidas pelos árbitros e cópia (!) de todas as sentenças arbitrais proferidas desde 2008[1249]. A toda evidência, o Fisco ultrapassou a linha do sigilo profissional legalmente assegurado.

Na ocasião, preocupadas em proteger as cláusulas de confidencialidade de seus regulamentos, pelo menos três instituições (CAMARB, CAM-CCBC e CBMA) impetraram mandado de segurança com vistas a reprimir o ato praticado pela RFB. Das Câmaras notificadas, apenas uma franqueou o acesso dos dados ao Fisco[1250]. Vendo frustrada sua pretensão inicial em razão das ordens judiciais que consideraram ilegal a fiscalização e impediram a coleta forçada de informações dos procedimentos arbitrais, proibindo a imposição de qualquer punição contra as Câmaras (autos 0011011-83.2013.403.6100/JFSP; 0025812-68.2013.4.03.0000/TRF3 e 0017682-42.2013.4.02.5101/TRF2), o foco do órgão fazendário mudou.

O Fisco, então, inaugurou a *segunda temporada*, direcionando seus esforços a advogados que exercem a função de árbitro. Alegando que a arbitragem é atividade desenvolvida por pessoa física, a RFB deixou de homologar o recolhimento de impostos feito através da sociedade de advogados (que o árbitro integra na qualidade de sócio) e redirecionou

[1249] À época, a situação foi amplamente noticiada: LEVITINAS, Marcelo; FERREIRA, Renato. **Os limites da atuação do Fisco em face da confidencialidade em arbitragem**. Disponível em: https://www.migalhas.com.br/depeso/192334/os-limites-da-atuacao-do-fisco-em-face-da-confidencialidade-em-arbitragem. Acesso em: 07 set. 2021; CRISTO, Alessandro. Receita fiscaliza câmaras arbitrais e exige sentenças. Consultor Jurídico – **Conjur**. Disponível em: https://www.conjur.com.br/2013-abr-26/receita-fiscaliza-camaras-arbitrais-exige-acesso-sentencas. Acesso em: 25 jun. 2021.

[1250] MENGARDO, Bárbara. **Valor Econômico**. Receita não pode fiscalizar arbitragem. Disponível em: https://cbar.org.br/site/en/valor-economico-receita-nao-pode-fiscalizar-arbitragem/. Acesso em: 25 jun. 2021.

a tributação. Sujeitos à incidência das alíquotas progressivas de IRPF, os rendimentos auferidos pela prestação de serviços intelectuais foram submetidos à bitributação.

Não bastasse as investidas da administração tributária federal, a *terceira temporada* foi marcada pelo ingresso de nova protagonista: o Município de São Paulo. Ator coadjuvante até então, ingressou na trama para defender a exclusão das sociedades de advogados com atuação em arbitragem da tributação fixa do ISS (por suposta descaracterização da natureza uniprofissional). A administração tributária paulistana autuou diversas bancas que indicavam em seus respectivos *websites* prática em arbitragem[1251].

Levado ao Poder Judiciário, o impasse foi neutralizado em sede recursal, restando mantido o enquadramento das sociedades advocatícias no regime de tributação específico, mesmo que um ou mais de seus integrantes estivessem investidos na função de árbitro (TJSP, autos 2154733-26.2019.8.26.0000). Ainda que não guarde relação direta com o caso, vale mencionar que o STF já firmou entendimento a respeito do ISS aplicável à advocacia (RE 940.769).

Por fim, na *quarta temporada*, o CARF definiu, por voto de qualidade, que honorários percebidos por advogados que funcionam como árbitros são rendimentos auferidos por pessoa física (Acórdão 2402-008.171, 2ª Seção de Julgamento/4ª Câmara/2ª Turma Ordinária, j. 03-03-2020). Para além da reclassificação, entendeu que o recolhimento de impostos feito através da sociedade de advogados é considerado indevido e não pode ser aproveitado para compensar eventuais débitos da pessoa física[1252]. A decisão foi objeto de recurso, que ainda aguarda julgamento[1253].

[1251] AASP. **A fome de arrecadação e as sociedades uniprofissionais**. Disponível em: https://www.aasp.org.br/em-pauta/a-fome-de-arrecadacao-e-as-sociedades-uniprofissionais/. Acesso em: 27 jun. 2021.

[1252] Relevante registrar que o julgamento ocorreu antes da alteração provocada pela Lei n. 13.988/2020, que, entre disposições destinadas à disciplina da transação tributária em âmbito federal, extinguiu o voto de qualidade nos processos administrativos de controle interno da legalidade do crédito tributário. Com isso, havendo empate nos julgamentos levados a efeito por órgãos colegiados – tal qual ocorreu no caso em exame –, a prevalência será da decisão favorável ao contribuinte.

[1253] Ministério da Economia. **Conselho Administrativo de Recursos Fiscais**. Disponível em: http://carf.fazenda.gov.br/sincon/public/pages/ConsultarInformacoesProcessuais/exibirProcesso.jsf. Acesso em: 26 jun. 2021.

Perdida a batalha, mas não a guerra, a saga arrecadatória parecia distante do fim. Mas fato é que o enredo perdeu consistência, antes denunciando o interesse na manutenção da franquia do que a criatividade dos roteiristas. Assim, sem adentrar no debate tributário, analisaremos os principais argumentos da fundamentação das decisões administrativas, à luz do Provimento 196/2020 do Conselho Federal da OAB.

2. A ofensiva da OAB: provimento n. 196/2020

No Brasil, o exercício de qualquer trabalho, ofício ou profissão é garantido constitucionalmente (art. 5º, XIII). A interferência do legislador nessa liberdade se justifica pela potencialidade de danos sociais decorrentes de seu exercício. Quando pensamos na medicina, por exemplo, a utilidade prática de normas regulamentares limitadoras é facilmente verificada (sobretudo em tempos de pandemia).

Tendo por fundamento a habilitação técnico-científica, a regulamentação de dado segmento econômico-profissional impõe restrições e, ao mesmo tempo, assegura prerrogativas aos profissionais que o integram. Os elementos diferenciais são a *qualificação* e o *conhecimento*.

Esta regulamentação das atividades profissionais é feita por diversos Conselhos Federais, e encontra previsão na parte final do dispositivo constitucional: "atendidas as qualificações profissionais que a lei estabelecer" (art. 5º, XIII). Pretende-se resguardar o indispensável domínio de conhecimentos técnicos e científicos para o exercício de algumas profissões[1254]. No caso da advocacia, a prerrogativa regulamentar é da OAB.

Dentre suas competências, o Conselho Federal da OAB exerce funções típicas dos órgãos de classe e outras mais abrangentes. Afinal, em 2011, o STF decidiu ser a OAB entidade independente, *sui generis*, classificando a advocacia como serviço público de relevância social, com funções institucionais de natureza constitucional (ADI 3.026/DF, Rel. Ministro Eros Grau).

[1254] Sobre as ordens profissionais e seu regime jurídico brasileiro: MOREIRA, Egon Bockmann. Liberdade de iniciativa, ordens profissionais e autorregulação – Caso música e polícia: STF, ADPF n. 183. *In*: MARQUES NETO, Floriano de Azevedo; MOREIRA, Egon Bockmann; GUERRA, Sérgio. **Dinâmica da regulação**. 2. ed. Belo Horizonte: Fórum, 2021, p. 297-310.

Daí as atribuições do Conselho Federal para editar o Regulamento Geral, o Código de Ética e Disciplina e os Provimentos que regulam o exercício da advocacia. São delegações normativas que conferem competência privativa à OAB para disciplinar o exercício da profissão em âmbito nacional. Esta atuação institucional visa a resguardar a independência, as prerrogativas e a dignidade profissional da advocacia. Logo, todos os advogados devem obediência aos regulamentos da OAB: seus efeitos são *erga omnes advocatorum*.

Exemplo recente do exercício destas competências se deu justamente com o Provimento n. 196/2020, que "dispõe sobre o reconhecimento da atividade advocatícia decorrente da atuação de advogados como conciliadores ou mediadores, árbitros ou pareceristas e no testemunho (*expert witness*) ou no assessoramento às partes em arbitragem e dá outras providências".

Como antecipado, o Provimento se presta a combater as duas principais teses da fundamentação das decisões administrativas que buscam incrementar a tributação dos honorários decorrentes do exercício da função de árbitro.

O primeiro argumento pode ser assim sintetizado: *Para ser árbitro não é necessário ser advogado.* Aqui, temos um problema de lógica: do fato de não ser necessária a qualificação de advogado para ser árbitro não implica a conclusão de que tais profissionais deixem de ser advogados mesmo na função de árbitros. Trata-se de uma falácia: um raciocínio incorreto, uma armadilha que subverte a lógica.

Muito antes do Provimento n. 196, o exercício da advocacia já contemplava funções variadas. Advogados, no desempenho de sua atividade profissional e empregando sua *expertise* jurídica, podem desenvolver múltiplas tarefas – judicial e extrajudicialmente –, inclusive algumas que não são privativas da advocacia.

Para citar apenas um exemplo, a função de administrador judicial não é exclusiva de advogados. De acordo com a lei, pode também ser realizada por economistas, contadores e administradores de empresas (Lei n. 11.101/2005, art. 21). Ainda assim, quando desempenhada por profissional da advocacia, é uma das formas de exercício da atividade jurídica, pois as habilidades profissionais e o conhecimento especializado são os motivadores da nomeação pelo juízo.

O mesmo se diga de árbitros (além de mediadores e conciliadores), que representam a própria essência de instrumentos legitimados a assegurar a harmonização das vontades individuais e a realização da justiça mesmo fora do âmbito estatal. Sempre que as partes elegem um advogado, ele leva consigo essa condição e não poderia ser diferente: enquanto a função ocupada é temporária, a atividade exercida é permanente. Os advogados não são indicados por seus lindos olhos azuis, mas só e tão somente porque são advogados.

Pense-se num árbitro escolhido pela administração pública, por meio de inexigibilidade de licitação (Lei n. 8.666/1993, art. 25). Ela pode escolher engenheiros ou economistas, mas a fundamentação do ato discricionário de escolha de um advogado deverá reportar-se às suas qualidades jurídicas, a revelar a "natureza singular" dos "serviços técnicos especializados" cuja função o advogado exercerá na arbitragem. Se o gestor indicar que escolhe esse advogado como árbitro por qualquer motivo que não a respectiva qualificação jurídica (*expert* em cálculos complexos de engenharia, por exemplo), ou se escolhe um jurista sem inscrição na OAB, o ato administrativo poderá ser questionado.

Mesmo porque o desempenho adequado da missão conferida ao árbitro exige a entrega de decisão tecnicamente escorreita. Na seleção do profissional, a *expertise* é, sem dúvida, critério de grande importância. Assim, quando advogados funcionam como árbitros, persistem no exercício da profissão, pois sua atividade (advocacia) é o vetor definitivo da escolha feita pelos litigantes[1255]. É a formação jurídica que orienta a escolha do advogado, que assim persiste no exercício da função arbitral (incidindo, inclusive, as proibições e deveres do Código de Ética).

No uso das atribuições que lhe são legalmente conferidas, é, em síntese, precisamente o que afirma o Conselho Federal da OAB no Provimento n. 196/2020: "constitui atividade advocatícia, para todos os fins, a atuação de advogados como conciliadores ou mediadores, nos termos da Lei n. 13.140/2015, ou árbitros, nos moldes preconizados pela Lei 9.307/1996 (art. 1º)".

[1255] No mesmo sentido: PINHEIRO, Hendrick; PEREZ, Ane Elise. Arbitragem como função da advocacia: consequências em relação ao Imposto Sobre Serviços. **Revista Direito Tributário Atual**, n. 44, p. 194-212. São Paulo: IBDT, 1 sem. 2020.

Aliás, o Provimento vem em linha com orientações anteriores do Conselho Federal da OAB, que já em 2013 indicava como atividade própria da advocacia o exercício da função de árbitro por qualquer advogado integrante da sociedade profissional (Proposição n. 49.0000.2013.011843-1/COP)[1256].

Ao orientar as partes, analisar os fatos e proferir decisões, a técnica do árbitro-advogado advém de sua formação jurídica, o que se acentua nos casos das arbitragens "de direito", modalidade que vincula a validade da sentença à interpretação e aplicação de leis. Daí emerge inegável relação simbiótica entre *ser* advogado e *estar* árbitro.

Em arremate, vale registrar que não há regulamentação da atividade de árbitro que a torne pertencente à categoria profissional autônoma e específica. Daí porque a própria Justiça do Trabalho, respaldada pelo Ministério Público, enfrentou questão relacionada à constituição de sindicato classificando como *encargo decorrente de especialidade detida* e não *profissão*, o mister desempenhado por aqueles investidos na função de árbitro (Autos n. 0000913-03.2013.5.10.008/TRT-10, 2ª Turma)[1257]. Ou seja, mesmo perante a Justiça do Trabalho, fato é que não existe uma profissão autônoma de árbitro (como pretende a RFB), mas ela é um atributo angariado por determinados profissionais, enquanto e por quê detentores de especialidade técnica diferenciada.

Indo adiante, o segundo argumento combatido pelo Provimento pode ser representado nesta sentença: *A contratação (do árbitro) é de pessoa física*. Esta pseudológica pretende criar distinção que não existe no mundo dos fatos. Mesmo porque a pessoa jurídica "sociedade de advogados" só pode ser composta por advogados (pessoas físicas) e exer-

[1256] "Ementa n. 024/2013. Arbitragem – modalidade legítima e que faz parte da natureza da advocacia, do que decorre que as receitas provenientes dessa atuação podem ser tratadas para todos os efeitos, inclusive fiscais, como receita da sociedade de advogados cujo integrante oficiou como árbitro. Modificação do entendimento da Ementa 0108/2013 do Órgão Especial deste Conselho Federal, advinda da Consulta 49.0000.2012.003317-8/OEP". ORDEM DOS ADVOGADOS DO BRASIL. Conselho Federal. **Proposição n. 49.0000.2013.011843-1/COP**, do Conselho Pleno, Brasília, DF, 2 dez. 2013. Disponível em: https://www.conjur.com.br/dl/ementa-cfoab-receita-arbitragem-conta.pdf. Acesso em: 25 jun. 2021.

[1257] Também o arquivamento sumário do Projeto de Lei n. 4.891/2005, de 2019, evidencia a impertinência jurídica da pretendida disciplina da "profissão árbitro".

cita suas atividades por meio de advogados (pessoas físicas). Chegaria a ser um truísmo dizer que só advogados pessoas físicas podem exercer a advocacia – e nem por isso as pessoas jurídicas por eles constituídas estariam impedidas de ser contratadas.

O que não constitui um privilégio dos advogados. Não raras vezes, médicos, dentistas, psicólogos, arquitetos – e diversos outros profissionais que exploram a atividade intelectual – desempenham seu trabalho sob a forma pessoal, em nome de sociedade (uniprofissional ou com outros profissionais). Trata-se de ficção jurídica largamente aceita, que permite melhor organização de indivíduos que desempenham a mesma ou correlata profissão.

Mais: o contratante de qualquer desses serviços seleciona o prestador por ser pessoa física tecnicamente habilitada. A tomada de decisão é lastreada em pelo menos dois pilares (*qualificação* e *conhecimento*), que, de forma absolutamente natural e legítima, inauguram uma relação de confiança. Esta dinâmica decorre do caráter reconhecidamente personalíssimo do mister profissional.

Em outras palavras, a capacidade subjetiva de executar a prestação contratada aqui se confunde com a objetiva. O fator decisivo é a detenção de conhecimento especializado. Desconsiderados os novos feitos da robótica, para executar cirurgia cardíaca de alta complexidade se contrata o indivíduo e não a sociedade. Porém, o sujeito é contratado por meio da sociedade da qual faz parte – como expressamente autorizado em lei.

A mesma lógica se aplica na contratação do advogado, especialmente quando a escolha se dá em razão de notório conhecimento e saber.

Diante de critério técnico, a motivação e a função do contrato não podem ser ignoradas. É exatamente o que ocorre no desempenho das funções de árbitro, mediador e parecerista, nas quais o nexo de causalidade é evidente. O que se acentua devido ao fato de que as sociedades destinadas a serviços de advocacia só podem ter advogados como sócios. Logo, são advogados os únicos contratados por meio de negócios jurídicos com sociedades de advogados.

Ora, a possibilidade de seleção e indicação dos árbitros pelas partes é frequentemente referida como um dos grandes diferenciais da arbitragem. Repete-se à exaustão que a *arbitragem vale o que vale o árbitro*. E não é por um acaso. Em conflitos de alta complexidade técnico-jurídica, a faculdade de escolha de julgador com *expertise* técnica é prerrogativa que justifica *per se* a adoção dessa via de resolução de conflitos. O mesmo se diga do mediador para a mediação, do parecerista para o parecer e do testemunho legal.

Nesse contexto, o Provimento dispõe:

> a atuação de advogados como conciliadores, mediadores, árbitros ou pareceristas e no testemunho (*expert witness*) ou no assessoramento às partes em arbitragem não desconfigura a atividade advocatícia por eles prestada exclusivamente no âmbito das sociedades individuais de advocacia ou das sociedades de advogados das quais figuram como sócios (§1º).

Dito isso, admitir que há impedimento para que a sociedade receba a receita oriunda da atuação de um de seus integrantes na função de árbitro (ou outra equivalente) é o mesmo que afirmar que nenhum profissional liberal escolhido em razão de suas qualificações pessoais poderá emitir fatura através da sociedade que integra. Traçado este paralelo, resta evidente o equívoco interpretativo das decisões administrativas da RFB.

Nesse sentido, o § 2º do Provimento espanca qualquer dúvida ao estabelecer: "a remuneração pela prática da atividade referida no *caput* tem natureza de honorários advocatícios e pode ser recebida pelos advogados como pessoas físicas ou pelas sociedades das quais sejam sócios".

Para o que disciplina, a redação do Provimento n. 196/2020 não poderia ter sido mais clara. Advogados só estão árbitros (mediadores, conciliadores...) enquanto e porquê advogados – e isso não pode ser ignorado pelas autoridades públicas, especialmente o Fisco.

3. EAREsp 31.084/MS: solução em outro campo de batalha?

Se até aqui a trama parecia longe do fim, não se antecipava que os *spoilers* da quinta temporada derivassem de *spin-off* protagonizado por categoria profissional diversa e em outro campo de batalha.

As boas novas advieram de história paralela. São duas narrativas separadas, mas ligadas por personagem às vezes magnânimo e, outras tantas, perverso: o Fisco brasileiro. Tentemos conferir alguma linearidade a esse recente episódio, eis que repercute na série principal.

Em síntese, em 24 de março de 2021, ao julgar o EAREsp 31.084/MS, a Primeira Seção do STJ pacificou a jurisprudência da Corte sobre a possibilidade de sociedades uniprofissionais constituídas como sociedades empresárias recolherem ISSQN mediante alíquota fixa, independentemente do tipo societário adotado. A questão de fundo certamente repercutirá no tema dos honorários dos árbitros sócios de escritórios de advocacia.

Os embargos de divergência foram interpostos por sociedade limitada de serviços médicos em face de município. Com relatoria do Min. Napoleão Nunes Maia Filho, a tese do contribuinte foi acolhida por maioria. Restaram vencidos os Ministros Og Fernandes, Herman Benjamin e Assusete Magalhães. Todavia, uma coisa é certa: a Primeira Seção do STJ já definiu como deve ser a interpretação legislativa para casos semelhantes.

Bem vistas as coisas, ainda que aparentemente não guarde relação direta com o núcleo temático do *script* que nos interessa, o acórdão trata exatamente da tributação de sociedade (i) que tenha por objeto a exploração de profissão intelectual de seus sócios, os quais, por sua vez, (ii) desempenhem seu trabalho sob a forma pessoal, em nome da sociedade. Em casos como esses – pouco importa se são médicos, dentistas, arquitetos ou advogados – a legislação ordinária brasileira já possui interpretação certa.

Ou seja, o caso configura precedente que não pode ser ignorado pela comunidade arbitral. Nem, muito menos, pelo Fisco. Afinal, o acórdão não trata desta ou daquela profissão, mas da forma pela qual determinados profissionais liberais se organizam para prestar serviços intelectuais. Essa é a questão de fundo decidida. Ao falar de "médicos", o julgado da Primeira Seção do Superior Tribunal de Justiça uniformizou também o entendimento quanto a advogados que exercem sua profissão, inclusive sob as vestes da arbitragem. São todos profissionais liberais abrangidos pela *ratio decidendi* que consolida o precedente da Corte.

Com fundamento no art. 9º, §§ 1º e 3º, do Decreto Lei n. 406/1968, o racional decisório extraído do voto vencedor atesta: "quando a atividade desempenhada não se sobrepuser à atuação profissional e direta dos sócios na condução do objeto social da empresa", a sociedade faz jus ao recolhimento do ISSQN na forma privilegiada. Esse é o coração do julgado, o núcleo essencial da questão de direito, a funcionar em casos cuja questão de fundo seja análoga ou semelhante.

Sem adentrar no debate tributário, é inegável que o precedente da Primeira Seção atrai a incidência dos arts. 489, § 1º, VI, e 926, do Código de

Processo Civil, e do art. 30 da LINDB[1258]. Confere segurança jurídica ao exercício de certas profissões. Assim, estabiliza a matéria analisada também naquilo que alcança o exercício da função de árbitro por advogado.

Diretamente, a *ratio decidendi* afasta a restrição de enquadramento das sociedades de advogados com atuação em arbitragem deste mesmo regime de tributação, o que deve conferir segurança jurídica na aplicação das normas pela administração tributária municipal. O fundamento jurídico e todos os argumentos relativos aos médicos são aplicáveis aos advogados-árbitros – e respectivas sociedades civis. Profissões diversas, exercidas sob a mesma forma jurídico-societária, a consagrar uma só tese jurídica – assim assentada pela Primeira Seção do Superior Tribunal de Justiça.

Reflexamente, o precedente ainda neutraliza as investidas da administração tributária federal. Assim o faz por reforçar a interpretação de que embora assumindo responsabilidade pessoal na prestação dos serviços, desde que organizados em sociedades, os profissionais liberais que exploram atividade intelectual – dentre eles os advogados investidos na função de árbitro – estão legalmente autorizados a receber as receitas oriundas da sua atuação por intermédio das sociedades que integram.

Diante do inesperado *twist*, é preciso admitir que a narrativa do Fisco está sem aderência: foi frustrada, corrompida. Aliás, para confirmar a precisão deste *spoiler*, basta substituir por "advogados-árbitros" o vocábulo "médicos" indicado no tema síntese do EAREsp 31.084/MS: "ISSQN. Sociedades simples no regime limitado. Quadro societário composto por *médicos*. Recolhimento de ISSQN pela alíquota fixa. Regime no artigo 9º, §3º, do Decreto-Lei n. 406/1968. Serviço prestado em caráter pessoal e em nome da sociedade". Não se trata de decisão judicial em sentido estrito, mas de um precedente judicial com ampla eficácia normativa. Ao que tudo indica, a trama está definitivamente resolvida.

Conclusões

Com base no panorama traçado acima, é possível afirmar que o profissional da advocacia procurado para oficiar como árbitro não presta ser-

[1258] MOREIRA, Egon Bockmann; PEREIRA, Paula Pessoa. Art. 30 da LINDB – o dever público de incrementar a segurança jurídica. **Revista de Direito Administrativo** (RDA), p. 243-274, 2018. Disponível em: https://doi.org/10. Acesso em: 07 set. 2021.

viço dissociado de sua atividade técnica primordial. Mais: nesses casos, a atuação como árbitro compõe modalidade de exercício da advocacia e, por consequência, é faturável por intermédio da sociedade da qual dito profissional seja sócio, sem que isso produza qualquer impacto no enquadramento tributário.

Pela própria redação da Lei n. 9.307/1996, é notório que a investidura na função de árbitro se dá pela escolha das partes (direta ou delegada) e perdura enquanto a sentença arbitral não for proferida. O exercício do encargo é momentâneo e pressupõe a execução de serviços técnicos de natureza intelectual, que – no caso da profissão analisada – estão diretamente relacionados à *expertise* jurídica. Não desnatura, portanto, a atividade principal (advocacia) e menos ainda se presta a desenquadrar as sociedades de seu regime especial.

Este breve epílogo anuncia, assim, o desfecho da saga arrecadatória travada contra árbitros-advogados no Brasil: inesperadamente, por forças externas instransponíveis, a quinta temporada termina à sobra de outra narrativa; antes mesmo de começar [...].

Referências

AASP. **A fome de arrecadação e as sociedades uniprofissionais**. Disponível em: https://www.aasp.org.br/em-pauta/a-fome-de-arrecadacao-e-as-sociedades-uniprofissionais/. Acesso em: 27 jun. 2021.

Cristo, Alessandro. Receita fiscaliza câmaras arbitrais e exige sentenças. Consultor Jurídico – **Conjur**. Disponível em: https://www.conjur.com.br/2013-abr-26/receita-fiscaliza-camaras-arbitrais-exige-acesso-sentencas. Acesso em: 25 jun. 2021.

Cruz, Elisa Schmidlin; Moreira, Egon Bockmann. Consultor Jurídico – **Conjur**. Arbitragem e o Provimento 196/202 da OAB: o fim de uma saga? Disponível em: https://www.conjur.com.br/2020-mai-14/moreira-cruz-arbitragem-provimento-1962020-oab. Acesso em: 07 set. 2021.

Cruz, Elisa Schmidlin; Moreira, Egon Bockmann. **Arbitragem e a saga tributária**: *spoiler* da quinta temporada. Disponível em: https://www.conjur.com.br/2021-abr-17/cruz-moreira-arbitragem-saga-tributaria. Acesso em: 29 jun. 2021.

Levitinas, Marcelo; Ferreira, Renato. Os limites da atuação do Fisco em face da confidencialidade em arbitragem. *Site* **Migalhas**. Disponível em: https://www.

migalhas.com.br/depeso/192334/os-limites-da-atuacao-do-fisco-em-face-da-confidencialidade-em-arbitragem. Acesso em: 07 set. 2021.

MENGARDO, Bárbara. **Valor Econômico**. Receita não pode fiscalizar arbitragem. Disponível em: https://cbar.org.br/site/en/valor-economico-receita-nao-pode-fiscalizar-arbitragem/. Acesso em: 25 jun. 2021.

MINISTÉRIO DA ECONOMIA. **Conselho Administrativo de Recursos Fiscais.** Disponível em: http://carf.fazenda.gov.br/sincon/public/pages/ConsultarInformacoesProcessuais/exibirProcesso.jsf. Acesso em: 26 jun. 2021.

MOREIRA, Egon Bockmann. Liberdade de iniciativa, ordens profissionais e autorregulação – Caso música e polícia: STF, ADPF n. 183. *In*: MARQUES NETO, Floriano de Azevedo; MOREIRA, Egon Bockmann; GUERRA, Sérgio. **Dinâmica da regulação**. 2. ed. Belo Horizonte: Fórum, 2021.

MOREIRA, Egon Bockmann; PEREIRA, Paula Pessoa. Art. 30 da LINDB – o dever público de incrementar a segurança jurídica. **Revista de Direito Administrativo** (RDA), p. 243-274, 2018. Disponível em: https://doi.org/10. Acesso em: 07 set. 2021.

ORDEM DOS ADVOGADOS DO BRASIL. Conselho Federal. **Proposição n. 49.0000.2013.011843-1/COP**, do Conselho Pleno, Brasília, DF, 2 dez. 2013. Disponível em: https://www.conjur.com.br/dl/ementa-cfoab-receita-arbitragem-conta.pdf. Acesso em: 25 jun. 2021.

PINHEIRO, Hendrick; PEREZ, Ane Elise. Arbitragem como função da advocacia: consequências em relação ao Imposto Sobre Serviços. **Revista Direito Tributário Atual**, n. 44, p. 194-212. São Paulo: IBDT, 1 sem. 2020.

7. PROMOVER A DIVERSIDADE É FUNÇÃO DO ÁRBITRO?

Ana Carolina Weber

Assim, a mulher não poderia ser considerada apenas um organismo sexuado:

> entre os dados biológicos só têm importância os que assumem, na ação, um valor concreto; a consciência que a mulher adquire de si mesma não é definida unicamente pela sexualidade. Ela reflete uma situação que depende da estrutura econômica da sociedade, estrutura que traduz o grau de evolução técnica a que chegou à humanidade[1259].

Introdução

No ano de 2014, realizamos breve estudo a respeito da posição das mulheres no âmbito da arbitragem no Brasil[1260]. Naquele momento, apesar de ter sido identificado o aumento na utilização da via arbitral para a solução de disputas, verificou-se que muito pouco se discutia a respeito da diversidade de gênero na esfera arbitral.

Após analisar informações relativas à composição de tribunais arbitrais constituídos em procedimentos administrados por câmaras como a *International Chamber of Commerce* (ICC) e a *London Court of International*

[1259] Beauvoir, Simone de. **O segundo sexo.** v. I. Rio de Janeiro: Nova Fronteira, 1980, p. 73.

[1260] Estudo desenvolvido em conjunto com Eleonora Coelho e publicado. Coelho, Eleonora. **Women in Arbitration in Brazil**, Kluwer Arbitration Blog, 2 ago. 2014. Disponível em: http://arbitrationblog.kluwerarbitration.com/2014/08/28/women-in-arbitration-in-brazil/. Acesso em: 30 abr. 2021.

Arbitration (LCIA), foram apresentados, no referido estudo, dados obtidos junto a algumas instituições arbitrais situadas no Brasil.

Apurou-se que, em março de 2014, dos 129 procedimentos arbitrais administrados pelo Centro de Arbitragem e Mediação da Câmara de Comércio Brasil-Canadá (CAM-CCBC), havia 48 mulheres atuando como árbitras, o que representava um percentual de 37% do total de árbitros nomeados nos procedimentos conduzidos pelo CAM-CCBC. Além disso, em relação ao mesmo período, nas 23 arbitragens geridas pela Câmara de Arbitragem do Mercado (CAM), apenas 3 mulheres participavam como árbitras, consubstanciando 17% do número total de árbitros atuantes nos procedimentos no âmbito dessa instituição.

Adicionalmente, examinou-se, naquela oportunidade, listas de referência de árbitros, praxe adotada por muitas câmaras arbitrais brasileiras[1261], e identificou-se que, entre os anos de 2013 e 2014, a presença de mulheres nas referidas listas oscilou entre 8% e 26% do total de nomes ali reportados.

Os dados contribuíram para a conclusão, no mencionado estudo, de que a quantidade de mulheres escolhida para atuar como árbitra, em procedimentos geridos por câmaras brasileiras, era pequena, sendo pontuada a probabilidade de o universo de mulheres desempenhando tal função ser ainda menor, tendo em vista que algumas delas seriam beneficiadas pela repetição em suas indicações.

Passados mais de 6 anos desde a análise, faz-se necessário verificar se houve modificações no cenário fático a respeito da diversidade de gênero na formação de tribunais arbitrais[1262]. Além disso, é preciso exa-

[1261] Como exemplo, disponibilizam listas de referência de árbitros: (i) CAM-CCBC, (ii) CAM, (iii) Câmara de Conciliação, Mediação e Arbitragem da CIESP/FISP (CCMA), (iv) Câmara de Arbitragem e Mediação Empresarial (CAMARB), (v) Centro Brasileiro de Mediação e Arbitragem (CBMA).

[1262] A autora nota que o presente texto, em linha com a publicação de 2014, tem por objeto a análise da diversidade, em tribunais arbitrais, entre homens e mulheres. Embora não se tenha optado, nesse momento, por efetuar um exame mais amplo, deve-se destacar que a promoção da diversidade, em sua acepção material e plena, pressupõe estudar tratamentos diferenciados dispensados aos seres humanos em razão de sua raça, origem, orientação sexual, idade, religião ou de o indivíduo ter alguma deficiência. Nesse sentido, ver: SILVA, Jorge Cesar Ferreira da. **Antidiscriminação & contrato**. São Paulo: RT, 2020, p. 89. O autor esclarece os diferentes critérios utilizados pelo direito para definir práticas discriminatórias a serem repreendidas.

minar se faz sentido continuar a debater e promover a diversidade no âmbito da arbitragem, inclusive examinando qual seria o papel a ser desempenhado pelos árbitros nesse mister.

Essas constituem as propostas do presente artigo, que está dividido em três seções principais. A primeira delas analisa os dados atuais disponibilizados por câmaras arbitrais nacionais e internacionais a respeito da composição dos tribunais formados nos procedimentos por elas administrados. A segunda, em que são estudados os fundamentos e as razões que justificam a preocupação daqueles que atuam em procedimentos arbitrais com a promoção da diversidade. E, por fim, a terceira, na qual são discutidos aspectos relativos à esfera de atuação e aos limites às medidas concernentes ao estímulo da diversidade que podem ser implementadas por árbitros no desempenho das funções que lhes são conferidas em procedimentos arbitrais.

1. O cenário atual

Se, em 2014, verificou-se que os tribunais arbitrais, constituídos sob a administração de importantes câmaras brasileiras, eram compostos majoritariamente por homens, e se, naquele momento, também se identificou predominância significativa de homens nas listas de referência das câmaras arbitrais, poder-se-ia, quase 7 anos depois, constatar-se um cenário distinto?

No âmbito internacional, em 2020, o *International Council for Commercial Arbitration* publicou o *Report of the Cross-Institutional Task Force on Gender Diversity in Arbitral Appointments and Proceedings* (ICCA Report), que apresentou conclusões a respeito de informações relativas à composição de tribunais arbitrais constituídos no âmbito de procedimentos administrados por instituições como ICC, LCIA, *Stockholm Chamber of Commerce* (SCC), *International Center for Dispute Resolution* (ICDR), *German Arbitration Institute* (DIS) e *Permanent Court of Arbitration* (PCA)[1263].

O *ICCA Report* preocupou-se em coletar e apresentar dados considerando diferentes hipóteses: (a) o número total de mulheres nomeadas

[1263] ICCA. **International Council for Commercial Arbitration**. Report of the Cross-Institutional Task Force on Gender Diversity in Arbitral Appointments and Proceedings, 2020, p. 17. Disponível em: https://cdn.arbitration-icca.org/s3fs-public/document/media_document/ICCA-Report-8-Gender-Diversity_0.pdf. Acesso em: 30 abr. 2021.

em procedimentos arbitrais conduzidos pelas referidas instituições, (b) a quantidade de mulheres indicadas pelos coárbitros para a presidência de tribunais arbitrais, e (c) o percentual de mulheres nomeadas pelas próprias câmaras arbitrais para atuar em procedimentos por elas administrados.

A esse respeito, o *ICCA Report* verificou que, em relação ao total de mulheres designadas para figurar como árbitras em procedimentos instituídos entre os anos de 2015 e 2019, houve um aumento de 12,2% para 21,3% nas instituições consultadas. Alguns números que fundamentam os percentuais são relevantes e devem ser examinados com mais vagar.

Por exemplo, na ICC, em 2015, as mulheres representavam 10,4% do total de indicações para a composição de tribunais arbitrais. O percentual foi de 21,1% em 2019. Na LCIA, as nomeações femininas significavam 15,8% em 2015, e alcançaram 29,9% do total de árbitros atuantes nos procedimentos administrados por essa instituição em 2019.

Embora tenha havido um crescimento do percentual de mulheres na composição de tribunais arbitrais em um período de 5 anos, como o próprio *ICCA Report* esclarece, os números apurados não excluem eventuais repetições de nomes femininos. Vale dizer, ainda que, por exemplo, na SCC, em 2019, 23% dos árbitros atuantes nos procedimentos arbitrais geridos por essa instituição sejam mulheres, isso não quer dizer que as 52 mulheres que ali atuaram eram distintas. É muito provável, aliás, que algumas tenham recebido duas ou mais nomeações[1264].

Além disso, mesmo que os números sinalizem que, em câmaras como ICC e a LCIA, a participação de mulheres em tribunais arbitrais tenha quase que dobrado no período objeto do relatório, a atuação feminina em outras câmaras, como a DIS, ICDR e PCA, cresceu, em cinco anos, menos de 10%.

O *ICCA Report* também oferece importantes informações a respeito da atuação das câmaras arbitrais, dos coárbitros e das partes – e seus advogados – quanto à nomeação de mulheres para compor tribunais arbitrais.

[1264] ICCA. **International Council for Commercial Arbitration**. Report of the Cross-Institutional Task Force on Gender Diversity in Arbitral Appointments and Proceedings, 2020, p. 34-37. Disponível em: https://cdn.arbitration-icca.org/s3fs-public/document/media_document/ICCA-Report-8-Gender-Diversity_0.pdf. Acesso em: 30 abr. 2021.

A esse respeito, verifica-se que as indicações de mulheres realizadas pelas instituições arbitrais, no período de 2015 a 2019, representou 1/3 da composição dos tribunais arbitrais. Alguns dados são interessantes: a ICC, em 2015, indicou 73 mulheres para integrar tribunais arbitrais; em 2019, esse número foi de 134. A LCIA, por sua vez, em 2015, indicou 55 mulheres – representando 28,2% das nomeações de árbitros realizadas pela instituição; no entanto, em 2019, o número de mulheres indicadas foi de 105, ou seja, 48% das nomeações da câmara, consubstanciando uma quase paridade de gênero nas designações efetuadas diretamente pela LCIA[1265].

Por outro lado, quando analisadas as nomeações de mulheres para a presidência de tribunais arbitrais efetuada pelos coárbitros ou a indicação pelas partes para determinada mulher funcionar como árbitra, a evolução da paridade de gênero é menos significativa.

Por exemplo, de acordo com os dados reproduzidos no *ICCA Report* relativos às indicações de mulheres efetuadas pelos coárbitros, ainda que, em procedimentos arbitrais administrados pela ICC e pela LCIA, tenham sido escolhidas para a presidência do tribunal, respectivamente 10 e 2 mulheres, em 2015, e 45 e 28 mulheres, em 2019, na DIS houve uma redução de 16 para 6 indicações e, nos tribunais constituídos no âmbito do *International Center for Settlement of Investment Disputes* (ICSID), os coárbitros, em 2019, somente nomearam 2 mulheres para a presidência de tribunais arbitrais[1266].

Não se deve negar, todavia, que houve, no geral, um incremento nas indicações femininas efetuadas pelos coárbitros, as quais, conforme o *ICCA Report*, representavam, em 2015, um percentual de 9,6% de todos os presidentes de tribunais arbitrais e, em 2019, 21,5% das presidências das arbitragens.

1265 ICCA. **International Council for Commercial Arbitration**. Report of the Cross-Institutional Task Force on Gender Diversity in Arbitral Appointments and Proceedings, 2020, p. 22-23. Disponível em: https://cdn.arbitration-icca.org/s3fs-public/document/media_document/ICCA-Report-8-Gender-Diversity_0.pdf. Acesso em: 30 abr. 2021.

1266 ICCA. **International Council for Commercial Arbitration**. Report of the Cross-Institutional Task Force on Gender Diversity in Arbitral Appointments and Proceedings, 2020, p. 24-25. Disponível em: https://cdn.arbitration-icca.org/s3fs-public/document/media_document/ICCA-Report-8-Gender-Diversity_0.pdf. Acesso em: 30 abr. 2020.

No que diz respeito às indicações efetuadas pelas próprias partes – evidentemente, com algum nível de participação dos advogados que as representam nos procedimentos arbitrais – a presença feminina nas nomeações foi menor. Conforme apurado pelo *ICCA Report*, dentre as designações efetuadas pelas partes, em 2015, o percentual de mulheres foi de 8,5% e, em 2019, de 13,9%[1267].

A esse respeito, vale destacar que, em procedimentos arbitrais administrados por câmaras nos quais ocorreu um significativo incremento na participação feminina em tribunais arbitrais em razão da atuação da câmara – como no caso da LCIA –, houve uma tímida evolução da presença feminina quando analisadas as indicações efetuadas pelas partes. Com efeito, na LCIA, em 2015, as mulheres representavam 6,9% das nomeações das partes, percentual elevado para somente 12% em 2019[1268].

Aliás, se todos os percentuais apurados pelo *ICCA Report* para o ano de 2019 forem examinados, em nenhuma das câmaras analisadas há percentuais superiores a 20% de designações realizadas pelas partes para mulheres atuarem como árbitras em tribunais arbitrais.

As informações prestadas no *ICCA Report* indicam que, embora haja expansão da atuação de mulheres em tribunais arbitrais, esse crescimento é lento e, se examinados em termos absolutos, não nos permite, ainda hoje, afastar conclusões como as de que "*the world of international arbitration is still dominated by 'pale, stale, and male' decision makers mostly from the western world and is a relatively homogenous group*"[1269].

[1267] ICCA. **International Council for Commercial Arbitration**. Report of the Cross-Institutional Task Force on Gender Diversity in Arbitral Appointments and Proceedings, 2020, p. 26. Disponível em: https://cdn.arbitration-icca.org/s3fs-public/document/media_document/ICCA-Report-8-Gender-Diversity_0.pdf. Acesso em: 30 abr. 2020.

[1268] ICCA. **International Council for Commercial Arbitration**. Report of the Cross-Institutional Task Force on Gender Diversity in Arbitral Appointments and Proceedings, 2020, p. 26. Disponível em: https://cdn.arbitration-icca.org/s3fs-public/document/media_document/ICCA-Report-8-Gender-Diversity_0.pdf. Acesso em: 30 abr. 2021.

[1269] Chatterjee, Payel; Desai, Vyapak. Is Increasing Gender and Ethnic Diversity in Arbitral Tribunals a Valid Concern? **Kluwer Arbitration Blog**, 1 mar. 2020. Disponível em: http://arbitrationblog.kluwerarbitration.com/2020/03/01/is-increasing-gender-and-ethnic-diversity-in-arbitral-tribunals-a-valid-concern/. Acesso em: 30 abr. 2021. No mesmo sentido: Franck, Susan D.; Freda, James; Lavin, Kellen; Lehmann, Tobias A.; Aaken,

Esse cenário não é tão diferente no Brasil. Mesmo que, na data da publicação do presente artigo não haja dados compilados a respeito da participação feminina em tribunais arbitrais administrados por câmaras brasileiras, algumas entidades vêm divulgando informações a respeito da composição dos tribunais arbitrais, o que auxilia o exame ora efetuado.

Nesse sentido, o CAM-CCBC publica dados sobre as arbitragens por ele administradas desde 2018. Conforme as informações públicas, no âmbito do CAM-CCBC, nesse ano, nos tribunais arbitrais compostos por três membros, 73% eram homens e 27% eram mulheres[1270].

Em 2019, e até o término do primeiro semestre de 2020, esses números não sofreram significativas alterações[1271]. Por exemplo, em 2019, nos tribunais trinos constituídos sob a administração do CAM-CCBC, 71% eram homens e 29% mulheres. Já, até o fim de junho de 2020, os tribunais arbitrais trinos eram compostos por 70% de homens e 30% de mulheres.

Em relação a 2019 e ao primeiro semestre de 2020, o CAM-CCBC apurou que, quanto às indicações de árbitros realizadas pelas partes ou pelos coárbitros, o percentual de mulheres foi, respectivamente, de 28% e 30%. No entanto, tal como no *ICCA Report*, os percentuais não permitem verificar a existência de repetições de nomes femininos na composição de tribunais arbitrais, o que, em última instância, seria relevante para definir se há diversidade também entre as mulheres que, nos últimos anos, têm integrado tribunais arbitrais.

Por fim, vale mencionar que a Câmara de Arbitragem do Mercado, em 2020, passou a divulgar dados a respeito da composição de gênero dos tribunais arbitrais que atuam em procedimentos por ela administra-

Anne van. The Diversity Challenge: Exploring the 'Invisible College' of International Arbitration', **Columbia Journal of Transnational Law**, v. 53, 2015.

1270 Câmara de Comércio Brasil-Canadá. **Centro de Arbitragem e Mediação**. Diversidade de Gênero. Disponível em: https://ccbc.org.br/cam-ccbc-centro-arbitragem-mediacao/resolucao-de-disputas/arbitragem/estatisticas-mulheres-da-arbitragem/diversidade-de-genero/. Acesso em: 30 abr. 2021.

1271 Câmara de Comércio Brasil-Canadá. **Centro de Arbitragem e Mediação**. Diversidade de Gênero. Disponível em: https://ccbc.org.br/cam-ccbc-centro-arbitragem-mediacao/resolucao-de-disputas/arbitragem/estatisticas-mulheres-da-arbitragem/diversidade-de-genero/. Acesso em: 30 abr. 2021.

dos[1272]. A CAM informou que, em 2019, geriu 5 procedimentos nos quais atuaram árbitros únicos, sendo 2 mulheres e 3 homens. Além disso, dentre os 146 árbitros que funcionaram nas arbitragens administradas pela CAM, no período de referência, 11 mulheres figuraram como coárbitras (enquanto 85 homens desempenharam essa função) e 10 mulheres atuaram como presidente dos tribunais arbitrais (os homens, por sua vez, ocuparam essa posição em 38 oportunidades).

Como se verifica, tanto o exame dos números absolutos, quanto a análise dos percentuais relativos ao exercício por mulheres da função de coárbitras ou de presidente de tribunais arbitrais revelam uma melhora no cenário quanto à diversidade de gênero, a qual, no entanto, ainda está distante de uma paridade que, à luz de preceitos efetivos de igualdade, seria desejável.

Nesse sentido, é relevante questionar se, com base nessa conjuntura, é necessário ainda debater ou promover ativamente a diversidade de gênero. As seguintes questões merecem ser colocadas: se os percentuais de participação feminina em tribunais arbitrais estão sendo incrementados, deve-se continuar buscando um maior equilíbrio da composição dos tribunais com relação ao gênero? Quais seriam as razões para que não se considerem satisfatórios os percentuais examinados anteriormente? E ainda, em que medida aqueles que desempenham as funções de árbitro devem se "importar" com esses questionamentos?

1. Por que se preocupar com diversidade no cenário da arbitragem?

Os números acima apresentados revelam que, ao se examinar a composição de tribunais arbitrais, constituídos para solucionar disputas comerciais ou de investimentos, ainda hoje, nos deparamos com painéis compostos majoritariamente por homens. Mesmo que muitos dos integrantes masculinos desses tribunais exerçam as atribuições próprias dos árbitros com qualidade e oferecendo às partes prestações jurisdicionais absolutamente satisfatórias, a preocupação com a diversidade não deve se afastar da arbitragem.

[1272] Câmara do Mercado. **Estatísticas** – crescimento do número de casos. Disponível em: https://www.camaradomercado.com.br/pt-br/sobre--estatisticas.html. Acesso em: 30 abr. 2021.

Na verdade, é possível identificar algumas motivações para que se atente e se adotem medidas visando a dar oportunidades mais amplas para que mulheres integrem tribunais arbitrais e que se verifique, nesses painéis, divisões de funções mais equânimes entre homens e mulheres.

Nesse sentido, trataremos das seguintes bases que, em nosso entendimento, justificam a promoção da diversidade no âmbito da arbitragem: (i) a igualdade de gênero é consagrada no direito internacional e no direito constitucional brasileiro; (ii) tribunais arbitrais diversos podem significar uma melhor qualidade na condução e nas soluções de litígios levados à arbitragem; e (iii) há um interesse do mercado na promoção da diversidade.

2.1. Fundamentos no direito internacional e no direito constitucional brasileiro

O princípio da igualdade, que constituiu uma das bases das revoluções do século XVIII, foi sendo, ao longo do tempo, materializado de distintas formas. Vislumbrado inicialmente como uma garantia formal de tratamento igualitário, em que os indivíduos não poderiam ser regulados de maneira diferenciada pela lei, o princípio da igualdade passou, tanto no direito internacional como no direito constitucional brasileiro[1273], a ser aplicado por meio da adoção de medidas capazes de, em observância às diferenças inerentes aos indivíduos ou às situações jurídicas nas quais se enquadrem[1274], concretizar uma igualdade substancial[1275].

Uma das expressões da igualdade material encontra-se no tratamento equitativo que deve ser conferido a homens e mulheres. Com efeito, no direito brasileiro, a Constituição Federal de 1988 consagrou não só o princípio da igualdade, mas representou uma ressignificação da questão de gênero. Nesse sentido, o tratamento equitativo em relação a homens

[1273] Brasil Constituição Federal (1988). Art. 5º, *caput*.

[1274] "O princípio da igualdade é violado seja quando, sem justificações constitucionalmente relevantes, cidadãos em situações iguais recebem um tratamento diverso, seja quando cidadãos em situações diferentes e desproporcionadas recebem tratamento idêntico". Perlingieri, Pietro. **Perfis do direito civil**: introdução ao direito civil constitucional. 3. ed. Rio de Janeiro: Renovar, 1997, p. 48.

[1275] Vide: Ação Direta de Inconstitucionalidade (ADI) n. 5.617, Rel. Min. Edson Fachin, j. 15-03-2018. Disponível em: http://redir.stf.jus.br/paginadorpub/paginador.jsp?docTP=TP&docID=748354101. Acesso em: 30 abr. 2021.

e mulheres decorre da previsão geral constante do artigo 5º, inciso I, da Constituição Federal, segundo o qual "homens e mulheres são iguais em direitos e obrigações, nos termos desta Constituição", mas também é refletido na disciplina da sociedade que deixa de ser patriarcal para ser familiar (art. 226, §§ 5º e 8º)[1276].

Aliás, a importância das normas constitucionais a respeito da igualdade material entre homens e mulheres deve ser repisada, pois, mesmo que tenham sido revogadas antes das normas supremas de 1988, vigeram no direito brasileiro diversas regras, no instrumento base do direito privado – o Código Civil –, que efetivamente relegavam as mulheres a um segundo plano. A esse respeito, não se deve esquecer que a lei civil de 1916 previa que as mulheres casadas, enquanto subsistisse a sociedade conjugal, eram consideradas incapazes (art. 6º) relativamente à prática de certos atos (art. 147, n. 1), ou à maneira de os exercer.

Além disso, normas que submetiam as mulheres ao poder decisório de seu pai ou de seu cônjuge vigeram no direito brasileiro e em outras ordens jurídicas – algumas ainda hoje –, as quais, por limitarem a capacidade de contratação da mulher ou lhe sujeitarem a exigências patriarcais, restringiam sobremaneira suas expressões na vida privada e profissional[1277].

Superando essa realidade normativa, além da Constituição Federal de 1988, importante mencionar que, no âmbito do direito internacional, o reconhecimento de direitos substanciais das mulheres, tais como os assegurados e exercidos por homens, e a inclusão das mulheres são elementos primordiais para o crescimento e o desenvolvimento econômico das nações[1278]. A esse respeito, o Quinto Objetivo de Desenvolvi-

[1276] LORENTZ, Lutiana Nacur. Paradigmas e paradoxos dos movimentos de mulheres (feministas?) no Brasil. *In*: TEIXEIRA, Ana Carolina Brochado; MENEZES, Joyceane Bezerra de (org.). **Gênero, vulnerabilidade e autonomia**. São Paulo: Foco, 2020, p. 161-162.

[1277] "De fato, a ordem jurídica preconceituosa e contrária à mulher reflete em grande medida uma estrutura de poder individualista e possessiva, que engendra e articula em seu proveito o mito da fragilidade feminina, a ponto de inculcá-lo no psiquismo da humanidade, para fazer do imenso contingente de mulheres mais um de suas vítimas". CASTRO, Carlos Roberto de Siqueira. **O princípio da isonomia e a igualdade da mulher no direito constitucional**. Rio de Janeiro: Forense,1983, p. 289.

[1278] ONU Mulheres. **The World Survey on the Role of Women in Development 2014**: Gender Equality and Sustainable Development, 2014. Disponível em: https://www.unwo-

mento Sustentável da ONU consiste em "alcançar a igualdade de gênero e empoderar todas as mulheres e meninas", reconhecendo-se ser primordial "adotar e fortalecer políticas sólidas e legislação aplicável para a promoção da igualdade de gênero e o empoderamento de todas as mulheres e meninas em todos os níveis"[1279].

Como se verifica, o princípio da igualdade e os fundamentos do direito internacional relativos à equidade entre homens e mulheres consistem em base elementar para que se busque, inclusive no âmbito de relações privadas, a promoção da igualdade de gênero.

De fato, ainda que a constituição de um tribunal arbitral possa estar relacionada ao exercício da autonomia da vontade em resolver litígios pela via arbitral e em conferir poderes para tanto a indivíduos particulares, há fundamentos, seja na força vinculante das normas constitucionais, seja no direito civil constitucional[1280] ou ainda na própria dogmática do direito civil[1281], para afastar formas de discriminação das mulheres e para assegurar a observância da igualdade material também na esfera privada[1282].

men.org/-/media/headquarters/attachments/sections/library/publications/2014/world-survey-on-the-role-of-women-in-development-2014-en.pdf?la=en&vs=3045. Acesso em: 30 abr. 2021. Da mesma forma, *"any area of international law concerns both men and women equally, regardless of its subject matter jurisdiction [...] It affects both men and women equally, and both groups should be represented."* GROSSMAN, Nienke. **It's not about "women issues"**. Do we need reasons for claiming parity on international court benches? Völkerrechtsblog, 17 abr. 2017.

1279 ONU. **Quinto Objetivo de Desenvolvimento Sustentável** – Igualdade de Gênero. Disponível em: https://brasil.un.org/pt-br/sdgs/5. Acesso em: 30 abr. 2021.

1280 TEPEDINO, Gustavo. Normas constitucionais e relações de direito civil na experiência brasileira. **Stvdia Iuridica** – Boletim da Faculdade de Direito da Universidade de Coimbra, v. 48, 2001, p. 323-345.

1281 SILVA, Jorge Cesa Ferreira da. **Antidiscriminação & contrato**. São Paulo: RT, 2020, p. 204.

1282 *"Arbitration is a tool that can be used to meet the goals of global economic development. In doing so, its practice should reflect the norms and standards adhered to by its stakeholders and reflected in international law more generally. This means that if gender discrimination exists in international arbitration, including in the context of arbitral appointments, there is an imperative for the arbitration community to address it".* ICCA. **International Council for Commercial Arbitration**. Report of the Cross-Institutional Task Force on Gender Diversity in Arbitral Appointments and Proceedings, 2020, p. 11. Disponível em: https://cdn.arbitration-icca.org/s3fs-public/document/media_document/ICCA-Report-8-Gender-Diversity_0.pdf. Acesso em: 30 abr. 2021.

2.2. Diversidade de gênero gera resultados positivos para a arbitragem

Além de tratar de forma equânime homens e mulheres e de conferir às mulheres as mesmas oportunidades outorgadas aos homens, a preocupação da diversidade no âmbito da arbitragem deve ser uma constante, em virtude dos resultados positivos que tribunais arbitrais diversos podem proporcionar a esse mecanismo de solução de disputas.

Estudos conduzidos em diferentes segmentos econômicos demonstram que equipes de trabalho compostas por integrantes de origens diversas, por exemplo, de gênero e raça distintos, tendem a gerar efeitos qualitativos e financeiros mais positivos[1283]. Com efeito, diferentes perspectivas, relacionadas à formação, a prévias experiências de vida (tanto pessoais quanto profissionais), permitem que membros distintos de um grupo possam contribuir para a entrega de resultados intelectuais e financeiros mais completos[1284].

Os tribunais arbitrais, como se sabe, são tradicionalmente integrados por três árbitros, os quais, de forma colegiada, devem decidir a controvérsia que lhes é apresentada pelas partes. Diante de tribunais formados exclusivamente por homens, em seus 60 anos e de origem branca, há uma grande probabilidade – dada a similitude de experiências desse grupo de indivíduos – dos árbitros decidirem de forma uniforme e uma menor chance de ideias novas e perspectivas diversas serem apresentadas[1285].

Com base nesse cenário, e sabendo-se das inúmeras críticas hoje dispensadas à arbitragem internacional e, em especial, à qualidade das sen-

[1283] HUNT, Vivian; PRINCE, Sara; DIXON-FYLE, Sundiatu; YEE, Lareina. Delivering through diversity. **McKinsey&Company**, jan. 2008. Disponível em: https://www.mckinsey.com/business-functions/organization/our-insights/delivering-through-diversity/pt-br. Acesso em: 30 abr. 2021.

[1284] ROCK, David; GRANT, Heidi. Why diverse teams are smarter. **Harvard Business Review**, 4 nov. 2016.

[1285] DANTAS, Amanda Bueno. Experience, transparency and diversity in the formation of arbitral tribunals: how to effectively implement it?, **Kluwer Arbitration Blog**, 22 dez. 2018. Disponível em: http://arbitrationblog.kluwerarbitration.com/2018/12/22/experience-transparency-a nd-diversity-in-the-formation-of-arbitral-tribunals-how-to-effectively-implement-it/. Acesso em: 30 abr. 2021. No mesmo sentido: CARMONA, Carlos Alberto. Os sete pecados capitais do árbitro. *In*: **Revista de Arbitragem e Mediação**. v. 52, 2017, p. 398.

tenças arbitrais proferidas[1286], a presença de indivíduos que "pensem, sintam, percebam, reajam, respondam e apreciem de forma diferente" [1287] pode resultar na apresentação de razões de decidir mais bem fundamentadas e em uma preocupação em enfrentar, de forma integral, as pretensões das partes litigantes na arbitragem.

Além de poder representar, para o instituto da arbitragem, uma contribuição à melhoria da prestação jurisdicional e de poder oferecer aos seus usuários resultados mais completos, a presença de mulheres, como manifestação de entendimentos diversos em um tribunal arbitral, pode ainda ser relevante e estratégica para o pleito que a parte pretende deduzir. Com efeito, já se afirmou: "*people from diverse backgrounds might actually alter the behavior of a group's social majority in ways that lead to improved and more accurate group thinking*"[1288].

Vale dizer, indicar mulheres para figurar como coárbitras ou como presidentes de tribunais arbitrais pode ser também uma forma de se alcançar entendimentos distintos daqueles que tradicionalmente venha se extraindo de sentenças arbitrais proferidas pelo "clube" dos *pale, stale, male*, permitindo, por exemplo, que uma determinada parte tenha em um tribunal um integrante mais favorável a uma tese inovadora ou diferenciada que pretenda ver reconhecida[1289].

[1286] Em pesquisa realizada pela Queen Mary University em conjunto com o escritório White & Case LLP identificou-se que "50% of respondents have been disappointed with arbitrator performance". **2010 International Arbitration Survey**: Choices in International Arbitration. Disponível em: http://www.arbitration.qmul.ac.uk/media/arbitration/docs/2010_InternationalArbitrationSurveyReport.pdf. Acesso em: 30 abr. 2021.

[1287] No original: "*Men and women differ in all areas of their lives. Not only do men and women communicate differently but they think, feel, perceive, react, respond and appreciate differently, which is exactly what is needed for a fair and a balanced decision*". CHATTERJEE, Payel; DESAI, Vyapak. Is increasing gender and ethnic diversity in arbitral tribunals a valid concern?, **Kluwer Arbitration Blog**, 1 mar. 2020. Disponível em: http://arbitrationblog.kluwerarbitration.com/2020/03/01/is-increasing-gender-and-ethnic-diversity-in-arbitral-tribunals-a-valid-concern/. Acesso em: 30 abr. 2021.

[1288] BJORKLUND, Andrea K. **The diversity deficit in investment arbitration**. EJIL: Talk!, 4 abr. 2019.

[1289] CLAUSSEN, Kathleen. **Keeping up appearances**: the diversity dilemma. Transnational dispute management, 2015, p. 5-6.

2.3. Promover a diversidade é economicamente interessante

Fomentar a diversidade em tribunais arbitrais, além de estar em consonância com o princípio da igualdade substancial e de constituir um dos caminhos para se alcançar mais qualidade em procedimentos arbitrais, passou, nos últimos anos, a ser uma demanda do mercado.

De forma geral, a promoção da diversidade tem sido examinada como um ativo dos entes privados. Sociedades empresariais que tenham seus órgãos de direção integrados por membros de diferentes gêneros, raças e experiências de vida distintas têm sido avaliadas economicamente de maneira positiva. Nesse sentido, vale mencionar que, quando da edição do presente artigo, estava em curso uma audiência pública conduzida pela Comissão de Valores Mobiliários (CVM), sobre a edição de uma nova norma relativa à prestação de informações por companhias abertas no mercado de capitais brasileiro, na qual se pretende exigir que tais companhias divulguem os números totais de membros dos órgãos de sua administração, agrupados por gênero e cor ou raça[1290].

A esse respeito, na referida audiência, a CVM expressamente pontuou "a crescente percepção de sua [da diversidade] importância por investidores e pela sociedade em geral"[1291].

Essa preocupação e a valorização da diversidade por entes privados – como os investidores do mercado de capitais – também se reflete no âmbito da arbitragem. Nesse sentido, integrantes de sociedades empresariais, nacionais e internacionais, têm demandado dos advogados que os representem em procedimentos arbitrais possíveis candidatos a árbitros que tenham perfis diversos – dentre os quais, indicações de nomes femininos.

Sobre a questão, pesquisa realizada em 2017, por banca internacional de advocacia, confirmou o interesse da comunidade arbitral em promover a diversidade[1292]. Além disso, no âmbito do *Equal Representation*

[1290] **Audiência Pública SDM n. 09/20**. Disponível em: http://conteudo.cvm.gov.br/audiencias_publicas/ap_sdm/2020/sdm0920.html. Acesso em: 30 abr. 2021.

[1291] **Audiência Pública SDM n. 09/20**, p. 12. Disponível em: http://conteudo.cvm.gov.br/audiencias_publicas/ap_sdm/2020/sdm0920.html. Acesso em: 30 abr. 2021.

[1292] MULCAHY, Carol; CLARK, Victoria. BCLP international arbitration surveys: party appointed arbitrators and the drive for diversity, **Kluwer Arbitration Blog**, 24 out. 2018. Disponível em: http://arbitrationblog.kluwerarbitration.com/2018/10/24/permanent-contributor-12/. Acesso em: 30 abr. 2021.

in Arbitration Pledge (ERA Pledge), foi criado um comitê integrado por advogados de sociedades empresariais (*corporate committee*), que tem, entre seus objetivos, viabilizar a demanda das diferentes indústrias para que tribunais arbitrais sejam compostos de forma mais diversa.

Esse cenário revela que, em conjunto com os fundamentos principiológicos e a necessidade de prolação de sentenças arbitrais mais qualitativas, há uma demanda dos usuários finais da arbitragem para que os tribunais arbitrais passem a refletir a diversidade de gênero – mas não só –, o que faz com que a questão continue na ordem do dia, pressupondo sua discussão e a adoção de medidas para a sua concretização.

3. A função do árbitro na diversidade

Com base no cenário e nas considerações acima apresentadas, identifica-se que tribunais constituídos no âmbito de arbitragens comerciais e de investimento, nacionais e internacionais, ainda não refletem uma composição equitativa entre homens e mulheres. Além disso, verificou-se que formar painéis arbitrais que reflitam, mais fidedignamente, a diversidade de gênero e oferecer mais oportunidades para mulheres exercerem a função de árbitras constituem preceitos decorrentes de fontes normativas e principiológicas, assim como representam anseios de usuários da via arbitral.

Para que tais objetivos sejam atingidos, poder-se-ia questionar se aqueles que hoje desempenham a função de árbitros deveriam se preocupar com a questão ou, ainda, se deveriam adotar medidas concretas para incrementar a participação feminina em tribunais arbitrais. Vale dizer, além de decidir a controvérsia, deveriam os árbitros se preocupar em promover a diversidade? Ou ainda: quando os coárbitros vão indicar o presidente, o gênero da pessoa a ser nomeada deveria ser critério a orientar a escolha?

A esse respeito, em publicação sobre a questão, chegou-se a propor que, para a diversidade efetivamente ser implementada no âmbito de tribunais arbitrais, todos eles deveriam incluir, pelo menos, uma mulher ou outro participante que represente a diversidade[1293]. No referido

[1293] BENTON, Gary L. Let's stop talking about the arbitrator diversity problem. **Kluwer Arbitration Blog**, 14 jan. 2018. Disponível em: ttp://arbitrationblog.kluwerarbitration.com/2018/01/14/post/. Acesso em: 30 aber. 2021.

artigo, sugeriu-se que também os coárbitros deveriam agir para que tribunais arbitrais assegurassem a presença de uma mulher ou de participante que represente a diversidade. Em complementação, na hipótese de um dos coárbitros ser mulher ou representar a diversidade, os dois coárbitros deveriam considerar se haveria outra mulher ou representante da diversidade qualificados para atuar como presidente do tribunal arbitral.

A proposta tem o mérito de tratar de forma clara e de sinalizar o que, na prática, implicaria a constituição de tribunais arbitrais diversos. Contudo, parece-nos que a fixação de quotas tão precisas para indicar os membros dos tribunais arbitrais pode desconfigurar algumas bases da arbitragem e até produzir efeitos opostos ao que a diversidade pretende promover.

Com efeito, a escolha pela via arbitral para solucionar disputas decorre não só de eventuais ineficiências do Poder Judiciário, mas, em especial, do conhecimento específico que têm os árbitros indicados para decidir a controvérsia. A literatura nacional e estrangeira é clara nesse sentido, sinalizando que a especialidade dos árbitros é uma das características mais marcantes a justificar a escolha da arbitragem pelos contratantes[1294].

A esse respeito, já foi pontuado, em entrevistas realizadas com usuários da arbitragem, que a escolha do árbitro recai sobre aquele que a parte – e seus advogados – entendem como mais adequado para o desempenho da função[1295]. Com base nesse cenário, e em deferência a uma das mais importantes qualidades da arbitragem, parece-nos não recomendável eleger o critério de gênero ou o pertencimento do indivíduo a uma "categoria" representativa de diversidade como elemento **exclusivo** para sua designação como árbitro. Aliás, não é aconselhável

[1294] BORN, Gary B. **International commercial arbitration**. 2. ed. Kluwer Law International, 2014, p. 83-86; GAILLARD, Emmanuel; SAVAGE, John Savage (eds). **Fouchard Gaillard Goldman on International Commercial Arbitration**. Kluwer Law International, 1999, p. 31-33; CARMONA, Carlos Alberto Carmona. **Arbitragem e processo**: um comentário à Lei n. 9.307/96. 3. ed. São Paulo: Atlas, 2009, p. 243.

[1295] "We are not being asked to make a statement" he said, "we are asked to pick the best person for the job"". Referência a um depoimento anônimo citado em: GREENWOOD, Lucy; BACKER, Mark. Getting a better balance on international arbitration tribunals. **Arbitration Internacional**, v. 4, 2012.

utilizar uma única variável – qualquer que ela seja – para definir o indivíduo responsável por solucionar a controvérsia submetida à arbitragem.

No entanto, mesmo que o gênero ou a representatividade da diversidade em geral não devam ser, a nosso ver, utilizados como o único elemento definidor da escolha do árbitro – e, no caso dos coárbitros, do presidente do tribunal arbitral –, pelo exposto ao longo do presente artigo, não há como negar que alguma atuação visando a promover a diversidade deve ser empreendida.

A esse respeito, consideramos ser altamente benéfica ao estímulo da diversidade, a elaboração pelos coárbitros de listas de possíveis indivíduos para desempenhar a função de presidente dos tribunais arbitrais. Nessas listas, que costumam congregar oito ou mais nomes para serem examinados e parcialmente vetados pelas partes, entendemos que os coárbitros devem envidar esforços para refletir uma composição paritária de candidatos à função de presidente do painel arbitral.

De fato, tendo em vista que o universo de indicados nas listas é amplo, o critério do gênero é sopesado considerando outras características das pessoas que os coárbitros consideram que poderão, adequada e qualitativamente, ocupar a posição de presidente do tribunal arbitral.

Além disso, em linha com diversos estudos que apontam que uma das causas para a falta de diversidade em tribunais arbitrais é o automatismo das designações de árbitros e as tendências a indicar pessoas semelhantes a si próprio – os chamados *unconscious bias*[1296] – é recomendável que os coárbitros, ao elaborar as mencionadas listas, dediquem alguns minutos a mais de seu tempo para refletir (i) se, além da qualidade dos nomes de referência inicialmente pensados para a presidência do tribunal arbitral, haveria outras pessoas tão capazes quanto às primeiras cogitadas, (ii) se os indicados refletem a diversidade e (iii) se a lista a ser apresentada às partes está em consonância com a promoção da igualdade substancial.

[1296] Coelho, Eleonora. **Unconscious bias in international arbitration** – Palestra na "ICDR Miami International Arbitration. Conference: The past, the present, and the future – celebrating 20 years of the ICDR", jan. 2016; Greenwood, Lucy; Backer, Mark. **Getting a better balance on international arbitration tribunals**, Arbitration Internacional, v. 4, 2012.

Dessa forma, com base nas informações e averiguações apresentadas no presente artigo, é necessário ainda debater a diversidade de gênero, assim como incentivar a adoção de medidas para que tribunais arbitrais reflitam uma maior paridade entre homens e mulheres. É recomendável, quando analisada a situação dos coárbitros na designação do presidente do tribunal arbitral, que se empreendam as medidas referidas (formação de listas diversas para escolha do presidente com a participação das partes e a adoção de mecanismos para superar prévias "concepções") visando ao estímulo à igualdade substancial de gênero.

Referências

2010 International Arbitration Survey: Choices in International Arbitration. Disponível em: http://www.arbitration.qmul.ac.uk/media/arbitration/docs/2010_InternationalArbitrationSurveyReport.pdf. Acesso em: 30 abr. 2021.

Audiência Pública SDM n. 09/20. Disponível em: http://conteudo.cvm.gov.br/audiencias_publicas/ap_sdm/2020/sdm0920.html. Acesso em: 30 abr. 2021.

Beauvoir, Simone de. **O segundo sexo**. v. I. Rio de Janeiro: Nova Fronteira, 1980.

Benton, Gary L. Let's stop talking about the arbitrator diversity problem. **Kluwer Arbitration Blog**, 14 jan. 2018. Disponível em: http://arbitrationblog.kluwerarbitration.com/2018/01/14/post/. Acesso em: 30 abr. 2021.

Bjorklund, Andrea K. **The diversity deficit in investment arbitration**. EJIL: Talk!, 4 abr. 2019.

Brasil. Supremo Tribunal Federal. Ação Direta de Inconstitucionalidade (ADI) n. 5.617, Rel. Min. Edson Fachin, j. 15-03-2018. Disponível em: http://redir.stf.jus.br/paginadorpub/paginador.jsp?docTP=TP&docID=748354101. Acesso em: 30 abr. 2021.

Claussen, Kathleen. **Keeping up appearances**: the diversity dilemma. Transnational dispute management, 2015.

Born, Gary B. **International commercial arbitration**. 2. ed. Kluwer Law International, 2014.

Câmara de Comércio Brasil-Canadá. **Centro de Arbitragem e Mediação**. Diversidade de Gênero. Disponível em: https://ccbc.org.br/cam-ccbc-centro-arbitragem-mediacao/resolucao-de-disputas/arbitragem/estatisticas-mulheres-da-arbitragem/diversidade-de-genero/. Acesso em: 30 abr. 2021.

Câmara do Mercado. **Estatísticas** – crescimento do número de casos. Disponível em: https://www.camaradomercado.com.br/pt-br/sobre--estatisticas.html. Acesso em: 30 abr. 2021.

CARMONA, Carlos Alberto. Os sete pecados capitais do árbitro. *In*: **Revista de Arbitragem e Mediação**. v. 52, 2017.

CARMONA, Carlos Alberto Carmona. **Arbitragem e processo**: um comentário à Lei n. 9.307/96. 3. ed. São Paulo: Atlas, 2009.

CASTRO, Carlos Roberto de Siqueira. **O princípio da isonomia e a igualdade da mulher no direito constitucional**. Rio de Janeiro: Forense,1983.

CHATTERJEE, Payel; DESAI, Vyapak. Is Increasing Gender and Ethnic Diversity in Arbitral Tribunals a Valid Concern?, **Kluwer Arbitration Blog**, 1 mar. 2020. Disponível em: http://arbitrationblog.kluwerarbitration.com/2020/03/01/is--increasing-gender-and-ethnic-diversity-in-arbitral-tribunals-a-valid-concern/. Acesso em: 30 abr. 2021.

CHATTERJEE, Payel; DESAI, Vyapak. Is increasing gender and ethnic diversity in arbitral tribunals a valid concern?, **Kluwer Arbitration Blog**, 1 mar. 2020. Disponível em: http://arbitrationblog.kluwerarbitration.com/2020/03/01/is--increasing-gender-and-ethnic-diversity-in-arbitral-tribunals-a-valid-concern/. Acesso em: 30 abr. 2021.

COELHO, Eleonora. **Unconscious bias in international arbitration** – Palestra na "ICDR Miami International Arbitration. Conference: The past, the present, and the future – celebrating 20 years of the ICDR", jan. 2016

COELHO, Eleonora. **Women in Arbitration in Brazil**, Kluwer Arbitration Blog, 2 ago. 2014. Disponível em: http://arbitrationblog.kluwerarbitration.com/2014/08/28/women-in-arbitration-in-brazil/. Acesso em: 30 abr. 2021.

DANTAS, Amanda Bueno. Experience, transparency and diversity in the formation of arbitral tribunals: how to effectively implement it?, **Kluwer Arbitration Blog**, 22 dez. 2018. Disponível em: http://arbitrationblog.kluwerarbitration.com/2018/12/22/experience-transparency-a nd-diversity-in-the-formation-of--arbitral-tribunals-how-to-effectively-implement-it/. Acesso em: 30 abr. 2021.

FRANCK, Susan D.; FREDA, James; LAVIN, Kellen; LEHMANN, Tobias A.; AAKEN, Anne van. The Diversity Challenge: Exploring the 'Invisible College' of International Arbitration', **Columbia Journal of Transnational Law**, v. 53, 2015.

GAILLARD, Emmanuel; SAVAGE, John Savage (eds). **Fouchard Gaillard Goldman on International Commercial Arbitration**. Kluwer Law International, 1999.

GREENWOOD, Lucy; BACKER, Mark. Getting a better balance on international arbitration tribunals. **Arbitration Internacional**, v. 4, 2012.

GROSSMAN, Nienke. **It's not about "women issues".** Do we need reasons for claiming parity on international court benches?, Völkerrechtsblog, 17 abr. 2017.

HUNT, Vivian; PRINCE, Sara; DIXON-FYLE, Sundiatu; YEE, Lareina. Delivering through diversity. **McKinsey&Company**, jan. 2008. Disponível em: https://www.mckinsey.com/business-functions/organization/our-insights/delivering--through-diversity/pt-br. Acesso em: 30 abr. 2021.

ICCA. **International Council for Commercial Arbitration**. Report of the Cross-Institutional Task Force on Gender Diversity in Arbitral Appointments and Proceedings, 2020. Disponível em: https://cdn.arbitration-icca.org/s3fs--public/document/media_document/ICCA-Report-8-Gender-Diversity_0.pdf. Acesso em: 30 abr. 2021.

ICCA. **International Council for Commercial Arbitration**. Report of the Cross-Institutional Task Force on Gender Diversity in Arbitral Appointments and Proceedings, 2020. Disponível em: https://cdn.arbitration-icca.org/s3fs-public/document/media_document/ICCA-Report-8-Gender-Diversity_0.pdf. Acesso em: 30 abr. 2021.

LORENTZ, Lutiana Nacur. Paradigmas e paradoxos dos movimentos de mulheres (feministas?) no Brasil. *In*: TEIXEIRA, Ana Carolina Brochado; MENEZES, Joyceane Bezerra de (org.). **Gênero, vulnerabilidade e autonomia**. São Paulo: Foco, 2020.

MULCAHY, Carol; CLARK, Victoria. BCLP international arbitration surveys: party appointed arbitrators and the drive for diversity, **Kluwer Arbitration Blog**, 24 out. 2018. Disponível em: http://arbitrationblog.kluwerarbitration.com/2018/10/24/permanent-contributor-12/. Acesso em: 30 abr. 2021.

ONU Mulheres. **The World Survey on the Role of Women in Development 2014**: Gender Equality and Sustainable Development, 2014. Disponível em: https://www.unwomen.org/-/media/headquarters/attachments/sections/library/publications/2014/world-survey-on-the-role-of-women-in-development-2014-en.pdf?la=en&vs=3045. Acesso em: 30 abr. 2021.

ONU. **Quinto Objetivo de Desenvolvimento Sustentável** – Igualdade de Gênero. Disponível em: https://brasil.un.org/pt-br/sdgs/5. Acesso em: 30 abr. 2021.

PERLINGIERI, Pietro. **Perfis do direito civil**: introdução ao direito civil constitucional. 3. ed. Rio de Janeiro: Renovar, 1997.

ROCK, David; GRANT, Heidi. Why diverse teams are smarter. **Harvard Business Review**, 4 nov. 2016.

SILVA, Jorge Cesar Ferreira da. **Antidiscriminação & contrato**. São Paulo: RT, 2020.

TEPEDINO, Gustavo. Normas constitucionais e relações de direito civil na experiência brasileira. **Stvdia Iuridica** – Boletim da Faculdade de Direito da Universidade de Coimbra, v. 48, 2001.